이상심리학 ^{2판}

ABNORMAL PSYCHOLOGY (2nd. ed)

안창일 편

고영건·김미리혜·김지혜·김진영·박　경·박기환·서혜희·안귀여루·오상우·육성필
윤혜영·이경희·이은영·이임순·이현수·정진복·조선미·최기홍·최승원 공저

학지사

2판 머리말

이상심리학 초판이 발간된 지 어느덧 10년이란 세월이 흘렀다. 이 책의 초판이 비록 이상심리학을 완벽하게 소개한다고 할 수는 없지만, 학부에서 심리학을 공부하는 학도들에게 많은 도움이 된 것으로 평가된다.

이상심리학은 심리학의 여러 영역 중에서도 핵심적인 응용 학문이다. 과학적인 심리학적 이론과 연구결과에 기반을 두어, 정상에서 비정상에 이르는 다양한 스펙트럼의 인간 행동을 기술하고 진단하며 치료함으로써 정상적인 생활을 영위할 수 있도록 돕는 학문 분야이기 때문이다.

인간의 여러 행동 중 어떤 것이 정상이고 어떤 것이 비정상인지를 정의하기란 결코 쉬운 일이 아니다. 왜냐하면 인간은 각자 사물을 지각하는 방식이 다르고, 환경 자극에 반응하는 방식 또한 다를 수 있으며, 문화에 따라서도 차이가 있기 때문이다. 그리하여 국제적으로 통용할 수 있는 이상행동의 진단 기준을 마련한 것이 『ICD-9』(The International Statistical Classification of Diseases and Related Health Problems-9)이었다. 1952년 미국 정신의학회에서도 이상행동의 진단 및 통계편람, 즉 『DSM』(Diagnostic and Statistical Manual of Mental Disorders)을 발간하였고, ICD의 체계와 DSM은 임상현장에서 가장 널리 활용되는 진단기준으로 사용되어 왔다. 그 후 많은 임상 사례가 지속적으로 축적되고 연구가 거듭되어 『DSM-III』(1980년), 『DSM-III-R』(1987년), 『DSM-IV』(1999년), 『DSM-IV-TR』(2000년) 등 여러 차례 개정이 이루어지고 보완이 되었다. 가장 최근에는 2013년에 『DSM-5』가 출간되었고, 우리나라에도 번역이 되어 임상 및 상담심리학 분야에서 널리 적용되고 있는 실정이다.

이상심리학 초판은 2008년에 출간되어 『DSM-IV』와 『DSM-IV-TR』에 근거하여 저술되었으므로 이 책의 독자들에게 보다 최신의 지식을 제공할 필요성이 제기되었다. 따라서 『DSM-5』에 근거한 개정판을 발간하게 된 것이다.

초판은 가장 기본적인 내용으로서 전체 14장으로 구성되었다. 그런데 이전의 구성으로는 『DSM-5』에 근거한 내용을 모두 소개하기에는 부족하여 내용을 대폭 확충하였다. 전체 19장으로 구성을 알차게 하였으나, 16주가 한 학기인 현재 학기제에서는 내용을 전부 소화하기에 다소 벅찬 느낌이 있다. 하지만 이 개정판을 기반으로 수강생들의 필요와 수준에 따라 강의 내용을 적절히 조정한다면 큰 문제가 되지 않을 것으로 생각한다.

처음 3개 장은 이상심리학을 학문적으로 이해하는 데 기초가 되는 내용을 수록하였고, 그다음 장에는 발달적으로 가장 중요한 아동기의 정신병리를 소개하였다. 제5장부터는 현대인들이 가장 많이 경험하는 행동장애들을 소개하였다. 또한 초판에서 사용된 용어 중 임상현장에서 개정되어 사용하는 것들은 이를 반영하였다(예: 정신분열증을 조현병으로 변경). 10년의 세월이 지나는 동안 우리 사회도 많이 변하였고 그에 따라 인간행동에도 큰 변화가 나타났다. 이 개정판에서는 이러한 최근의 변화를 가능한한 충분히 반영하고자 하였다.

연구와 강의에 바쁜 중에도 후학들에게 알찬 지식을 제공해 주고자 개정판 저술에 기꺼이 참여한 저자들에게 편집책임자로서 깊은 감사를 드린다. 또한 개정판을 출판하는 데 여러 가지로 노고를 아끼지 않은 학지사 편집진과 김진환 사장님께 깊은 사의를 표한다.

저자대표
안창일

1판 머리말

　인간은 출생하여 갖가지 질병을 앓으면서 성장한다. 아무리 건강한 사람일지라도 어릴 때는 물론이고 살아가면서 작고 큰 병을 단 한 번도 앓지 않는 사람은 없을 것이다. 성장하면서 신체는 거친 환경과 싸우면서 면역을 길러 건강한 신체를 만들어 간다. 우리의 마음 또한 마찬가지다. 비록 신체적 질병처럼 눈으로 볼 수는 없지만 아이나 어른이나 마음의 상처 없이 살아갈 수는 없을 것이다. 신체적 질병이 물리적 환경에 대한 적응과정에서 비롯된 것이라면 심리적 질환은 물리적 환경뿐 아니라 가까이 있는 다른 사람들과 상호작용하는 과정에서 일어나는 심리적 환경에 대한 적응과정에서 생겨난다. 출생하여 부모에게서 아무리 많은 사랑과 보호를 받는다 해도 마음의 상처를 전혀 입지 않고 자랄 수는 없다. 적응력이 강하면 이 상처는 곧 아물지만 그렇지 못할 경우 마음의 질환은 일생 동안 지속된다.

　심리학은 인간행동을 연구하는 학문이다. 이상심리학은 심리학의 주요 영역 중 하나로서 마음의 질병을 이해하고 치료하는 방법을 연구하는 학문이다. 마음의 병도 신체의 병처럼 원인을 밝히고 치료를 할 수 있다는 신념에서 발전된 학문이 이상심리학이다. 무엇을 정상이고 무엇을 이상이라 하는가에 대해서는 논란이 있을 수 있으며, 정상과 이상을 구분하는 기준 또한 여러 가지가 있다. 또 이상행동을 진단하고 원인을 밝히며 치료하는 데도 여러 가지 학설과 방법이 있다. 그에 관한 것을 우리는 이 책에서 배우게 될 것이다.

　30여 년간의 교수생활을 마무리하면서 지난 세월을 돌아볼 때 나는 자랑할 만한 업적이 별로 없어 그저 부끄러울 뿐이다. 그러나 나를 믿고 따라 준 수많은 제자가 있다는 것을 생각할 때 나는 한없는 행복감에 젖는다. 수많은 제자 중에서도 특히 대학원에서 나와 함께 학문을 연마한 40여 명의 박사와 180여 명의 석사가 지금 각자의 전문 분야에서 학자로, 교육자로, 전문인으로서 최선을 다하며 나날이 성장하고 있다. 비록 나와 함께 석사와 박사 학위 논문을 쓰지는 않았지만 내 강의를 듣고 계속 나와 같은 학문의 길을 걷고 있는 수많은 제자 또한 나의 행복감에 큰 보탬이 되고 있다. 나는 이들을 항상 자랑스럽게 생각하며 이들의 학문적 · 인간적 성장에 그저 기뻐할 뿐이다. 이들 중 16명이 나의 정년을 기념하는 뜻에서 이상심리학 책을 집필하였다. 바쁜 시간을 할애하여 성심껏 집필한 것으로 내게는 이보다 더 훌륭한 선물이 없을 것이다. 이 책으로 이상심리학을 공부하게 될 후학을 생각하면서 흐뭇함을 느낀다. 그들이 자신을 이해하고 마음의 상처로 괴로워하는 동료를 도와 건강하게 삶을 살아갈 수 있게 하는 데 이 책이 다소나마 기여하기를 바란다.

이 책은 모두 14개 장으로 구성되었다. 대학에서 한 학기 강의에 적절한 분량이라 생각한다. 처음의 3개 장은 이상심리학이란 학문을 이해하는 데 도움이 될 수 있는 내용이며, 나머지는 여러 가지 장애 중 특별히 중요시되는 것을 다루었다. 가능한 한 많은 사례를 소개함으로써 독자의 이해를 돕고자 하였으며, 모든 필자가 현장에서 직접 경험한 생생한 사례를 알기 쉽게 설명하였다. 그들의 노고에 감사를 표하며 그들의 학문적, 전문적, 인간적 성장과 더불어 앞날에 큰 축복이 있기를 기원한다. 끝으로 이 책을 기꺼이 출판해 주신 학지사 김진환 사장님과 편집과정에서 수고해 주신 편집진에게 심심한 사의를 표한다.

2008년 10월
편자 안창일

제1장

이상심리학의 기초

육성필

학습 목표

1. 이상심리학의 정의와 이상행동의 구분 기준에 대해 알아본다.
2. 시대적 변화에 따른 이상심리학의 개념적 변화와 토대를 이해한다.
3. 이상심리학에 대한 이론적 접근과 배경을 이해한다.
4. 이상심리학과 정신과적 진단분류체계의 주요 개념에 대해 학습한다.
5. 정신병리의 진단분류체계와 기준 특히 『DSM』의 진단 및 분류체계를 이해한다.

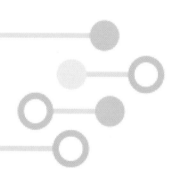

학습 개요

이삼심리학에 대한 전반적인 이해를 통해 인간의 이상행동에 대한 역사적 그리고 이론적 변화과정에 대해 학습한다. 이상심리는 시대적인 요구, 환경적인 변화, 문화적인 배경, 인간에 대한 이해 등을 기초로 하여 체계화되었으며, 이를 기초로 다양한 모델과 이론들이 등장하였다. 이처럼 현재 인간의 심리, 특히 이상행동에 대한 이해는 고정적인 것이 아니고 시대적·문화적 환경에 따라 변화하기 때문에 이상심리에 대한 체계적이고 지속적인 연구와 관심이 필요하다.

1. 이상행동의 구분기준

　사람들 각각의 행동을 해석할 때, 무엇을 기준으로 하여 정상과 이상으로 구분할까? 이상행동과 정상행동을 나눌 수 있는 정해진 기준이 있는 것인가? 이러한 개인이 나타내는 행동을 이상행동과 정상행동으로 구분하는 기준은 역사적·시대적으로 그리고 전문가들마다 접근이 다양하다.

　이상행동과 정상행동을 구분하는 개념들이 다른 양극단에 있는 것이 아니라 모두가 하고 있거나 할 수 있는 범위에서 하는 행동들이지만, 일반적이고 타당하다고 규정지은 범위 내에서 이해할 수 있는지를 우선 고려해야 한다. 그러나 정해진 범위 안에서 행해지는 것이라고 해도 모든 사회적·문화적·시대적 특성을 포함한 것은 아닐 수 있다는 것을 알고 있어야 한다.

　먼저, 건강한 심리적 기능의 특성은 다음과 같은 특성을 가지고 있어야 한다. 첫째, 자신에게 경험되는 현실을 파악하고 인식할 수 있다. 둘째, 자기 자신의 능력과 심리적 상태, 동기 등을 어느 정도 통찰하고 있다. 셋째, 스스로의 행동을 어느 정도 적절히 통제할 수 있다. 넷째, 자기 자신을 있는 그대로 받아들이고 인정하며, 사회적으로 수용하는 범위에 있다. 다섯째, 다른 사람과 원만하고 친밀한 인간관계를 형성할 수 있다. 여섯째, 자신의 능력을 생산적인 활동으로 전환시킬 수 있다.

　건강한 심리 상태와 비교하여 심리적·정신적 곤란으로 인해 일상 기능에 지장이 초래될 경우를 이상심리 상태 혹은 정신장애 상태라고 할 수 있는데, 심리장애는 양상이 다양하며 한마디로 정의하기는 어렵다. 다만 현재 이상심리학에서 제시하는 일반적이고 보편화된 정상성과 이상성에 대한 기준은 다음과 같다(Davision & Neale, 2001; 권석만, 2013; Butcher et al., 2013).

　첫째, 심리적 적응의 기능 저하 및 손상(maladaptiveness) 측면이다. 모든 사람은 발달단계에 맞추어 성장하면서 그 단계에 적절하게 적응해 나간다. 특히, 현대인은 다양하고 변화의 속도가 빠른 사회 환경에 적응하며 살아가야 한다. 하지만 발달과정에서 이렇듯 변화되어 가는 환경에 적응하지 못하고 사회적·직업적 기능에 부적응을 초래할 때 이상심리로 볼 수 있다. 하지만 어느 정도의 심리적 부적응 수준이 되어야 심리장애로 판단할 수 있을지 객관적인 기준을 정하는 것도 어려운 일이다.

둘째, 주관적인 불편감 및 고통 측면이다. 개인이 경험하는 불편감과 고통은 상대적인 것으로, 어떤 개인에게는 아무런 불편감도 없는 사건들이 어떤 이에게는 견딜 수 없는 고통이 되기도 한다. 이런 경우, 개인에 따라 수면 문제, 불안, 우울감, 만성적 피로감 등 다양한 반응을 나타낼 수 있으며, 때로는 심리적 고통을 감당할 수 없어 죽음을 생각하기도 한다. 그러나 이러한 주관적 불편감과 고통의 측면은 이상심리를 판단하는 데 있어 충분조건이 되기에는 한계점이 있으며, 단지 판별하는 데 하나의 기준이 될 뿐이다.

셋째, 통계적 해석의 측면이다. 정상이 아닌 이상이라는 개념 자체가 평균적 범위에서 벗어난, 즉, 정상분포(normal distribution)에서 멀어짐을 의미한다. 평균에서 멀어진 방향으로 편포되어 있을 때, 비정상으로 보는 것이 통계적 해석 측면이라 할 수 있다. 가장 흔하게 통계 기준을 적용하는 예는 정신지체(mental retardation)이다. 대부분의 지능검사에서 평균을 100으로 본다면, 표준편차가 15이기 때문에 IQ 70 이하와 IQ 130 이상을 통계적으로 이상이라고 표현한다. 만약 어떤 사람의 지능지수 IQ가 130 이상이라면 이상으로 보아야 할까? 통계 기준에서는 비정상적이지만 이들을 이상행동의 특성을 나타낸다고 하지는 않는다. 이처럼 통계 기준으로 이상행동을 규정하는 것에는 한계가 있다.

넷째, 위험성 관점 측면이다. 자신 혹은 타인에게 해를 끼치는 행동을 할 가능성이 지속적으로 있다면, 이러한 행동을 정상행동으로 보는 데는 문제가 있다. 자해, 자살행동 혹은 타인을 해하려는 공격적 행동이나 공공시설의 파괴, 위험과 관련된 규범을 지키지 않는 등의 행동도 마찬가지이다. 그러나 위험성만으로 이상행동을 규정하는 것 또한 한계가 있다. 빙벽을 타는 것, 높은 곳에서 번지점프를 하는 것이 비록 위험한 것이라도 이러한 행동을 이상행동으로 판단하지는 않는다. 왜냐하면 위험성 또한 주관적이며, 일반적으로 규정된 것이 없기 때문이다.

다섯째, 문화적 측면이다. 모든 사회에는 그들이 가진 문화가 있으며, 그 안에서 지켜야 하는 문화적 규범이 있다. 그 규범은 그 사회에서 역사적·문화적으로 수용되는 행동들이다. 그리고 그 규범을 준수하는 것이 사회적 적응을 하는 것이며, 사회에 소속되는 경험을 하게 되는 것이고, 그 규범에서 벗어난 행동을 하면 이상행동으로 본다. 그러나 사회·문화적 차원을 기준으로 하여 이상행동을 규정하는 것에서 발생하는 문제는 상대적이라는 것이다. 어떤 문화에서는 용인되는 행동이 다른 문화에서는 문제행동이 되기도 한다. 또한, 사회·문화적 관점에서 이상행동을 판단하는 것에는 그 규범들의 적절성, 융통성과 그 문화의 특성이 반드시 고려되어야 한다.

2. 이상심리학의 역사

인간의 행동, 특히 이상행동을 이해하고자 하는 노력은 이미 기원전부터 있었으며 이상행동을 역사적인 관점에서 이해해야 할 필요가 있다. 역사적 관점에서 인간의 이상심리를 보면 초자연적 관점에서부터 생물학적 관점과 심리학적 접근으로 이어져 오고 있다. 고대부터 이상심리에 대한 역사는 정신병의 기원이다. 이상행동의 원인을 신체 외부에 두었고 귀신, 성령부터 태양, 달, 별 등에서 영향을 받는다고 하였으며, 중세에는 악마나 악령의 선물이라고도 하였다. 이러한 관점은 오랜 역사를 이어 내려왔고 종교인들의 지배를 받았던 시대에서 더욱 강화되었다. 그리스·로마시대에서는 정신병의 원인을 생물학적 원인으로 이해했으며, 심리학적 관점은 18세기 후반에 이르러서야 등장하였다. 시간의 흐름에 따라 시기적으로 이상심리에 대한 이해가 현재의 관점과는 차이가 있기는 했지만, 나름의 다양한 접근을 통해 독특한 원인 분석, 치료 방법을 제시하고 있다. 이와 같이 이상심리는 인류 문명과 같이 하였고, 인간의 삶에 깊이 자리 잡고 있다. 따라서 인류가 고대부터 현대에 이르기까지 역사적으로 이상행동에 대해 어떻게 접근해 왔는지 살펴보는 것이 필요하다.

1) 고대: 귀신론

고대에는 사람들이 나타내는 신체적·정신적 이상을 신체 내부적인 원인으로 보지 않고, 초자연적인 것에 의해 발생하는 외부적인 것으로 이해했는데, 예를 들어 귀신에 씌었거나, 저주를 받았다든지, 초자연적 힘에 휩쓸린 것으로 이해하였다. 따라서 그들을 위한 치료법은 초월적 방식으로 마술적 혹은 종교적 의식을 사용하였으며 퇴마의식을 통해 정신장애를 차단하거나 쫓는다는 개념으로 치료하였다. 석기시대에는 이상행동을 하는 사람들을 치료하기 위해 머리를 절단하는 방법을 사용했다는 기록이 있으며, 두개골을 절개하는 방식의 치료의 목적은 악령을 몰아내기 위한 것으로 보고 있다. 고대 이집트, 인도, 중국 등의 고대 기록이나 고고학 자료에서도 이러한 방법을 사용하였다고 나와 있다. 유럽 일부 지역과 중남미 지역에서는 트레핀(trephine)이라는 돌로 두개골을 뚫는 방법으로 귀신이 머릿속에 들어와 사람을 미치게 하는 것으로 이해하고 귀신이 그 구멍을 통해 나가도록 하는 치료방법을 사용한 것으로 보인다.

2) 그리스 · 로마시대: 신체적 원인론

그리스 · 로마시대에는 정신장애에 대한 접근이 변화되기 시작하였다. 고대 그리스 철학자들은 이상행동을 일종의 뇌질환으로 보고 다른 질병들처럼 4대 체액(흑색담즙, 황색담즙, 점액, 혈액)의 불균형 상태가 질병을 유발한다고 제안하였다. Hippocrates(BC 460~377)는 체액들의 불균형으로 정신병이 유발되며, 정신질환의 유형을 우울증, 광인, 정신착란으로 구분하였다. 정신병의 원인으로 음식, 생활습관, 환경 등을 들었으며, 질병의 원인을 발견하기 위해서는 추정보다는 행동관찰의 필요성을 강조하였다.

이와 같이 정신질환의 원인으로 자연적인 신체적 원인과 뇌의 병리를 강조함으로써 원시적이며 초자연적 접근에서 생리적이며 의학적 접근을 기반으로 한 관찰과 실험적 연구로 전환되었다. Plato(BC 427~347)는 정신병을 두 가지 유형으로 나누었는데, 한 가지는 신의 힘에 의해 발병된 정신병으로 인간에게 예언의 기능을 준다고 했으며 다른 한 유형은 신체적 질병에 의한 정신병이라고 하였다. Aristotle(BC 384~322)는 정신병이 신에 의한 것이 아니라 신체적 질병의 산물이라 하였다. 여러 철학자, 의사들의 다양한 과학적 접근이 제기되고 시도된 시대이긴 하였으나, 일부에서는 여전히 시대적 한계를 드러내는 주장도 있었다.

3) 중세시대: 귀신론

중세시대는 종교적 영향이 지배적이어서 그리스 · 로마시대에 이루어 낸 과학적 접근이 고대의 귀신론으로 퇴보한 시기였다. 심리적 문제나 이상행동을 나타내는 정신병자가 다시 악마의 지배를 받는 존재로 전락하게 되었다. 정신병자는 신의 벌을 받는 것으로 생각하였고 사탄과 악령에 사로잡혔다는 믿음이 팽배했다. 이러한 시대 분위기로 인해 정신질환을 가진 사람은 종교적 재판을 통해 극심한 형벌이나 고문을 당하였으며 마녀로 몰아 화형에 처하는 마녀사냥이 성행하기도 하였다. 정신장애를 가진 사람에게 가혹한 고문과 감금을 하는 등의 비인간적인 접근은 중세시대 이후 오랫동안 이어져 정신장애에 대한 과학적 접근이 퇴보하였다.

4) 르네상스시대

중세시대 이후 오랜 시간 동안 정신병에 대한 귀신론적인 이해에서 18세기 말에는 환자에게 인도적인 처우를 해야 한다는 주장이 제기되기 시작하였다. 정신질환자에게 종교적 측면에서 가혹하게 접근할 것이 아니라, 생리적이고 과학적인 방법으로 인도적으로 처우해야 한다는 의사들이 등장하였다. 스위스 의사였던 Paracelsus(1490~1541)는 인간은 육체라는 자연적 존재와 초자연적 존재 두 가지의 혼합체라 하였으며, 정신장애는 과학적으로 접근해야 한다고 주장하였다. 또한 Johann Weyer(1515~1588)는 마녀사냥을 비난하고 정신병의 의학적 원인을 제시하면서 정신장애환자는 종교적 심판에 의한 것이 아닌 의사가 치료를 해야 하는 대상으로 보았으며, 마음에도 병이 생길 수 있다는 그의 주장은 정신의학사에서 제1차 혁명으로 보았으며, 최초의 정신과 의사로 지칭되었다. 또한, William Cullen(1710~1790)은 1800년에 신경증(neurosis)을, Johann C. Reil(1759~1813)은 정신의학(psychiatry)이라는 용어를 각각 처음 사용함으로써 정신치료의 필요성과 효과에 대해 주장하였다.

이러한 노력은 16세기 중반에 정신질환자들을 인도적으로 돌보기 위해 병원, 수도원 등에서 많은 정신질환 환자를 수용하였으나, 점차 너무 많은 환자의 수용으로 인해 열악한 환경으로 바뀌어 갔다.

5) 19세기와 20세기 초의 이상심리학: 도덕치료 시대

도덕치료운동은 18세기 말에 시작되었다. 정신질환을 가지고 있는 사람들을 인간적으로, 친절과 인도적으로 치료하자는 움직임이 있었다. 유럽에서는 Vincenz

Chiarugi(1759~1820), Jean-Baptiste Pussini(1746~1811), Phillipe Pinel(1745~1826) 등이, 미국에서는 의사였던 Benjamin Rush(1745~1813) 등이 대표적인 인물로서, 이들은 환자의 도덕적 치료의 필요성을 강조하였다. 19세기 유럽의 산업화에 따라 급속하게 인구가 증가했고, 병원에서 정신병환자를 의무적으로 평가해야 하는 법률이 제정되면서 정신병원이 급증하였다. 인도적 차원에서 시작하였고 19세기 중반까지도 일부에서는 도덕적 치료를 강조하는 사람들이 있었지만, 비용과 인력 문제로 환자들은 대형 정신병원에 수용되었고 도덕적 치료는 외면당하게 되었다.

이후 북미에서는 정신병원이 감금하는 곳이 아닌 안전한 곳이라는 인식이 생겨났고 20세기 초에는 정신분석이 도입되어 일반인의 정신병에 대한 인식이 변화되기 시작하였다. 또한 환자의 수용소를 병원으로 개칭하였고, 환자로 대우하기 시작하였으며, 정신건강이라는 용어를 사용하였다. 이러한 움직임은 공중위생이라는 개념 아래 정신병을 예방하는 데 초점을 두도록 하는 등 정신병에 대한 개념이 변화하기 시작하였다. Emil Kraepeline(1856~1926)은 정신병의 분류체계를 도입하였고 조현병 환자들을 격리하여 수용하였다. 또한 Kraepeline은 조발성 치매(dementia praecox)는 뇌의 장애이며 외인성 · 내인성 원인에 의해 발병한다고 주장하였다.

그러나 20세기 초반 경제 대공황으로 경제적 지원이 원활하지 않아 정신병 환자들의 처우가 크게 떨어지게 되었다. 또한 연이은 전쟁들로 병사들이 정신의학적 처치를 받게 되었으며, 제2차 세계대전 이후 군인들에게 새로운 정신장애 분류체계가 적용이 되었고 치료를 받게 되었다. 이러한 변화가 DSM 및 ICD 코드가 분류기준에 활용되는 계기가 되었으며, 이후 정식적인 분류체계로 인정받게 되었다.

6) 현대의 이상심리학

역사적으로 정신장애에 대한 수많은 발병 원인 및 치료법과 관련된 주장과 접근이 있었다. 19세기 후반과 20세기에 현대 정신병은 과학적 이해의 발달로 정신질환 원인이 생물학적 원인과 심리학적 원인에 의해 발병된다는 사실이 밝혀지면서 이를 기반으로 한 새로운 이론과 치료법이 현재까지 개발되고 있다.

18세기 Franz Masmer(1734~1815)는 신체 내의 전자기의 잘못된 분포를 히스테리의 발병 원인으로 보고 한 사람의 전자석액이 다른 사람의 전자석액에 영향을 주어

행동에 변화를 일으킨다고 보았다. 이러한 전자기의 불균형을 바로잡기 위해 최면술과 유사한 방법을 사용하였는데, 이러한 방법이 비과학적이긴 하였으나 많은 히스테리 환자를 치료하는 데 도움을 주었다. 또한 최면술의 시초가 되기도 하였다. 이후 Josef Breuer(1842~1925)는 최면술에 의한 히스테리 환자치료에 관심을 가지게 되었으며, Sigmund Freud(1856~1939)와 함께 히스테리 연구(1895)를 하게 되었다. 이러한 최면술이 히스테리 치료의 주요 기법으로 인정받는 데는 프랑스 신경학자 Jean-Martin Charcot(1825~1895)의 영향이 컸다고 할 수 있다. Charcot에게 최면술을 배운 Freud는 최면에 걸린 환자들이 지각할 수 없었던 고통스럽고 억압된 무의식적 기억을 이야기를 통해 의식으로 가지고 나오게 되면 증상이 호전된다는 것을 임상적으로 알게 되었다. 이후 그는 인간의 이상행동은 무의식적인 억압과 갈등들로 발현된다고 믿게 되었고 최면술이 아닌 자유연상기법을 통해 치료하는 정신분석학의 체계를 세워 나갔다.

정신장애의 원인으로는 심리적 원인과 함께 생물학적 원인도 있다는 신체적 원인론도 함께 제기되었다. 이러한 움직임에 의해 1950년대 이후 정신장애와 관련해 뇌신경전달물질과 정신장애와의 연관성에 대한 관심이 증가하여 정신약물에 대한 관심으로 이어졌다. 20세기 중반에는 정신병리학적 연구가 활발해졌으며 실험정신병리학을 통해 환자들이 나타내는 특성을 이해하려는 노력을 하게 되었다. 현대 이상심리학은 이러한 심리적 원인과 신체적 원인이 공존하며 이들이 어떻게 상호작용하는가에 관심이 있다. 새로운 정신질환 치료약들이 개발되면서 정신병원에서 치료를 받던 환자들이 지역사회로 복귀하게 되는 계기가 되었다.

실제적인 치료와 더불어 정신현상을 과학적 방법으로 연구하려는 시도들이 이루어졌으며 정신장애를 체계적으로 분류하고 심리적 특성을 규명하려는 노력들이 이어졌다. 1905년에 프랑스 심리학자였던 Alfred Binet에 의해 아동용 지능검사가 처음으로 개발되어서 정신지체를 과학적 방법으로 판별하기 시작하였으며, 이후 미국에서 1915년경 제1차 세계대전에 참전하는 군인들의 선발과 배치를 위해서 최초의 집단용 지능검사와 성격검사를 개발, 실시하게 되었다. 1939년에는 성인용 지능검사가 개발되었고, Stark Hathaway와 Jorian Mckinely에 의해 다면적 인성검사(MMPI)도 개발되어 정신병리를 보다 과학적 접근에 기초하여 객관적으로 평가하는 것이 가능하게 되었으며 진단, 치료 및 치료효과 평가에도 커다란 발전을 이루게 되었다.

　　정신병리에 대한 과학적 방법에 기초하여 정신질환에 대한 다양한 치료적 접근이 있어 왔다. 정신분석 이후 19세기 초 Ivan Pavlov(1849~1936)는 객관적 관찰과 측정이 가능한 고전적 조건화 이론을 주장하였다. 1950년 후반기에 행동치료(behavior therapy)라는 치료기법이 도입되었고, 행동수정이라는 용어가 사용되기 시작하였으며 이들은 학습이론(learning theory)과 더불어 이상심리학의 새로운 이론적 배경을 형성하였다. 1940년대에 Maslow와 Rogers의 인본주의 심리학(humanistic psychology)은 심리학에 있어 획기적인 변화를 일으키며 제3의 심리학의 물결을 가지고 왔다. 그 후로도 Pears의 게슈탈트 치료, Frankle의 의미치료, Glasser의 현실치료 등 다양한 치료적 이론들이 나왔다. 그 이후 인지행동치료(Cognitive Behavior Therapy: CBT)가 제시되면서 행동치료와 인지치료가 통합되었다. 1999년 Hayes에 의해 수용전념치료(Acceptance and Commitment Therapy: ACT)가 제안되었고 마음챙김(mindfulness)이 심리치료에서 주목받고 있다.

　　이러한 다양한 치료적 접근이 나오고, 정신건강에 대한 사람들의 관심이 높아지면서 심리치료를 원하는 사람이 증가하게 되어 미국에서는 민간 보험회사들이 심리치료에 대한 보험 적용 체계를 갖추기 시작하였다. 심리치료에 보험이 적용되면서 많은 사람이 심리치료를 받을 수 있게 된 반면 만성 정신질환자는 상대적으로 의료보험 시스템 안에서 장기 치료 문제로 제외되기도 한다. 최근에는 이러한 문제들을 해결할 수 있는 많은 정책적 시스템 개발과 민간 심리치료 서비스 제공의 다양한 방법의 개발이 이루어지고 있다.

3. 이상심리학의 이론적 모델

1) 생물의학적 접근

　　현대 이상심리학에서는 이상행동 및 정신장애의 원인을 생물의학적 측면과 심리학적 측면 모두에서 파악하려고 한다. 생물의학적 모델에서는 유기체 일부의 기능장애를 이상행동의 원인으로 보고 있다. 이 접근은 일반적으로 뇌의 해부학적 구조나 화학 과정에서의 문제, 그리고 유전 등을 이상행동의 원인으로 본다.

(1) 뇌의 해부학적 구조와 이상행동

생물의학적 입장은 뇌가 사람의 심리적 기능과 밀접한 관계를 맺고 있다고 가정하며, 정신장애를 가지고 있는 사람들의 뇌의 구조적 이상과 기능손상에 대해 관심을 갖는다. 최근 뇌 과학자들은 뇌 특정 부위의 결함과 특정 심리장애와의 관련성을 밝히려 하고 있으며, 뇌를 구성하는 뉴런(neuron)들 사이에서 전달되는 신호 전달의 문제가 정신장애를 유발한다는 연구결과를 보고하고 있다.

(2) 뇌의 화학과정과 이상행동

생물의학적 모델에서는 이상행동의 또 다른 원인을 뇌의 생화학적 이상으로 본다. 뇌에는 50여 가지의 신경전달물질이 있으며, 각각의 뉴런은 특정 신경전달물질만을 사용한다. 주요 신경전달물질로는 세로토닌, 노르에피네프린, 도파민이 있으며, 이외에도 GABA, 글루타메이트(glutamate), 아세틸콜린(acetylcholine) 등이 있다. 이러한 특정 신경전달물질의 활동 수준 과다 혹은 활동 수준의 저하가 정신장애와 관련이 있다고 보는 것이 생물의학적 접근이다. 또한 신경전달물질 이외에도 내분비샘에서 호르몬(hormones)이라는 화학물질이 혈관 속으로 분비되는데, 호르몬 또한 심리적 문제들과 상관관계가 있다고 보고하고 있다.

뇌의 구조적 이상을 발견하기 위해 학자들은 다양한 현대적 기술을 사용하여 연구를 실시하고 있다. 최근 전산화된 단층촬영술(CT), 자기공명 영상술(MRI), 양전자방출 단층촬영술(PET) 등과 같은 다양한 뇌영상술(brain imaging)을 통해 정신장애 환자들이 나타내는 뇌의 구조적·기능적 특성에 대한 활발한 연구가 진행되고 있다. 또한 뇌의 손상과 관련된 심리적 기능을 측정하는 신경심리검사(neuropsychological test)를 통해 손상된 뇌의 영역과 손상 정도를 평가하는 방법도 개발해 사용하고 있다.

(3) 유전과 이상행동

생물의학적 접근에서 정신장애의 원인을 밝히기 위해 유전연구가 활발히 진행되고 있다. 사람의 뇌와 신체세포에는 23쌍의 염색체가 있으며, 각 쌍의 염색체는 부모에게 물려받게 된다. 각 염색체에는 유전적 특성이나 특질을 통제하는 수많은 유전자(genes)가 있는데, 각 세포에는 총 3~4만 개의 유전자가 있다. 정신장애 환자가 지니는 염색체의 특성을 밝히기 위해 염색체 연구가 유용하다. 또한, 정신장애가 유전적 영향을 받는지에 대한 연구는 가계 연구, 쌍둥이 연구, 입양아 연구 등 다양한 방법을 통해 이루어지고 있다.

(4) 생물의학적 치료와 제한점

생물의학적 입장에 기초한 정신장애 치료에서는 약물치료(drug therapy), 전기충격치료(electroconvulsive theory: ECT), 뇌절제술(brain surgery) 등을 사용한다. 약물치료고 대표적인 것은 항불안제, 항우울제, 항정신병제, 항조울제 등으로 정신장애 치료에 많은 기여를 한 것은 부정할 수 없으나, 약물치료는 부작용(side effect)이 나타나기도 한다. 또 다른 주요 치료 방법으로는 전기충격치료로서 심한 우울증 환자에게 사용되는데, 뇌에 일정한 강도의 전기충격을 가하면 우울 증상이 감소되기도 한다. 뇌절제술은 뇌의 특정한 부위를 수술을 통해 잘라내는 방법으로 위험성이 높기 때문에 극단적인 경우 외에는 잘 사용되지 않는다.

생물의학적 모델에서는 약물치료와 같이 직접적이고 효과적인 치료방법으로 정신장애를 치료하는 데 기여한 부분도 있지만, 심리사회적 요인은 간과되었다. 또한, 약물치료의 경우, 증상의 완화와 단기적 효과는 있을 수 있으나 근본적인 원인을 해결하는 치료는 되지 않는다는 한계점을 가지고 있다.

2) 심리학적 접근

(1) 정신분석모델

Sigmund Freud(1856~1939)

정신분석모델은 현대의 심리학 모델 중 가장 오래 되고 많이 알려진 것이며 최초의 체계적 모델이다. Sigmund Freud(1856~1939)의 정신분석의 기본 개념 중에 심리결정론(psychic determinism)은 과거의 여러 가지 경험에 의하여 현재의 생각, 행동 그리고 느낌 등이 영향을 받는다는 것을 말한다. 따라서 지각할 수 없는 어떤 힘에 의해 인간행동이 이루어지며, 이유 없는 행동은 없다고 하였다. 정신분석에서는 억압된 충동에 의한 무의식적 갈등을 이상행동을 유발하는 주요 원인으로 주목하고, 이러한 본능적 충동들의 억압이 신경증의 원인이 된다고 주장하였다. 이상행동의 원인이 되는 갈등을 해결하기 위해 무의식에 있는 경험들을 의식으로 이끌어 내는 치료적 접근(자유연상, 꿈 해석, 전이, 저항에 대한 해석 등)을 사용하여 이상행동의 원인을 해결하고자 하였다.

Freud의 정신분석이론은 이후 자아심리학, 대인관계이론, 자기심리학에 이르기까지 계승 혹은 비판적 발전을 하고 있으며, 이상행동에 대한 다양하고 효과적인 치료적 접근의 기초가 되었다. 정신분석이론에서 다루는 중심 개념은 의식구조, 성격구조, 성격의 발달단계에 대한 것이며, 정신분석적 입장의 이상행동에 대한 주요 개념과 치료적 접근은 다음과 같다.

① 의식구조(지형적 구조)

19세기 심리학은 의식(conscious)의 심리학이었다. 그러나 Freud는 인간의 마음속에 의식할 수 없는 어떤 것에 대해 끈기 있게 탐구하였다. 『꿈의 해석(Die Traumdeutung)』(1900)에서 처음으로 지형학적 이론을 기술하였다. 정신의 기제가 '영역-의식, 전의식, 무의식'으로 서로 다르게 작동한다는 개념이다. 인간의 심리 기능의 영역을 나누어 설명하는 것이 마치 사람의 마음을 지도처럼 나누는 것 같다고 하여 지형학적 이론(topographical theory)이라 한다. 이후 구조적 모델이 제안되기 전까지 지형학적 이론은 정신분석 이론의 바탕이 되었다.

- 의식: 의식(consciousness)은 자신의 심리를 직접 인식할 수 있는 영역이다. Freud 는 의식을 "우리의 통로를 밝혀 주어 정신생활의 어두움 속에서 우리를 인도해 주는 것"이라고 하였으며, 외부세계로부터 오는 감각들과 내부과정에서 억압되지 않은 감정과 사고들을 인식하여 보통 각성 시 생각을 담당한다고 하였다. 즉, 개인과 환경을 인식할 수 있는 능력, 환경 안에서 제반 지적 활동의 전제가 되는 정신적 기능을 말한다.
- 전의식: 전의식(preconsciousness)은 즉각적으로 혹은 쉽게 기억하거나 표현되지 않아도 주의를 집중하면 쉽게 심리를 의식화할 수 있는 영역이다. 전의식은 검열 기능과 억압이 장벽 역할을 한다는 점에서 무의식과 구별되지만, 의식에서 포착되지 않는다는 점에서 현상학적으로는 무의식으로 볼 수 있다. 그러나 즉각적으로 의식화되기도 한다. 따라서 전의식은 무의식의 내용을 의식에서 인식할 수 있

도록 하는 중간자 역할을 하는 것이다.

- 무의식: 무의식(unconsciousness)은 정신분석 이론에서 가장 핵심적인 역할을 한다. 흔히 정신분석을 '무의식의 심리학'이라고 하며 '심층심리학'이라고도 한다. 무의식의 개념은 의식으로부터 억압되어 의식에서 접근할 수 없는 영역을 뜻한다. 의식 밖에 있어서 의식 수준에서는 알 수 없는 정신생활의 한 부분으로서, 그 내용이 영원히 나타나지 않을 수도 있지만 그 일부는 전의식을 통해 의식화되는 경우두 있다 이러한 무의식은 꿈, 건망증, 의도적 망각, 인격 분리 등의 현상으로 표현되기도 한다. 무의식은 개인이 의식할 수 없으나 그 개인의 행동에 설성식인 영향을 준다.

② 성격구조

Freud는 인간의 정신구조를 원초아(id), 자아(ego), 초자아(super-ego)로 설명하고 있다. 각 체계는 그 자체적으로 기능을 가지고 있으나, 서로가 상호작용하여 인간행동을 지배한다고 보았다.

- 원초아: 원초아(id)는 무의식 기능의 중요한 부분을 차지한다. 원초아는 모든 심리적 기능의 에너지원으로서 자아, 초자아에 필요한 에너지를 제공한다. Freud는 원초아를 구조화되지 않은 본능적 욕동들의 저장소라 하였으며, 일차과정 사고에 의해 작동되어 원초아 자체로는 본능적 욕동(성적 본능, 공격적 본능)을 조절할 능력이 없다고 보았다.
- 자아: 자아(ego)는 현실 원리(reality principle)에 따라 작용한다. 이 현실 원리의 목적은 현실을 판단, 평가하며, 만족할 만한 대상, 방법이 나타날 때까지 욕구의 충족을 연기시키고 조절하는 역할을 한다. 즉, 자아는 원본능의 본능적 욕동을 현실에 맞게 조절하고 통제하는 것이다. 자아가 이러한 역할을 제대로 수행하지 못할 때 신경증과 정신병이 나타난다.
- 초자아: 초자아(superego)는 구조이론에서 처음 등장한 개념으로서, 부모와 사회적 규범이 아동에게 가르쳐 준 사회적 가치와 도덕의 내면화된 표상을 말한다. 도덕 원리(moral principle)에 따라 옳고 그름을 판별하는 데 관여하며 양심과 자아이상을 실현하려 한다. 초자아가 너무 강한 경우, 기대 수준이 너무 높고, 완벽하려

고 하여 그 수준에 부응하지 못하면 자신에게 지나치게 냉혹하고 비난하는 악순
환을 거듭하게 되어 심리적 장애의 원인이 된다. 반대로 초자아가 너무 낮은 경우
는 반사회적인 행동을 하며 사회적으로 수용받지 못하게 된다.

③ 성격의 발달단계

Freud는 사람의 성적발달을 세 단계로 나누었는데, 첫 번째 단계를 생후 약 5세까
지의 유아 성욕기(infantile sexuality)로, 이 단계는 다시 구강기, 항문기, 남근기로 나누
었고, 두 번째 단계는 잠복기(latency period), 세 번째 단계는 성기기(genital stage)이다.
이러한 단계를 심리성적 발달(psycho-sexual stage)이라고 한다. Freud는 다른 성을 가
진 부모에게 가지는 적대적인 오이디푸스 갈등이 모든 성격구조의 근원이라 하였다.

- 구강기: 구강기(oral stage: 0~1세)는 심리성적 발달의 첫 단계이며, 영아가 태어나
  입으로 할 수 있는 활동들을 하는 시기를 말한다. 즉, 젖을 빠는 것, 손가락을 빠
  는 것, 먹는 것 등에서 즐거움을 느끼며 구강기 후기에는 공격성을 보이게 된다.
  구강행동에는 지나친 활동, 악담하는 것, 아기처럼 구는 행동 등이 포함된다. 이
  와는 반대로 잘 먹지 않는다든지, 말하는 것을 꺼리는 행동 등도 포함된다.
- 항문기: 항문기(anal stage: 1~3세)의 핵심활동은 대변조절 활동이다. 괄약근 통제
  에 대해 어떤 태도를 갖는가에 따라 강박적 행동의 원인을 찾을 수 있다. 이 시기
  에는 대변을 지니고 있고 싶은 욕구와 배설하려는 조절 욕구 사이에서 양가감정
  을 지니는데, 이 발달단계에 고착되는 경우 극도의 질서정연함, 완고함, 절약 등
  의 강박적 특성이 나타나고 가학, 피학성 등을 보이기도 한다.
- 남근기: 남근기(phallic stage: 3~5세)는 성기 영역이 성적 흥미와 자극, 흥분의 초점
  이 되는 시기이다. 남근기는 오이디푸스 갈등과 연관되며, 어머니에 대해 성애적
  사랑을 느끼고 아버지에 대해서 시기와 적개심을 갖는 시기이다. 오이디푸스 소
  망과 연관된 거세공포가 생기며 근친 상간적 소망은 거세공포에 의해 억압된다.
  공격자와의 동일시를 통해 거세에 대한 공포를 부분적으로 완화해 가는데, 부모
  상과 지속적으로 동일시하며 초자아를 형성하게 된다. 이 시기의 병리적 성향이
  거의 모든 신경증과 연관이 있다.
- 잠복기: 잠복기(latency stage: 6~12세)는 학령기에 해당하며, 이 시기에는 성적 특

성이 생리적으로 노골화되지 않고, 성적 흥미도 제한된다. 성적 환상이 통제되고 자기 정체성의 확립, 동성 간의 동일시가 강하게 진행되는 시기이다.

• 성기기: 성기기(genital period)는 사춘기부터 초기 성인기까지의 시기이다. 생리학적으로는 어른으로서 성적 기능을 가지며, 리비도 욕동이 강화되고, 근친 상간적이지 않은 형태의 성숙한 대인관계를 형성해 간다. 이전의 심리성적 발달이 부분적으로 다시 개방되고 새로 시작되는 시기이므로 이전의 발달단계에서 해결하지 못한 과제들이 나타날 수 있으며, 정체성 혼란을 경험할 수 있다.

④ 정신분석적 치료와 제한점

정신분석을 통한 이상행동의 치료는 무의식적 갈등을 해결하는 것이다. 무의식적 갈등을 해결하기 위해서 자유연상, 꿈의 분석, 전이분석 그리고 저항분석을 통해 자신의 무의식적 갈등을 깨닫게 되는 과정을 거치게 된다. 이러한 과정은 분석가와의 훈습을 통해 얻어진 통찰된 행동들이 실현되는 것이다.

Freud는 정신장애를 이해하는 데 있어서 어린 시절의 경험을 강조하였으며, 이러한 임상적 연구는 오이디푸스 갈등 이전의 초기 아동기 발달과정에서의 문제가 성격장애 혹은 조현병을 유발하는 원인이라고 주장하였다. 이러한 정신장애를 치료하는 데 있어서 정신분석적 치료는 장기적인 치료 시간과 경비가 소요되지만 치료 효과가 불분명하다고 주장하는 입장도 있다. 그렇지만 정신분석 이론은 이상행동을 생물학적 접근이 아닌 심리적 접근을 통해 치료하게 한 이론적 접근의 시발점이었다.

(2) 행동주의 모델

Ivan Pavlov(1849~1936)

행동주의 모델에서는 이상행동을 성장과정에서의 잘못된 학습의 결과로 바라본다. 어린 시절의 성장 배경 안에서 적절하지 않은 모델링과 강화로 인해 비효과적인 대인관계와 행동패턴을 가지게 됨으로써 발생하는 것이 이상행동이라고 설명하였다. 행동주의 연구자들은 부적절하고 부적응적인 행동을 무의식적 역동, 갈등으로 인한 결과로 보지 않고, 환경을 변화시켜 부적응적 행동이 더 이상 강화되지 않도록 하거나 직접적으로 적절한 행동을 새롭게 학습시켜 이상행동을 치료해야 한다고 하였다.

1950년대 후반에 학습이론에 근거한 행동치료를 통해 이상행동을 치료하는 기법이 소개되면서 행동주의 이론은 이상심리학의 주요한 이론으로 대두되었다. 행동주의 모델에서는 고전적 조건형성, 조작적 조건형성, 모방학습 과정을 통해 이상행동이 습득되는 과정을 설명한다.

① 고전적 조건형성

러시아의 생리학자였던 Ivan Pavlov(1849~1936)는 실험실의 개가 먹이가 없는 상황에서도 침을 흘리는 것을 보고 연구를 시작하였다. 실험실에서 성당의 종소리에 맞춰 먹이를 주었기 때문에 개가 종소리에 반응하여 침을 흘렸던 것이었다. 이러한 과정을 반복하자, 개는 종소리에 침을 흘리는 행동을 학습하였다. 이때 먹이는 무조건 자극(unconditioned stimulus)이고 침은 무조건 반응(unconditioned response)이 된다. 또 종소리는 조건 자극(conditioned stimulus)이 되며 이러한 조건 자극에 의해 유발된 반응은 조건 반응(conditioned response)이라 한다. 무조건 자극과 조건 자극을 동시에 반복적으로 주면 조건 자극만으로도 조건 반응이 유발되는데 이러한 학습과정을 고전적 조건형성(classical conditioning)이라고 한다. 행동주의 심리학자들은 고전적 조건형성의 원리에 의해서 다양한 행동과 정서 반응이 학습될 수 있다는 점을 이상행동들의 치료에 적용하였다. John Watson과 Rosalie Rayner는 실험을 통해 고전적 조건형성에 의해 병적 공포가 학습된다는 것을 발견하였다. 이러한 발견은 고전적 조건형성을 통해 그 공포 반응을 제거할 수도 있음을 시사한다.

② 조작적 조건형성

1911년 Edward Thorndike(1874~1949)가 연구한 고양이 실험에서, 보상이 주어지는 행동은 학습되고 처벌이 주어지는 행동은 하지 않는다는 효과의 법칙(law of effect)이 제시되었다. 이후, B. F. Skinner의 실험으로 이어졌으며, 이 실험에서 배고픈 쥐는 우연히 지렛대를 누르면 먹이가 나온다는 것을 발견한 다음부터 배가 고프면 지렛대를 누르게 되었다. 이런 행동을 반복하면서 쥐는 지렛대를 누르면 먹이가 나온다는 것을 학습하게 된다. 이처럼 어떤 행동에 보상이 뒤따르는 경우 그 행동은 강화되고, 보상이 주어지지 않는 행동은 감소한다는 것이 조작적 조건형성의 원리이다. 어떤 행동을 습득하여 그 행동이 증가하는 것을 강화(reinforcement)라고 하는데 이것은 정적 강화와 부적강화로 나뉜다. 강화와 대조적으로 처벌(punishment)과 소거(extinction)에서는 바람직하지 않은 행동을 하지 못하도록 고통(벌)을 줌으로써 그 행동을 감소(소거)시키게 된다. 이와 같은 원리를 기반으로, 이상행동은 조작적 조건형성에 의해 생겨나는 경우가 많다고 보았다. 아이가 충동적으로 돈을 훔쳤을 때, 친구들이 기뻐해 주거나 그 돈으로 원하던 것을 사게 되었을 때, 그 행동은 강화되고 이후에 더 많은 것을 훔치려고 하게 될 것이다.

③ 사회적 학습이론

Albert Bandura의 모방 및 관찰학습이론에서는 동물실험 대신 직접적으로 인간의 행동을 연구하였으나 이것은 인간의 복잡한 행동을 설명하는 데 한계가 있었다. 사회적 학습과정에서는 다른 사람의 행동을 따라하는 모방학습(modeling) 외에 다른 사람들이 새로운 행동을 시도할 때 어떤 결과가 나타나는지를 보고서 자신의 행동 결과를 예측하는 대리학습(vicarious learning)도 나타난다. 사회적 학습에서도 어떤 행동에 보상이 따른다면 그 행동은 증가하며, 반대로 처벌이 가해진다면 그 행동의 빈도는 감소하게 된다. 이러한 관찰학습(observational learning)에는 주의과정, 저장과정, 동기화 과정 그리고 운동재생 과정이 포함된다.

④ 행동치료와 제한점

1950년대 후반기에 행동치료라는 새로운 치료기법이 도입되어 임상적 문제를 가진 아이의 행동을 교정하는 데 사용되었다. 행동치료에는 혐오적 조건화, Wolpe의 체계적 둔감법과 점진적 노출법, 부적응 행동과 반대되는 바람직한 행동을 했을 때 강화를 줌으로써 부적응 행동을 약화시키는 상반행동 강화 방법, 모방학습 등이 있다. 또한 행동치료가 공포증, 불면증, 강박장애, 품행장애 등을 치료하는 데 매우 효과적이라는 것이 연구를 통해 알려졌다.

이러한 효과에도 불구하고 행동주의 이론은 인간의 행동을 환경에 의해 통제되는 수동적인 것으로 봄으로써 인본주의와 실존주의 심리학자들에게 비판을 받게 된다. 또한 객관적 관찰과 측정을 강조함으로써 인간의 복잡하고 다양한 행동을 지나치게 단순화하였다는 문제점을 가진다. 그러나 이후 행동주의 심리학자들은 인지적 요인과 결합하여 인지 행동적 모델로의 변화를 도모하였다.

(3) 인지모델

인지란 자신이나 주변에서 일어나는 일을 지각하고 의미를 부여하는 과정으로 신념과 신념체계, 생각, 그리고 이미지 등을 포함하는 것이다. 인지과정은 환경과 자기에 대한 정보를 평가하고 조직하는 방식, 대처행동이나 문제해결을 위한 정보처리 방식, 미래 사건을 예측하고 평가하는 방식 모두를 포함한다.

Albert Ellis(1913~2007)

정신분석적 입장과 행동치료에 대한 불만을 가졌던 연구자들은 1950년대 후반에 인간의 내부적인 인지구조와 과정에 대한 연구에 관심을 가지게 되었으며, 그 결과로 '인지혁명(cognitive revolution)'이 일어나게 되었다. 많은 임상경험을 통해 연구자들은 정신장애를 가진 사람들이 인지적 왜곡과 결손을 나타낸다는 것을 알게 되었다. 이러한 인지적 요인들이 정신장애에 영향을 주는 것을 확인하게 되면서, 이상행동에서의 인지적 요인에 대한 연구가 심층적으로 이루어지게 되었다.

Aron T. Beck(1921~)

Albert Ellis(1913~2007)는 정신분석과 같은 장기간의 치료가 아닌 적극적 치료기법으로 신념의 변화에 초점을 맞추는 합리적 정서치료(rational-emotive therapy)를 제시하였고, Aron T. Beck(1921~)은 우울증에 대한 연구를 하면서 인지과정을 강조하는 인지치료(cognitive therapy)를 개발하게 되었다. 인지적 모델 입장에서는 인간이 끊임없이 주변의 환경자극에 의미를 부여하며, 그 의미부여과정에는 여러 가지 인지적 개입이 있게 되고, 정신장애를 지닌 사람들은 부적응적인 인지적 특성과 비논리적 사고를 가진다고 주장한다. 이상행동과 관련된 비논리적 사고를 이해하기 위해서는 개인의 지각에 영향을 미치는 가정과 태도, 자동적 사고, 중간적 신념, 그 기저에 있는 핵심 신념과 그에 따르는 역기능적 결과를 이해하는 것과 인지적 구조, 인지적 산물, 인지적 과정을 탐색하는 것이 유용하다.

① 인지적 구조, 인지적 산물, 인지적 과정

- 인지적 구조: 인지적 구조(cognitive structure)는 과거 경험의 축적물이며, 그 경험들을 구성하는 내용과 조직된 방식으로 구성되어 있다. 심리적 장애를 지닌 사람

들은 특정한 주제에 편향된 인지 내용으로 구성된 인지도식(schema)을 가지고 있다. 이러한 인지도식은 역기능적 신념(dysfunctional beliefs)의 형태로 나타난다. 즉, 이상행동이나 정신장애의 근본적 원인은 이러한 인지구조의 편향 혹은 결손에 있다고 보는 것이다.

• 인지적 산물: 인지적 산물(cognitive products)은 외부자극에 대한 정보처리의 결과로 만들어진 인지를 말하는 것이다. 이렇게 만들어진 인지적 결과들은 사고나 심상이 형태를 나타내는데, 이러한 인지적 산물은 개인의 감정과 행동에 영향을 미치게 된다. 정신장애를 지닌 사람들은 이러한 사고나 심상이 부정적이고 비현실적이며 왜곡되어 있어 현실에 비적응적이다.

• 인지적 과정: 인지적 과정(cognitive processes)은 인지적 구조가 기능하는 방식으로써 입력 정보가 결과물로 변화되는 규칙을 말한다. 정신장애를 지닌 사람들은 외부자극을 해석하는 인지적 과정에서 여러 가지 인지적 오류(cognitive error)를 범해 외부자극의 의미가 현저하게 과장되거나 왜곡됨으로서 현실 적응에 어려움을 경험할 수 있다. 인지적 왜곡(cognitive distortion)은 인지기능이 위축된 결손상태가 아니라 적극적이고 능동적인 인지활동을 수행하지만, 편향되고 왜곡된 사고과정을 가지게 되는 것이다. 여기에는 흑백논리, 과잉 일반화, 파국화, 축소 혹은 과장된 해석, 개별화 등이 포함된다.

② 인지적 치료와 제한점

Beck의 우울증에 대한 인지치료에서, 치료자는 내담자 혹은 환자 스스로 자신을 우울하게 한 부정적 사고, 왜곡된 해석, 역기능적 신념 등을 인식하도록 돕고 그 역기능적 신념에 도전하여 현실성, 합리성, 유용성을 타진하여 평가, 수정하고 실제 생활에 적응적으로 적용해 나가는 과정을 이끈다. 또한, 자동적 사고를 파악하기 위한 A-B-C 기록지, 사고 기록지, 역기능적 사고의 일일기록표 등을 사용한다. 이 과제들은 자신이 정서적 증상을 느끼게 되는 사건과 사고 내용을 구체적으로 기록하는 것으로서, 그 과제에 대한 구체적 내용을 다룰 수 있도록 해 준다. 이러한 인지치료는 심리적 어려움을 유발한 근원적인 역기능적 신념을 보다 유연하고 현실적인 적응적 신념으로 대체함으로써 적응적인 삶을 영위할 수 있도록 한다.

그러나 인지모델은 이러한 인지왜곡 및 역기능적 사고가 여러 가지 이상행동을 유발하지만 이러한 과정은 심리장애의 원인이 아니라 결과일 수 있다는 부분과 심리적 기능의 정서나 동기의 중요성을 간과하고 있다는 점에서 지속적인 논란이 되고 있다. 또한, 인지치료는 적용 대상에 대한 한계를 가지고 있다. 지능, 심리적 내성 능력이 현저히 부족한 대상에게는 인지치료가 적절하지 않다는 측면이 있으며, 급격한 위기상태 혹은 정신병적 증세를 나타내거나 심한 성격장애인 경우도 인지치료를 적용하는 데 신중해야 한다.

(4) 인본주의 모델

인본주의 모델은 Carl Rogers(1902~1987)를 중심으로 1950~1960년대에 긍정적 인간관을 강조한 새로운 심리학적 접근으로써, '제3의 심리학'으로 불리기도 한다. Rogers는 당대의 정신역동적 기법과 대비되는 온정적이고 지지적 접근의 내담자 중심 치료(client-centered therapy)를 개발해 서구 사회가 상당한 자기분석과 사회적 변화를 겪었던 1960년대와 1970년대에 큰 관심을 받았다.

인본주의 모델에서는 인간은 근본적으로 자기실현을 추구하는 존재이며 좀 더 가치 있는 존재로 성장하기 위해 저마다의 잠재력을 발휘하여 유능감을 가지려 한다고 본다. 즉, 인간은 궁극적으로 자아실현을 목표로 하며, 자기실현(self-actualization) 성향을 발현하려는 존재라는 것이다. 만약 이러한 자기실현적 성향이 차단된다면 이상행동과 정신장애를 나타낼 수 있다고 보았다. 아동은 부모를 비롯하여 중요 양육자를 통한 보살핌을 받고 성장한다. 이때 자신의 욕구, 정서적 반응이 충분히 수용받지 못한다고 느낄 때, 애정과 인정을 받기 위해 부모의 조건적 가치를 받아들이게 된다. 그런 성장과정을 거치게 되면, 유기체적 경험과 자기개념 간의 괴리감이 생기고, 그로인해 불안을 느끼게 되며, 그 불안이 심해지면서 부적응적 행동과 정신병적인 혼란, 와해를 나타낼 수 있다.

Rogers의 인본주의 모델에서는 치료자가 '무엇을 하지 않느냐'가 '무엇을 하느냐'만큼 중요한 가치를 지닌다고 하였다. 조언, 충고, 질문, 해석, 판단, 비평을 하지 않도록 하며 무조건적인 긍정적 수용과 공감, 진솔함의 자세를 강조하였다. 이러한 무조건적인 수용과 공감적인 이해를 충분히 받는다고 인식하며, 자신의 진정한 모습을 자각할 때 유기체적 경험과 자기개념이 통합되어 자신의 잠재된 능력을 발현하는 자기실현적 인간으로 거듭날 수 있게 된다고 주장하였다. 이것이 Rogers의 인간중심치료

(person-centered therapy)의 핵심이다.

그러나 인본주의 심리학은 체계적인 임상적 경험과 실험으로 구축된 연구가 아니라 주관적 경험에 의한 임상적 관찰에 기초하고 있어 비과학적인 이론적 주장이라는 비판을 받기도 한다. 단지 다른 치료적 접근을 위한 철학이라고 보는 견해도 있다. 이러한 비판에도 불구하고 임상실무에 종사하는 사람에게는 긍정적인 영향을 미쳤으며, 인간의 잠재된 능력과 가치, 의미를 통해 인간을 깊이 이해하려는 관점이라고 할 수 있다.

(5) 사회·문화적 접근모델: 가족-사회 및 다문화적 관점

사회·문화적 접근모델은 개인의 행동과 이상행동에 초점을 맞추던 관점에서, 벗어나 그 개인을 둘러싸고 있는 가족·사회·문화에 대한 이해를 통해 이상행동을 이해하고자 하는 접근이다. 즉, 개인에게 영향을 미치는 주변 환경의 관점에서 이상행동을 이해하는 것이 이상행동을 가장 잘 설명할 수 있다고 본 것이다. 그러한 환경의 배경이 되는 가족체계 안에서 개인의 역할과 그들의 상호작용적인 의사소통 형태, 사회·문화적 규범이 어떠한지가 다양한 사회·문화적 구성 요소 안에 포함될 수 있다. 사회·문화적 접근모델은 세분하여 가족·사회적 관점과 다문화적 관점으로 나누어 볼 수 있다.

① 가족·사회적 관점

가족관계, 사회적 상호작용, 지역사회에서 일어나는 사건 등 개인이 살아가면서 직접적으로 영향을 받는 가족체계 및 사회구조가 이상행동을 설명하는 데 유용하다고 보았다. 가족·사회적 모델을 지지하는 연구자들은 사회적 수준과 역할, 사회적 네트워크와 지지, 그리고 가족구조와 의사소통 형태의 요인들에 관심을 가졌다.

- 사회적 수준과 역할: 이상행동을 하는 사람들에 대한 명명화(labeling)에 따라 그 기능의 수준이 크게 달라질 수 있다고 하였다. 사회에서 수용되는 범위를 벗어난 것을 이상행동 혹은 '정신병자'라고 규정짓게 되면 그 사람에 대한 인식의 변화가 어려워진다. 특히 사회에서 명명한 특정 행동들을 부추기게 되면, 그 개인은 점차 주어진 사회적 역할을 받아들이게 되어 결국은 그 주어진 명명에 맞추어 살아가게 될 수도 있다.

- 사회적 네트워크와 지지: 개인의 사회적 · 직업적 환경에 존재하는 사회적 네트워크를 중시한다. 개인이 포함된 사회에서의 대인관계, 상호작용 그리고 사회적 네트워크의 질과 양에 대한 탐색이 필요하다고 보는 것이다.
- 가족구조와 의사소통 형태: 개인에게 가장 중요한 사회적 네트워크는 가족이라 할수 있다. 가족체계 안에서 각 개인의 역할, 의사소통 방법, 발달단계에서의 가족의 역할, 정서적 수용이 적절하지 못했을 때, 이상행동과 부적응적인 성격 양상이나타날 수 있다는 것이다.

② 다문화적 관점

다문화적 관점의 학자들은 문화, 인종, 성별이 이상행동에 어떤 영향을 주게 되는지, 다른 집단들이 심리적으로 어떤 차이가 있는지에 대해 관심을 가지고 이해하려하고 있다. 현대사회에서의 다문화적 모델은 개인의 행동에서 정상, 비정상 여부와관계없이 문화적 가치와 문화적 특성을 포괄하는 문화적 민감성과 수용적 태도의 중요성을 강조하고 있다. 또한, 다문화 연구자들은 소수집단에 대한 관심도 기울이며,이들이 경험하는 편견, 차별, 이해받지 못함은 이상심리의 유발에 중요한 요소들이라보고 있다. 즉, 이러한 인종, 성별, 소수 민족들의 차이에 대한 이해가 부족하여 편견과 차별을 받게 되면 긴장, 불안, 낮은 자존감을 보이고 정신병리로 이어질 수 있다고지적하고 있다.

③ 사회 · 문화적 접근모델의 치료와 제한점

가족 · 사회적 관점에서의 치료로는 집단치료, 가족치료, 부부치료 등이 있다. 가족치료는 가족 구성원들과의 상담을 통해 가족 간의 역동과 상호작용을 확인하고 역기능적 상호작용을 인식시키고 수정해 나가도록 하는 것이다. 최근 들어, 문화적 다양성을 강조하는 사회적 분위기에 따라 문화민감치료(culture sensitive therapy)에서는 문화적 소수집단의 고유한 문제를 다루고 있다. 다문화 상담과 치료에서는 부적응, 심리장애를 단순히 개인적 수준에서의 문제가 아니라, 사회문화적 관점으로 확장하고통합해 다루어야 한다고 주장한다.

4. 이상행동의 분류와 진단체계

　신체적 질병과 마찬가지로 개인이 나타내는 이상행동들은 너무나 다양하고 복잡하며 독특하다. 다양한 이상행동에 대해 정의를 내리고 그에 따라 정확한 진단과 치료를 하는 것은 매우 어려운 일이다. 역사적으로 많은 연구에서 이러한 어려움을 해결하기 위해 수많은 관찰과 연구를 통해 이상행동의 유사한 특성들을 모아 분류하기 위해 노력하였다. 이상행동은 19세기 Kraepeline에 의해서 체계적인 분류작업이 시작되었고, 이러한 노력은 이후 DSM의 등장에 기초가 되었다. 이러한 분류작업은 이상행동들의 복잡한 현상을 좀 더 단순화시키며 객관적으로 집단화하여 분류하고, 그 분류체계들을 통해 원인과 효과적인 치료에 적용할 수 있게 하였다.

1) 분류의 기능

　이상행동과 심리적 장애에 대한 효과적이고 치료적인 연구를 위해서 필요한 것은 이상행동의 유형을 분류하는 것이다. 이상행동들을 집단적으로 분류하여 체계를 구축하면, 그 체계 안에서 많은 정보를 조직화하여 범주화된 장애들을 구분할 수 있으며 어떤 치료법이 유용한지에 대한 정보를 공유하고 더 나은 방법을 개발할 수 있게 된다. 즉, 이러한 분류는 이상심리를 연구하는 해당 분야의 연구자들에게 체계화된 용어들을 사용함으로써 효과적인 의사소통을 가능하게 하고 불필요한 혼란을 막아주며 누적된 임상적 경험의 정보를 통해 정신장애에 대해 더 확대되고 심층적인 연구가 이루어지게 한다. 이러한 노력을 통해 진단(diagnosis)이 가능하게 되며 이를 토대로 효과적인 치료를 제공할 수 있게 된다. 또한 장애의 진행과정과 치료효과를 예측할 수 있게 된다.

　이러한 분류를 통해 진단 및 치료를 하는 것이 비록 유용하고 효과적이나, 몇 가지 조심해야 하는 것이 있다. 첫째, 분류나 진단을 통해 환자의 개인 정보 유출 위험과, 환자에 대한 고정관념을 가질 위험이 있을 수 있다. Laing(1967)은 진단명이 치료자나 환자의 행동에 영향을 미칠 수 있고, 환자는 그 진단명에 맞추어 자신을 변화시켜 나가는 자기충족적 예언(self-fulfilling prophecy)의 결과가 나타나기도 한다고 하였다. 또한 진단된 일반적인 증상에 초점을 맞추면 개인적으로 가지고 있는 독특한 다른 특성들이 간과될 수 있다. 둘째, 임상가의 진단에 대한 지나친 의존으로 잘못된 진단에 의해 과잉진료(강제입원 등) 혹은 최소한의 진료로 적절한 치료를 받지 못할 수 있으며 법적인 문제가 제기되기도 한다. 또한 잘못된 진단은 환자의 치료를 돕는 것이 아니라 환자에게 비인격적인 느낌을 가지게 하며, 수치심을 경험하게 하여 더 심한 고통을 줄 수 있다. 셋째, 진단은 환자의 예후나 치료효과에 대한 선입견을 줄 수도 있다. 치료방법은 증상을 나타내는 개인들의 다양한 형태에 따라 각기 다르게 반응하며 그 치료 효과도 어떤 환경에서 어떤 치료자가 치료를 하느냐에 따라 예후가 달라질 수 있다. 진단에 따른 치료에는 문화·환경적 요인과 개인적 요인이 반영되어야 하며, 진단에 따른 특정 치료방법이 효과적이었다 해도 일률적인 적용은 위험할 수 있다. 마지막으로 진단은 환자에게 낙인(stigma)과 편견(stereotyping)을 가지게 하는 위험성이 있다. 정신장애와 관련된 낙인은 명명화(labelling)되어 치료를 받고 회복이 된다고 하여도 사회적 낙인과 자기낙인(self-stigma)에서 회복되는 것은 많은 시간을 필요로 할 수 있고, 어려울 수도 있다.

2) 분류의 종류

이상행동의 진단에는 범주적 분류(categorical classification)와 차원적 분류(dimensional classification)가 있다. 범주적 분류는 흑백논리적인 분류적 특성을 가지고 있는데, 예를 들면, "불안장애인가?, 아닌가?"에 대한 질문만이 가능한 것이다. 이러한 분류방식은 의학적인 것으로써 심리적 장애가 분명한 증상에 따라 분류될 수 있다고 가정한다. 범주적 분류체계는 여러 실험, 연구를 통해 얻어진 자료를 구조화하여 임상가, 연구자들 사이에 효과적인 의사소통이 가능하게 하지만 장애의 특징 및 심각성의 개인차에 대한 정보를 제공하지 못하는 단점이 있다. 반면, 차원적 분류는 범주적 분류와 달리 어떤 증상에 대한 부적응을 몇 가지 차원에서 평가한다. 예를 들어, 불안장애를 진단하였다고 하여도 사람에 따라 정도의 차이가 있으며, 불안장애 환자들은 동시에 우울감을 가질 수 있다. 범주적 차원에서 구별된다고 하더라도 많은 경우 두 장애의 특성이 동시에 나타날 수 있다는 것이다. 예컨대, 불안 차원과 우울 차원을 점수로 계산한 후 양적인 차원을 기준으로 하여 장애 여부를 판별할 수 있다.

이러한 점을 고려하여 『DSM-5』에서는 기존의 진단적 범주 외에 차원적 진단체계가 새롭게 적용되었다. 즉, 『DSM-5』에서는 진단된 범주 외에도 각 증상이 환자에게 어떤 장해를 일으키는가를 평가하여 같은 불안장애라도 심각도와 기능 수준에 따라 얼마나 다른지 차원적으로 분류할 수 있도록 하였다. 그렇지만 여전히 진단적 범주 간에 공병에 대한 문제 외에도 모호한 경계들, 원인에 대한 연구 등 진단 범주의 타당성을 높이는 연구가 지속될 필요가 있다.

5. 정신과적 장애의 진단분류체계: 『DSM-5』

Hippocrates(BC 460~377)가 정신장애를 세 가지 유형, 즉 조증, 우울증, 광증으로 분류하고 그 원인을 혈액, 흑담즙, 황담즙, 점액과 같은 체액으로 설명한 이후에도 이상행동에 대한 분류의 필요성과 관심은 지속되었다. 프랑스 의사인 Pinel은 정신적 장애를 경조증, 우울증, 치매, 백치의 네 가지로 분류하였으며, 19세기에 이르러 Klaepelin의 연구로 정신장애에 대한 분류가 더욱 체계화되기 시작했다. 지속된 분류 작업으로 일관성은 물론이고 신뢰도와 타당도를 높이기 위한 노력이 계속되었다.

세계보건기구(WHO)에서 발간하는 『세계질병분류(international classification of Diseases)』의 『ICD-10』에는 정신장애의 분류와 진단기준이 포함되어 있으며, 2015년에 『ICD-11』이 출간되었다. 한편, 미국 정신의학회(APA)에서 발간하는 『정신장애의 진단 및 통계 편람(Diagnostic and Statistical Manual of Mental Disorders)』의 5번째 개정판으로 『DSM-5』(2013)가 출간되었다. DSM은 1952년 『DSM-I』(1952)을 시작으로 『DSM-II』(1968), 『DSM-III』(1980), 『DSM-IV』(1994)이 출간되었다. 『DSM-5』의 진단분류체계는 다음과 같다.

표 1-1   DSM-5 진단분류체계

범주	주요 하위 장애
신경발달장애	지적장애 의사소통장애 자폐스펙트럼장애 주의력결핍/과잉행동장애 특정학습장애 운동장애
조현병 스펙트럼 및 기타 정신병적 장애	망상장애 단기 정신병적 장애 조현양상장애 조현병 조현정동장애
양극성 및 관련 장애	제Ⅰ형 양극성장애 제Ⅱ형 양극성장애 순환성장애
우울장애	파괴적 기분조절부전장애 주요우울장애 지속성 우울장애(기분저하증) 월경전 불쾌장애
불안장애	분리불안장애 선택적 함구증 특정공포증 사회불안장애(사회공포증) 공황장애 광장공포증 범불안장애
강박 및 관련 장애	강박장애 신체이형장애 수집광 발모광(털뽑기장애) 피부뜯기장애
외상 및 스트레스 관련 장애	반응성 애착장애 탈억제성 사회적 유대감 장애 외상 후 스트레스장애 급성 스트레스장애 적응장애

해리장애	해리성 정체성장애 해리성 기억상실 이인성/비현실감 장애
신체증상 및 관련 장애	신체증상장애 질병불안장애 전환장애 인위성장애
급식 및 섭식장애	이식증 되새김장애 회피적/제한적 음식섭취장애 신경성 식욕부진증 신경성 폭식증 폭식장애
배설장애	유뇨증 유분증
수면-각성장애	불면장애 과다수면장애 기면증 호흡 관련 수면장애 사건수면 하지불안 증후군
성기능부전	사정지연 발기장애 여성극치감장애 여성 성적 관심/흥분장애 성기-골반통증/삽입장애 남성성욕감퇴장애 조기사정
성별 불쾌감	성별 불쾌감
파괴적, 충동조절 및 품행장애	적대적 반항장애 간헐적 폭발장애 품행장애 병적 방화 병적 도벽

물질 관련 및 중독장애	알코올 관련 장애 카페인 관련 장애 대마 관련 장애 환각제 관련 장애 흡입제 관련 장애 아편계 관련 장애 진정제, 수면제 또는 항불안제 관련 장애 자극제 관련 장애 담배 관련 장애 기타(또는 미상의)물질 관련 장애 및 물질 관련 장애(도박장애)
신경인지장애	섬망 주요 및 경도 신경인지장애(알츠하이머, 전두측두엽, 루이소체, 혈관성, 외상성 뇌손상, HIV 감염, 프라이온병, 파킨슨병, 헌팅턴병 등이 원인이 됨)
성격장애	A군 성격장애 – 편집성 성격장애, 조현성 성격장애, 조현형 성격장애 B군 성격장애 – 반사회성 성격장애, 경계성 성격장애, 연극성 성격장애 자기애성 성격장애 C군 성격장애 – 회피성 성격장애, 의존성 성격장애, 강박성 성격장애
변태성욕장애	관음장애 노출장애 마찰도착장애 성적피학장애 성적가학장애 소아성애장애 물품음란장애 복장도착장애
기타 정신질환	
약물치료로 유발된 운동장애 및 약물치료의 기타 부작용	
임상적 주의의 초점이 될 수 있는 기타 상태	

요약

　인간의 이상행동은 이상행동에 대한 조작적 정의와 이상행동의 분류기준에 따라 동일한 행동도 경우에 따라서는 정상과 이상으로 분류될 수 있다. 이처럼 이상행동은 고대, 그리스·로마시대, 중세시대, 르네상스시대, 19세기와 20세기 초, 현대 등의 시대 구분에 따라 강조점이나 구분기준에서 차이가 나타난다. 또한 이상행동에 대한 이론으로는 생물·의학적 접근, 심리학적 접근, 가족-사회 및 다문화적 접근 등이 있다.

참고문헌

권석만(2013). 현대 이상심리학. 서울: 학지사.
김청송(2016). DSM의 변천사와 시대적 의미의 고찰. 한국심리학회지, 건강 21(3), 475 – 493.
보건복지부 보건사회연구원(2015). OECD Health Data 2015. 서울: 보건복지부 보건사회연구원.
이우경(2016). DSM-5에 의한 최신 이상심리학. 서울: 학지사.
이현수, 이인혜, 최미례, 연미영, 김청송(2012). 이상행동의 심리학. 서울: 대왕사.
최기흥(2013). DSM-5의 이해와 적용. (사)한국정신보건전문요원협회 2013년 임시총회 추계교육 자료집.
최영민(2015). 쉽게 쓴 정신분석이론: 대상관계이론을 중심으로. 서울: 학지사.
최정윤, 박경, 서혜희(2015). 이상심리학. 서울: 학지사.
통계청(2015). 제7차 한국표준 질병·사인 분류 개정고시(통계청 고시 제2015-159호).

Ackerknecht, E. (1959). *A Short History of Psychiatry, New York; Hafner.*
American Psychiatric Association. (2013). *Diagnostic and Statistical Manual of Mental Disorder* (5th ed.). Virginia: American Psychiatric Association. 권준수, 김재진, 남궁기, 박원명, 신민섭, 유범희, 윤진상, 이상익, 이승환, 이영식, 이헌정, 임효덕, 강도형, 최수희 공역(2015). 정신질환의 진단 및 통계편람 제5판. 서울: 학지사.
Butcher, J. N., Hooley, J. M., & Mineka, S. M. (2013). *Abnormal Psychology*(16th ed.) Boston, MA; Pearson.
Davision, G. C. & Neale, J. H. (2001). *Abnomal Psychology.* John Wlley & sons. England.
Harrington, A.(2008). *The Cure Within; A History of Mind-Body Medicine.* New York; Norton.

Stephen, A. M. l., & Margaret, J. B. (1996). *Freud and Beyond-A History of Modern Psychoanalytic Thought.* New York: Basic books. 이재훈 역(2002). 프로이트 이후: 현대정신분석. 서울: 한국심리치료연구소.

Watson, J. B., & Rayner, E. (1920). Conditioned emotional reactions. *Journal of Experimental Psychology,* 3, 1-14.

Wright, J. H., Basco, M. R., & Thase, M. E. (2005). *LearningCognitive-Behavior Therapy.* Virginia: American Psychiatric Association. 김정민 역(2010). 인지행동치료 2판. 서울: 학지사.

제2장

이상행동의 이론적 조망과 치료

박경

학습 목표

1. 정신병리의 다양한 조망을 이론적 틀에 입각하여 각각을 잘 이해하고, 이를 통합하려는 노력을 한다.

2. 정신병리에 대한 정신분석적 조망과 행동주의적 조망의 차이점은 무엇이며 개인을 치료하는 과정에서 두 조망의 강점은 무엇인지를 알아본다.

3. 인본주의적 조망에서는 정신병리를 구체적으로 언급하지는 않으나 개인의 고통이나 부적응을 어떠한 시각에서 조망하는지, 그리고 이러한 조망은 개인의 어떠한 문제를 다루는 데 도움이 되는지를 살펴본다.

4. 인지주의적 조망을 알아보고 최근에 대두되고 있는 심리도식치료와 명상에 기초한 인지치료가 나타나게 된 배경을 이해한다.

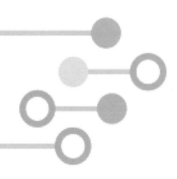

학습 개요

이 장에서는 이상행동에 대한 생물학적 조망 및 심리학적 조망에 관해 소개하였다. 이 장에서 제시한 심리학적 조망에는 정신분석적 조망, 행동주의적 조망, 인본주의적 조망, 인지주의적 조망, 체계이론적 조망 등이 포함되어 있다. 각 이론적 조망의 이상행동에 대한 관점을 통해 이상행동이 어떻게 형성되고 증상으로 발현되는지를 살펴보았으며, 각 이론에서의 치료 핵심은 무엇이고 어떻게 치료 가능한지를 설명하였다. 이 장에서는 이상행동을 이해함에 있어 이론가들의 주장을 중심으로 큰 틀을 제시하고자 하였다.

정신병리 이론가 및 연구자들은 정신병리의 원인을 규명하기 위해 다양한 의견을 제시하고 종종 이들 간에는 갈등을 보이기도 한다. 이러한 과학적 설명의 충돌은 때때로 대중에게 혼란을 주기도 하지만 실제로 과학에 이점이 되기도 한다. 연구자들은 서로 다른 이론을 주장하다 그중에 가장 설명력이 높은 것을 정설로 받아들이게 된다. 이러한 이론들의 경쟁은 각 이론에 의구심을 갖게 하고 도전하게 하여 좋은 결과를 내기도 한다. 현재 정신병리를 설명하는 여러 개념은 안타깝게도 문제점이 많다. 전통적인 생물학적 설명만으로는 정신병리를 설명하는 데 어려움이 있어 정신분석, 행동주의, 인본주의의 접근이 대안적인 가설로 대두되었다.

체계적인 접근은 정신병리의 형태가 어떤 한 가지 원인에 기인하는 것이 아니라 복합적인 원인으로 결정되어 나타난다고 보는 입장으로써 생물학과 심리학 및 사회적인 요인의 혼합적인 양상을 고려한다. 정신병리의 원인을 선천적인 것이나 후천적인 것 하나만을 고집하는 것이 아니라 두 가지를 다 고려하는 것과 유사하다고 볼 수 있다. 즉, 어린 시절의 경험과 현재의 삶의 중요한 이상행동과 같은 개인적인 문제, 대인관계 문제 또는 심리적인 어려움이나 사회적인 것과 관련된 것 등을 고려하는 전통적인 패러다임의 혼합적인 형태로 볼 수 있다.

이 장에서는 이상행동 및 정신병리에 대한 이론적 조망을 살펴보고자 한다. 또 그 과정에서 정신병리를 치료하는 방법에 대해서도 검토하고자 한다.

1. 이상행동의 생물학적 조망

이상행동을 이해하고 그 원인을 밝히기 위해서는 우선 유전, 신경생화학 및 뇌구조 등을 이해해야 한다. 이런 입장은 크게 세 가지 측면으로 나눌 수 있다. 우선 뇌의 조직이 손상되거나 침해되어 심리장애를 일으킨다는 것이다. 그리고 뇌의 신경생화학적 기능의 부조화가 심리적 장애의 원인이 되며, 유전적 소인이나 유전자의 이상도 이상행동과 관련이 있다고 본다.

정상행동과 이상행동에 미치는 생물학적인 영향을 고려할 때 생물학적인 구조와 기능에 대한 연구는 정신질환에 대한 이해에 도움이 될 수 있다. 해부학은 생물학적인 구조 연구와 관련이 있고 생리학은 생물학적인 기능을 연구하는 것과 관련이 있다. 신경해부학과 신경생리학은 이상심리학의 하위 분야로 매우 중요한데, 뇌의 구조와 기능을 연구하는 데 초점을 두기 때문이다.

뉴런은 뇌의 가장 작은 구성 요소이다. 각 뉴런은 4개의 중요한 해부학적인 구성요소를 갖고 있다. 먼저 세포체(soma)는 세포의 몸체 부분으로써 뉴런에서 가장 많은 부분을 차지하며 뉴런의 신진대사와 유지를 조절하는 역할을 한다. 수상돌기(dendrites)는 세포체에서 가지처럼 뻗어져 나온 것으로써 주 기능은 세포 간 정보를 전달하는 것이다. 축색돌기(axon)는 뉴런의 저장고로써, 신경말단으로 정보를 연결하여 전달하는 역할을 한다. 뉴런에서 정보는 전자자극으로 변환되어서 세포체와 수상돌기, 축색돌기를 거쳐 신경말단으로 전달된다. 신경말단은 시냅스에 의해 다른 세포에서 분리된다. 뉴런은 전형적으로 시냅스를 갖게 된다.

뉴런에서 일어나는 전기에 의한 정보 교환과는 다르게 시냅스 간에는 정보를 화학적인 방법으로 전달한다. 신경말단에서 나타나는 이러한 화학적인 물질을 신경전달물질이라고 한다. 시냅스를 통해 배출된 신경전단물질을 받아들이는 수용체는 다른 뉴런의 세포체나 수상돌기이다.

연구자들은 이상행동에서 뉴런 간 정보 교환의 혼란을 초래하는 것이 신경전달물질이라는 것을 알아냈으며, 특정 이상행동에 고유한 신경전달물질을 밝혀내기도 하였다. 어떤 정신장애에는 신경전달물질이 과도하게 분비되고 어떤 장애에는 적게 분비되며 심리적인 어려움은 재흡수되는 것에서의 혼란과 관련이 있다. 이러한 맥락에서 연구자들은 정신장애에 어떤 신경전달물질이 관련되는지, 그리고 어떤 약물이 효과적인지는 물론 뇌화학적인 부분에 대해서도 연구하게 되었다. 조현병과 도파민 간 관련성에 대한 연구가 대표적인 예이다. 신경생리학적인 발견은 여전히 주목할 만한 부분이며, 정신장애를 치료하는 문제에 대해서도 많은 발전을 가져왔다.

이상행동에 대한 생물학적인 접근을 이해하는 데는 진행성 마비에 대해 살펴보는 것이 도움이 될 수 있다. 진행성 마비는 뇌 조직의 손상이나 침해와 관련되어 있다. 1800년 초에 진행성 마비는 특별하게 관심을 받는 영역이 아니었다. 1798년 John Haslem이 특수한 정신장애의 증상을 묶어서 명명하였다. 여느 형태와 구별되는 진행성 마비의 특별한 증상은 과대망상을 포함한 '정신병(광기)', 인지장애(치매), 진행성 마비를 통해 수년 안에 결국은 사망하는 것이다. 이런 진단은 새로운 장애을 원인의 규명하는 데 영향을 미쳤다. 다양한 원인론적인 가설이 새롭게 조명되었는데 그 대부분은 생물학적인 설명에 초점이 맞춰졌다. 병인론의 약진은 매독에 의한 진행성 마비를 관찰하면서 시작되었다. 그러나 1894년에 Fournier의 연구에서 진행성 마비의 65%만이 매독에 걸렸던 경험이 있었던 것으로 보고되었으며 또 매독이 진행성 마비에 필수적인 요인인지도 의문시되었다. 또한 1897년 Kraft Ebbing의 연구에서는 Fournier의 연구가 잘못되었다고 주장하고 있다.

20세기에 들어서면서 매독의 원인인 스피로헤타(spirochete)가 발견되었다. 20세기에는 마비를 겪는 환자들이 감염되어 뇌의 신경체계가 파괴된다는 것을 증명하였다. 독일의 미생물학자 Paul은 진행성 마비에 효과가 있는 아르스페나민(arsphenamine)을 발견하였지만 감염의 초기 단계에만 효과가 있었다. 후에 매독에 효과가 있는 새로운 약물이 발견되었는데 그것이 바로 페니실린(penicillin)이었다. 결과적으로 제2차 세계대전이 끝난 이후에 항생제가 널리 사용되었고 그때 진행성 마비는 소멸되었다. 이와 같은 느리지만 극적인 발견은 정신장애에 대한 생물학적 원인을 찾는 데 커다란 원동력을 가져다주었다.

2. 정신분석적 조망

1) 이상행동에 대한 정신분석 이론의 관점

정신분석이론에서는 이상행동의 원인을 무의식에 근거해서 설명한다. Freud에 의해 시작된 정신분석이론은 인간의 심리적 현상에 대한 몇 가지 기본적인 가정에 기초하고 있다(Brenner, 1955). 심리적 결정론(psychic determinism)은 인간의 모든 행동은 원인 없이 일어나지 않는다고 가정한다. 인간의 행동을 결정하는 요인은 유아적 소망, 환상, 초자아의 금지와 이상, 방어기제, 현실, 이를 중재하고자 하는 자아의 현실 기능 등으로 범주화할 수 있고, 이들 간의 역동과 타협에 의해 인간의 행동과 증상이 결정된다고 보았다. 여기서 중요한 점은 단 한 가지 요인이 아닌 여러 요인이 동시에 작용해서 결정되며, 동일한 행동이라도 때에 따라서는 다른 요인에 의해서 발생된다는 것이다. 이러한 특성을 중다결정(overdetermination)이라고 하였다.

그리고 무의식(unconsciousness)에 대해서 심리적 과정이 지각되는 정도에 따라 세 가지 수준의 과정이 있다고 주장하였다. 현재 의식하고 있는 정신활동 측면은 '의식적(conscious)', 현재의 인식 수준에는 없지만 쉽게 그 수준에 도달할 수 있는 정신활동 내용은 '전의식적(preconscious)', 의식 수준으로 끌어올리기가 매우 어려운 정신활동 내용이 '무의식적(unconscious)'이다. Freud는 이러한 무의식적 정신활동 내용이 어떻게 외적 행동에 영향을 줄 수 있는가에 관심을 가졌다. 특히 무의식으로 이면에 잠재되어 있다가 다시 의식에 나타나는 생각과 공상에 흥미를 가지게 되었다. Freud는 정신 내적인 갈등의 정도가 클수록 그것과 결부된 정신적인 사건이 무의식 속에 머무르게 될 가능성이 커진다고 믿었다. 무의식 속에 존재하는 갈등이 클수록 그 사람은 스트레스에 취약해진다. Freud는 아동기 이후에 출현하는 행동장애가 초기의 외상적 경험 및 그것과 연합된 정서 그리고 미해결된 갈등을 촉발하는 후기 경험의 결합에 의해 나타나는 것으로 생각하였다. 인간의 행동을 변화시키려고 하면 이런 무의식화된 욕구나 갈등의 요소를 의식화하고 이해하는 작업이 필요하다.

성적 욕구는 인간의 가장 기본적인 욕구로 무의식의 주요한 내용을 구성한다. 정신분석 이론에서 성의 개념은 매우 광범위한 것으로 성적인 친밀성만을 의미하는 것이 아니라 한 개인의 전체적인 쾌락과 이를 충족시키려는 욕구를 포함한다. Freud는 발달 과정이 성적인 관계 속에서 표현되는 것으로 보았다.

인간은 구강기, 항문기, 남근기, 잠복기, 성기기의 심리성적인 발달단계를 거쳐 자아가 성숙하는데 이 과정에서 갈등이 생성된다. 남근기에 들어서면 남자아이는 성적으로 어머니를 소유하고 아버지를 제거하고 싶은 욕망, 즉 오이디푸스 콤플렉스를 느끼게 되며 여자아이는 아버지를 소유하고자 하는 욕망을 느끼게 되어 일렉트라 콤플렉스를 형성하게 된다(Fenichel, 1945). Freud는 이러한 욕망으로 인해 아동이 두려움을 느끼게 되는 것이라고 주장하였다. 원초아의 본능적 욕구는 억압하는 초자아와 대립하게 되고, 둘 사이의 갈등이 잘 해결되지 못하면, 한 개인을 극도로 불안하게 만드는 수준의 긴장이 지속적으로 나타나는 공포증 증상을 갖게 된다고 하였다(Fenichel, 1945).

정신분석 접근에서는 불안을 핵심 문제로 보고 있으며, 성격의 삼원구조이론에 바탕을 두고 있다. 인간의 정신현상이 원초아, 자아, 초자아라는 세 가지 심리적 구조에 의해서 설명될 수 있다고 주장하는 것이 성격의 삼원구조이론(tripartite theory of personality)이다.

원초아는 정신적 에너지가 전혀 조직화되지 않은 상태로 저장되어 있는 곳이다. 반면 자아는 문제를 해결하는 집행자이다. 원초아가 쾌락을 단지 최대화하는 데만 관심을 가지는 데 비해 자아는 현실의 제약 속에서 쾌락을 최대화하는 쪽으로 노력한다. 초자아는 개인의 도덕적 규범을 대표하며, 부모, 학교 등에 의해 표현되는 사회적 가치를 반영한다. 초자아는 죄책감을 이용하여 원초아를 규제한다. 환경에 잘 적응하는 성숙한 성인은 자아가 잘 발달되어 주도적이고 지배적인 역할을 하는 가운데 원초아적 욕구와 초자아적 윤리의식을 적절하게 타협하여 해소하게 된다. 그러나 자아가 미숙하여 지배적인 역할을 제대로 수행하지 못하거나 원초아와 초자아의 적절한 타협이 이루어지지 못하면 내면적 갈등으로 인한 심리적 불안과 부적응적 행동을 나타내게 된다. 더구나 심리성적 발달과정의 문제로 인하여 어떤 심리적 구조가 지나치게 미약하거나 강한 사람의 경우에는, 이러한 역동적 균형이 더욱 심하게 불안정해질 수 있다. 특히 원초아적 욕구가 강해지거나 이를 통제할 수 있는 자아의 기능이 약화된 경우, 개인은 원초아적 욕망이 표출되는 것에 대한 두려움을 느끼게 되는데 이를 신경증적 불안(neurotic anxiety)이라고 한다. 자아는 이러한 불안을 감소시키기 위해 여러 방어적 책략을 사용하게 되는데, 이를 방어기제(defense mechanism)라고 한다. 하지만 어떤 사람이든 문제를 경험할 수 있으므로 방어기제 자체만으로는 부적응 행동에 해당되지 않는다. 모든 사람은 단독으로 혹은 다른 책략과 함께 때때로 방어기제를 사용한다. 행동이 얼마나 적응적이냐 하는 것은 개인에게 이용 가능한 방어기제의 수준에 의해 결정된다. 성숙한 방어기제는 적응에 도움이 되지만 다른 유형의 방어기제는 과도하게 사용하게 되면 부적응적인 결과를 초래한다. 정신장애의 증상은 개인이 사용하는 이러한 부적응적인 방어기제와 밀접하게 관련되어 있다.

2) 정신분석 치료

정신분석은 인간의 무의식적 갈등에 대한 이론적 틀인 동시에 이를 치료하기 위한 심리치료 기법이다. 정신분석치료는 내담자의 어린 시절의 무의식적 갈등을 분석가와 함께 치료적 관계 속에서 다루는 기법이므로 오랜 기간의 치료과정이 요구된다. 정신분석에서는 개인의 신경증적인 증상이나 반복되는 대인관계의 문제는 오래전에 있었고 지금은 그 이유를 알지 못하는 무의식적인 갈등에 의해 야기된다고 본다. 때문에 정신분석치료는 오래된 갈등 문제가 쉽게 해결될 수 있다고 여기지 않는다. 정신분석가들은 부적응 문제의 출발은 생애 초기의 아동기 경험에 그 뿌리를 두고 있으며, 개인의 욕구와 이에 대한 내적 긴장 간에서 생긴 문제로 본다. 이러한 문제는 그 시기 이후 개인의 삶에 영향을 미친다. 개인은 아동기에 일어났던 일과 관련한 무의식적인 갈등에 대한 통찰을 얻을 때, 현재의 생활을 좀 더 자유롭고 생산적으로 살아나갈 수 있다. 정신분석은 바로 무의식적 갈등을 파악하여 의식화함으로써 증상 및 반복되고 있는 문제가 치료될 수 있다고 본다. 정신분석적 치료의 목표는 성격 구조적으로 볼 때, 충동적이고 미숙한 원초아의 영향력이나 내적 긴장으로 인한 과다한 방어를 줄이고 대신에 현실에 기초한 적절한 자기방어 능력을 키우고 자아의 기능을 강화시키는 것이라고 할 수 있다.

정신분석의 과정은 내담자의 무의식에 대한 통찰을 얻도록 하기 위해 정신분석의 틀을 유지하는 것을 강조한다. 예컨대, 치료자의 익명성과 중립성, 치료 회기의 규칙성 등을 처음부터 끝까지 유지하는 것이 중요하다.

무의식을 의식화하는 정신분석적 치료기법에는 자유연상, 꿈의 분석, 전이분석, 저항분석 등이 있다. 우선 자유연상(free association)은 내담자와 치료자가 분석 작업을 할 때의 주요한 기법이다. 내담자가 편안하게 눕거나 앉은 상태에서 아무런 제약이나 판단 없이 마음속에 떠오르는 생각을 있는 그대로 솔직하게 이야기하는 것이다. 이러한 방법은 내담자의 의식적 억제를 최대한 줄여 내담자의 무의식적 소망이나 감정, 갈등 등을 떠올릴 수 있도록 돕는다. 치료자가 내담자에게 자유연상을 하도록 할 때, '무엇이 떠오르는지'를 묻거나 구체적으로 어떤 감정, 어떤 생각이 떠오르는지를 묻는다. 이때 자유연상 중 기억이 차단되거나 두절된다면 그와 관련된 무의식적 불안이 야기되고 있다고 볼 수 있다. 치료자는 자유연상을 통해 내담자가 미처 인식하지 못했던 근원적 문제를 내담자가 더 잘 통찰하도록 돕는다. 치료자는 내담자의 자유연상을 통해 표면의 내용만 듣는 것이 아니라 그것의 감춰진 의미까지 헤아린다. 이렇게 무의식의 언어를 인식하는 것을 '제3의 귀로 듣는다.'라고 한다(Reik, 1948).

꿈의 분석은 내담자의 꿈속에 나타난 무의식적인 자료에 대해 면밀히 분석하여 무의식적 갈등을 통찰하도록 하는 중요한 치료절차이다. Freud는 꿈에는 사람들의 무의식적인 소망과 욕구, 두려움이 표현되어 있기 때문에 꿈을 '무의식으로 가는 왕도'라고 보았다. 수면 상태에서는 의식적인 억제가 감소하기 때문에 무의식적 내용이 꿈을 통해 나타난다. 꿈에는 두 수준이 있는데, 이는 현재몽과 잠재몽이다. 잠재몽이란 인간 내부에 숨겨진 상징적이거나 무의식적인 동기, 충동, 두려움, 소망으로 이루어진 꿈이다. 잠재몽을 이루는 무의식적인 성적, 공격적 충동은 너무 위협적이거나 긴장을 유발하므로 좀 더 받아들이기 쉬운 현재몽, 즉 꿈꾸는 사람에게 현실에서 일어나는 것처럼 꾸는 어떤 장면의 꿈으로 변형되어 나타난다. 치료자는 꿈의 현재 내용 가운데 숨겨진 상징이나 무의식적인 갈등을 탐색하여 변형된 의미를 밝혀내는 데 중요한 역할을 한다. 이 과정에서 꿈의 여러 요소나 의미를 해석하고 내담자는 무의식으로 억압했던 자료에 대해 의식화 작업을 하게 된다. 꿈은 억압했던 자료에 대한 통로도 되지만 때로는 내담자의 현재 기능과 현실적 갈등을 이해하는 데도 활용된다.

저항분석(resistance analysis)은 내담자가 치료과정에서 나타내는 비협조적인 행동이나 침묵 등을 분석하는 일이다. 저항은 억압했던 무의식적 자료를 인식 내에서 작업하는 것을 주저하는 것이다. 저항은 현 상태를 유지하려 하고 변화하지 않으려는 무의식과 관련이 있는 모든 생각, 태도, 감정, 행동을 말한다. 저항은 억압하고 있는 충동이나 감정이 인식되려고 할 때 야기되는 불안을 방어하려는 것으로 볼 수 있다. 치료에서 나타나는 저항에 대해 치료자는 해석해 줌으로써 내담자가 저항의 이유를 인식할 수 있도록 한다. 치료자는 내담자가 치료자의 해석을 거부할 가능성을 줄이고 자신의 저항행동을 살펴볼 수 있도록 하기 위해서 가장 분명하고 반복되는 저항을 지적하고 해석할 필요가 있다.

전이에 대한 분석은 치료과정에서 내담자가 치료자에게 나타내는 독특한 태도와 감정을 다루고 분석하는 것이다. 전이는 내담자가 과거에 자신에게 영향을 미쳤던 중요한 타인과의 무의식적 갈등이나 억압된 감정을 치료자에게 투사하여 나타내는 것을 말한다. 전이 현상이 일어나면 내담자가 미처 깨닫지 못했던 다양한 감정을 재경험하고 이에 대한 통찰을 얻게 되는 계기가 되므로 치료적 가치가 있다. 이때 내담자는 자신이 만나고 싶지 않았던 과거의 갈등을 직면하는 데 대한 내적 긴장을 경험하기도 한다. 치료자의 시기 적절한 해석과 억압된 감정 등과의 훈습(working-through)을 통해 내담자는 오래 지속되어 온 자신의 생활양식이나 인간관계 양식을 일부 바꿀 수 있게 된다.

3. 행동주의적 조망

1) 이상행동에 대한 행동주의 관점

행동주의적 관점에서는 유기체가 어떻게 행동을 학습하게 되는지에 깊은 관심을 가지고 수많은 동물실험 연구 및 인간행동 관찰을 통해서 다양한 학습 원리를 제시하였다. 행동주의 입장의 주요 원리로는 고전적 조건형성, 조작적 조건형성, 모방학습이 있다.

고전적 조건형성 이론에서는 어떤 자극에 대해 개인이 자동적으로 나타내는 반응은 두 자극 간의 연합을 통해 새로운 자극에 대해서도 전이가 이루어진다고 주장하는데, 가장 유명한 고전적 조건형성 실험은 러시아의 생리학자인 Pavlov(1849~1936)가 수행한 개의 타액 분비 실험이다.

그는 개의 타액 분비에 관한 실험 중에 특이한 현상을 발견하였다. 개는 먹이 앞에서 침을 흘리는 것이 보통인데, 먹이가 없는 상황에서도 침을 흘리는 일이 발생했다. 이를 신기하게 여긴 Pavlov가 이유를 조사해 본 결과, 정오를 알리는 성당의 종소리가 들린 후에 개에게 정기적으로 먹이를 주곤 했는데 그 때문에 개는 종소리만 듣고도 침을 흘리는 것이었다. 이 경우에 고기처럼 무조건 침을 흘리게 하는 자극을 무조건 자극(unconditioned stimulus), 이러한 자극에 대해서 자동적으로 유발되는 반응을 무조건 반응(unconditioned response)이라고 한다. 그리고 처음에는 개가 침을 흘리게 하지 못했지만 고기와 함께 짝지어 제시됨으로써 침 흘리는 반응이 나타나도록 한 자극(종소리)을 조건 자극(conditioned stimulus), 이러한 조건 자극에 의해 유발된 반응을 조건 반응(conditioned response)이라고 한다. 이렇게 무조건 자극과 조건 자극을 짝지어 반복해서 제시하면 조건 자극만으로도 조건 반응이 유발될 수 있다. 이러한 학습 과정을 고전적 조건형성(classical conditioning)이라고 한다.

행동주의 심리학자들은 이처럼 고전적 조건형성의 원리에 의해서 다양한 행동과 정서 반응이 학습될 수 있음을 여러 실험을 통해 보여 주었다. 부적응행동을 연구하는 학자들은 고전적 조건형성 과정에 관심을 가져왔다. 왜냐하면 두려움, 불안 등의 정서 반응을 이 과정으로 설명할 수 있는 것처럼 보였기 때문이다. 개에게 물린 적이 있는 소년은 모든 개를 두려워힐 수 있는데, 일반화를 통해 다른 종류의 동물에 대해서도 공포 반응을 학습할 수 있다. 이러한 결과는 공포증을 비롯한 여러 정서장애가 고전적 조건형성에 의해서 생길 수 있음을 보여 준다.

다음으로, 조작적 조건형성에서는 유기체가 강화를 받기에 앞서 특정한 반응을 해야 한다. 미국의 심리학자 Skinner(1904~1990)는 조작적 조건형성의 효과를 입증한 사람으로 유명하다. Skinner는 지렛대를 누르면 먹이가 한 조각씩 나오도록 제작된 스키너 상자를 개발한 후 이 실험상자 안에 배고픈 쥐를 집어넣고 행동을 관찰하였다. 쥐가 상자 안에서 우연히 지렛대를 누르면 먹이 한 조각이 나오고 쥐는 먹이를 먹게 된다. 배고픈 쥐는 또다시 지렛대를 누르게 되었고 이번에도 먹이를 먹을 수 있었다. 이런 일이 반복되면서 쥐는 지렛대를 누르면 먹이가 나온다는 것을 학습하고 배가 고프면 지렛대를 누르는 행동을 보였다. 이처럼 행동은 결과에 따라 증가되거나 감소된다. 보상이 뒤따르는 행동은 증가하고 처벌이 주어지는 행동은 감소한다는 것이 조작적 조건형성(operant conditioning)의 원리이다.

Mowrer(1939, 1950)는 2요인이론(two-factor theory)을 제안하면서, 공포 반응의 형성은 고전적 조건형성에 의해 일어나는 반면 공포 반응의 유지는 조작적 조건형성에 의한 것이라고 주장했다. 즉, 개에게 물린 경험이 있는 소년의 경우, 고전적 조건형성에 의해 공포 반응이 형성된 후에는 계속 개를 무서워하며 피하게 된다. 이렇게 개에 대한 공포 반응이 지속되는 이유는 소년이 계속 개를 피함으로써 공포를 느끼지 않게 되는 것이 공포 반응에 대한 부적 강화로 작용하기 때문이다. 즉, 개를 계속 회피함으로써 개가 더 이상 두려운 대상이 아니라는 사실을 학습할 기회를 갖지 못하기 때문이다.

사회적 학습과정을 이론적으로 체계화한 대표적인 학자는 Bandura(1925~)이다. 그는 모델링(모방학습)이라는 개념을 강조하였는데, 이는 다른 사람의 행동을 그대로 따라 하는 것이다. 흔히 아이들은 어른이 하는 행동을 흉내 내어 따라함으로써 어른의 행동을 배운다. 이러한 모델링은 가장 단순한 형태의 사회적 학습으로서 인지적 요인의 개입 없이 자동적으로 이루어지는 경향이 있다.

관찰학습이 부적응행동의 습득에도 역할을 한다는 결론이 임상 연구에서 지지되고 있다. 환자가 가지고 있는 불안을 추적해 보면 종종 모델링 경험과 연결되어 있다. 이때의 모델링은 가능한 외적 행동의 예시가 될 뿐 아니라 개념, 태도, 욕구의 형성에도 기여한다.

Watson과 Jones, Hull과 Skinner와 같은 후기 이론가 및 Wolpe와 Lazarus와 같은 개업의는 불안과 공포증의 발달을 조건화 원리로 설명하였다(O'Donohue & Krasner, 1995). 즉, 불안과 공포는 학습된 반응인데 그 자체로는 불쾌한 것이지만 학습 당시에는 적절한 반응이라는 것이다.

우울장애에 관한 초기 행동주의자들의 이론들은 1965년 Ferster에 의해 최초로 체계화되었다. 즉, 우울장애는 생물학적 원인과 무관한 두 가지 과정 중 하나에서 기인한다는 것이다(Ferster & Culberson, 1982). 첫째, 정적 강화를 감소시키는 환경 변화가 일어나고 다른 정적 강화를 얻을 방법이 없을 때 우울장애가 나타난다. 둘째, 행동주의자들은 우울장애가 회피행동의 한 유형으로 발생한다고 말한다. 이것은 혐오하는 상황을 피하려는 욕구가 너무 강해서 정적 강화를 불러일으킬 행동을 못하게 된다는 것이다.

2) 행동주의 치료

행동치료(behavior therapy)는 기본적인 학습인 고전적 조건형성이나 조작적 조건형성 등을 적용해서 문제행동을 수정하는 치료기법이다. 행동치료에서는 문제행동을 잘못된 학습의 결과로 보고, 이러한 이상행동을 소거하거나 적응적 행동으로 대체하는 학습과정을 중시한다. 이런 점에서 행동치료는 행동수정(behavior modification)으로 볼 수도 있다. 심리치료의 일차적 목표는 부적응적 행동을 감소시키거나 제거하는 일이다. 바람직하지 않은 부적응적 행동을 감소시키는 행동치료적 기법으로는 소거, 체계적 둔감법, 혐오 조건화, 노출 등이 있다.

소거(extinction)란 부적응 행동을 없애기 위해 행동의 반복을 강화하는 요인을 제거하는 것이다. 개인이 보이는 부적응 행동은 알게 모르게 어떠한 보상에 의해서 강화된다. 이러한 점에 초점을 두어 강화하는 요인을 제거하여 부적응 행동을 그치도록 하는 방법이다. 계속해서 손가락을 빠는 행동을 하는 아이에게 손가락을 빠는 행동을 하면 야단치거나 회유하는 보상을 해 주었었다면, 이제는 손가락을 빠는 행동을 하여도 이에 대한 반응을 하지 않음으로써 손가락 빨기 행동을 그치도록 하는 방법이다.

잘못된 조건형성으로 인해 생긴 부적응 행동을 점진적으로 제거하는 행동치료 기법으로 체계적 둔감법(systematic desensitization)이 있다. 이 기법은 Wolpe(1958)에 의해서 개발되었으며 공포증이나 이전에는 동성애(현재는 문제행동으로 보지 않음) 등에 치료 효과가 있는 것으로 알려져 있다. 이 절차는 내담자가 불안을 감소시키는 한 방법으로 불안을 일으키는 상황에 스스로 드러내기 때문에 노출기법으로 볼 수 있다. 체계적 둔감법에는 세 단계가 있는데 이완훈련, 불안 위계표 작성, 체계적 둔감법 실시로 나뉜다.

우선 이완훈련 단계에서 치료자는 매우 조용하고 부드럽고 기분 좋은 목소리로 단계적으로 근육이완을 가르친다. 이때 내담자가 몸의 각 부분, 특히 얼굴 근육을 시각화하면서 모든 근육을 이완하도록 가르친다. 팔, 머리, 목, 어깨, 등, 복부, 가슴, 다리의 순서로 이완시킨다. 다음 단계에서는 치료자와 내담자가 함께 확인된 공포 대상에 대한 불안 위계표를 작성한다. 거부, 질투, 비판, 무시 혹은 공포 등과 같은 불안을 일으키는 자극을 분석한다. 치료자는 불안이나 회피의 정도에 따라 상황을 서열 목록표로 만든다. 위계는 내담자가 생각할 수 있는 가장 나쁜 상황에서 아주 적은 불안을 일으키는 상황까지 순서대로 정렬한다. 이처럼 공포자극 상황에 대한 위계 목록이 작성되면, 환자로 하여금 근육이완을 통해 편안한 심리 상태를 유도하게 한다. 충분한 이완 상태에 이르면, 가장 약한 불안을 느끼는 자극 상황을 보여 준다. 이완 상태에 있는 환자가 별로 불안을 느끼지 않는다고 보고하면, 좀 더 강한 공포 상황을 보여 준다. 이렇게 이완된 상태에서 조금씩 강한 공포 상황에 노출시킨다. 만약 환자가 공포를 느낀다고 보고하면 공포자극의 노출을 멈추고 긴장을 이완시킨다. 충분히 이완되면 다시 약한 공포 상황부터 제시한다.

체계적 둔감법은 공포증을 치료하는 데 주로 사용하는 기법이다. 하지만 신경성 식욕부진증, 강박행동, 말더듬, 우울증 등을 치료하는 데에도 사용할 수 있다.

반복되는 문제행동을 보일 때 불쾌한 자극과 연합시켜 그 행동을 억제시키는 방법도 있다. 이와 관련된 중요한 행동치료기법이 혐오적 조건화(aversive conditioning)이다. 혐오 조건화는 알코올중독 등과 같은 문제행동을 치료할 때 흔히 사용되는 방법이다. 이 치료법은 알코올과 함께 혐오적인 무조건 자극인 구토제 등을 짝지어 알코올에 대한 회피 반응을 학습시키는 방법이다. 술을 마신 뒤에 구토를 일으키는 약물을 함께 제시함으로써 술을 회피하도록 조건형성하는 것이 그 예이다. 그러나 이러한 혐오 조건화의 적용은 윤리적인 문제가 제기될 수도 있으므로 신중할 필요가 있다.

노출(exposure)은 두 가지 유형이 포함되어 있는데, 실제 장면에서의 노출과 홍수법이다. 실제 장면에서의 노출(in vivo exposure)이란 지하철을 타지 못하는 사람의 경우 내담자와 함께 지하철을 타는 장면을 상상만 하는 것이 아니라 공포를 느끼는 실제 상황에 단계적으로 내담자를 노출시키는 것을 말한다. 처음에는 지하철 입구를 쳐다보고, 그다음 단계에서는 함께 몇 계단 밑으로 들어가 보고, 점진적으로 지하철 표를 사고, 지하철을 기다리고, 한 구간씩 점차 시간을 늘려 타 보는 것이다. 또한 홍수법(flooding)은 불안을 최소화시키기보다는 최대화시키는데, 내담자는 점점 불안을 야기하는 장면을 상당 기간 동안 떠올린다. 이 이론에 따르면 불안이 최절정에 이른 다음부터 공포가 차츰 줄어들면서 사라진다는 것이다. 홍수법은 불안과 관련된 장애, 공포, 강박장애, 외상 후 스트레스 장애와 광장공포증을 위한 행동치료로 쓰인다.

행동치료에서는 부적절한 행동의 제거뿐만 아니라 바람직한 적응행동을 학습시키거나 증가시키는 여러 기법이 사용된다. 행동조성법(behavior shaping)은 조작적 조건형성의 원리를 이용해서 부적절한 행동을 없애고 바람직한 행동을 형성하게 하는 기법이다. 즉, 목표행동에 근접하는 행동을 보일 때마다 강화를 하여 점진적으로 목표행동을 학습시키는 기법이다. 행동조성법은 나쁜 습관이나 문제행동을 교정하는 데 매우 효과적이다.

토큰 경제(token economy)는 학교나 정신병원 등의 기관에서 실제 강화물을 대신해서 토큰, 스티커, 모조 동전 등을 강화물로 사용하여 바람직한 행동을 하도록 할 때 사용하는 방법이다. 이처럼 다양한 행동치료 방법을 사용하여 사회적 기술훈련, 의사소통 훈련, 자기주장 훈련, 자기표현 훈련 등 적응적 행동을 학습시키는 훈련프로그램이 개발되어 왔다. 행동치료는 공포증, 불면증, 강박장애, 아동의 품행장애, 비만증, 흡연증, 고혈압 등을 치료하는 데 매우 효과적인 것으로 보고되고 있다.

4. 인본주의적 조망

1) 이상행동에 대한 인본주의 관점

인본주의 접근은 인간의 성장과 변화를 강조한다. 인본주의 심리학은 1940~60년대 위기 상황과 인간의 내면적 갈등을 강조하였던 전통적인 정신분석 치료에 대해 비판적 입장을 취하였다. 두 차례에 걸친 세계대전을 통해 피폐해진 인간에 대해 심리학자와 철학자들이 전쟁의 참사가 어떻게 나타날 수 있으며, 누가 어떻게 그것을 딛고 일어서는지를 이해하려 노력하면서 실존주의 조망과 함께 인본주의 운동이 일어나게 되었다. 즉, 심리학에서도 긍정적인 입장에서 자기실현의 의지와 힘을 강조하게 되었다. 인본주의적 관점의 가장 중요한 가정은 모든 사람에게 자기실현을 위한 가능성이 내재되어 있으며, 이를 위해 부단히 노력하는 힘이 있다는 것이다. 이러한 자기실현의 능력은 개인의 고유한 영역으로서 환경 속에서 인간의 성격이 발달될 때, 즉 긍정적인 경험을 할 때 유지되고 성취될 수 있다. 반면 자기실현을 지향하는 개인의 자기상과 경험이 불일치하는 환경에서는 자기실현에 대한 좌절과 부적응이 촉발될 수 있다. 이와 같이 인본주의 심리학자들은 인간은 자기실현을 지향하는 성장지향적인 존재라고 보았다. 이 같은 인간관은 제1의 심리학인 정신분석적 입장이나 제2의 심리학인 행동주의적 입장과는 대비되며 그 대표적인 인물은 Rogers이다.

인본주의 심리학을 주도한 Rogers(1902~1987)는 자기상(self-image)을 성격에 대한 자신의 조망에서 가장 중요한 개념으로 사용하였다(1951, 1957, 1980). Rogers는 자기이해와 자기실현의 능력을 개인의 자기존중(self-regard) 및 자신이 타인에게 수용되는 것을 지각하는 것과 관련지었다. 인간은 좀 더 가치 있는 존재로 성장하기 위해서 자신의 모든 잠재력을 발현시켜 완전히 기능하는 개인이 되려는 생득적인 성향을 지니는데, Rogers는 이를 자기실현 성향(self-actualization tendency)이라고 하였다.

Rogers에 따르면, 최적의 적응은 완전히 기능하는 개인을 일컬으며 이러한 사람은 불안 수준이 낮은 것이 특징이다. 불안은 개인의 자기지각과 실제 경험 간의 불일치에서 초래되는 긴장에서 온다. 인간이 이상행동과 정신장애를 나타내는 것은 자기실현적 성향이 차단되고 봉쇄되었기 때문이다. 아동기 때 자신이 한 아이로 필요한 존재이고 높은 가치가 있다고 느꼈던 성인은 긍정적인 자기상을 갖고, 다른 사람들에게 좋게 지각되고, 자기실현의 능력을 가지기 쉽다.

아동은 부모나 타인의 보살핌을 통해 성장하는데, 이처럼 중요한 타인이 아동의 욕구, 기대, 인정, 행동양식을 조건 없이 수용하지 못하고 자신의 가치와 기대에 따라 조건적인 수용을 하게 된다면 아동은 자신의 욕구와 부모의 애정을 얻으려는 욕구 사이에서 갈등을 경험하게 될 것이다. 이러한 과정에서 부모의 인정과 수용을 얻기 위하여 부모가 요구하는 조건적 가치를 받아들이게 된다. 이러한 경험이 반복되어 성장과정 속에서 부모의 가치기준에 의해 평가된 자기개념(self-concept)과 자신의 유기체적 경험 간의 심한 불일치를 경험하게 되는 것을 부적응 상태라 할 수 있다.

인본주의 입장에서 보는 불안과 우울장애는 개성의 완전한 표현을 방해하는 문화적 · 사회적 구조의 결과이다(May, 1981; Maslow, 1954; Rogers, 1961). 인본주의자들은 인간의 선과 자기실현이라는 선천적 욕구를 사회가 방해하는 한 불안과 우울장애는 불가피한 것이라고 본다. 그러므로 불안과 우울장애는 사회의 영향에 의한 것이며 올바른 사회 분위기가 조성되기까지 계속될 것이라고 주장한다. 인본주의자들이 자주 언급하는 두 가지 상황은 억압이 심한 사회와 가난이다. 가난은 분명히 자신의 성장뿐만 아니라 장애와 결점을 치료하는 데에도 선택을 제한한다. 억압이 강한 사회에서는 자기표현에 대한 공포로 인해 경직되거나 잘못된 반응양식을 형성하게 되며, 흔히 불안과 우울장애를 수반하기 마련이다. 이러한 믿음 때문에 인본주의자들은 내담자의 개인적인 문제에 큰 초점을 두지 않는다. 그들은 개인이 비일관적이며 독단적인 사회적 요구에 희생되도록 강요당하기 때문에 그런 사회에서 개개인이 채택하는 방어 전략은 비이성적인 사회의 본성을 반영한다고 믿는다. 그러므로 인본주의자들에게 불안과 우울장애는 혼돈의 세계에서 존재하기 위한 필요조건이다(May, 1981). 그래서 비지시적인 상담 및 내담자중심 치료법의 창시자인 Rogers는 실질적으로 개인 치료를 중단하였으며, 인본주의와 사회체계적인 관점에서 소집단을 형성하여 상담하는 것을 선호하였다.

2) 인본주의 치료

Rogers의 인본주의 이론은 부적응 행동이 어떻게 발생하는지에 관심을 기울이기보다는 내담자를 어떻게 도울 것인가에 초점을 두었다. Rogers는 임상 경험을 통해 인간은 잠재적 자원을 가진 존재로서 자기 방향성을 가지고 있고 각자 실현 가능하며 효율적이고 생산적인 삶을 영위할 수 있는 존재라는 믿음을 가지고 있다. 때문에 내담자가 전문가에게 지도를 받고 치료를 받아야 한다고 보지 않는다. 동시에 치료자를 통해 동기가 강화되어야 하고 지시를 받아야 하며 통제되어야 할 필요가 있다고 주장하는 치료체계에는 찬성하지 않는다. Rogers는 개인이 잠재력을 실현하도록 하여 성장을 촉진하는 분위기를 만들기 위한 치료자의 세 가지 특성 및 태도를 강조하였다. 이러한 치료자의 특성으로는 일치성(진실성과 사실성), 무조건적 존중(수용과 양육), 정확한 공감적 이해(다른 사람의 주관적 세계를 깊이 이해할 수 있는 능력)가 있다. 이러한 특성이 치료자에 의해 내담자에게 전달되면 내담자는 자신을 방어하려 하지 않을 뿐아니라 자신과 자신을 둘러싼 세계를 보다 더 개방적으로 경험하게 될 것이다. 동시에 Rogers는 이러한 경험을 통해 좀 더 사회적이고 건설적으로 행동하게 될 것이라 믿었다. 이는 인간이 허용적인 분위기만 제공되면 건강한 삶을 향해 나아갈 것이라고 믿기 때문이다. 따라서 인본주의 치료의 목표는 내담자로 하여금 의미 있는 자기를 탐색할 수 있도록 돕는 치료 조건을 만드는 것이다. 인간은 자유로울 때 자신의 길을 더 잘 발견할 수 있을 것이다. 인본주의 심리치료의 관건이 되는 치료자의 세 가지 조건을 구체적으로 살펴보면 다음과 같다.

첫째, 일치성과 진솔성은 치료 시간에 치료관계 내에서 치료자가 내담자에게 속과 겉이 일치하고 진솔하게 행동하는 것을 말한다. 치료자는 기만적인 겉치레가 없고 내적인 경험과 외적인 표현이 일치하며 내담자와의 관계에서 느끼는 감정과 태도를 개방적으로 표현하도록 노력해야 한다. 진실한 치료자는 부정적이든 긍정적이든 내담자에게서 느껴지는 감정과 태도를 즉각적이고 개방적으로 경험한다. 그들은 모든 부정적 감정을 다 표현하고 수용함으로써 내담자와의 진솔한 의사소통을 촉진시킬 수 있다.

치료자의 진솔성은 진실해지려는 내담자에게 모델이 될 수 있다. 일치한다는 것은 내담자가 관계에서 느끼는 분노, 좌절 등의 부정적인 감정이나 관심, 사랑, 이끌림 등의 긍정적인 감정을 있는 그대로 표현하는 것을 말한다. 그러나 자기노출도 적절해야 하기 때문에 치료자가 모든 감정을 가감 없이 표현해야 한다는 의미는 아니다. 또 내담자가 치료자의 권태나 분노의 원인이 된다는 뜻도 아니다. 상담자가 진솔해지려고 너무 열심히 노력하는 것이 오히려 방해될 수도 있다. 개인적인 것이라고 여겨지는 것을 진솔하게 표현하는 것이 아니라 상담자가 그것이 내담자에게 유익할 것이라고 생각하기 때문에 표현하는 것은 불일치가 될 수 있다. 그렇지만 치료자는 자신의 감정에 대한 책임을 져야 하며, 현재 내담자와 충분히 함께 있어야 할 그들의 능력을 방해하는 지속적 감정을 내담자와 함께 탐색할 수 있다.

물론 치료자가 자신의 감정을 내담자와 계속적으로 토의하는 것이 치료의 목적은 아니다. 또한 상담자가 내담자에 대해 느끼는 대로 표현하지 않으면 상담이 방해받을 것이라는 점도 강조한다. 따라서 만약 상담자를 좋아하지 않거나 인정하지 않으면서 수용하는 척만 한다면 치료는 효과가 없을 것이다.

일치성에 대한 Rogers의 개념이 오직 완전하게 자기실현된 치료자만이 상담에서 효과적일 수 있다는 의미는 아니다. 치료자도 인간이기 때문에, 치료자가 완전히 솔직해지기를 기대할 수는 없다. 인간중심 모델은 단지 치료자가 내담자와의 관계에서 '일치한다'면, 치료과정은 잘 진행될 것이라고 가정할 뿐이다. 여기에서 '일치성'은 완전하게 일치하는지 혹은 전혀 일치하지 않는지만을 따지는 실무율적인 방식이 아니고 하나의 연속선상에 있다는 의미이다.

둘째, 무조건적 긍정적 존중은 치료자가 내담자에게 전달해야 하는 태도로서 내담자를 한 인간으로서 깊고 순수한 관심으로 대하는 것이다. 관심이 내담자의 감정, 사고, 행동에 대한 좋다거나 혹은 나쁘다는 평가나 판단에 의해 오염되지 않았다는 점에서 무조건적이다. 치료자는 내담자를 존중하며 조건을 달지 않고 따뜻하게 수용한다. 이것은 '나는 ~할 때에만 당신을 수용할 수 있다.'라는 태도가 아니고 '나는 있는 그대로의 당신을 수용하겠습니다.'라는 태도이다. 치료자는 그들이 있는 그대로의 내담자를 존중하며 내담자가 자유롭게 감정을 경험하고 표현할 수 있고 또 그러한 행동 때문에 상담자로부터 수용 받지 못하게 되지는 않을 것이라는 점을 행동을 통해 전달한다. 수용은 내담자가 감정을 가질 권리를 인정하는 것이다. 그렇다고 모든 행동을 인정하라는 말은 아니며 모든 외현적 행동을 인정하거나 수용할 필요도 없다.

치료자의 관심이 비소유적이어야 한다는 것도 중요하다. 관심이 내담자가 자신을 좋아하고 존경하게 할 목적에서 나왔다면, 내담자의 건설적인 변화는 제약을 받게 될 것이다. Rogers(1977)에 따르면, 비소유적인 방식으로 관심을 가지고, 칭찬하고, 수용하고, 존중하는 정도가 클수록 치료가 성공적일 가능성이 더 크다. Rogers도 치료자가 항상 순수하게 수용과 무조건적인 관심을 유지한다는 것이 불가능하다는 점을 분명히 밝힌다. 내담자에 대한 수용을 강조한 의미는 내담자를 존경하지 않거나 싫어하거나 비판적인 입상을 취하는 치료자는 상담에서 실효를 거두지 못할 것이라는 점이다. 내담자는 관심 부족을 느낄 것이고 그래서 점점 방어적으로 될 것이다.

셋째, 정확한 공감적 이해는 치료시간에 순간순간의 상호작용에서 나타나는 내담자의 경험과 감정을 민감하고 정확하게 이해하는 것이다. 치료자는 내담자의 주관적인 경험, 특히 지금-여기의 경험을 감지하려고 노력하는 것이 중요하다. 치료자는 내담자의 입장이 되어 보려고 시도해야 하며 내담자 마음 깊숙이 들어가려고 해야 한다. 이렇게 하는 이유는 자기 자신과 친밀하도록 하고, 감정을 더 쉽고 강하게 경험하게 하고, 그들 내부에 존재하는 불일치를 인식하고 해결하도록 내담자를 격려하기 위해서다. 이는 내담자로 하여금 자신의 감정이 이해받고 있다는 확증적 경험을 하게 하여 내담자가 자기 개념을 확장시키는 데 필요한 토대를 마련해 준다.

공감적 이해란, 치료자가 내담자의 감정에 빠져들지 않으면서 내담자의 감정을 자신의 감정인 것처럼 느끼는 것을 의미한다. 내담자의 경험세계로 자유롭게 여행함으로써 치료자는 이미 내담자도 인식하고 있는 것에 대해 자신이 이해한 것을 내담자에게 전달할 뿐만 아니라 그들이 거의 인식하지 못하고 있는 경험의 의미를 말해 줄 수도 있다. 높은 수준의 정확한 공감이란 내담자가 덜 분명하고 덜 명확하게 경험한 감정에 대해서 분명한 느낌을 인식하도록 하는 것 이상의 의미를 가진다는 사실을 이해하는 것이 중요하다.

공감은 내담자가 말한 것을 반영하는 것 이상의 것이며, 치료자가 일상적으로 사용하는 인위적인 기법 이상의 것이다. 그것은 단순히 외부에서 하는 내담자에 대한 평가적인 이해인 객관적인 지식—나는 당신의 문제가 무엇인지 이해한다—은 아니다. 공감은 '내담자의, 내담자에 대한' 깊고 주관적인 이해이다. 그것은 내담자에 대한 인간적인 동일시이다. 치료자는 내담자의 감정과 비슷하게 느낌으로써 내담자의 주관적인 세계를 공유할 수 있게 된다. 그런데 공감을 중요시한 나머지 치료자 자신의 주체성을 잃어버리지는 않아야 한다. Rogers는 치료자가 자신의 주체성을 잃지 않고, 내담자가 보고 느끼는 사적 세계에서 현재 함께 경험할 수 있을 때 건설적인 변화가 일어날 것이라고 믿는다.

인본주의 접근에서는 이러한 세 가지 기본적인 치료자의 태도를 강조하였고 심리치료기법을 크게 강조하지는 않았다. 몇 가지 인본주의 치료기법의 예를 들면 경청, 반영, 명료화 등이 있다. 이 기법들은 내담자의 입장에서 내담자가 하고자 하는 말이나 관점 등을 주의 깊게 듣고 이를 치료자가 이해한 바대로 좀 더 명확하게 되돌려 줌으로써 내담자가 자기의 이해를 넓히도록 돕는다.

5. 인지주의저 조망

1) 이상행동에 대한 인지주의 관점

일찍이 고대 그리스 스토아학파 철학자인 에픽테토스(Epiktétos)는 인간이 사물로 인해 고통받는 것이 아니라 그것을 받아들이는 관점으로 인해 고통받는다고 하였으며, 아무리 강렬하게 경험하는 감정이라도 생각을 바꾸면 통제할 수 있다고 하였다. 이러한 스토아학파 철학자들의 주장은 오늘날 인지적 조망의 철학적 기원이 되고 있다. Freud의 정신분석적 입장에서는 이상행동에 대한 접근에 있어서 현재 나타나고 있는 문제행동의 근원이 개인이 인식하지 못하는 무의식 속에 잠재되어 있는 추동, 숨은 동기, 욕구 등과 관련되어 있다고 하였다. 그러나 이후 전통적인 정신분석적 입장에서 출발하였던 여러 학자도 의식적이고 주관적인 경험에 대한 이해의 필요성을 제기하게 되었다. 대표적으로 Adler는 개인에 대한 이해는 의식적 경험의 틀 안에서 이루어져야 하며 어떻게 세상을 지각하고 경험하는가가 중요하다고 하였다. 이후 Kelly는 사건을 인식하고 해석하는 개인의 방식을 '개인적 구성개념(personal construct)'이라고 하였는데 여기에는 개인이 선택할 수 있는 대안적인 구성개념이 항상 존재한다. 그는 개인적 구성개념 체계를 통해 현재 일어나고 있는 문제를 해결하지 못한다는 것을 깨닫기 시작할 때 불안을 느끼게 되므로 개인적 구성개념이 정서반응의 원인으로 작용한다고 주장하였다. 즉, Kelly의 주장은 인지가 정서에 선행한다는 것이다.

심리학계에서는 1950년대 후반부터 이른바 인지 혁명(cognitive revolution)이 일어나면서 인간의 내적 인지활동에 대한 관심이 급증하였다. 특히 자극과 반응 간의 관계 내에서 인지 구조와 과정이 어떠한 역할을 하는지에 대한 연구가 진행되었는데,

이러한 과정에서 경험적인 연구를 통해 인지적 왜곡과 결손이 이상행동을 보이는 사람들에게 나타나는 주요한 양상임이 확인되었다. 여기에 1960년대 인지심리학 분야가 비약적으로 발전하면서 인간을 정보처리자 혹은 문제해결자로 보는 인지심리학을 토대로 하여 이상행동에 대한 인지주의적 조망이 확고하게 자리 잡는 계기가 마련되었다. 인지적 패러다임에서는 자극과 반응 간의 관계에서 수동적인 형태가 아닌, 예를 들어 지각, 재인, 판단, 추론 등과 같은 복잡한 정신과정이 작용한다고 하며 개인의 경험 구조 및 경험구조에 대한 감정이 어떠한지, 환경적 자극을 유용한 정보로 어떻게 전환하는지에 집중한다. 즉, 인간의 행동이 외부의 환경과 같은 객관적이고 물리적인 현실에 의해 결정되는 것이 아니라 개인의 주관적·심리적 현실에 의해 결정된다는 관점이다.

인지적 패러다임에 이론적 근거를 두고 있는 인지주의적 조망에서는 인간을 능동적인 존재로 보고 있는데, 개인은 내부에서 생성된 정보와 환경적 자극을 함께 수집하고 분류하고 변형하며 해석하고 이해하려 하며 이러한 과정 속에서 선택적으로 정보를 추구하고 창조하며 사용한다고 본다. 개인의 특정한 영역에 대한 정보를 포함하고 있으며 인지과정에 큰 영향을 미치는 것이 도식(schemata 또는 schema)인데, 이는 개인의 가정과 신념체계를 의미하는 것으로서 세상에서의 경험에 대한 지각적 필터 역할을 한다. 또한 생애 초기에 발달되어 이후의 행동 패턴에 영향을 미친다.

Beck은 부적응 행동이 인지체계의 역기능, 예를 들어 현실과 합치되지 않는 극히 개인적인 도식에서 초래된 것이라고 주장하였는데, 인지 구조(cognitive structure)는 개인이 자신과 세계에 대한 지식과 정보를 체계적으로 조직하고 저장하는 기억체계를 의미한다. 과거 경험을 통해 축적된 인지 구조는 외부 자극을 선택적으로 지각하고 해석하며 저장하는 기능을 한다. Beck은 우울증에 관심을 갖고 있었으며 초기에는 정신분석적 전통에 따라 접근하였으나 환자의 인지처리 과정에서 특정 주제에 대한 부적 편향이 나타나고 있음을 발견하였다. 예컨대, 우울한 사람들의 인지도식은 상실이나 실패라는 주제에 편향되어 있어 매사 자신의 경험을 비관적으로 평가하는 경향이 있다. 흔히 이러한 인지도식은 역기능적 신념(dysfunctional beliefs)의 형태로 나타나기도 한다(Beck et al., 1979). 특히 자기도식은 개인적으로 관련된 모든 경험을 조직화하고 지배할 수 있다. 개인적 경험에는 개인의 정서와 과거 학습사가 반영되는 경우가 흔한데, 도식에는 역기능적이고 비합리적인 신념이 포함되기도 한다. 따라서 종종 자기 도식은 개인의 현실 지각을 왜곡시킬 수 있으며 적응을 방해할 수 있다.

또한 Beck은 사고가 정서를 유발할 뿐만 아니라 사고와 행동의 변화가 정서도 변화시킨다고 주장하였다. 그는 많은 심리적 장애의 전반적인 양상에서 볼 때 자동적인 사고가 개입되어 있다고 보았으며, 이러한 자동적인 사고는 개인이 자각하지 못하는 깊고 견고한 사고로서 불행감과 좌절감을 일으킨다고 한다. 자동적 사고는 개인적인 규범과 가치를 유지하고 일상생활에서 적절하게 적응하는 데 방해가 되는 역기능적인 태도로 이어진다. 특히 이러한 태도는 우울한 사람에게서 주로 나타나는데, 이들은 논리적인 과정의 실패로 인해 부정적인 방식으로 자신의 경험을 해석하고 이는 우울로 이어진다.

한편 Ellis는 환경이나 촉발사건(Activating event)은 신념(Belief)이라는 매개변인을 통해 정서적인 결과(Consequence)로 이어진다는 이른바 A-B-C-D-E 이론을 주장하였다. 이는 환경이나 촉발사건에 대해 개인이 합리적 신념과 비합리적 신념 중 어떤 신념을 통해 지각하느냐에 따라 정서 결과도 다르게 나타남을 의미한다. 예를 들어, 중요한 시험에서 불합격했다고 가정해 보자. 평소 '내가 하는 일이 매번 그렇지. 난 뭘 해도 안 돼.'라는 비합리적인 신념을 갖고 있는 사람의 경우 다음 기회를 준비하기보다 쉽게 포기하고 좌절감에 빠진다.

이렇듯 기존의 인지치료에서는 개인의 역기능적 인지 도식, 정보처리, 자동적 사고에 초점을 맞추어 왔다. 최근 Teasdale이나 Wells 등 많은 연구자는 역기능적 해석 과정에 영향을 줄 수 있는 변인인 상위인지에 관심을 두기 시작하였다. 상위인지란 '개인 자신의 인지체계에 관한 안정된 지식, 그리고 이러한 체계의 기능에 영향을 미치는 요인에 관한 지식, 현재 인지 상태에서의 조절과 자각, 그리고 사고와 기억의 의미에 대한 평가'로 정의된다(Wells, 1995). Brown(1987)은 상위인지를 두 가지 유형으로 분류하였다. 인식할 수 있고 보고할 수 있는 인지에 관한 지식이 하나의 유형이고, 인지 과정에 영향을 미치는 활동에 대한 계획, 평가, 감찰, 조절과 같은 인지 조절이 두 번째 유형이다. 상위인지는 정보처리 과정을 통제하며, 걱정이나 반추, 위협에 대한 감찰과 같은 부적응적 정보처리 형태가 유지될 때 정서적 취약성이 초래된다.

상위인지와 정신병리에 대한 자기조절 집행기능 이론(Self-Regulation Executive Function: S-REF; Wells & Matthews, 1994, 1996)에 따르면 정신병리는 역기능적 인지 패턴의 활성화와 연관이 있으며 상위인지는 활성화의 근본적 원인이다. 역기능적 상위인지는 내적 · 외적 자극을 해석하는 과정에서 이를 위협 상태로 개념화하며 부정적 정서를 상승시킨다. 정서적으로 취약한 개인은 문제해결을 위해 반추적 사고나 걱정, 초점화된 주의, 사고의 회피나 억제 등의 반응 패턴을 사용하는데, 상위인지적 신념이 이를 선택하게 하며 유지시킨다. 예를 들어, 우울한 개인은 중립적 사건도 위협적인 것으로 인식하여 과도하게 주의를 기울이고 이를 해결하기 위해 걱정하고 반추한다. 걱정이나 반추가 유용하다는 상위인지적 신념이 이를 지속하도록 하는데, 이는 역설적으로 실질적 문제해결에서 멀어지도록 하며 더 많은 걱정과 반추로 이어진다. 취약한 이들은 본인의 걱정을 통제할 수 없다는 상위인지적 신념을 가지고 있기 때문에 이 고리를 벗어나기가 힘들며 부정적인 정서를 지속적으로 느끼게 된다. 또한 걱정과 반추는 개인이 실질적인 문제해결 대처 전략을 사용하는 것을 방해한다.

상위인지는 지각된 스트레스와 불안, 우울과 상관을 가지며 그 관계를 중재한다(Spada, Nikcevic, Moneta & Wells, 2008). 긍정적 · 부정적 상위인지적 신념은 우울한 사람들의 반추적 사고와 관련이 있었다(Papageorgiou & Wells, 2001). Wells(2000)는 주의 훈련 등의 프로그램을 통해 상위인지적 인식과 상위인지적 조절 방안을 탐색하여 정서장애를 유발하는 상위인지를 변화시킬 수 있다고 보았으며 우울증 환자들의 재발 방지를 위한 치료를 개발, 적용하였다. 이러한 접근은 아직 이론적 제안 및 초기 시도에 머물고 있는 상황이다.

한편 마음챙김 기반 프로그램 및 치료 역시 상위인지의 역할을 중요시한다. 마음챙김이란 의도적으로, 현재에, 비판단적으로 주의를 기울이는 것으로 현재의 경험에 대해 인식하며 이를 비판단적으로 수용하는 것이다. 마음챙김은 임상 장면에서 MBSR(Mindfulness-Based Stress Reduction) 프로그램이나 마음챙김에 기반을 둔 재발 방지 인지치료(Mindfulness-Based Cognitive Therapy: MBCT)를 통해 적용되고 있다. MBCT는 우울증 회복 후 재발을 막기 위해 우울 사고와 감정의 내용에 초점을 두기보다 개인이 이를 경험하는 방식에 초점을 두는 접근이 유용하다고 본다. 예를 들어, 부정적이고 자기비판적인 사고를 단지 '마음 안의 사건'으로 인식하여 감정과 행동에 영향을 미치지 않도록 한다. 즉, 상위인지적 통찰을 통해 부정적 사고에 대한 반사적인 반응에서 벗어날 수 있도록 돕는다. 마음챙김에 기반한 심리치료는 전통적 인지행동치료(Cognitive Behavior Therapy: CBT)와 달리 사고 내용이 아니라 상위인지 과정의 수정을 목표로 하며, 우울증 재발 방지 및 우울증에 유용한 것으로 확인되었다.

2) 인지치료

앞서 살펴본 이상행동에 대한 인지주의적 조망을 근거로 한 인지치료에는 다음과 같은 일반적 가정이 있다. 첫째, 우리는 외적·내성적(introspective) 자료를 모두 고려하여 능동적인 과정을 통해 우리의 세상을 지각하고 경험한다. 둘째, 인지는 내적·외적 자극의 통합이다. 셋째, 사고 및 시각적 심상과 같은 인지를 통해 상황을 평가한다. 넷째, 우리의 현재, 과거, 미래의 모습(configuration)을 반영하며 우리의 세상에 의해 만들어진 의식 혹은 현상학적 장은 인지를 통해 구성된다. 다섯째, 인지 구조의 기저 내용에 대한 변형은 정동과 행동 패턴에 영향을 미친다.

인지치료에서는 어떤 인지적 측면에 어떻게 개입하느냐에 따라 치료 유형을 분류한다(Dobson & Block, 1988; Mahoney & Arnkoff, 1978). 여기에서는 인지적 재구성(cognitive restructuring)에 초점을 두고 있는 Eills의 인지정서행동치료(Rational-Emotive Behavior Therapy: REBT)와 Beck의 인지치료에 대해 소개하고자 한다.

Ellis의 인지정서행동치료에서는 행동이 객관적인 조건보다는 개인의 신념체계와 상황에 대한 해석방식에 더욱 의존한다는 생각에 기초를 두고 있다. 또한 사람들은 합리적 사고를 할 수 있는 잠재력을 갖고 태어났으나 스스로 계속 주입시키는 비합리적인 신념을 비판 없이 받아들이는 경향이 있다고 본다. 따라서 내담자에게 자신의 삶을 반추하여 다시 지각해 보고 다시 생각해 보도록 격려하며, 그 과정에서 비합리적인 신념 및 비현실적이고 비논리적인 사고를 발견하여 이에 대한 논박을 통해 정서와 행동의 변화를 이끌어 내는 매우 교훈적이고 인지적이며 행동지향적인 접근이다. Ellis는 강한 정서와 부적응 행동을 수정 가능한 사고의 결과로 보았는데, 잘못된 신념이 아동기에 형성된다는 것에 대해서는 동의하였다. 그러나 그의 관심은 과거에 어떻게 해서 비합리적인 신념이 형성되게 되었는지를 밝히는 것이 아니라 환자나 내담자가 현재 상황에서 좀 더 건설적으로 반응할 수 있도록 돕는 데에 있었다. 이는 Eills가 정신분석치료를 그만두게 된 배경에 대한 언급에서 확연하게 드러난다. 그는 정신분석치료를 하는 동안 환자에게 그들의 심리적 고통의 정신역동적인 측면을 볼 수 있도록 도움을 줄 수는 있었으나 자기패배적인 삶을 멈추게 하는 생각, 감정, 행동의 변화를 일으키지는 못하였다고 하였다. 또한 정신분석을 통해 환자가 자신의 문제를 이해할 수 있게 되었지만 어떻게 변화시켜야 할지에 대해서는 알지 못했다고 하였다.

인지정서행동치료는 A-B-C-D-E 이론으로 대표된다. 촉발사건(Activating event or Adversity)은 상황, 사람, 생각 등과 같은 것으로써 촉발사건 혹은 역경을 말하며, 신념 (Belief)은 촉발사건에 관한 신념, 결과(Consequence)는 촉발사건으로 인한 정서적 · 행동적 결과를 말한다. 신념은 합리적일 수도 있고 비합리적일 수도 있는데 합리적 신념은 일상생활에서 유연하고 탄력적으로 적응할 수 있도록 하며 비합리적인 신념은 반드시 이래야만 한다는 'must 이데올로기'로서 경직되고 독단적이며 현실과 동떨어져 있기 때문에 일반적인 목표를 달성하는 데 방해가 된다. 만약 촉발사건에 대한 비합리적인 신념이 탐색되었을 경우 이에 대한 논박(Disputing)을 통해 긍정적인 효과 (Effect)를 이끌어 낼 수 있으며, 결국 새로운 감정(Feeling)으로 이어지게 된다. 즉, A 에 대한 개인의 신념인 B가 주로 정서 반응인 C의 원인이 되는 것이다. 예를 들어, 앞서 언급하였던 중요한 시험에서 낙방한 사람의 경우를 생각해 보자. 이 사람은 중요한 시험에서 불합격하여 심한 좌절감과 패배감을 느끼게 되었다. A-B-C-D-E 이론을 적용해 본다면 이 사람에게 A는 시험에서의 불합격이며 C는 불합격으로 인한 좌절감과 패배감이다. 그러나 좌절감과 패배감을 일으킨 것은 시험에서의 불합격 자체에 의한 것이 아니라 '내가 하는 일이 매번 그렇지. 난 뭘 해도 안 돼.'라는 비합리적 신념에 의한 것이다. 따라서 이러한 비합리적인 신념에 대한 논박(D)을 통해 자신의 비합리적인 신념에 도전하게 하며 논리적 원리를 배우고, 이 원리를 통해 비현실적이고 증명할 수 없는 가설을 기각하게 된다. 결국 사회적 현실에 부합하는 효과적인 철학(E)에 도달하게 되며 새로운 감정(F)을 경험하게 된다. 인지정서행동치료에서 역기능적 성격을 변화시키는 철학적 재구성은 다음 단계를 포함하고 있다.

- 자신의 정서적 문제들을 만들어 내는 책임이 대체로 우리 자신에게 있다는 사실을 완전히 인식하는 것
- 우리가 정서적 문제와 같은 혼란을 유의미하게 변화시킬 수 있는 능력을 가지고 있다는 사실을 인정하는 것
- 우리의 정서적 문제가 대부분 비합리적 신념에서 나온다는 것을 인식하는 것
- 비합리적 신념을 명백히 지각하는 것
- 자기패배적 신념 등을 논박할 만한 가치를 찾는 것
- 우리가 변화하려면 신념과 이에 따르는 역기능적 감정/행동을 반박하기 위해서

정서적 · 행동적 방식으로 열심히 노력해야 한다는 사실을 수용하는 것
- 남은 생애 동안에도 혼란스러운 결과를 근절하거나 변화시키는 합리적-정서적 이론 방법을 시행하는 것(Ellis, 1998, 1999)

Beck의 인지치료 역시 Eills의 인지정서행동치료와 마찬가지로 통찰중심치료 (insight focused therapy)로서 부정적인 사고와 부적응적인 신념의 재구성 및 변화를 강조한다. Beck(1976)은 인지치료에서 치료자의 역할이란 내담자가 갖고 있는 사고를 스스로 재구성할 수 있도록 도움으로써 궁극적으로 스트레스 상황에 처했을 때 기존에 갖고 있던 부정적인 사고 대신에 좀 더 유익한 사고로 대체하여 적응할 수 있도록 하는 것이라고 하였다. Beck은 사람들의 정서와 행동은 주로 그들이 세계를 보는 방식에 토대를 둔다고 생각한다. 그의 관점에서 볼 때 많은 사람은 자신의 어려움을 과장하고 자신이 어떤 일을 할 수 있는 가능성을 최소화한다. 이러한 생각을 치료에 적용시켜 보면 사건에 대한 개인의 해석을 결정짓고 행동을 촉진하거나 억제하는 신념을 확인하는 것이 중요하다.

Beck은 심리적인 문제를 불완전한 사고, 부적절하거나 부정확한 정보를 통한 잘못된 추론, 환상과 현실의 구별 실패 등에 의한 것으로 이해하였다. 특히 심리장애를 지닌 사람들은 당위적이고 완벽주의적이며 융통성 없는 비현실적 신념을 지니고 있다. 이러한 신념은 현실생활 속에서 지속적인 심리적 압박감과 좌절 경험을 초래한다. 따라서 Beck의 인지치료에서는 어떠한 장애를 지속시키는 핵심 인지과정의 변화가 주요한 치료 목적이다.

Beck의 인지치료 이론에 따른 우울증 치료에 대해서 살펴보면, 그는 우울증 환자의 부정적 사고의 내용과 사상의 편향된 해석에 초점을 두면서 내담자가 독특한 방식으로 자기 자신과 미래, 자신의 경험을 지각하는 세 가지 인지 패턴인 우울증의 인지 삼제(cognitive triad)에 대해 설명하였다. 이러한 인지 삼제의 첫 번째 요소는 자신을 평가 절하하는 부정적 관념으로, 상황 설명을 고려하지 않고 자신은 결점이 많은 사람이며 자신의 심리적 · 도덕적 · 신체적 결함 때문에 불쾌한 경험을 하게 되는 것이다. 둘째 요소는, 부정적인 방식으로 자신의 경험을 해석하는 경향성이다. 우울한 사람은 세상을 자신의 목표 달성을 방해하는 장애물로 생각하며 자신에게 과도하게 요구적인 존재로 생각하기 때문에 결국 환경과의 상호작용에 실패하며 애초에 내려진

부정적인 결론으로 돌아간다. 셋째 요소는, 우울한 사람은 미래에 대해 부정적인 견해를 갖는다는 것이다. 그들은 현재의 역경이나 어려움이 미래에도 지속될 것이라고 예상하기 때문에 수행해야 하는 어떤 과제가 있을 경우 부정적인 결과부터 생각한다.

　앞과 같이 우울한 사람은 종종 과도하게 완벽주의적이고 성취 불가능한 목표를 갖고 있으며 부정적인 예상이 너무 강하기 때문에 어떤 과제에서 성공했을 때조차도 다음에는 실패할 것이라고 예측한다. 즉, 부정적인 자기개념과 일치하지 않는 성공적인 경험은 생각하지 않는다. 우울한 사람의 사고 내용은 보통 슬픔, 실망, 무감동의 정서적 상태로 이어지게 하는 상실감에 편향되어 있다. 따라서 치료자는 내담자가 자신의 책임능력을 목록화하여 우선순위를 매기고, 현실적인 행동 계획을 세우도록 도와야 한다. 또한 내담자가 자기패배적인 사고에 의해 행동 계획의 이행에 난항을 겪을 경우 치료자는 인지적 시연을 통해 부정적인 사고를 명확하게 찾아내고 변화시킬 수 있도록 도울 수 있다. 이를 통해 내담자가 치료 회기에서 자기 의심을 논박하는 것을 배우면 새로 획득한 인지행동적 기술을 실생활에 적용해서 긍정적인 경험을 할 수 있도록 돕게 된다.

　지금까지 Eills의 인지정서행동치료와 Beck의 인지치료로 대표되는 전통적인 인지치료를 살펴보았다. 전통적인 인지치료를 통해 많은 환자와 내담자가 도움을 받았으며 치료 결과에 대한 연구에서도 치료 효과가 높은 것으로 보고되었다. 그러나 기저에 성격장애나 성격 문제를 지니고 있는 사람들의 경우 치료의 진전이 지체되고 치료 이후의 재발률이 높으며 실제적인 대처 기술의 습득에 실패하는 경우가 많았다. 이에 전통적인 인지치료의 개념과 치료 방법을 확장시킨 치료적 접근이 등장하게 되었다. 여기에는 대표적으로 심리도식치료(schema therapy), 변증법적 행동치료(Dialectical Behavioral Therapy: DBT)가 있는데, 간략하게 살펴보면 다음과 같다.

　심리도식치료는 Young에 의해서 개발되었는데, 그는 전통적인 인지치료를 통해서는 긍정적인 치료 효과를 보지 못했던 만성적인 성격 문제를 지닌 환자와 내담자를 위해 심리도식치료를 개발하였다(Young, 1990, 1999). 심리도식치료는 전통적인 인지치료의 개념과 치료 방법을 근간으로 하여 다른 치료 학파의 여러 기법을 통합한 체계적인 치료적 접근이다. 특히 심리적 문제의 근원에 대해 이해하기 위해 아동기와 청소년기에 대한 탐색과 함께 체험적 기법, 치료자–내담자 관계, 부적응적 대처방식 등을 강조한다. 또한 성격장애 환자에게 나타나는 전형적인 핵심 심리적 주제를 초기

부적응 도식(early maladaptive schema)이라고 하는데, 환자들의 초기 부적응 도식과 이에 대한 부적응적인 대처방식이 무엇인지 탐색하고 다룬다. 심리도식치료에서는 공감적 직면을 통해 환자가 초기 부적응 도식을 형성하게 된 데 이유가 있음을 공감해 준다. 또한 어린 시절에는 환자의 대처방식이 적응적이고 건강한 생존방식이었음을 인정해 주며 그렇기 때문에 도식을 변화시키는 것이 어렵지만 성장하면서 이제는 과거부터 이어져 왔던 대처방식이 부적응적 대처방식이 되었음을 직면하게 한다. 또 다른 주요한 변화 전략 중 하나가 제한된 양육(limited reparenting)이다. 치료자는 윤리적이고 직업적인 경계 내에서 환자가 어린 시절에 경험해 보지 못했던 정서적 체험을 유사하게 제공하는데, 이를 교정적 정서 체험이라 한다. 여기에는 체험적 방법론으로서 심상을 이용한 재양육이 이루어지는데, 인지행동적 방법에 추가하여 아동기를 심상화하고 과거와 현재를 이어 주는 심상화를 하며, 도식을 형성시킨 사람과의 심상대화, 심상작업을 회피할 때 '거리를 두는 보호자'와의 대화 시도와 같은 심상작업이 활용된다.

변증법적 행동치료는 경계선 성격장애에 대한 변증법적 이론과 생물사회이론에 근거한 치료로 Linehan(1993)에 의해 개발되었다. 이 치료에서는 개인의 행동을 거시적인 맥락에서 이해하고 행동양식 간의 상호 연관성에 주의를 기울인다. 또한 현실은 정(thesis)과 반(antithesis)의 통합을 통해 또 다른 양립하는 힘으로 발전한다고 보는데, 경계선 성격장애에서 나타나는 이분법적이고 극단적인 사고와 행동, 감정은 정과 반의 통합이 이루어지지 못한 결과라 할 수 있다. 이와 함께 경계선 성격장애에서 나타나는 정서 조절의 문제에 대해 정서적 유약성이라는 생물학적인 소인이 자신의 있는 그대로의 모습을 수용 및 인정받지 못해 온 환경과 상호작용한 결과에 의한 것으로 본다. 따라서 전통적인 인지치료에 비해 환자의 행동과 주관적 현실을 있는 그대로 수용하는 것이 중요하다고 강조하며 환자 스스로 과거의 혐오스러웠던 감정이나 과거사를 비롯해 현실을 있는 그대로 수용할 수 있도록 격려하고 여러 기술훈련을 통해 교육함으로써 이후의 좀 더 나은 삶을 위한 행동과 변화를 이끌어 낼 수 있도록 돕는다.

한편 우울의 재발 방지를 위한 치료로서 마음챙김 명상에 기초한 인지치료(MBCT)가 Teasdale 등(1995)에 의해 개발되었다. 그는 Kabat-Zinn의 마음챙김 명상에 기초한 스트레스 감소(MBSR) 프로그램을 치료에 도입하였는데, 이는 비판단적이고 의도적으로 현재에 주의를 기울이게 하는 자각 훈련을 통해 지금 이 순간 자신의 생각, 감정, 신체감각을 있는 그대로 수용하고 온전하게 경험할 수 있도록 돕는다. 이를 통해 참여자는 우울과 같이 부정적인 정서를 유발하는 상황에서 나타나는 부정적 사고라는 자기 영속적 패턴에 대해 알아차리고 우울 관련 정보를 처리하는 데 있어서 좀 더 유용한 마음의 양식을 활용하게 되며 힘들고 불편하게만 느껴졌던 부정적 감정에 대해 더욱 능숙하게 반응할 수 있게 된다.

수용전념치료(Acceptance and Commitment Therapy: ACT)는 마음챙김 기반 접근과 함께 인지행동치료의 제3의 물결이라 불린다(Hayes et al., 1999). ACT의 중점은 내담자가 경험하고 있는 부정적 사고나 감정을 알아차리되 그를 변화시키거나 회피하지 않고 그대로 수용, 가치 있는 행동에 전념하는 것이다.

기능적 맥락주의(functional contextualism)는 ACT의 주요한 철학적 배경으로써, Skinner의 급진적 행동주의에서 진화된 것이다. 기능적 맥락주의는 맥락 속에서 현재 계속 진행 중인 행동을 기능적으로 분석하며, 전체적 맥락 안에서 사건의 역할을 중시한다. 또 ACT는 전통적인 행동이론을 잇는 행동 활성화의 요소들도 포괄하고 있다. 개인에게 일어나는 심리적 사건은 전체로서의 유기체와 역사적·상황적 맥락 간 상호작용의 합체(set)에 해당된다. 심리적 사건들의 옳고 그름을 판단하고 이를 변화시키는 과거의 인지행동치료와 달리 진리의 기준이 되는 것은 행동 구동성(workability)과 가치이다.

ACT는 '인간에게 고통은 보편적이고 정상적이다.'라는 가정을 가지고 있고, 괴로운 심리적 사건은 맥락적 의미를 가질 뿐 사건 그 자체일 뿐이다. 고통을 겪는 개인이 스스로 정상이 아니라는 판단하에 고통에서 벗어나려는 노력을 하는 것이 오히려 많은 에너지를 소모하게 하여 자신의 삶을 경험하는 것을 방해한다. ACT의 또 다른 기반인 관계구성틀 이론(Relational Frame Theory: RFT)에 따르면, 언어에 의해 잠재적 회피의 대상들이 확대되며 임의로 맥락을 통제하는 것이 경험 회피의 원인이다(Hayes, 2004). 개인이 맥락의 조작을 통해 심리적 사건을 자신의 삶의 일부로 기꺼이 경험하고 수용함으로써 자신이 선택한 가치로운 삶에 전념하게 하는 것이 ACT의 치료 전략이다.

ACT는 이러한 치료 철학을 기반한 치료 과정을 육각형 모형으로 제시한다(Hayes, Strosahl, & Wilson, 2012; Hayes et al., 2006). 첫째, 수용(acceptance)은 지금 여기에서의 경험을 판단하지 않고 능동적으로 기꺼이 경험하는 것이며 단순히 인내하는 것과

다르다. 이는 경험 회피와 반대되며 가치에 기반을 둔 행동방안을 마련하는 토대로
도 작용한다. 둘째, 인지 탈융합(cognitive defusion)은 사고, 사건의 형태, 빈도, 상황
적인 민감성을 변화시키려고 노력하기보다 그 기능을 변화시키려는 시도이다. 언어
와 관련된 인지적 융합이 행동을 통제할 때 일상생활에서의 유연한 대처에 어려움을
겪을 수밖에 없는데, 인지 탈융합은 맥락의 조작을 통해 이에서 벗어나도록 한다. 셋
째, 현재에 존재하기(being present)는 지금 이 순간과 접촉하는 과정으로써 집중하며
수의적이고 유연한 방식으로 현재에 있는 무언가에 주의를 기울이고 참여하는 것이
다. 내담자들은 지금 여기의 심리 내적 · 환경적 사건을 비판단적으로 바라보며 접촉
하고 경험하게 되며, 이는 탈융합으로 이어질 수 있다. 넷째, 맥락으로서의 자기(self
as context)를 인식하고 관찰하는 과정이다. 행동적 관점에서 자기는 사회적 환경과의
상호작용 맥락 속에서 발생하는 것으로써, 진행 중인 자기('Self'ing)라고 표현하는 것
이 더 적절하다. 자신을 평가하는 과정 가운데 내용으로 자기를 바라보지 못하고 언
어적 융합이 일어나게 되면 그 규칙을 따라 스스로 행동을 과도하게 조직화, 통제하
게 되어 관점 수용의 폭을 줄인다. 다섯째, 가치 명료화(value clarification)는 행동의 등
대와 같은 역할을 하는 가치를 선택하고 그 이유에 대한 가치 판단을 하는 과정이다.
ACT에서 가치란 개인이 자유롭게 선택한 것으로써, 가치 있는 행동 그 자체에 몰입하
는 과정이며 역동적이고 진화하는 행동의 패턴이다. 가치를 바탕으로 개인은 자신의
행동과 선택, 전념, 삶의 방향을 점검할 수 있다(Wilson, 2009). 마지막으로 전념행동
(commitment action)은 개인적으로 가치가 있는 영역에서 구체적인 목표를 정하며 장,
단기 목표의 성취를 위해 전념하여 행동을 실천하는 것이다.

　　ACT의 여섯 가지 핵심 과정은 동시에, 그리고 유동적으로 상호작용하며 일어나는
것이고 각 과정은 정신건강상의 문제를 회피하는 것이 아니라 수용하며 전념하여 행
동하도록 하는 긍정적인 심리 기술이다. 치료과정의 궁극적인 목적은 내담자가 심리
적 유연성을 증진시켜 삶에 융통성 있게 적응하는 것이다.

　　수용전념 치료는 여러 가지 정신병리를 포함해 보편적인 심리 과정을 다룬다. ACT
는 불안(이선영, 2009), 섭식장애, 유방암 환자의 부적 정서 및 삶의 질 등에 효과를 보
이며, 여성의 우울 및 부정적 사고를 감소시키고(Zettle, 2011; 김혜은, 박경, 2014) 양육
스트레스의 감소(이진용, 박경, 2014)에도 효과가 있다는 연구 보고가 있다. 또한 수용
전념 치료는 스트레스 감소와 삶의 질 향상, 효능감 향상, 정신건강에 긍정적 영향을

미치며, 치료 이후에는 정서 조절 곤란 및 회피 정서 조절이 감소하고 정서 인식 명확
성이 향상되었다.

6. 체계이론적 조망

　이제 우리는 이상행동을 설명하는 이론에 생물학, 정신분석, 행동주의, 인본주의
접근 등이 있다는 것을 알고 있다. 이러한 접근은 상호 대안적인 패러다임이다. 이 패
러다임은 이론에 대한 부분과 가정을 포함한다. Kuhn은 과학적인 과정을 패러다임으
로 적용하였다. 이것은 직·간접적으로 역사가와 철학자와 같은 과학자들의 패러다
임 논쟁에 영향을 받았다. 패러다임은 연구자나 임상가들이 질문에 대한 답을 구하는
방법이라고 설명하였지만, 때때로 장애에 대한 지침을 알려 주기도 한다. 패러다임이
라는 개념은 난제에 대해서 설명할 수 있게 하기도 한다.

　전통적인 네 가지 패러다임은 때로는 제한적일 수 있다. 생물학적인 패러다임은 의
학모델을 과도하게 강조하게 되기 때문에 비판받을 수 있고 정신분석은 현재 삶의 어
려움에 직면하는 부분과 무의식을 너무 강조해서 완고하다고 비판받을 수 있다. 행동
주의 패러다임은 관찰 가능한 사건에만 초점을 맞추기 때문에 정상과 이상행동의 발
달에 대한 부분은 간과하게 된다. 마지막으로 인본주의 접근은 비과학적이다.

　여기서 우리는 각각의 단일 접근은 약점과 강점을 각각 갖고 있다고 볼 수 있다. 반
세기 동안 이상심리학을 설명해 왔던 패러다임들이 서로 불일치하고 있지만 어떤 정
답이 있다고 생각할 수는 없다. 어떤 특정한 정서장애의 다요인적인 이해가 우리의 목
적이라고 할 수 있다. 이런 맥락에서 이상행동의 체계이론적 관점에 대해 살펴보도록
하겠다.

　과학적인 입장에서는 이상행동의 모든 증상을 설명하는 단일한 이론이 존재하지
않는다고 본다. 반대로 이에 대한 도전적인 입장에서는 다양한 장애에 대해 전체를
설명할 수 있는 원인론에 기초한 증거를 통합하려 시도하였다. 여기에서는 이상행동
의 이론적 조망의 마지막 관점으로 체계이론을 토대로 정신병리에 대한 원인을 이해
하고자 한다. 체계이론은 정신병리를 한 가지 관점으로 바라보는 것이 아니라 생물
학·심리학·사회적인 측면에서 밝혀진 증거를 통합하려 한다. 생물학적인 측면에서

는 유전과 관련이 있는 뇌의 생물화학적인 과정에서 이상행동이 기인한다고 보고 있고, 심리학적으로는 무의식적인 인지과정이 이상행동을 강화시켜서 나타나는 것, 그리고 사회문화적으로는 가족 안의 관계와 갈등이 관련 있다고 본다.

체계이론(System Theory)은 전통적인 정신병리에 대한 접근과 달리 다양한 이론의 틀을 과학을 통해 이해하려는 노력에서 출발하였다. 오스트리아의 생물학자이자 철학자인 Ludwig von Bertlanffy는 체계이론의 아버지로 불리며 미국, 캐나다, 영국, 오스트리아의 대학에서 학생들을 가르쳤다. 그러나 시스템이론은 다양한 기원을 포함하고 있다. 이 이론은 심리학에만 근거하는 것이 아니라 엔지니어링, 컴퓨터 과학, 생물학 및 철학에도 뿌리를 두고 있다. 다른 과학적인 분야의 다양한 영역에 대해서도 과학적인 접근방식을 만들어 내기도 하였다(Ford & Lerner, 1992; Hinde, 1992).

1) 전체론

체계이론의 중심원리는 전체론으로써 부분보다 전체가 더 크다는 개념이다. 다양한 원리에서 광범위하게 나타나는 것으로 2개의 수소원자와 1개의 산소원자가 만나서 물이 되는 것과 같은 개념이라고 할 수 있다. 즉, 사람의 행동은 신경 시스템이나 신체 기관, 순환계의 합 그 이상이라는 것이다. 유사하게 정신병리도 태생적인 기질, 어린 시절의 경험, 학습된 경험 그 이상이며, 정신병리는 선천적인 것과 후천적인 것의 합 그 이상이다.

이러한 전체론의 주요한 원리는 과학적인 관점의 환원주의를 통해 더 잘 이해할 수 있다. 환원주의의 관점에서 보면 전체는 부분의 합이며 과학자들은 점점 더 작은 구성 단위로 세상을 나눈다. 매우 간단한 예로 환원주의적인 입장으로 접근하는 이상행동의 원인은 역기능적인 가족 안에서 개인이 어려움을 겪게 되고, 이런 어려움을 겪는 개인이 특정한 심리적인 부적응을 나타내며, 이런 심리적인 부적응은 뇌기능을 저해하고, 뇌기능 저해는 특정한 화학 반응을 나타내는 것이다. 따라서 환원주의의 원리는 궁극적으로 문제가 일어나는 시점에 대해서 줄일 수 있는 최소의 단위까지 찾아내서 설명하는 것이다.

환원주의적인 영향은 이상행동의 원인으로 발생한 지점에 초점을 맞추는 것에서도 알 수 있다. 예로 과학자들이 어떤 특정한 화학적 요소가 결핍될 경우 뇌가 우울을 동반한다는 것을 발견했을 때 궁극적인 원인이 화학적 요소에 있을 것이라고 가정했던 것을 들 수 있다.

2) 비정상성과 하위체계

우리는 같은 문제에 대해 생물학, 심리학, 사회학이 각기 다른 방법으로 개념화할 수 있는 분석의 단계를 만들 수 있기를 바란다. 그러나 이상행동은 하위 시스템 중 하나에서 생겨나는 것이다. 유사하게 이상행동의 다른 유형은 다른 원인에서 나올 수 있으며, 주요한 문제가 생물학적이거나 심리적이거나 사회적 기능의 문제에 뿌리를 두고 있는 것일 수도 있다. 과학자들은 적어도 심리적인 문제에 대해서 하나 이상의 분석의 단계가 명확하게 되어 있기를 원한다. 그러나 어떤 한 문제가 단 한 차례의 분석 단계로 규명된다면 다른 요인의 중요성은 알 수 없게 될 것이다. 뇌의 화학적인 불균형은 스트레스를 받는 일상생활에 의해 나타날 수도 있고 어려운 가족 경험에 의해서일 수도 있으며, 성격적인 특질이거나 유전적인 것일 수도 있다.

여기서 주요한 점은 분석의 단계나 하위 시스템에 집중하는 것만으로는 부족하다는 것이다. 궁극적으로 우리는 생물학과 심리학, 사회기능의 관계에 대해 이해하고 있어야 한다. 사실상 수많은 정서적인 어려움의 원인은 세 가지 영역이 혼재되어 있기 때문이다.

3) 다층적인 분석 내의 공통과정

전체론과 다층적인 분석의 단계는 체계이론에서 주요한 개념이다. 다층적인 분석 내의 공통과정은 다른 하위 시스템 안에서 작동하는 매우 유사하거나 같은 과정이 존재한다는 개념이다. 비록 다른 개념이라고 해도 생물학적이고 심리학적이고 사회적인 시스템이 유사하게 작동한다는 것이다. 여기에서 가장 중요한 과정은 상호인과적인 것으로 이 개념은 인과성이 양방향성인 것을 말한다. 상호인과론은 환원주의의 과학적 결과인 선형적 인과성과 대비해 보면 쉽게 알 수 있다. 선형성 가정에 따르면 인과론은 하나의 방향에만 적용된다. 즉, 부모가 아이들의 행동에 전적으로 책임이 있다는 것인데, 수백만의 가족을 관찰한 결과 아동이 부모의 행동을 바꾸게 한 결과도 있는 것으로 나타났다. 상호적인 영향은 상호인과적인 것으로 규정되며 이것은 모든 자연 현상의 과정에서 나타난다. 전통적인 조작적 조건형성 실험에서도 상호인과론적인 면을 확인할 수 있다. 심리학자들은 스키너 상자에서 쥐가 지렛대를 누르게 했다고 하지만 쥐 또한 지렛대를 눌러서 과학자로 하여금 먹이를 주게 한 것일 수 있다는 것이다.

인공두뇌학에서는 또 다른 비판적인 시스템 과정이 있다. 대화와 조절이 목적을 향하는 과정에서 피드백 통로를 사용한다는 것이다. 간단한 예로 공기 온도를 조절하는 것을 모니터해 보면 계속해서 온도를 유지하기 위해 켜졌다 꺼졌다 하는 것을 알 수 있다. 많은 사회적 작용 또한 이러한 인공지능적인 과정과 유사하다. 일례로 교사는 학급 토론 시간에 말이 많은 학생을 제지시키고 말을 하고 있지 않은 학생에게 기회를 줄 수 있다.

인공지능의 본질적인 개념은 다른 시스템 과정을 이해하는 것이다. 이 과정은 항상성에 대한 것이다. 항상성 개념은 생물학과 관련이 깊지만 심리학 안에서도 넓게 자리 잡고 있다. 일례로 사람들은 심한 스트레스와 불안과 약한 자극 간 균형을 유지하기 위해 애를 쓰는 것도 그런 부분으로 볼 수 있다. 어떤 긴장감을 추구하는 사람들은 스카이다이빙과 같이 극도의 흥분을 줄 수 있는 도전을 찾는다. 소심한 사람들은 제한되거나 조절되는 세상처럼 알고 있는 공포가 없는 것을 요구한다.

4) 이상행동과 인간발달

인간발달은 인간이 변화하는 신체, 인지, 정서행동의 전 과정을 말한다. 아동은 기거나 걷거나 뛰는 것과 같은 연속된 행동을 학습하고 인지적인 숙련도 하게 된다. 발달은 아동의 신체나 인지적인 측면에만 국한되는 것이 아니라 성인기의 전 생애를 통해 이루어지는 것이며, 심리적이고 사회적인 학습 안에서 이루어진다. 정신병리를 이해하는 본질적인 부분에 정상적인 발달에 대한 지식이 요구된다. 발달적인 정신병리는 새로운 접근 방법으로서 연령에 맞는 발달적인 변화의 규준을 강조하고 그 기준으로 이상행동을 구별하는 것이다. 어떤 특정한 행동이 발달적으로 나타날 수 있는 기간을 초과해서 나타난다면 그것은 이상행동이라고 할 수 있다는 것이다.

이상심리학 교재를 살펴보면 정상 발달에 대해 주요한 관심을 나타나는 것을 발견할 수 있다. 이상행동 자체의 발달에 대해서도 논의할 수 있다. 많은 심리학적인 장애는 특정한 발달 패턴을 따른다. 발병 전의 특성이 나타날 수 있고 어떤 행동이 장애의 첫 징후로 나타나는지도 알 수 있다. 예를 들어, 조현병에 대한 징후로 자주 의기소침해 지고 예민하며 부적절한 행동이 정신병의 발병 이전에 나타나는 것을 들 수 있다. 또한 발달적인 접근은 앞으로의 예후를 예상할 수 있다. 예를 들어, 병전 적응이 좋았다면 진행이 느려질 것이라고 희망적으로 예측할 수 있다.

요약

개인의 정신병리에 대한 최근의 관점은 어떠한 한 가지 원인에 기인한 것이 아니라 복합적인 원인에 의해 결정된다고 보고 있다. 즉, 생물학과 심리학 및 사회적 요인이 함께 정신병리의 촉발에 기여한다는 것이다. 정신병리의 원인은 선천적인 요인과 후천적인 요인 모두를 고려하고 있다. 이상행동에 대한 생물학적인 조망에서는 이상행동을 뇌조직의 손상이나 신경전달물질의 불균형 그리고 유전자의 이상이 정신병리를 야기하는 원인이라 보고 있다.

정신분석적 조망에서는 이상행동의 원인을 무의식에 근거하여 설명하고 생애 초기에 형성되었으나 아직 해결하고 있지 못한 무의식적 갈등에 집중하고 이를 다루는 입장이다. 이에 반해 행동주의적 조망은 인간의 이상행동을 환경과 개인 간에 이루어진 잘못된 학습의 결과로 보고 있다. 인본주의적 조망에서는 부적응이나 정신병리 혹은 이상행동의 관점에서 개인을 보기보다는 자기실현 성향을 가진 존재로서 개인을 존중한다는 점에서 다른 이론들과는 비교가 된다. 또한 인지주의적 조망에서는 정신병리를 개인의 인지체계나 신념체계가 역기능적으로 형성된 데 기인한 것으로 보고 이러한 역기능적 신념체계를 변화시키는 데 중점을 둔다. 더 나아가 최근에는 상위인지적 자각 및 마음챙김의 중요성이 대두되어 이에 관한 연구 및 심리치료 개입에 대한 관심이 고조되고 있다. 마지막으로 체계이론적 조망에서는 생물학·심리학·사회학적인 측면에서 밝혀진 증거들을 통합하는 입장에서 정신병리를 설명하고 있다.

학습과제

1. 정신분석치료에서는 개인의 문제를 어떠한 관점에서 보는지와 치료목표가 무엇인지 설명하시오.

2. 행동치료의 체계적 둔감법 치료절차를 공포증의 예를 들어 설명하시오.
3. 인본주의치료에서 강조하는 '정확한 공감적 이해'란 무엇이며, 이러한 치료자의 태도가 중요한 이유를 설명하시오.
4. 인지치료를 주장한 Beck과 인본주의 치료자인 Rogers의 부적응 행동에 대한 관점 차이를 기술하시오.
5. Young의 심리도식치료에서 강조하는 초기 부적응 도식에 대해 기술하시오.

참고문헌

권석만(2003). 현대 이상심리학. 서울: 학지사.
김혜은, 박경(2014). 수용전념치료(ACT)에서 과정변인이 여성의 우울증에 미치는 효과. 한국심리학회지, 임상, 33(3), 429-460.
박경(2010). 지각된 스트레스와 우울과의 관계에서 상위인지와 마음챙김의 중재효과. 한국심리학회지, 건강, 15(4), 617-634.
안창일 편저(2004). 임상심리학. 서울: 시그마프레스.
이선영(2009). 수용-전념치료에서 과정변인이 불안에 미치는 매개효과. 고려대학교 박사학위청구논문.
이진용, 박경(2014). 포스터 발표: 제2분과 상담; 수용-전념 치료가 비취업모의 양육스트레스, 양육효능감 및 정서조절에 미치는 영향. 한국심리학회 연차 학술발표논문집, 2014(단일호), 275-275.

Beck, A. T. (1976). *Cognitive Therapy and Emotional Disorders*. New York: International Universities Press.
Beck, A. T., Rush, J., Shaw, B. F., & Emery, G. (1979). *Cognitive Theory of Depression*. New York: Guilford. 원호택, 박현순, 신경진, 이훈진, 조용래, 신현균, 김은정 공역(1997). 우울증의 인지치료. 서울: 학지사.
Beck, J. S. (1995). *cognitive therapy*. 최영희, 이정흠 공역(1997). 인지치료 이론과 실제. 서울: 하나의학사.
Brenner, C. (1955). *An Elementary Textbook of Psychoanalysis*. New York: International Universities Press.
Brown, K. (1983). Metacognition, executive control, Self regulation and other mysterious mechanisms. In F. E. Weinert & R. H. Kluwe (Eds.), *Metacognition, motivation understanding*. Hillsdale, USA: Erlbaum.

Carr, A. (2001). *Abnormal psychology*. London: Routledge. 전현민 역(2003). 이상심리학. 서울: 시그마프레스.

Corey, G. (2005). *Theory and Practice of Counseling and Psychotherapy* (7th ed.). Belmont: Brooks/Cole.

Corey, G. (1995). *Case approach to counseling and psychotherapy*. 안창일, 박경 공역(1995). 상담과 심리치료의 제기법. 서울: 중앙적성출판부.

Corey, G. (2004). *Theory and practice of counseling and psychotherapy*. Massachusetts: Brooks Cole. 조현춘, 조현재 공역(2006). 심리상담과 치료의 이론과 실제. 서울: 시그마프레스.

Davies, D., & Bhugra, D. (2004). *Model of Psychopathology*. London: Open University Press.

Dobson, K. S., & Block, L. (1988). Historical and philosophical bases of cognitive-behavioral therapies. In K. S. Dobson (Ed.), *Handbook of Cognitive-Behavioral Therapies* (pp. 3-38). New York: Guilford.

Eills, A. (1998). *How to Control Your Anxiety before It Controls You*. Secaucus, NJ: Carol Publishing Group.

Eills, A. (1999). *How to Make Yourself Happy and Remarkably Less Disturbance*. San Luis Obispo, CA: Impact.

Eills, A., & MacLaren, C. (2005). *Rational Emotive Behavior Therapy: A Therapist's Guide* (2nd.). California: Impact Publishers. 시수균, 김윤희 공역(2007). 합리적 정서행동치료. 서울: 학지사.

Fenichel, O. (1945). *The Psychoanalytic Theory of Neurosis*. New york: ww Norton.

Ferster, C., & Culbertson, S. (1982). *Behavior Principles* (3rd ed.). Englewood Cliffs, NJ: Prentice-Hall.

Ford, D. H., & Lerner, R. M. (1992). *Development Systems Theory: An Integrative Approach*. Newbury Park, CA: Sage.

Halgin, R. P., & Whitbourne, S. K. (2007). *Abnormal Psychology: Clinical Perspectives on Psychological Disorders*. New York : McGraw Hill.

Hayes, S. C., Bissett, R., Roget, N., Padilla, M., Kohlenberg, B. S., Fisher, G., Masuda, A., Pistorello, J., Rye, A. K., Berry, K. & Niccolls, R. (2004). The impact of acceptance and commitment training and multicultural training on the stigmatizing attitudes and professional burnout of substance abuse counselors. *Behavior therapy, 35*(4), 821-835.

Hayes, S. C., Luoma, J. B., Bond, F. W., Masuda, A., & Lillis, J. (2006). Acceptance and commitment therapy: model, processes and outcomes. *Behaviour Research and Therapy, 44*(1), 1-25.

Hayes, S. C., Strosahl, K. D., & Wilson, K. G. (1999). *Acceptance and commitment therapy: An experiential approach to behavior change.* Guilford Press.

Hayes, S. C., Strosahl, K., & Wilson, K. G. (2012). *Acceptance and commitment therapy: The process and practice of mindful change.* New York: Guilford Press.

Hinde, R. A. (1992). Developmental Psychology in the Context of Other Behavioral Sciences. *Developmental Psychology, 28*, 1018-1029.

Linehan, M. (1993). *Cognitive Behavioral Treatment Borderline Personality Disorder.* New York: Guilford Press.

Linehan, M. (2005). *Dialectical Behavior Therapy.* New York: Guilford Press. 조용범 역 (2007). 경계선 성격장애 치료를 위한 다이얼렉티컬 행동치료. 서울: 학지사.

Mahoney, M. J., & Arnkoff, D. B. (1978). Cognitive and Self-Control Therapies. In S. L. Garfield & A. E. Bergin (Eds.), *Handbook of Psychotherapy and Behavior Change: An Empirical Analysis.* New York: Wiley.

Maslow, A. H. (1954). *Motivation and Personality.* New York: Harper and Row.

May, R. (1981). *Freedom and Destiny.* New York: Norton.

Meyer, R. G., & Osborne, Y. H. (1996). *Abnormal Psychology.* 출판지 알 수 없음. 김영애 역 (1997). (사례연구) 이상심리학. 서울: 하나의학사.

Mowrer, O. H. (1939). A Stimulus-Response Analysis of Anxiety and Its Role as a Reinforcing Agent. *Psychological Review, 46*, 553-565.

Mowrer, O. H. (1950). *Learning Theory and Personality Dynamics.* New York: Ronald.

O'Donohue, W., & Krasner, L. (Eds.) (1995). *Theories of Behavior Therapy.* Washington, DC: American Psychological Association.

Papageorgiou, C., & Wells, A. (2001). Metacognitive beliefs about rumination in recurrent major depression. *Cognitive and Behavioral Practice, 8*(2), 160-164.

Reik, T. (1948). *Listening with the Third Ear.* New York: Pyramid.

Rogers, C. R. (1951). *Client-Centered Therapy.* Boston: Houghton Mifflin.

Rogers, C. R. (1957). The necessary and sufficient conditions of therapeutic personality change. *Journal of Consulting Psychology, 21*, 95-103.

Rogers, C. R. (1961). *On Becoming a Person.* Boston: Houghton Mifflin.

Rogers, C. R. (1980). *A Way of Being.* Boston: Houghton Mifflin.

Sarason, I. G. & Sarason, B. R. (1998). *Abnormal Psychology.* N.J: Prentice Hall. 김은정, 김향구, 황순택 공역(2001). 이상심리학. 서울: 학지사.

Segal, Z. V., Williams, J. M. G., & Teasdale, J. D. (2001). *Mindfulness-Based Cognitive Therapy for Depression.* New York: Guilford Press. 이우경, 조선미, 황태연 공역(2006). 마음챙김명상에 기초한 인지치료. 서울: 학지사.

Spada, M. M., Nikčević, A. V., Moneta, G. B., & Wells, A. (2008). Metacognition, perceived stress, and negative emotion. *Personality and Individual Differences, 44*(5), 1172-1181.

Teasdale J. D., Segal Z. V., Williams J. M. G. (1995). How does cognitive therapy prevent relapse and why should attentional control (mindfulness) training help? *Behaviour Research and Therapy, 33*, 225-239.

Wells, A. (1995). Meta-cognition and worry: A cognitive model of generalized anxiety disorder. *Behavioural and cognitive psychotherapy, 23*(03), 301-320.

Wells, A. (2000). New pathways for cognitive restructuring: attention modifications (ATT and SAR). *Emotional disorders and metacognition: innovative cognitive therapy*, 132-154.

Wells, A. & Cartwright-Hatton, S. (2004). A short form of the metacognition questionnaire: properties of the MCQ-30. *Behaviour Research and Therapy, 42*, 385-396.

Wells, A., & Matthews, G. (1996). Modelling cognition in emotional disorder: The S-REF model. *Behaviour research and therapy, 34*(11), 881-888.

Wilson, K. G. (2009). *Mindfulness for two: An acceptance and commitment therapy approach to mindfulness in psychotherapy.* CA :New Harbinger Publications. 박경, 이선영 공역(2013). 마음챙김. 서울: 학지사.

Wolpe, J. (1958). *Psychotherapy by Reciprocal Inhibition.* Stanford, CA: Stanford University Press.

Young, J. E. (1990). *Cognitive Therapy for Personality Disorders.* Sarasota, FL: Professional Resources Press.

Young, J. E. (1999). *Cognitive Therapy for Personality Disorders: A Schema-Focused Approach* (rev. ed.). Sarasota, FL: Professional Resources Press.

Young, J. E., Klosko, J. S., & Weishaar, M. E. (2006). *Schema Therapy.* 권석만, 김진숙, 서수균, 주리애, 유성진, 이지영 공역(2003). 심리도식치료. 서울: 학지사.

Zettle, R. D., Rains, J. C., Hayes, S. C. (2011). Processes of change in acceptance and commitment therapy and cognitive therapy for depression: A mediation reanalsis of Zettle and Rains. *Behavior Modification, 35*(3), 265-283.

제3장

이상행동의 진단분류 및 평가체계

오상우

학습 목표

1. 이상행동의 분류 목적을 살펴본다.
2. 범주적 분류와 차원적 분류의 차이를 알아본다.
3. 정신장애의 분류체계를 이해한다.
4. 『DSM-5』의 진단체계에 따른 정신장애의 유형과 진단기준을 살펴본다.
5. 『장애인복지법』에 따른 장애인의 종류와 기준을 살펴본다.
6. 이상행동의 평가와 정신장애의 진단과정을 살펴본다.

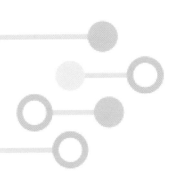

학습 개요

임상 장면이나 상담 장면 혹은 정신건강에 관련된 장면에서 일하는 심리학자들에게 있어
이상심리의 진단분류 및 평가체계를 이해한다는 것은 올바른 치료 계획을 세우는 데 반드
시 필요한 전제조건이다. 효과적인 치료를 위해서는 환자가 드러내는 증상은 무엇인지, 그
리고 그 증상들이 지니는 의미가 무엇인지를 올바로 이해하고 설명할 수 있어야 한다. 정
확한 진단과 평가가 이루어져야 이를 토대로 올바른 치료계획이 수립될 수 있고, 이를 통
해 내담자의 문제를 도울 수 있다. 이 장에서는 이상행동의 분류, 정신장애의 분류체계, 정
신장애의 유형, 그리고 이상행동의 평가와 정신장애의 진단과정에 대하여 소개하였다. 특
히 이상심리의 진단분류는 미국정신의학회에서 제정한 『DSM-5』에 따라 기술하였다.

1. 이상행동의 분류

1) 이상행동의 분류 목적

정신과적 진단분류 체계로 인해 정신과 영역에서의 임상적인 현상의 복잡성을 어느 정도 일목요연하게 볼 수 있게 되었다. 또한 신체의학에서와 마찬가지로 정신의학에서도 진단분류는 의사소통을 비롯한 여러 정신보건 전문가가 서로 효율적으로 의견을 교환할 수 있는 언어를 제공하고, 어떤 장애의 특징을 정의하여 그것이 다른 유사한 장애와 어떻게 다른지를 이해하고 특정 질환의 치료적 접근을 합리적으로 계획하도록 도와주는 것이다. 진단분류는 궁극적으로 여러 정신장애의 원인을 밝히고 효과적인 치료법을 개발하기 위해서 절대적으로 필요하다.

우선 이상행동을 분류하는 것은 다음과 같은 이점이 있다. 첫째, 전문가 간에 의사소통을 원활하게 할 수 있다. 둘째, 간결하게 심리장애를 기술함으로써 심리장애의 원인, 경과 및 예후 등을 예측할 수 있으며 적절한 치료법을 적용할 수 있다. 셋째, 연구결과를 축적하고 교환하는 데 기여할 수 있다.

한편 이상행동을 진단분류 하는 것에 대한 몇 가지 비판이 있다. 첫째, 신뢰성 있고 타당한 진단분류가 가능한가 하는 문제이다. 여러 연구에 의해 전문가 간 진단분류의 일치율이 낮고 전문가에 따라 각 장애에 대해 다른 개념을 가지고 있는 경우가 있다는 보고가 있다. 둘째, 진단분류를 함으로써 개인에 대한 정보는 요약되지만 개인의 독특한 정보가 무시되는 문제가 있다. 예를 들어, 조현병이라고 분류된 두 사람 사이에 다른 점이 많이 있음에도 조현병이라는 한 가지 진단으로 묶여 같이 취급될 수 있다. 마지막으로 진단분류가 한 사람을 정신질환자로 분류함으로써 사회적으로 낙인 (stigma)을 찍는 결과를 가져올 수도 있다.

2) 범주적 진단분류와 차원적 진단분류

일반적으로 진단을 내리는 접근방식은 범주적 진단분류와 차원적 진단분류로 나눌 수 있다. 범주적 진단분류는 진단을 유목화하여 내리는 접근방식을 말한다. 범주적 진단분류는 증상이나 행동을 유목으로 나누고 각 유목의 질적인 차이를 강조하며 단속적으로 바라보고 증상이나 행동의 연속적인 면을 인정하지 않는다. 진단은 이것이 거나 저것으로 분류되고 범주화되므로 이를 범주적 진단분류라고 한다. 범주적 진단분류에서는 질병이 각각 별개이고 서로 분명히 구분되는 질병 유형으로 범주화되어야 한다고 주장한다.

이에 비해 차원적 진단분류는 증상이나 행동에 대해 질적인 유목화를 시키는 것이 아니라 양적으로 바라보는 접근방식을 취한다. 따라서 이것, 저것으로 유목화하기보다는 양적인 차원에서 정도의 차이를 평가하게 된다. 어떤 사람이 우울하다고 하면 우울이란 개개인에게 정도의 차이를 보이는 것이므로 양적인 수준에서 어느 정도인가를 평가하게 된다. 즉, 증상이나 행동을 연속선상에서 평가하고, 장애의 정도를 양적으로 평가하는 것이다. 차원적 진단분류로 보자면 질병 상태는 병전 특성의 차원적 변화로서 건강한 상태와는 정도의 차이일 뿐이지 서로 별개의 것이 아니라는 것이다.

범주적 진단분류와 차원적 진단분류는 각기 장점과 단점을 지니고 있다. 범주적 진단분류는 환자에 대한 이해를 빠르게 할 수 있으며 치료자 사이에 의사소통이 쉽고 의견의 일치를 끌어내기 쉬운 반면 임의적인 판단이 되기 쉬운 단점이 있다. 차원적 진단분류는 범주적 진단분류에서 잃어버리기 쉬운 여러 가지 중요한 정보를 고려할 수 있게 한다. 환자를 범주화시키는 것이 아니라 다차원적으로 평가하게 되므로 장애의 정도나 과정, 결과 등에 대해 더욱 다각적으로 평가할 수 있다. 반면에 차원적인 접근을 하기 때문에 진단이 일치하기 어렵고 단순화하기가 어렵다.

『DSM-5』(American Psychiatric Association, 2013)는 『DSM-IV』(American Psychiatric Association, 1994)의 다축평가체계를 버리고 단일평가체계를 도입하여 범주적인 진단 범주와 함께 차원적 요소를 도입하여 평가하고 있다. 앞에서 살펴본 것처럼 범주적 진단분류는 진단을 분명하고 확실하게 내릴 수 있는 장점이 있는 반면에 다차원적인 접근의 결여로 여러 정보가 손실될 수 있다.

전통적으로 정신장애는 증상 양상, 경과 등에 의해 정의된 범주에 따라 분류되어 왔고, 그러한 범주적 진단분류가 임상진료와 연구 모두에서 유용한 것으로 증명되었다. 하지만 범주의 타당도와 신뢰도가 확립되기 어렵고, 또 여러 정신장애가 어떤 범주에 정확하게 들어맞지 않는 경우도 많아 문제점으로 지적되고 있다.

3) 진단분류의 변천

정신장애에 대한 체계적이고 현대적인 분류는 Emil Kraepelin(1856~1926)에 의해서 비로소 이루어졌는데, 그는 같은 경과를 밟는 모든 환자는 동일한 질병에 걸렸을 것이라고 가정하였다. 정신장애의 증상과 증후에 대한 그의 객관적인 기술은 여전히 높이 평가되고 있다.

정신장애의 분류는 20세기 초 통계적 · 역학적 자료에 대한 전문가와 정신질환자의 관리 책임을 맡은 공공기관의 요구가 점차 증가하면서, 또 제2차 세계대전을 거치는 동안 필요성이 커지면서 발전하였다.

세계보건기구(World Health Organization: WHO)는 1948년 국제질병분류(International Classification of Diseases: ICD) 제6판인 『ICD-6』에서 처음으로 정신장애를 별도의 큰 제목으로 다루었고, 그 후 ICD는 거듭 개정되어 1977년 용어 해설이 본문에 포함된 『ICD-9』가, 1992년에는 『ICD-10』이 발행되었다.

한편 미국정신의학회(American Psychiatric Association: APA)에서는 『ICD-6』에 대한 대안으로 1952년 진단범주에 대한 용어 해설을 갖춘 정신장애의 진단 및 통계 편람(Diagnostic and Statistical Manual of Mental Disorder: DSM) 제1판인 『DSM-I』을 발행하였고, 이어서 1968년에 제2판인 『DSM-II』를, 그 후 현장 조사를 포함한 많은 연구와 준비 끝에 각각의 진단범주에 대한 분명한 기준을 가진 포괄적 분류를 시도한 제3판인 『DSM-III』를 1980년에 발행하였다.

『DSM-III』의 중요한 업적은 진단의 중요성에 대한 인식을 높였다는 점과 분류체계를 최대한 어떠한 학파에 치우치지 않도록 하여 연구와 정보 교환을 촉진한 점이다. 『DSM-III-R』이 1987년에 제작되었고, 『DSM-III』에 대한 전면 개정판인 『DSM-IV』가 1994년에 출간되었다. 그 후 2000년에는 『DSM-IV-TR』이 출간되었는데, 이때 진단범주나 진단기준상에서 달라진 것은 없었다. 바뀐 것은 최근에 출간된 연구결과에 기초해서 유병률, 경과 및 원인론 같은 주제를 다룬 논의사항뿐이었다. 마지막으로 2013년에는 『DSM-5』가 출간되었다.

4) 분류체계의 신뢰도와 타당도

이상행동에 대한 과학적 지식을 축적하고 전문가 간의 효율적인 의사소통을 도우며 임상현장에서 장애행동을 진단하고 치료하는 데 유용한 진단분류체계가 되려면, 무엇보다도 먼저 진단분류가 신뢰할 수 있고 타당해야 한다. 즉, 과학적이고 유용한 분류체계는 신뢰도와 타당도를 지녀야 한다. 신뢰도(reliability)는 한 분류체계를 적용하여 환자의 증상이나 장애를 평가했을 때 동일한 결과가 도출되는 정도를 의미한다. 동일한 분류체계를 한 환자에게 적용하여 진단할 경우, 임상가에 따라 의견이 분분하다면 그 분류체계는 신뢰도가 떨어진다고 할 수 있다. 즉, 같은 분류체계를 사용하였지만 누가 평가하느냐에 따라 진단이 달라진다면, 그 분류체계는 신뢰할 수 없기 때문이다. 분류체계의 신뢰도를 평가하는 대표적인 방법은 두 평가자가 동일한 집단 또는 결론에 도달하는 정도, 즉 평정자 간 신뢰도(interrater reliability)를 평가하는 것이다. 이러한 평정자 간 신뢰도를 높이기 위해서 분류체계는 평가자의 주관성이 개입될 여지를 최소화하는 동시에 구체적이고 명료한 분류기준으로 구성되어야 할 필요성이 있다.

분류체계의 타당도(validity)는 그 분류체계가 증상이나 원인 등에 있어서 정말 서로 다른 장애를 제대로 분류하고 있는가에 대한 평가를 뜻한다. 달리 말하면, 타당도는 특정한 범주에 속하는 장애로 진단된 환자가 동질적인 특성을 공유하는 정도를 의미한다. 만약 어떤 진단분류 방식에 따라 동일한 장애로 진단된 사람들의 증상이나 원인이 각기 다르다면, 이러한 진단분류는 타당하다고 볼 수 없을 것이다. 또 다른 장애로 진단된 사람들이 서로 중복되는 증상을 나타내거나 공통 원인에 의해 유발된다면, 이 역시 타당하다고 할 수 없을 것이다. 또한 타당도는 신뢰도와 밀접하게 연결되어 있는데, 이는 신뢰도가 낮은 분류체계는 높은 타당도를 예상할 수 없기 때문이다.

진단은 흔히 세 가지 타당도로 평가된다. 첫째, 원인론적 타당도(etiological validity)로서 같은 장애로 진단된 사람들에게서 동일한 원인적 요인이 발견되는 정도를 의미한다. 즉, 같은 범주의 장애는 같은 원인에 의해서 유발된다는 것이 입증될수록 진단분류의 원인론적 타당도가 높아진다. 둘째, 공존타당도(concurrent validity)로서 같은 장애로 진단된 환자가 진단기준 이외의 다른 증상이나 증상발달과정 등에서 공통 특성을 나타내는 정도를 뜻한다. 예컨대, 환각, 망상, 혼란된 사고와 언어 등의 진단기준에 의해서 진단된 조현병 환자가 이러한 진단기준에 포함되지 않는 '대인관계의 곤란'이라는 특성을 공유한다는 것이 발견된다면, 이는 진단분류의 공존타당도를 지지하는 결과가 될 것이다. 마지막으로, 예언타당도(predictive validity)는 동일한 장애로 진단된 사람들이 미래에 얼마나 동일한 행동과 반응을 나타내느냐 하는 점과 관련된다. 만약 진단분류가 타당하다면, 같은 장애범주에 속하는 환자는 장애의 예후와 변화과정이 유사하고 특정한 치료에 대한 반응이나 효과가 동일해야 할 것이다. 진단분류를 통해, 특정한 장애의 환자가 쉽게 회복될 것인지 아니면 오래도록 증상을 나타낼 것인지를 예측할 수 있고 이러한 환자에게 어떤 치료방법이 효과적인지를 알 수 있다면, 이러한 분류체계는 높은 예언타당도를 지닌다고 할 수 있다. 요컨대, 분류체계의 타당도는 이러한 분류체계로 진단된 장애가 증상적 특성은 물론 병리적 특성, 원인과 경과, 예후와 치료 반응 등에서 동일한 정도를 말한다(권석만, 2013, pp. 118-119).

2. 정신장애의 분류체계: 『DSM-5』

1) 『DSM-IV』에서 『DSM-5』로의 진단분류의 변화

『DSM-I』(American Psychiatric Association, 1952)이 처음 발행된 이후, 『DSM-I』은 장애의 원인이 아닌 증상의 기술적 특징에 근거하여 정신장애를 분류한다는 점에서 미국뿐만 아니라 세계 여러 나라의 많은 연구자와 임상가들에 의해 사용되고 있다. 그동안 임상적 유용성과 시대 변화의 흐름에 따른 진전된 연구결과를 반영 하여 총 네 번의 개정판이 발간되었으며 2013년 5월에 다섯 번째 개정판인 『DSM-5』가 출간되었다. 『DSM-5』에서는 임상적 유용성과 타당성으로 인해 논란의 여지가 있었던 『DSM-IV』에서의 다축평가체계를 버리고 단일 평가적 접근을 적용하고 있다. 이에 따라 『DSM-5』는 심리장애를 개념화하는 데 있어서 어떤 병리이론에도 치우치지 않고 증상과 증후 위주로 장애의 특성을 정의함에 따라 원인에 따른 분류나 어떤 특정한 이론에 치우치는 것을 피하였다. 또한 차원적 평가의 도입으로 인해 환자의 주요 증상뿐만 아니라 그와 관련된 다양한 공병 증상을 심각도 차원에서 평가할 수 있게 되었다. 뿐만 아니라 곧 출간될 예정인『ICD-11』과 조화를 이루도록 많은 부분이 개정되어 정신장애의 진단을 내리는 데 있어 임상가들의 수고를 덜어 주었다.『DSM-5』에서는『DSM-IV』와는 달리 정신장애를 22개의 주요한 범주로 나누고 그에 따르는 300여 개의 하위범주 장애를 포함하였다.

『DSM-IV』와『DSM-5』의 정신장애 범주를 각각 살펴보면 다음과 같다(⟨표 3-2⟩, ⟨표 3-3⟩ 참조).『DSM-IV』에서『DSM-5』로의 주요 진단분류의 변화 내용을 살펴보면 다음과 같다.

표 3-1 DSM-IV에서 DSM-5로의 주요 진단분류의 변화 내용

1. 『DSM-IV』에서 '유아기, 소아기, 청소년기에 흔히 처음으로 진단되는 장애'는『DSM-5』에서는 '신경 발달 장애'로 명칭 변화가 있었다. 또한『DSM-IV』에서는 '유아기, 소아기, 청소년기에 흔히 처음 진단되는 장애'에 속했던 '주의력-결핍 및 파괴적 행동장애' 중 '파괴적 행동장애'와 '배설 장애'는 하나의 독립된 범주인 22개 중 하나로 분류되었다. 또한 '유아기 또는 초기 소아기의 급식 및 섭식장애'는 '급식 및 섭식장애'의 하위유형으로 분류되었다. 한편, '정신지체'는 '지적장애'로, '학습장애'는 '특정학습장애'로, '운동기술장애'는 '운동장애'로, '광범위성발달장애'는 '자폐스펙트럼장애'로, '주의력-결핍 및 파괴적 행동장애'는 '주의력결핍/과잉행동장애'로, '유아기, 소아기 또는 청소년기의 기타 장애'는 '기타 신경 발달 장애'로 명칭이 바뀌었다.

2. '섬망, 치매, 그리고 기억상실장애 및 기타 인지장애'는 '신경 인지 장애'로 그 명칭이 바뀌었다.

3. '다른 곳에 분류되지 않는 일반적인 의학적 상태로 인한 정신장애'는 주요 범주에서 제외되었다.

4. '물질 관련 장애'는 '물질-관련 및 중독장애'로 명칭이 바뀌었다.

5. '조현병과 기타 정신병적 장애'는 '조현병 스펙트럼 및 기타 정신병적 장애'로 명칭이 바뀌었다.『DSM-IV』에서 '성격장애'에 속했던 '분열형 성격장애'는『DSM-5』에서는 '성격장애'의 하위 유형임과 동시에 '조현병 스펙트럼 및 기타 정신병적 장애'의 하위 유형이 되었다.

6. '기분장애'는 '양극성 및 관련 장애'와 '우울장애'로 나누어졌다.

7. '불안장애'는 '불안장애'와 '강박 관련 장애'로 나누어졌다.

8. '신체형 장애'는 '신체 증상과 관련된 장애'로 명칭이 바뀌었다. 또한, '신체형 장애'에 속하였던 '신체 변형 장애'는 '강박 관련 장애'의 하위 유형에 속하게 되었다.

9. '허위성 장애'는 22개의 분류에서는 제외되었고 '신체 증상과 관련된 장애'의 하위 유형에 속하게 되었다.

10. '해리성장애'는 변화가 없다.

11. '성적 장애 및 성 정체감 장애'는 '성기능부전'과 '성별 불쾌감'으로 하나의 독립된 범주가 되었다.

12. '섭식장애'는 '급식 및 섭식장애'로 명칭이 바뀌었다.

13. '유아기, 소아기, 청소년기에 흔히 처음 진단되는 장애'에 속하였던 배설장애가 하나의 독립된 범주가 되었다.

14. '수면장애'는 '수면-각성장애'로 그 명칭이 바뀌었다.

15. '다른 곳에 분류되지 않는 충동-조절 장애'는 '파괴적, 충동조절 및 품행장애'로 그 명칭이 바뀌었다. 한편, 『DSM-IV』에서 '다른 곳에 분류되지 않는 충동 조절 장애'에 속하였던 '발모광'은 『DSM-5』에서는 '강박 관련 장애'의 하위 유형에 속하게 되었다.

16. '적응장애'는 『DSM-5』의 주요 범주인 '외상 및 스트레스 사건-관련 장애'의 하위 유형에 속하게 되어 주요 범주에서는 제외되었다.

17. 『DSM-IV』의 '성격장애'에 속했던 '반사회적 성격장애'는 『DSM-5』에서는 '성격장애'의 하위 유형임과 동시에 '파괴적, 충동-조절 및 품행장애'의 하위 유형이 되었다. 또한, 『DSM-IV』에서 '다른 곳에 분류되지 않는 일반적인 의학적 상태로 인한 정신장애'의 하위 범주였던 '……으로 인한 인격 변화'는 『DSM-5』에서는 '성격장애'의 하위 유형인 '다른 의학적 상태에 의한 인격 변화'로 바뀌었다.

18. '임상적 관심의 초점이 될 수 있는 기타 상태'는 '(정신장애는 아니지만) 임상적 관심의 초점이 될 수 있는 기타 상태'뿐만 아니라 '기타 정신장애'와 '투약으로 유발된 운동장애 및 투약에 의한 기타 부작용'으로 바뀌었다.

출처: American Psychiatric Association (2013).

표 3-2 **DSM-IV 1축에 속하는 장애(전체 분류)**

1. 유아기, 소아기, 청소년기에 흔히 처음으로 진단되는 장애(2축에 진단되는 정신지체 제외)
   Disorders usually first diagnosed in infancy, childhood, or adolescence
   (excluding mental retardation, which is diagnosed on Axis Ⅱ)

2. 섬망, 치매, 그리고 기억상실장애 및 기타 인지장애
   Delirium, dementia, and amnestic, and other cognitive disorders

3. 다른 곳에 분류되지 않는 일반적인 의학적 상태로 인한 정신 장애
   Mental disorders due to a general medical condition

4. 물질 관련 장애 Substance-related disorders

5. 정신분열병과 기타 정신병적 장애 Schizophrenia and other psychotic disorders

6. 기분장애 Mood disorders

7. 불안장애 Anxiety disorders

8. 신체형장애 Somatoform disorders

| 9. 허위성장애 Factitious disorders |
| 10. 해리장애 Dissociative disorders |
| 11. 성적장애 및 성 정체감 장애 Sexual and gender identity disorders |
| 12. 식사장애 Eating disorders |
| 13. 수면장애 Sleep disorders |
| 14. 달리 분류되지 않는 충동조절 장애 Impulse-control disorders not elsewhere classified |
| 15. 적응장애 Adjustment disorders |
| 임상적 관심의 초점이 될 수 있는 기타 상태
Other conditions that may be a focus of clinical attention |

출처: American Psychiatric Association (1994).

표 3-3 DSM-5에 속하는 정신장애(전체 분류)

| 1. 신경발달장애 Neurodevelopmental Disorders |
| 2. 조현병 스펙트럼 및 기타 정신병적 장애 Schizophrenia Spectrum and Other Psychotic Disorders |
| 3. 양극성 및 관련 장애 Bipolar and Related Disorders |
| 4. 우울장애 Depressive Disorders |
| 5. 불안장애 Anxiety Disorders |
| 6. 강박 및 관련 장애 Obsessive-Compulsive and Related Disorders |
| 7. 외상 및 스트레스 사건 관련 장애 Traumatic-and Stressor-Related Disorders |
| 8. 해리장애 Dissociative Disorders |
| 9. 신체증상 및 관련 장애 Somatic Symptoms and Related Disorders |
| 10. 급식 및 섭식장애 Feeding and Eating Disorders |
| 11. 배설장애 Elimination Disorders |
| 12. 수면-각성 장애 Sleep-Wake Disorders |
| 13. 성기능부전 Sexual Dysfunctions |
| 14. 성별 불쾌감 Gender Dysphoria |
| 15. 파괴적, 충동조절 및 품행장애 Disruptive, Impulsive-Control, and Conduct Disorders |
| 16. 물질관련 및 중독 장애 Substance-Related and Addictive Disorders |
| 17. 신경인지장애 Neurocognitive Disorders |

2. 정신장애의 분류체계: 『DSM-5』

18. 성격장애 Personality Disorders

19. 변태성욕장애 Paraphilic Disorders

20. 기타 정신장애 Other Mental Disorders

21. 약물치료로 유발된 운동장애 및 약물치료의 기타 부작용
   Medication-Induced Movement Disorders and Other adverse Effects of Medication

22. 임상적 주의의 초점이 될 수 있는 기타의 상태
   Other Conditions That May Be a Focus of Clinical Attention

출처: American Psychiatric Association (2013).

2) 정신장애의 유형

(1) 신경발달장애

이 광범위한 범주 속에는 뇌의 발달 지연으로 인한 것으로 알려진 장애들이 포함된다. 여기에 속하는 장애로는 지적장애(Intellectual Disabilities), 의사소통장애(Communication Disorders), 자폐스펙트럼장애(Autism Spectrum Disorder), 주의력결핍 과잉행동장애(Attention-Deficit/Hyperactivity Disorder), 특정학습장애(Specific Learning Disorder), 운동장애(Motor Disorders), 기타 신경발달장애(Other Neurodevelopmental Disorders)가 있다.

(2) 조현병 스펙트럼 및 기타 정신병적 장애

여기에 속하는 장애는 모두 정신병적 증상(psychotic symptoms)을 가지고 있는 것이 특징이다. 조현형 성격장애(Schizotypal Personality Disorder), 단기 정신병적 장애(Brief Psychotic Disorder), 조현형 장애(Schizophreniform Disorder), 조현병(Schizophrenia), 조현정동장애(Schizoaffective Disorder)에서 정신병적(psychotic)이란 망상(delusions), 환각(hallucinations), 와해된 언어(disorganized speech), 와해된 행동 및 긴장된 행동(disorganized or catatonic behavior)을 말한다. 물질·약물로 유발된 정신병적 장애와 다른 의학적 상태로 인한 정신병적 장애의 경우에서 정신병적이란 망상이나 병식(insight)이 없는 환각을 의미한다. 마지막으로 망상장애(delusional disorder)와 공유 정신병적 장애에서 정신병적 장애란 곧 망상적이라는 의미이다. 조현병은 적어도 6개월 이상 지속되며, 1개월 이상의 활성기 증상이 있어야 한다. 즉, 망상, 환각, 와해된

언어, 전반적으로 와해된 행동 및 긴장된 행동, 음성 증상 중 두 가지 또는 그 이상의 증상을 가져야 한다. 『DSM-IV』에서 조현병의 하위 유형은 망상형, 해체형, 긴장형, 감별 불능형, 잔류형으로 나누어졌으나 『DSM-5』에서는 이러한 하위유형이 폐기되고, 긴장된 행동을 보이는지 여부만을 구별한다. 또한 조현병은 발병 이후 상당 기간 동안 직업이나 대인관계 또는 자기 관리와 같은 하나 또는 그 이상의 주요 생활 영역의 기능 수준이 발병 이전과 비교하여 현저히 감소되어 있는 경우이다. 조현형 장애는 기간(즉, 장애가 1개월 이상 6개월 이하여야 한다)을 제외하고는 조현병과 동등한 증상이 특징이며, 기능 감소가 있어야 한다는 조건은 없다. 조현정동장애는 기분 삽화와 조현병의 활성기 증상이 동시에 나타나는 장애로 뚜렷한 기분 증상이 없는 상태에서 망상이나 환각이 적어도 2주 이상 선행되어야 한다. 망상장애는 조현병의 활성기 증상이 없는 상태에서 적어도 1개월 이상 지속되는 기괴하지 않은 망상이 특징이다. 단기 정신병적 장애에서는 정신병적 증상이 1일 이상 1개월 이하여야 한다.

(3) 양극성 및 관련 장애

양극성 및 관련 장애(bipolar and related disorders)는 우울한 기분 상태와 고양된 기분 상태가 번갈아 나타나는 장애이며, 제I형 양극성장애(Bipolar I Disorder), 제II형 양극성장애(Bipolar II Disorder), 순환성장애(cyclothymic disorder), 물질/약물로 유발된 양극성 및 관련 장애, 명시되지 않는 양극성 및 관련 장애(unspecified bipolar and related disorder) 등이 포함된다. 제I형 양극성장애는 1회 이상의 조증삽화(manic episode)에 의해 특징지어지고, 보통 주요우울증삽화와 동반된다. 제II형 양극성장애는 1회 이상의 주요우울증삽화(major depressive episode)에 의해 특징지어지고 적어도 1회의 경조증삽화(hypomanic episode)가 동반된다. 순환성장애는 경미한 우울 증상과 경조증 증상이 2년 이상 번갈아 가며 나타나는 경우에 해당된다.

(4) 우울장애

우울장애(Depressive Disorders)는 우울 증상의 심한 정도나 지속 기간 등에 따라 주요우울장애(Major Depressive Disorder), 지속성 우울장애(Persistent Depressive Disorder), 월경전불쾌감장애(Premanstual Dysphoric Disorder), 물질 · 약물치료로 유발된 우울장애, 다른 의학적 상태로 인한 우울장애, 명시되지 않는 우울장애(Unspecified

Depressive Disorder) 등으로 구분된다. 주요우울장애는 1회 이상의 우울증 삽화, 즉 최소한 2주 이상의 우울 기분 또는 흥미 상실, 적어도 4개의 부가적 우울 증상이 동반되는 것이 특징이다. 지속성 우울장애는 2년 이상의 우울 기분, 적어도 두 가지 이상의 부가적 우울 증상이 동반될 경우에 해당된다. 월경전불쾌감장애는 월경이 시작되기 전 우울 증상이 주기적으로 나타나는 경우를 말한다.

(5) 불안장애

불안장애(Anxiety Disorders)는 어떤 유형의 불안을 핵심 장애로 갖고 있는 경우이다. 공황발작(panic attack)은 갑작스럽고 극심한 염려감, 두려움, 공포감이 비정기적으로 일어나는 것으로서, 곧 죽을 것 같은 느낌을 동반한다. 공황장애(panic disorder)는 공황발작을 반복적으로 경험할 경우 진단된다. 광장공포증(agoraphobia)은 즉각적으로 피하기 어려운 장소나 상황에 처해 있거나, 공황발작 또는 공황과 유사한 증상이 일어났을 때 도움 받기 어려운 장소나 상황에 처해 있다는 데 대한 불안이나 회피이다. 범불안장애(generalized anxiety disorder)는 최소한 6개월 이상 지속되는 심한 불안이나 근심, 걱정이 특징이다. 이 외에도 불안장애에는 분리불안장애(Speration Anxiety Disorder), 선택적 함구증(Selective Mutism), 특정공포증(Specific Phobia), 사회 불안 장애(Social Anxiety Disorder), 물질·약물치료로 유발된 불안장애, 다른 의학적 상태로 인한 불안장애, 명시되지 않는 불안장애(Unspecified Anxiety Disorder) 등이 있다.

(6) 강박 및 관련 장애

강박 및 관련 장애(Obsessive-Compulsive and Related Disorders)는 특정 생각이나 충동이 반복적으로 떠올라 그것에 집착하게 되어 관련 행동을 반복하게 되는 장애를 말한다. 강박 및 관련 장애에는 강박장애(Obsessive-Compulsive Disorder), 신체이형장애(Body Dysmorphic Disorder), 수집광(Hoarding Disorder), 털뽑기장애(Trichotillomania), 피부 뜯기 장애(Excoriation), 물질·약물치료로 유발된 강박 및 관련 장애, 다른 의학적 상태로 인한 강박 및 관련 장애, 명시되지 않는 강박 및 관련 장애(Unspecified Obsessive-Compulsive and Related Disorder) 등이 포함되어 있다.

(7) 외상 및 스트레스 사건 관련 장애

외상 및 스트레스 사건 관련 장애(Trauma-and Stressor Related Disorders)는 개인에게 주어진 환경적인 스트레스 사건에 관한 개인의 부적응적 반응을 나타내는 경우를 말한다. 외상 후 스트레스 장애(Posttraumatic Stress Disorder)는 극심한 충격 사건을 재경험하는 것이 특징이며, 증가된 각성 증상, 외상과 연관되는 자극에 대한 회피가 동반된다. 적응장애(adjustment disorders)의 필수 증상은 확인 가능한 정신 사회적 스트레스에 반응하여 임상적으로 심각한 정서적·행동적 증상이 생기는 것이다. 증상은 스트레스 시작 후 3개월 이내에 발생해야 한다. 이 밖에도 반응성 애착장애(Reactive Attachment Disorder), 탈억제성 사회적 유대감 장애(Disinhibited Social Engagement Disorder), 급성 스트레스 장애(Acute Stress Disorder), 명시되지 않는 외상 및 스트레스 사건 관련 장애(Unspecified Trauma-and Stressor Related Disorder)가 포함된다.

(8) 해리장애

해리장애(Dissociative Disorders)의 필수 증상은 일반적으로는 통합적인 기능(의식, 기억, 정체감, 환경에 대한 지각 등)에서 붕괴가 일어나는 것이다. 이러한 장애는 갑작스럽거나 점진적일 수 있으며, 일시적이거나 만성적일 수 있다. 해리장애의 범주에는 해리성 정체성 장애(Dissociative identity disorder), 해리성 기억상실(Dissociative amnesia), 이인증·비현실감 장애(Depersonalization/Derealization Disorder), 명시되지 되지 않는 해리장애(Unspecified Dissociative Disorder) 등이 포함된다.

(9) 신체증상 및 관련 장애

신체증상 및 관련 장애(Somatic Symptom and Related Disorders)의 공통적인 특징은 일반적인 의학적 상태를 시사하는 신체증상이 나타나는 것으로서, 이 신체증상은 일반적인 의학적 상태나 물질의 직접적인 효과, 다른 정신장애 등으로는 충분히 설명되지 않는다. 증상은 항상 사회적·직업적 또는 기타 중요한 기능 영역에서 임상적으로 심각한 고통이나 장애를 일으킨다. 신체증상 및 관련 장애는 신체증상을 충분히 설명해 주는 일반적인 의학적 상태를 진단할 수 없다는 점에서 의학적 상태의 요인을 주는 심리적 요인과는 다르다. 신체증상 및 관련 장애에 속하는 진단 유형으로는 신체증상장애(Somatic Symptom Disorder), 질병불안장애(Illness Anxiety Disorder), 전환장애

(Conversion Disorder), 다른 의학적 상태에 영향을 미치는 심리적 요인(Psychological Factors Affecting Other Medical Condition), 인위성장애(Factitious Disorder), 명시되지 않는 신체증상 및 관련 장애(Unspecified Somatic Symptom and Related Disorder) 등이 포함된다.

인위성장애는 환자 역할을 하기 위하여 의도적으로 만들거나 조작하는 신체증상이나 심리증상을 특징으로 하며, 꾀병(malingering)과는 구분된다. 꾀병에서도 개인이 의도적으로 증상을 만든다. 그러나 꾀병에서는 개인적 이익(돈, 휴식)이 분명해 보이는 반면, 인위성장애에서는 명백한 외적 보상이 존재하지 않는다.

(10) 급식 및 섭식장애

급식 및 섭식장애(Feeding and Eating disorders)는 섭식행위의 현저한 장애가 특징인데, 여기에는 이식증(Pica), 되새김장애(Rumination Disorder), 회피적/제한적 음식섭취장애(Avoidant/Restrictive Food Intake Disorder), 신경성 식욕부진증(Anorexia Nervosa), 신경성 폭식증(Bulimia Nervosa), 폭식장애(Binge-Eating Disorder), 명시되지 않는 급식 또는 섭식장애(Unspecified Feeding and Eating Disorder) 등이 포함된다. 신경성 식욕부진증은 최소한의 정상 체중 유지를 거부하는 것이 특징이고, 신경성 폭식증은 반복되는 폭식 삽화와 이에 뒤따르는 부적절한 보상적 행동(스스로 유도하는 구토, 하제나 이뇨제, 기타 약물 남용, 단식, 지나친 운동 등)이 특징이다.

(11) 배설장애

배설장애(Elimination Disorders)는 대소변을 충분히 가릴 나이가 되었음에도 나이에 맞지 않게 적절하지 못한 곳에서 배설하는 경우를 말한다. 배설장애(Elimination Disorders)는 유뇨증(enuresis), 유분증(encopresis), 명시되지 않는 배설장애(Elimination Disorder) 등이 포함된다. 유뇨증은 적절하지 못한 장소에 반복적으로 소변을 보는 경우를 말하며, 유분증은 적절하지 못한 곳에 대변을 반복적으로 배설하는 경우이다.

(12) 수면-각성장애

수면-각성장애(Sleep-Wake Disorders)는 추정되는 원인에 따라 불면장애(Insomnia Disorder), 과다수면장애(Hypersomnolence Disorder), 호흡관련 수면장애(Breathing-

Related Sleep Diosrders), 사건수면(Parasomnias), 하지불안 증후군(Restless Legs Syndrome), 명시되지 않는 수면-각성장애(Unspecified Sleep-Wake Disorder) 등이 포함된다.

(13) 성기능부전

성기능부전(Sexual Dysfunctions)은 성반응 주기를 특징짓는 성적 과정에서의 장애, 성교에서 동반되는 동통으로 특징지어진다. 여기에는 사정지연(Delayed Ejaculation), 발기장애(Erectile Disorder), 여성 극치감 장애(Female Orgasmic Disorder), 여성 성적 관심/흥분장애(Female Sexual Interest/Arousal Disorder), 성기-골반통증/삽입장애(Genito-Pelvic Pain/Penetration Disorder), 남성 성욕감퇴 장애(Male Hypoactive Sexual Desire Disorder), 조기사정[Premature(Early) Ejaculation], 물질·약물치료로 유발된 성기능부전, 명시되지 않는 성기능부전(Unspecified Sexual Dysfunction) 등이 포함된다.

(14) 성별 불쾌감

성별 불쾌감(gender dysphoria)은 스스로의 생물학적인 성에 대해 불쾌감을 느끼는 경우에 해당되며, 아동일 경우와 청소년 및 성인의 경우 진단기준이 다르다. 이밖에도 명시되지 않는 성별 불쾌감(Unspecified Gender Dysphoria) 등이 여기에 포함된다.

(15) 파괴적, 충동조절 및 품행 장애

파괴적, 충동조절 및 품행 장애(Disruptive, Impulse-Control, and Conduct Disorders)는 행동이 부적절하고 통제되지 않는 경우에 해당된다. 여기에 속하는 장애로는 적대적 반항장애(Oppositional Defiant Disorder), 간헐적 폭발장애(Intermittent Explosive Disorder), 품행장애(Conduct Disorder), 반사회성 성격장애(Antisocial Personality Disorder), 병적 방화(Pyromania), 병적 도벽(Kleptomania), 명시되지 않는 파괴적, 충동조절 및 품행장애(Unspecified Disruptive, Impulse-Control, and Conduct Disorder) 등이 있다.

(16) 물질관련 및 중독 장애

물질관련 및 중독장애(Substance-Related and Addictive Disorders)는 중독성 물질의

섭취와 관련되는 장애, 투약의 부작용과 관련되는 장애, 독소 노출과 관련되는 장애 모두를 포함한다. 물질관련장애(Substance-Related Disorders)와 비물질관련장애(Non-Substance-Related Disorders)로 구분된다. 물질관련장애(Substance-Related Disorders)는 다시 물질사용장애(Substance Use Disorders)와 물질로 유발된 장애(Substance-Induded Disorders)로 구분되며, 물질로 유발된 장애는 물질 중독(Substance Intoxication)과 물질 금단(Substance Withdrawal)으로 나뉜다. 여기서 논의되는 물질은 열 가지가 있는데, 즉 알코올(alcohol), 카페인(caffeine), 대마(cannabis), 환각제(hallucinogens), 흡입제(inhalants), 아편류(opioids), 진정제(sedatives) · 수면제(hypnotics) · 항불안제(anxiolytics), 흥분제(stimulants), 담배(tabacco), 기타(other)이다. 비-물질 관련 장애에는 도박장애(Gambling Disorder)가 속한다.

(17) 신경인지장애

신경인지장애(Neurocognitive Disorders)에 속하는 주요 장애는 병전 기능 수준에 비해 인지(cognition) 또는 기억(memory)에 임상적으로 심각한 결손(deficit)이 있는 것으로 섬망(Delirium)과 주요 및 경도 신경인지장애(Major and Mild Neurocognitive Disorders)로 나뉜다. 섬망은 단기간에 발생하는 의식장애와 인지 변화가 특징이다. 섬망에 포함되는 장애는 추정 원인에 따라 명명된다. 주요 및 경도 신경 인지 장애 역시 추정 원인(알츠하이머 질환, 뇌혈관 질환, 외상에 따른 뇌손상, HIV 감염, 파킨슨 질환, 헌팅턴 질환 등)에 따라 명명된다.

(18) 성격장애

성격장애(Personality disorders)란 그 개인이 문화적 기대에서 심하게 벗어난 지속적인 내적 경험과 행동 양식을 보이는 것으로서, 광범위하고, 굳어 있고, 청소년기 또는 성인기 초기에 시작되며 시간이 지나도 변하지 않고 이로 인하여 고통과 장애가 초래된다. 성격장애는 10개의 특정 성격장애로 나뉘는데, 각 장애는 서술적인 유사성에 따라 3개의 군으로 나뉜다. A군(cluster A)은 편집성(Paranoid), 조현성(Schizoid), 조현형(Schizotypal) 성격장애를 포함한다. 이 성격장애를 지닌 개인은 흔히 괴상하거나 엉뚱해 보인다. B군(cluster B)은 반사회성(antisocial), 경계성(borderline), 연극성(histrionic), 자기애성(narcissistic) 성격장애를 포함한다. 이들 성격장애를 지닌 개인은 극적이고 감정적이고, 변덕스러울 때가 많다. C군(cluster C)은 회피성(avoidant), 의존성(dependent), 강박성(obsessive-compulsive) 성격장애를 포함한다. 이들 성격장애를 지닌 개인들은 흔히 불안해 보이고 두려워한다.

(19) 변태성욕장애

변태성욕장애(Paraphilic Disorders)는 비정상적인 대상, 행위 및 상황, 반복적이고 강한 성적 충동, 성적 환상 및 성적 행동으로 특징지어진다. 여기에는 관음장애(Voyeuristic Disorder), 노출장애(Exhibitionistic Disorder), 마찰도착장애(Frotteuristic Disorder), 성적피학장애(Sexual Masochism), 성적가학장애(Sexual Sadism Disorder), 소아성애장애(Pedophilic Disorder), 물품음란장애(Fetishistic Disorder), 복장도착장애(Transvestic Disorder), 명시되지 않는 변태성욕장애(Unspecified Paraphilic Disorders) 등이 속한다.

(20) 기타 정신질환

다른 곳에 분류되지 않는 일반적인 의학적 상태로 인한 정신질환이 포함되는데, 여기에는 다른 의학적 상태로 인한 명시되지 않는 정신질환(Unspecified Mental Disorders Due to Another Medical Condition) 등이 포함된다.

(21) 약물치료로 유발된 운동장애 및 약물치료의 기타 부작용

여기에는 약물 유발성 운동장애 등이 포함되는데 여기에는 신경이완제로 유발된 파킨슨병(Neuroleptic-Induced Parkinsonism), 자연성 운동이상(Tardive Dyskinesia) 등이 포함된다.

(22) 임상적 주의의 초점이 될 수 있는 기타의 상태

관계 문제(Relational Problems), 학대와 방임(Abuse and Neglect), 교육과 직업 문제(Educational and Occupational Problems), 주거와 경제 문제(Housing and Economic Problems), 사회 환경과 관련된 기타 문제(Other Problems Related to the Social Environment) 등이 있다.

　이들 22개의 범주에 포함된 정신장애는 개별적으로 각 장애의 정의(definition), 하위 유형(subtype) 및 경과(course), 역학(epidemiology), 원인(etiology), 징후와 증상(sign & symptoms), 진단기준(diagnostic criteria), 감별 진단(differential diagnosis) 등으로 나누어 정리할 필요가 있다.

3. 장애인의 종류와 기준: 한국의 「장애인복지법」

　정신감정과 관련된 심리학적 평가를 위해서는 한국의 「형법」에서 규정하고 있는 '심신장애'에 대해서 알아 둘 필요가 있다. 「형법」에서 규정하고 있는 '심신장애'는 일반적으로 '정신장애'와 같은 의미로 해석된다. 이때 정신장애의 의미를 제대로 이해하기 위해서는 「장애인복지법」에서 규정하고 있는 「장애인복지법 시행령 별표 1」(개정 2014. 11. 04.)을 살펴보는 것이 바람직하다. 「장애인 시행령 복지법 별표 1」에 따르면, 장애인의 종류에는 지체장애인, 뇌병변장애인, 시각장애인, 청각장애인, 언어장애인, 지적장애인, 자폐성장애인, 정신장애인, 신장장애인, 심장장애인, 호흡기장애인, 간장애인, 안면장애인, 장루 · 요루장애인, 뇌전증장애인으로 나누고 있다. 위에서 기술한 여러 장애인 종류 중 심신장애와 관련이 있는 것은 지적장애인, 발달장애인, 뇌병변장애인, 정신장애인 정도로 생각된다. 각각의 장애에 대해서 살펴보면 다음과 같다.

1) 지적장애인

　지적장애인(知的障碍人)이란 정신 발육이 항구적으로 지체되어 지적 능력의 발달이 불충분하거나 불완전하고 자신의 일을 처리하는 것과 사회생활에 적응하는 것이 상당히 곤란한 사람을 말한다. 지적장애인은 다음의 세 가지 등급으로 구분한다.

• 제1급: 지능지수가 35 미만인 사람으로서 일상생활과 사회생활에 적응하는 것이 현저하게 곤란하여 일생 동안 다른 사람의 보호가 필요한 사람
• 제2급: 지능지수가 35 이상 50 미만인 사람으로서 일상생활의 단순한 행동을 훈련시킬 수 있고, 어느 정도의 감독과 도움을 받으면 복잡하지 아니하고 특수기술

이 필요하지 아니한 직업을 가질 수 있는 사람

- 제3급: 지능지수가 50 이상 70 이하인 사람으로서 교육을 통한 사회적·직업적 재활이 가능한 사람

2) 자폐성장애인

자폐성장애인(自閉性障碍人)이란 소아기 자폐증, 비전형적 자폐증에 따른 언어·신체표현·자기조절·사회적응 기능 및 능력의 장애로 인하여 일상생활이나 사회생활에 상당한 제약을 받아 다른 사람의 도움이 필요한 사람을 말한다. 다음의 세 가지 등급으로 구분한다.

- 제1급: 『ICD-10』의 진단기준에 따른 전반성발달장애(자폐증)로 정상발달의 단계가 나타나지 아니하고, 지능지수가 70 이하이며, 기능 및 능력 장애로 인하여 주위의 전적인 도움이 없이는 일상생활을 해 나가는 것이 거의 불가능한 사람
- 제2급: 『ICD-10』의 진단기준에 따른 전반성발달장애(자폐증)로 정상발달의 단계가 나타나지 아니하고, 지능지수가 70 이하이며, 기능 및 능력 장애로 인하여 주위의 많은 도움이 없으면 일상생활을 해나가기 어려운 사람
- 제3급: 제2급과 같은 특징을 가지고 있으나 지능지수가 71 이상이며, 기능 및 능력 장애로 인하여 일상생활 혹은 사회생활을 해나가기 위하여 간헐적으로 도움이 필요한 사람

3) 뇌병변장애인

뇌병변장애인(腦病變障碍人)이란 뇌성마비, 외상성 뇌손상, 뇌졸중(腦卒中) 등 뇌의 기질적 병변으로 인하여 발생한 신체적 장애로 보행이나 일상생활의 동작 등에 상당한 제약을 받는 사람을 말한다. 다음의 여섯 가지 등급으로 구분한다.

- 제1급: 보행이 불가능하거나 일상생활 동작을 거의 할 수 없어, 도움과 보호가 필요한 사람

- 제2급: 보행이 현저하게 제한되었거나 일상생활 동작이 현저하게 제한된 사람 그리고 보행과 일상생활동작이 상당히 제한된 사람
- 제3급: 보행이 상당한 정도 제한되었거나 일상생활 동작이 상당히 제한된 사람 그리고 보행이 경중한 정도 제한되고 섬세한 일상생활 동작이 현저하게 제한된 사람
- 제4급: 보행이 경중한 정도 제한되었거나 섬세한 일상생활 동작이 현저하게 제한된 사람 그리고 보행이 경미하게 제한되고 섬세한 일상생활 동작이 상당히 제한된 사람
- 제5급: 보행이 경미하게 제한되었거나 섬세한 일상생활 동작이 상당히 제한된 사람 그리고 보행이 파행을 보이고 섬세한 일상생활 동작이 경중한 정도 제한된 사람
- 제6급: 보행 시 파행을 보이거나 섬세한 일상생활 동작이 경중한 정도 제한된 사람

4) 정신장애인

정신장애인(精神障碍人)이란 지속적인 조현병, 조현정동장애(情動障碍: 여러 현실 상황에서 부적절한 정서 반응을 보이는 장애), 양극성정동장애 및 반복성 우울장애에 따른 감정조절·행동·사고기능 및 능력의 장애로 인하여 일상생활이나 사회생활에 상당한 제한을 받아 다른 사람의 도움이 필요한 사람을 말한다. 다음의 세 가지 등급으로 구분한다.

- 제1급: 조현병으로 망상, 환청, 사고장애 및 기괴한 행동 등의 양성 증상이나 사회적 위축과 같은 음성 증상이 심하고, 현저한 인격 변화가 있으며, 기능 및 능력 장애로 인하여 주위의 전적인 도움이 없이는 일상생활을 해나가는 것이 거의 불가능한 사람(정신병을 진단받은 지 1년 이상 지난 사람만 해당한다. 이하 같다.)
  양극성정동장애(조울병)로 기분·의욕·행동 및 사고의 장애 증상이 심한 증상기가 지속되거나 자주 반복되며, 기능 및 능력 장애로 인하여 주위의 전적인 도움이 없이는 일상생활을 해나가는 것이 거의 불가능한 사람
  반복성우울장애로 정신병적 증상이 동반되고, 기분·의욕 및 행동 등에 대한 우울 증상이 심한 증상기가 지속되거나 자주 반복되며, 기능 및 능력 장애로 인하여

주위의 전적인 도움이 없이는 일상생활을 해나가는 것이 거의 불가능한 사람

조현정동장애로 제1호부터 제3호까지에 준하는 증상이 있는 사람

- 제2급: 조현병으로 망상, 환청, 사고장애 및 기괴한 행동 등의 양성 증상과 사회적 위축 등의 음성 증상이 있고, 중등도의 인격 변화가 있으며, 기능 및 능력 장애로 인하여 주위의 많은 도움이 없으면 일상생활을 해나가기 어려운 사람

양극성정동장애(조울병)로 기분·의욕 및 행동 및 사고의 장애 증상이 있는 증상 기가 지속되거나 자주 반복되며, 기능 및 능력 장애로 인하여 주위의 많은 도움이 없으면 일상생활을 해나가기 어려운 사람

만성적인 반복성우울장애로 망상 등 정신병적 증상이 동반되고, 기분·의욕 및 행동 등에 대한 우울증상이 있는 증상기가 지속되거나 자주 반복되며, 기능 및 능력 장애로 인하여 주위의 많은 도움이 없으면 일상생활을 해나가기 어려운 사람

만성적인 분열형정동장애로 제1호부터 제3호까지에 준하는 증상이 있는 사람

- 제3급: 조현병으로 망상, 환청, 사고장애 및 기괴한 행동 등의 양성 증상이 있으 니, 인격 변화나 퇴행은 심하지 아니한 경우로서 기능 및 능력 장애로 인하여 일 상생활이나 사회생활을 해나가기 위한 기능 수행에 제한을 받아 간헐적으로 도움 이 필요한 사람

양극성정동장애(조울병)로 기분·의욕·행동 및 사고의 장애 증상이 현저하지 아 니하지만 증상기가 지속되거나 자주 반복되는 경우로서 기능 및 능력 장애로 인 하여 일상생활이나 사회생활을 해나가기 위한 기능 수행에 제한을 받아 간헐적으 로 도움이 필요한 사람

반복성우울장애로 기분·의욕·행동 등에 대한 우울 증상이 있는 증상기가 지속 되거나 자주 반복되는 경우로서 기능 및 능력 장애로 인하여 일상생활이나 사회 생활을 해나가기 위한 기능 수행에 제한을 받아 간헐적으로 도움이 필요한 사람

분열형정동장애로 제1호부터 제3호까지에 준하는 증상이 있는 사람

5) 중복된 장애의 합산 판정

- 같은 등급에 둘 이상의 중복장애가 있는 경우에는 한 등급 위의 등급으로 판정 한다.

• 서로 다른 등급에 둘 이상의 중복장애가 있는 경우에는 의료기관의 전문의가 장애
  의 정도를 고려하여 보건복지부장관이 정하는 바에 따라 주된 장애등급보다 1등
  급 위의 등급으로 조정할 수 있다.
• 다음과 같은 경우는 가목 및 나목의 규정에도 불구하고 중복장애로 합산 판정할
  수 없다.
  – 동일 부위의 지체장애와 뇌병변장애가 중복된 경우
  – 지적장애와 자폐성장애가 중복된 경우
  – 그 밖의 장애부위가 같거나 장애 성격이 중복되어 중복장애로 합산하여 판정하
    는 것이 타당하지 아니한 경우로서 보건복지부장관이 정하는 경우

4. 이상행동의 평가와 정신장애의 진단

정신장애의 감별진단을 위한 면담에는 일반적 면담과 단계적 면담이 있다. 일반적
면담과 단계적 면담을 위한 자료는 Allen(2013, 박원명 외 공역, pp. 21-25)이 작성한 원
고를 인용하였다.

1) 일반적 면담

• 히포크라테스는 환자에 대해 아는 것은 질병에 대해 아는 것만큼이나 중요하다고
  말했다. 증상이 발생한 맥락을 놓칠 수 있으므로 부분적인 것에만 너무 매여 있지
  말라.
• 시간을 들이고 노력을 기울여라. 정확한 진단을 내리는 데는 시간이 걸린다. 한
  번 면담을 할 때 적당한 시간을 들이고, 증상들이 어떻게 변해 가는지 보기 위하
  여 여러 번에 걸쳐 면담을 하라.
• 뉴욕에서 말발굽 소리가 들리면, 얼룩말이 아니라 일반적인 말을 떠올려라. 의심
  이 생길 때는 확률이 높은 쪽으로 가라. 흔치 않은 동물처럼 흔치 않은 진단은 흥
  미롭지만, 실제로는 거의 볼 수 없다. 보다 더 흔한 진단을 고집한다면 틀릴 확률
  은 거의 없을 것이다.

- 가능한 한 많은 정보를 수집하라. 한 사람의 정보가 완벽한 경우는 없다. 다양한 정보원에서 수집한 자료를 통해 더 신뢰할 만한 진단을 내릴 수 있다.
- 이전의 진단을 고려하되 맹목적으로 믿지는 말라. 앞서 언급했듯이 맞지 않는 진단도 오래 남아 있고 긴 효력을 가진다. 언제나 환자의 전체 임상 경과에 대해 나름대로의 주의 깊은 평가를 하라.
- 끊임없이 진단에 대해 검토하라. 어떤 진단에 기반한 치료에 반응을 보이지 않을 경우에는 특히 그렇다. 임상가들은 한 번 진단이 고정되면 편협한 시각을 가지게 되어 상반되는 자료는 무시하게 될 수도 있다.
- 아동과 청소년은 특히 더 진단이 어렵다. 소아와 청소년은 관련 기록도 부족하며, 다양한 속도로 발달하고, 약물이나 술을 사용하는 경우가 많고 가정환경 및 주위 환경에 쉽게 반응한다. 그래서 첫 진단은 불안정하며 부적절한 경우가 많다.
- 노인 또한 진단이 어렵다. 그들의 정신과적 진단은 신경학적 또는 내과적 질환에 의한 것일 수 있으며 약물의 부작용과 상호작용, 과량 복용의 위험에 더 많이 노출되어 있다.
- 증상이 심하지 않을수록 진단을 내리기는 어렵다. 정신장애와 증상을 구분하는 명확한 선은 존재하지 않는다. 가벼운 증상들은 보통 시간에 따라 저절로 좋아지기도 하고 진단이나 치료가 필요하지 않은 경우가 많다.
- 확신이 서지 않을 때는 진단을 덜 내리는 것이 안전하고 보다 더 정확하다. 더 심한 진단으로 올라가는 것이 더 가벼운 진단으로 내려오는 것보다 쉽다.
- 정확한 진단은 수많은 장점을 가지고 있지만, 정확하지 않은 진단은 재앙에 가깝다.
- 히포크라테스의 오래된 격언을 항상 기억하자. "무엇보다도, 환자에게 해를 끼치지 않는 것이 중요하다."

2) 단계적 면담

정확하지 않은 진단을 내리게 하는 가장 큰 원인은 섣부른 결론으로 뛰어넘어 버리는 것이다. 정확성과 안정성을 보장하는 가장 좋은 방법은 단계적으로 진단하는 것이다. 적당한 진단이 매우 명백하고 누구나 동의할 수 있는 것이라면 당신은 빠르고 자신 있게 진단을 내릴 수 있을 것이다. 특히 매우 심한 질환에서 고전적인 증상이 나타날 때 더욱 그렇다. 그러나 단계적 접근은 가볍고 모호한 증상을 보고하거나 미래를 예측하기에는 너무 짧은 병력을 가진 사람들을 진단하는 데 더 정확하고 효율적이다. 빠른 속도로 진단을 내리려고 달려드는 것은 섣부르고 틀릴 가능성이 높으며 해롭다.

(1) 1단계: 주의 깊게 관찰하며 기다리기

이전에 언급했던 바와 같이, 많은 사람은 증상이 가장 심할 때 처음 의사를 찾는다. 방문을 계속함에 따라 그들은 이전과 달라 보이기도 하고, 고통이 많이 줄어든 것 같아 보이기도 한다. 한 사람의 일생에서 그를 대표하지 못할 한 장면만 가지고 정확한 진단을 내릴 수 없다. 아주 확실한 경우를 제외하고는 언제나 첫 방문에서는 심각한 질환으로 진단하지 않거나 아예 진단을 하지 않는 것이 좋다.

(2) 2단계: 증상이 정말 심하고 지속적인지 확인하기

정신과적인 증상은 일반인에게서도 흔히 관찰할 수 있다. 슬픔, 불안, 수면의 어려움, 피로, 신체적 증상들은 매일 매일의 삶에서 경험할 수 있는 것이다. 증상이 특정한 패턴으로 그룹을 지어 나타나고, 시간이 지나도 지속되며 임상적으로 고통과 기능 손실을 초래할 경우에만 정신장애 진단을 내릴 수 있다.

(3) 3단계: 교육하고 안정시키고 안심시키기

사람들에게 그들의 증상이 스트레스와 힘든 상황으로 인한 일시적인 반응이고 다시 정상화가 될 것이라는 것을 알려 주는 것은 유용하다. 환자를 교육하고 안심시키는 것은 빠른 증상 완화와 진단을 정확히 하는 데 많은 도움이 된다. 물론 안정시키고 안심시키는 것은 현실적이어야 하며 실제적인 문제들을 축소해서는 안 된다.

(4) 4단계: 물질의 효과 배제하기

환자들이 보이는 증상들의 원인이 물질 사용이나 약의 부작용 때문일 수 있다는 것을 언제나 고려하라. 정신과적 증상은 수많은 원인으로 인한 마지막 단계일 수 있다. 물질남용 및 의존은 기능을 왜곡되게 만들어 많은 정신장애와 유사한 증상을 보일 수 있다. 그리고 사람들은 흔히 자신이 물질 사용 문제가 있다는 것을 인정하지 않으려

하므로 조심스러운 질문과 적절한 시기의 혈액 검사가 필요할 수 있다. 약물 또한 정신과적인 부작용을 나타낼 수 있다는 점을 기억해야 한다. 부작용은 특히 서로 상호작용을 할 수 있는 여러 약물을 복용하고 있는 노인이나, 고용량으로 하나 또는 여러 약물을 복용하고 있는 사람에게서 나타날 수 있다.

(5) 5단계: 신체적 질환의 효과 배제하기

특히 노인에게서 신경학적인 또는 다른 신체적인 질환이 정신과적 문제의 원인이 될 수 있다. 진단적 접근을 하고 있는 모든 사람에게 신체적 평가 및 적절한 혈액 검사를 일상화하는 것은 좋은 생각이다.

(6) 6단계: 양극성장애와 우울장애 배제하기

양극성장애와 우울장애는 흔하고 비균질적인 양상을 보이며 다른 많은 경우에도 나타날 수 있는 다양한 증상을 보인다(예를 들어 불안, 식사, 수면, 성적인 문제, 인격의 변화, 신체적 통증 등). 다른 진단을 생각하기 전에 먼저 양극성장애와 우울장애를 먼저 고려하라.

3) 감별 진단 과정

정신감정에서 심리평가를 제대로 하기 위해서는 정신보건 분야에서 한 개인이 정신의학적 진단이 내려지기까지의 과정을 이해하는 것이 필요하다. 예를 들어, 조현병의 감별 진단과정을 살펴보자. 『DSM-5』(APA, 2013)의 조현병 진단기준에 따르면, 첫째, 특징적인 양성 증상(망상, 환각 등)이나 혹은 음성 증상(감소된 정서표현 등)이 적어도 1개월 이상 존재해야 하고, 둘째, 정신 증상으로 인해 심각한 직업, 대인관계, 자기관리 등에서 장애가 있어야 하며, 셋째, 적어도 6개월 동안 지속적인 장애의 징후가 있어야 한다. 넷째, 조현정동장애 또는 정신병적 특징을 동반하는 우울이나 혹은 양극성장애로 잘 설명되지 않으며, 다섯째, 물질이나 일반적인 의학적 상태의 직접적인 생리적 효과로 인한 것이 아니어야 하며, 여섯째, 이전에 자폐성 장애(또는 광범위성 발달장애)로 진단받았던 개인의 경우에는 현저한 망상이나 환각이 적어도 1개월 이상 나타날 경우에만 추가로 조현병의 진단이 내려진다고 되어 있다. 만약 다른 진단기준

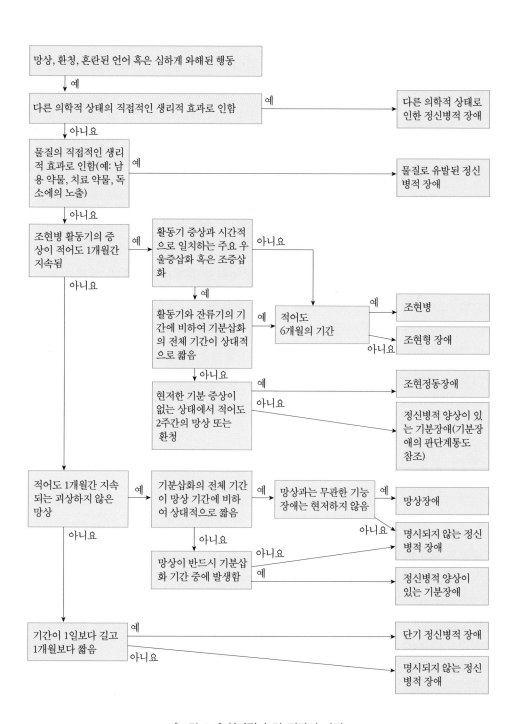

[그림 3-1] **심리평가 및 진단의 과정**

은 충족되지만, 기간이 1개월 이상이고 6개월보다는 적을 때는 조현형 장애로 진단되고, 기간이 4주 이하일 때는 단기 정신병적 장애나 혹은 달리 분류되지 않는 정신병적 장애로 진단된다. 조현병 환자의 임상 병리 소견은 특징적인 것이 없고, 과거력과 세심한 정신상태검사에 근거를 둔 진단으로 남아 있기 때문에 조현병 환자의 진단은 다른 진단을 배제 가능할 때 붙여진다.

혼히 진단과정에서는 『DSM-5』 장애에 대한 구조화된 임상적 면접[Structured Clinical Interview for 『DSM-5』 Disorders Clinical Version, SCID-5-CV(First, Williams, karg, Spitzer, 2016/2017)]이 사용된다. 그것은 흐름도(flowchart) 형식으로써 구체적 질문을 하고, 질문에 대한 답이 어떠냐에 따라 흐름을 좇아가게 구성되어 있다. 특정 질문에 "예."라고 답하면 부가적 질문을 하여 더욱 구체적이고 명료하게 환자 상태를 파악하게 되고, "아니요."라고 답하면 다른 곳으로 질문의 방향을 바꾸게 된다([그림 3-1] 참조).

상기한 진단과정을 거친 다음에 심리평가가 행해진다면 심리평가의 목적을 손쉽게 달성할 수 있다. 심리평가를 하는 구체적 방법을 이해하기 위해서는 우선 심리평가를 위한 자료가 어떠한 것이 있는지를 알아보아야 한다.

요약

이상행동을 분류하는 방식은 그 종류에 따라 범주적 분류와 차원적 분류, 기술적 분류와 원인적 분류 등이 있다. 정신과에서 널리 사용되는 대표적인 이상행동과 정신장애의 분류체계에는 세계보건기구에서 제정한 『국제질병분류』 제10판(ICD-10)과 미국정신의학회에서 펴낸 『정신장애의 진단 및 통계 편람』 제5판(DSM-5)이 있다. 『DSM-5』에서 제시한 정신장애의 분류체계에 따르면, 『DSM-5』는 『DSM-IV』의 다축평가체계를 버리고 단일평가체계를 도입하여 범주적인 진단범주와 함께 차원적 요소를 도입하여 평가하고 있다. 『DSM-5』에 따르면, 정신장애의 유형은 22개의 범주로 나누고 있는데, 독자들은 22개 범주에 포함된 장애 유형을 개별적으로 각 장애의 정의, 하위유형, 경과, 역학, 원인, 징후와 증상, 진단기준, 감별 진단 등으로 나누어 정리할 필요가 있다.

✅ 학습과제

1. 이상행동의 분류 목적을 설명하시오.
2. 범주적 분류와 차원적 분류의 장점과 단점을 설명하시오.
3. 정신장애의 분류체계를 설명하시오.
4. 정신장애의 유형을 기술하시오.
5. 심리진단과정을 기술하시오.

📝 참고문헌

권석만(2013). 현대 이상심리학 2판. 서울: 학지사.
법제처(2014). 장애인복지법시행령(일부개정 2014. 11. 04. 대통령령 제25701호). http://www.law.go.kr/국가법령정보센터.

Allen Frances (2014). 정신의학적 진단의 핵심 [*Essentials of psychiatric diagnosis: responding to the challenge of DSM-5*]. (박원명, 민경준, 전덕인, 윤보현, 김문두, 우영섭 공역). 서울: 시그마프레스.(원전은 2013에 출판).
American Psychiatric Association. (1994). *Diagnostic and Statistical Manual of Mental Disorders*(4th ed.). Washington, DC: American Psychiatric Association.
American Psychiatric Association. (2013). *Diagnostic and Statistical Manual of Mental Disorders*(5th ed.). Washington, DC: American Psychiatric Association.
First, M. B., Williams, J. B. W., Karg, R, S., Spitzer, R. L. (2017). SCID-5-CV 전문가지침서 [Structured Clinical Interview for DSM-5 Disorders Clinical Version]. (오미영, 박용천, 오상우 역), 서울: 인싸이트(원전은 2016에 출판).

제4장

아동 정신병리

조선미

학습 목표

1. 아동 정신병리를 이해하는 데 있어서 발달의 조망이 어떻게 통합되는지 이해한다.
2. 아동 정신병리의 발현에 있어서 위험 요인과 보호 요인을 알아보고, 다양한 요인이 어떤 식으로 상호작용 하는지 기본적인 개념을 이해한다.
3. 각 장애의 임상적 양상과 특징을 알아보고, 아동기 정신장애가 『DSM-5』에서 어떤 식으로 분류되고 있는지 알아본다.
4. 아동기 정신장애가 병인론에 있어서 어떤 차이를 보이며, 병인론에 따라 치료방법이 어떻게 달라지는지 살펴본다.

학습 개요

장애의 특징에 따라 아동기와 청소년기에 국한되어 있는 장애가 있는가 하면 발달 시기와는 무관하게 발현되는 장애가 있다. 어떤 장애이든 아동·청소년기에 보이는 문제는 그 연령에서 요구되는 발달 과제를 적절하게 성취해 가는지 여부와 그 시기에 맞는 행동과 정서, 사고의 수준을 보이는지에 따라 심각성 여부가 결정된다는 점에서 성인기 장애와 구별된다. 아동기 정신병리는 다양한 원인에 의해 영향을 받으며, 장애의 종류에 따라 생물학적·유전적 요인이 중요한 역할을 미치기도 하고, 어떤 장애는 사회적 기준이나 환경이 더욱 중요한 영향을 미치기도 한다.

주요한 아동기 장애로는 지적발달장애와 자폐스펙트럼 장애, 의사소통장애, 주의력-결핍/과잉행동 장애를 들 수 있으며, 이 밖에 기분장애나 불안장애는 아동기에만 발생하는 것은 아니지만 아동의 정신건강에 영향을 미칠 수 있는 장애이다.

각 장애의 임상적 특징과 분류에서는 장애의 고유한 특징과 진단기준 등을 제시하였으며, 더불어 병인론으로 유력한 이론들을 개관하였다. 장애를 정확하게 이해하기 위해서는 고유한 특징뿐 아니라 감별 진단이 필요한 장애에 대한 이해가 필수적이다. 더불어 최근 들어 치료법으로 가장 근거가 분명한 방법들을 제시하였다.

1. 발달 정신병리

미국 정신의학회의『정신질환의 진단 및 통계편람(DSM)』(APA)에서 아동 및 청소년기 정신병리 분류에 관심을 갖기 시작한 것은 제3판(APA, 1980, 1987)부터라고 할 수 있다. 당시에는 정신장애를 질적으로 다른 상태로 보기보다는 연속선상에서 다른 위치에 있는 것으로 보았다. 따라서 기술적 분류방식으로 범주적 접근(categorical approach)을 채택했으며 기질적 장애와 같이 원인이 명확한 경우를 제외하고는 원인이 무엇인지에 대한 기준은 제시하지 않았다. 또한 이전의 다른 진단 분류체계와 달리 진단기준(diagnostic behavioral criteria)과 다축체계(축 I-임상 질환, 축 II-성격장애/지적장애, 축 III-일반적인 신체 질환, 축 IV-심리사회적 및 환경적 문제, 축 V-전반적인 기능 수준)를 도입하였다. 아동 및 청소년기 정신장애에 대한 분류가 본격화되어 별도의 장에 총 45개의 진단명이 제시되었다.『DSM-III-R』(1987)에서는 과잉행동이 동반되지 않은 주의력결핍장애(attention deficit disorder without hyperactivity)가 삭제되고 주의력결핍장애(ADD) 대신 주의력결핍과잉행동장애(ADHD) 진단이 도입되었다.

이후『DSM-IV』(APA, 1994)와 국제질병분류 10판(ICD-10; WHO, 1992)이 제정되었으며 이 두 진단체게에는 상당히 많은 아동 및 청소년기 정신장애가 제시되었다.『DSM-IV』(APA, 1994)체계는 ICD-10과 보다 유사하게 개발된 것으로 '유아기, 아동기, 청소년기에 흔히 처음 진단되는 장애'라는 별도의 장에 정신지체, 학습장애, 운동기술 장애, 의사소통장애, 전반적 발달장애, 주의력결핍-파괴적 행동장애, 유아기 혹은 초기 아동기의 급식 및 식사장애, 틱 장애, 배설장애, 기타 장애의 10개 범주를 제시하였다. 전반적 발달장애, 학습장애, 운동기술 장애, 의사소통장애가 축 II에서 축 I 진단으로 변경되면서 축 II에는 정신지체와 성격장애만 남게 되었고 전반적 발달장애의 하위분류에 자폐장애, 레트장애, 아동기 붕괴성장애, 아스퍼거장애가 포함되었다. 주의력결핍 과잉행동장애(attention deficit/hyperactivity disorder)가 더 이상 파괴적 행동장애에 포함되지 않고 독립되었으며 주의력결핍 우세형, 과잉행동 충동성 우세형, 혼합형으로 분류되었다. 축 IV의 개념이 심리사회적 스트레스 인자의 심각도에서 심리사회적 및 환경적 문제로 바뀌어 심리사회적 및 환경적 인자가 정신장애의 발병과 악화에 큰 역할을 하고 진단, 치료, 예후에 반영되는 것으로 재정립되었다. 이와는 달리 『ICD-10』(WHO, 1992)에서는 정신지체(F70-F79), 심리적 발달장애(F80-F89), 통상적으로 아동 및 청소년기에 발병하는 행태 및 정서장애(F90-F98)의 3개 범주로 구분하였다. DSM 체계가 영유아에게는 유용성이 매우 제한적이기 때문에 영유아기 정신장애를 분류하는 새로운 진단기준인 DC:0-3(Zero to Three, 1994: DC:0-3R, 2005)에서는 Axis I에서는 영유아의 정신장애, Axis II에서는 부모-자녀관계의 장애를 제시하여 다소 다른 분류 방식을 제기하기도 하였다.

이들 진단체계의 특징은 정신장애를 상호관계 형성이나 환경과의 문제에서 발생하는 문제로 간주하는 것이 아니라, 한 개인을 환자로 간주한다는 것이다. 의사소통을 촉진하기 위해 진단기준을 설정하였고, 이러한 노력으로 세계 각국의 임상가와 연구자들 사이의 진단 간 신뢰도는 매우 높아졌고, 한 진단범주에 이러한 진단기준뿐 아니라 그 질병의 원인, 역학, 동반 질환 및 감별 진단, 경과 및 예후, 치료에 대해서도 언급하였다. 반면 문제점으로는 첫째, 지나치게 구체화시켜 진단의 수가 너무나 많아지고 병합 질병이 급격하게 증가하는 결과를 초래하였다. 둘째, 진단 역치의 문제로 인하여 발생 빈도는 적지만 심각하거나, 흔하지만 경한 증상에 대한 진단기준에서의 구별이 부족하다. 또한 진단기준 사이에 임상적인 고통을 야기하는 가능성이 다르며 증상만으로 환자가 경험하는 괴로움과 생활에서의 지장 정도를 결정할 수 없다. 셋째, 역치하 증상에 대한 진단 민감도가 높아져 역치하 진단(subthreshold disorder)이 과도하게 늘어나는 경우가 자주 생긴다. 넷째, 진단의 안정성 여부로 경과에 따라 진단의 변화 가능성이 달라질 수 있고 증상의 수와 유형이 성별과 나이에 따라 다양하게 나타난다는 점이다.

이런 진단체계가 갖는 문제점을 개선하고 보다 임상 현장에 적합한 체계를 개발하기 위한 노력이 전개되면서 『DSM-5』(APA, 2013) 체계가 개발되었다. 『DSM-5』에서는 범주형 분류에 차원형 측면을 많이 포함시켰다. 지나치게 구체화되어 진단이 많아지고 병합 진단이 많아진 점을 개선하기 위해 진단을 통합하고 필요한 경우 구체화, 아형, 중증도 평정으로 증상 유형을 분류하였다.

『DSM-5』의 아동정신장애 영역에서 크게 달라진 점은 『DSM-IV』의 '유아기, 아동기, 청소년기에 흔히 처음 진단되는 장애'라는 장을 삭제하고 '신경발달 장애' 속에 지적발달장애, 의사소통장애, 자폐스펙트럼장애, 주의력-결핍/과잉행동 장애, 특정 학습 장애, 운동 장애를 제시하였다는 점이다. 이 진단들 간에는 차이보다 공통점이 더 많고 남자아이들에게서 더 흔히 나타나며, 유전적 취약성을 보이는 경우가 많다. 또한『DSM-IV』의 전반적 발달장애 범주의 자폐성장애와 아스퍼거 장애가 자폐스펙트럼장애 한 가지로 통합되었고 지능손상과 구조적 언어손상, 동반된 의학적 상태, 습득한 기술의 상실과 같은 구체화(specifier)가 추가되었다.

주의력-결핍/과잉행동 장애는 뇌 발달과 뇌기능의 문제에 대한 연구를 바탕으로 한 연관성을 반영하여 신경발달 장애 범주에 포함되었다. 발병 나이 기준이 12세 이전으로 변경되었고, 전 생애에 걸쳐 적용할 수 있도록 성인의 예시가 추가되었으며, 성인진단에 대한 진단기준 역치가 변경되었다. 의사소통장애에서는 사회적(pragmatic) 의사소통장애가 신설되었다. 사회적 의사소통의 결핍은 언어적, 비언어적 의사소통에서 사회적 단서를 포착하거나 표현의 어려움을 겪는 경우를 의미한다. 의사소통능력의 결핍은 자폐스펙트럼장애의 증상이기도 하기 때문에 자폐와의 감별이 중요하다.『DSM-IV』에서 불특정 전반적 발달장애로 진단받았던 환자가 보이는 증상 중 일부는 의사소통장애의 진단기준과 부합할 수 있다. 운동장애는 투렛장애, 지속적 운동 또는 음성 틱장애, 일시적 틱장애, 발달성 조정장애, 상동행동장애를 포함한다.

『DSM-5』에서 다축진단체계는 더 이상 사용하지 않고 주요장애에 대한 진단(과거 축 I, II, III)을 기술하고 중요한 사회심리적(맥락적) 요인(과거 축 IV)과 전반적인 적응 수준(과거 축 V)을 따로 표시하도록 하였다. 이전에 사용되었던 전반적 기능평가 척도(Global Assessment Functioning Scale: GAF)는 개념이 명료하지 않고 임상 현장에서 적용하는 데 문제점이 많아, 모든 질환에 공통적으로 적용 가능한 세계보건기구(WHO)에서 개발한 장애 평가 스케줄(WHODAS)의 사용이 권장되고 있다.

1) 발달 정신병리학

발달 정신병리학(developmental psychopathology)이란 고전적인 발달이론의 원리를 이용해 임상적 · 병리적 현상을 탐색하는 통합적인 학문의 범주이다(Cicchetti, 1993). Piaget나 Erickson의 이론 등 정상발달이론은 다양한 형태의 부적응의 원인에 대한 설명을 제공하고, 역으로 정신병리에 대한 연구는 정상발달에 대한 이해를 촉진하며, 특히 발달과정에서 위험 요인과 보호 요인이 어떻게 개인에 따라 다른지를 밝히는 데 중점을 둔다. 어떤 장애나 부적응에 대해 발달 정신병리학적인 설명을 하기 위해서는 시간적 선행사건, 특징적 현상, 치료적 개입 후 혹은 치료적 개입을 하지 않은 후의 정신병리 진행과정이 상세히 기술될 수 있는지 여부의 경험적인 측면과 정상발달과 정신병리적인 발달 간의 관계가 분명해야 한다는 개념적인 측면을 모두 만족시켜야 한다.

발달 정신병리학의 이론과 방법론은 역학과 생물학, 신경과학, 사회학, 인류학 등 다양한 영역과 함께 임상적인 조망과 발달의 조망을 포괄한다. 결과적으로 경험적 연구와 이론의 적용을 통해 위험에 처한 사람들에게 도움을 주고자 하는 것이 목적 이다.

2) 다중결정론 및 발달 경로

정신병리는 여러 가지 원인에서 비롯되며, 이런 다양한 요인은 서로 상호작용을 하고 시간의 흐름에 따라 변하는 양상을 보인다. 따라서 장애나 이상발달을 이해하기 위해서는 관련이 있는 제반 요인을 고려할 필요가 있다는 다중결정론이 제기되었다. 그렇지만 다중결정론은 관련된 변인을 나열하는 데 그쳐 왔으며, 다양한 요인을 의미 있는 패턴으로 통합하는 노력이 지속되어야 한다는 지적을 받고 있다. 이를테면 장애와 관련된 것으로 추정되는 모든 변인이나 맥락이 발병에 중요한 기여를 하지는 않는다. 예를 들어, 신경성 식욕부진의 원인으로는 아름다움에 대한 사회적 기준과 타인의 메시지가 중요한 역할을 할 수 있지만 자폐증의 병인에는 이런 사회적 요인이 거의 영향을 미치지 않는다. 따라서 다양한 요인을 고려하되, 각 요인이 장애에 따라 어떤 식으로 상호작용 하는지에 대한 연구가 추가로 이루어지고 있다.

발달적 정신병리를 개념화하는 방법은 궤적, 혹은 발달 궤도라고도 불리는 발달 경로를 통해 장애나 부적응을 설명하는 것이다. 장애를 설명하는 발달의 경로를 구성할 때 처음 부딪히는 질문은 언제, 그리고 무엇 때문에 발달이 정상적인 과정에서 이탈하기 시작했는가 하는 것이다. 그러나 위험에 처한 모든 아동이 다 장애를 나타내는 것은 아니기 때문에 아동을 위험에 취약하게 하는 요인과 위험에서 보호해 주는 요인 모두를 밝혀야 한다. 또한 아동은 장애를 극복하기도 하고 장애를 나타내기도 하므로 발달 경로를 작성하기 위해서는 정신병리를 소거하거나 지속시키는 요인에 대한 이해도 필수적이다.

3) 위험요인과 보호요인

위험요인이란 정신병리가 발생할 가능성을 높여 주는 모든 조건이나 상황을 말한다. 기질적인 맥락에서의 위험요인은 출생 시 이상, 신경학적인 손상, 영양 문제, 부모의 유전적 소인의 장애 등을 들 수 있다. 지능이 낮은 것과 자존감이 낮은 것, 자기통제력이 떨어지는 것은 아동의 개인 변인으로서의 위험요인이다. 또한 개인 간 변인으로는 부모의 방치나 학대 혹은 또래 관계 문제 등을 위험요인으로 들 수 있으며, 상위 맥락에서는 가난 역시 아동의 정상발달을 저해하는 위험요인이 될 수 있다. 연구자들은 발달에 영향을 미칠 수 있는 위험요인이 무엇인지 각각을 밝히는 데도 노력을 기울였으며, 이와 더불어 다양한 요인이 어떻게 복합적으로 영향을 미치는지에 대해서도 연구를 지속해 왔다. 이들에 따르면 위험요인이 많아질수록 미치는 영향의 정도도 상승하며(Rutter, 1979), 이 같은 누적 효과는 Sameroff, Gurman과 Peck(2003) 등에 의해 정리되었다. 이들은 10개의 서로 다른 차원의 위험요인을 제시하고 각 요인에 1점을 할당하였으며, 이들을 합산한 점수로 위험요인을 평가하였다. 그렇지만 어떤 위험요인이 절대적인지는 명확하지 않으며, 아동의 연령이나 다른 특징에 따라 위험의 잠재요인이 된다.

위험요인의 경우 장애를 직접 결정할 수 있는 정도의 영향을 미치는 반면, 취약성은 위험에 대한 반응을 강하게 하는 요인으로 정의할 수 있다. 예를 들어, 성별, 기질, 부모의 불화, 부모의 죽음이나 이별, 기관에서 양육된 경우, 계획 세우는 능력의 부족, 긍정적 학교 경험의 부족 등은 직접적으로 장애와 연결되지는 않으나 위험요인이 있을 경우 장애가 발생할 확률을 높여 주는 요인이다.

보호요인은 위험요인이나 취약요인과는 반대로 건강한 발달을 유지, 촉진시키는 요인을 의미한다. 특히 탄력성(resilience)이라는 개념은 발달 정신병리학의 분야에서 특징적인 개념으로 역경이나 외상의 경험에도 불구하고 상대적으로 잘 적응하는 과정, 현상을 의미한다. 이처럼 탄력성이라는 개념은 뚜렷한 위험요인과 긍정적인 적응이라는 두 가지 요인을 근거로 하기 때문에 직접적으로 평가되기는 어렵다. 아동에게 지지적이고 반응적으로 대해 주는 양육방식은 탄력적인 적응에 대한 가장 확실한 예측인자이다(Masten, 2001). 또한 유능한 성인과 긍정적인 관계를 맺고 있으며, 훌륭한 학습자와 문제해결자로서 관계를 맺고 있을 때, 사회나 그들 자신이 가치 있다고 생각하는 분야에서 유능함을 발휘할 수 있을 때 탄력성이 증가한다.

보호과정을 매개하는 기제로는 다음과 같은 네 가지 요인을 들 수 있다. 첫째, 위험요인의 영향을 줄이는 것으로, 부모가 한계 설정을 분명히 해서 가정 밖에서의 행동을 통제하고, 또래관계에 대해서도 정확하게 파악하고 지침을 제공해 비행과 같은 부적응적 행동을 할 가능성을 줄이는 것을 의미한다. 둘째, 부정적 연쇄 반응을 줄이는 것으로 강압적인 양육행동과 아동의 강압적인 반응이 서로 악순환을 밟으며 상호작용 하는 것을 중단하는 경우가 이에 해당한다. 셋째, 아동의 자기존중감과 자기효능감이다. 같은 위험요소에 노출되더라도 자기존중감과 자기효능감이 높은 아동은 그렇지 않은 아동에 비해 부적응을 덜 보인다. 마지막으로 다양한 기회에 개방되어 있는 것도 강력한 보호요인이 될 수 있다.

표 4-1 DSM-5의 정신장애의 분류

Neurodevlopmental Disorder(신경발달 장애)
Intellectual Disability(지적장애)

Intellectual Developmental Disorder(지적발달장애)
    Global Developmental Delay(전반적 발달지연)
    Unspecified Intellectual Disability(명시되지 않는 지적장애)

Communication Disorders(의사소통장애)

Language disorder(언어장애)
    Speech sound disorder(말소리장애)
    Childhood-onset fluency disorder(stuttering)[아동기 발병 유창성장애(말더듬)]
    Social (pragmatic) communication disorder[사회적(실용적) 의사소통장애]
    Unspecified Communication Disorder(명시되지 않는 의사소통장애)

Autism Spectrum Disorder(자폐 스펙트럼장애)
Autism Spectrum Disorder(자폐 스펙트럼장애)
Specific Learning Disorder(특정 학습 장애)

	Specific Learning Disorder(특정 학습 장애)

Attention Deficit/Hyperactivity Disorder(주의력결핍/과잉행동 장애)	
	Attention Deficit/Hyperactivity Disorder(주의력결핍/과잉행동 장애)
	Other Specified Attention-Deficit/Hyperactivity Disorder(달리 명시된 주의력결핍 과잉행동장애)
	Unspecified Attention-Deficit/Hyperactivity Disorder(명시되지 않는 주의력결핍 과잉행동장애)

Motor Disorders(운동장애)	
	Developmental Coordination Disorder(발달성 협응장애)
	Stereotypic Movement Disorder(상동종적 운동장애)
	Tic Disorders(틱장애)
	Tourette's Disorder(투렛장애)
	Persistent (Chronic) Motor or Vocal Tic Disorder[지속성(만성) 운동 또는 음성 틱장애]
	Provisional Tic Disorder(잠정적 틱장애)
	Other Specified Tic Disorder(달리 명시된 틱장애)
	Unspecified Tic Disorder(명시되지 않는 틱장애)

출처: American Psychiatric Association (2013).

2. 지적장애

6세 수완이는 만 2세가 될 때까지 잘 걷지 못하고 자주 넘어져 4세가 될 때까지도 안고 다니는 경우가 많았고, 단추를 끼우거나 젓가락질이 서툴러 아직도 밥 먹기나 세수하기, 옷 입고 벗기를 대부분 어머니가 해 주고 있다. 말로 어느 정도 원하는 것은 요구할 수 있으나 세 단어 이상으로 문장을 만들지 못하고, 어머니와 함께 있을 때는 밝고 잘 웃는 편이지만 또래 관계에 어울리지 못하여 어디를 가든 어머니가 늘 옆에서 돌봐주어야 한다.

최근에 수완이 어머니는 좀 더 많은 것을 배울 수 있을 것 같아 유치원에 보내려고 생각 중이다. 그렇지만 집에서는 어머니가 해주지 않으면 씻기나 옷 입기도 잘 되지 않고, 심지어 밥도 떠먹여 줘야 하는 경우가 많아 과연 유치원 생활에 잘 적응할 수 있을지 걱정이 많다. 또 수완이가 말할 때 발음이 분명치 않아 어머니는 알아들을 수 있지만 다른 사람들은 잘 알아듣지 못하는 경우가 많아 유치원에 가서도 선생님이나 아이들과 의사소통을 못해 문제가 생기지 않을까 하는 점도 의문스럽다.

1) 임상적 특징과 분류

지적장애(intellectual disability)는 『DSM-IV』까지는 정신지체로 표기되었으나 최근의 의학계, 교육계, 미국 지적장애 및 발달장애협회 등 전문가 집단의 경향에 맞추어 지적장애로 명칭을 변경하였다. 또한 진단기준에서 지능검사로만 지적 기능의 부족함을 평가하지 않고, 임상평가를 통해 포괄적인 적응 기능의 정도에 따라 진단하도록 하였다.

지적장애란 지능이 지속적으로 일정 수준 이하(주로 IQ 70 이하)에 해당하고, 지능이 낮은 것 때문에 기능의 손상과 사회적 적응의 어려움을 보이는 사람에게 해당하는 진단이다. 지적장애에 대한 관심은 고대부터 있어 왔으나 이 장애가 알려지기 시작한 것은 19세기에 이르러서이다. 그렇지만 19세기 중반까지는 대부분 정신장애 혹은 의학적 문제로 고통 받는 사람 모두가 오늘날의 지적장애 집단으로 분류되었다.

19세기 후반에서 20세기 전반 무렵 Binet는 첫 지능검사를 개발하였고, 이는 Terman에 의해 영어로 번역되어 미국에서 사용되었다(Terman, 1911). Terman은 정신연령이라는 개념을 사용하였으며, 측정된 정신연령을 신체연령으로 나누고 이에 100을 곱한 지수를 사용하였다. 이렇게 도출된 IQ지수는 서로 다른 연령대의 아동을 비교할 수 있는 근거가 되었고, 점차 관심의 초점이 되어 많은 연구가 이루어지는 근거가 되었다.

지적장애의 임상적 특징은 여러 요인에 따라 결정되지만 이 중 가장 중요한 것은 지체의 정도이다. 어린 나이에 진단되는 중증 혹은 극심한 수준의 지적발달장애는 의학적 문제를 동반하는 경우가 많고 경우에 따라 기형적 특징이나 행동적·정신적 장애를 보이기도 한다. 경도 지적장애는 이와 반대로 훨씬 후에 진단받는 경향이 있으며, 대체로 기형적인 특징을 보이지 않는다. 또한 경미한 지적발달장애 환자의 정신병리의 비율은 비장애 집단에 비해 많은 것은 사실이지만 문제의 범위나 특징은 정상 집단과 비슷한 수준이다(Szymanski & King, 1999). 연구에 따라 결과는 약간씩 다르지만 지적발달장애 환자의 25% 정도는 정신과적 문제를 갖는 것으로 나타났으며, 일반인 집단과 동일한 정신과적 문제를 경험하지만 특정 장애의 유병률은 크게 다르다. 예를 들어, 지적장애인 사람들의 조현병이나 정신병의 비율은 정신과에 의뢰되지 않은 표본에서는 1~9%, 의뢰된 표본에서는 2.8~24%로 나타났으며, 이 비율은 일반인

표 4-2   **지적장애의 DSM-5 진단기준**

A. 지적 기능(추론, 문제해결, 계획, 추상적 사고, 판단, 학습, 경험학습 등)의 장애가 임상적 평가와 개별적으로 실시된 표준화된 지능검사에서 확인되어야 한다.

B. 적응 기능의 장애로 인해 개인의 자립과 사회적 책무에 대한 발달학적 · 사회문화적 기준을 충족하지 못한다. 지속적인 도움 없이는 적응 기능의 결함으로 다양한 환경(집, 학교, 일터, 공동체 등)에서 하나 이상의 일상활동(의사소통, 사회참여, 독립적인 생활)기능에 지장을 받는다.

C. 지적 결함과 적응능력의 결함은 발달시기 동안에 시작되어야 한다.

출처: American Psychiatric Association (2013).

에서 확인된 비율 0.5~1%보다 훨씬 높은 것이다(APA, 1994).

지적장애는 지체의 정도에 따라 경도, 중증도, 고도, 최고도의 4단계로 구분한다. 지적장애 환자를 측정하기 위해 다양한 방법이 개발되었으며, 이 중 많이 쓰이는 것으로는 발달행동점검표(Developmental Behavior Checklist; Einfeld & Tonge, 1992)와 일탈행동점검표(Aberrant Behavior Checklist; Aman & Singh, 1994) 등이 있다.

2) 병인론

지적장애에 대한 연구자들은 지적장애 집단을 분류하기 위해 두 가지 범주를 사용하였다(Zigler & Hodapp, 1986). 하나는 기질적 원인을 갖고 있는 집단으로 태아기나 분만 전후 혹은 출생 후 손상을 입은 경우가 여기에 해당하며, 지적장애 집단의 약 반 정도는 기질적인 손상이 원인인 것으로 알려져 있다. 두 번째 집단은 확인할 수 있는 기질적 손상은 없으며, 대부분의 가벼운 지적장애 수준의 사람이 여기에 속한다. 사회문화적 혹은 문화-가족적 지체라는 용어는 이들이 환경적 박탈로 인해 지적장애가 초래되었다는 관점을 반영하며, 또한 일부 환경적 요인이 관련있는 것으로 밝혀지기는 했지만 이런 이론으로 전체를 설명하기는 부족하다.

최근에는 분자 유전학과 진단의 정확성이 향상되면서 지적장애와 관련된 것으로 추정되는 사람들에 대한 연구가 더욱 활성화되었다. 특히 유전자나 뇌기능에 대한 이해를 촉진할 수 있는 독특한 증후군의 특징을 밝히는 연구가 이루어지면서 특정 증후군은 특정 정신적 장애에 더 취약하다는 사실도 밝혀지고 있다(Dykens, Leckman, & Cassidy, 1996).

3) 감별 진단이 필요한 장애

지적장애의 진단은 인지 능력 및 적응 기술에 대한 적절한 평가를 근거로 이루어지며, 여기에 발달력과 가족력, 신체검사와 다양한 검사결과에 대한 정보가 함께 포함된다. 진단이 내려지는 연령은 장애의 심각도에 따라 달라지기 때문에 심한 정도의 지적장애는 가벼운 수준이나 경계선 수준의 지체보다 더 일찍 진단을 내리게 된다. 아동에 대한 진단을 내리기 위해서는 특히 주의 깊은 임상적 평가가 필요하다. 언어장애나 다른 발달장애 및 자폐증과 같은 장애는 정신장애와 어느 정도 연관되어 있기 때문에 진단에 혼란을 초래할 수 있다. 또한 지적장애를 가진 사람들은 표현언어장애처럼 진단이나 평가를 복잡하게 만드는 다른 발달상의 문제를 갖는 경우가 많기 때문에 이 역시도 진단에 어려움을 초래할 수 있다.

4) 치료

지적장애에 대한 치료는 과거 수십 년 동안 큰 변화를 겪어 왔으며, 최근에는 이들 중 대부분이 가정에 거주하면서 정규교육을 받고 있다. 치료계획은 지적장애의 근본적인 원인을 고려하여 이루어져야 하며, 의학적·심리사회적 중재가 모두 도움이 될 수 있다.

지적장애를 가진 사람들은 다운증후군을 가진 신생아의 50%가 선천적인 심장질환을 가진 것처럼 특정 의학적 문제를 보일 수 있다. 이런 문제는 성인기, 중년기까지 지속되면서 사망률을 높일 수 있기 때문에 지속적인 의학적 치료가 필요하다. 지적장애를 가진 사람의 인지적·적응적 능력을 향상시키기 위해 가장 필요한 것은 각자의 강점과 약점을 정확하게 파악하는 것이다. 만일 인지능력과 적응기술 간의 편차가 크다면 이를 줄일 수 있는 인지적 훈련과 일반화에 초점을 둔 인지적 개입이 필요하다. 앞서 언급했듯이 지적장애를 가진 사람은 정신과적 문제의 위험이 높으며, 이는 한 개인이나 가족에게 큰 스트레스가 되고 독립의 기회를 더욱 제한할 수 있다. 따라서 이들의 정신건강에 대한 욕구와 문제는 간과되어서는 안 되고, 적절한 시기에 치료적 개입이 제공되어야 한다.

3. 의사소통장애

> 5세 민기는 둘째로 건강하게 태어났다. 돌 무렵 "엄마, 아빠"라고 말하여 부모는 민기가 월
> 령에 맞게 잘 성장하고 있다고 생각했다. 그렇지만 그 이후 말이 더 늘지 않았고, 필요한 게
> 있으면 엄마 손을 잡아끌곤 하였다. 세 돌이 넘어가면서 조금씩 단어가 늘기는 했지만 "다던
> 거(자전거), 고예(고래)" 등 발음이 부정확해 가족이 아니면 민기 말을 잘 알아듣지 못하고, 여
> 전히 소리를 지르거나 우는 등 말보다 행동이 앞서곤 하였다. 최근 들어서는 짧은 문장을 말
> 하지만 의문문을 정확하게 말하지 못하거나 조사를 맞게 쓰지 못해 또래와 의사소통이 원활
> 하지 않고, 심지어 발음 때문에 놀림을 받곤 한다. 부모는 민기가 어떻게 하면 좀 더 정확하게
> 말할 수 있을까 고심하다가 언어치료를 시작하였다.

1) 임상적 특징과 분류

의사소통장애(communication disorders)는 1950년대까지는 독립적인 장애라기
보다는 다른 증후군의 결과로 여겨졌다. 아동발달연구에서 선구자격인 Gesell과
Amatruda (1947)가 지적발달장애나 청각 손상 없이도 언어를 학습하지 못하는 아동
에게 관심을 보이면서 이 분야에 대한 관심이 촉진되었다. 언어장애 자체로서 이 분
야가 개척된 것은 Myklebust(1971)가 언어학습의 문제를 언어병리라 명명하면서 지
적발달장애 및 청각장애와 구별하면서 구어적 표현 및 이해뿐 아니라 문어 사용으로
까지 범위를 넓혀서 연구하기 시작하면서부터이다.

발달 초기에 발생하는 인지기능상의 문제는 언어 습득을 방해하기 때문에 언어발
달의 장애는 다양한 양상을 띤다. 광의의 개념인 의사소통(communication)을 영역별
로 살펴보면 의사소통은 말이나 언어뿐 아니라 제스처나 표정 등 어떤 형태로든 다
른 사람과 소통하기 위해 주고받는 메시지를 의미하며 가장 넓은 개념이다. 이에 비
해 언어(language)는 규칙에 의해 단어를 조합하여 메시지를 생성하는 특정한 유형의
의사소통으로 여기에는 말과 쓰기가 모두 포함되며, 진정한 의미에서는 인간만이 창
의적으로 말을 사용할 수 있다. 말(speech)은 가장 협의의 개념으로 소리를 통한 표
현을 의미한다. 따라서 언어장애도 말뿐 아니라 사회적 상호작용의 어려움과 사회적

관계에 참여하는 능력상의 결함까지 포함하는 것에서부터, 이해는 적절하나 구어 생성에만 문제를 보이는 등 다양한 스펙트럼이 있다. 미국 말-언어-청각협회(American Speech-Language-Hearing Association)에 따르면 언어손상(language impairment)은 "언어 이해 혹은 구어, 쓰기, 상징체계의 사용에서 손상을 보이는 것"으로 광범위하게 정의된다. 이 기준은 인지 수준이나 정신연령과의 관련성을 고려하지 않고 언어 사용이 부적절하기만 하면 장애로 간주하고 있다. 그렇지만 아동기·청소년기에 처음 진단되는 장애에서는 이처럼 광범위한 언어장애보다는 특정 언어장애(specific language impairment)로 의미를 좁혀 언어 자체에만 문제를 보이는 경우에 한해 의사소통장애의 진단을 내리고 있다.

『DSM-5』의 의사소통장애의 범주에는 언어장애와 말소리장애, 아동기 발병 유창성장애, 사회적 의사소통장애, 명시되지 않는 의사소통장애가 포함되어 있으며, 그중 언어장애의 진단기준은 다음과 같다.

표 4-3 **언어장애의 DSM-5 진단기준**

A. 이해 또는 표현하는 기능의 결핍에 의해(즉, 구어, 문어, 수화 또는 다른 방식에서) 언어의 획득과 사용에 지속적인 어려움이 있는 것으로 다음을 포함한다.
  (1) 어휘 부족(단어 지식 및 활용)
  (2) 제한된 문장구조(문장을 형성하기 위해 문법과 형태의 규칙에 따라 연결하여 단어를 넣을 수 있는 능력)
  (3) 대화의 장애(어휘를 사용하고 문장을 연결하여 어떤 주제나 사건을 설명 또는 묘사하거나 대화를 하는 능력)
B. 언어능력이 상당히 그리고 측정 가능할 정도로 나이에 비하여 낮으며, 이로 인해 효과적인 의사소통, 사회 참여, 학문적 성취, 또는 직업적 수행 중 단일 또는 여러 기능상의 제한을 나타낸다.
C. 증상은 발달의 초기 단계부터 발현된다.
D. 이러한 어려움은 청각 또는 다른 감각의 장애, 운동기능장애 또는 다른 의학적 또는 신경학적 문제에 의한 것이 아니며, 지적장애나 전반적 발달지연으로 더 잘 설명되지 않는다.

출처: American Psychiatric Association (2013).

2) 병인론

의사소통장애의 유전적 소인을 밝히는 연구가 많이 이루어졌으며(Bishop, Adams, & Norbury, 2006), 그 결과 유전적 요인이 있는 가계에서는 의사소통장애가 출현할 가능성이 높은 것으로 나타났다. 환경의 영향을 밝히려는 시도도 지속적으로 이루어져 그 결과 낮은 사회경제적 지위, 대가족, 늦은 출생순위 등이 위험요인이 될 수 있는 것으로 나타났는데, 이는 결정적 시기에 언어자극의 박탈을 초래했기 때문으로 설명되고 있다.

의사소통장애 여부를 가리는 방법론적 차이 때문에 발병률이 어느 정도 되는지에 대한 정확한 추정은 쉽지 않다. 학령전기 아동은 7~15% 정도가 언어발달 지연의 양상을 보이는 것으로 나타났으며, 남자 아동이 여자 아동에 비해 높은 빈도를 보였다. 학령기에는 4~7%가 다른 장애와 공존질환을 보였으며, 학습장애가 공존하는 경우가 가장 많았다.

3) 감별 진단이 필요한 장애

지적장애 아동이 보이는 첫 징후는 의사소통 기술이 정상발달을 보이는 아동에 비해 빈약하고 정상적인 시기에 말을 시작하지 않는다는 것이다. 발달 순서는 정상 아동과 같지만 반 수 이상의 아동이 연령에 비해 지체된 수준의 의사소통 능력을 보인다. 의사소통장애와 다른 점은 지적장애의 경우 표준화된 지적능력검사에서 언어적·비언어적 능력이 모두 지체 수준을 보여 언어적 능력이 비언어적 능력에 비해 현저하게 낮은 의사소통장애와는 다른 양상을 보인다는 것이다. 아동이 청각장애를 가졌을 경우 언어장애에 취약성을 갖는 경우가 상당히 많다. 따라서 언어지체를 보이는 아동은 일차적으로 청각능력이 정상적인지 여부를 확인해야 한다. 청각장애를 가진 아동의 경우 인공와우(cochlear implant)와 같은 보조기를 조기에 사용할 수 있으면 말하기 및 언어 이해에 큰 성과를 보인다. 또한 수화를 배웠을 때 언어능력이 향상되는 모습을 보인다.

자폐스펙트럼장애 아동의 경우 흔히 언어지연의 양상이 나타나며, 의사소통을 하거나 대화를 유지하는 능력이 매우 취약하다. 의사소통장애와 다른 점은 의사소통의 손상이 상당히 광범위해서 언어발달뿐 아니라 자신의 의사를 전하려는 동기 자체가 손상되어 있으며, 상호작용에서 일탈된 양상을 보이는 경우가 많다.

4) 치료

의사소통장애를 치료하기 위해서는 우선 장애를 초래할 만한 다른 병리가 있는지의 여부를 규명해야 한다. 규명된 병리에 대하여 필요한 치료적 접근을 하되 의사소통에 문제가 있을 때는 자격을 공인받은 언어치료사가 실시하는 개인치료 혹은 소집단 치료가 효과적이다. 다른 문제가 없고 의사소통에만 문제가 있을 경우라도 학습지도 및 사회적 기술 훈련, 정신과적 개입을 병행하는 것이 효과적이다.

일반적으로 각 아동에게 맞는 교육과 행동수정기법이 함께 이루어지고, 풍부한 의사소통 자극을 제공하여 학습의 기회를 많이 줄 경우 가장 치료효과가 높은 것으로 알려져 있다.

4. 자폐스펙트럼장애

경미는 만 6세 아동으로 엄마와 눈을 잘 마주치지 않고 안아 주는 것도 좋아하지 않으며, 또래 아이들에게 전혀 흥미가 없다는 문제로 평가가 의뢰되었다. 검사 당시 경미의 언어표현 수준은 "물 줘" "어디 가" 정도의 문장을 구사하는 정도에 그쳤으며, 그나마도 정말 필요한 순간이 아니면 먼저 의사소통을 시도하는 적이 거의 없다. 하루 종일 좋아하는 비디오를 켜 주기만 하면 별다른 요구가 없었고, 먹는 것도 녹색이 들어간 것은 전혀 먹지 않으려 하여 채소나 과일 종류를 먹이려면 상당히 씨름을 해야 했다.

5세에 유치원에 보낸 적이 있으나 다른 아이들과 전혀 어울리지 않은 채 놀이방 미끄럼틀 밑이나 책상 아래 들어가 혼자 지내는 시간이 대부분이라 또래 상호작용이 전혀 이루어지지 않는다는 말을 선생님에게 들었다.

1) 임상적 특징과 분류

자폐스펙트럼상애(autism spectrum disorder)는 발달의 여러 분야, 즉 사회적 상호작용과 의사소통 기술에서 심각하고 광범위한 장해가 있거나, 상동증적인 행동 및 제한적인 관심, 활동이 있는 것이 특징이다. 자폐스펙트럼장애의 일부 특징은 지적장애로 설명이 가능하지만 어떤 행동은 단순한 지체만으로는 설명하기 어렵다(Rutter, 1978). 『DSM-5』에서는 세분화되었던 장애가 다시 통합되면서 다섯 가지로 구분되었던 장애가 단일 진단으로 통합되었다.

자폐성 장애는 유전적 요인이 중요하게 작용하는 신경발달적 장애로 사회적 관계 능력의 결여, 의사소통 능력의 결여, 제한적이고 반복적인 상동행동 등 세 가지 주요 증상 영역에 초점을 두었다. 그렇지만 『DSM-5』에서는 기존의 3개 핵심 증상 영역이 2개로 줄고, 대신에 두 가지 모두를 충족해야 진단을 내리는 것이 가능해졌다.

자폐성 장애는 정서적인 접촉의 방해로 Kanner에 의해 처음 설명되었다(Kanner, 1943). 정상적인 유아는 생후 1주가 지나지 않았을 때조차 사회적 특징을 보이는 데 비해 자폐성 장애를 가진 유아는 사람의 얼굴에 흥미가 거의 없고, 눈 맞춤을 하지 않으며, 사회적 몸짓을 거의 보이지 않고, 다른 아동에 대한 흥미도 보이지 않는다.

자폐성 장애가 있는 환자 중 반 정도는 의사소통을 하는 주요 수단으로 말하기를 사용하지 않으며, 언어를 사용한다 하더라도 반향어, 대명사 반전, 운율체계의 결여, 의미 발달의 손상 등 언어 사용에서 다양한 손상의 특징을 보인다. 또한 이들 중 상당수가 어느 정도 인지기능의 지체를 보이는데 일반적인 지적장애와는 달리 특정 영역에서 현저하게 분리된 능력을 보이는 경우도 있지만(Hermelin, 2001), 대체로 추상적 사고와 연속적인 정보처리에 어려움을 보인다.

행동적인 측면에서는 감각 자극에 대한 이상 반응, 이를테면 통증에 대한 높은 역치, 특정한 소리나 만지는 것에 대한 과민감성, 빛 또는 냄새에 대한 과도한 반응을 보이기도 한다. 특별한 이유도 없이 웃거나 울고, 분명한 상황에서도 감정 반응이 없는 등 기분이나 정동에서의 문제를 보이는 경우도 있을 수 있다. 실제적인 두려움의 대상에 대해서는 두려움을 느끼지 못하고, 위험하지 않은 대상에 대해서 지나친 반응, 다양한 자해행동을 보일 수 있는데, 청소년기나 초기 성인기에 병에 대한 인식을 가질 만큼 지적 능력을 갖춘 자폐성 장애가 있는 개인은 자신의 장해에 대한 인식 때문에 우울해질 수도 있다.

표 4-4	자폐스펙트럼장애의 DSM-5 진단기준

다음의 A, B, C, D 진단기준을 모두 충족해야 한다.

A. 다양한 맥락에 걸친 사회적 의사소통과 사회적 상호교류의 지속적인 장애로, 현재 또는 발달력상에서 다음 모든 양상이 나타난다.

    (1) 사회, 정서적 상호교환성의 결핍; 비정상적인 사회적 접근 및 주고받는 대화를 나누기 어려운 것(관심사, 감정, 정서의 상호교환과 반응이 적은 것 등에 의함)부터 사회적 상호작용을 전혀 시작하지 못하는 것까지의 범위에 걸쳐 있다.

    (2) 사회적 상호작용에 사용되는 비언어적 의사소통 행동의 결핍; 잘 협응되지 않는 언어성, 비언어성 의사소통(눈 맞춤이나 신체언어의 이상 또는 비언어적 의사소통을 이해하고 사용하는 능력의 결핍)부터 얼굴 표정이나 제스처가 전혀 없는 것까지 이에 해당한다.

    (3) 부모 이외의 사람과 발달연령에 맞는 적절한 관계를 형성하고 유지하지 못함; 서로 다른 사회적 상황에 맞게 행동을 조절하기 어려운 것(상징놀이를 공유하기 어렵거나 친구를 만들기 힘든 것으로 나타남)부터 타인에 대한 관심이 없는 것까지 포함된다.

B. 행동, 관심 및 활동이 한정되고, 반복적이고 상동적인 양상으로, 현재 또는 발달력상에서 다음 중 두 가지 이상의 양상이 나타난다(예로 든 것은 실제 예를 보여 주기 위함이며, 해당되는 예를 모두 망라한 것은 아니다):

    (1) 상동화되고 반복적인 움직임, 사물의 사용 또는 말(예: 단순한 운동 상동증, 장난감을 줄 세우기, 사물을 튕기는 행동, 반향어 또는 개인 특유의 어구 사용 등).

    (2) 같은 상태를 고집함. 일상적으로 반복되는 것에 대한 융통성 없는 집착, 또는 틀에 박힌 언어적·비언어적 행동(예: 사소한 변화에 대한 극심한 불편감, 하나에서 다른 것으로의 전환을 어려워함. 융통성 없는 사고 패턴, 인사하는 행동이 틀에 박혀 있음. 똑같은 일상 규칙을 반복해야 하는 것, 매일 같은 음식을 먹음).

    (3) 매우 제한적이고 고정된 관심을 갖고 있으며, 그 강도나 집중의 대상이 비정상적(예: 유별난 사물에 매우 강하게 애착이 되거나 몰두함. 관심사가 매우 한정적이거나 집요함).

    (4) 감각적인 자극에 대한 지나치게 높거나 낮은 반응성, 또는 환경의 감각적 측면에 대해 유별난 관심(예: 통증/열감/차가운 감각에 대한 무반응이 분명히 있음. 특정한 소리나 질감에 대해 특이한 반응을 보임, 지나치게 사물의 냄새를 맡거나 만져 봄, 불빛이나 빙글빙글 도는 물체에 대해 시각적으로 매료됨).

C. 증상은 어린 시절부터 나타나야 한다(하지만 사회적 요구가 제한된 능력을 상회할 때까지는 완전히 드러나지 않을 수 있다).

D. 증상은 함께 매일의 기능을 제한하고 장해를 유발해야 한다.

출처: American Psychiatric Association (2013).

2) 병인론

자폐스펙트럼장애는 일반적으로 유아기 혹은 걸음마기, 보통 4세 이전에 나타난다. 이들 중 약 75%는 일반 성인처럼 독립적인 기능을 할 수 없으며, 대략 10%는 의존적 생활은 가능하지만 사회적 관계를 기피하는 문제는 여전히 남아 있다. 40개 이상의 역학조사를 개관한 연구에서 자폐스펙트럼장애의 유병률은 1만 명당 2.5에서 72.6명이며, 중앙치는 11.3명으로 보고되었다. 또한 남녀의 비율은 4.3:1로 남자의 유병률이 훨씬 높은 것으로 나타났다.

초기에는 자폐스펙트럼장애아의 부모가 냉정하고 지적이며 쌀쌀맞고 완벽주의적이고 성취 지향적으로 기술되면서 부모-자녀 간 상호작용에서의 결함이 자폐증적 특징을 초래하는 것으로 보았다. 그렇지만 쌍생아 연구에서 높은 발병률이 나타나 유전적-신경학적-생리적 결함에 의한 것이라는 주장이 지지되었다. 자폐증의 정확한 기제는 밝혀지지 않았지만 자폐증을 가진 아동은 신체의 기형 및 경미한 신경학적 징후, 뇌파 이상과 같은 이상 징후의 빈도가 높은 것으로 나타났다(Minshew, Sweeny, Bauman, & Webb, 2005). 부검과 신경영상 자료를 이용한 연구에 따르면 변연계와 측두엽, 전두엽 내 회로의 이상이 발견되었고, 기능적 MRI 연구에 따르면 편도체가 역할을 하는 것으로 추정되었다. 최근에 밝혀진 가장 흥미로운 연구 결과 중 하나는 자폐증 환자의 전체적인 뇌 크기가 증가한 것 같다는 점이다(Courchesne, Redcay, & Kennedy, 2004). 출생 시에는 뇌 크기가 정상이었을 것으로 추정되지만 출생 1년 이후가 되면서 뇌 크기가 비정상적으로 커진 듯하고, 이후 성장속도가 감소하면서 단거리 경로는 과잉 성장하고 좀 더 긴 연결망은 감소한다는 것이 이 결과에 대한 가능한 해석이다.

3) 감별 진단이 필요한 장애

자폐스펙트럼장애를 가진 아동과 지적장애 아동을 구분 짓는 특징은 자폐스펙트럼장애의 경우 지적장애에 비해 운동 협응력이 낮다는 점이다. 자폐스펙트럼장애 아동은 지적장애의 경우처럼 전체적인 발달 지연은 보이지 않고 사회적 관심과 대인관계 발달의 손상이 더욱 현저하다. 자폐스펙트럼장애가 있지만 비교적 기능수준이 높은 환자의 경우 언어 이해의 수준이 언어 표현의 수준보다 더 낮은 경우가 많다. 또한 의

사소통장애의 경우와 달리 과잉행동, 집중 시간 저하, 충동성, 공격성, 자해행동을 보일 수 있다. 정상발달과정에서도 발달적으로 퇴행 시기가 관찰될 수 있으나 자폐스펙트럼장애의 경우처럼 심하거나 지속적이지 않다.

사회적(화용적) 의사소통장애는 『DSM-5』에 처음 등장한 새로운 진단이나 이는 인지능력이나 학습능력이 정상인 경우에도 사회적 의도를 갖는 언어적 · 비언어적 의사소통이 제대로 안 되는 경우이다. 이 장애는 자폐스펙트럼장애에서 나타나는 의사소통 및 사회성의 문제를 보이면서 한정된 관심사와 반복적인 행동을 보이지 않는 경우에 적용할 수 있다.

4) 치료

자폐스펙트럼장애에 대한 치료는 약물치료와 행동수정, 교육적인 개입, 심리치료와 같은 것이 있다. 이 중 가장 근거가 분명한 것으로 밝혀진 치료기법은 기초적인 사회적 · 의사소통적 · 인지적 기술을 습득할 수 있는 적절한 교육을 제공하는 것이다. 이러한 치료를 장기적으로 했을 때 점차 기능이 향상된다는 증거가 있으며, 이와 함께 부모에 대해서도 적절한 지지를 제공하고 훈련시킬 필요가 있다. 행동수정 기법은 바람직한 행동을 증가시키고 부적절한 행동을 감소시키는 데 도움이 된다. 약물치료는 위험한 행동, 정신병적 행동, 공격성, 과잉행동, 수면장애와 행동통제 결여 등에 사용되며 항정신병 약물이 주로 이에 해당한다.

5. 특정학습장애

1) 임상적 특징과 분류

특정학습장애(specific learning disabilities)는 지적 능력의 결함이 없고, 가족이나 문화적인 배경 역시 학업 성취와 잘 조화를 이루고, 학습을 방해할 만한 명확한 생리적 결함을 갖고 있지 않고, 학습 상황 외의 상황에서 일어나는 여러 심리적인 문제에서 자유로움에도 읽기나 쓰기나 산수 중 하나 또는 이 모두에서 저조한 수행을 보이는 경우를 의미한다. 시각적, 청각적, 근육-운동적인 장애, 지적발달장애, 정서장애, 문화적 또는 경제적으로 불리한 처지, 교육 기회의 제한 때문에 학습 문제를 갖게 된 아동은 포함시키지 않는다.

최근까지 특정학습장애를 진단하는 데 가장 중요한 기준은 지능-학업성취 간의 불일치 규준이었으나 20여 년간의 연구 결과 이것은 이론적(Sternberg & Grigorenko, 2002)으로나 진단과 분류의 신뢰성(Francis et al., 2005) 면에서 신뢰할 수 없다는 증거가 축적되었다. 이런 결과에 따라 다양한 대안적 모형이 제안되고 있는데, 현재 가장 널리 논의되고 있는 모형은 중재에 대한 반응모형(Responsiveness to Intervention; Vaughn & Fuchs, 2003)이다. 중재에 대한 반응모형은 우선 특정 학생의 수행을 또래집단의 수행과 비교하고, 학습이 현저하게 낮다고 확인될 경우 학습효과를 극대화하기 위해 개별적으로 적절한 교육을 받게 된다. 이 모형에 따르면 개입이 필요한 학생에 대해서는 다층적인 접근이 필요하며, 각 층에 따른 차별적이고 개별화된 교육을 제공하는 것이 필요하다. 일반적으로 각 층은 정규 교실 환경과 보충적인 교육, 집중적이고 개별화되고 전략적인 영역 세 가지로 구성되어 층별로 최대한 효율성을 높이기 위해 교육이 제공된다. 교실 환경을 개선하기 위한 이 같은 다층적 노력에도 학업 성취에 진전을 보이지 않을 경우에만 특정학습장애 진단이 가능한 것으로 본다. 결국 계속해서 다양한 교육적 개입을 하였는데도 또래집단에 비해 수행이나 발달이 부진할 경우에만 진단이 가능하다는 것이다.

중재반응모형이 진단의 패러다임으로 꽤 유망하지만 이를 어떻게 수량화, 구체화할 것인지에 대해서는 의견이 다양하며, 현재 이론에 대한 검증이 활발하게 이루어지고 있다.

표 4-5   **특정학습장애의 DSM-5 진단기준**

A. 기초학습기술을 배우고 사용하는 것이 어렵다. 개선을 위한 직접적인 개입을 제공했음에도 다음에 열거된 증상 중 하나 이상이 적어도 6개월 이상 지속된다.
   (1) 부정확하거나 느리고 힘겨운 단어 읽기(예: 부정확하거나 느리고 더듬거리는 개별 단어 읽기, 잦은 추측 읽기, 단어를 구성하는 소리를 모두 발음하지 못함).
   (2) 읽은 것의 의미 이해가 어려움(예: 한 문장 안에서 구두법과 문법 실수가 잦음, 단락의 구성이 엉성함, 표현하려는 생각이 명료하지 않음).
   (3) 철자의 문제(예: 자음이나 모음을 추가, 생략, 대치)

(4) 작문의 어려움(예: 한 문장 안에서 구두법과 문법 실수가 잦음, 단락의 구성이 엉성함, 표현하려는 생각이 명료하지 않음)

(5) 수감각, 단순 연산값 암기, 연산절차 수행의 문제(예: 숫자의 의미, 수의 크기나 관계를 잘 이해하지 못함, 한 자릿수 덧셈에서 또래처럼 기억력을 이용하지 않고 손가락을 사용함. 연산을 하다가 진행이 안 되거나 거꾸로 진행하기도 함)

(6) 수학적 추론의 어려움(예: 문장제 문제를 풀기 위해 필요한 수학적 개념, 연산구구, 수식을 적용하는 데 어려움이 있음)

B. 해당 기초학습기술은 개인의 생활연령에 비해 현저하게 낮은 수준이며 학업, 직업 수행 및 일상생활을 현저하게 방해한다는 것이 일대일로 실시된 표준화성취도검사와 종합임상평가를 통해 확인되어야 한다. 17세 이상인 경우 학습 곤란의 병력이 표준화된 검사를 대신할 수 있다.

C. 학습의 어려움은 보통 학령기에 시작하나 해당 학습기술을 요구하는 정도가 개인의 능력을 넘어서는 시기가 되어서야 분명히 드러날 수도 있다(예: 시험시간의 부족, 길고 복잡한 리포트를 짧은 마감기한 안에 쓰기, 과중한 학업부담).

D. 학습의 어려움은 지적장애, 교정되지 않는 시력 및 청력 문제, 다른 정신과적 장애나 신경학적 장애, 정신사회적 불행, 교사가 사용하는 언어에 능숙하지 못함, 불충분한 교육적 지도에 의해 더 잘 설명되는 것은 아니어야 한다.

출처: American Psychiatric Association (2013).

2) 병인론

특정학습장애의 병인론에 대해서는 내인성 요인에 의한 것이라는 데 대다수 의견이 일치되고 있으며, 특히 뇌의 성숙이나 기능에서의 비정상적인 면을 원인으로 보고 있다. 연구에 따르면 대뇌 마비와 간질 등 중추신경계의 기능장애를 초래하는 문제를 가진 아동은 정상 지능을 가지고 있을 때도 읽기장애를 보이는 비율이 높았으며, 또한 국부적인 머리 손상이 있는 아동, 특히 좌반구에 손상을 입은 아동도 읽기 곤란을 보이는 경향이 관찰되었다.

특정학습장애를 보이는 아동의 경우 대를 이어 학습 문제를 보이는 경향성이 나타나 유전적 요인이 뇌의 발달과 성숙, 기능적 구조에 영향을 주고, 이는 다시 특정학습장애와 관련된 인지과정에도 영향을 주는 것으로 가정되었다. 하지만 환경 영향도 여전히 존재하므로 아직 유전의 기제는 명확하게 밝혀지지 않았다.

특정학습장애의 발병률은 지역과 연구 방법에 따라 상당히 다른데 그 이유는 『DSM-IV』에서 제시하는 '현저하게 낮다.'는 의미에 대한 정확한 지침이 없고, 각 지역의 교육기관 사이에 통일된 진단적 접근이 부재하기 때문이다. 조사 연구에 따르면 학령기 아동의 10~12% 정도가 특정한 학업 영역에서 결함을 보였고, 추가적이고 집중적인 교육적 중재에 따라 이 비율이 6%까지 낮아져 이 6%가 특정학습장애의 엄격한 규준을 만족시켰다. 발병률은 여자 아동보다 남자 아동에게 더 높게 나타나며, 소수집단에서 더 흔히 발생하는 것으로 알려졌다.

특정학습장애의 경과와 예후에 대한 연구를 살펴보면 이들 중 42%가 정상적 적응, 15%는 내재화 문제, 18%는 외현화 문제, 나머지는 특정 범주로 분류될 수 없는 장애를 가진 것으로 나타나(Fuerst, Fisk, & Rourke, 1989) 특정학습장애가 단지 학업 장면에서만 문제를 일으키는 것이 아니라 평생 장애를 보일 가능성을 높이는 것으로 나타났다. 특정학습장애는 아동기 · 청소년기에 진단되는 다른 여러 장애와 공병률도 높은데, 특히 주의력-결핍/과잉행동 장애와 파괴적 행동장애(Semrud-Clikeman et al., 2005; Grigirenko, 2006)의 발병률이 높고 불안장애, 우울장애가 발생하는 비율도 높은 것으로 나타났다. 14세 이후에 진단된 특정학습장애 학생의 50% 이하만이 정규 고등학교를 졸업하였고, 낙오자의 비율도 45%로 상당히 높은 편이었다. 따라서 특정학습장애는 한두 가지 학업 영역에 국한되는 것이 아니라 평생 넓은 범위에 걸쳐 영향을 줄 수 있으므로 지속적인 관심과 개입이 필요하다.

3) 감별 진단이 필요한 장애

학령기 초기에는 특정 학업 영역에서의 결함을 확인하기 어렵기 때문에 특정학습장애는 학업성취도 수준이 명백해지는 중 · 고등학교 때 많이 확인된다. 지금까지 사용했던 지능과 학업 성취 수준의 불일치 규준을 적용할 경우 손상 영역의 특수성이 강조되었으나 중재에 대한 반응모형이 도입되면서 감별 진단이 더욱 까다로워졌다. 실제로 특정학습장애 아동뿐 아니라 지적장애, 정서 및 행동장애, 주의력-결핍/과잉행동 장애 아동도 대체로 개입에 대한 반응성이 낮지만 이들의 반응성이 낮은 이유는 특정학습장애와는 다르다. 따라서 연구자들은 특정학습장애 진단에서 지능검사를 포함한 다양한 지표를 측정할 수 있는 신경심리검사의 중요성에 대한 논의를 계속하고 있다.

4) 치료

의학적 모형에 따르면 특정학습장애는 생물학적 병리가 겉으로 드러난 지표이며, 따라서 시각적 변별력과 섬세한 운동기술, 안구운동 등을 훈련시키는 것이 필요하다고 하나 뚜렷한 효과가 입증되지는 않았다. 또한 행동모델에서는 학업기술 결함을 찾아내어 학습이론에 근거한 기법을 사용하여 이 결함을 변화시키는 데 관심을 두었으나 그 효과가 제한적이며 효율성이 높지 않은 것으로 나타났다. 이처럼 이론적 지향에 따라 다양한 치료법이 제시되기는 하였으나 전문가들에 의해 합의된 치료법은 없으며, 다만 특정학습장애를 가진 사람이 지속적으로 특수교육을 받을 필요가 있다는 데에만 합의를 이루었다.

기존의 연구를 종합해 볼 때 효과적인 치료의 기본 조건은 학업적인 내용과 직접 관련이 있고, 인지, 행동, 언어 등의 잘 확립된 학습 원리에 근거했을 때 가장 성공적인 결과를 나타냈으며, 치료 방법에 따른 효과보다는 학교 구조 자체의 변화가 성취의 변화에 영향을 주는 것으로 밝혀졌다. 또한 아동을 직접 도와주고 교육하는 치료와 함께 부모훈련치료, 사회기술훈련 등 특정학습장애 아동의 적응을 도와줄 수 있는 다른 치료방법이 함께 사용되었을 때 효과적이었다.

6. 주의력-결핍/과잉행동 장애

초등학교 6학년인 민철이는 어려서부터 발달이 빠른 편이었으며, 특히 걷기 시작하면서부터 뛰어다니고 책상 위에 올라가거나 높은 데서 뛰어내리곤 하여 사소하게 자주 다치는 경우가 많았다. 유치원에 다니면서도 활동적이라는 이야기를 자주 들었고, 때로는 다른 아이들과 싸우고 때리는 것이 문제가 되는 경우도 몇 번 있었다. 민철이 부모님은 학교에 들어가면 나아지겠지 하였으나 1, 2학년 때는 수업 중에 불쑥 일어나 마음대로 화장실에 가고, 체육시간 후에는 제 시간에 교실에 돌아오지 않는다는 지적을 종종 받았다. 6학년이 된 지금까지도 수업시간에 떠들고 선생님이 지적해도 그때뿐 금방 같은 행동을 보이곤 하여 선생님에게 혼나는 경우도 많았다.

　　최근에는 컴퓨터 게임에 지나치게 몰두해 학교에 갔다 오면 바로 컴퓨터 앞에 앉아 시간 가는 줄 모르고 게임을 하였고, 그러다가 학원가는 시간도 놓쳐 빠지는 경우가 많아졌다. 민철이 부모님은 맞벌이를 하느라 민철이를 볼 시간이 많지 않았고, 좀 산만하고 부모님 말씀에 잘 순종하는 편은 아니라고 알고 있었지만 민철이 문제가 심각하다고는 생각하지 않았다. 그렇지만 최근 들어 학원에서 오지 않았다는 전화가 잦아지고, 아무리 혼을 내고 야단을 쳐도 집에서 게임만 하려고 하였고, 이를 추궁하는 부모에게 거짓말이 잦아졌다.

　　중학교 입학을 앞두고 민철이 문제를 해결하기 위해 평가가 이루어졌다. 그 결과 민철이의 지능 수준은 평균 상 수준에 이르지만 주의력을 측정하는 검사에서 평균치에 미치지 못하는 수행을 보였다.

1) 임상적 특징과 분류

　　주의력-결핍/과잉행동 장애(Attention-Deficit Hyperactivity Disorder: ADHD)의 원인과 정의에 대한 관심은 19세기 중반부터 있어 왔으며, 초기에는 도덕적 문제에서 비롯된 것으로 보았다. 20세기에 들어서면서 이런 행동 문제가 뇌염에서 비롯되었다는 설명이 제기되었고, 1940년대와 1950년대를 지나면서 뇌손상 가설은 미세 뇌손상과 미소 뇌기능장애라는 용어로 바뀌었다. 대부분의 정신장애의 원인이 단순한 스트레스 이상이라는 것이 밝혀지면서『DSM-III』(APA, 1980)에서는 과잉행동이 있는지의 여부에 따라 주의력결핍 장애와 주의력-결핍/과잉행동 장애로 분류하였다.

　　주의력-결핍/과잉행동 장애는 만성적으로 부주의와 과잉행동, 충동성의 문제를 보이는 장애로 일반적으로 걸음마기, 학령전기에서 시작된다. 주의력이 부족한 아동은 선택적 주의력과 주의용량, 주의지속 능력 등 다양한 주의능력 중 하나 혹은 그 이상의 문제를 보일 수 있다. 선택적 주의력은 특정 자극에만 집중하고 방해자극에 의해 산만해지지 않는 능력이며 주의용량은 한 번에 주의를 기울일 수 있는 정보의 양, 주의지속 능력은 시간이 지나도 주의력을 유지할 수 있는 능력을 의미한다. 충동성의 특징은 생각하기 전에 먼저 행동을 하거나 즉각적인 반응을 억제하기 어려운 것을 의미한다. 충동적인 아동은 복잡한 과제를 해결해야 할 때 마음에 떠오르는 첫 번째 해결 방법을 그대로 선택하여 사용하며, 그 방법이 최선의 방법인지 여부를 생각해 보지 않는다. 충동성은 조직화의 어려움, 성급한 판단을 포함하는 인지적 충동성과 적합하지 않은 장소에서 큰 소리를 치거나 결과를 고려하지 않은 채 행동하는 행동적 충동성으로 나눌 수 있다. 행동적 충동성의 경우 성장한 후에 나타나는 반사회적 행동을 상당 부분 예측하는 것으로 밝혀졌다(Hinshaw, 1994).

주의력-결핍/과잉행동 장애를 가진 아동은 안절부절못하고, 기어오르고, 목적 없이 뛰어다니는 '모터가 달린' 것 같은 과잉행동 양상을 보인다. 이런 아동의 행동은 힘이 넘치고 격렬하지만 조절이 원활하지 않아 부적절한 경우가 많고 목표 지향적이지 못하다.

부주의와 충동성의 문제는 행동 수준에서 끝나는 게 아니라 다른 발달 영역에서도 부정적인 영향을 미친다. 부주의 문제로 자신의 능력을 최대한 발휘할 수 없는 주의력결핍 아동은 학교에서 학업성취가 부진한 경우가 많고, 이런 문제는 학년이 높아짐에 따라 더 심각해진다. 특히 고차적인 수준의 인지 책략이 요구되는 복잡한 과제와 개념 형성 과제에서 이런 문제는 더욱 큰 영향을 미친다.

최근 30년간의 연구는 신경심리 평가를 통해 주의력결핍 과잉행동 아동의 특징을 밝히고자 하였으며, 그 결과 실행기능의 문제가 일관성 있게 확인되었다. 실행기능은 목표를 달성하기 위한 적절한 문제해결 과정을 유지하는 능력으로 반응 억제와 실행, 작동기억과 최신 정보로 수정하기, 세트의 전환과 과제의 교환, 방해 자극에 대한 통제, 계획과 조직화능력, 민첩성, 시공간 지남력, 언어 및 공간에 대한 작동기억과 같은 기능이 여기에 포함된다. 부주의한 아동이 보이는 실행기능을 비롯한 다양한 신경심리학적 결함은 여러 가지 이론으로 설명된다. 첫째, 억제와 조절의 결함 이론으로, 실행기능의 문제가 조절과 통제력이 정상적으로 발달하지 못한 데서 비롯되었다고 보는 것이다(Barkely, 1997). 지연 혐오 이론은 주의 산만한 아동이 지연을 견디지 못하고 그 결과 행동이나 인지적인 면에서 문제를 보인다는 것이다(Sonuga-Barke, 2003). 인지활동 모형(Sergeant, 2000)에서는 부호화, 탐색, 의사결정 등이 이루어지는 계산 단계와 인지적 노력과 각성, 활성화가 요구되는 상태 단계에서의 결함으로 설명한다. 느린 인지속도 이론에 따르면 주의력-결핍/과잉행동 장애 주의력-결핍 우세형은 과잉행동을 보이는 복합형과는 인지처리 과정이 다르다고 본다(McBurnett, Pfiffner, & Frick, 2001). 즉, 주의력-결핍 우세형은 다른 유형에 비해 회상과 정보처리가 느리고 민첩성이 떨어지며, 기억과 지남력도 경미한 손상을 보인다.

부주의나 충동성을 가진 모든 아동이 주의력-결핍/과잉행동 장애는 아니며, 『DSM-IV』에 따르면 이런 행동 문제는 적어도 7세 이전에 나타나야 하고 적어도 6개월 이상 지속되어야 한다. 2013년 『DSM-5』로 개정되면서 발달적 특징에 대한 고려가 많이 이루어졌다. 발병 연령이 12세 이전으로 변경되었고, 진단기준에서 성인기 증상에 대한 상세 기술이 이루어졌고, 18세 이상인 경우 진단기준의 충족요건이 다섯 가지 이상으로 변경되었다.

표 4-6 **주의력-결핍/과잉행동 장애의 DSM-5 진단기준**

A. 다음과 같은 증상이 발달수준에 맞지 않고, 부적응이 6개월 이상 지속될 때
  (1) 부주의 증상(여섯 가지 이상); 18세 이상인 경우 다섯 가지 이상
    a. 학업, 일, 기타 활동 중 세심한 주의를 기울이지 못하거나, 부주의한 실수를 자주 한다.
    b. 과제 수행이나 놀이 중 주의집중을 지속하는 데 어려움을 자주 갖는다.
    c. 대놓고 이야기하는데도 듣지 않는 것처럼 보일 때가 자주 있다.
    d. 지시를 따라오지 않거나 학업, 심부름, 업무를 끝내지 못하는 경우가 자주 있다.
    e. 과제나 활동을 조직적으로 하는 것에 곤란을 자주 겪는다.
    f. 지속적으로 정신을 쏟아야 하는 일을 피하거나 싫어하거나, 거부하는 것이 자주 있다.
    g. 과제나 활동에 필요한 것을 자주 잃어버린다(예: 숙제, 연필, 책 등)
    h. 외부자극에 의해 쉽게 주의가 산만해진다.
    I. 일상적인 일을 자주 잊어버린다.
  (2) 과잉행동(1~6)/충동성(7~9) 증상 (여섯 가지 이상; 18세 이상인 경우 다섯 가지 이상)
    a. 손발을 가만두지 않거나, 자리에서 꼬무락거린다.
    b. 가만히 앉아 있어야 하는 상황에서 자주 자리를 뜬다.
    c. 적절하지 않은 상황에서 지나치게 달리거나 혹은 기어오른다(성인의 경우 '안절부절못함').
    d. 조용하게 놀거나 여가 활동을 하지 못하는 경우가 자주 있다.
    e. '쉴 사이 없이 활동하거나' 혹은 마치 '모터가 달린 것 같이' 행동하는 경우가 자주 있다.
    f. 지나치게 말을 많이 하는 경우가 자주 있다.
    g. 질문이 끝나기도 전에 대답해 버리는 경우가 자주 있다.
    h. 차례를 기다리는 것을 자주 어려워한다.
    i. 다른 사람이 하는 것을 중단시키거나 무턱대고 끼어드는 경우가 자주 있다.
B. 이러한 증상이 12세 이전에 있어야 한다.
C. 적어도 두 군데 이상(예: 학교와 가정)에서 이러한 증상이 존재해야 한다.
D. 사회활동, 학업, 직업 기능의 방해 혹은 질적 저하의 명백한 증거가 있어야 한다.
E. 조현병의 경과 중이거나 혹은 기분장애, 불안장애, 해리장애, 성격장애, 물질급성중독 혹은 금단에 의한 것이 아니어야 한다.

출처: American Psychiatric Association (2013).

2) 병인론

주의력-결핍/과잉행동 장애의 원인은 복잡하고 다양하며, 대체로 유전적ㆍ환경적 요인이 함께 영향을 미치는 것으로 알려져 있다. 이 장애는 유전적 소인이 영향을 미치는 것으로 알려져 있으며, 그 증거로는 가계를 따라 이 장애가 이어진다는 것을 들 수 있다. 쌍생아 및 입양아를 대상으로 이루어진 연구에 따르면 주의력-결핍/과잉행동 장애를 보이는 아동의 방계와 직계 가족의 35%가 주의력-결핍/과잉행동 장애를 가질 가능성이 있는 것으로 나타났다. 또한 아동행동평정척도를 사용한 연구에서 주의력 문제 척도의 변량의 약 반 정도를 유전이 설명할 수 있는 것으로 밝혀져 강력한 유전의 영향력이 확인되기도 하였다(van den Oord, Boomsma, & Verhulst, 1994).

주의력-결핍/과잉행동의 증상과 전전두엽 대뇌피질 손상을 입은 환자의 증상이 비슷하다는 점이 대뇌손상 가능성에 대한 연구를 촉발시켰다. 대뇌손상 가능성을 밝히려는 연구에서 확인된 결과는 부주의한 아동이 배측 전전두엽과 미상핵, 뇌량, 뇌교의 크기가 작다는 점이다(Castellanos et al., 2002). 뇌의 이 영역들은 주의와 실행기능, 반응지연, 반응의 체계화와 관련이 있는 것으로 알려져 있는 곳이다. 이 밖에도 정상집단과 주의력-결핍/과잉행동 장애를 가진 집단 사이에 대뇌의 구조와 대뇌활동의 차이가 발견되었는데 그 원인은 아직 밝혀지지 않았다.

주의력-결핍/과잉행동 장애가 환경이나 가정에서 비롯되었다는 증거는 분명치 않다. 유전연구에 따르면 가족과 환경적 요인은 증상의 일부, 즉 10~15% 정도만을 설명할 수 있는 것으로 나타났다(Barkely, 1996). 환경이 장애의 발현에는 영향을 미치지는 않지만 가족 간 갈등이나 민감성이 부족한 양육 태도는 아동의 취약성을 유도할 수도 있다는 연구가 있다(Barkely, 1996). 특히 중요한 것은 아동의 기질과 부모의 상호작용 방식이 서로 조화를 잘 이루는지 여부이며, 부모 자신이 주의력과 관련된 장애를 가진 경우 초기의 부모-자녀 상호작용을 해칠 수도 있는 것으로 알려졌다.

주의력-결핍/과잉행동 장애는 아동기에 상당히 흔한 문제로 유병률은 5~12%로 나타났으며, 여자 아동보다는 남자 아동에게서 3~5배 정도 더 많은 것으로 나타났다. 남성이면서 사회경제적 수준이 낮고 연령이 어릴수록 주의력 문제를 보일 가능성은 더 높다고 볼 수 있다. 또한 아동기에 주의력 문제를 보인 경우의 60%가 성인이 되어서도 관련된 증상을 보이는 것으로 알려져 성인기 주의력 문제에 대한 관심을 환기시키고 있다.

3) 감별 진단이 필요한 장애

과잉행동은 눈에 잘 띄고 부모나 교사가 흔히 지적하는 것임에도 평가는 쉽지 않다. 신체적 활동량을 기계적으로 측정하는 것만으로는 그 행동이 상황에 적합했느냐를 알기는 어렵기 때문이다. 또한 스트레스가 될 만한 환경요인이 있을 경우 아동은 일시적으로 주의력이 떨어지고 행동조절 능력이 약화되기도 한다.

주의력-결핍/과잉행동 장애의 하위 유형 중 과잉행동을 수반하지 않는 경우에는 사회적으로 위축되는 경향이 있으며, 자의식이 강하고, 인지처리 속도가 느리고, 특정 학습장애일 가능성이 더 높다. 반면 과잉행동을 수반한 경우에는 행동 문제를 더 많이 보이고, 자기파괴적인 행동을 많이 하며, 품행장애를 함께 보일 가능성이 높다. 주의력-결핍/과잉행동 장애를 가진 경우 품행장애에 비해 주의력과 학업 성취의 문제가 더 많으며, 기질적인 소인을 갖는 경우가 많다. 반면 품행장애는 반사회적인 부모를 갖는 경우가 많고, 가족관계가 적대적이며, 예후가 더 나쁜 경향을 보인다. 주의력-결핍/과잉행동 장애의 경우 공병률도 높은 편으로, 반 정도는 적대적 반항성 장애나 품행장애를 함께 보이며, 25~30%는 불안장애, 20~26%는 특정학습장애를 보인다.

4) 치료

주의력-결핍/과잉행동 장애는 만성적이고, 전반적인 삶의 영역에 영향을 미치는 문제이기 때문에 치료계획은 아동의 요구에 따라 융통성 있고 포괄적인 방식으로 세워져야 한다. 치료의 초기 단계에서는 부모와 교사, 치료자가 한 팀을 이루어 치료계획을 수립하고 이행해 나가지만 아동이 성장함에 따라 장애를 가진 개인에게 점차 책임을 넘겨주는 방식을 취해야 한다.

미국의 아동청소년 정신과협회에서는 행동치료와 교감신경을 자극하는 약물치료를 주된 치료방식으로 제안하였다. 행동치료는 사회학습이론을 근간으로 한 것으로 행동수정 기법을 사용하여 바람직한 행동의 빈도를 증가시키고 바람직하지 않은 행동의 빈도는 감소시키는 것이다. 주의력-결핍/과잉행동 장애의 경우 특히 부모에게 이런 기법을 가르치는 부모관리 훈련(parent management training)이 널리 알려져 있으며, 다양한 프로그램이 제공되고 있다. 또래와의 상호작용에서 겪는 문제를 해결하기 위해 집단에 참여하는 기술, 또래와 대화하는 기술, 갈등을 해결하는 기술, 분노를 통제하는 기술 등을 훈련시키는 사회성 향상 프로그램 역시 주의력 문제를 가진 아동의 생활에 도움을 주는 것으로 밝혀졌다.

약물치료는 암페타민류(dexedrine), 메틸페니데이트류(ritalin), 페몰린(cylert) 등이 주로 사용되며, 중기 아동기와 청소년기 때 더욱 효과적인 것으로 알려졌다. 장애를 가진 아동 중 75%가 증상이 개선되어 주의 집중력이 정상화되고, 충동을 통제할 수 있게 되었으며, 그 결과 적절한 행동을 더 많이 보이고 목표 지향적인 행동을 보일 수 있게 되었다.

7. 운동장애

1) 임상적 특징과 분류

운동장애(motor disoders)는 투렛장애를 포함한 틱 장애, 발달성 협응장애, 상동증적 운동장애를 포함하는 범주로 『DSM-5』에서 새롭게 이 장애들을 통합하여 하나의 범주로 묶었다. 이 장애들은 병적인 운동으로 인해 일상생활에서 문제가 초래된다는 점에서 공통점을 갖는다.

틱은 모든 수의근에서 일어날 수 있는데 특정한 틱이 나타났다가 사라지고, 한동안 중단되었다가 다시 나타나기도 한다. 틱은 시간이 흐르면서 신체 다른 부위로 옮겨 가기도 한다. 투렛장애에서 틱은 얼굴에 처음으로 나타나며, 목, 어깨, 팔, 몸통, 등, 다리 등 점차 아래쪽으로 진행해 나간다. 틱은 자주 감정을 자극하는 사건과 연관되어 심해지는데, 스트레스나 기분 나쁜 사건뿐만 아니라 기분 좋고 흥분되는 사건도 악화요인이 될 수 있다. 개인의 큰 생활사건보다는 일상생활의 사소한 변화가 오히려 틱에 영향을 많이 주는 것으로 알려졌다.

발달성 협응장애의 진단은 병력, 신체검진, 학교 또는 직장에서의 평가, 표준화된 포괄적인 평가를 통해 이루어진다. 어린 아동의 경우 초기운동발달에 지연을 보일 수

있으며, 이런 기능이 획득되더라도 운동 수행은 또래보다 서툴고 느리거나 부정확할
수 있다.

상동증적 운동장애는 반복적이고, 억제할 수 없는 것처럼 보이며, 명백하게 목적
없는 운동행동이 아동의 일상생활을 방해하거나 자해의 원인이 되는 경우를 의미한
다. 상동행동은 손 흔들기나 젓기, 몸 흔들기, 머리 돌리기, 자해, 자기 몸 때리기 등에
서 보듯이 흔히 불수의적이고 율동적이며, 일정한 패턴과 강도를 보이면서 몸의 어떤
부위에서 발생할지 예측이 가능하고, 다른 쪽으로 주의를 분산하면 그러한 운동이 종
종 억제되기도 한다.

표 4-7 투렛장애의 DSM-5 진단기준

주의: 틱은 갑작스럽고 빠르며, 반복적 · 비율동적인 동작이나 음성 증상이다.

A. 여러 가지 운동성 틱과 한 가지 또는 그 이상의 음성 틱이 장애의 경과 중 일부 기간 동안 나
  타난다. 두 가지 틱이 반드시 동시에 나타나는 것은 아니다.
B. 틱 증상은 자주 악화와 호전을 반복하지만 처음 틱이 발생한 이후 1년 이상 지속된다.
C. 18세 이전에 발병한다.
D. 장애는 물질(예: 코카인)이나 일반적 의학적 상태(예: 헌팅턴병 또는 바이러스성 뇌염)의 생
  리적인 효과로 인한 것이 아니다.

출처: American Psychiatric Association (2013).

2) 병인론

투렛장애와 만성 틱장애는 근본적으로 유전장애라는 증거가 많다. 투렛장애에서
일란성 쌍생아의 경우 53~56%, 이란성 쌍생아에서 8%의 일치율을 보였는데 일란성
쌍생아에서의 일치율이 100%가 되지 않는다는 사실은 유전적 요인 이외에 환경적 요
인이 작용함을 시사한다. 환경적 요인은 유전적 요인에 비해 발생 원인으로 덜 거론
되지만 임신 및 주산기 문제, 다양한 약물 사용 등이 틱 장애 발생에 미칠 수 있는 영
향에 대해 연구가 진행되고 있다. 발달성 협응장애는 태아기에 알코올에 노출된 경
우, 조산아, 저체중 출생아에서 흔히 나타나고 있어 소뇌의 기능장애가 원인으로 거
론되지만 아직 증거가 불충분하다.

3) 감별 진단이 필요한 장애

틱과 감별해야 할 이상 운동 증상으로는 무도증, 근 긴장성 이상 운동, 아테토이드 이상 운동, 편측 무도증, 헌팅턴병, 파킨슨병, 뇌졸중 등이 있다. 또한 항정신병 약물과 같이 약물에 의해 생기는 이상 운동장애와도 감별하여야 한다. 감별을 위해서는 발병 연령, 과거력상 단순 틱이나 얼굴 틱이 있었는지, 어느 정도 이상 운동을 억제할 수 있는지, 완화와 악화를 반복하면서 운동 증상의 유형이 세월에 따라 변하는지, 전조 충동이 동반되는 등을 참조해서 판단해야 한다.

4) 치료

틱장애의 치료에서 임상가는 단순히 치료할 약을 선택하는 것보다는 여러 상황을 고려해야 한다. 틱은 아동 개인뿐 아니라 가족의 사회생활에 전반적으로 영향을 미치기 때문에 틱의 빈도나 심도만을 평가하기보다는 동반질환을 비롯한 다양한 상황을 염두에 두어야 한다.

중등도 이상의 심각도를 가진 틱에서는 도파민 억제제가 주된 치료방법이다. 이런 도파민 억제제는 틱장애에서 가장 많이 연구되었으며, 효과가 강력하고 일관적인 편이다. 또한 최근에 개발된 여러 행동치료가 틱의 심도와 빈도를 완화해 준다는 보고가 늘고 있으며, 특히 습관 반전 훈련과 노출 및 반응방지 훈련이 가장 많은 조명을 받고 있다.

 요약

아동기 정신병리는 발달 수준 및 과제 이행 정도를 고려해서 판단해야 한다. 발달 정신병리학이란 고전적인 발달이론의 원리를 이용해 임상적 · 병리적 현상을 탐색하는 통합적인 학문의 범주이다.

아동기 정신병리 발생 가능성을 높이는 위험요인으로는 출생 시 이상과 신경학적 손상, 부모의 유전적 소인, 지능이 낮은 것, 가난 등을 들 수 있으며, 건강한 발달을 유지, 촉진시키는 보호요인은 지지적이고 반응적인 양육방식과 성인과의 긍정적인 관계 등을 들 수 있다.

지적장애는 지능이 지속적으로 일정 수준 이하에 해당하고, 이로 인해 기능의 손상과 사회적 적응의 어려움을 보이는 사람들에게 해당하는 진단이다. 지적장애가 있는 경우, 기질적 손상을 확인할 수 있는 집단과 그렇지 않은 집단으로 나누어진다.

비언어적 지능검사 결과에 비해 수용 언어 혹은 표현 언어가 의미 있게 편차를 보일 경우 의사소통장애의 가능성을 의심해 볼 수 있다. 의사소통장애는 언어적·비언어적 기능이 모두 현저하게 낮은 지적발달장애와 차이점을 보인다.

특정학습장애는 지적 결함이나 학습에 문제가 될 만한 명확한 생리적 결함이 없고, 교육의 기회가 충분한데도 특정 학습 영역에서 저조한 수행을 보이는 경우를 의미한다. 특정학습장애의 원인으로는 뇌의 성숙이나 기능상의 이상을 들고 있으며, 학습 원리에 근거한 특수교육이 가장 효과적인 치료법으로 알려져 있다.

발달의 여러 분야, 즉 사회적 상호작용과 의사소통 기술에서 심각하고 광범위한 장애가 있거나 상동증적인 행동 및 관심을 보이는 자폐스펙트럼장애는 그동안 세분화되었던 관련 장애를 하나로 묶어서 범주화하였다. 자폐스펙트럼장애는 유전적·생리학적·신경적 요인이 중요한 역할을 하는 것으로 알려졌으며, 지속적이고 적절한 교육이 필요하다.

주의력-결핍/과잉행동 장애는 만성적인 부주의와 충동성, 과잉행동의 문제를 보이는 장애로 전체 아동의 5~12%가 이런 양상을 보이는 것으로 나타나 아동기에 상당히 흔한 장애로 알려졌다. 신경심리학적 연구 결과로 볼 때 이런 아동의 주요한 특징은 실행기능의 문제로 밝혀졌으며, 60% 이상이 성인기까지도 관련된 문제를 보이는 것으로 밝혀졌다. 치료계획은 융통성 있고 포괄적으로 수립해야 하며, 약물치료와 행동치료, 부모관리 훈련 등이 효과적인 치료법으로 알려졌다.

참고문헌

홍강의(2014). DSM-5에 준하여 새롭게 쓴 소아정신의학. 서울: 학지사.

Achenbach, T. M., Howell, C. T., Quay, H. C., & Conners, C. K. (1991). National survey of problem and competencies among four-to sixteen-year-olds: Parent's report for normative and clinical samples. *Monographs of the Society for Research in Child Development, 56.*

Aman, M. G., & Singh, N. N. (1994). *Aberrant Behavior Checklist: Community Supplimentary Manual.* East Aurora: Slosson Educational Publication.

American Psychiatric Association (1980). *Diagnostic and Statistical Manual of Mental Disorders* (3rd ed.). Washington, DC: American Psychiatric Association.

American Psychiatric Association (1994). *Diagnostic and Statistical Manual of Mental Disorders* (4th ed.). Washington, DC: American Psychiatric Association.

American Psychiatric Association (2013). *Diagnostic and Statistical Manual of Mental Disorders* (5th ed.). Washington, DC: American Psychiatric Association.

Barkely, R. A. (1996). Attention deficit-hyperactivity disorder. In E. J. Mash, & R. A. Barkely (Eds.), *Child Psychopathology* (pp. 63-112). NY: Guilford Press.

Barkely, R. A. (1997). Behavioral inhibition, sustained attention, and executive function: Constructing a unified theory of ADHD. *Psychological Bulletin, 121*, 65-94.

Bishop, D. V. M., Adams, C., & Norbury, C. F. (2006). Distinct genetic influences on grammar and phonological short-term memory: Evidence from 6-year-old twins. *Genes, Brain & Behavior, 5*, 117-122.

Brower, M. C., & Price, B. H. (2001). Neuropsychiatric of frontal lobe dysfunction in violence and criminal behavior: A critical review. *Journal of Neurology, Neurosurgery and Psychiatry, 71*, 720-726.

Castellanos, F. X., Lee, P. P., Sharp, W., Jeffries, N. O., Greenstein, D. K., Clasen, L. S., Blumenthal, J. D., James, R. S., Ebens, C. L., Walter, J. M., Zijdenbos, A., Evans, A. C., Giedd, J. N., & Rapoport, J. L. (2002). Developmental trajectories of brain volume abnormalities in children and adolescents with attention deficit hyperactivity disorder. *The Journal of the American Medical Association, 288*, 1740-1748.

Cicchetti, D. (1993). Fractures in the crystal: Developmental psychopathology and the emergency of the self. *Developmental Review, 11*, 271-287.

Courchesne, E., Redcay, E., & Kennedy, D. P. (2004). The autistic brain: Birth through adulthood. *Current Opinion in Neurology, 17*, 489-496.

Dykens, E. M., Leckman, J. F., & Cassidy, S. B. (1996). Obsessions and compulsions in Prader-Willi syndrome. *Journal of Child Psychology and Psychiatry and Allied Disciplines, 37*, 995-1002.

Einfeld, S. L., & Tonge, B. J. (1992). *Manual for the Developmental Behavioral Checklist: Primary Carer Version*. Sidney: University of New South Wales.

Farrington, D. F. (1991). Longitudinal research strategies: Advantages, problems, and prospects. *Journal of the American Academy of Child and Adolescent Psychiatry, 30*, 369-374.

Francis, D. J., Fletcher, J. M., Stuebing, K. K., Lyon, G. R., Shaywitz, B. A., & Shaywitz, S. E. (2005). Psychometric approaches to the identification of LD: IQ and achievement scores are not sufficient. *Journal of Learning Disabilities, 38*, 98-108.

Fuerst, D. R., Fisk, J. L., & Rourke, B. P. (1989). Psychosocial functioning of learning-disabled children: Relations between WISC Verbal IQ-Performance IQ discrepancies and personality subtypes. *Journal of Consulting and Clinical Psychology, 58*, 657-660.

Gesell, A., & Amatruda, C. (1947). *Developmental Diagnosis* (2nd ed.). NY: Hoeber.

Grigirenko, E. L. (2006). Learning disabilities in juvenile offenders. *Child and Adolescent Psychiatric Clinics of North America, 15*, 353-371.

Hermelin. (2001). *Bright Splinters of the Mind: A Personal Story of Research with Autistic Servants*. London: Jessica Kingsley.

Hinshaw, S. P. (1994). *Attention Deficits and Hyperactivity in Children*. Thousand Oaks, CA: Sage.

Hinshaw, S. P., Lahey, B. B., & Hart, E. L. (1993). Issues of taxonomy and comorbidity in the development of conduct disorder. *Development and Psychopthology, 5*, 31-49.

Kanner, L. (1943). Autistic disturbances of affective contact. *Nervous Child, 2*, 17-250.

Masten, A. (2001). Ordinary magic: Resilience processes in development. *American Psychologist, 56*, 227-238.

McBurnett, K., Pfiffner, L. J., & Frick, P. J. (2001). Symptom properties as a function of ADHD type: An argument for continued study of sluggish cognitive tempo. *Journal of Abnormal Child Psychology, 29*, 207-213.

Minshew, N. J., Sweeny, J. A., Bauman, M. L., & Webb, S. J. (2005). Neurological aspects autism. In F. R. Volkmar, A. Klin, R. Paul, & D. J. Cohen (Eds.), *Handbook of Autism and Pervasive Developmental Disorders, 1* (pp. 453-472). Hoboken: Wiley.

Myklebust, H. (1971). Childhood aphasia: An evolving concept. In L. Travis (Ed.), *Handbook on Speech Pathology and Audiology* (pp. 1181-1202). Englewood Cliffs: Prentice Hall.

Raine, A. (1993). *The Psychopathology of Crime: Criminal Behavior as a Clinical Behavior*. San Diego: Academy Press.

Rutter, M. (1978). Diagnosis and definition of childhood autism. *Journal of Autism and Child Schizophrenia, 8*, 139-161.

Rutter, M. (1979). Protective factors in children's responses to stress and disadvantage. In M. W. Kent, & J. E. Rolf (Eds.), *Primary Prevention in Psychopathology: Social Competence in Children, 8* (pp. 49-74). Hanover, NH: University press of New England.

Sameroff, A. J., Gurman, L., & Peck, S. C. (2003). Adaptation among youth facing multiple risks: Prospective research findings. In S. S. Luthar (Ed.), *Resilience and Vulnerability: Adaptation in the Context of Childhood Adversities* (pp. 364-391). NY: Cambridge.

Semrud-Clikeman, M., Biederman, J., Sprich-Buckminster, S., Lehman, B. K., Faraone, S. V., & Norman, D. (2005). Comorbidity between ADDH and learning disability: A review and report in a clinical referred sample. *Journal of the American Academy of Child and Adolescent Psychiatry, 31,* 439-448.

Sergeant, J. (2000). The cognitive energetic model: An empirical approach to attention deficit hyperactivity disorder. *Neuroscience and Biobehavioral Reviews, 24,* 7-12.

Sonuga-Barke, E. J. S. (2003). The dual pathway model of ADHD: An elaboration of neuro-developmental characteristics. *Neuroscience and Biobehavioral Reviews, 27,* 593-604.

Sternberg, R. J., & Grigorenko, E. L. (2002). Difference scores in the identification of children with learning disabilities: It's tim to use a different method. *Journal of School Psychology, 40,* 39-46.

Szymanski, L., & King, B. H. (1999). Practice parameters for the assessment and treatment of children, adolescents and adults with mental disorders. American Academy of Child and Adolescent Psychiatry Working Group on Quality Issues. *Journal of the American Academy of Child and Adolescent Psychiatry, 38* (Suppl.), 5S-31S.

Terman, L. M. (1911). The Binet-Siman Scale for measuring intelligence: Impression gained by its application. *Psychological Clinics, 5,* 199-206.

van den Oord, E. J. C. G., Boomsma, D. I., & Verhulst, F. C. (1994). A study of problem behavior in 10-to 15-year-old biologically related and unrelated international adoptees. *Behavior Genetics, 24,* 193-205.

Vaughn, S., & Fuchs, L. S. (2003). Refining learning disabilities as inadequate response to instruction: The promise and potential problems. *Learning Disabilities Research & Practice, 18,* 137-146.

Zigler, E., & Hodapp, R. (1986). *Understanding Mental Retardation.* NY: Cambridge University Press.

제**5**장

조현병 스펙트럼 장애

김진영

학습 목표

1. 조현병 스펙트럼 장애의 역사적 배경을 이해하기 위해 Kraepelin의 조발성 치매, Bleuler 의 4A, Schneider의 일급 증상 등을 살펴본다.
2. 조현병 스펙트럼 장애의 현대적 개념을 이해하기 위해 『DSM-5』에 기초해 진단기준, 하 위유형 및 그 증상, 유병률, 예후 등을 살펴본다.
3. 조현병의 병인론을 유전자의 영향, 뇌 구조의 이상, 태내 및 출생 시의 이상, 신경전달물 질의 이상을 중심으로 하는 생물학적 접근과 정신역동적 이론, 가족 이론, 행동주의 이 론, 인지이론, 사회적 이론을 중심으로 하는 심리사회적 접근으로 나누어 살펴본다.
4. 조현병 스펙트럼 장애의 치료를 생화학적 치료와 심리사회적 치료로 나누어 살펴본다.
5. 조현병 스펙트럼 장애에 대한 개념적 이해를 돕기 위해 대표적인 사례를 살펴본다.

학습 개요

1800년대 초기 무렵부터 정신적 장애로 인식되기 시작한 조현병은 정신장애 중에서 가장 심각한 문제 증상들을 나타낸다고 할 수 있다. 일반적으로 조현병에서는 성격 전체가 와해되고 사고와 지각이 왜곡되며 정서가 둔화되는 등 현실검증력이 심각하게 손상된다.

이 장에서는 조현병을 중심으로 하여 조현병 스펙트럼 장애들(조현정동장애, 조현양상장애, 단기 정신병적 장애, 조현형 성격장애)[1]에 대해서 개관하고자 한다. 먼저 현재 사용되고 있는 조현병의 진단개념에 중요한 영향을 미친 역사적으로 중요한 이론들을 살펴본 후, 『DSM-5』에 기초하여 조현병 스펙트럼 장애들의 진단기준과 증상을 소개하였다. 아울러 생물학적 요인과 심리사회적 요인에 초점을 맞춘 이론들을 중심으로 조현병의 병인들을 살펴보았다.

조현병 환자를 효과적으로 치료하기 위해서는 증상 완화를 위해 약물을 제공하는 데서 그치는 것이 아니라 환자가 장애의 후유증에 대처할 수 있도록 돕고 사회 복귀를 위한 사회적 도움을 제공하는 등의 다각적인 접근이 요구된다. 이런 맥락에서 이 장에서는 조현병에 대한 현대의 생화학적 치료와 심리사회적 치료를 함께 제시하였다.

----

1) 조현형 성격장애는 조현병 스펙트럼에서 가장 심각도가 약한 장애로서 성격장애이기 때문에 이 장에서 다루는 대신에 제18장 성격장애에서 소개할 것이다.

　1800년대 초기 무렵부터 정신적 장애로 인식되기 시작한 조현병(schizophrenia; Gottesman, 1991)은 정신장애 중에서 가장 심각한 문제 증상을 나타낸다고 할 수 있다. 일반적으로 조현병에서는 성격 전체가 와해되고 사고와 지각이 왜곡되며 정서가 둔화되는 등 현실검증력이 심각하게 손상된다. 흔히 사람들이 미쳤다고 표현하는 상태가 바로 여기에 해당한다. 조현병은 10대 후반이나 초기 성인기에 발병하며 완치가 어렵고 쉽게 재발하는 등 만성적인 과정을 거치기 때문에 개인의 삶을 황폐하게 만드는 것은 물론이고 사회 전체에도 막대한 손실을 입히게 되는 장애이다. 살면서 누구나 한 번쯤은 경험해 볼 법한 우울이나 불안 증상과는 달리, 조현병은 발생 빈도가 그다지 높지 않다. 이런 점을 고려할 때, 조현병에 관해 상세히 살펴보기에 앞서 〈뷰티풀 마인드(A Beautiful Mind)〉라는 영화를 통해 널리 알려진 John Forbes Nash(1928~2015)의 사례를 검토하는 것이 조현병의 대략적인 특성을 개관하는 데 도움이 될 것이다.

　Nash는 프린스턴의 대학원생 시절에, 게임이론에 균형 개념을 접목시키면서 경제학 분야를 혁신시키는 공헌을 하였다. 이러한 공로로 그는 1994년 노벨 경제학상을 수상하였다. 하지만 상기한 영화 및 그 영화의 원작인 동명의 전기(Nasar, 1998)에 더욱 잘 소개되어 있듯이, 천재성과 사회적 명성에도 불구하고 Nash는 장밋빛과는 거리가 먼 삶을 살았다.

　Nash는 어려서부터 평범하지 않은 성격에 대인관계 기술도 없고 다른 사람과의 친밀한 교제도 거의 없는 괴짜로 유명하였다. MIT에서 교수로 재직 중이던 1958년부터 Nash는 괴짜의 범위를 넘어서는 수준의 기이한 행동을 보이기 시작하였다. 아내 Alicia와 단 둘이 있을 때면, 아내가 짐작조차 할 수 없는 내용(Nash는 막연히 '그것'이라고 표현)에 대해 이실직고하라면서 다그쳤으며 UN과 FBI 등에 세계 정복의 음모를 꾸민다고 항의하는 편지를 보냈다. 또한 외계에서 오는 힘이 『뉴욕타임스』를 통해서 자신에게 메시지를 보내고 있다고 공개적으로 얘기하기도 하였다. 이 무렵 컬럼비아대학과 예일대학에서 행해진 그의 특강은 완전히 횡설수설로 가득 채워졌다(Nolen-Hoeksema, 2007). 이렇게 Nash의 행동이 걷잡을 수 없을 만큼 기이해지자, Alicia는 그를 사립 정신병원에 입원시켰다. 그때 Nash가 받은 진단은 편집형 조현병이었다.

　50여 일간의 입원 동안 약물치료와 정신분석치료를 받으면서 Nash의 증상은 다소 완화되는 듯이 보였다. 그러나 사실은 그가 망상과 환각 등의 증상을 감추고 멀쩡해 보이게 행동하는 법을 익힌 것에 불과했다. 퇴원 직후 Nash는 MIT가 자신을 입원시키는 데 공모했다고 분개하면서 MIT 교수직을 사임해 버렸다.

　그 후 Nash는 미국에 다시는 돌아오지 않겠다면서 유럽으로 건너갔다. 하지만 당시 그는 여전히 조현병의 급성증상으로 고통받고 있는 상태였기 때문에, 제네바와 파리에서 강제 출국당하여 2년 만에 프린스턴으로 돌아올 수밖에 없었다. 귀국 후에도 그는 러시아 농부 옷을 입고 무표정한 얼굴에 멍한 시선으로 거리를 배회하고 맨발인 채로 식당에 들어가곤 하였다. 또 그는 세계정부를 세우는 데 자신이 깊게 개입되어 있다고 큰소리쳤으며 친구들에게 전화를 걸고 편지를 써서 수비학과 세계 평화에 대한 이야기를 끊임없이 늘어놓았다.

결국 Alicia는 주변의 권고에 따라 Nash를 재입원시키는데, 지난 번 입원했던 사립병원에 비해 이번 주립병원은 시설을 포함하여 여러 면에서 더 열악하였다. 예컨대, 이 병원에서는 단 6명의 정신과 의사가 600명의 환자를 담당했으며 환자에게는 효율적인 관리를 위해서 일련번호가 할당될 정도였다. 인슐린 충격요법(지금은 쓰이지 않지만 당시에는 합법적이었음)으로 치료받은 Nash는 6주 후 상당히 호전되었다는 평가를 받고 다른 병동으로 옮겨졌으며, 거기서 유동역학에 대한 논문을 쓰기 시작했다. 퇴원한 후 한동안은 잘 지내는 듯이 보였으나, 시간이 흐르자 Nash의 말과 행동은 다시 이상해지기 시작했고 결국은 어머니의 보살핌 속에서 살아가야 할 정도로 악화되었다.

1970년에 어머니가 사망한 후, 다시 프린스턴으로 돌아온 Nash는 이미 1963년에 이혼했던 Alicia의 집으로 들어가게 되었다. 이 무렵부터 Nash는 다시 세상 속으로 발을 들여놓는 듯 보였다. 1970년대 이후 아무런 치료를 받지 않았는데도(Duncan, 2002) Nash의 증상은 점차 아주 서서히 경감되었다. 2001년 Nash는 Alicia와 재혼하였고 프린스턴에서 수학적 이론을 연구하며 지내다가 2015년 5월에 사망하였다. Alicia와의 사이에 둔 아들 역시 편집형 조현병이 있음에도 수학 박사학위를 취득했다.

1. 조현병

1) 역사적 배경

현재 조현병이라고 불리는 장애에 대한 묘사와 그에 대한 개념적 이해는 고대로부터 현재에 이르기까지 거의 모든 문화권에서 찾아볼 수 있다. 그중에서 현재 사용되고 있는 조현병의 진단 개념에 중요한 영향을 미친 역사적으로 중요한 이론은 다음과 같다.

(1) Emil Kraepelin의 조발성 치매

1865년 벨기에의 정신과 의사인 Morel(1809~1873)은 조현병의 증상을 보이는 14세 소년에게 '조발성 치매(démence precoce)'라는 진단을 내렸다(Comer, 2004). 1893년 현대 정신의학의 아버지라 불리는 Kraepelin(1856~1926)은 이 진단명을 라틴어인 '조발성 치매(dementia praecox)'로 번안하였는데, 이 장애가 두뇌의 조숙한 퇴화에서 비롯되며 회복 불가능하고 만성적인 진행과정을 밝는다고 믿었기 때문이다. 조현병과 관련된 그의 업적은 조현병을 가장 포괄적이면서도 정확하게 기술했다는 점이다(Nolen-Hoeksema, 2007). 하지만 그의 이론에는 조현병의 신경학적 변인과 종적인 변화를 지나치게 강조하고 진단의 범위를 너무 협소하게 만들었다는 한계점도 존재한다(Andreasen & Carpenter, 1993).

(2) Eugen Bleuler의 조현병

Bleuler(1857~1939)는 Kraepelin에 비해 더 폭넓은 진단 개념을 제시하고 조현병의 영어명인 'schizophrenia'라는 용어를 처음 사용하는 등 조현병 연구에 큰 공헌을 한 스위스의 정신과 의사다. 'Schizophrenia'는 그리스어 'schizen(찢다)'과 'phren(정신)'의 합성어로서 글자 그대로 '정신의 분열'을 의미한다.[2] 여기에서 정신의 분열은 첫째, 사고과정의 단편화, 둘째, 사고와 감정의 분열, 셋째, 현실에서의 철수를 뜻한다(Bleuler, 1950). 따라서 조현병은 정신적 연상, 사고 및 정서처럼 본래는 통합되어 있는 심리적 기능이 분열된 것을 뜻하는 것으로, 해리성 정체감 장애에서처럼 성격 차원에서의 분열이 일어나는 것과는 다르다. 또 Bleuler는 '4A'로 불리는 네 가지 근본 증상(fundamental symptom), 즉 감정의 둔마(affective blunting), 기괴하고 왜곡된 사고(autism), 무욕증(avolition), 양가감정(ambivalence)을 중요시했다.

(3) Kurt Schneider의 일급 증상

Schneider(1887~1967)는 조현병 특유의 증상을 밝히고자 노력했으며, 그의 진단적 개념은 차후 진단체계에 많은 영향을 주었다. 그가 제안한 조현병의 일급 증상(first rank symptoms)은 현저한 병적 증상으로 기태적(bizarre)이라고 언급되기도 한다(〈표 5-1〉 참조). 하지만 그의 제안과는 달리, 일급 증상은 조현병에서만 나타나는 것이 아니라 다른 정신병적 장애에서도 나타날 수 있다(Wing & Nixon, 1975).

---

2) 한국에서는 2011년에 '정신분열병'이라는 명칭이 사회적으로 부정적인 인상과 편견을 야기한다는 주장에 입각하여 '조현병'으로 변경되었고 관련 정신 장애들도 그에 따라 명칭이 변경되었다(예: 정신분열형장애 → 조현양상장애)

| 표 5-1 | Schneider의 일급 증상 |

(1) 자신의 생각을 크게 말하는 환각적 음성
(2) 자신에 관해 타인이 말하거나 다투는 내용의 환각적 음성
(3) 자신의 현재 행위를 계속 기술하는 내용의 환각적 음성
(4) 망상적 지각(delusional perception): 정상적인 지각 체험들을 망상적으로 해석하는 것
(5) 신체적 수동성(somatic passivity): 자신의 신체 감각이 외부에서 주어진다고 믿는 것
(6) 사고의 주입(thought insertion)
(7) 사고의 철수(thought withdrawal)
(8) 사고의 전파(thought broadcasting)
(9) 자신의 정서가 외부의 힘에 의해 조종받는다고 믿는 것
(10) 자신의 충동과 운동성 활동이 외부의 힘에 의해 조종받는다고 믿는 것

출처: Schneider (1959).

2) 핵심 특징

정신병적 장애의 증상은 크게 양성 증상과 음성 증상으로 나눌 수 있다. 이러한 구분은 증상의 유형에 따라 효과적인 치료적 처치가 달라질 수 있기 때문에 중요하다. 양성 증상은 제1유형으로, 음성 증상은 제2유형으로 불리기도 한다(Crow, 1995).

(1) 양성 증상

양성 증상(positive symptom; type I symptom)에서 양성이라 함은 이상한 지각이나 사고, 행동이 두드러지게 나타난다는 점을 의미한다. 음성 증상보다 양성 증상이 현저한 경우 뇌의 구조가 정상적이고 치료에 대한 반응도 양호한 것으로 알려져 있다. 양성 증상은 연령의 증가와 더불어 감소하는 것으로 알려져 있다.

① 망상

망상(delusion)이란 지각이나 경험에 대한 잘못된 해석을 포함하는 잘못된 믿음(erroneous belief)이다. 망상의 내용은 사회문화적 영향을 받는 경향이 있다. 망상 내용 중 가장 흔한 것은 피해망상으로 과대망상과 동반되는 경우도 많다. 예를 들어, 자기가 인류를 구원하기 위해 탄생한 구세주이기 때문에 전 세계에 걸친 국가정보기관에서 자기를 납치하기 위한 경쟁을 벌이고 있다고 믿는 것이다. 자기 관련 망상도 흔

한데, 일례로 어떤 환자는 TV에 나오는 뉴스 앵커의 넥타이 색깔이 자신에게 어떤 특별한 메시지를 보내는 것이라고 믿기도 한다. 비현실적이고 실행 불가능한 기이한 망상은 조현병의 명백한 징후라고 할 수 있다. 예컨대, 외계인이 상처 하나 없이 환자 자신의 내장을 제거하고 다른 사람의 내장으로 바꿔 놓았다고 믿는 것이다.

② 환각

환각(hallucination)은 비현실적인 지각이나 감각 경험을 일컫는다. 예컨대, 존재하지 않는 것을 보고 듣고 느끼는 것이다. 가장 흔한 환각의 종류는 환청(auditory hallucination)으로, 하나 혹은 그 이상의 목소리, 음악 등 실재하지 않는 소리를 듣는 것이다. 환청은 남성보다 여성에게서 더 흔하게 나타난다. 편집형의 경우 망상과 관련된 내용의 환청을 경험하는 것이 보통이다. 다음으로 흔한 것은 환시(visual hallucination)로서 현재하지 않는 시각적 자극을 보는 것이다. 환촉(tactile hallucination)은 신체 표면(피부)상의 이상 지각이고, 신체적 환각(somatic hallucination)은 신체 내부의 이상 지각이다. 예를 들어, 벌레들이 온몸을 스멀스멀 기어 다니는 느낌 때문에 고통받는다면 환촉에 해당되고, 내장을 벌레들이 갉아먹고 있다고 느낀다면 신체적 환각에 해당된다.

③ 와해된 언어

와해된 언어(disorganized speech)는 연상의 이완(loosening of association)이 일어나서 말이 논리적으로 조직화되지 못하는 상태이다. 타인이 보기에는 이야기의 흐름과 아무 상관없는 주제로 건너뛰기 때문에 횡설수설하는 것으로 보인다. 연상의 이완이 극심해지면 언어의 사용이 지리멸렬(incoherence)해지는데, 이를 말비빔(word salad)이라고 한다.

조현병에서 나타나는 와해된 언어는 인지기능 및 주의력의 문제와 깊은 관련이 있다(Barch, 2005). 예컨대, 작업기억에서의 결손으로 인해 부적절한 정보를 억제하는 능력이 손상되는 동시에 적절한 정보에 주의를 집중하는 능력이 손상된 관계로 부적절한 언어 표현을 하게 된다는 것이다.

④ 극도로 와해된 행동 또는 긴장성 행동

극도로 와해된 행동(disorganized behavior)은 전혀 예측 불가능하고 기태적인 행동들을 말한다. 갑자기 소리를 지르거나 욕을 해대기도 하고 공공장소에서 성적인 행동을 하기도 한다. 위생관리가 제대로 이루어지지 않고 날씨에 맞추어 옷을 제대로 갖추어 입지도 못하는 등 일상생활에 필요한 행동 영역에서도 문제가 나타난다. 긴장성 행동(catatonic behavior)은 외부세계에 대한 반응이 전혀 없거나 극도의 흥분 상태가 지속되는 이상행동을 일컫는다.

(2) 음성 증상

음성 증상(negative symptoms; type II symptoms)에서 음성이라 함은 언어, 행동, 정서 등에서 나타나는 기능상의 결손 및 상실을 가리킨다. 양성 증상에 비해 음성 증상이 두드러지는 환자의 경우, CT 촬영 결과에서 뇌의 구조적 변화가 나타나고 치료에 대한 반응도가 낮은 것으로 알려져 있다(Crow, 1995). 음성 증상은 조현병의 초기 증상을 보이는 젊은 환자 중 약 30%에서 나타나며 연령의 증가와 더불어 비율이 더 높아지는 것으로 알려져 있다.

① 감퇴된 정서 표현

감퇴된 정서 표현(diminished emotional expression)은 외부 환경에 대한 정서적 반응이 심하게 감소하거나 심지어는 전혀 없는 상태를 말한다. 예를 들어, 가족 중 누군가가 사망했다는 소식을 듣고도 아무런 감정 변화를 보이지 않는 것이 여기에 해당된다.

② 무의욕증

무의욕증(avolition)은 가정, 직장, 학교 등에서 요구되는 일상적이고 목표 지향적인 활동을 수행하지 못하는 것이다.

③ 무언증

무언증(alogia)은 말수가 감소하는 것이다. 자발적인 언어 표현을 거의 하지 않으며 질문에 대답한다고 해도 짧고 공허한 대답에 그치는 경우가 많다. 말하고자 하는 의욕이 없어서일 수도 있고 실제로 사고 내용이 줄어들어서일 수도 있다.

④ 무쾌감증

무쾌감증(anhedonia)은 긍정 자극에 대한 즐거움 경험 능력의 감소 혹은 종전에 경험한 즐거움의 회상 저하이다.

⑤ 무사회증

무사회증(asociality)은 사회적 상호작용에 대한 흥미의 뚜렷한 결여를 지칭하고, 무의욕증과 연관되기도 하나 사회적 상호작용에 대한 제한된 기회의 증후일 수도 있다(APA, 2013).

3) 조현병의 진단기준

그동안 Kraepelin의 견해는 유럽에서, Bleuler의 견해는 미국에서 더 보편적으로 받아들여져 왔다. 〈표 5-2〉는 『DSM-5』(APA, 2013)에 제시된 조현병의 진단기준이다.

표 5-2 조현병의 DSM-5 진단기준

A. 다음 증상 중 둘(혹은 그 이상)이 1개월의 기간(성공적으로 치료가 되면 그 이하) 동안의 상당 부분의 시간에 존재하고, 이들 중 최소한 하나는 (1) 내지 (2) 혹은 (3)이어야 한다.
  (1) 망상
  (2) 환각
  (3) 와해된 언어(예: 빈번한 탈선 또는 지리멸렬)
  (4) 극도로 와해된 또는 긴장성 행동
  (5) 음성장애(예: 감퇴된 감정 표현 혹은 무의욕증)

B. 장애의 발병 이래 상당 부분의 시간 동안 일, 대인관계 혹은 자기관리 같은 주요 영역의 한 가지 이상에서 기능 수준이 발병 전 성취된 수준 이하로 현저하게 저하된다(혹은 아동기 또는 청소년기에 발병하는 경우, 기대 수준의 대인 관계적·학문적·직업적 기능을 성취하지 못함).

C. 장애의 지속적 징후가 최소 6개월 동안 계속된다. 이러한 6개월의 기간은 진단기준 A에 해당하는 증상(예: 활성기 증상)이 있는 최소 1개월(성공적으로 치료되면 그 이하)을 포함해야 하고, 전구 증상이나 잔류 증상의 기간을 포함할 수 있다. 이러한 전구기나 잔류기 동안 장애의 징후는 단지 음성 증상으로 나타나거나, 진단 기준 A에 열거된 증상의 두 가지 이상이 약화된 형태(예: 이상한 믿음, 흔치 않은 지각 경험)로 나타날 수 있다.

D. 조현정동장애와 정신병적 양상을 동반한 우울 또는 양극성 장애는 배제된다. 왜냐하면 1) 주요 우울 또는 조증 삽화가 활성기 증상과 동시에 일어나지 않기 때문이거나 2) 기분 삽화가 활성기 증상 동안 일어난다고 해도 병의 활성기 및 잔류기 전체 지속 기간의 일부에만 존재하기 때문이다.

E. 장애가 물질(예: 남용약물, 치료약물)의 생리적 효과나 다른 의학적 상태로 인한 것이 아니다.

F. 자폐스펙트럼장애나 아동기 발병 의사소통장애의 병력이 있는 경우, 조현병의 추가 진단은 조현병의 다른 필요 증상에 더하여 뚜렷한 망상이나 환각이 최소 1개월(성공적으로 치료되면 그 이하) 동안 있을 때에만 내려진다.

다음의 경우 명시할 것.
　　다음의 경과 명시자들은 장애 지속 기간이 1년이 지난 후에, 그리고 진단적 경과 기준에 반대되지 않을 경우에만 사용되는 것이다.
　　첫 삽화, 현재 급성 삽화 상태: 정의된 진단적 증상과 시간 기준에 합당한 장애의 첫 발현. 급성 삽화란 증상 기준이 충족되는 시간적 기간을 일컫는다.
　　첫 삽화, 현재 부분 관해 상태: 부분 관해란 앞 삽화 이후 호전이 유지되고 정의된 장애 기준이 부분적으로만 충족되는 시간적 기간을 일컫는다.
　　첫 삽화, 현재 완전 관해 상태: 완전 관해란 앞 삽화 이후 더 이상 장애 특이적 증상이 존재하지 않는 시간적 기간을 일컫는다.
　　다중 삽화, 현재 급성 삽화 상태: 다중 삽화는 최소 2회의 삽화(예: 첫 삽화 이후 관해와 최소 1회의 재발) 이후에 결정될 수 있다.
　　다중 삽화, 현재 부분 관해 상태
　　다중 삽화, 현재 완전 관해 상태
　　지속적인 상태: 장애의 진단적 증상 기준을 충족하는 증상들이 질병 경과의 대부분에서 그대로 남아 있고, 역치 아래의 증상 기간은 전체 경과에 비해 매우 짧다.
　　명시되지 않는 경우
다음의 경우 명시할 것
　　긴장증 동반
　　부호화 시 주의점: 동반한 긴장증의 존재를 지정하기 위해서는 조현병과 연관된 긴장증을 위한 추가적 부호 293.89(F06.1)를 사용하시오.
현재의 심각도를 명시할 것
　　심각도는 망상, 환각, 와해된 언어, 비정상적 정신운동 행동, 음성 증상 등과 같은 정신병의 일차 증상에 대한 양적 평가를 통해 등급화된다. 이러한 증상 각각은 현재 심각도(지난 7일 중 가장 심한)에 대하여 0(증상 없음)부터 4(고도의 증상이 있음)까지의 5점 척도를 이용해 등급화될 수 있다('평가 도구' 장의 정신병 증상 심각도에 대한 임상의 평정 차원을 참조하시오).
　　주의점: 조현양상장애의 조현병 진단은 이러한 심각도 명시자의 사용 없이 내려질 수 있다.

출처: American Psychiatric Association (2013).

4) 유병률

한 연구(Jablensky, 2000)에 따르면, 전 세계적으로 전체 인구 중 대략 0.5~2%가 조현병[3]을 겪고 있다고 한다. 남녀 간의 유병률 차이는 연구에 따라 다르게 나타나고 있으며 성차가 없다고 보기도 하나, 남성에게서 더 흔하게 발병한다는 견해도 있다 (Goldstein et al., 2002). 우리나라의 경우, 보건복지부의 2016년 정신질환실태 역학조사 자료에 따르면, 조현병 스펙트럼 장애의 평생유병률(평생에 1회 이상 해당 장애가 발병하는 비율)은 전체 0.5%(남성 0.5%, 여성 0.4%)로 조현병 스펙트럼 장애에 이환된 인구는 약 6만 3천 명으로 추산된다. 이는 다른 나라에 비하면 적은 수치이지만, 사회적 편견 때문에 조현병을 공개적으로 밝히지 않는다는 점과 장애와 연관된 인지기능의 장애나 무의욕증 등으로 인해 조사에 적절하게 응답하지 못하는 경우가 많다는 점 등을 고려할 때, 과소추정되었을 가능성을 배제할 수 없다.

5) 병식

조현병 환자의 병식은 병의 진행 단계에 따라 달라진다. 대개 급성기에는 병식이 없어 자기의 생각이나 느낌과 경험이 병적이라고 여기지 않는다. 그러나 발병 초기에는 자기가 이상하다고 어렴풋하게 지각할 수도 있고 증상이 완화된 후에라야 병식이 생기기도 한다. 이러한 병식은 정신병후 우울증(postpsychotic depression)을 유발하기도 한다. 정신병후 우울증은 정신병적 삽화 이후에 장애 때문에 입은 손실이나 증상 자체로 인한 고통 등으로 인해 우울증을 경험하는 것이다.

6) 예후

조현병은 대부분 10대 후반에서 30대 중반 사이에 발병한다. 소아기나 노년기에 발병하는 경우도 있지만 16세 이전 또는 50세 이후의 발병은 흔하지 않다(Lindenmayer & Khan, 2006). 미국의 경우 조현병으로 입원한 사람 중 50~80%가 재입원을 하는 것

----

3) 여기에는 조현병을 비롯하여 조현양상장애, 조현정동장애, 망상장애, 단기 정신병적 장애가 포함된다.

으로 조사될 정도로 조현병은 만성적인 장애이다. 우리나라에서도 조현병이 초발한 환자가 퇴원 후 5년 동안 재입원하는 비율이 73%에 이른다는 보고가 있다(김창윤, 홍진표, 최욱, 홍택유, 한오수, 1997).

그러나 한편으로는 나이가 들수록 정신병 삽화의 기간과 재입원의 횟수가 줄어드는 경향이 있다. 조현병으로 인한 퇴화는 병의 초기 단계, 특히 최초 발병 후 5~10년 동안에 가장 심하지만 연령의 증가와 더불어 조현병의 증상이 완화되고 기능이 향상되는 경향이 있다. 이것은 그간 시행착오를 거쳐 가장 잘 맞는 처치약물을 발견한 것일 수도 있고 가족의 대처능력의 향상으로 시기적절한 치료를 받게 된 것일 수도 있다. 또한 뇌 내 도파민의 수준이 자연스럽게 감소한 결과일 수도 있다.

교차문화적인 연구들에 따르면, 사회문화적 요인도 조현병의 예후에 영향을 미친다. 예컨대, 선진국보다는 개발도상국에서 예후가 양호한데, 이는 더욱 광범위하고 친밀한 가족관계와 일부 관련 있는 것으로 해석된다.

성별 또한 조현병의 예후에 영향을 미친다(Goldstein et al., 2002). 여성의 경우 남성보다 더 양호한 정도의 병전 적응을 나타내고 더 늦은 시기(남성: 10~20대, 여성: 20~30대 초반)에 발병하며 음성 증상과 와해가 덜 빈번하고, 정신병적 증상이 있지만 정동과 사회기능이 보존되는 경향이 있다(Perkins, Miller-Anderson, & Lieberman, 2006). 예후와 관련된 대표적인 예측 요인은 〈표 5-3〉과 같다.

표 5-3 조현병의 예후와 관련된 예측 요인

나쁜 예후	좋은 예후
빈약한 병전 사회적 기능 및 학업기능 잠행성 발병 이른 발병 현저한 음성 증상 더 심한 인지적 손상 남성 알코올이나 다른 약물의 활발한 복용 경과 중 초기의 잦은 재발	최초 삽화의 지속 기간이 짧음 충분한 사회적 지지 심한 생활스트레스의 부재 첫 발병 시 항정신병 약물치료 경력

출처: Perkins, Miller-Anderson, & Lieberman (2006).

7) 조현병의 병인론

조현병에 대한 취약성이 생물학적으로 결정된다는 증거가 갈수록 축적되고 있으며, 조현병의 발병에서 유전적 요인의 역할이 강조되고 있다. 그럼에도 심리사회적 요인이 조현병에 취약성을 지닌 사람들의 실제 발병 여부 및 증상의 심각도, 경과(예컨대, 재발 여부)에 중요한 영향을 미친다는 견해 또한 설득력 있게 받아들여지고 있다. 즉, Zubin과 Spring(1977)이 스트레스 취약성 상호작용 모델(stress vulnerability interaction model)에서 제시했듯이, 선천적인 소인(disposition)이 후천적인 환경적 요소인 스트레스와 상호작용하여 조현병이 발병한다는 견해가 타당하게 여겨지고 있다. 여기에서는 생물학적 요인과 심리사회적 요인에 초점을 맞춘 이론들을 중심으로 조현병의 병인을 살펴보도록 하겠다.

(1) 생물학적 접근

① 유전적 이론

아직까지 조현병을 유발하는 단일 유전자가 발견되지는 않았지만, 다음의 세 가지 연구 분야는 조현병의 소인이 유전적으로 전이된다는 것을 잘 보여 준다.

- 가족 연구: 가족 연구에서는 조현병의 위험률과 유전적 관련성을 조사함으로써 유전적 요인이 조현병의 발병에 미치는 영향을 밝히고자 한다. 대표적인 연구로는 40개가 넘는 관련 연구를 메타분석한 Gottesman(1991)의 연구가 있다. 조현병에 걸릴 위험률은 조현병에 걸린 사람과의 유전적 관련성이 커질수록 증가한다(〈표 5-4〉 참조).
- 쌍생아 연구: 쌍생아 연구는 쌍생아의 발병일치율을 조사함으로써 유전적 요인의 역할을 규명한다. 일란성 쌍생아(monozygotic/identical twins)의 발병 일치율이 높을수록 조현병의 발병에서 차지하는 유전적 요인의 역할이 결정적으로 중요해진다. 이란성 쌍생아(dizygotic/fraternal twins)의 조현병 발병일치율은 17%에 불과한 반면 일란성 쌍생아의 발병일치율은 48%에 달한다(〈표 5-4〉 참조). 유전적 요인의 영향은 조현병의 심각도에 따라 달라지는 것으로 보인다(Gottesman &

Shields, 1982). 심각한 증상을 동반하는 경우 일란성 쌍생아의 발병일치율은 75~91%에 이르는 반면 경미한 증상을 동반하는 경우에는 발병일치율이 17~33%에 불과하다.

표 5-4 유전적 관련성과 조현병 발병의 위험률

관계	유전적 관련성(%)	발병의 위험률(%)
일란성 쌍생아	100	48
부모가 모두 조현병인 아동	50	46
이란성 쌍생아	50	17
한쪽 부모가 조현병인 아동	50	13
형제자매	50	9
조카	25	4
배우자	0	2
무관계	0	1

출처: Gottersman (1991).

- 입양 연구: 입양 연구 또한 유전적 요인의 역할을 지지한다. 조현병에 걸린 어머니로부터 분리되어 다른 가정에서 자라난 입양아를 대상으로 수행된 한 고전적 연구(Heston, 1966)에서는 이러한 입양아의 발병률(17%)이 한쪽 부모가 조현병에 걸린 아동의 경우(평균 발병률 13%)보다 더 높은 것으로 나타났다. 또한 조현병에 걸린 입양아의 생물학적 친인척과 입양 가정의 친인척 발병률을 비교한 연구들(예: Kety et al., 1994)은 생물학적 친인척이 조현병 진단을 받을 확률이 10배나 높다고 보고하고 있다.

이렇듯 조현병에서 유전적 요인의 역할이 자명해 보이지만, 앞서 언급했듯이 아직까지 조현병을 유발하는 단일 유전인자가 구체적으로 밝혀진 것은 아니다. 또한 일란성 쌍생아의 발병일치율이 100%가 아니라는 점은 유전적 요인 이외의 다른 요인의 개입 가능성을 강력히 시사한다. 즉, 기타 생물학적 요인과 환경적 요인 역시 조현병의 발병 여부 및 양상, 예후 등에 영향을 미친다는 것이다. 일례로 일란성 쌍생아로 모든 유전인자가 동일하고 같은 부모 밑에서 자라난 4명의 자매가 모두 조현병에 걸렸지만 구체적 증상 및 발병 시기, 경과, 결과가 모두 제각각인 사례가 보고된 적도 있다(Mirsky et al., 2000).

② 뇌 구조의 이상

MRI, PET, CAT 등 뇌촬영술의 발전 덕분에 조현병 환자의 뇌 구조 및 기능상의 이상이 좀 더 상세하게 밝혀지고 있다. 네덜란드의 한 대규모 메타 연구(Haijima, Van Haren, Cahn, Koolschijn, Poll, & Kahn, 2013)에서는 1998년부터 2012년에 걸쳐 이루어진 317개의 연구를 대상으로 조현병 환자의 뇌 부피를 조사하였다. 약물치료 중인 조현병 환자(8,327명)의 경우 두개내 뇌의 부피와 전체 뇌의 부피가 각각 2.0%와 2.6%로 유의하게 감소하였으며, 특히 회백질의 부피가 가장 많이 감소한 것으로 나타났다. 약물치료를 받은 적이 없는 조현병 환자(771명)의 경우에는 미상핵과 시상의 부피 감소가 약물치료 중인 환자보다 더 현저하게 나타났다. 백질의 감소는 양쪽 집단에서 비슷했던 반면 회백질의 손실은 약물치료를 받은 적이 없는 환자에게서 더 적었다. 회백질의 감소는 질병의 기간이 길수록, 항정신병 약물의 복용량이 많을수록 더 많이 나타났다. 또한 상당수의 연구가 전두엽 피질, 측두엽, 기저핵, 변연계 등의 부피 및 신경밀도, 대사율에서의 비정상성을 보고했다(Andreasen, 2001; Barch, 2005; Suhara et al., 2002). 특히 여러 연구에서 가장 빈번하게 보고되는 이상은 전전두엽 피질의 축소, 뇌실의 확장 및 그 주변부 조직의 위축, 전전두엽 피질과 편도체, 해마 간의 비정상적인 연결이다. 전전두엽 피질은 언어 및 정서 표현은 물론이고 문제해결 및 계획과 같은 고차적 인지기능과 관련 있으며 변연계(정서와 인지 담당), 기저핵(움직임 담당), 다른 피질 영역과도 밀접하게 연결되어 있다. 따라서 이 영역의 이상이 조현병에서 보이는 여러 증상을 야기할 가능성이 있다. 이러한 뇌 구조의 이상은 장애 초기부터도 나타나며 양성 증상이 현저한 사례보다 음성 증상이 현저한 사례에서 더 흔히 발견된다(Fitzgerald et al., 2004).

③ 태내 및 출생 시의 이상

임신 중기의 인플루엔자 감염이 차후 조현병을 유발할 수 있다는 역학 연구 결과가 있다(Mednick et al., 1998). 임신 중기는 중추신경계가 발달하는 시기로서 이 시기의 인플루엔자 감염으로 인한 뇌 발달의 이상이 조현병의 발병과 관련 있는 것으로 추측된다. 겨울에 태어난 조현병 환자의 비율이 예외적으로 높다는 연구 결과도 간접적인 증거가 된다(Torrey, 1991; 2001). 조현병의 발병과 유의한 상관이 있는 출생 시의 문제 중 대표적인 것은 저산소증(perinatal hypoxia)으로서 조현병 환자집단에서 많게는 30%에서 발견된다(Cannon, Rosso, Bearden, Sanchez, & Hadley, 1999).

④ 신경전달물질

과거 조현병과 관련된 가장 대표적인 신경전달물질로 언급되어 온 것은 도파민(dopamine)이다. 즉, 대뇌 특히 전두엽 및 변연계의 과도한 도파민 수준이 조현병 증상을 야기한다는 것이다. 이 가설에 따르면, 도파민의 수준을 감소시키는 약물치료를 통해 조현병 환자를 성공적으로 치료하는 것이 가능하다. 그러나 그러한 약물에 반응하지 않는 사례가 있으며 음성 증상의 감소에는 별 효과가 없다는 사실 때문에 단순 도식화된 도파민 가설에 대한 의문이 제기되었고, 더 복잡한 도파민 가설이 제안되었다. 즉, 일부 뇌 영역(예: 중변연계 경로)에서는 과다한 도파민 수준이, 그리고 다른 일부 뇌 영역(예: 전전두엽)에서는 과소한 도파민 수준이 조현병의 증상을 야기한다는 것이다(Conklin & Iacono, 2000).

이 외에도 중변연계(mesolimbic system)의 도파민 뉴런을 조절하는 세로토닌의 이상과 글루타메이트와 GABA의 이상이 조현병과 상관을 보이는 것으로 알려져 있다. 글루타메이트와 GABA는 대뇌에 만연한 신경전달물질인 관계로 그 대사의 이상은 여러 가지 인지적 · 정서적 증상을 초래할 수 있다.

(2) 심리사회적 접근

① 초기 정신역동적 이론

정신역동적 이론에서는 초기 아동기에 일차적 양육자와 심각한 수준의 부정적인 경험을 할 경우 조현병이 유발될 수 있다고 본다. Freud는 어머니가 지나치게 엄격하고 사랑을 주지 않으면, 아동이 유아기 수준의 기능으로 퇴행하고 결국 자아는 현실과 비현실을 구분하는 능력을 상실해 정신병이 발생한다고 보았다. Fromm-Reichmann과 Arieti가 제안한 개념인 '조현병 유발성 어머니(schizophrenogenic mother)'는 과잉보호적이면서 동시에 거부적인 양육 태도를 보이는 어머니로서 자녀에게 조현병을 유발할 수 있다. 그러나 이러한 초기의 정신역동적인 설명은 경험적 증거를 충분히 확보하지 못하였다.

② 가족 이론

가족 이론에서는 가족 내 의사소통 패턴이 역기능적일 때 가족생활이 스트레스를 증가시키고 조현병의 유발 및 재발에 기여한다고 본다. 예를 들면, Bateson과 동료들(1956)은 '이중구속(double bind)'이라는 개념을 소개하였다. 이중구속은 부모(특히 어머니)가 아동에게 서로 상반되는 이중적인 메시지를 동시에 전달함으로써 아동을 혼란에 빠지게 하고 결국에는 자신과 외부 환경에 대한 왜곡된 시각을 형성하게 만드는 것이다. 이중구속의 예로는 아동이 잘못을 저질렀을 때 어머니가 말로는 괜찮다고 하면서 실제 얼굴 표정과 손길에는 분노감을 역력히 드러내는 경우를 들 수 있다.

이중구속이 조현병을 직접 유발하는지에 대한 경험적 증거는 불충분하지만, 조현병 환자의 가족이 일탈적 의사소통(communication deviance)을 한다는 점은 반복적으로 관찰되었다(Singer & Wynne, 1965). 이러한 의사소통 패턴의 문제는 유전적 소인과 상호작용하는 것으로 생각된다. 다시 말해서, 이러한 문제가 조현병 가족력이 없는 아동에게는 별 영향을 미치지 않지만 유전적 소인이 있는 아동에게는 발병의 위험률을 높일 수 있다(Gottesman, 1991).

조현병 가족의 역기능적 의사소통 스타일과 관련해서 가장 많이 연구된 주제는 감정의 과다 표현(expressed emotion)이다. 감정을 과다하게 표현하는 가족은 가족구성원 간 개입이 지나치고 과잉보호적이며 문제가 있는 구성원을 위한 자기희생을 생색내는 동시에 비판적이고 적대적이며 원망하는 태도를 노골적으로 드러낸다(Brown, Birley, & Wing, 1972). 감정을 과다하게 표현하는 가족에게서는 조현병 환자의 재발률이 높게 나타나는 동시에, 그러한 가정을 대상으로 지나친 감정 표현을 자제시키는 치료적 개입을 시행할 경우 재발률을 낮추는 것으로 보고되고 있다.

③ 행동주의 이론

행동주의 이론은 조현병의 증상이 조작적 조건화에 의해서 형성된다고 본다. 적절한 사회적 자극이 무엇이고 그러한 자극에 어떻게 반응해야 하는지를 올바르게 학습하지 못한 대신에 오히려 부적절한 반응이 강화받은 결과 조현병이 생긴다는 견해다. 이는 널리 받아들여지거나 연구된 견해는 아니지만, 그 바탕이 되는 학습 원리는 조현병 환자가 일상생활에 필요한 기술을 비롯해서 사회적 적응기술을 익히는 것을 돕는 재활치료에서 널리 활용되고 있다(Belcher, 1988).

④ 인지이론

인지이론에서는 조현병의 많은 증상이 지각 및 주의 문제를 다루고 이해하기 위한 시도에서 비롯된다고 해석한다. 조현병의 신경학적 이상이 주의, 억제, 의사소통 규칙의 준수 등에 근본적인 어려움을 야기하고, 결과적으로 제한된 인지적 자원을 가지고 수많은 외부 자극이나 내적인 경험을 이해하기 위해서 편향된 도식을 사용하는 것이 증상의 발현으로 이어진다는 것이다(Beck & Rector, 2005). 실제로 조현병 환자가 기억력, 언어능력, 실행기능, 주의력 등 다양한 인지기능에서 전반적인 손상을 보인다는 사실이 많은 연구에서 밝혀져 왔다(Fioravanti, Bianchi, & Cinti, 2012).

⑤ 사회적 이론

조현병 환자는 상대적으로 빈곤한 환경에서 살고 지위가 낮은 직업을 가지거나 실업 상태로 지내는 경향이 있다. 경제적 빈곤과 조현병의 관계에 대해서 닭이 먼저냐 달걀이 먼저냐는 식의 논쟁이 있어 왔으며, 사실 경제적 빈곤은 조현병의 발병에 기여하는 한편 결과물이기도 하다. 사회적 선택(social selection)이란 개념은 양자의 관계에서 조현병의 발병이 선행한다고 보는 견해에 바탕을 두고 있다. 즉, 조현병에 걸리면 직장생활을 비롯하여 사회생활을 정상적으로 할 수 없게 되고 결국에는 점점 더 하위의 사회경제적 계층으로 표류(social drift)하게 된다는 것이다. 예컨대, 조현병 환자는 아버지보다 낮은 사회경제적 계층에 속한 경우가 많은 반면 건강한 다른 형제는 아버지와 동등하거나 그보다 높은 사회경제적 계층에 속하는 경향이 있다.

소도시나 시골보다는 대도시에서 태어난 경우에 조현병에 걸릴 확률이 높아진다고 알려져 있다(van Os et al., 2001). 이러한 관련성은 과밀한 환경에서 비롯되는 것으로 추정된다. 과밀할수록 임산부나 신생아가 감염물질에 노출될 위험이 높아지는 것이 원인이라고 본다.

8) 조현병의 치료

질병에 대한 치료는 그 질병의 원인을 무엇이라고 이해하느냐에 따라 달라진다. 조현병도 예외가 아니다. 지난 수백 년간 조현병의 병인에 대한 이해가 변화해 온 만큼 그에 대한 치료법 역시 끊임없이 변화해 왔다.

(1) 치료의 역사

1793년 프랑스의 의사인 Philippe Pinel(1745~1826)이 정신질환을 겪고 있는 사람들을 수용소에서 해방시키고 적절한 입원치료를 받게 해야 한다고 주장하면서 유럽과 미국에서 대규모 정신병원이 세워지고 입원치료가 진행되기 시작하였다. 그러나 심한 정신질환을 겪고 있는 사람들을 위한 이 '도덕적 치료(moral therapy)'는 처음의 좋은 의도와는 달리 극심하게 과밀한 환경 때문에 환자들이 적절한 치료를 받기는커녕 오히려 기본적인 인권을 유린당하는 사태를 초래하고 말았다. 원래 증상 외에도 열악한 입원 환경에서 비롯된 다른 증상까지 추가로 생길 정도였다(Gruenberg, 1980).

이러한 입원치료를 받은 환자 중 다수가 조현병 환자였는데, 이들을 위해 한동안 열광적으로 시행되었던 조현병의 치료법이 바로 전전두엽 절제술(prefrontal lobotomy)이다. 이는 망상과 환각 같은 조현병 증상을 유발한다고 생각되는 뇌의 조직을 제거하는 뇌 수술을 통해 조현병을 치료하는 것이다. 뇌 절제술은 1935년에 처음 시행된 이래로 1949년 『뉴욕타임스』에 소개될 정도로 각광받았다. 그러나 영화 〈뻐꾸기 둥지 위로 날아간 새(One flew over the cuckoo's nest)〉에서도 묘사되었듯이, 수술 자체의 위험은 물론 수술 결과 증상이 완화된다고 하더라도 다른 인지기능이나 정서기능의 손상 등 부작용이 너무 심했기 때문에 지금은 더 이상 사용되지 않는다. 또한 1930년대에는 앞서 Nash의 사례에서 언급되었던 인슐린 충격요법(Insulin shock therapy)이 널리 사용되었다. 이는 환자가 혼수상태에 빠질 때까지 다량의 인슐린을 투입하는 것인데, 실제 효과가 별로 없었던 데다가 위험하기까지 해서 역시 더 이상 사용되지 않는다. 전기경련치료(electroconvulsive therapy: ECT)도 한동안 사용되다가 별 효과가 없는 것으로 여겨져 잘 사용되지 않았으나, 최근에는 매우 심한 정신병 증상과 긴장증의 치료, 특히 클로자핀과 함께 사용된다면 고질적 조현병의 치료에 효과적일 수 있다고 밝혀졌다(Chien & Yip, 2013).

(2) 현대의 치료

조현병 환자를 위한 가장 바람직한 치료는 증상 완화를 위한 약물의 제공은 물론이고 환자가 장애의 후유증에 대처할 수 있도록 도우며 사회 복귀를 위한 사회적 도움을 제공하고 일상생활에 필요한 모든 자원의 사용을 보장하는 종합적인 접근법일 것이다(Nolen-Hoeksema, 2007). 조현병의 단계에 따라 구체적인 치료 전략과 목표가 달라진다(Chien & Yip, 2103). 병전 단계의 예방적인 항정신병 약물치료와 인지행동치료에서부터 더 후기 단계의 재발 방지와 재활을 위한 항정신병 약물치료 및 다양한 심리사회적 개입에 이르기까지 다양한 치료적 접근법이 있다.

① 생화학적 치료

조현병은 생물학적 병인의 증거가 뚜렷한 만큼 약물치료가 일차적인 치료로서 활용되고 있다. 1950년대 초반에 클로르프로마진(chlorpromazine: phenothiazines 계열, 약품명: Thorazine)이 발견된 이래로 신경이완제(neuroleptics)라고 불리는 다양한 약물이 꾸준히 개발되어 광범위하게 사용되어 왔다.

하지만 그 어느 것도 부작용에서 자유롭지 못하다는 문제점을 안고 있다. 그러한 부작용으로는 구강건조, 혼탁한 시야, 침흘리기, 성적 역기능, 시각적 혼란, 체중변화, 변비, 우울증, 실조증(akinesia) 등이 있다. 특히 심각한 것은 지연성 운동장애(tardive dyskinesia)로 안면이나 혀, 입, 턱의 움직임이 불수의적으로 일어나는 현상이다. 이는 페노티아진(phenothiazines)을 장기 복용하는 환자 중 20% 이상이 겪게 되는 부작용인데, 한 번 발생하면 회복이 잘 안 되는 경우가 흔하다(Spaulding, Johnson, & Coursey, 2001). 따라서 가능한 한 최소한의 약물을 효과적으로 사용하기 위한 노력이 절대적으로 요구된다. 한편 더 최신의 약물인 비전형적 항정신병 약물(atypical antipsychotics)은 기존의 약물에 비해 상대적으로 부작용이 적으면서 양성 증상뿐만 아니라 음성 증상에도 효과적이라는 이점이 있다(Lindenmayer, Nasrallah, Pucci, James, & Citrome, 2013; Spaulding et al., 2001).

그러나 약물치료가 조현병의 만병통치약은 아니다. 왜냐하면 조현병 환자의 약 25%가 치료에 반응하지 않으며(Spaulding et al., 2001), 치료에 반응하여 양성 증상이 없어진다고 하더라도 원래 부족했던 사회적 적응에 필요한 기술들이 저절로 해결되지는 않기 때문이다. 또한 현재 활성 증상이 없다고 하더라도 재발을 방지하기 위해

서는 계속해서 약물을 복용해야 하는 경우가 대부분인데, 여러 부작용을 고려할 때
이는 쉽지 않은 일이다.

② 심리사회적 치료

상기했듯이, 약물치료가 급성적인 양성 증상을 해결해 준다고 하더라도 조현병 환
자의 의사소통 및 생활기술의 문제는 여전히 미해결 상태로 남아 있기 마련이다. 심
리사회적 치료는 이러한 부분에 초점을 맞춤으로써 조현병 환자가 적절한 사회관
계를 유지하고 삶의 질을 향상시키도록 돕고 재발을 방지하고자 한다(Kern, Glynn,
Horan, & Marder, 2009).

- 인지치료: 인지치료는 조현병 환자 자신의 장애에 대한 이해를 돕고 그와 관련된 바
  람직하지 못한 사고를 인식하게 함으로써 환자가 적기에 적절한 도움을 청하고 사
  회에 적극적으로 참여할 수 있도록 돕는다(Beck & Rector, 2005). 예컨대, 환자가 자
  신의 증상을 유발하거나 악화시키는 스트레스가 되는 환경을 파악하고 그에 대처
  할 수 있는 구체적인 기술을 습득하게 돕는 것이다. 음성 증상이 있는 환자의 경우,
  사람들과 상호작용을 하면 좋은 결과가 생긴다는 기대를 습득할 수 있도록 돕는 것
  이 단순히 지지를 제공하는 것보다 증상 감소에 더 효과적인 것으로 알려져 있다.
- 행동치료: 학습이론에 토대를 둔 행동치료는 조작적 조건화와 모델링의 원리를
  활용하여 조현병 환자가 일상생활에 필수적인 구체적인 기술을 습득하게 돕는
  다. 행동치료의 장점 중 하나는 전문의료진이 아닌 가족도 강화자(reinforcer)의
  일원으로서 활용될 수 있다는 점이다. 조작적 조건화를 활용한 토큰 경제(token
  economy)는 입원환자를 대상으로 정신병적 행동을 감소시키는 데 효과적으로 사
  용된다.
- 사회적 치료: 사회적 치료는 자조적 지지집단(self-help support group)처럼 조현병
  환자가 활용할 수 있는 지지적인 네트워크를 형성함으로써 환자의 재활을 돕는
  다. 집단의 구성원들은 자신의 장애에 대한 이해에서부터 문제해결 방법에 이르
  기까지 다양한 영역에서 상호 도움과 지지를 주고받는다.
- 가족치료: 가족치료는 조현병의 유발에 간접적인 영향을 미칠 수 있는 일탈적인
  의사소통 패턴을 다룬다. 일반적으로 가족치료에는 교육적 요소와 치료적 요소

가 통합되어 있다. 무엇보다도 성공적인 치료의 관건은 조현병에 대한 가족의 이해를 촉진하고 환자의 증상행동이 가족생활에 미치는 영향에 효과적으로 대처하는 방법을 가족에게 학습시키는 것이다(Bustillo, Lauriello, Horan, & Keith, 2001). 왜냐하면 가족의 대처기술이 증가되면 환자를 대할 때의 자신감이나 자기효능감도 증가하게 되고 이는 차례로 가족의 스트레스와 부담을 줄여 줄 수 있기 때문이다. 특히 우리나라처럼 대부분의 조현병 환자가 가족과 생활하고 가족이 환자의 장애에 대한 일차적인 책임을 지는 상황에서는 가족과의 상호작용이 환자에게 지대한 영향을 미칠 수밖에 없기 때문에 가족을 대상으로 한 치료의 비중을 높일 필요가 있다(Bae, 2002).

- 가족치료를 약물치료와 병행하면 약물치료만 할 경우에 비해 재발률이 현저하게 낮아진다. Bustillo 등(2001)의 연구와 Pitschel-Walze 등(2001)의 연구에 따르면 가족치료와 약물치료를 병행한 집단의 재발률은 24%였던 반면 약물치료만 받은 집단의 재발률은 64%에까지 이르렀다. 또한 Hogarty 등(1986, 1991)의 연구에서는 치료 후 1년 동안의 재발률이 약물치료만 한 집단은 40%, 사회적 기술 훈련과 가족치료를 병행한 집단은 0%로 나타나기까지 했다. 국내에서도 이러한 흐름을 반영하는 연구가 행해지고 있으며, 심리교육적 가족치료가 환자의 기능 수준을 높이는 한편 재발률을 낮추고 가족의 기능을 향상시킨다는 긍정적인 결과가 보고되고 있다(손명자, 1995; 손정우, 권준수, 하규섭, 신민섭, 이부영, 1996; 이영호 외, 2000; 김이영, 배성우, 2005).

- 환경치료: 1950년대에 들어서 입원치료는 전기를 맞았는데, 바로 인본주의 원칙에 근거한 환경치료(milieu therapy)가 등장한 것이었다. 환경치료는 1953년 Maxwell Jones(1907~1990)가 정신과 환자병동을 치료적 공동체로 탈바꿈시키면서 시작되었다(Comer, 2004). 이 치료는 기존의 입원치료가 박탈해 왔던 환자의 독립성, 책임감, 긍정적인 자기존중을 복구시키고 의미 있는 활동을 할 수 있게 함으로써 조현병 환자의 증상을 개선하고 사회적 적응을 돕는 것이 목적이다.

- 공동체에 토대를 둔 치료: 퇴원을 한 조현병 환자에게도 여전히 치료적인 도움은 필요하다. 퇴원 후에 적절한 치료적 도움이 제공되지 않을 경우에는 소위 '회전문 증후군(revolving door syndrome)'(Torrey, 2001)의 희생양이 되기 쉽다. 공동체적인 치료적 접근은 조현병의 재발을 방지하고 환자의 적응적인 사회 복귀를 돕는 것

이 목적이다.

- 적극적 공동체 치료 프로그램(assertive community treatment program)은 환자에게 의료진과 심리학자, 사회사업가 등 전문가의 종합적인 치료 서비스를 하루 24시간 제공하는 것이다. 이런 점에서 적극적 공동체 치료 프로그램은 이상적인 만큼 실현이 쉽지는 않으나, 앞으로 추구해야 하는 치료적 모델의 하나로서 강조되고 있다. 적극적 공동체 치료 프로그램에서 치료받은 경우, 일반 정신과 병동에서 치료받은 경우에 비해 입원 기간도 짧아지고 예후도 더 양호하다고 한다(Bustillo et al., 2001; Test & Stein, 1980). 특히 1960년대 초에 시작된 탈원화(desinstitutionalization) 운동은 회복과정에 있는 조현병 환자들을 위한 공동체 프로그램의 중요성을 더욱 부각시켜 왔다. 우리나라의 경우, 입원치료가 필요하지 않아도 적당한 지역사회 프로그램이 없어서 장기 입원해야 하는 경우가 많은 점을 고려할 때, 이러한 치료 모델이 절실히 요구된다. 〈표 5-5〉에는 종합적인 공동체 개입의 주안점(Liberman, Glynn, Blair, Ross, & Marder, 2002)이 소개되어 있다.

표 5-5 종합적 공동체 치료 프로그램의 주안점

공동체 치료 프로그램	내용
투약 약물 관리	항정신병 약물에 대한 정보 얻기 투약 약물의 정확한 자가 복용과 평가를 알기 투약 약물의 부작용 파악하기 투약 약물문제에 대해 의료진과 의논하기 주사로 투입되는 장기 활성기를 가진 약물을 취하기
증상 관리	재발의 징후를 파악하고 관리하기 지속되는 증상에 대처하기 알코올과 불법약물에 손대지 않기
대화기술	친근한 대화를 시작하고 유지하기 대화를 잘 마무리하기
대인관계 문제의 해결기술	주의 기울이기 문제를 기술하기 문제해결을 위한 아이디어 생각하기 해결책을 평가하기 해결책을 실행에 옮기기

여가를 위한 레크리에이션	레크리에이션의 장점을 파악하기 레크리에이션활동에 대한 정보를 습득하기 레크리에이션활동을 평가하고 계속하기
공동체로의 복귀	공동체로의 복귀를 계획하기 공동체와 연결짓기 공동체 내에 있는 스트레스에 대처하기 일상계획표를 짜기 약속을 만들고 지키기 약물문제를 해결하기 재발의 징후를 파악하기 응급 재발방지 프로그램을 개발하기

출처: Liberman, Glynn, Blair, Ross, & Marder (2002).

　과거 여러 시행착오를 겪어 온 조현병의 치료는 현대 의학 및 심리학의 발전으로 희망적인 방향으로 나아가고 있다. 그러나 조현병의 완치는 결코 쉬운 과제가 아니다. 또한 조현병 전문가인 Torrey(1995)가 "조현병 환자들은 20세기의 나병 환자들이다."(p. 8)라고 언급한 데서도 알 수 있듯이, 아직까지도 조현병은 가장 부정적인 낙인이 찍힌 정신장애 중 하나이다. 따라서 가족이 남에게 알리기를 꺼려 하여 적절한 치료 시기를 놓치거나 부적절한 민간요법에 의존하느라 상태를 더욱 악화시키는 경우가 종종 발생한다. 따라서 일반인이 가지고 있는 조현병에 대한 잘못된 인식을 교정하고 환자나 환자의 가족이 더욱 적극적으로 치료를 찾을 수 있도록 돕기 위한 사회 · 국가적 차원의 지원도 절실히 요구된다.

2. 기타 조현병 스펙트럼 장애

　조현병 스펙트럼 장애는 정신병적 증상을 중심으로 한 조현병 관련 장애들을 말한다. 여기서는 조현병을 제외한 다른 조현병 스펙트럼 장애들을 살펴보겠다.

1) 조현정동장애

조현정동상애(Schizoaffective Disorder)에서는 조현병과 기분장애의 특징이 모두 나타난다. 조현병과 마찬가지로 경과 명시자와 긴장증 동반, 현재의 심각도를 명시해야 하는 동시에 현재 발현된 삽화에 따라 양극형과 우울형을 구분해야 한다. 부수적 특징으로는 차후 조현병의 진단기준 A를 만족하는 증상들이 관해된 이후에도 기분 증상들이 계속되어 주요우울장애나 양극성장애의 삽화로 발전할 위험성이 증가되어 있다는 점을 들 수 있다.

평생유병률은 미국의 경우, 1% 미만(0.3 ~0.8%)인 것으로 추산되며 남성보다 여성의 비율이 높은 것으로 알려져 있는데, 이는 여성이 우울증을 경험하는 비율이 더 높기 때문인 것으로 보인다(APA, 2013: Sadock, Sadock, & Ruiz, 2014). 양극형은 젊은 사람에게, 우울형은 나이 든 사람에게서 더 흔하다. 발병 연령이 여성의 경우에 더 높은데, 이는 조현병과 유사한 양상이다. 조현정동장애가 있는 남성은 반사회적 행동을 보이기 쉽고 현저하게 부적절한 정서나 감퇴된 정서를 보이기 쉽다. 경과와 예후를 보면, 조현병적 증상이 많을수록 예후가 나쁘며 장애가 만성화될수록 기분장애보다는 조현병과 유사한 경과를 보이는 것으로 알려져 있다.

조현정동장애가 『DSM-5』에서는 조현병 스펙트럼에 포함되어 있기는 하지만 조현병의 하위유형인지 기분장애의 하위유형인지 아니면 전혀 다른 제3의 장애인지에 대해서는 의견이 분분하다. 조현정동장애에 대한 관점이 다양했던 만큼 병인에 대한 연구가 미흡한 상태이다. 하지만 최근 연구는 조현병 1(DISC1) 유전인자의 손상이 조현병과 양극성장애, 그리고 조현정동장애에도 관여할 가능성이 높은 것으로 보고하고 있다(Sadock, Sadock, & Ruiz, 2014). 조현정동장애의 치료를 위해서는 약물치료(해당 기분장애 삽화에 따른)가 우선되기는 하지만 가족치료, 사회적 기술 훈련, 인지 재활 등의 심리사회적 치료도 도움이 될 수 있다.

표 5-6	조현정동장애의 DSM-5 진단기준

A. 조현병의 연속 기간 동안 조현병의 진단 기준 A와 동시에 주요 기분(주요우울 또는 조증) 삽화가 있다.
   주의점: 주요우울 삽화는 진단 기준 A1 : 우울기분을 포함해야 한다.
B. 평생의 유병 기간 동안 주요 기분(주요우울 또는 조증) 삽화 없이 존재하는 2주 이상의 망상이나 환각이 있다.
C. 주요 기분 삽화의 기준에 맞는 증상이 병의 활성기 및 잔류기 부분의 전체 지속 기간의 대부분 동안 존재한다.
D. 장애가 물질(예: 남용약물, 치료약물)의 효과나 다른 의학적 상태로 인한 것이 아니다.

출처: American Psychiatric Association (2013).

2) 조현양상장애

조현양상장애(Schizophreniform Disorder)의 증상은 조현병과 유사하지만 증상의 지속 기간이 적어도 1개월 이상 6개월 미만이라는 점이 다르다. 조현양상장애의 유병률에 대해서는 자세히 알려진 바가 없지만 조현병의 1/2에서 1/5 정도인 것으로 추산된다. 청소년과 젊은 성인에게서 가장 흔하게 보고되며 남성이 여성보다 5배 정도 발병률이 높다. 조현양상장애 진단을 받은 환자의 약 1/3 정도는 6개월 이내에 증상이 사라지고 병전의 기능 수준으로 회복한다. 나머지 약 2/3 정도의 환자는 결국 조현병이나 조현정동장애로 진단을 받는다(APA, 2013).

1939년에 조현양상장애라는 개념을 처음 소개하면서 Langefeldt는 갑작스럽게 발병하면서 경과는 양호하게 진행되는 기분 증상 및 의식의 혼탁 증상을 기술하였다(Sadock, Sadock, & Ruiz, 2014). 조현양상장애 환자는 이질적인 경향이 있어 일부는 조현병과, 다른 일부는 기분장애와 더 유사한 양상을 보인다. 이러한 양상은 병인 관련해서도 마찬가지로 나타난다. 예컨대, WCST(Wisconsin Card Sorting Test, 위스콘신 카드 분류검사) 과제를 할 때 전측 전전두엽의 활성화에 결손이 있는 것으로 보고되었는데, 이는 조현병 환자와 유사한 결과다. 반면에 조현양상장애 환자가 조현병 환자보다 더 많은 정서 증상을 보인다는 연구 결과와, 조현양상장애 환자의 친인척에게서 기분장애 발병률이 높다는 결과는 기분장애와의 유사성을 보여 준다.

조현양상장애 환자에게는 입원치료가 권장되며 그들의 정신병적 증상 치료에는 항정신병 약물이 매우 효과적인 것으로 잘 알려져 있다. 하지만 효과적인 치료가 이루어지지 못할 경우에는 조현병이나 조현정동장애로 전이되고 만성화될 수 있다. 한편, 심리치료가 정신병적 경험을 자신의 삶에 대한 이해와 통합시키는 데 큰 도움이 될 수 있다.

표 5-7 **조현양상장애의 DSM-5 진단기준**

A. 다음 증상 중 둘(혹은 그 이상)이 1개월의 기간(성공적으로 치료가 되면 그 이하) 동안의 상당 부분의 시간에 존재하고, 이들 중 최소한 하나는 (1) 내지 (2) 혹은 (3)이어야 한다.
　(1) 망상
　(2) 환각
　(3) 와해된 언어(예: 빈번한 탈선 또는 지리멸렬)
　(4) 극도로 와해된 또는 긴장성 행동
　(5) 음성장애(예: 감퇴된 감정 표현 혹은 무의욕증)
B. 장애의 삽화가 1개월 이상, 6개월 이내로 지속된다. 진단이 회복까지 기다릴 수 없이 내려져야 할 경우에는 "잠정적"을 붙여 조건부 진단이 되어야 한다.
C. 조현정동장애와 정신병적 양상을 동반한 우울 또는 양극성장애는 배제된다. 왜냐하면, 1) 주요우울 또는 조증삽화가 활성기 증상과 동시에 일어나지 않기 때문이거나, 2) 기분삽화가 활성기 증상 동안 일어난다고 해도 병의 활성기 및 잔류기 전체 지속 기간의 일부에만 존재하기 때문이다.
D. 장애가 물질(예: 남용약물, 치료약물)의 생리적 효과나 다른 의학적 상태로 인한 것이 아니다.

출처: American Psychiatric Association (2013).

3) 단기 정신병적 장애

단기 정신병적 장애(Brief Psychotic Disorder)의 특징은 조현병의 핵심 증상(진단기준 A) 중 하나가 최소 1일 이상 1개월 미만으로 지속되며, 병전 기능 수준으로 완전히 회복된다는 것이다. 따라서 급성적이고 일시적이라는 점이 다른 정신병적 장애와 구분되는 가장 큰 차이점이며, 촉발 요인이 있는 경우가 대부분이다.

단기 정신병적 장애는 역사적으로는 반응성 정신병, 히스테리성 정신병, 스트레스성 정신병, 심인성 정신병 등으로 분류되기도 했었다. Jaspers(1997)에 따르면, 반응성 정신병은 명확한 외상성 스트레스 요인, 스트레스 요인과 정신병 발달의 밀접한 시간적 연관성, 정신병적 삽화의 양호한 경과를 특징으로 한다. 하지만 하나의 강렬한 정동에서 다른 강렬한 정동으로 빠르게 전환되기도 하고 자살행동의 위험성이 증가하므로 밀접한 감독이 필요하다. 또한 단기 정신병적 장애가 발병했다는 것 자체가 환자의 취약성을 보여 주는 것이므로, 향후 예방 차원에서 주의를 기울일 필요가 있다.

　정확한 발병률이나 유병률은 알려진 바가 없고 그렇게 흔한 장애는 아닌 것으로 여겨지는 한편, 젊은 사람(20~30대)에게서 더 흔한 것으로 추정된다. 조현병과는 매우 다르게, 남성보다는 여성에게서 더 흔한 편이다. 병인에 대해서도 알려진 바가 없으나 성격장애가 정신병적 증상 발현의 생물학적 취약성이나 심리적 취약성을 가지고 있는 것으로 알려져 있다. 특히 연극성, 자기애성, 편집성, 조현성, 조현형, 경계성 성격장애와 연관성이 큰 것으로 보인다. 정신역동적 접근에서는 부적절한 적응기제와 정신병적 증상으로 인한 이차적 이득의 중요성을 강조하기도 한다. 또한 정신병의 내용은 금지된 환상에 대한 방어이거나 소망의 충족, 외상의 본질을 반영하는 한편 심리사회적 스트레스로부터의 도피책일 수도 있다. 주요한 심리사회적 스트레스 요인(예: 가족의 사망, 심한 자동차 사고)뿐만 아니라 낮은 사회경제적 지위, 재난, 문화적 변화 등도 위험 요인이 될 수 있다.

　일시적이라도 정신병적 삽화가 있는 동안에는 평가와 보호 목적으로 입원치료를 할 필요가 있으며, 약물치료제로는 항정신병 약물과 벤조디아제핀이 가장 많이 사용된다. 정신병적 증상이 해결된 다음에는 정신병적 삽화의 촉발 요인에 대한 탐색을 비롯하여 부적절한 적응기제, 부족한 문제해결 능력, 정신병적 삽화의 경험에 따른 자존감 손상 등 보다 근본적인 심리적인 문제를 해결하기 위해서 심리치료를 해야 할 필요가 있다.

표 5-8 단기 정신병적 장애의 DSM-5 진단기준

A. 다음 증상 중 하나(혹은 그 이상)가 존재하고, 이들 중 최소한 하나는 (1) 내지 (2) 혹은 (3)이어야 한다.
　(1) 망상
　(2) 환각
　(3) 와해된 언어(예: 빈번한 탈선 또는 지리멸렬)
　(4) 극도로 와해된 또는 긴장성 행동
　주의점: 문화적으로 인정되는 반응이면 증상에 포함하지 마시오.
B. 장애삽화의 지속 기간이 최소 1일 이상 1개월 이내이며, 결국 병전 수준의 기능으로 완전히 복귀한다.
C. 장애가 정신병적 양상을 동반한 주요우울장애나 양극성장애 혹은 조현병이나 긴장증 같은 다른 정신병적 장애로 더 잘 설명되지 않으며, 물질(예: 남용약물, 치료약물)의 생리적 효과나 다른 의학적 상태로 인한 것이 아니다.

출처: American Psychiatric Association (2013).

4) 망상장애

망상장애(Delusion Disorder)는 기괴하지 않은 망상이 적어도 1개월 이상 지속될 때 진단된다. 여기서 '기괴하지 않다.'는 의미는 망상의 내용이 현실에서 일어날 만하다는 의미다. 망상장애는 망상의 내용에 따라 색정형, 과대형, 질투형, 피해형, 신체형, 혼합형, 그리고 명시되지 않는 유형으로 구분되며, 이 중 임상 장면에서 가장 흔하게 접하게 되는 유형은 피해형과 질투형이다. 피해형(persecutory type)은 망상장애의 고전적 증상으로서, 망상의 중심 주제가 자신이 음모, 속임수, 염탐, 추적, 독극물이나 약물 주입, 악의적 비방, 희롱, 장기 목표 추구에 대한 방해 등을 당하고 있다는 믿음을 수반하는 경우다. 피해망상으로 인해 쉽게 화를 내고 적대적인 행동을 할 수 있으며 가해자라고 믿는 사람에게 소송을 거는 등 반복적으로 공식적인 호소를 하기도 한다. 조현병과 달리 망상장애의 피해망상은 명료하고 논리적이고 체계적으로 정교화되어 있으며, 다른 정신병리나 성격의 퇴화 혹은 대부분의 다른 기능에서 손상이 없다. 질투형(jealous type)은 망상의 주제가 자신의 배우자나 연인이 외도를 하고 있다는 것일 경우로서, 일반적으로 의처증, 의부증이라고 알려져 있기도 하다. 대개 남성에게서 발병하며 기존의 정신과적 병력이 전혀 없다가 갑자기 발병하면서 과거지사가 모두 망상의 표적이 되기도 한다. 경과는 만성적으로 치료가 쉽지 않고 별거, 이혼, 사별 이후에만 증상이 경감되기도 한다.

색정형(erotomanic type)은 망상의 중심 주제가 또 다른 사람이 자신을 사랑하고 있다고 믿는 경우이다. 성적인 관계에 대한 망상적 확신을 가지고 있으며 유명인처럼 더 높은 지위의 대상이 먼저 자기를 사랑하게 되어 먼저 다가왔다고 믿는 경향이 있다. 자신의 망상과 모순되는 대상의 행동을 합리화하며 대상이 쉽게 바뀌지 않고 만성적인 경과를 밟는다. 남성보다 여성에게서 더 흔하지만 남성의 경우는 자신의 구애가 좌절될 때 대상 자체나 혹은 대상과 자신의 사이를 방해한다고 믿는 존재에게 매우 폭력적인 행동을 할 수 있다. 과대형(grandiose type)은 망상의 중심 주제가 어떤 굉장한(그러나 확인되지 않은) 재능이나 통찰력을 갖고 있다거나 어떤 중요한 발견을 하였다는 확신일 경우이다. 신체형(somatic type)은 망상의 중심 주제가 신체 기능이나 감각을 수반한 경우로서, 기생충을 포함해서 무엇인가에 감염되었다는 망상, 신체 외형의 이상에 대한 망상, 체취와 관련된 망상이 주로 보고된다. 신체형 망상의 심각도

에는 변동이 있지만 대개 잘 치료되지 않는다. 혼합형(mixed type)은 어느 한 가지 망
상적 주제도 두드러지지 않은 경우이고, 명시되지 않는 유형(unspecified type)은 지배
적 망상적 믿음이 분명히 결정될 수 없는 경우 혹은 특정 유형에 기술되지 않은 경우
를 말한다. 망상장애에서는 망상적 믿음의 결과로 사회적 문제나 부부 문제 혹은 직
장 문제가 발생하는 일이 비일비재하다. 과민함 혹은 불쾌한 기분은 대개 망상적 믿
음에 대한 반응으로 일어날 수 있으며, 분노나 폭력적 행동은 피해형과 질투형, 색정
형에서 더 자주 발생한다.

　미국의 경우, 평생유병률은 약 0.2%이며 성차는 뚜렷하게 나타나지 않는다. 조현
병에 비해 기능의 손상은 제한적인 편이지만, 만성적인 경과를 거치는 경우가 많다.
좋은 예측 인자로는 높은 수준의 직업적·사회적·기능적 적응, 여성, 촉발 요인의
존재, 30세 이전의 발병, 급성 발병, 그리고 장애 기간이 짧은 것을 들 수 있다. 심리치
료에서 망상장애를 효과적으로 다루기 위해서는 치료자-환자 간의 신뢰할 수 있는 관
계 형성이 가장 중요하며, 특히 치료 초반에 환자의 망상에 동조하거나 반박하지 않
되 환자가 망상으로 인해 겪었을 심리적 고통에 대해서 공감해 주는 것이 중요하다.
약물치료에서 항정신병 약물이 우선적으로 고려되지만 약물치료 자체가 망상의 일부
가 되어 버리기 때문에 치료가 순조롭지 못할 수 있다.

표 5-9　망상장애의 DSM-5 진단기준

A. 1개월 이상의 지속 기간을 가진 한 가지(혹은 그 이상) 망상이 존재한다.
B. 조현병의 진단기준 A에 맞지 않는다.
　주의점: 환각이 있다면 뚜렷하지 않고, 망상 주제와 연관된다. (ex. 벌레가 우글거린다는 망
　상과 연관된 벌레가 꼬이는 감각).
C. 망상의 영향이나 파생 결과를 제외하면 기능이 현저하게 손상되지 않고 행동이 명백하게 기
　이하거나 이상하지 않다.
D. 조증이나 주요우울 삽화가 일어나는 경우, 이들은 망상기의 지속 기간에 비해 상대적으로
　짧다.
E. 장애가 물질의 생리적 효과나 다른 의학적 상태로 인한 것이 아니고, 신체이형장애나 강박장
　애와 같은 다른 정신질환으로 더 잘 설명되지 않는다.

출처: American Psychiatric Association (2013).

요약

현재 조현병이라고 불리는 장애에 대한 묘사와 그에 대한 개념적 이해는 고대로부터 현재에 이르기까지 거의 모든 문화권에서 찾아볼 수 있다. Morel은 조현병의 증상을 보이는 14세 소년에게 '조발성 치매(démence precoce)'라는 진단을 내렸으며 후에 현대 정신의학의 아버지라 불리는 Kraepelin은 이 진단명을 라틴어인 '조발성 치매(dementia praecox)'로 번안하였다. Bleuler는 조현병의 영어명인 'schizophrenia'라는 용어를 처음 사용하였으며 Schneider는 조현병의 일급 증상(first rank symptoms)을 제안하여 조현병 특유의 증상을 밝히는 데 공헌하였다. 조현병의 특징적인 증상으로는 망상, 환각, 와해된 언어(예: 빈번한 탈선 또는 지리멸렬), 극도로 와해된 행동이나 긴장성 행동, 그리고 음성 증상, 즉 감퇴된 정서 표현, 무논리증 또는 무의욕증, 무쾌감증, 무사회증을 들 수 있다.

기타 조현병 스펙트럼 장애에는 가장 경증인 조현형 성격장애, 기괴하지 않은 망상이 1개월 이상 지속되는 망상장애, 정신병적 증상이 최소 1일에서 1개월 이내로 지속되는 단기 정신병적 장애, 정신병적 증상이 1개월 이상에서 6개월 미만으로 지속되는 조현양상장애, 조현병이 연속되는 기간 동안 조현병의 핵심 증상과 동시에 주요 기분 삽화가 나타나는 조현정동장애가 있다.

조현병의 특징적인 증상을 해결하기 위해서는 약물치료가 우선적으로 고려된다. 하지만 약물치료가 조현병의 급성적인 양성 증상을 해결해 준다 하더라도 조현병 환자의 의사소통 및 생활기술의 문제는 여전히 미해결 상태로 남아 있을 수 있다. 조현병에 대한 심리사회적 치료는 바로 이러한 문제에 초점을 맞춤으로써 조현병 환자가 적절한 사회관계를 유지하고 삶의 질을 향상시키도록 돕고 재발을 방지하는 데 기여할 수 있다.

학습과제

1. 조현병의 역사를 설명하시오.
2. 조현병의 병인에 대한 각 이론의 차이를 비교하시오.
3. 조현병 스펙트럼 장애의 『DSM-5』 진단준거를 기술하시오.
4. 조현병의 치료에 대한 각 이론의 접근법을 비교하시오.
5. 조현병을 극복한 위인의 사례를 찾아보시오.

참고문헌

김이영, 배성우(2005). 가족교육 프로그램이 정신장애인의 임상적, 기능적, 주관적 경험영역에 미치는 효과. 정신보건과 사회사업, 19, 180-212.

김창윤, 홍진표, 최욱, 홍택유, 한오수(1997). 초발 정신분열병 환자의 2년 및 5년 치료결과 추적 연구. 정신보건, 2(1), 78-86.

보건복지부(2017). 2016년 정신질환실태 역학조사 보도자료.

손명자(1995). 만성 정신분열병 환자의 퇴원 후 관리치료를 위한 가족심리교육훈련의 효과. 한국심리학회지: 임상, 14(1), 15-27.

손정우, 권준수, 하규섭, 신민섭, 이부영(1996). 입원한 정신분열병 환자의 가족에 대한 가족교육 단기프로그램의 효과. 신경정신의학, 35(6), 1279-1292.

이영호, 심주철, 이상경, 서영수, 김용관, 김규수, 김영훈(2000). 정신분열병 환자가족을 위한 한 정신교육적 가족치료 모형의 효과. 신경정신의학, 39(3), 179-494.

American Psychiatric Association. (1994). *Diagnostic and statistical manual of mental disorders* (4th ed.). Washington, DC: American Psychiatric Association.

American Psychiatric Association (2013). Diagnostic and statistical manual of mental disorders (5th ed.). Virginia: American Psychiatric Association. 권준수, 김재진, 남궁기, 박원명, 신민섭, 유범희, 윤진상, 이상익, 이승환, 이영식, 이헌정, 임효덕, 강도형, 최수희 공역 (2015). 정신질환의 진단 및 통계편람 제5판, 서울: 학지사.

Andreasen, N. C. (2001). *Brave New Brain: Conquering Mental Illness in the Era of the Genome.* New York: Oxford University Press.

Andreasen, N. C., & Carpenter, W. T. (1993). Diagnosis and classification of schizophrenia. *Schizophrenia Bulletin, 19,* 199-214.

Bae, S. W. (2002). Family intervention in schizophrenia: A review of the literature and implications for Korea. *Mental Health and Social Work, 14,* 164-190.

Barch, D. M. (2005). The cognitive neuroscience of schizophrenia. *Annual Review of Clinical Psychology, 1,* 321-353.

Bateson, G., Jackson, D., Haley, J., & Weakland, J. (1956). Toward a theory of schizophrenia. *Behavioral Science, 1,* 251-264.

Beck, A. T., & Rector, N. A. (2005). Cognitive approaches to schizophrenia: Theory and therapy. *Annual Review of Clinical Psychology, 1,* 577-606.

Belcher, J. R. (1988). The future role of state hospitals. *Psychiatric Hospitals, 19,* 79-83.

Bleuler, E. (1950). Translated by J. Zinkin (1990). *Dementia Praecox of the Group of Schizophrenias.* New York, International Universities Press.

Brown, G. W., Birley, J. L., & Wing, J. K. (1972). Influence of family life on the course of schizophrenic disorders: A replication. *British Journal of Psychiatry, 121,* 241-258.

Bustillo, J. R., Lauriello, J., Horan, W. P., & Keith, S. J. (2001). The psychosocial treatment of schizophrenia: An update. *American Journal of Psychiatry, 158,* 163-175.

Cannon, T.D., Rosso, I. M., Bearden, C. E., Sanchez, L. E., & Hadley, T. (1999). A prospective cohort study of neurodevelopmental processes in the genesis and epigenesis of schizophrenia. *Development & Psychopathology, 11,* 467-485.

Chien, W. T. & Yip, A. LK. (2013). Current approaches to treatments for schizophrenia spectrum disorders, part I: an overview and medical treatments. *Neuropsychiatric Disease and Treatment, 9,* 1311-1332.

Comer, R. J. (2004). *Abnormal Psychology* (5th ed.). New York: Worth Publishers.

Conklin, H. M., & Iacono, W. G. (2000). Schizophrenia: A neurodevelopmental perspective. *Current Directions in Psychological Science, 11,* 33-37.

Crow, T. J. (1995). Brain changes and negative symptoms in schizophrenia. *Psychopathology, 28,* 18-21.

Cuvelier, M. (2002). Victim, not villain. The mentally ill are six to seven times more likely to be murdered. *Psychology Today, 35*(3), 23.

Duncan, F. (2002). Does drug company marketing now include product placement in the movies? *Ethical Human Sciences and Services, 4,* 147-150.

Fioravanti, M., Bianchi, V., & Cinti, M. E. (2012). Cognitive deficits in schizophrenia: an updated metanalysis of the scientific evidence. *BMC Psychiatry,* 12:64.

Fitzgerald, P. B., Brown, T. L., Daskalakis, Z. L., de Castella, A., Kulkarni, J., Marston, N. A., & Oxley, T. (2004). Reduced plastic brain responses in schizophrenia: A transcranial magnetic stimulation study. *Schizophrenia Research, 71,* 17-26.

Goldstein, J. M., Seidman, L. J., O'Brien, L. M., Caviness, V. S., Faraone, S. V., & Tsuang, M. T. (2002). Impact of normal sexual dimorphisms on sex differences in structural brain abnormalities in schizophrenia assessed by magnetic resonance imaging. *Archives of General Psychiatry, 59,* 154-164.

Gottesman, I. I. (1991). *Schizophrenia Genesis: The Origins of Madness.* New York: W. H. Freeman.

Gottesman, I. I., & Shields, J. (1982). *Schizophrenia, the Epigenetic Puzzle.* New York: Cambridge University Press.

Gruenberg, E. M. (1980). Mental disorders. In J. M. Lasst (Ed.), *Maxcy-Rosenau Public*

Health and Preventive Medicine (11th ed.). New York: Appleton-Century-Crofts.

Haijima, S. V., Van Haren, N., Cahn, W., Koolschijn, P. C. M. P., Poll, H. E. H., & Kahn, R. S. (2013). Brain Volumes in Schizophrenia: A Meta-Analysis in Over 18 000 Subjects. *Schizophrenia Bulletin, 39*(5), 1129-1138.

Heston, L. L. (1966). Psychiatric disorders in foster home reared children of schizophrenic mothers. *British Journal of Psychiatry, 112*, 819-825.

Hiroeh, U., Appleby, L., Mortensen, P. B., & Dunn, G. (2001). Death by homicide, suicide, and other unnatural causes in people with mental illness: A population-based study. *Lancet, 358*(9229), 2110-2112.

Hogarty, G. E., Anderson, C. M., Reiss, D. J., Kornblith, S. J., Greenwald, D. P., Janund, C. D., & Madonia, M. J. (1986). Family psychoeducation, social skills training, and maintenance chemotherapy in the aftercare treatment of schizophrenia: I. One-year effects of a controlled study on relapse and expressed emotion. *Archives of General Psychiatry, 43*, 633-642.

Hogarty, G. E., Anderson, C. M., Reiss, D. J., Kornblith, S. J., Greenwald, D. P., Ulrich, R. F., & Carter, M. (1991). Family psychoeducation, social skills training, and maintenance chemotherapy in the aftercare treatment of schizophrenia: II. Two-year effects of a controlled study on relapse and adjustment. *Archives of General Psychiatry, 48*, 340-347.

Jablensky, A. (2000). Epidemiology of schizophrenia: the global burden of disease and disability. *European Archives of Psychiatry and Clinical Neuroscience, 250*(6), 274-285.

Jaspers, K. (1997). *General Psychopathology.* (Hoenig, J., & Hamilton, M. W. 영문 번역) Johns Hopkins University Press. (원전은 1913년에 출판).

Kern, R. S., Glynn, S. M., Horan, W. P., & Marder, S. R. (2009). Psychosocial treatments to promote functional recovery in schizophrenia. *Schizophrenia Bulletin, 35*, 347-361.

Kety, S. S., Wender, P. H., Jacobsen, B., Ingraham, L. J., Jansson, L., Faber, B., & Kinney, D. K. (1994). Mental illness in the biological and adoptive relative of schizophrenic adoptees: Replication of the Copenhagen study in the rest of Denmark. *Archives of General Psychiatry, 51*, 442-455.

Lawrie, S. M., McIntosh, A. M., Hall, J., Owens, D. G. C., & Johnstone, E. C. (2008). Brain structure and function changes during the development of schizophrenia: The evidence from studies of subjects at increased genetic risk. *Schizophrenia Bulletin, 34*, 330-340.

Liberman, R. P., Glynn, S., Blair, K. E., Ross, D., & Marder, S. R. (2002). In vivo amplified skills training: Promoting generalization of independent living skills for clients with schizophrenia. *Psychiatry: Interpersonal & Biological Processes, 65*, 137–155.

Lieberman, J., Chakos, M., Wu, H., Alvir, J., Hoffman, E., Robinson, D., & Bilder, R. (2001). Longitudinal study of brain morphology in first episode schizophrenia. *Biological Psychiatry, 49*, 487–499.

Lindenmayer, J. P., & Khan, A. (2006). Psychopathology. In J. A. Lieberman, T. S. Stroup, & D. O. Perkins (Eds.), *Textbook of Schizophrenia*. Arlington, VA: American Psychiatric Publishing, Inc.

Lindenmayer, J., Nasrallah, H., Pucci, M., James, S., & Citrome, L. (2013). A systematic review of psychostimulant treatment of negative symptoms of schizophrenia: Challenges and therapeutic opportunities. *Schizophrenia Research, 147*, 24–252.

Mednick, S. A., Watson, J. B., Huttumen, M., Cannon, t. D., Katila, H., Machon, R., Mednick, B., Hollister, M., Parnas, J., Shulsinger, F., Sajaniemi, N., Voldsgaard, P., Pyhala, R., Gutknd, D., & Wang, X. (1998). A two-hit working model of the etiology of schizophrenia. In M. F. Lenzenweger & R. H. Dworkin (Eds.), *Origins of the Development of Schizophrenia* (pp. 27–26). Washington, DC: American Psychological Association.

Mirsky, A. E., Bieliauskas, L. A., French, L. M., Van Kammen, D. P., Joensson, E., & Sedvall, S. (2000). A 39-year follow up on the Genain quadruplets. *Schizophrenia Bulletin, 26*, 699–708.

Nasar, S. (1998). *A Beautiful Mind*. New York: Simon & Schuster.

Nolen-Hoeksema, S. (2007). *Abnormal Psychology* (4th ed.). New York, NY: McGrqw-Hill.

Perkins, D. O., Miller-Anderson, L., & Lieberman, J. A. (2006). Natural history and predictors of clinical course. In J. A. Lieberman, T. S. Stroup, & D. O. Perkins (Eds.), *Textbook of Schizophrenia*. Arlington, VA: American Psychiatric Publishing, Inc.

Pitschel-Walze, G., Leucht, S., Baumi, J., Kissling, W., & Engel, R. (2001). The effect of family interventions on relapse and rehospitalization in schizophrenia-A meta-analysis. *Schizophrenic Bulletin, 27*, 73–92.

Sadock, B. J., Sadock, V. A., & Ruiz, P. (2014). *Kaplan & Sadock's synopsis of psychiatry: behavioral sciences/clinical psychiatry* (11th ed). LWW.

Singer, M. T., & Wynne, L. C. (1965). Thought disorder and family relations of schizophrenics: IV. Results and implications. *Archives of General Psychiatry, 12*, 201–212.

Spaulding, W. D., Johnson, D. L., & Coursey, R. D. (2001). Combined Treatments and rehabilitation of schizophrenia. in M. T., Sammons, & N. B. Schmidt (Eds.), *Combined Treatment for Mental Disorders: A Guide to Psychological and Pharmacological Interventions* (pp. 161–190). Washington, DC: American Psychological Association.

Suhara, T., Okubo, Y., Yasuno, F., Sudo, Y., Inoue, M., Ichimiya, T., Nakashima, Y., Nakayama, K., Tananda, S., Suzuki, K., Halldin, C., & Farde, L. (2002). Decreased dopmine D2 receptor binding in the anterior cingulated cortex in schizophrenia. *Archives of General Psychiatry, 59*, 25-30.

Test, M., A., & Stein, L. I. (1980). Alternative to mental hospital treatment: III. Social cost. *Archives of General Psychiatry, 37*, 409-412.

Torrey, E. F. (1991). A viral-anatomical explanation of schizophrenia. *Schizophrenia Bulletin, 17*, 15-18.

Torrey, E. F. (1995). *Surviving Schizophrenia: A Manual for Families, Consumers, and Providers* (3rd ed.). New York: Harper Perennial.

Torrey, E. F. (2001). *Surviving Schizophrenia: A Manual for Families, Consumers, and Providers* (4th ed.). New York: HarperCollins.

van Os, J., Hanssen, M., Bijl, R. V., & Vollebergh, W. (2001). Prevalence of psychotic disorder and community level of psychotic symptoms. *Archives of General Psychiatry, 58*, 663-338.

Wing, J., & Nixon, J. (1975). Discriminating symptoms in schizophrenia: a report from the international pilot study of schizophrenia. *Archives of General Psychiatry, 32*, 853-859.

Zubin, J., & Spring, B. (1977). Vulnerability: A new view of schizophrenia. *Journal of Abnormal Psychology, 86*, 103-126.

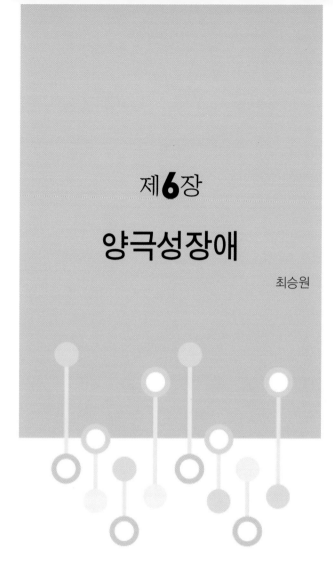

제**6**장

양극성장애

최승원

학습 목표

1. 양극성장애가 기분장애에서 독립된 진단범주로 분리된 배경을 이해한다.
2. 양극성장애와 우울장애를 감별할 수 있다.
3. 양극성장애와 자살위험성의 관계를 이해한다.
4. 양극성장애의 생물학적 · 심리학적 원인을 이해한다.
5. 양극성장애의 다양한 치료방법을 확인한다.

학습 개요

최근에 와서야 양극성장애가 우울증의 다른 표현방식이 아닌 독립적 장애란 관점이 폭넓게 받아들여지고 있다. 양극성장애 환자만이 보이는 증상과 인지기능상의 특성에 대한 연구가 쏟아지고 있으며, 치료와 관련된 새로운 접근도 속속 나타나고 있다.

이제까지 양극성장애는 약물치료 외의 치료가 없으며, 심리학자들의 역할이 제한된다는 입장이 지배적이었다. 하지만 최근 양극성장애의 기질, 환자들이 보이는 창의성, 이들의 증상 재발을 막기 위한 심리치료에 대한 연구가 발표되면서 이러한 입장은 과거의 관점이 되어가고 있다. 이 장에서는 양극성장애와 관련해 주목할 만한 학계의 연구 동향을 소개하고자 한다.

유미(가명)는 현재 음악대학을 졸업하고 집에서 쉬고 있다. 가끔씩 어떻게 살 계획이냐는 부모님의 잔소리를 듣기는 하지만 여느 집에 비해 그다지 심한 편은 아니다. 물론 유미에게도 꿈이 있다. 음악을 통해 사람들의 마음을 치료하는 음악치료사가 그녀의 꿈이지만 지금으로선 엄두도 낼 수 없다. 진로에 대한 고민이 심해지면 급격한 불안이 찾아오기 시작한다. 자리에 앉아 편히 쉴 수도 없고 머릿속에 수많은 생각이 떠오르며 자신을 괴롭힌다. 스트레스가 가중되기 시작하면 성격이 예민해지고 쉽게 흥분한다. 가족들에게도 큰 소리로 고성을 지르거나 물건을 집어던지기도 하는데 가족들은 이를 감당하지 못하며, 흥분이 매우 심했던 경우에는 병원에 연락해 유미를 강제 입원 시킨 적도 있었다. 보통 흥분기가 찾아오면 두 주에서 한 달 정도 이런 상태가 지속된다. 자신감이 충만해지며 작곡에 며칠 밤을 매진하기도 하는데, 자신의 곡이 세상 누구도 흉내 낼 수 없는 명작이란 생각에 여러 군데 음반사를 뛰어다니며 홍보를 하지만 피곤을 느끼지 않는다. 극도의 기분파로 변신하여 손에 돈이 잡히면 아무 계획성 없이 모두 써 버리고 뒤를 생각하지 않는다. 친구들을 불러내 클럽과 술집을 전전하며 폭음을 하기도 하고, 이 비용을 몰래 부모님 카드로 결제하는 바람에 부모로부터 카드 사용을 정지당한 경우도 종종 있다.

이런 시기가 지나면 깊고 끔찍한 우울기가 찾아온다. 자신이 지금까지 이룩해 놓은 것을 끊임없이 돌아보게 되는 이 시간은 유미에게 너무나도 고통스럽다. 아무것도 하기 싫은 상태가 되며, 친구도 만나지 않는다. 왠지 자신의 인생엔 개선될 여지가 없다는 생각이 들곤 한다. 정신건강의학과에서 약물치료를 받으면서 몸무게가 증가했고, 그런 자신의 모습을 보는 것이 싫어 식사 후 구토를 하는 버릇이 생겼다. 집에서 취업 알선 및 대학원 진학에 대해 다양한 조언을 주고 있지만 무엇을 골라야 할지 판단을 할 수 없는 상태이다.

유미는 현재 약물치료를 지속하고 있는데, 약을 끊으면 언제 다시 조증이 나타날지 모르는 상황이라 약물 중단을 결정하기 어렵다. 체중증가 이외의 특별한 부작용은 없지만 자신의 매력이 상실되었다는 생각에 약을 끊고 싶어 한다. 다른 대안을 찾기 위해 인근 임상심리클리닉을 방문했지만 왠지 전문성이 떨어져 보이고, 자신의 입장을 제대로 이해하지 못한다는 생각이 든다. 인생의 답을 찾고 싶은데 치료자는 자꾸 자신에게 다양한 것을 기록하도록 요구할 뿐 만족스런 답을 주지 않아 자주 심리치료를 포기해 왔다. 현재 유미는 세 번째 심리치료자와의 상담을 예약 중이다.

1. 주요 증상 및 진단기준

1)『DSM-5』의 변화

양극성장애는 과거『DSM-IV』까지는 기분장애의 하위유형으로 분류되는 장애였으나 두 상태의 원인 및 치료방법이 다르다는 연구결과의 축적으로 양극성 관련 장애군으로 분리되었다. 이 장애군에는 제I형 양극성장애, 제II형 양극성장애, 순환성장애, 물질/약물치료로 유발된 양극성 및 관련 장애(substance/medication-induced bipolar and related disorder), 다른 의학적 상태로 인한 양극성 및 관련 장애(Bipolar and Related Disorder Due to Another Medical Condition), 달리 명시된 양극성 및 관련 장애(other specified bipolar and related disorder), 명시되지 않는 양극성 및 관련 장애(unspecified bipolar and related disorder)가 포함된다.

2) 기분삽화

[그림 6-1] **인간 내면의 양극단을 다룬 『지킬 앤 하이드』**(우울하고 억제된 지킬 박사의 모습과 욕망에 충실한 하이드의 모습은 마치 양극성장애의 두 극성을 상징하는 듯하다)

양극성장애를 진단하기 위해서는 먼저 기분삽화(mood episode)를 확인해야 한다. 기분삽화란 비정상적인 기분이 지속되는 시기를 일컫는 표현으로, 크게 조증삽화(manic episode), 경조증삽화(hypomanic episode), 주요우울삽화(major depressive episode)로 구성된다.

조증삽화는 비정상적으로 고양되거나 과민해지는 기분상태를 보이는 시기이다.『DSM-IV』에서는 조증삽화의 진단을 위해 환자들에게 이런 기분을 겪은 시기가 있었는지를 물어야 했으나 환자들은 이런 기분 상태가 있던 시기를 잘 회상하지 못하는 경향이 있었다. 이런 문제점을 극복하기 위해 이번 진단기준에서는 증가된 행동과 에너지를 확인하는 기준을 추가시켰다.

〈표 6-1〉에 조증삽화의 진단기준이 나와 있다. 조증삽화에서는 수면욕구가 극적으

로 감소한다. 불과 3시간 남짓한 잠을 자고도 피곤을 느끼지 않는 경우가 많으며, 예술가들의 경우 며칠간의 밤샘작업이 가능하기도 하다. 주의를 유지하기 어려워서 주변의 사소한 자극에도 자신이 하던 일을 지속하지 못하는 모습을 발견할 수 있다. 목표를 성취하고자 하는 욕구가 급증하여 작품을 만들거나 사회단체를 조직해 활동하는 등의 목적 지향적 활동이 왕성해지는데, 평상시부터 이 사람을 지켜보던 경우가 아니면 그냥 격정적이고 기이한 사람으로 비칠 가능성도 있다. 성적 욕구가 왕성해지는 경우도 있어서 불특정 다수와의 성관계로 인해 삽화가 종결된 뒤 문제에 휘말릴 수 있다. 일부 환자는 의미 없는 행동을 하며 안절부절 못하는 모습을 보이기도 한다.

표 6-1 **조증삽화의 진단기준**

A. 1주일 이상의 기간 동안 내내 하루의 대부분 지속되는 상승된 기분, 과민한 기분, 목적 지향적 행동의 증가, 에너지의 증가가 나타나는 시기가 존재하며, 이는 평상시 상태와는 분명하게 구분된다.
B. 이런 기분과 에너지 증가가 나타나는 기간 동안 다음 세 가지(과민한 기분만 나타나는 경우 네 가지) 이상의 증상이 평상시와는 분명히 다른 수준으로 뚜렷하게 나타난다.
  1. 팽창된 자존심과 과대성
  2. 수면욕구의 감소
  3. 평소보다 말이 많거나 말을 계속 하고 싶은 욕구
  4. 사고의 비약 혹은 사고가 줄달음치는 주관적 경험
  5. 주의산만
  6. 목표 지향적 활동의 증가 혹은 정신운동성 초조
  7. 고통스러운 결과가 초래될 쾌락적인 행동에 과도하게 몰두
C. 기분삽화는 사회활동 및 직장생활에 심각한 장해를 유발하거나, 정신병적 상태가 동반되거나 자신 및 타인의 안전을 위해 입원을 시켜야 할 정도로 충분히 심각하다.
D. 이 삽화는 의학적 문제나 물질복용의 효과가 아니어야 한다.

출처: American Psychiatric Association (2013).

조증의 시기는 '인간의 삶에는 반드시 안 되는 것이 존재한다.'는 원리를 이해하는 능력이 감소한다. 말도 안 되는 사업에 전 재산을 투자하는가 하면, 카드 빚으로 감당하지 못할 소비를 하기도 한다. 특급호텔 스위트룸을 한 달씩 예약하여 생활하다 가족의 신고로 강제 입원된 환자도 있다. 이들의 상승된 자존심과 비현실적 낙관주의가 빚은 문제인 것이다.

일부 환자는 항우울치료를 받는 동안 조증삽화가 나타난다. 과거에는 이를 항우울

약물의 부작용으로 보는 경향이 많았으나 최근 임상가들은 이것 자체가 양극성장애의 기질을 반영한다고 보고 있다. 따라서 『DSM-5』는 항우울치료 도중 발생된 조증삽화도 양극성장애의 삽화에 포함하는 것으로 결정하였다(APA, 2013).

경조증삽화는 일상적인 기분 상태와 조증삽화의 중간 정도에 해당하는 삽화를 의미한다. 세부적인 진단항목에서는 조증삽화와 차이가 없으나 지속기간이 4일 이상으로 짧으며, 사회생활에 미치는 영향도 조증보다 충분히 약해야 한다. 이런 문제 때문에 흔히 환자들은 과거 자신의 어느 시점이 경조증 시기였는지를 구분하여 회상하는데 큰 어려움을 경험한다. 정신병 증상이 있거나 입원이 필요한 상태일 경우 조증삽화로 진단한다.

주요우울삽화는 우울장애를 진단하는 데 사용하는 기준과 동일한 기준이 사용되고 있다. 주요우울삽화로 진단하기 위해서는 반드시 우울기분이나 흥미 상실의 기간이 존재해야 하며, 이러한 기분 변화가 의학적 질환의 직접적 효과로 인한 것이 아니어야 한다. 우울기분은 다양한 형태로 보고될 수 있다. 어떤 환자는 슬픔을 보고하고 눈물을 보이기도 하지만 어떤 경우에는 공허감이나 희망의 상실을 보고하기도 한다. 아동과 청소년기의 경우 우울삽화가 나타날 동안 이러한 기분 대신 짜증과 과민함을 보이기도 한다.

체중이나 식욕의 변화도 주요우울삽화에서 흔하게 나타나는 증상이다. 보통 체중의 변화를 이야기하기 위해서는 평상시 체중의 5% 이상이 한 달 동안 급작스럽게 증가하거나 감소해야 한다.

표 6-2 **주요우울삽화의 진단기준**

A. 다음 증상 가운데 5개 이상의 증상이 연속 2주 기간 동안 지속되며, 이러한 상태가 이전 기능으로부터의 변화를 나타낸다.
　1. 하루의 대부분, 거의 매일 지속되는 우울한 기분
　2. 모든 일상 활동에 대한 흥미나 즐거움의 감소
　3. 의미 있는 체중감소나 증가, 식욕감소나 증가
　4. 불면이나 과다수면
　5. 정신운동성 초조나 지체
　6. 피로나 활력상실
　7. 무가치감 또는 과도하거나 부적절한 죄책감

8. 사고력이나 집중력의 감소 또는 우유부단함
9. 반복되는 죽음에 대한 생각, 자살사고, 자살기도, 자살계획
B. 증상은 사회, 직업 및 다른 기능 영역에서 심각한 장해나 불편감을 초래한다.
C. 이 삽화는 의학적 문제나 물질복용의 효과가 아니어야 한다.

출처: American Psychiatric Association (2013).

정신운동성 초조는 안절부절 못하는 느낌이며, 정신운동성 지체는 행동이 과도하게 느려지는 상태를 의미하는데, 환자 본인의 주관적 느낌이 아니라 주변 사람이 보기에도 확연히 감지될 만큼의 행동 문제가 나타나야 한다.

주요우울삽화에서 동반되는 무가치감이나 죄책감은 일반인의 상식을 크게 넘어선다. 이들은 주변에서 일어나는 모든 부정적 사건의 원인을 자신과 관련짓는 경향이 있으며, 즐거운 일이 생겨도 혼자 즐거움을 느끼는 것 자체에 죄책감을 느낀다. 심각한 경우에는 망상이나 환각 등 정신병적 증상이 무가치감이나 죄책감을 주제로 나타나는 경우도 있다.

3) 양극성 관련 장애의 진단기준

양극성 관련 장애(Bipolar and related disorder)는 앞에서 살펴본 것과 같이 6개의 세부장애들로 구성되어 있다. 지면의 한계상 이 책에서는 임상 장면에서 심리학자들이 가장 흔하게 접하는 장애인 제I형 및 제II형 양극성장애와 순환성장애를 다루도록 하겠다.

(1) 제I형 양극성장애

제I형 양극성장애(Bipolar I Disorder)의 진단을 위해 반드시 필요한 것은 1회 이상의 조증삽화이다. 경조증삽화나 우울증삽화가 조증삽화의 이전이나 이후에 나타날 수 있지만 조증삽화가 발생한 경우 진단은 제I형 양극성장애가 된다. 분열정동장애 및 기타 조현 스펙트럼 장애 중에만 나타나는 조증삽화의 경우 해당 정신병적 장애의 진단을 부여하게 된다.

(2) 제II형 양극성장애

제II형 양극성장애(Bipolar II Disorder)의 진단을 위해서는 반드시 1회 이상의 경조
증삽화와 주요우울삽화의 병력이 존재해야 한다. 조증삽화의 과거력이 한 번이라도
있을 경우에는 제I형 양극성장애 진단을 받는다. 제II형 양극성장애와 마찬가지로 정
신병적 장애의 기간 동안 나타나는 경조증삽화는 이 장애로 진단하지 않는다. 최근
연구자들은 제II형 양극성장애가 단지 제I형 장애의 가벼운 표현형이라기보다는 다른
임상적 경과를 보이는 장애로 간주하는 경향이 있다(APA, 2013).

(3) 순환성장애

순환성장애(Cyclotymic Disorder)는 역치하 경조증 및 주요우울삽화를 만성적으로
보이는 환자집단을 구분하기 위해 구성되었다. 이 진단을 받는 환자들은 끊임없이 변
화하는 기분 상태를 경험하게 된다.

표 6-3   순환성장애의 진단기준

A. 적어도 2년 이상의 기간 동안 진단기준을 충족하지 못하는 경조 증상과 우울 증상이 수차례
반복된다.
B. 이 2년간 적어도 절반 이상의 기간은 경조 증상이나 우울 증상을 경험하며, 증상이 없는 시
기는 2개월을 넘지 못한다.
C. 주요우울, 조증, 경조증삽화를 만족시킨 적이 없다.
D. A 기준에서 제시된 증상들은 조현 스펙트럼 장애 및 기타 정신병적 장애로 더 잘 설명되지
않는다.
E. 증상은 물질이나 다른 의학적 상태의 생리적 효과로 더 잘 설명되어서는 안 된다.

출처: American Psychiatric Association (2013).

기분의 불안정성이 만성적으로 나타남을 확인하기 위해 순환성장애에는 최소 2년
의 지속기간을 전제하고 있지만, 아동·청소년의 경우에는 1년 이상의 증상으로도 진
단이 가능하다. 만일 2년 이후에 주요우울, 조증, 경조증삽화 등이 나타날 경우 환자
의 진단은 다른 양극성 관련 장애로 변경한다.

4) 양극성 스펙트럼 장애

정신병리는 범주적 진단기준을 사용하고 있어서 정신장애를 가지고 있는 사람과 그렇지 않은 정상인을 전혀 다른 사람으로 생각하게 만든다. 하지만 현실에서는 환자와 정상인의 기준이 그렇게 명확하지 않다. 제법 심한 정신적 문제를 보이는 것 같지만 진단기준을 만족하지 않는 사람도 있다. 범주적 접근을 적용할 때 생기는 이런 문제를 해결하기 위해 최근 대두되고 있는 것이 바로 스펙트럼적 접근이다.

스펙트럼이라는 용어가 처음 사용된 것은 조현병의 다양한 수준을 묘사하기 위해서였으며(Kety, Rosenthal, Wender & Schulsinger, 1968), 현재는 양극성장애의 다양한 수준을 기술하는 용어로도 사용되게 되었다(Angst, 2002). 어떤 상태를 양극성 스펙트럼으로 볼 것인지에 대해서는 다양한 주장이 제기되고 있기만 다음 세 가지 환자 그룹을 양극성 스펙트럼 장애로 보는 데 전문가들의 의견이 모여 있는 상태이다(Phelps, Angst, Katzow & Sadler, 2008).

- 항우울제 처방 시 경조증을 보이는 경우로 Akiskal, Djenderedjian, Rosenthal과 Khani(1977) 등은 양극성장애 3형으로, Klerman(1981)은 양극성장애 4형으로 이름 붙인 바 있다.

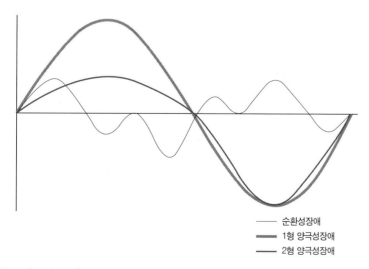

순환성장애
1형 양극성장애
2형 양극성장애

[그림 6-2] 시간에 따른 양극성 관련 장애의 기분 변동 변화 양상

- 경조증의 진단기준에는 약간 미치지 못하는 역치하 환자이지만 주요우울삽화로 보기에는 경조증적 성향이 강한 경우
- 아직 경조증 증상을 보인 적은 없지만 양극성을 의심할 수 있는 특징이 나타난 경우, 우울삽화의 조기발병, 반복적인 우울의 재발, 양극성장애의 가족력 등이 있는 경우 양극성장애의 스펙트럼 성향이 있는 것으로 간주함

스펙트럼 관점은 양극성장애를 차원적 관점에서 볼 개념적 틀을 마련해 준다. 다양한 수준의 양극성장애가 존재할 수 있다는 관점은 이 장애가 아직 진단기준을 만족할 정도로 진행하지 않은 고위험 집단을 발굴하고 관리하는 데 유용하다.

하지만 스펙트럼에 대한 관점은 자칫 너무 많은 환자 및 비환자들을 양극성장애로 과잉진단할 가능성이 있다. 너무 많은 하위 유형을 양극성장애로 분류하기 때문에 진단이 난해해지고, 우울증과의 구분이 모호해지면서 진단의 신뢰도도 낮아질 수 있다 (Baldessarini, 2000). 결국 불필요한 사람에게 양극성장애 약물을 투여하여 부작용의 가능성을 높일 수 있기 때문에 조증이니 경조증 증상이 나타나기 전에 약을 처방하는 것은 과잉대응이라는 주장이다(Zimmerman, 2012).

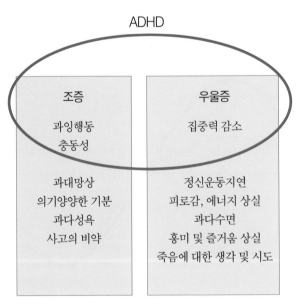

[그림 6-3] **ADHD와 양극성장애에서 공통적으로 나타나는 증상**
(일부 학자는 ADHD와 양극성장애가 유전적 취약성을 공유한다고 주장하기도 한다.)

5) 다른 장애와의 감별진단

양극성장애 역시 상당 기간 동안 주요우울삽화를 보이며, 최초로 조증이나 경조증
삽화를 보이기 전까지 주요우울삽화만을 보이고 있는 경우에는 현실적으로 이 환자
가 단극성 우울증인지 양극성장애의 우울삽화인지를 구분하기가 매우 어렵다. 하지
만 임상가들은 유사한 우울삽화임에도 양극성장애의 우울삽화와 단극성 장애의 우울
삽화는 조금 다른 특성이 있다는 것을 발견하였다. 양극성 우울의 경우 망상이나 환
각 등 정신병적 증상이 동반되는 경우가 많으며, 기분이 불안정하게 변하며 과수면
양상이 나타나는 경향이 있다. 반면 단극성 우울의 경우 자기비난적 경향이 강하고,
저하된 기분과 즐거움을 느끼지 못하는 무쾌감증과 무력증이 두드러지며, 잠이 들기
어려운 초기불면 증상이 두드러진다(박원명, 전덕인, 2014, pp. 332-333).

주의력결핍 과잉행동장애(Attention Deficit Hyperactivity Disorder: ADHD)의 과민성,
빠르고 충동적인 언행, 끊임없는 활동, 손상된 주의, 반항적이거나 저항적인 행동과
같은 증상이 양극성장애의 증상으로 오해석될 수 있다. 이를 감별하기 위해서는 정
신병적 증상의 존재, 극심한 기분 변화, 갑작스러운 발병 또는 10세 이후의 늦은 시기
에 ADHD 증상이 나타나는지를 확인할 필요가 있다. 이런 증상이 존재할 경우 양극
성장애일 가능성이 높다. 또한 양극성장애에 대한 강한 가족력이 있거나 자극에 대한
반응의 결여가 나타나는 시기가 있을 경우 양극성장애를 의심한다(Ghouse, Sanches,
Zunta-Soares, Swann, & Soares, 2013).

양극성장애 환자의 19% 정도는 경계성 성격장애의 진단을 함께 받는다(Gunderson,
2009). 두 장애 모두 기분의 불안정성을 보이지만 순수 양극성장애의 경우 이러한 기
분 증상이 일정한 기간 동안에만 나타나는 삽화적 경향이 두드러진다(Kemberg &
Yeonmans, 2013). 양극성장애의 경우 기분 증상에서 회복되는 시기에는 자신에게
중요한 도움을 주는 사람들의 중요성을 이해하지만(Stone, 2006), 경계성 성격장애
의 경우 타인을 신뢰하고 친밀한 관계를 유지하는 데 만성적인 어려움이 나타난다
(Kemberg & Yeonmans, 2013).

조현정동장애는 제I형 양극성장애와 기분 증상 및 정신병적 증상을 공유하기 때문
에 감별에 주의가 필요하다. 두 장애를 감별하기 위해서는 정신병적 증상이 나타나는
시점에 주의해야 하는데, 양극성장애에서 정신병적 증상이 나타나는 시기는 조증이

극대화되는 시기에 국한된다. 반면, 조현정동장애의 정신병적 증상은 기분장애의 심각도와 별개로 나타나는 성향이 있다(Goodwin & Jamison, 2007).

표 6-4 **경계성 성격장애와 제I형 양극성장애의 감별 방법**

두 장애는 일부 시기에 유사한 모습을 보이지만 정확한 치료를 위해서는 감별진단이 필수적이다.

	경계성 성격장애	제I형 양극성장애
우울기분	변동성이 크다.	시작과 끝이 명확하다(삽화).
자율신경계 증상	×	수면의 변화 식욕의 변화
경조증 증상	×	사고의 비약 수면 욕구 감소
충동성	분노 제어 어려움에서 기인	조증 증상의 과민성과 함께 나타남

2. 양극성장애의 임상 특징

1) 유병률

제I형, 제II형 양극성장애 및 달리 분류되지 않는 양극성장애의 유병률은 합쳐서 1.8% 정도, 순환성장애는 0.4~1% 정도인 것으로 추산된다(APA, 2013). 국내의 유병률 조사에서는 해외보다 낮은 수준으로 나오는데, 평생 유병률과 1년 유병률이 모두 0.2% 정도로 나타나 일본이나 중국과는 비슷한 수준이지만 미국이나 뉴질랜드 등에 비해서는 낮은 편이다. 단극성 우울증과 달리 남성과 여성의 유병률 차이는 없는 것으로 보고되고 있다(조맹제 외, 2011).

2) 공병

양극성장애와 가장 흔하게 동반되는 정신질환은 불안장애군으로 전체 제I형 및 제II형 환자의 75% 정도에서 관찰되며, 공황장애, 사회불안장애, 특정공포증 등이 흔하다. 특히 아동·청소년이면서 제II형 양극성장애가 있을수록 불안장애 공병률이 높으며, 흔히 불안장애가 양극성장애에 선행하는 패턴을 보인다. 물질사용장애와 ADHD는 제I형, 제II형과 순환성장애 모두에서 흔하게 동반되며, 충동조절장애와 품행장애는 제I형 장애외, 폭식장애는 제II형 장애와 동반되는 경향이 있다. 순환성장애의 경우 수면장애가 동반되는 경향이 있다. 제I형 장애는 의학적 문제가 동반되는 경우도 있는데 대사증후군과 편두통 등이 그 예로 알려져 있다(APA, 2013).

3) 장애의 경과

제I형 양극성장애의 첫 번째 삽화가 시작되는 시기는 대체로 10대 후반기이지만 60~70대 노년기에 처음 발병하는 경우도 있다. 첫 번째 조증삽화가 나타난 후 완전히 회복되는 경우는 매우 드물기 때문에 이후 추가로 나타날 기분삽화에 대비하기 위한 개입이 요구된다. 1년 안에 기분삽화가 4회 이상 나타날 경우 '급속 순환형'이라고 부른다.

제II형 양극성장애의 경우 20대 중반에 첫 번째 삽화가 나타나는 경우가 흔하다. 첫 번째 삽화는 주요우울삽화로 나타나는 경우가 많기 때문에 실제 제II형 양극성장애로 진단되는 데에는 상당한 시간이 소요되기도 한다. 대부분의 삽화는 주요우울이며, 실제 환자의 고통감도 이 시기에 집중된다. 나이가 들어감에 따라 한 삽화가 사라지고 다음 삽화가 재발하는 간격이 짧아지는 경향이 있다.

순환성장애는 청소년기에서 성인기 초반에 주로 시작되는데 아주 점진적으로 나타나며 회복기 없이 지속되는 경향이 있다. 순환성장애로 시작되어 제I형이나 제II형 양극성장애로 발전하는 비율도 15~50%에 이르는 것으로 알려져 있다(APA, 2013).

4) 자살

양극성장애 환자들의 25~56%가 평생 적어도 한 번 이상의 자살시도를 하며, 성인 양극성장애 환자의 10~20%는 자살로 끝내 사망한다(Goodwin & Jamison, 1990; Harris & Barraclough, 1997; Valtonen et al., 2007). 양극성장애는 그 어떤 정신과적 장애보다도 자살시도 위험이 높으며(Chen & Dilsaver, 1996; Kessler, Borges & Walter, 1999), 이들의 자살률은 일반 인구집단의 20배 정도에 달할 정도이다(Tondo, Isacsson, & Baldessarini,

2003). 우리나라의 연구에서도 21.2%의 환자가 자살시도 과거력이 있는 것으로 나타나(송주연, 2010) 환자 자살관리의 중요성을 일깨워 주고 있다.

일반적으로 자살 위험성이 높은 환자는 이미 자살시도를 한 가족이 존재하거나 조기발병한다. 또한 삽화의 심각도가 높고, 삽화 기간 중 기분 극성의 급격한 변화가 있으며, 불안이 공존하고, 알코올과 약물남용이 동반되는 경향이 있다(Hawton, Sutton, Haw, Sinclair, & Harriss, 2005). 우울삽화가 길고 삶에 대한 희망을 상실한 채로 살아가는 심각한 우울증상이 지속될 경우 임상가와 가족은 각별히 주의할 필요가 있으며, 자살시도가 의심될 경우 입원을 통해 집중적인 관리를 받아야 한다.

5) 양극성장애 환자의 창의성

[그림 6-4] **양극성장애를 가졌던 것으로 알려진 유명인**(시계방향 순으로 반 고흐, 헤밍웨이, 로빈 윌리엄스, 커트 코베인)

혁신적인 예술작품을 발표해 세상을 놀라게 했던 예술가와 세계 역사를 변화시킨 정치인 중에는 양극성장애를 가지고 있었던 것으로 추정되는 인물이 매우 많다. 영국의 시인 바이런, 미국의 소설가 헤밍웨이, 네덜란드의 화가 반 고흐 등이 양극성장애를 가졌을 것으로 추정되는 인물들이다. 그렇다면 양극성장애가 창조적 사고에 긍정적 영향을 줄 수 있다는 것인가? 이에 대한 대답은 그러한 경우의 수가 나올 가능성이 있다는 것이다.

조중 및 경조증 기간에는 사고의 속도가 상승하며 사고의 논리적 비약이 나타난다. 사고의 속도 증가는 그 자체로 사고의 양을 증대시키며 이 시기에 나타나는 과장된 자신감과 과대망상은 예술작품의 생산이나 정치인

들을 의사결정에 몰두하게 만드는 효과가 있다(Goodwin & Jamison, 2007). 이 시기 양극성장애 환자들이 일반인과 차이를 보이는 가장 대표적인 능력은 바로 조합적 사고(combinatory thinking)이다. "지각, 생각, 상상 등을 비전형적인 방식"으로 통합시키는

이 능력은 일반인이 상상하기 어려운 창작물을 만들어 내는 원동력이 된다(Shenton, Solovay & Holzman, 1987).

양극성장애 환자들의 기분삽화가 창의적 사고를 유도하는지 혹은 창조활동이 기분 변화를 유도하는지에 대해서는 논란이 여전하지만 일부 양극성 환자가 역사에 남을 만한 창작활동을 하고 있는 것은 분명한 것 같다. 하지만 이런 특이한 방식의 창조활 동이 창의성의 본질인지에 대해서는 생각해 보아야 할 사안이다.

3. 병인론

기분장애의 근본적인 원인이 무엇인지에 대해서는 아직 충분히 밝혀진 것이 없다. 여러 가지 원인이 제안되지만 이것 중 일부는 원인보다 촉발 요인이라고 보는 것이 적절한 것도 많다. 결국 무엇이 근본적 원인인지보다는 이 장애의 치료 발전에 유용 한 변인을 찾는데 학자들의 관심이 모아지고 있다.

1) 유전적 요인

한 개인은 자신만의 독특한 형질을 보인다. 얼굴 모양이 다르고, 머리와 눈동자의 색이 다르다. 이러한 개인만의 특징이 나타나는 것은 DNA 염기서열의 일정 위치에 서 각 개인의 변이가 다르기 때문이다. 이러한 변이를 분석하는 방법이 단일염기다 형성(Single Neucleotide Polymorphism: SNP) 분석이다. 양극성장애 환자들의 SNP 분 석은 이들이 뉴런의 생존과 성장에 필수적인 뇌 유래 신경영양인자(Brain-Derived Neurotrophic Factor: BDNF) 유전자에 변이가 있음을 알려 준다(Sklar et al., 2002).

양극성장애가 유전된다는 것은 쌍생아 연구를 통해 보다 명확히 드러난다. 일란 성 쌍생아 연구에서 제I형 양극성장애가 동시에 나타나는 경우는 80%, 제II형 양극성 장애는 78%로 매우 높게 나타나고 있다. 이는 33~59%로 나타나는 일란성 쌍생아의 주요우울장애 일치율에 비해 월등히 높다(Bertelsen, Harvald & Hauge, 1977; Bertelsen, 1979). 환자의 부모나 형제에게 언젠가 양극성장애가 발병할 위험은 17.5%나 되어 (Gershon, Targum, Kessler, Mazure, Bunney, 1977; Tsuang, Winokur & Crowe, 1980) 2%

가 넘지 않는 일반인의 발병률에 비교가 되지 않을 수준이다.

2) 신경생화학적 요인

양극성장애 발병의 생화학적 기전은 우울증 발병 원인으로 믿어지는 모노아민 가설에서 출발하였다. 노르에프네프린, 도파민, 세로토닌을 총칭하는 모노아민이 부족한 경우 우울증이 나타난다는 모노아민 가설은 다양한 항우울제의 효과 기전 연구를 통해 그 타당성이 지지되어 왔다(Bunney & Davis, 1965; Gershon, Holmberg, Mattsson, Mattsson, & Marshall, 1962; Kline, 1958; Schildkraut, 1965). 이 가설에 기반하여 양극성장애의 발병기전은 우울증의 반대, 즉 노르에프네프린과 도파민으로 대표되는 카테콜아민(catecholamine)이 과잉 활동하는 상태로 이해되었다(Schildkraut, 1965).

1960년대 후반부터 불기 시작한 세로토닌의 역할에 대한 관심은 우울증에 대한 인돌아민(indolamine) 가설을 태동시킨다. 세로토닌으로 대표되는 인돌아민이 기분의 조절에 중요한 역할을 한다는 이 가설은 양극성장애로 확장된다. 이에 따르면 우울증이든 조증이든 기분장애를 유발하는 것은 세로토닌이 부족해서 발생되며, 이에 수반하여 카테콜아민이 부족할 경우 우울증이, 카테콜아민의 과잉되었을 경우 조증이 나타난다는 것이다(Prange, Wilson, Lynn, Alltop, & Stikeleather, 1974).

그러나 이후의 많은 연구는 양극성장애의 발병기전이 그렇게 단순한 원리로 설명될 수 없음을 증명하고 있다. 다양한 신경전달물질과의 관련성이 주장되고 있지만 연구 결과는 그다지 일관적이지 못한 상태이다. 이런 비일관성이 나타나는 이유 중 하나는 양극성장애가 가지는 본질적 복잡성 때문이라는 주장이 있다. 조증에서부터 우울증, 심지어 순환성 상태까지 매우 이질적인 기분 변화가 단지 한두 가지 신경전달물질의 작용으로 설명될 수 있다는 자체가 과도하게 단순화된 생각이라는 것이다(Nakic, Krystal, & Bhagwagar, 2010).

양극성장애의 신경생화학적 기전은 다른 정신장애에 비하면 여전히 안개 속에 덮여 있다고 보아야 할 것이다. 하지만 신경생화학적 기전을 발견하는 자체가 새로운 치료제 개발에 반드시 필요한 작업이기에 더 많은 임상과학자의 도전이 필요한 영역이기도 하다.

3) 기질적 요인

기분장애가 진단될 수준으로 증상이 심각해지기 오래전부터도 상당수의 환자에서는 일반인과 다른 성향이 관찰되곤 한다. 생애 초기부터 발견되어 유전적 성향이 강할 것으로 추정되며, 이후 특정 기분장애의 발병 위험인자가 된다고 믿어지는 안정적 행동 경향성을 흔히 '기질(temperament)'이라 부른다. 이미 독일의 정신의학자인 Emil Kraepelin은 정서장애의 취약성을 의미하는 네 가지 기질로 우울, 순환성, 조증, 과민성(irritable) 기질을 제안하였다.

Akiskal(1998)은 크레펠린의 기질을 바탕으로 기분장애의 발병 가능성을 높이는 기질로 우울, 감정고양성(hyperthymic), 과민성, 순환성, 불안기질을 제안하였으며, 이 기질들을 측정할 수 있는 TEMPS(Temperament schedule of Memphis, Pisa, Paris and San Diego; Akiskal, Placidi et al., 1998) 검사도 개발하였다. 단극성 우울증 환자와 양극성장애 환자를 비교하면 특히 감정 고양성과 순환성 기질이 양극성장애에서 높이 나타난다(Evans et al., 2005; Mendlowicz et al., 2005). 또한 우울삽화를 보이는 환자 중에서도 두 기질이 높은 환자는 이후의 경과에서 조증이나 경조증삽화를 보이는 경우가 많은 것으로 보고되었다(Goto, Terao, Hoaki & Wang, 2011; Mechri, Kerkeni, Touati, Bacha & Gassab, 2011).

기질은 심리검사의 형태를 통해서도 쉽게 측정되기 때문에 기존의 성격검사들을 대체하거나 보완하는 도구로도 그 미래가 기대된다. 앞으로의 연구를 통해 아직 기분장애 진단을 받지 않은 정상인에게서 기질검사의 결과가 이후 나타날지 모를 기분장애 발병을 예측할 수 있을지를 확인할 수 있을 것으로 기대된다.

4) 심리사회적 요인

양극성장애를 촉발하는 상당수 요인은 주요우울장애와 중첩되는 경향이 있다. 사건이 심리적 부담을 가중시킨다는 기능에서는 차이가 없기 때문이다. 부정적인 사건이 발생되는 것과 이러한 사건에 대한 도움을 줄 사회적 지지가 없다는 것은 모두 양극성장애, 특히 우울증삽화의 시작과 밀접한 관련이 있다(Kring, Johnson, Daison, & Neale, 2012).

조증삽화   우울삽화

과도한 보상민감성   부정적 사건의 발생
수면패턴의 변화   사회적 지지자의 부재

[그림 6-5] 양극성장애의 심리사회적 요인
(조증을 유발하는 요인과 우울증을 유발하는 요인에 차이가 있다.)

하지만 조증이나 경조증 증상의 출현은 이와는 기전이 조금 다르다. 양극성장애 환자는 정상인에 비해 보상에 더 열광적이고 민감한 반응을 보이는 것으로 알려져 있다 (Abler, Greenhouse, Ongur, Walter, & Heckers, 2008). 이들은 기존에 추진하던 일이 성공적인 결실을 거두거나 새로운 사업 아이디어가 떠오르면, 마음의 평정을 잃고 더 큰 성공을 거두기 위해 과도한 에너지를 투입하고 모험을 시작한다. 마치 성공에 중독된 듯한 이런 모습은 흔히 조증의 재발로 이어진다.

성공에 쉽게 동요하는 양극성장애 환자의 문제를 심리학은 과도한 보상 민감성의 문제로 설명하고 있다. 실제로 장기간의 추적 연구는 보상 민감성이 높은 집단에서 양극성 스펙트럼 장애의 발병이 높은 것을 확인하고 있다(Alloy et al., 2008, Alloy et al., 2009). 성공중독증은 양극성장애를 심리학적으로 설명하는 가장 적절한 표현일지도 모른다.

양극성장애의 발병은 생활리듬과도 관련이 밀접하다. 특히 수면패턴의 변화는 조증삽화의 발병과 밀접한 관련이 있어 보인다. 정상인도 수면박탈이 기분의 상승을 유발하는 경우가 있으며, 이런 수면박탈을 우울증 치료에 활용하기도 한다. 조증삽화가 발병한 많은 환자는 발병 직전에 잠을 제대로 자지 못하고 밤을 새는 경험을 보고한다. 시차가 바뀌고 수면패턴에 극심한 변화가 초래되는 해외여행은 양극성장애의 재발을 유발하는 강력한 예측 요인으로 알려져 있다.

4. 치료

현재까지는 양극성장애에서 나타나는 조중 중상을 완화시키기 위해서 일정한 기간 동안 약물치료를 받는 것이 필수적이다. 이러한 이유 때문에 오랫동안 양극성장애는 심리학자들이 치료 분야에서 적극적인 역할을 할 수 없는 것으로 오해받아 왔다.

하지만 이런 관점은 지나치게 소극적인 것이다. 건강심리학에서 흔히 말하듯 의학적 치료의 협조도를 높이고 최적의 효과를 내기 위해서는 심리학적 개입이 역할을 할수 있다. 또한 조중 중상이 사라진 관해기에는 다음 중상의 출현을 억제하기 위해 다양한 심리학적 치료가 필요하기 때문이다.

양극성장애를 치료하기 위해서는 의학자와 심리학자를 비롯한 비의학적 분야 전문가들의 적극적인 협조가 요구되며, 그러한 이유로 팀 간의 협력을 강조하는 임상심리학의 전통에도 잘 부합하는 분야라 할 수 있다.

1) 약물치료

양극성장애의 치료에 사용되는 약물은 사용 목적에 따라 크게 기분안정제(mood stabilizer), 항경련제(anticonvulsant), 비정형 항정신병제(atypical antipsychotics), 항우울제(antidepressants)로 나뉘며 환자의 삽화 및 중상에 따라 한 가지만 혹은 함께 처방된다.

기분안정제로 가장 잘 알려져 있는 약물은 리튬(lithium)이다. 양극성장애 약의 대명사처럼 알려져 있는 리튬은 급성 조중 중상을 빠르게 안정화시키는 효과가 있다. 하지만 갑상선 기능저하증과 체중증가, 배뇨과다 등의 부작용이 발생할 수 있다. 특히 체중증가는 외모에 민감한 젊은 여성층에게 매우 치명적인 치료 거부 사유가 될 수 있다.

최근에는 리튬을 대신하여 조중 중상을 안정시키는 약물로 항경련제가 많이 사용되는 추세이다. 항경련제는 원래 간질 등의 발작을 안정시키기 위한 약이지만 발프로에이트(valproate) 계열의 데파코트(depakote) 같은 약물은 기분을 안정시키는 효과가 탁월한 것으로 인정받고 있다. 하지만 이 약도 식욕부진, 불규칙한 월경, 졸림, 간 기능 문제 등 다양한 부작용이 나타날 수 있다.

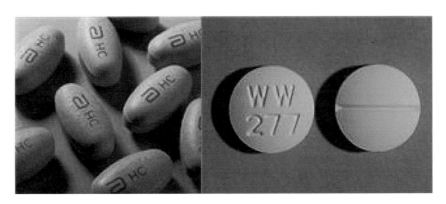

[그림 6-6] 양극성장애 치료를 위해 가장 많이 사용되는 데파코트

[데파코트(Depakote: 좌)와 리튬(lithium: 우), 주로 급성 조증증상의 관리에 효과가 있다.]

출처: Class action lawsuit help

비정형 항정신병제는 보통 조현병 치료에 주로 쓰이는 약이지만 정신병적 증상이 나타나는 양극성장애의 치료에도 사용된다. 대표적으로 올란자핀(olanzapine), 퀘티아핀(quetiapine), 아리피프라졸(aripiprazole), 리스페리돈(risperidone) 계열의 약물이 처방된다. 두통, 어지러움, 시야 흐림, 저혈압 등 다양한 부작용이 나타날 수 있다.

항우울제는 주요우울삽화 시기에 사용되며, 단독으로 사용하기보다는 기분안정제나 비정형 항정신병제와 함께 처방하는 경우가 많다. 양극성장애 환자는 주요우울삽화기에 항우울제를 복용하면 조증이나 경조 증상이 나타나는 경우가 있다. 이런 증상반전이 비교적 적은 선택적 세로토닌 재흡수 억제제(Selective Serotonin Reuptake Inhibitors: SSRI)나 부프로피온(bupropiom)계 약물을 사용하지만 지속적인 관찰이 필요하다.

특정 환자에게 가장 좋은 효과를 내고 부작용도 적은 약을 한 번에 찾아낼 방법은 없다. 이런 이유로 모든 환자는 자신에게 적합한 약을 발견하기까지 일정기간 담당의의 관찰하에 몇 가지 약을 시도하고 변경하는 과정을 거쳐야 한다. 일부 환자는 초기에 약효가 나타나지 않거나 부작용이 발견될 경우 즉시 병원을 바꾸는 경우가 있지만 이는 바람직한 선택이 아니다. 환자에게 맞는 치료제를 선택하기 위해서는 환자 스스로 약을 복용했을 때 나타나는 경험에 대해 적극적으로 보고하는 협조적 태도가 필요하다.

2) 심리학적 치료

양극성장애는 자기 자신에게 해를 끼칠 위험과 자살, 사회적 비용이 높은 재발성의 경과를 가지고 있는 질병이다(Solomon, Keitner, Miller, Shea & Keller, 1995). 리튬을 사용한 약물치료에도 계속해서 재발하는 양극성장애 환자는 1/3이나 된다(Solomon et al., 1995; Burgess et al., 2001). 따라서 양극성장애의 약물치료만으로는 부분적인 치료가 될 수밖에 없다. 심리치료가 흔히 약물치료 다음으로 적용되는데, 그 종류에는 심리교육, 인지행동치료(Cognitive behavioral Therapy: CBT), 대인관계 사회적 리듬치료(Interpersonal and social rhythm therapy: IPSRT), 가족 심리교육 개입과 같은 치료가 있다.

심리교육은 환자에게 병과 치료에 대한 정보를 제공하는 작업으로, 전통적인 심리치료적 효과와 동시에 약물순응성을 높이기 위한 목적을 가지고 있다. 심리교육에서는 약물의 효과 및 부작용 등에 대한 지식을 제공하여 규칙적인 약 복용이 가능하도록 지도하며, 증상의 악화를 미리 예측하고 스트레스를 관리하는 방법을 훈련하여 자기관리 능력을 신장시킨다. 심리교육은 오랫동안 양극성장애 환자에게 효과 있는 심리치료로 활용되어 왔다.

인지행동치료는 우울증 치료에서 효과가 입증된 바 있다(Gloaguen, Cottraux, Cucherat, & Blackburn, 1998; Roth & Fonagy, 2006). 그러나 양극성장애에 이 치료가 적용되기 시작한 것은 얼마 되지 않았다. 가장 효과가 좋은 경우는 환자가 우울삽화에 있는 경우이며(Scott & Moorhead, 2001), 조증삽화 때는 조증을 치료하는 기능이 아닌 다음 조증의 재발을 감소시키는 효과가 있는 것으로 확인되었다(Miklowitz et al, 2008; Perry, Tarrier, Morriss, McCarthy & Limb, 1999).

대인관계 사회적 리듬치료(Interpersonal and Social Rythm Therapy: IPSRT)는 IPT (Interpersonal Therapy; Klerman et al., 1984)를 발전시킨 형태이다. 이 치료 역시 우울증의 대인관계치료를 양극성장애에 맞게 변형시킨 치료이며, 양극성장애의 두 가지 특징을 바탕으로 구성되었다. 첫째, 양극성장애 환자는 종종 좋지 않은 대인관계 기능을 가지고 있으며, 우울증삽화 기간에 더 심각해진다(Fagiolini et al., 2005). 둘째, 잠이 들고 깨는 환자들의 순환 자체가 조증삽화를 촉발할 수 있다(Malkoff et al., 1998). 따라서 대인관계 사회적 리듬 치료는 이 두 가지 문제를 극복하는 데 도움을 주기 위한 목적을 가지고 있다. 우선 슬픔과 역할갈등, 대인관계 사이에서의 갈등, 대인관계의 결핍 등을 주로 해결하며, 환자가 일어나는 때, 잠자는 때, 운동하는 시기, 대인관계 등과 같은 사회적인 리듬을 일상적으로 안정화하고, 이를 불안정하게 만드는 사건을 통제한다.

가족치료는 양극성장애 환자 가족의 고통과 심리적 부담을 줄여 주는 기능을 한다. 이 치료를 통해 환자를 둘러싼 스트레스적 환경을 관리하고 질환이 환자와 가족에 미치는 영향을 줄일 수 있다(박원명, 전덕인, 2014, pp. 236-237). 세부적으로는 가족 중심 심리교육 치료와 가족 중심 인지행동치료와 같은 것으로 나눌 수 있다. 가족중심 심리교육 치료를 했을 때 조증 증상 자체가 나아지지는 않았지만, 우울 증상 개선에는 효과가 있었다(Miklowitz et al., 2000).

심리치료의 효과성에서 주목해야 할 점은 환자의 임상적인 상태와 삽화의 극성에 따라 효과적인 심리치료가 다르다는 것이다. 가족치료, 대인관계치료, 입원치료는 급성삽화가 시작되었을 때의 관리에 효과적이다. 반면, 인지행동치료와 집단심리교육은 회복 기간 동안 실시하면 재발을 억제하는 데 효과가 있었나. 개인적인 심리교육과 입원 프로그램은 우울 증상보다 조증 증상을 보일 때 더 효과적이었고, 가족치료와 인지행동치료는 조증 증상보다 우울 증상에 더 효과적이었다. 결론적으로 보면, 약물의 순응도와 초기 기분 증상에 대한 이해도를 높이는 치료는 조증일 때 더 큰 효과를 갖고, 인지적이고 대인관계적인 전략 치료는 우울일 때 훨씬 더 효과가 크다 (Miklowitz, 2008).

3) 자가치료

심리치료의 궁극적인 목적은 환자 스스로 자신의 상태를 감찰하고 조절하게 만드는 것이다. 이런 관점에서 환자 스스로 자신의 문제를 치료하는 자가치료는 가장 바람직한 치료의 방식이라고 할 수 있다. 기존 자가치료는 양극성장애 전문가들이 제작한 책을 기반으로 한 독서치료적 성격이 강했지만 매체의 한계로 인해 충분한 예시나 시청각 교육이 부족하였다. 이런 한계를 잘 보완해 주는 것이 인터넷이다. 인터넷은 정신건강 문제를 가진 사람이 정보에 접근하기 가장 좋은 방법 중 하나이며, 다양한 시청각 자료를 제공하여 효율적인 교육이 이루어질 수 있다. 불행하게도 양극성장애 환자들의 심리 문제를 교육하고 치료할 수 있는 전문가가 매우 부족한 현실에서 이러한 방식의 치료는 최선의 대안이 될 수 있을 것으로 기대된다. 아직 임상실험설계를 적용한 치료효과 보고는 부족하지만 여러 연구가 진행 중이다(Todd, Solis-Trapala, Jones & Lobban, 2012).

최근에는 개인용 컴퓨터를 이용한 인터넷 자가치료를 넘어서서 모바일 기기를 적극 활용하는 자가치료도 시도되고 있다. 덕성여자대학교 심리학과 연구팀은 스마트폰과 태블릿 PC를 활용하여 전문가와 환자가 능동적으로 소통하는 자가치료 프로그램의 시안을 소개한 바 있으며(김수현 외, 2014, 미발표) 이 프로그램이 양극성장애 고위험군의 발병을 억제할 수 있는지를 연구 중이다. 양극성장애 전문가는 부족하고 모바일 기기의 보급률은 세계 최고 수준인 우리나라 현실에 적합한 치료가 될 것으로 기대된다.

요약

양극성장애란 일정 기간의 우울증과 (경)조증이 교차되어 나타나는 정신장애이다. 이러한 양극성장애는 각 하위 유형으로 제I형 양극성장애, 제II형 양극성장애, 순환성장애 등이 있다.

우울 상태에서는 활력이 저하되고 우울한 기분이 나타나며 일상적인 일에 관심이 없어지고 매사에 자신감이 없다고 느낀다. 사고의 흐름에도 장애가 오는데 행동이 느린 것과 더불어 정신운동성 지체가 나타난다. 단극성 우울증과 달리 식욕의 증가나 이로 인한 체중증가, 수면시간의 증가 등이 나타나는 경우가 있다.

조증 상태에서는 우울 상태와는 반대로 흥분되고 유쾌하고 자신만만한 기분이 나타나는데, 비정상적으로 낙관적인 태도를 가지고, 정신운동의 항진으로 활동이 많아진다. 사고의 흐름도 빠르고 더 나아가서는 사고의 비약도 나타난다. 이때 사고의 내용은 과장된 생각 또는 과대망상이 주를 이룬다.

양극성장애의 근본적인 원인은 아직 충분히 밝혀내지 못하고 있지만 크게 유전적 요인, 신경생화학적 요인, 기질적 요인, 심리적 요인으로 살펴볼 수 있다. 양극성장애는 단극성 우울증과 비교해 볼 때, 유전적 요인의 영향을 많이 받는 것으로 보인다. 신경생화학적 요인에서는 세로토닌과 카테콜아민 비정상성이 제시되고 있지만 복잡한 삽화를 보이는 양극성장애를 설명하는 데 제한점이 많다. 기질적으로는 감정고양성 기질과 순환성 기질이 양극성장애 발병과 밀접한 관련을 가지는 것으로 알려져 있다. 마지막으로 심리사회적 요인에서는 전통적인 스트레스의 영향 외에도 과도한 보상 민감성, 생활리듬의 불균형 등이 거론되고 있다.

양극성장애의 일반적인 치료방법으로는 우선 약물치료가 고려되어야 하며, 급성 조증 상태에서는 리튬이나 데파코트 등의 약물치료가 필수적이다. 하지만 다수의 환자가 약물치료에 부정적이며, 충분히 처방을 준수하지 않기 때문에 이런 태도를 개선시킬 필요가 있다. 심리교육은 환자의 약물처방에 대한 협조를 높이며, 증상재발을 관리할 수 있다. 스트레스를 관리하는 인지행동치료, 대인관계와 생활습관을 관리하는 대인관계 사회리듬치료, 가족들의 치료적 환경을 강화하기 위한 가족치료 등의 심리치료도 재발방지에 효과적인 것으로 확인되고 있다. 최근에는 이런 여러 심리치료의 장점을 종합하여 환자들이 집에서 스스로 자신을 관리할 수 있도록 돕는 자가치료가 개발되어 효과를 검증 중이다.

학습과제

1. 양극성장애의 유형을 설명하고 각각의 임상적 특징을 기술하시오.
2. 역사적 인물 중 양극성장애를 가졌던 것으로 알려진 사람들을 찾아보시오.
3. 양극성장애의 원인을 기술하시오.
4. 양극성장애에서 약물치료의 중요성을 기술하시오.
5. 양극성장애 심리치료의 종류 및 적용해야 할 상황을 기술하시오.

참고문헌

김수현, 이서영, 배유빈, 엄정연, 최승원. (2014). 양극성장애 자가치료 프로그램의 개발: 조증과 우울증 성향자를 대상으로.

박원명, 전덕인(2014). 양극성장애(2판). 서울: 시그마프레스.

송주연(2010). 양극성장애 환자의 자살 시도와 연관된 위험요인분석. 서울대학교 대학원 석사학위논문.

조맹제, 박종익, 배안, 배재남, 손정우, 안준호, 이동우, 이영문, 이준영, 장성만, 정인원, 조성진 & 홍진표. (2011). 2011년도 정신질환실태 역학조사. 보건복지부.

Abler, B., Greenhouse, I., Ongur, D., Walter, H., & Heckers, S. (2008). Abnormal reward system activation in mania. *Neuropsychopharmacology, 33*(9), 2217-2227.

Akiskal, H. S., Placidi, G. F., Maremmani, I., Signoretta, S., Liguori, A., Gervasi, R., Mallya, G., & Puzantian, V. R. (1998). TEMPS-I: delineating the most discriminant traits of the cyclothymic, depressive, hyperthymic and irritable temperaments in a nonpatient population. *Journal of Affective Disorder. 51*, 7-19.

Akiskal, H. S. (1998). Toward a definition of generalized anxiety disorder as an anxious temperament type. *Acta Psychiatrica Scandinavica, 393*, 66-73.

Akiskal, H. S., Djenderedjian, A. H., Rosenthal, R. H., & Khani, M. K. (1977). Cyclothymic disorder: validating criteria for inclusion in the bipolar affective group. *The American journal of psychiatry.*

Akiskal, H. S., Placidi, G. F., Maremmani, I., Signoretta, S., Liguori, A., Gervasi, R., ... & Puzantian, V. R. (1998). TEMPS-I: delineating the most discriminant traits of the cyclothymic, depressive, hyperthymic and irritable temperaments in a nonpatient population. *Journal of affective disorders, 51*(1), 7-19.

Alloy, L. B., Abramson, L. Y., Walshaw, P. D., Cogswell, A., Grandin, L. D., Hughes, M. E., Lacobiello, B. M., Whitehouse, W. G., Urosevic, S., Nusslock, R., Hogan, M. E. (2008). Behavioral approach system and behavioral inhibition system sensitivities and bipolar spectrum disorders: Prospective prediction of bipolar mood episodes. *Bipolar Disorders, 10*(2), 310-322.

Alloy, L. B., Abramson, L. Y., Walshaw, P. D., Gerstein, R. K., Keyser, J. D., Whitehouse, W. G., . . . Harmon-Jones, E. (2009). Behavioral approach system (BAS)-relevant cognitive styles and bipolar spectrum disorders: Concurrent and prospective associations. *Journal of Abnormal Psychology, 118*(3), 459-471.

American Psychiatric Association. (2013). Diagnostic and statistical manual of mental disorders, (DSM-5®). *American Psychiatric Pub.*

Angst, J., & Cassano, G. (2005). The mood spectrum: improving the diagnosis of bipolar disorder. *Bipolar disorders, 7*(4), 4-12.

Angst, J., & Gamma, A. (2002). A new bipolar spectrum concept: a brief review. *Bipolar disorders, 4*(s1), 11-14.

Baldessarini, R. J. (2000). A plea for integrity of the bipolar disorder concept. *Bipolar disorders, 2*(1), 3-7.

Bertelsen, A. (1979). Origins, Prevention and Treatment of Affective Disorders. In: Schon M., Strangren E (eds). London: Academic Press. pp. 227-239.

Bertelsen, A., Harvald, B., & Hauge, M. (1977). A Danish twin study of manic-depressive disorders. *The British Journal of Psychiatry, 130*(4), 330-351.

Bunney, W. E., & Davis, J. M. (1965). Norepinephrine in depressive reactions: *A review.*

Archives of General Psychiatry, 13(6), 483–494.

Burgess, S. S., Geddes, J., Hawton, K. K., Taylor, M. J., Townsend, E., Jamison, K., & Goodwin, G. (2001). Lithium for maintenance treatment of mood disorders. *The Cochrane Library.*

Chen, Y. W., & Dilsaver, S. C. (1996). Lifetime rates of suicide attempts among subjects with bipolar and unipolar disorders relative to subjects with other Axis I disorders. *Biological Psychiatry, 39*(10), 896–899.

Evans, L., Akiskal, H. S., Keck, P. E., McElroy, S. L., Sadovnick, A. D., Remick, R. A., & Kelsoe, J. R. (2005). Familiality of temperament in bipolar disorder: support for a genetic spectrum. *Journal of Affective Disorders, 85*(1), 153–168.

Fagiolini, A., Kupfer, D. J., Masalehdan, A., Scott, J. A., Houck, P. R., & Frank, E. (2005). Functional impairment in the remission phase of bipolar disorder. *Bipolar disorders, 7*(3), 281–285.

Gershon, E. S., Targum, S. D., Kessler, L. R., Mazure, C. M., Bunney, W. E (1977). Genetic studies and biologicalstrategies in the affective disorders. Progress in Medical Genetics, 2, 101–164.

Gershon, S., Holmberg, G., Mattsson, E., Mattsson, N., & Marshall, A. (1962) Imipramine hydrochloride. Its effects on clinical, autonomic, and psychological functions. Archives of General Psychiatry, 6, 96–101.

Ghouse, A. A., Sanches, M., Zunta-Soares, G., Swann, A. C., & Soares, J. C. (2013). Overdiagnosis of Bipolar Disorder: A Critical Analysis of the Literature. *The Scientific World Journal, 2013*

Gloaguen, V., Cottraux, J., Cucherat, M., & Blackburn, I. M. (1998). A meta-analysis of the effects of cognitive therapy in depressed patients. *Journal of affective disorders, 49*(1), 59–72.

Goodwin, F. K., & Jamison, K. R. (1990). Manic. Depressive Illness. New York, NY: *Oxford University Press.*

Goodwin, F. K., & Jamison, K. R. (2007). Manic-depressive illness: bipolar disorders and recurrent depression. *Oxford University Press.*

Goto, S., Terao, T., Hoaki, N., & Wang, Y. (2011). Cyclothymic and hyperthymic temperaments may predict bipolarity in major depressive disorder: a supportive evidence for bipolar II1/2 and IV. *Journal of affective disorders, 129*(1), 34–38.

Gunderson, J. G. (2009). Borderline personality disorder: A clinical guide. *American Psychiatric Pub.*

Harris, E. C., & Barraclough, B. (1997). Suicide as an outcome for mental disorders. A meta-analysis. *The British Journal of Psychiatry, 170*(3), 205-228.

Hawton, K., Sutton, L., Haw, C., Sinclair, J., & Harriss, L. (2005). Suicide and attempted suicide in bipolar disorder: a systematic review of risk factors. *The Journal of clinical psychiatry,* (66), 693-704.

Kernberg, O. F., & Yeomans, F. E. (2013). Borderline personality disorder, bipolar disorder, depression, attention deficit/hyperactivity disorder, and narcissistic personality disorder: practical differential diagnosis. *Bulletin of the Menninger Clinic, 77*(1), 1-22.

Kessler, R. C., Borges, G., & Walters, E. E. (1999). Prevalence of and risk factors for lifetime suicide attempts in the National Comorbidity Survey. *Archives of general psychiatry, 56*(7), 617-626.

Kety, S. S., Rosenthal, D., Wender, P. H., & Schulsinger, F. (1968). The types and prevalence of mental illness in the biological and adoptive families of adopted schizophrenics. *Journal of Psychiatric Research, 6*, 345-362.

Klerman, G. L. (1981). The spectrum of mania. *Comprehensive psychiatry, 22*(1), 11-20.

Kline, N. S. (1958). Clinical experience with iproniazid (marsilid). *Journal of Clinical and Experimental Psychopathology, 19*, 72-78; discussion 78-79.

Kring, A. M., Johnson, S. L., Daison, G., Neale, J. (2012). *Abnormal Psychology, 12nd.* Wiley&Sons. 155-156.

Malkoff-Schwartz, S., Frank, E., Anderson, B., Sherrill, J. T., Siegel, L., Patterson, D., & Kupfer, D. J. (1998). Stressful life events and social rhythm disruption in the onset of manic and depressive bipolar episodes: a preliminary investigation. *Archives of general psychiatry, 55*(8), 702-707.

Mechri, A., Kerkeni, N., Touati, I., Bacha, M., & Gassab, L. (2011). Association between cyclothymic temperament and clinical predictors of bipolarity in recurrent depressive patients. *Journal of affective disorders, 132*(1), 285-288.

Mendlowicz, M. V., Akiskal, H. S., Kelsoe, J. R., Rapaport, M. H., Jean-Louis, G., & Gillin, J. C. (2005). Temperament in the clinical differentiation of depressed bipolar and unipolar major depressive patients. *Journal of affective disorders, 84*(2), 219-223.

Miklowitz, D. J. (2008). Adjunctive psychotherapy for bipolar disorder: state of the evidence. *Am J Psychiatry, 165*, 1408-1419

Miklowitz, D. J., Simoneau, T. L., George, E. L., Richards, J. A., Kalbag, A., Sachs-Ericsson, N., & Suddath, R. (2000). Family-focused treatment of bipolar disorder: 1-year effects of a psychoeducational program in conjunction with pharmacotherapy. *Biological Psychiatry, 48*(6), 582-592.

Nakic, M., Krystal, J. H., & Bhagwagar, Z. (2010). Neurotransmitter Systems in Bipolar

Disorder. *Bipolar Disorder*, 210-227.

Perry, A., Tarrier, N., Morriss, R., McCarthy, E., & Limb, K. (1999). Randomised controlled trial of efficacy of teaching patients with bipolar disorder to identify early symptoms of relapse and obtain treatment. *BMJ: British Medical Journal, 318*(7177), 149-153.

Phelps, J., Angst, J., Katzow, J., & Sadler, J. (2008). Validity and utility of bipolar spectrum models. *Bipolar disorders, 10*(12), 179-193.

Prange, A. J., Wilson, I. C., Lynn, C. W., Alltop, L. B., & Stikeleather, R. A. (1974). L-tryptophan in mania: contribution to a permissive hypothesis of affective disorders. *Archives of General Psychiatry, 30*(1), 56-62.

Roth, A., & Fonagy, P. (2006). *What works for whom?: a critical review of psychotherapy research*. Guilford Press.

Schildkraut, J. J. (1965). The catecholamine hypothesis of affective disorders: a review of supporting evidence. *American Journal of Psychiatry, 122*(5), 509-522.

Schildkraut, J. J., Gordon, E. K., & Durell, J. (1965). Catecholamine metabolism in affective disorders: I.: Normetanephrine and VMA excretion in depressed patients treated with imipramine. *Journal of psychiatric research, 3*(4), 213-228.

Scott, J., Garland, A., & Moorhead, S. (2001). A pilot study of cognitive therapy in bipolar disorders. *Psychological medicine, 31*(03), 459-467.

Shenton, M. E., Solovay, M. R., & Holzman, P. (1987). Comparative studies of thought disorders: II. Schizoaffective disorder. *Archives of General Psychiatry, 44*(1), 21-30.

Sklar, P., Gabriel, S. B., McInnis, M. G., Bennett, P., Tsan, G., Schaffner, S., ... & Lander, E. S. (2001). Family-based association study of 76 candidate genes in bipolar disorder: BDNF is a potential risk locus. Brain-derived neutrophic factor. *Molecular psychiatry, 7*(6), 579-593.

Solomon, D. A., Keitner, G. I., Miller, I. W., Shea, M. T., & Keller, M. B. (1995). Course of illness and maintenance treatments for patients with bipolar disorder. *Journal of Clinical Psychiatry.*

Stone, M. H. (2006). Relationship of borderline personality disorder and bipolar disorder. *Am Psychiatric Assoc.*

Todd, N. J., Solis-Trapala, I., Jones, S. H., & Lobban, F. A. (2012). An online randomised controlled trial to assess the feasibility, acceptability and potential effectiveness of 'Living with Bipolar': a web-based self-management intervention for bipolar disorder: trial design and protocol. *Contemporary clinical trials, 33*(4), 679-688.

Tondo, L., Isacsson, G., & Baldessarini, R. J. (2003). Suicidal behaviour in bipolar disorder. *CNS drugs, 17*(7), 491-511.

Tsuang, M. T., Winokur, G., & Crowe, R. R. (1980). Morbidity risks of schizophrenia and affective disorders among first degree relatives of patients with schizophrenia, mania, depression and surgical conditions. *The British Journal of Psychiatry, 137*(6), 497-504.

Valtonen, H. M., Suominen, K., Mantere, O., Leppämäki, S., Arvilommi, P., & Isometsä, E. (2007). Suicidal behaviour during different phases of bipolar disorder. *Journal of affective disorders, 97*(1), 101-107.

Zimmerman, M. (2012). Would broadening the diagnostic criteria for bipolar disorder do more harm than good? Implications from longitudinal studies of subthreshold conditions. *The Journal of clinical psychiatry, 73*(4), 437-443.

Class action lawsuit help: http://www.classactionlawsuithelp.com/wp-content/uploads/2014/03/Depakote-Class-Action-Lawsuit.jpg, http://www.rxzone.us/images/products/big/758060.jpg)

제**7**장

우울장애

서혜희

학습 목표

1. 『DSM-IV』가 『DSM-5』로 개정됨에 따라 우울장애에는 어떠한 변화가 있는지 알아본다.
2. 우울장애의 임상적 특징에 대해 알아본다.
3. 우울장애의 세부 하위 유형을 알아보고 진단기준을 익힌다.
4. 우울장애의 원인을 각 이론별로 살펴본다.
5. 우울장애의 치료법에 대해 알아본다.

학습 개요

우울장애는 '심리적 감기'이라고 부를 정도로 매우 흔한 정신장애로서 슬픔, 공허감, 짜증 스러운 기분과 수반되는 신체적·인지적 증상으로 인해 개인의 기능을 현저하게 저하시키 는 부적응적 증상을 의미한다. 우울장애가 다소 경미한 정신질환으로 받아들여지는 측면이 있기도 하나, 개인의 능력과 의욕을 저하시켜 현실적 적응을 어렵게 만드는 가장 중요한 요인으로 보고되고 있고 환자를 자살에까지 이르게 한다는 점에서 치명적인 심리적 장애 이기도 하다. 우울장애는 주요우울장애, 지속성 우울장애, 월경전불쾌감장애, 파괴적 기분 조절부전장애로 이루어져 있다. 이 장에서는 우울장애의 임상적 특징과 원인, 진단기준, 그 리고 치료법에 대해 알아볼 것이다.

　우울장애(depressive disorder)는 기존의 『DSM-Ⅳ』에서는 '기분장애'라는 범주에 양극성장애와 함께 있었으나, 『DSM-5』에서는 독립적인 장애 영역으로 분류되었다. 우울장애에는 주요우울장애, 지속성 우울장애, 월경전불쾌감장애, 파괴적 기분조절부전장애가 있다. 지속성 우울장애는 『DSM-Ⅳ』에서의 기분부전장애와 만성적인 주요우울장애의 통합적 개념이라고 할 수 있다. 그러나 가장 가벼운 수준인 만성적인 기분부전장애와 가장 심한 수준인 만성적인 주요우울증을 함께 포함하고 있어 논란의 여지가 있다. 그리고 『DSM-Ⅳ』에서는 부록에 제시되어 있던 월경전불쾌감장애가 우울장애군의 진단으로 확정되었다. 파괴적 기분조절부전장애도 새롭게 추가된 진단으로, 심하게 떼를 쓰면서 무례하게 행동하거나 성질을 부리는 등 분노발작(temper tantrum) 상태의 아동 및 청소년에게 진단된다. 진단기준을 구체적으로 살펴보면, 분노폭발이 당시 상황이나 자극에 비해 강도 및 기간이 지나치고, 발달 수준에 맞지 않으며, 주 3회 이상 분노폭발이 일어날 때, 그리고 12개월 이상 지속되고 3개월 이상의 연속적인 증상 휴지기가 없어야 진단이 가능하다.

　또한 진단준거 중 주요우울삽화에서 '애도 기간'에 대한 제외 기준(DSM-Ⅳ 주요 우울삽화 진단 E: 증상이 사별에 의해 잘 설명되지 않는다)이 없어졌다. 즉, 『DSM-Ⅳ』에서는 애도 기간이면 우울증 진단을 내릴 수 없는데 『DSM-5』에서는 애도 기간이라도 우울증을 진단 내릴 수 있다. 이는 애도 기간이 2개월 정도에 끝나지 않는 경우도 많으며, 애도가 다른 스트레스와 큰 차이가 없고, 스트레스가 우울삽화 전에 선행하는 일이 흔하다는 것을 고려한 것으로 보인다. 우울장애준거에 불안증 동반 명시항목(anxious distress specifier)이 새롭게 만들어졌다. 이는 우울장애에 불안이 동시에 존재하면 자살 위험이 증가하고 유병 기간이 길어지며, 치료에 비순응적일 가능성이 커진다는 점을 고려하여 진단 및 치료 그리고 예후를 고려할 때 평가하는 것이 좋겠다고 판단하여 신설되었다.

1. 임상적 특징

우울장애는 슬픔, 공허감, 짜증스러운 기분과 수반되는 신체적·인지적 증상으로 인해 개인의 기능을 현저하게 저하시키는 부적응 증상을 의미한다. 우울장애가 다소 경미한 정신질환으로 받아들여지는 측면이 있기도 하나 실제 우울장애는 삶을 매우 고통스럽게 만드는 정신장애인 동시에 '심리적 감기'라고 부를 정도로 매우 흔한 정신장애이기도 하다. 또한 우울장애는 개인의 능력과 의욕을 저하시켜 현실적 적응을 어렵게 만드는 주요한 요인으로 알려져 있다. 한 조사 자료에 따르면, 우울장애는 전 세계적으로 직업적 부적응을 초래하는 가장 중요한 요인으로 보고되고 있을 뿐만 아니라, 흔히 자살에 이르게 한다는 점에서 치명적인 심리장애이기도 하다.

우울장애는 우울 증상의 심한 정도나 지속 기간 등에 따라 다양하게 구분된다. 우울증은 서로 대칭되는 임상 양상과 원인 등에 따라 다음과 같은 여러 가지 양분된 차원으로 구분하기도 한다.

첫째, 정신병적 우울과 신경증적 우울(psychotic vs neurotic) 차원으로, 우울 상태가 정신병적 양상(psychotic feature)을 동반하고 있느냐 신경증적 수준이냐에 따른 구분이다. 정신병적 우울은 망상이나 환각 등 혼란 증세를 보이며, 현실검증력이 떨어지고, 개인적으로나 사회적으로 기능의 장애가 나타난다.

둘째, 내인성 우울과 반응성 우울(endogenous vs reactive) 차원으로, 발병 요인과 관련하여 우울에 빠질 만한 충분히 납득할 수 있는 외적 요인이 있는가에 따른 구분이다. 내인성 우울은 우울증의 발병이 환경 요인과 무관하게 내적·생물학적 요인에 의한 것으로서 치료에서도 약물치료가 우선이지만 반응성 우울에서는 심리치료가 주가 되고 있다.

셋째, 지체성 우울과 초조성 우울(retarded vs agitated) 차원으로, 이는 표면에 나타나는 정신운동 양상이 지체가 심하게 나타나느냐 또는 초조와 흥분이 두드러지느냐에 따른 구분이다. 보편적인 우울 양상은 에너지 수준이 저하되어 가능한 한 행동을 하지 않으려 하고, 의욕이 감소되는 지체성 우울을 보이나, 갱년기에 발병하는 우울이나 아동 우울에서는 대개 쉽게 흥분하거나 싸움을 하는 초조성 우울이 나타난다.

우울삽화는 우울하고 저조한 정서 상태가 주축이 되어 일어나는 일련의 정신 증상으로 우울 상태만이 간헐적으로 나타나는 경우도 있고, 조증과 상호 교대로 나타나는 경우도 있다. 우울증 환자는 겉으로 나타나는 인상이 상당한 진단가치를 지니고 있는데, 대체로 지쳐 있고 외부에 관심이 없어 보이며 슬픈 표정을 짓고 행동도 저하되어 있으며 양 미간을 찡그리고 있는 등의 특징적인 모습을 보인다.

1) 정서장애

우울 상태의 초기에는 모든 체험과 생활에서 정서적 공감력이 없어지고 현실감이 떨어지는 이인증(depersonalization)이 뚜렷하게 나타난다. 활력적인 정서적 표현이 없어지고 기분이 저하되며 일상적인 일에 관심이 없어지고 생기가 없으며 자신이 예전과는 다른 목석이 된 것 같은 느낌을 갖는다. 우울 상태가 심해지면 슬픔의 정도가 더해지며, 표정과 태도에서 가면을 쓴 것처럼 무표정하고 희망이 없고 침체되어 평소에 일상적으로 하던 일도 어렵게만 느껴지고, 매사에 자신감이 없다고 느낀다.

이런 기분의 저조는 아침에 더욱 심하고 저녁이면 가벼워지는 특징을 보인다. 좀 더 심해지면 자기무능력감, 열등의식, 절망감, 허무감이 생기고 삶의 의미를 상실하며 그 결과 자살사고와 자살기도를 하게 된다. 이와 같은 정서의 변화는 과거 자기 인생에서의 후회스러웠던 일을 문제시하여 일어나는 경우도 있으나, 대개는 그런 객관적 사실과는 관계없이 자기 내부에서 일어나는 정서의 병리 현상이다.

2) 사고장애

우울증의 사고내용장애는 주로 우울 감정의 결과로 일어난다. 자신의 건강, 사회적 지위, 가정의 앞날, 사업의 장래성 등 모든 것이 절망적이라고 확신한다. 모든 불행이 자신이 큰 죄를 지었기 때문이라고 믿는 죄업망상(delusion of sin), 몸에 위험한 병이 있다고 믿는 건강염려증(hypochondriasis)과 신체망상(somatic delusion), 빈곤망상(delusion of poverty), 인생의 의미를 상실하는 허무망상(nihilistic delusion) 등을 보이며, 후회와 자책을 많이 한다. 그 결과 끊임없이 자살과 죽음을 생각하고 피해망상(persecutory delusion)이 생기는 경우도 있다. 사고의 흐름에도 장애가 오는데, 우울증의 경우 그 정도에 따라 사고의 흐름이 느려지고 행동이 느린 것과 더불어 정신운동성 지체(psychomotor retardation)를 보인다. 질문에 대한 대답이 느리고 이야기는 간단한 단어 몇 마디로 해 버리며 목소리도 작다. 환자 자신은 머리 회전이 잘 안 된다고 표현한다.

3) 지각장애

환각이 우울증의 주요 증상은 아니나 가끔 일어난다. 그 내용은 자기의 우울감과 관련되는 수가 많다. 환각보다는 착각(illusion)이 자주 일어나는데, 착각에 의한 판단 착오의 형태로 나타난다. 이웃에서 못질하는 소리를 자기의 관을 짜는 소리라고 생각하거나, 사람들이 자신과는 무관한 이야기를 하고 있는데 자신을 욕하는 소리라고 듣는 것이 그 예이다.

4) 욕동 및 행동장애

욕동 및 행동장애 역시 우울감과 직결되어 일어난다. 의욕이 전혀 없고 행동이 느리며 침체되어 있다. 증상이 가벼울 때는 최소한의 일상생활은 근근이 영위하지만 극히 기계적이고, 움직이는 데 상당한 노력이 든다. 심해지면 몸을 가누는 일, 일어나는 일이 어렵고, 식사도 안 하며, 어떤 일의 시작이 안 되고, 결단력도 없어지는 전형적인 정신운동의 지체가 나타난다. 매사가 귀찮고 무관심해지며 사람을 만나기도 싫어하고 만났다 해도 대화를 싫어하여 곧 피한다. 질문을 해도 '예.' '아니요.' 정도의 간단한 단어로 느리게 응답하고, 심하면 전혀 대답이 없기도 하다.

더 심해지면 우울성 혼미(depressive stupor)가 생겨 숨 쉬는 일 이외에는 아무런 동작이 없고, 외부 자극에 반응이 없는 상태에까지 이른다. 특히 갱년기와 노년기 우울증에서는 고민과 불안이 극에 이르러 안절부절못하는 증상(agitation)을 자주 나타낸다.

자살은 우울증의 가장 위험하고 흔한 증상으로서 우울증이 심한 시기보다는 회복기에 많은 것이 특징이다. 보통 지체성 우울의 자살은 죄업망상과 직결되어 있으나 갱년기 우울증의 자살은 자신의 정신적·신체적 증상이 너무 괴로워 죽게 될 것이 겁이 나서 자살을 한다는 점에서 다르다. 우울증에서 가족, 특히 자식을 죽이는 일이 종종 있는데, 이는 가족에게 비극적인 삶을 안겨 주지 않기 위해서이다.

5) 신체 증상

우울증에서의 신체 증상은 표면으로 잘 드러나는 것이어서 병원을 찾는 중요한 이유가 되기도 한다. 환자에 따라서는 슬픔을 그대로 호소하는 우울증이 있고, 신체 증상 위주로 나타나는 우울증이 있다. 특히 신체 증상만 표면에 나타나고 우울 증상은 전혀 나타나지 않아서 진단하기 어려운 경우가 있는데, 이럴 경우 신체 증상으로 위장된 가면성 우울증(masked depression)이라고 한다. 가면성 우울증이란 마치 가면을 쓰고 있는 것처럼 겉으로 우울감이나 무력감이 별로 드러나지 않는 우울증을 말하는 것으로써, 식욕부진, 가슴 두근거림, 피로감 따위의 신체화 증상이나 지나친 명랑함 또는 약물과 알코올중독, 도박, 행동과잉 등으로 나타난다. 특히 신체적 고통으로 내과 같은 신체 증상을 진료하는 곳을 주로 찾는 환자는 정신과 진찰은 거부하는 것이 통례다.

가장 흔한 신체 증상은 수면장애(sleep disorders)이다. 잠들기도 힘들지만 우울증에서는 깊이 잘 수 없는 증상과 새벽 일찍 잠이 깨 다시 잠들기 힘든 후기 불면증이 특징적이다. 갱년기 우울증에서는 후기 불면증이 괴로워 자살을 하는 경우가 있을 정도로 심각하다. 반대로 잠이 너무 많은 경우도 간혹 있다. 꿈이 많아 잠을 설친다는 경우도 있고, 사실은 잘 자고서도 한잠도 못 잤다고 호소하는 경우도 있다.

두 번째로, 식욕부진·변비·소화불량 같은 증상도 흔히 나타나고, 드물게는 식욕과다 현상도 보인다. 체중감소와 피로도 중요한 신체 증상이고 그밖에 두통, 권태감, 압박감, 월경불순, 성욕감퇴 등이 있다. 특히 우리나라에서는 몸이 약하다, 간이 나쁘다, 심장이 약하다, 위장이 안 좋다, 힘이 없다 등의 신체 증상에 대한 호소가 많다.

6) 지능과 기억

우울증에서 지능과 기억능력은 정상으로 유지되고 있다. 심한 우울증의 경우 외견상 지능과 기억력의 장애가 있는 듯이 보이나, 그것은 무관심과 정신운동 지체의 결과이다. 간혹 심한 우울증이 치매(dementia)로 오인되는 경우가 있다.

2. 진단 및 하위유형

1) 주요우울장애

슬픔은 인간의 보편적이고 정상적인 정서로, 사랑하는 사람과 이별했을 때, 원하는 일이 좌절되었을 때, 나쁜 소식을 들었을 때 누구나 일정 기간 연민과 서러움을 느낀다. 우리는 일상에서 이와 같은 수준의 가벼운 우울을 쉽게 경험하면서 살아가고 있다. 그러나 주요우울장애(Major Depressive Disorder)는 객관적인 상황과는 관계없이 개인의 병적 상태에서 일어나는 병리 현상이다. 그러므로 일상생활에서 표면적으로 나타나는 우울 현상을 다 우울증이라고 진단내리기는 어렵고 다음의 진단준거에 맞을 경우 주요우울장애로 진단된다.

표 7-1 주요우울장애의 진단기준

A. 다음 증상 가운데 5개(또는 그 이상) 증상이 연속 2주 기간 동안 지속되며, 이러한 상태가 이전 기능에서의 변화를 나타내는 경우. 이 증상 가운데 적어도 하나는 (1) 우울기분이거나 (2) 흥미나 즐거움의 상실이어야 한다.
　주의: 명백한 일반적인 의학적 상태나 기분과 조화되지 않는 망상이나 환각으로 인한 증상이 포함되지 않는다.
　(1) 하루의 대부분, 그리고 거의 매일 지속되는 우울한 기분이 주관적인 보고(슬프거나 공허하다고 느낌)나 객관적인 관찰(울 것처럼 보임)에서 드러난다.
　　주의: 아동과 청소년의 경우는 과민한 기분으로 나타나기도 한다.
　(2) 모든 또는 거의 모든 일상 활동에 대한 흥미나 즐거움이 하루의 대부분 또는 거의 매일같이 뚜렷하게 저하되어 있을 경우(주관적인 설명이나 타인에 의한 관찰에서 드러난다).
　(3) 체중조절을 하고 있지 않은 상태(예: 1개월 동안 체중 5% 이상의 변화)에서 의미 있는 체중감소나 체중증가, 거의 매일 나타나는 식욕감소나 증가가 있을 때
　　주의: 아동의 경우 체중증가가 기대치에 미달되는 경우
　(4) 거의 매일 나타나는 불면이나 과다수면
　(5) 거의 매일 나타나는 정신운동성 초조나 지체(주관적인 좌불안석 또는 처진 느낌이 타인에 의해서도 관찰 가능하다.)
　(6) 거의 매일의 피로나 활력 상실
　(7) 거의 매일 무가치감 또는 과도하거나 부적절한 죄책감을 느낌(망상적일 수도 있는, 단순히 병이 있다는 데 대한 자책이나 죄책감이 아님).
　(8) 거의 매일 나타나는 사고력이나 집중력의 감소 또는 우유부단함(주관적인 호소나 관찰에서)
　(9) 반복되는 죽음에 대한 생각(단지 죽음에 대한 두려움뿐만 아니라), 특정한 계획 없이 반복되는 자살생각 또는 자살기도나 자살 수행에 대한 특정 계획

B. 증상이 사회적, 직업적, 기타 중요한 기능 영역에서 임상적으로 심각한 고통이나 장해를 일으킨다.

C. 증상이 물질이나 일반적인 의학적 상태의 직접적인 생리적 효과로 인한 것이 아니다.

D. 주요우울증삽화가 조현정동장애, 조현병, 조현양상장애, 망상장애, 달리 명시된, 또는 명시되지 않는 조현병 스펙트럼 및 기타 정신병적 장애로 더 잘 설명되지 않는다.

E. 조증삽화 또는 경조증삽화가 없어야 한다.

출처: American Psychiatric Association (2013).

2) 지속성 우울장애

지속성 우울장애(Persistent Depressive Disorder: Dysthymia)는 만성 주요우울장애와 기분부전장애를 합친 것으로, 우울 증상이 2년 이상 지속적으로 나타나는 경우를 말한다. 최근의 연구 결과에 따르면 우울장애의 구분에 있어서 증상의 심각성보다 증상의 지속 기간이 중요한 것으로 나타난다. 이에 『DSM-5』에서는 우울 증상의 심각도보다 그 지속 기간을 중시하여 만성 주요우울장애와 기분부전장애를 지속적 우울장애로 통합하게 되었다. 지속성 우울장애의 핵심 증상은 만성적인 우울감이다. 아울러 자신에 대한 부적절감, 흥미나 즐거움의 상실, 사회적 위축, 낮은 자존감, 죄책감, 과거에 대한 반추, 낮은 에너지 수준, 생산 활동의 감소 등을 나타낸다.

지속성 우울장애 환자는 주요우울장애 환자에 비해 10년 후에도 우울장애를 앓고 있을 확률이 14배나 높은 것으로 나타났다(Klein et al., 2008). 또한 지속성 우울장애 환자는 주요우울장애 환자에 비해 치료에 대한 효과가 더 나쁘고 우울삽화를 더 자주 나타내며 자살사고도 더 많이 하는 경향이 있다(Klein et al., 2008; Murphy & Byrne, 2012). 최근 호주에서 실시한 연구에서는 지속성 우울장애의 평생 유병률이 약 4.6%로 나타났다(Murphy & Byrne, 2012).

지속성 우울장애의 원인에 대해서는 아직 체계적인 연구가 이루어지지 않았으나 그 기저에는 유전적인 요인이 작용하는 것으로 추정되고 있다.

표 7-2 지속성 우울장애의 진단기준

A. 적어도 2년 동안 하루의 대부분 우울한 기분이 있고, 우울기분이 없는 날보다 있는 날이 더 많으며, 이는 주관적인 설명이나 타인의 관찰로 드러난다.
주의: 아동과 청소년에서는 기분이 과민한 상태로 나타나기도 하고, 기간은 적어도 1년이 되어야 한다.
B. 우울기 동안 다음 두 가지(또는 그 이상)의 증상이 나타난다.
    (1) 식욕부진 또는 과식
    (2) 불면 또는 과다수면
    (3) 활력의 저하 또는 피로감
    (4) 자존감의 저하
    (5) 집중력 감소 또는 우유부단
    (6) 절망감
C. 장애가 있는 2년 동안(아동과 청소년에서는 1년) 연속적으로 2개월 이상 진단기준 A와 B의 증상이 존재하지 않았던 경우가 없었다.
D. 주요우울장애의 진단준거가 2년 동안 연속적으로 충족된다.
E. 조증삽화와 경조증삽화가 없어야 하고, 순환성장애의 진단기준을 충족시키지 않아야 한다.
F. 장해가 지속적인 조현정동장애, 조현병, 망상장애, 달리 명시된 또는 명시되지 않는 조현병 스펙트럼 및 기타 정신병적 장애와 겹쳐 나타나는 것이 아니다.
G. 증상이 물질(예: 남용약물, 투약) 또는 일반적인 의학적 상태(예: 갑상선기능저하증)의 직접적인 생리적 효과로 인한 것이 아니다.
H. 증상은 사회적, 직업적, 기타 중요한 기능 영역에서 임상적으로 심각한 고통이나 장해를 일으킨다.

출처: American Psychiatric Association (2013).

3) 월경전불쾌감장애

월경전불쾌감장애(Premenstrual Dysphoric Disorder)는 월경이 시작되기 전 주에 정서적 불안정성이나 우울감, 불안, 짜증이나 분노, 의욕 저하, 무기력감과 같은 다양한 정서적 증상이 주기적으로 나타나서 일상생활에 심각한 장해를 초래하는 경우를 말한다. 월경전불쾌감장애의 유병률은 여성의 3~9%로 보고되고 있다(Halbreich & Kahn, 2001). 월경전불쾌감장애의 원인은 정확하게 밝혀지지는 않았지만, 월경주기 때 난소에서 분비되는 호르몬(에스트로겐과 프로게스테론)과 뇌에서 나오는 신경전달물질의 상호작용에 의한 것으로 여겨지고 있다. 월경전불쾌감장애가 있는 환자에게는 세로토닌 재흡수 억제제를 비롯한 항우울제가 증상 완화에 도움이 된다(최두석, 2009).

| 표 7-3 | 월경전불쾌장애의 진단기준 |

A. 대부분의 월경 주기마다 월경이 시작되기 전 주에 다음 증상 중 다섯 가지 이상이 나타난다.

B. 다음의 증상 중 한 가지 이상이 존재해야 한다.
  (1) 현저한 정서적 불안정성(예: 기분 동요, 갑자기 슬퍼지거나 눈물이 남, 거절에 대한 민감성 증가)
  (2) 현저한 과민성이나 분노 또는 대인관계 갈등의 증가
  (3) 현저한 우울 기분, 무기력감 또는 자기비하적 사고
  (4) 현저한 불안, 긴장 또는 안절부절못한 느낌

C. 다음의 증상 중 한 가지 이상이 존재해야 한다. B와 C의 증상을 모두 합해서 5개 이상의 증상을 나타내야 한다.
  (1) 일상적 활동(예: 일, 학교, 친구, 취미)에 대한 흥미 감소
  (2) 주의집중의 곤란
  (3) 무기력감, 쉽게 피곤해짐 또한 현저한 에너지 부족
  (4) 식욕의 현저한 변화(과식 또는 특정한 음식에 대한 갈망)
  (5) 과다수면증 또는 불면증
  (6) 압도되거나 통제력을 상실할 것 같은 느낌
  (7) 신체적 증상(예: 유방 압통 또는 팽만감, 관절 또는 근육의 통증, 더부룩한 느낌, 체중증가)

출처: American Psychiatric Association (2013).

4) 파괴적 기분조절부전장애

파괴적 기분조절부전장애(Disruptive Mood Dysregulation Disorder)는 주로 아동기나 청소년기에 나타나는 장애로, 자신의 불쾌한 기분을 조절하지 못하고 분노행동으로 표출하는 것이 주된 특징이다. 핵심 증상은 만성적인 짜증과 간헐적인 분노발작이다. 분노발작은 막무가내로 분노를 표출하며 공격적이고 파괴적인 행동을 나타내는 것으로, 아동의 경우 흔히 다리를 뻗고 앉거나 드러누워 사지를 마구 휘저으면서 악을 쓰고 울어대거나 욕을 하기도 한다. 파괴적 기분조절부전장애는 아동과 청소년의 경우 1년 유병률이 2~5%로 알려져 있다. 또한 남아의 유병률이 여아보다 더 높으며 연령이 증가할수록 유병률은 감소한다.

표 7-4	파괴적 기분조절부전장애 진단기준

A. 언어적 또는 행동적으로 표현되는 심한 분노발작(temper outburst)을 반복적으로 나타낸다. 이러한 분노는 상황이나 촉발자극의 강도나 기간에 비해서 현저하게 과도한 것이어야 한다.
B. 분노발작은 발달 수준에 부적절한 것이어야 한다.
C. 분노발작은 평균적으로 매주 3회 이상 나타나야 한다.
D. 분노발작 사이에도 거의 매일 하루 대부분 짜증이나 화를 내며 이러한 행동은 다른 사람(예: 부모, 교사, 동료)에 의해서 관찰될 수 있다.
E. 이상의 증상(A~D)이 12개월 이상 지속적으로 나타나야 한다.
F. 이상의 증상(A~D)이 세 가지 상황(가정, 학교, 또래와 함께 있는 상황) 중 최소 2개 이상에서 나타나야 하며 1개 이상에서 심하게 나타나야 한다.
G. 이 진단은 6세 이전 또는 18세 이후에 처음으로 진단될 수 없다.
H. 이러한 기준(A~E)이 10세 이전에 시작되어야 한다.

출처: American Psychiatric Association (2013).

3. 원인

조현병과 마찬가지로 우울증의 근본적인 원인도 아직은 충분히 밝혀내지 못하고 있다. 지금까지 생리학적 · 생화학적 혹은 심리적 원인이 다양하게 거론되고 있으나 그것이 질병의 원인인지 결과인지 분명치 않은 때가 있고, 설령 어떤 원인적 요인임이 밝혀진 경우에도 하나의 원인적 요인과 다른 원인적 요인 사이에 상호 관련성이 모호해서 곤란을 야기하고 있다.

1) 유전적 요인

쌍생아연구법(twin study)에서 조사한 우울장애의 원인은 이 질환이 유전적 영향을 받고 있음을 시사하고 있다. Price(1968)가 종합한 것을 보면 일란성 쌍생아의 일치율은 68%, 이란성 쌍생아의 일치율은 23%로 나타나고 있다. 일란성 쌍생아의 일치율 68%는 100%에 미치지 못하는 것이어서 유전 이외에 다른 요인도 존재할 가능성을 말해 주지만, 일란성 쌍생아와 이란성 쌍생아 사이의 일치율상에 차이가 큰 것은 유전의 영향이 상당하다는 점을 시사하고 있다. 보다 최근에 이루어진(Sullivan et al., 2000) 단극성 우울증의 쌍생아 연구 결과에 따르면, 쌍생아에게서 유전율은 약 37%였으며 각각의 쌍생아가 처한 환경학적 요인이 유전율에도 영향을 주는 것으로 나타났다. 유전 양식에서도 양극성장애는 X염색체와 연결된 우성유전을 보이지만, 주요우울증에는 그런 양상을 볼 수 없다는 사실이 Winokur(1978) 및 Fieve 등(1975)의 연구를 통해 알려지고 있다. 이 양극성장애의 유전 양식은 아버지가 양극성장애일 경우 딸에게서는 모두 발병하지만 아들에게서는 발병하지 않고, 어머니가 양극성장애일 때는 딸의 절반, 아들의 절반에서 발병하는 사실에서 얻은 가설이다. 색맹 유전에서와 마찬가지로 성염색체인 X염색체에 유전 요인이 위치하고 있다고 보는 견해이다. 그러나 주요우울장애는 부자 간 발병이 많고, 모녀 간의 발병이 모자 간 발병보다 훨씬 많아 성염색체 X에 유전 요인이 위치하고 있다는 가설로는 설명되지 않는다.

2) 신경생화학적 요인

항우울 약물의 작용기제에 대한 연구와 더불어 우울장애의 생화학적 양상에 대한 연구가 최근 많은 발전을 보이고 있다. 그중 잘 알려진 것이 카테콜아민(catecholamine) 이론과 인돌아민(indolamine) 이론이다.

카테콜아민 이론에서 우울증은 노르에피네프린(norepine phrine)을 주축으로 한 카테콜아민이 결핍되어 일어난다고 설명한다. 내인성 우울증으로 사망한 사람의 뇌에 카테콜아민, 특히 NE의 함량이 감소되어 있음이 밝혀졌다. 더 주목되는 것은 이들 카테콜아민을 산화시켜 비활성화시키는 MAO(monoamine oxidase)의 활동성이 우울증에서 증가한다는 사실이다. 결국 우울증은 MAO의 활동성 증가로 카테콜아민의 양이 감소된 결과로 생기는 것이라고 볼 수 있다. 인돌아민 이론은 우울증은 인돌아민계의 5-HT(serotonin)가 뇌에서 감소한 것과 관련된다는 것이다. 내인성 우울증일 때 5-HT의 대사산물인 5-HIAA(5-hydroxyindoleacetic acid)의 척수액 내 함량이 정상인에 비해 훨씬 낮다는 사실이 밝혀졌다. 이 역시 5-HT에서 아미노기를 산화 분해시켜 그것을 비활성화시키는 MAO의 활동성이 우울증에서 증가하기 때문이다.

이 이론들은 기분의 변화 때문에 이차적으로 나타나는 소견을 가지고 세워진 것이 아닌가 하는 반문도 있다. 하지만 적어도 MAO가 유전의 영향을 받는다는 사실과 기분의 변화 이전에 단가아미노산의 양이 변한다는 사실이 이 같은 이론을 지지하고 있다.

3) 신경생리학적 요인

우울장애와 관련해서 근전도(electromyogram: EMG)와 뇌파(electroence-phalogram: EEG) 소견이 연구되고 있다. 우울증의 근전도 소견으로는 근육의 가성긴장이 나타난다는 의견이 있다. Whatmore와 Kohli(1979)의 연구로 알려진 것은 신경계 내의 에너지 방출의 잘못으로 일어나는 가성긴장이 우울증에서 나타나는데, 이것은 눈으로는 볼 수 없고 스스로 의도적으로 유도하는 것도 아니며 스스로 지각할 수도 없는 그런 긴장 상태를 말한다. 이 상태는 좋지 못한 생각이나 감정 그리고 어떤 사태에 직면해서 일어나는 중추신경계의 생리학적 반응으로 이해되고 있다. 뇌파 소견도 꾸준히 연구되고 있으나 아직은 연구 단계로, 뇌파상의 반응을 우울장애의 원인으로 보기보다는 우울증의 한 생리학적 현상으로 받아들이고 있다.

4) 심리적 요인

우울증의 심리적 요인으로는 정신분석학에서 말하는 역동적 측면과 실험심리학에서 말하는 특수한 환경적 요인, 행동주의 이론에서 말하는 사회적 강화 요인이 거론되고 있다.

정신분석학에서 지적하는 우울증의 요인은 모든 외부의 가치를 받아들이기를 차단하고 자기 내부의 사태를 모두 외부의 것으로 돌리는 조현병의 기제와는 정반대로, 모든 외부의 가치를 내향화(internalization)시키는 기제로 설명된다. 기분장애, 특히 우울증 환자는 비교적 안정되고 높은 가치를 추구하는 집안에서 자란다. 성장과정 중 어린 시기부터 감당하기 어려운 높은 성취를 강요당한다. 특히 동생이 생기거나 갑자기 젖떼기를 했을 때 어머니의 보살핌과 사랑을 잃어버릴까 봐 불안해지고, 그 결과 부모의 기대와 가치관을 무조건 받아들이고 그 요구를 따름으로써 사랑을 유지하고자 한다. 부모의 사랑이 느껴지지 않으면 자책으로라도 사랑을 회복하려 하고, 부모의 처벌도 달게 받는다. 즉, 부모를 자아 속에 투입(introjection)시킨다. 철이 들면 책임감이 강한 성격, 즉 강박적 성격이 되고, 부모의 기대에 어긋나지 않는 사람으로 자란다. 그러나 부모의 기대를 충족시키는 일은 항상 쉬운 것이 아니다. 지나친 요구를 해 오는 부모에 대해 강한 적개심을 지니게 되지만 즉시 이를 억압하고, 또 그 적개심 때문에 자책한다. 이 자책이 바로 우울의 핵이 되는 것이다. 즉, 우울증 환자의 어린 시절은 성인의 가치를 내향화시켜 자기의 것으로 만들어 나가는 것이고, 그것이 잘 안 될 때 분노감과 죄책감이 생기는 동시에 책임감 강한 강박성격이 된다. 강박성격 위에 일어나는 죄책감, 그것이 곧 우울증이라는 것이다.

실험심리학에서는 주로 동물을 사용해서 어머니의 상실 혹은 급격한 환경의 자극 이 우울증을 야기할 수 있다는 실험근거를 많이 제시하고 있다. 실제 우울증은 중요 한 대상의 상실, 위험한 상황에 노출된 사건이 계기가 된다는 통계도 있다. 우울증에 서는 그런 환경적 사건이 대조군에서보다는 다소 많은 것이 사실이지만, 그런 사건이 있었다고 하여 그 사람들이 다 우울증이 생기는 것은 아니라는 반증도 있다. 만일 환 경의 사건이 계기가 되었다면 그것은 소위 내인성 우울증이 아니라 하나의 정상적인 슬픔이거나 반응성 우울로 보아야 한다는 견해, 또 그런 사건을 중요시하는 그 자체 가 우울증의 한 증상이라고 하는 반론도 강하다.

스트레스-취약성 모델을 기반으로 한 Abramson과 동료들의 절망감 이론(hopeless-ness theory, 1988)에서는 절망감(hopelessness)을 '높은 가치를 부여하는 결과의 발생에 대한 부정적인 기대와 이러한 결과의 발생에 대한 무력감'이라고 정의하고, 우울증을 유발하는 가장 중요한 요인으로 보고 있다(Alloy et al., 1988). 절망감 이론은 우울 유 발적 귀인양식을 우울해지기 쉬운 취약성으로 간주하고 있는데 부정적인 생활사건이 발생하였을 때 이 같은 귀인양식이 작용하면 우울증이 발생된다는 것이다. 이 점에서 절망감 이론은 우울증을 발생시키는 절망감이 생겨나기 위해서는 부정적 생활사건 (스트레스)과 우울 유발적 귀인양식(취약성)이 있어야 한다는 스트레스-취약성 모델에 근거하는 이론이라고 볼 수 있다.

행동주의 이론에서는 우울장애의 무기력이나 철수되어 지내고자 하는 고립된 행동 은 사회적 강화가 결여되어 나타난 결과라고 본다. 행동주의 입장의 이론가들은 주로 Skinner의 조작적 조건형성이론에 기초하여 우울장애를 설명하고 있다. 조작적 조건 형성의 기본 원리는 여러 행동 중에서 강화를 받은 행동은 지속되는 반면, 강화를 받 지 못한 행동은 소거된다는 것이다. 우울 증상은 이러한 조건형성의 원리에 의해 학 습된다는 것이 행동주의 이론가의 설명이다. 우울장애에 대한 대표적인 행동주의 이 론가인 Lewinsohn 등(1984)의 연구에서 보면, 우울한 사람은 우울하지 않은 사람에 비해 부정적인 사건을 더 많이 경험하였고, 사건에 대해 더욱 부정적으로 지각하는 경향성을 나타냈다. 또 우울한 사람은 우울하지 않은 사람에 비해 긍정적인 강화를 받은 경험이 적었던, 반면 긍정적인 강화의 경험이 많은 사람일수록 우울 정도가 가벼웠다(Lewinsohn, Antonuccio, Steinmetz, & Terry, 1984). Seligman의 학습된 무기력 이론(Learned helplessness Theory)도 이를 잘 나타내고 있다. 이 이론은 개를 대상으로 조건형성 실험을 하는 과정에서 우연히 발견되었는데, 1단계에서는 개가 도망가지 못하도록 묶어놓은 상태에서 하루 동안 전기충격을 주었다. 2단계에서는 개를 자유롭게 풀어놓아 옆방으로 도망갈 수 있는 상태에서 전기충격을 주었다. 이 때 개는 전기충격을 피해 도망갈 수 있는 새로운 상황임에도 1단계에서 '전기충격을 회피할 수 없다.'는 무력감을 학습하여 마치 포기한 듯 움직이지 않은 채 전기충격을 다 받았다. 요약하면 우울증에서 보이는 불행감이나 무력감, 무감각함은 긍정적인 강화의 결핍과 반복된 부정적인 경험의 결과라고 보고 있다.

4. 치료

우울증은 사춘기와 중년기에 한 번씩 발병하기도 하고 대부분 4년 내지 10년의 건강한 시기를 가지면서 발병한다. 우울증의 예후는 다른 종류의 정신병에 비해 상당히 양호하다. 환자의 4/5는 일단 완전히 회복되고 만성화의 경과를 밟는 경우는 1/10에 불과하다. 자주 발병이 반복되는 경우에도 지능ㆍ정서ㆍ지각의 변화가 거의 없고 인격이 와해되는 경우는 극히 드물다. 또한 여성보다 남성에게서 예후가 좋다.

우울증의 발병연령은 20세에서 25세이다. 발병연령이 어릴수록 예후는 나쁘고 재발과 만성화 가능성이 높다. 이와 관련하여 두 가지 설명이 가능한데, 일찍 발병할수록 우울증이 더 심하고 유전적 경향이 강하기 때문이거나, 우울증의 결과로 중요한 사회적 적응기술을 습득하는 데 방해를 받고 인생의 전환기에 필요한 대처가 제대로 이루어지지 않기 때문이라고 한다.

응급실로 내원한 자살기도자에 대한 연구에서, 이들의 정신과적 최종 진단명 중 우울장애가 전체의 50.9%로 절반 이상을 차지하였다.

우울장애에 대한 가장 효과적인 치료방법은 인지치료와 약물치료로 알려져 있다. 인지치료(Beck et al., 1979)에서는 우울한 내담자의 사고 내용을 정밀하게 탐색하여 인지적 왜곡을 찾아 이를 교정하고, 보다 더 현실적이고 긍정적인 사고와 신념을 지니도록 유도한다. 우울한 사람들이 지니고 있는 부정적인 자동적 사고를 분석해 보면 그 내용이 크게 세 가지 주제로 나누어진다. 즉, 우울한 사람들은 자기 자신이나 자신의 미래, 주변 환경을 부정적으로 평가하는 사고방식을 지니고 있다. 이러한 세 가지 주제에 대한 부정적인 사고패턴을 인지삼제(認知三題, cognitive triad)라고 한다. 예컨대, 우울한 사람들은 첫째, 자기 자신에 대해 '나는 열등하다.'라는 식의 부정적인 생각과 둘째, 자신의 미래에 대해 '나의 미래는 비관적이고 암담하다.' '내가 어떤 노력을 하더라도 이 어려운 상황은 개선될 수 없다.'라는 식으로 부정적인 생각을 지니고 있다. 마지막으로 우울한 사람들은 자신의 주변 환경에 대해서도 '내가 처한 상황은 너무 열악하다.' '나를 이해하고 도와줄 사람이 없다.' '다들 나에게 무관심하거나 나를 무시하고 비난할 것이다.'라는 식으로 부정적인 생각을 지니고 있다. 이같이 세상에 대한 부정적 생각을 지닌 사람들은 우울상태에서 타인에게 적극적인 도움을 요청하지 않고 사회적으로 위축되고 고립되는 결과를 초래하게 된다. 그러므로 치료 과정에서 내담자가 자신과 세상에 대한 잘못된 믿음과 비현실적 기대로 구성되어 있는 역기능적 신념을 깨닫고 이를 보다 유연하고 현실적인 신념으로 대체하도록 돕는다. 우울장애를 치료하는 대표적인 약물에는 삼환계 항우울제(Tricyclic Antidepressants: TCA), MAO억제제(Mono Amine Oxidase Inhibitor), 선택적 세로토닌 재흡수 억제제(Selective Serotonin Reuptake Inhibitors: SSRI)가 있다.

　우울기 치료에서 명심해야 할 점은 언제나 자살 가능성이 있다는 사실과 그런데도 예후는 양호하다는 사실이다. 우울기의 치료 목표는 환자를 우울한 상태에서 속히 벗어나게 하는 것이지만, 자살을 방지하는 일이 우선되어야 한다.

　소위 반응성 우울은 심리치료만으로 상당히 효과적일 수 있지만 내인성 우울은 심리치료만으로 효과를 기대할 수는 없고, 약물치료가 우선되어야 한다. 심리치료는 생물학적 치료를 성공적으로 수행하기 위한 치료관계의 형성, 그리고 자신의 성격과 결함을 지니면서도 현실에 적응하도록 훈련시키는 보조 수단으로 이용한다. 상담치료 시 처음에 쉽게 치료될 것 같은 인상을 받아 무의식을 파헤치거나 인격의 변화를 목표로 정신치료를 시작하는 경우가 종종 있으나, 이런 접근은 오히려 환자의 좌절감을 더욱 심각하게 만드는 결과를 초래하기 쉽고, 첫인상과는 달리 심리치료가 힘들다는 것을 경험하게 된다. 이 때문에 심리치료는 내인성 우울의 경우 금기라는 견해도 많다.

또한 등산과 여행을 권하거나 산속 조용한 곳에 휴양하기를 권하는 일, 또는 용기를 북돋워 준다고 해서 활동을 권장하고, 자신감을 고양시키기 위해 환자의 장점을 회상시키면서 위로해 주는 일 같은 상식적인 방법은 위험하다. 조용한 사색의 시간은 우울 정도를 심화시키고 죽음에 대한 집착의 계기를 만들 수도 있으며, 힘겨워하는 데 일에 몰두하도록 밀어 주거나 장점을 강조해 주는 일은 오히려 좌절감과 자살 의욕을 더 가중시키는 결과를 초래할 수 있다. 환자를 대하는 태도는 따뜻하면서도 진지해야 하고, 궁금증이나 증상 등에 대해 자상히 설명해 주는 것이 필요하다. 우울증 환자는 사소한 일에도 실망하고, 그 결과 자살을 할 수도 있기 때문이다.

가장 조심해야 할 것은 자살의 예방이다. 항상 환자를 가까이에서 보살펴야 하고, 자살도구로 이용될 만한 물건들이 눈에 보이지 않게 해야 한다. 불면증이 고통스러워 자살하는 경우도 종종 있기 때문에 불면증에 대한 조치를 조속히 해야 한다.

요약

우울장애는 『DSM-IV』에서는 '기분장애'라는 범주에 양극성장애와 함께 있었으나, 『DSM-5』에서는 독립적인 영역으로 분류되었다. 우울장애에는 주요우울장애, 지속성 우울장애, 월경전불쾌감장애, 파괴적 기분조절부전장애가 있다. 지속성 우울장애는 『DSM-IV』의 기분부전장애와 만성적인 주요우울장애가 통합된 개념이라고 할 수 있다. 또한 『DSM-IV』에서 부록에 제시되어 있던 월경전불쾌감장애가 우울장애군의 진단으로 확정되었고 파괴적 기분조절부전장애도 새롭게 추가된 진단으로, 심하게 떼를 쓰고 성질을 부리는 발작적 행동 상태의 아동 및 청소년에게 진단된다.

우울장애 환자는 활력적인 정서 표현이 없어지고 기분이 저하되고 생기가 없으며 행동이 느리고 침체되어 있다. 심할 경우 식사도 안 하고 어떤 일을 시작할 수 없으며 결단력도 없어지는 정신운동성 지체(psychomotor retardation)가 나타난다. 간혹 우울 증상이 나타나지 않으면서 몸이 약하다, 위장이 안 좋다, 힘이 없다 등의 신체 증상을 호소하는 가면성 우울장애 환자도 있다.

우울장애의 원인으로 유전적 요인·신경생화학적 요인·신경생리학적 요인 혹은 심리적 요인이 다양하게 거론되나 상호 관련성이 모호하여 아직 근본적인 원인은 충분히 밝혀내지 못하고 있는 상태이다. 우울장애의 예후는 다른 종류의 정신병에 비해 상당히 양호한 편으로, 환자의 4/5는 완전히 회복되고 만성화의 경과를 밟는 경우는 1/10에 불과하다. 우울장애에 가장 효과적이라고 알려진 치료방법은 인지치료와 약물치료이다. 인지치료에서는 환자의 사고 내용을 정밀하게 탐색하여 인지적 왜곡을 찾아 이를 교정하여 현실적이고 긍정적인 사고와 신념을 지니도록 유도한다. 우울증을 치료하는 대표적 약물에는 삼환계 항우울제(Tricyclic Antidepressants: TCA), MAO억제제(Mono Amine Oxidase Inhibitor), 선택적 세로토닌 재흡수 억제제(Selective Serotonin Reuptake Inhibitors: SSRI) 등이 있다.

학습과제

1. 우울장애의 인지치료 방법을 설명하시오.
2. 우울장애의 진단기준 중 지속성 우울장애에 대해 설명하고 주요우울장애와 감별하시오.
3. 월경전불쾌감장애의 필수 증상을 설명하시오.
4. 우울증 치료 시 가장 명심해야할 점은 무엇인지 기술하시오.

참고문헌

권석만(2013). 현대 이상심리학. 서울: 학지사.
원호택(1997). 이상심리학. 서울: 법문사.
이경애(1997). 인지 · 정서 · 행동치료. 서울: 학지사.
이현수(1995). 이상행동의 심리학(제4판). 서울: 대왕사
홍대식(2001). 현대심리학개론. 서울: 박영사.

Aaron T. Beck (1987). *Cognitive therapy of depression*. New York: The Guilford Press. 원호택 공역(1996). 우울증의 인지치료. 서울: 학지사.
Alloy, L. B., Abramson, L. Y., Metalsky, G. I., & Hartlage, S. (1988). The hopelessness theory of depression: Attributional aspects. *British Journal of Clinical Psychology, 27*, 5-21.
American Psychiatric Association (1994). *Diagnostic and Statistical Manual of Mental Disorders* (4th ed.). Virginia: American Psychiatric Association. 이근후 외 역(1995). 정신장애의 진단 및 통계편람(제4판). 서울: 하나의학사.
American Psychiatric Association. (2013). *Diagnostic and Statistical Manual of Mental Disorders(DSM-5)*. Virginia: American Psychiatric Publishing.
Beck, A. T. (1967). *Depression*. New York: Harper & Row.

Beck, A. T. (1979)., Rush, A. J., Shaw, B. F., & Emery, G. (1979). *Cognitive Therapy of Depression*. New York: Guilford Press.

David D. B. (1980). *feeling good, the new mood therapy*. New York: William Morrow & Co. 박승룡 역(1991). 우울한 현대인에게 주는 번즈 박사의 충고. 서울: 문예출판사.

Fieve, R. R., Dunner, D. L., Kumbarachi, T., & Stallone, F. (1975). Lithium carbonate in affective disorders: IV. A double-blind study of prophylaxis in unipolar recurrent depression. *Archives of general psychiatry, 32*, 1541-1544.

Halbreich, U., & Kahn, L. S. (2001). Role of estrogen in the aetiology and treatment of mood disorders. *CNS drugs, 15*, 797-817.

Klein et al., 2008 [Klein, D.N., Shankman, A., Rosea, S. (2008). Dysthymic disorder and double depression: Prediction of 10-year course trajectories and outcomes, 42, 408-415].

Lewinsohn, P. M., Steinmetz, J. L., Antonuccio, D., & Teri, L. (1984). Group therapy for depression: The coping with depression course. *International Journal of Mental Health, 13*, 8-33.

Murphy, J. A., & Byrne, G. J. (2012). Prevalence and correlates of the proposed DSM-5 diagnosis of Chronic Depressive Disorder. *Journal of affective disorders, 139*, 172-180.

Paton, S., Kessler, R., & Kandel, D. (1977). Depressive Mood and Adolescent Illicit Drug Use: A Longitudinal Analysis. *Journal of Genetic Psychology*, 131, 267-289.

Peterson, C., & Seligman, M. E. (1984). Causal explanations as a risk factor for depression: Theory and evidence. *Psychological review, 91*, 347-374.

Price, J. (1968). Neurotic and endogenous depression: a phylogenetic view. *The British Journal of Psychiatry, 114*, 119-120.

Sullivan, P. F., Neale, M. C., & Kendler, K. S. (2000). twin studies show that genes and individual environmental influences contribute to the aetiology of major depression. *Am J Psychiatry, 157*, 1552-1562.

Whatmore, G. B., & Kohli, D. R. (1979). Dysponesis: A neurophysiologic factor in functional disorders. In Erik AS, Quinn M (Eds.), *Mind/Body Integration* (pp. 379-410). Boston: Springer.

Winokur, G. (1978). Mania and depression: Family studies and genetics in relation to treatment. In M. Lipton, A. DiMascio, & K. Killam (Eds.), *Psychopharmacology: A generation of progress* (pp. 1213-1221). New York: Raven Press.

제8장

불안장애

김지혜

학습 목표

1. 불안의 정의를 이해한다.
2. 불안장애의 특징을 살펴본다.
3. 불안장애를 세부 분류하고 이들 간 유사성과 차이점에 대하여 배우도록 한다.
4. 불안장애에 대한 다양한 치료적인 접근을 배우도록 한다.
5. 불안장애가 야기하는 부적응 행동에 대하여 살펴본다.

학습 개요

불안장애는 두드러지고 분명한 불안 증상이 있으며, 이로 인하여 부적응 행동을 나타내게 된다. 불안장애를 보이는 사람은 일반 사람보다 훨씬 더 강하게, 오랫동안 불안을 경험하고, 자신을 불안으로부터 보호하기 위하여 회피행동, 반복적 행동 등을 보인다. DSM-5는 과거에 불안장애의 하위 유형으로 포함되었던 강박장애와 외상 후 스트레스 장애를 개별 장애범주로 독립시키고, 분리불안장애, 선택적 함구증을 새롭게 불안장애에 포함시켰다. DSM-5에서는 불안장애를 분리불안장애, 선택적 함구증, 특정공포증, 사회불안장애(사회공포증), 공황장애, 광장공포증, 범불안장애의 일곱 가지 하위유형으로 구분하였다. 이 장애서는 하위유형별로, 임상적 특징, 원인론, 치료적 개입방법 등을 다룬다.

일상생활을 하면서 누구나 여러 가지 불안을 경험하게 된다. 불안은 위험한 일이 발생할 가능성을 알려 주는 경계경보와 같은 것이다. 초보 운전자는 사고가 날까 봐 불안해서 조심스럽게 운전을 하며, 입학 시험을 앞두고 시험에 떨어질 것을 불안해하여 밤잠을 설치며 시험공부를 하게도 된다. 현실적으로 위험을 내포한 상황에서 불안을 느끼는 것은 정상적인 불안이라고 할 수 있으며, 적절한 불안 수준은 적응에 도움을 주기도 한다. 이런 불안감이 있기 때문에 사람들이 위험에 미리 대비하고 적응할 수 있는 것 또한 사실이다. 하지만 경계 경보가 너무 민감하거나 잘못된 경고로 불필요한 경계 태세를 취하게 되면, 과도하게 긴장하게 되며, 적응에 방해 요소로 작용한다. 이는 병적 불안(pathological anxiety)에 해당하며 이로 인해 과도하게 심리적 고통을 느끼고 부적응을 일으키는 경우를 불안장애(anxiety disorder)라고 한다. 병적인 불안과 정상적인 불안의 구분을 불안의 양적 차이로만 구분할 수 있는 경우도 있다. 예를 들어, 고층빌딩 옥상에서 아래를 내려다볼 때 어지럽고 식은땀이 나거나 온몸이 긴장되는 경험은 정상적인 불안이라 볼 수 있지만, 옥상에 올라가는 행동이나 그런 상상만으로도 온몸이 떨리고 심한 불안감을 겪는 경우에는 병적인 공포증으로 볼 수 있다. 따라서 불안이 그 사람의 일상생활에 얼마나 큰 장애나 후유증을 남기느냐에 의해 그것이 정상적인 불안인지 아니면 병적인 불안인지를 규정할 수도 있다.

불안(不安, anxiety)의 언어적 의미는 "安定(안정)되지 않은 상태, 安全(안전)하지 못한 상태"를 의미한다. 어원(語源)을 살펴보면 라틴어 anxietas(정신적 불안정성, 불확실성, 혹은 공포에 대한 지속적인 경향)와 angor(일시적인 신체 증상)가 영어의 Anxiety로 통합된 것이다. 어원에서 시사하는 바와 같이, 불안에는 심리적 불안과 신체적·생리적 불안 모두가 포함되어 있다. 심리적 불안은 앞으로 닥쳐올 문제를 해결할 수 없을 것이라고 자각하고, 불가피한 위험을 예감하며, 위급 상황에 맞부딪혀 긴장하고, 위협에 대하여 끊임없이 반추하며, 이에 대한 우려와 근심을 하는 것 등을 포함한다. 신체적·생리적 불안은 주로 자율신경계, 특히 교감신경계의 활성화로 인해 나타나는 증상(심장이 빨리 뛴다, 식은땀이 난다, 머리칼이 곤두선다, 근육이 긴장되고 떨린다, 호흡이 빨라진다, 눈동자가 커진다 등)으로 나타난다. 불안장애는 정신과 장애 중 가장 흔한 질병

중 하나이다. 이 질환은 비교적 일찍 발병하며 적절한 치료를 받지 못할 경우 만성화되기 쉽고 삶의 질을 심각한 정도로 떨어뜨리며 우울증이나 물질남용장애와 같은 문제가 합병증으로 나타날 수 있다.

최근까지 불안장애는 우리에게는 훨씬 익숙한 이름인 신경증(neurosis)으로 불려왔으며, 이 용어는 18세기 스코틀랜드 의사인 William Cullen으로부터 유래되었다. 신경증이란 기질적인 장애로서 아직 밝혀지지 않은 신경학적 장애의 희생자로 생각되었다. Freud는 신경증이라는 용어를 사용하기는 하였지만 그에 대한 해석은 달리하고 있었다. Freud는 신경증은 기질적인 원인보다는 불안에 의하여 야기되는 것으로 보았다. 무의식에 있던 억압된 기억과 욕망이 의식 수준으로 떠오르려고 하면 상당한 위협감을 느껴 불안이 발생하게 되고, 이것이 자아에 대한 '위험 신호'로 작용하게 된다고 본 것이다. 신경증적인 행동은 이러한 불안의 표현이거나 불안에 대한 방어적인 기제로 본 것이다.

1952년 미국 정신의학회(American Psychiatric Association)에서 『정신질환 진단 및 통계 편람(Diagnostic and Statistical Manual: DSM)』을 처음 제정할 당시 정신과 영역에서는 불안장애를 크게 anxiety neurosis와 anxiety hysteria로 분류하는 Freud의 개념이 일반적으로 수용되었다.

그러나 1980년에 발표된 『DSM-III』에서는 신경증이라는 용어가 완전히 사라졌다. 이는 과거 75년 이상 지속되어 왔던 경향, 즉 무의식적 이면 갈등을 중시하던 현상이 중단되었음을 의미한다. 『DSM-III』는 불안장애를 보다 기술적(記述的)인 입장에서 보고자 하였다. 이와 맥을 같이하고 있는 1994년에 발표된 『DSM-IV』에서는 불안장애를 범불안장애, 공포증, 공황장애, 강박장애, 외상 후 스트레스장애, 급성스트레스장애 등으로 분류하고 있다.

여기서도 신경증이라는 용어를 더 이상 사용하고 있지 않다. 즉, 불안장애는 '신경증'의 하위 유형은 아니다. 그렇지만 혼란의 심각도를 살펴보면 이 장애는 '신경증' 수준에 속한다. 불안장애 환자들은 '현실과의 접촉'이 손상되지 않았다. 심리적 문제와 관련된 자극에 과민한 반응을 보이고 오해석하는 경향을 보이고는 있으나, 일반적으로 우리와 비슷한 방식으로 세상을 보고 있다. 대부분의 경우, 매일의 일상적인 생활을 하고 있고, 공부를 하거나 직장을 가지고 있으며, 합리적인 대화를 나누고, 다른 사람들과 적절한 관계를 맺고 있다. 때로 부적절하게 대처하는 면이 있기는 하지만, 나름대로 대처하고 있는 것이다.

　2013년 발표된『DSM-5』에서는 많은 부분이『DSM-IV』와 유사하나, 분류에 다소 변화가 나타났다. 불안장애 장은 더 이상 강박장애와 외상 후 스트레스장애, 급성 스트레스장애를 포함하지 않는다. 특정공포증과 사회불안장애 진단기준에서는 18세 이상의 개인이, 불안이 지나치거나 부당하다고 인식해야 한다는 요건을 삭제하였다. 공황발작은 이제 모든『DSM-5』장애에 적용 가능한 명시자로 표기될 수 있다. 공황장애와 광장공포증은『DSM-5』에서는 연결되어 있지 않다. 즉, 이제 각각 다른 기준이 공황장애와 광장공포증에 적용된다. 분리불안장애와 선택적 함구증이 불안장애에 포함되었다. 진단기준에 대한 단어 선택은 성인에서의 분리불안장애의 표현을 보다 적절하게 표현하기 위하여 수정되었다. 또한『DSM-IV』와 달리, 발병이 18세 이전이어야 한다는 진단기준이 없어지고, 성인의 일시적 공포에 대한 과잉 진단을 최소화하기 위하여 '전형적으로 6개월이나 그 이상'이라는 지속 기간에 관한 서술이 진단기준에 추가되었다.

표 8-1 **불안장애 진단분류의 변화**

불안장애의 진단분류(DSM-IV기준)	불안장애 진단분류(DSM-5 기준)
범불안장애	분리불안장애
특정공포증	선택적 함구증
광장공포증	특정공포증
사회공포증	사회불안장애(사회공포증)
공황장애	공황장애
강박장애	광장공포증
외상 후 스트레스장애	범불안장애
급성 스트레스장애	다른 의학적 상태에 의한 불안장애
일반적 내과질환 때문에 발생하는 불안장애	물질 유발성 불안장애
중독성 물질의 남용 때문에 발생하는 불안장애	기타 불안장애
기타 불안장애	달리 분류되지 않는 불안장애

출처: American Psychiatric Association (1994, 2013).

1. 분리불안장애

1) 진단기준 및 임상적 특징

분리불안장애(Separation Anxiety Disorder)의 필수 증상은 집 또는 애착 대상과의 분리에 대한 심한 불안이다. 불안이 그 사람의 발달 수준에서 기대되는 것보다 심한 경우로, 주된 애착 대상을 잃거나 그들에게 병, 손상, 재난 혹은 죽음과 같은 해로운 일이 일어날 것에 대하여 지속적이고 심한 걱정을 한다. 분리에 대한 불안 때문에 집을 떠나거나 학교에 가는 것, 직장 혹은 그 외 장소에 가는 것을 싫어하거나 거부한다. 혼자 있거나 주된 애착 대상 없이 지내는 것에 대하여도 지속적이고 과도하게 두려움을 느끼거나 거부하며, 주된 애착 대상이 가까이 있지 않은 상황이나 집을 떠나는 상황에서는 잠자기를 지속적으로 싫어하거나 거부한다. 불로 집이 손상을 입거나, 살인 혹은 다른 끔찍한 주제와 연관된 악몽을 반복적으로 꾸기도 하며, 주된 애착 대상과의 분리가 예상될 때 반복적인 신체 증상을 호소한다(예: 두통, 복통, 오심, 구토).

분리불안장애가 있는 소아는 대부분 밀착된 가족관계 속에서 성장한다. 집이나 주요 애착 대상으로부터 분리될 때, 이들은 위축되고 슬픔을 보이며 일과 놀이에 집중하지 못한다. 이 장애가 있는 소아는 지나친 요구를 하고, 지속적인 관심을 요구한다. 때로 이들은 지나치게 양심적이고 복종적이며 다른 사람을 기쁘게 해 주려고 하기도 한다. 증상은 나이에 따라 다양하게 차이가 난다. 어린 아동은 부모 특히 어머니가 옆에 있어야 안심하며, 어머니나 자신에게 나쁜 일이 생겨 다시 만나지 못하게 될 것을 불안해한다. 이 장애가 있는 청소년은 분리에 대한 불안을 인정하지 않지만 독립적 활동을 제한하고 집을 떠나기 싫어하는 행동으로 표현할 수 있다. 성인의 경우 자식과 배우자에 대해 지나치게 관심을 가지고, 그들과 분리될 때 심한 고통을 경험하기도 한다.

2) 원인과 치료

분리불안장애는 환경적인 요인과 유전적인 면이 복합적으로 작용하여 발생한다.

환경적인 요인에서 살펴보면, 분리불안장애는 생활 스트레스 사건(예: 친척이나 애완동물의 죽음, 학교의 변화, 부모의 이혼, 새로운 곳으로 이사, 이민, 애착 대상과 분리되는 재앙 등) 이후에 나타난다. 젊은 성인은 부모의 집에서 떠나거나, 새로운 연인과 관계를 시작할 때, 또는 부모가 되었을 때 나타나기도 한다. 부모의 과도한 보호와 간섭이 분리불안장애와 연관되어 있을 수도 있다.

　　아동기 분리불안장애는 유전적일 수 있다. 지역사회연구에서 6세 쌍둥이에서 유전성은 73%로 측정되었으며, 소녀의 경우 유전성이 더 높게 측정되었다.

표 8-2　분리불안장애 진단 기준

A. 애착 대상과의 분리에 대한 불안이 발달 수준에 부적절하게 지나친 정도로 나타나며, 최소한 다음 세 가지 상황에서 드러난다.
　(1) 집 또는 주된 애착 대상과 분리되거나 분리가 예상될 때 반복적으로 심한 불안을 느낀다.
　(2) 주된 애착 대상을 잃거나 그들에게 병, 손상, 재난 혹은 죽음과 같은 해로운 일이 일어날 것에 대한 계속적이고 심한 걱정을 한다.
　(3) 운 나쁜 사고(예: 길을 잃거나 납치당하거나, 사고를 당하거나, 병드는 등)가 생겨 주된 애착 대상과 분리될 거라는 비현실적이고 지속적인 걱정을 한다.
　(4) 분리에 대한 불안 때문에 집을 떠나거나, 학교에 가는 것, 직장 혹은 그 외 장소에 가는 것을 지속적으로 싫어하거나 거부한다.
　(5) 혼자 있거나 주된 애착 대상 없이 지내는 것에 대하여 지속적이고 과도하게 두려움을 느끼거나 거부한다.
　(6) 주된 애착 대상이 가까이 있지 않은 상황이나 집을 떠나는 상황에서는 잠자기를 지속적으로 싫어하거나 거부한다.
　(7) 분리의 주제와 연관되는 반복적인 악몽을 꾼다.
　(8) 주된 애착 대상과의 분리가 예상될 때 반복적인 신체 증상을 호소한다(예: 두통, 복통, 오심, 구토)
B. 공포, 불안 혹은 회피가 아동기와 청소년기에는 최소한 4주 이상, 성인기에는 전형적으로 6개월 혹은 그 이상이어야 한다.
C. 사회적, 학업적, 직업적, 또는 다른 중요한 기능 영역에서 임상적으로 심각한 고통이나 장해를 일으킨다.
D. 다른 정신장애로 설명되지 않아야 한다. 예를 들면, 자폐스펙트럼장애에서 변화에 대한 과도한 저항 때문에 집을 떠나기를 거부하는 경우; 정신병적 장애에서 분리에 관한 망상이나 환각이 있는 경우; 광장공포증에서 신뢰할 수 있는 동반자가 없이는 집 밖에 나가기를 거부하는 경우; 범불안장애에서 의미 있는 대상에게 나쁜 일이 생기거나 건강에 대한 두려움 때문인 경우; 질병불안장애에서 질병에 대한 걱정 때문인 경우가 아니어야 한다.

출처: American Psychiatric Association (2013).

2. 선택적 함구증

1) 진단기준 및 임상적 특징

선택적 함구증(Selective Mutism)은 말을 할 수 있음에도 불구하고 특정한 상황에서 지속적으로 말을 하지 않는 장애이다. 주로 아동에게 나타나며, 말하는 것이 기대되는 사회적 상황에서 지속적으로 말을 하지 않는다. 여러 가지 형태로 나타나는데, 또래에게는 말을 잘하지만 어른에게는 말을 하지 않는 아동, 가까운 직계 가족과 함께 있을 때는 말을 할 수 있으나, 조부모나 사촌과 같은 친인척이나 친구들 앞에서는 말을 하지 않는 경우 등이다. 이러한 아동은 흔히 학교 가기를 거부하여 학업적 곤란을 초래할 수 있으며, 또래아동들과 친밀한 사회적 관계를 맺기도 힘들다. 이러한 증상이 1개월 이상(입학 후 처음 1개월은 제외) 지속될 경우에 선택적 함구증으로 진단된다.

2) 원인과 치료

선택적 함구증을 불안장애의 한 하위유형으로 분류하는 이유는 선택적 함구증이 사회적 상황에서의 심한 불안에 의해 유발되는 것으로 생각되기 때문이다. 발병은 주로 5세 이전에 시작되나 학교에 다니기 시작하면서 사회적 상황에 노출되고 읽기와 같은 과제를 수행하면서 증상이 두드러지게 나타난다. 시점 유병률은 0.03~1% 사이로 어떤 상황에서 평가했는가에 따라 달라진다.

선택적 함구증을 치료하기 위해 약물치료와 행동치료가 병행된다. 약물치료는 세로토닌 재흡수 억제제(Selective Serotonin Reuptake Inhibitors: SSRI)를 비롯한 항우울제가 처방되며 이는 불안을 완화시키는 역할을 한다. 하지만 여기에 행동치료가 병행되는 것이 바람직하다.

행동치료에서는 자기-모델링기법, 신기한 동기유발법, 둔감법, 자극 약화법 등을 적용한다.

표 8-3 선택적 함구증 진단기준

A. 다른 상황에서는 말을 잘하면서도 말하는 것이 기대되는 사회적 상황(예: 학교)에서 지속적으로 말을 하지 않는다.
B. 장애로 인하여 교육적 혹은 직업적 혹은 사회적 의사소통 상황에서 곤란을 야기한다.
C. 이러한 증상이 1개월 이상(입학 후 처음 1개월은 제외) 지속된다.
D. 말하지 못하는 것이 사회적 상황에서 요구되는 혹은 사용 언어에 대한 지식의 부족, 불편감에 기인한 것이 아니어야 한다.
E. 장애가 의사소통장애(예: 아동기 발병 유창성 장애)에 의하여 더 잘 설명되지 않고, 자폐스펙트럼장애, 조현병, 다른 정신병 장애 과정 동안에만 발생되지는 않는다.

출처: American Psychiatric Association (2013).

3. 특정공포증

25세 남자로 곤충에 대한 심한 공포를 호소하였다. 그는 대도시에서 태어나고 성장하였다. 초등학교 5학년 때 학교 수련회에 참석하였는데, 당시 캠프장에서 벌에 쏘이는 경험을 하였다. 그 이후로 벌을 무서워하여 가능하면 야외활동을 스스로 제한하고 있으며, 벌을 피할 수 있는 방법을 모두 숙지해 놓고 있는 상태이다. 현재 그는 곧 결혼을 할 예정이며 결혼 후 휴양지로 신혼여행을 갈 예정이다. 하지만 한 번도 가보지 않은 지역에서 또 다시 벌을 보게 될까 봐 심한 두려움에 휩싸였고, 최근 들어서는 벌뿐 아니라, 다른 곤충들에게까지 두려움이 확대되었다. 이 사람은 신혼여행지를 바꾸는 것도 심각하게 고려하였으나, 그 이유를 설명하기 어려워 고민이라고 하였다.

1) 진단기준 및 임상적 특징

특정공포증(Specific Phobia)이란 특정한 사물, 환경, 또는 상황에 대하여 지나치게 두려워하고 회피하는 것을 의미한다. 대상이나 상황이 일상생활에서 쉽게 피할 수 있는 것이면 치료받지 않고 지낼 수 있으나 그렇지 못한 경우 일상생활에 심각한 지장을 초래할 수 있다. 따라서 특정 대상이나 상황에 대한 공포가 국한되어 있는가를 확인해야 하며, 이것이 기능에 뚜렷한 손상을 가져오고, 또 심한 고통의 원인이 되는지를 확인해야 한다. 예를 들어, 동물에 대한 공포가 있고 그 동물이 있는 곳에 공포를 느끼고는 있으나, 해당 동물이 없는 곳에 살고 있으며 그 지역에서는 공포로 인한 활동의 제한이 없다면 특정공포증으로 진단하지 않는다.

특정공포증을 지닌 사람들이 두려워하는 대상은 매우 다양하다. 일반인의 경우 가장 두려워하는 대상은 뱀이었으며, 다음으로 높은 곳, 비행하는 것, 폐쇄된 공간, 질병, 죽음, 상처, 폭풍 순으로 보고되고 있다.

공포증 환자들은 특정 대상이나 상황에 직면하거나 예견할 때 현저하고 지속적이며, 지나치게 비합리적인 두려움을 경험한다. 청소년이나 성인 환자들은 그들의 두려움이 너무 지나치거나 비합리적임을 아는 경우도 있다. 공포 반응은 공포자극에의 근접 정도, 도피 가능성의 정도에 따라 다양하게 나타난다. 때로는 공포 반응으로 공황 발작을 경험하기도 한다. 특정공포증은 대상에 따라 다음과 같은 아형으로 나뉜다.

• **동물형**: 동물이나 곤충을 두려워하는 것으로 대개 아동기에 시작된다.
• **자연환경형**: 폭풍, 높은 곳, 물과 같은 자연환경에 대한 공포이다.
• **혈액-주사-손상형**: 피를 보거나 주사를 맞거나 기타 의학적 검사를 두려워하는 것으로 이 경우 혈관미주신경반사가 매우 예민하다.
• **상황형**: 대중 교통수단(지하철, 버스 등), 터널, 다리, 엘리베이터, 비행기, 운전 등과 같은 특정 상황을 두려워하는 것으로 아동기와 20대 중반에 흔히 발병한다.
• **기타형**: 질식, 구토, 질병에 걸리는 것에 대한 공포가 심한 경우이다.

임상적 장면에 찾아오는 성인들이 호소하는 공포증은 상황형이 가장 많고 다음으로 자연환경형, 혈액-주사-손상형, 동물형 순이며, 한 가지 이상의 공포증 유형을 지니는 경우도 많다.

특정공포증을 지닌 사람이 느끼는 공포 수준은 일반적으로 공포 자극과 근접해 질수록 강해지며, 회피 가능성이 높을수록 낮아진다.

미국에서 12개월 지역사회 유병률은 약 7~9%에 이른다. 하지만 아시아, 아프리카, 라틴 아메리카 국가에서의 유병률은 전반적으로 이보다 낮다(2~4%). 한국의 경우 4.8%라는 보고도 있다. 남성보다 여성에게서 2배 더 흔하며 특히 10대 청소년에게 많다.

2) 원인과 치료

행동주의적 학습이론에서는 고전적 조건형성에 의하여 공포 반응이 학습될 수 있음을 보여 주고 있다. 즉, 공포를 유발하는 무조건 자극과 중성적인 자극이 연합함으로서 공포 반응이 조건형성된 것으로 보고 있다. 하지만 모든 자극에 공포 반응이 조건형성되는 것은 아니다. Seligman(1971)은 오랜 동안 진화과정을 통해서 생존을 위협하는 특정한 자극에 대해서는 공포 반응을 더 쉽게 학습하는 생물학적 성향이 인간에게 있다면서, 이러한 성향을 '준비성(preparedness)'으로 설명하였다. 가족력 연구를 보면 유전 가능성을 시사하나, 아직 분명하지는 않다. 정신분석에서는 오이디푸스 콤플렉스와 그에 따른 거세공포, 근친상간에 대한 공포, 성적 흥분에 따르는 갈등이 불안을 유발하고 이러한 허용되지 않는 무의식적 갈등에 대한 경고로 공포증이 나타난다고 보았다. 학습이론에서는 다른 사람으로부터 보고 배우는 모델링이나 부모 등이 위험하다고 경고한 경우, 이것이 학습되어 공포증이 나타난다고 설명한다. 다양한 경로를 통해 형성된 공포증은 회피 반응에 의해 유지되고 강화된다. 공포증이 형성되면 공포자극을 회피하게 되는 회피행동이 나타나는데, 회피행동으로 인하여 공포자극이 유해하지 않다는 것을 학습할 기회를 얻지 못하므로 공포 반응은 소거되지 않은 채 지속되며, 이러한 과정을 Mowrer(1951)는 2요인이론(two-factor theory)으로 설명하고 있다. 즉, 공포증이 형성되는 과정에는 고전적 조건형성의 학습 원리가 관여하나 일단 형성된 공포증은 조작적 조건형성의 원리에 의해 유지되고 강화된다고 본 것이다.

정신분석적 이론에서는 무의식적인 갈등에 기인한 불안이 특정 외부 대상에 투사되거나 대치되었을 때 특정공포증이 나타난다고 보고 있다. 방어기제상으로는 전위와 밀접한 관계가 있다.

행동치료는 특정공포증을 치료하는 데 가장 효과적인 방법이다. 특히 체계적 둔감법(systemic desensitization)이 가장 흔히 사용된다. 이는 불안을 일으키는 자극 중에 가장 약한 것에서부터 점차 강한 것에 노출시키는 것으로 이때 각종 이완기법을 습득시켜 자극 앞에서 이완을 경험하도록 한다. 홍수법(flooding)은 반대로 한 번에 힘든 자극 앞에 나서게 하여 공포를 극복하게 하는 것으로, 두려워하는 상황에 상상으로 또는 실제로 노출시키는 방법이다.

인지치료는 실제로는 그 대상이나 상황이 위험하지 않고 안전하다는 인식을 갖게 하는 것이다. 인지치료는 행동치료와 함께 개인 또는 집단으로 적용된다. 통찰정신치료를 통해서, 환자들은 공포의 근원, 이차적 이득, 저항의 의미, 공포 자극에 대처하는 보다 건강한 방법을 이해할 수 있게 된다. 하지만 통찰을 얻고도 증상이 계속되는 경우도 있다. 따라서 치료를 통하여 환자들의 현재 상태를 정확히 파악하여 점진적으로 공포자극에 노출할 수 있도록 격려해 줌으로써 자신감과 용기를 줄 수 있다.

약물치료로는 불안을 완화하기 위하여 벤조디아제핀을 사용하기도 한다. 공포 상황에 직면하기 전에 미리 투약하여 예기불안을 줄일 수 있다. 약물치료는 행동치료의 보조 수단으로 사용하기도 한다. 그러나 지속적인 약물 투여는 대개 필요하지 않다. 그 외에 가족치료, 최면치료 등도 사용된다.

표 8-4 특정공포증의 진단 기준

A. 지나치거나 비합리적이며, 현저하고 지속적인 두려움이 있고, 특정 대상이나 상황에 직면하거나 그러한 대상이나 상황이 예견될 때 두려움이 유발된다(예: 비행기 타기, 고공, 동물, 주사 맞기, 피를 봄).
   주의: 소아에 있어서 불안은 울기, 발작, 얼어붙거나 매달리는 것으로 나타날 수 있다.
B. 공포자극이나 상황에 노출되면 예외 없이 즉각적인 불안과 공포를 유발한다.
C. 공포자극이나 상황은 회피하거나, 아주 심한 불안이나 고통을 지닌 채 견디어 낸다.
D. 공포나 불안이 특정 대상이나 상황에서 야기되는 실제 위험에 비하여 혹은 사회문화적 맥락에 비하여 지나치다.
E. 공포, 불안 그리고 회피가 지속적이며, 전형적으로 6개월 이상 지속되어야 한다.
F. 공포, 불안, 회피가 개인의 사회적·직업적, 그리고 중요한 영역에서의 기능에 심각한 지장과 손상을 준다.
G. 장애가 다른 정신질환으로 더 잘 설명되지 않는다. 특정 대상이나 상황과 연관되는 불안, 공황발작, 또는 공포로 인한 회피가 공황 유사 증상이나 이를 못하게 하는 증상(예: 광장공포증), 대상이나 상황과 관련된 강박증상(예: 강박장애), 외상적 사건을 떠올리는 것(예: 외상후 스트레스 장애), 집이나 애착 대상과 분리(예: 분리불안장애), 사회적 상황(예: 사회공포장애)과 연관된 경우가 아니어야 한다.
다음의 경우 명시할 것
   공포 자극을 기준으로 한 부호화
      동물형(예: 거미, 벌레, 동물)
      자연환경형(예: 고소, 폭풍, 물)
      혈액-주사-손상형(예: 주사바늘, 침습적인 의학적 처치)
      상황형(예: 비행기, 엘리베이터, 밀폐된 장소)
      기타형(예: 질식, 구토; 소아의 경우 큰 소리나 가장 인물에 대한 회피)

출처: American Psychiatric Association (2013).

4. 사회불안장애

21세 공과대학 학생으로 수업 시간에 자신이 해야 할 발표를 제대로 하기 힘들다는 것을 호소로 상담실을 방문하였다. 평상시 학점은 좋은 편이지만, 발표가 포함되어 있는 과목에서는 적절히 능력을 발휘하지 못하고 있다. 또한 이성과의 관계에서도 힘들어서 아직 여자 친구를 사귀어 본 적이 한 번도 없다. 이성을 만나면 얼굴이 붉어지고 목소리가 떨려 거의 말을 하지않고 식은땀만 흘리다가 헤어지고는 하였다. 어려서부터 다소 내성적이고 수줍음이 많았다. 고등학교 시절에 수업 중에 발표를 하다가 목소리가 작고 더듬거려 위축된 적이 있었는데, 이후 발표를 해야 하는 상황에서는 더욱 위축되고 목소리가 떨려 제대로 발표를 할 수 없었다.

1) 진단기준 및 임상적 특징

사회불안장애[또는 사회공포증, Social Anxiety Disorder(Social Phobia)]는 낯선 사람들로부터 평가받는 상황에 대하여 공포심을 갖는 것이다. 즉, 당황할 가능성이 있는 사회적 상황이나 과제를 수행하는 상황에 대하여 지속적으로 두려워하고 피하려 하거나, 피할 수 없는 경우엔 즉각적인 불안 반응을 보이는 것이다. 물론 사람들은 누구나 어느 정도의 사회적 불안이나 수행불안을 갖고 있다. 그러나 그 정도가 심각하여 반복적으로 사회적 상황들을 회피하고, 그런 상황에 직면하게 되면 심각한 불안을 경험하는 경우 사회불안장애로 진단할 수 있다.

아동의 경우 낯선 사람 앞에서 기겁을 하고 심하게 울거나 떼를 쓰거나 말을 하지 않는 행동으로 나타날 수도 있다. 흔히 환자들이 두려워하는 상황으로는 대중 앞에서 연설하거나, 타인 앞에서 글을 쓰기, 술 또는 음식을 먹기, 공중 화장실을 사용하기 등이다. 환자들은 타인이 자신을 불안정하고 약하고 미쳤고 또는 멍청하다고 생각할까 봐 두려워한다. 또 자신의 얼굴 붉어짐, 몸 또는 목소리 떨림, 땀 흘림, 얼굴 굳어짐과 같은 신체 증상을 타인이 알아차릴까 봐 두려워한다.

사회공포증은 매우 흔한 심리적 문제이다. 사회적 불안이나 수줍음은 대학생의 약 40%가 보고할 만큼 매우 흔하다. 평생 유병률은 3~13%로 다양하게 보고되고 있다. 최근 외국에서는 10% 이상의 높은 평생 유병률을 보고하는 연구가 많으나, 한국의 경우엔 0.3%라는 보고도 있다. 지역사회 연구는 여성에서 더 많은 것으로 보고하고 있으나 임상 연구에서는 남자 환자가 더 많다는 특징이 있다. 사회공포증은 수줍고 내성적인 아동기를 보낸 10대 중반의 청소년에게서 시작되며 만성적 경과를 거쳐 점차 심해지는 경향이 있다. 성인기에 처음 발병하는 경우는 상대적으로 드물며, 스트레스와 수치심을 주는 사건 발생 이후나 새로운 사회적 역할(예: 다른 사회계층 사람과 결혼하거나 승진한 후)이 요구되는 삶의 변화 후에 나타나는 경우가 많다. 데이트에 대한 공포가 있는 사람은 결혼함으로써 사회불안장애가 감소했다가 이혼하면서 다시 증상이 나타나기도 한다.

청소년기에는 아동기에 비하여 더 다양한 공포와 회피가 나타나는데, 예를 들어 데이트에 대한 공포가 있을 수 있다. 성인 초기에는 사회불안 증상이 특정 상황에서 더 심하게 나타나는 경향이 있다. 노년층에서 사회불안은 감각기관의 기능 저하, 외양이 변화한 것에 대한 당혹감, 질병, 실금, 인지 기능 손상 등을 고려해야 한다. 이 시기에 사회불안 증상은 약하지만 더 광범위한 상황에서 나타날 수 있다. 지역사회에서 사회불안장애 환자의 약 30%가 1년 이내에 증상이 좋아짐을 경험하며, 50%는 수년 내에 호전을 보인다. 치료를 받지 않는 환자의 60%는 수년 이상 증상이 지속될 수 있다.

사회불안장애 환자의 『DSM-5』 진단기준은 다음과 같다.

표 8-5 사회불안장애(사회공포증)의 진단 기준

A. 한 가지 또는 그 이상의 사회적 상황에서 타인에 의해 주시되는 상황에 대하여 강한 두려움이나 불안을 나타낸다. 예를 들면, 사회적 상황(예: 대화를 하거나, 낯선 사람을 만나는 등), 관찰되는 것, 다른 사람들 앞에서 수행하는 것 등을 들 수 있다.
주의: 소아에서는 불안이 성인과의 관계가 아니라 또래와의 관계에서 불안해할 때만 진단해야 한다.

B. 다른 사람들에게 부정적으로 평가되는 방향(예: 수치스럽거나 당황한 것으로 보임. 다른 사람을 거부하거나 공격하는 것으로 보임)으로 행동하거나 불안 증상을 보일까 두려워한다.

C. 이러한 사회적 상황이 거의 항상 공포나 불안을 일으킨다.
주의: 소아에서의 공포와 불안은 울음, 분노발작, 냉담, 매달리기, 움츠러듦 혹은 사회적 상황에서 말을 하지 못하는 것으로 표현될 수 있다.

D. 이러한 사회적 상황을 회피하거나 극심한 공포와 불안 속에서 견딘다.

E. 이러한 불안과 공포는 실제 사회 상황이나 사회문화적 맥락에서 볼 때 실제 위험에 비해 비정상적으로 극심하다.

F. 공포, 불안, 회피는 전형적으로 6개월 이상 지속되어야 한다.

G. 공포, 불안, 회피는 사회적 · 직업적, 또는 다른 중요한 기능 영역에서 임상적으로 현저한 고통이나 손상을 초래한다.

H. 공포, 불안, 회피는 물질(예: 남용약물, 치료약물)의 생리적 효과나 다른 의학적 상태로 인한 것이 아니다.

I. 공포, 불안, 회피는 공황장애, 신체이형장애, 자폐스펙트럼장애와 같은 다른 정신질환으로 더 잘 설명되지 않는다.

J. 만약 다른 의학적 상태(예: 파킨슨병, 비만, 화상이나 손상에 의한 신체 훼손)가 있다면 공포, 불안, 회피는 이와 무관하거나 혹은 지나칠 정도다.

다음의 경우 명시할 것:

수행형 단독: 만약 공포가 대중 앞에서 말하거나 수행하는 것에 국한될 때

출처: American Psychiatric Association (2013).

2) 원인과 치료

사회불안장애에는 왜곡된 인지를 교정해 주는 인지치료와 행동치료의 일종인 노출치료가 효과적인 것으로 나타나고 있다. 이들의 인지적 특성은, 자신은 다른 사람에게 호감을 주지 못하는 사람이라는 강한 믿음을 가지고 있는 동시에, 다른 사람에게는 좋은 인상을 주고 싶어 하는 욕구를 지니고 있다. 또한 다른 사람들은 자신의 조그만 실수도 싫어하고 멀리할 것이라 생각한다. 인지치료는 이렇게 왜곡된 사고를 교정하는 것이며, 이와 함께 행동치료 기법인 노출치료를 통하여 인지치료를 통해 얻게 된 인지적 재구성을 확인시켜 주는 단계를 밟게 된다. 노출은 흔히 상황노출이나 실제노출이 적용되는데, 상황노출은 치료 상황에서 어려운 상황을 실제 상황과 유사하게 만들어 노출시키는 것이고 실제 노출은 실제 생활에서 노출을 경험하도록 하는 것이다. 대개 몇 가지 기법을 조합하여 적용한다. 사회공포증의 인지행동치료는 집단치료가 더 효과적이라는 보고도 있다.

약물치료는 선택적 세로토닌재흡수 억제제가 1차 선택치료제로 가장 널리 사용된다. 그밖에도 일부 벤조디아제핀계 약물(예: clonazepam, alprazolam)이 효과적일 수 있다. 항우울제인 페넬진(phenelzine)이 효과적이라는 연구보고가 있었으나 식사 제한

등의 단점이 있다. 베타수용체 차단제도 무대공포증과 같은 수행공포 증상이 있는 경우 도움이 된다.

　사회공포증의 경과는 치료받지 않으면 평생 지속적인 경우가 대부분이다. 성인기에 그 정도가 다소 완화되기도 하지만 증상은 대개 일생 동안 계속된다. 장애의 정도는 생활의 긴장 정도와 상황에 따라 변화를 보이기도 한다.

5. 공황장애

　　A 씨는 35세 초등학교 교사이다. 학교 수업을 마친 후 동료 교사들과 회식을 하는데, 갑자기 가슴이 답답하고 통증을 느끼며 호흡이 빨라지는 것 같았다. 곧 이어 식은땀이 나고 어지러워지며 실제 상황이 아닌 것 같은 느낌도 들었다. 더럭 겁이 났지만 술기운 때문일 것이라 생각하고 스스로 참아보려고 애썼다. 약 오 분쯤 지나니 증상이 가라앉기 시작했으며 마음도 점차 안정이 되었다. 하지만 그날 이후로 잊어버릴 만 하면 한 번씩 비슷한 증상이 나타나곤 하였다. 몇 달 후, 지하철을 타고 출근을 하는 중 갑자기 가슴이 답답해지고 심장이 뛰면서 숨이 막혀 왔다. 심장 박동은 점점 더 빨라졌고 호흡이 거칠어졌다. 식은땀이 났고 가슴이 조여들면서 얼굴이 화끈거렸다. 눈이 점점 침침해지는 것 같았고 손발은 피가 안 통해 차갑고 저리며 점점 마비되는 것처럼 뻣뻣해지는 것을 느꼈다. 무엇인가 큰 탈이 난 것이 분명했다. 어떻게 지하철을 빠져나왔는지 기억이 나지 않을 정도였다. 팔다리는 덜덜 떨렸으며 온몸은 식은땀으로 젖어 있었다. 서둘러 택시를 타고 근처 병원 응급실로 향했다. 응급실에 도착하니 이미 증상은 어느 정도 가라앉은 후였다. 그래도 심전도를 비롯한 여러 가지 검사를 해 보았지만 아무런 이상이 발견되지 않았다. 응급실 담당 의사는 신체에 별다른 이상은 없다고 하며 신경성으로 몹시 불안한 상태이니 집에서 좀 쉬라고 하면서 신경안정제 같은 약을 처방해 주었다. A 씨는 그렇게 고통스러운 경험을 하였는데, 모든 검사가 정상으로 나왔다는 사실을 도저히 납득할 수 없었고 '신경성' 운운하는 의사의 말도 믿어지지 않았다. 아무래도 검사에 나타나지 않은 어떤 심각한 병이 숨어 있을 것만 같은 생각이 들었다. 그날 이후 A 씨는 지하철은 절대로 타지 않았다. 뿐만 아니라 사람이 많고 답답한 공간은 점차 피하는 모습이 나타났다. 일과 관련하여 어쩔 수 없는 상황이 아니라면, 가능하면 사회 활동을 피하려고 하였으며, 따라서 대인관계도 위축되어 가는 모습이었다.

1) 진단기준 및 임상적 특징

공황(panic)이라는 말은 그리스신화에 등장하는 목신(牧神) Pan에서 유래하였다. 염소의 뿔과 다리를 갖고 있으며, 음악을 좋아하는 Pan은 아르카디아의 산속에 살고 있었다. 그는 피리를 불어 지나가는 나그네들을 공포에 떨게 하는 장난꾸러기 신이었다. 때문에 그리스 사람들은 공포심을 불러일으키는 모든 신비한 소리를 Pan의 장난이라고 믿었으며, 점차로 이해할 수 없는 재앙은 모두 Pan때문이라고 믿게 되었다. 아테네 사람들은 이러한 재앙을 막기 위해 아크로폴리스에 Pan을 위한 신전을 건립하였는데 이 아크로폴리스 기슭에는 아테네의 큰 시장(市場)인 Agora가 있었다. 이는 오늘날 광장공포증(agoraphobia)이 공황장애(panic disorder)의 2차적 합병증이라는 주장과 흥미 있는 연관성을 갖고 있다.

공황장애는 갑자기 엄습하는 불안발작과 이에 동반하는 다양한 신체 증상이 아무런 예고 없이 갑작스럽게 발생한다. 공황발작(panic attack)은 매우 심해서 거의 죽을 것 같은 공포심을 유발한다. 공황발작이라고 진단하기 위해서는 강렬한 불안과 함께 심계항진, 온몸이 떨림, 호흡곤란, 흉통이나 가슴이 답답함, 어지럼증, 오심, 발한, 질식감, 손발의 이상감각, 머리가 멍함, 쓰러질 것 같은 느낌이나 실제로 잠깐 실신하는 것과 같은 신체 증상이 나타날 수 있다. 이러한 증상은 갑작스럽게 나타나며 수분 이내에 그 증상이 최고조에 도달하여 극심한 공포를 야기한다.

현재 사용되고 있는 미국 정신의학회의 『DSM-5』에서 공황장애의 진단 기준은 다음과 같다.

표 8-6 공황장애 진단기준

A. 반복적으로 예상하지 못한 공황발작이 있다. 공황발작은 극심한 공포와 고통이 갑작스럽게 발생하여 수분 이내에 최고조에 이르러야 하며, 그 시간 동안 다음 가운데 적어도 네 가지 이상의 증상이 나타난다.
주의: 갑작스러운 증상의 발생은 차분한 상태나 불안한 상태에서 모두 나타날 수 있다.
(1) 심계항진, 심장의 두근거림, 또는 심장 박동수의 증가
(2) 땀 흘림
(3) 몸의 떨림 또는 전율
(4) 숨이 가쁘거나 답답한 느낌
(5) 질식할 것 같은 느낌

(6) 흉통 또는 가슴 불편감

(7) 메스꺼움 또는 복부 불쾌감

(8) 현기증, 비틀거리는 느낌, 어지러움, 또는 기절할 것 같은 느낌

(9) 춥거나 화끈거리는 느낌

(10) 감각이상(감각이 둔해지거나 찌릿찌릿한 감각)

(11) 비현실감(현실이 아닌 것 같은 느낌) 혹은 이인증(나에게서 분리된 느낌)

(12) 스스로 통제할 수 없거나 미칠 것 같은 두려움

(13) 죽을 것 같은 공포

주의: 문화 특이적 증상(예: 이명, 목의 따끔거림, 두통, 통제할 수 없는 소리 지름이나 울음)
도 보일 수 있다. 이러한 증상은 위에서 진단에 필요한 네 가지 증상에는 포함되지 않는다.

B. 적어도 1회 이상의 발작 이후에 1개월 이상 다음 중 한 가지 이상의 조건을 만족해야 한다.

  (1) 추가적인 공황발작이나 그에 대한 결과(예: 통제를 잃음, 심장발작을 일으킴, 미치는 것)
  에 대한 지속적인 걱정

  (2) 발작과 관련된 행동으로 현저하게 부적응적인 변화가 일어난다(예: 공황발작을 회피하기
  위한 행동으로 운동이나 익숙하지 않은 환경을 피하는 것 등).

C. 장애는 물질(예: 남용약물, 치료약물)의 생리적 효과나 다른 의학적 상태(예: 갑상선 기능항
진증, 심폐질환)로 인한 것이 아니다.

D. 장애가 다른 정신질환으로 더 잘 설명되지 않는다(예: 사회불안장애에서처럼 공포스러운 사
회적 상황에서만 발작이 일어나서는 안 된다. 특정공포증에서처럼 공포 대상이나 상황에서
나타나서는 안 된다. 강박장애에서처럼 강박사고에 의해 나타나서는 안 된다. 외상 후 스트
레스 장애에서처럼 외상성 사건에 대한 기억에만 관련되어서는 안 된다. 분리불안장애처럼
애착 대상과의 분리에 의한 것이어서는 안 된다).

출처: American Psychiatric Association (2013).

공황장애는 이처럼 다양한 신체 증상을 수반하므로 흔히 심근경색이나 히스테리성
증상, 심지어는 간질로 오인되기도 한다. 많은 환자가 공황발작 증상이 나타나면 매
우 당황하고 극심한 공포감에 사로잡혀 병원 응급실을 찾게 되나 검사상 특별한 이상
소견이 발견되지 않고 응급실에 도착한 뒤 잠시 안정을 취하면 저절로 증상이 호전되
는 경과를 밟는다.

공황장애는 예기치 못한 공황발작이 반복적으로 나타나므로, 발작이 없는 시기에
는 그런 일이 또 생기지 않을까 하는 예기불안(anticipatory anxiety)을 느끼게 된다.

공황장애를 독립적인 질환으로 인정한 것은 그리 오래되지 않지만, 질병의 특성상
환자들의 일상생활에 미치는 영향력이 크기 때문에 최근에는 불안장애 중 가장 대표
적인 질환으로 다뤄지고 있다. 공황장애의 평생 유병률은 연구마다 다소 차이는 있지
만 대략 3.5% 내외로 알려져 있다. 특히 동양인에서 다소 낮은 유병률을 보이며 한국

인에서는 1.7% 정도라고 보고된 바 있다. 공황장애 환자의 1/2~1/3은 광장공포증을 동반하며, 여자가 남자보다 2~3배 정도 많다. 광장공포증의 평생 유병률은 0.6~6%로 알려져 있는데, 반복적인 공황발작을 경험하면 1년 이내에 광장공포증이 발생하는 경우가 대부분이다. 발병 시기는 아무 때나 일어날 수 있지만 20~30대 사이의 연령층에서 가장 흔히 발생하며 평균 발병 연령은 25세이다.

대부분의 공황장애 환자가 다른 정신과적인 질병을 함께 갖고 있으며, 가장 흔한 동반이환질환으로는 우울증, 범불안장애, 사회불안장애, 성격장애, 신체형장애, 물질관련장애(substance-related disorders) 등을 들 수 있다.

공황발작의 첫 증상은 흔히 특별한 유발 요인 없이 저절로 시작되지만 육체적 과로나 심각한 정신적인 스트레스를 겪고 난 후에 증상이 처음 시작되는 경우도 많다. 대개 공황발작은 10분 이내에 급격한 불안과 동반되는 신체 증상이 정점에 이르며 20~30분 정도 지속되다가 저절로 사라진다. 증상이 1시간 이상 지속되는 경우는 드물며, 증상의 빈도도 하루에 여러 번씩 나타나거나 1년에 몇 차례만 나타날 수도 있어 환자에 따라 차이가 크다. 증상과 다음 증상 사이에는 예기불안이 동반되기 쉬우며 발작 중에 이인감이나 우울감을 경험하기도 한다. 평소에 카페인 음료나 알코올을 과도하게 섭취해도 증상이 악화될 수 있다.

많은 환자가 공황발작이 있을 때 응급실을 찾게 되며 증상의 원인을 찾기 위해 각종 임상검사를 해 보지만 일시적인 혈압의 상승이나 과호흡 증상 이외에는 특별한 이상이 없는 것으로 판정되곤 한다.

2) 원인과 치료

공황장애의 발병 원인으로는 신경생물학적, 유전적, 심리사회적 요인이 모두 고려될 수 있다. 신경생물학적 원인으로는 신경화학적 공황유발물질과 호흡과 관련해서 공황발작을 유발하는 물질이 있다. 신경화학적 공황유발물질에는 요힘빈(yohimbine), 카페인(caffeine), 플루마제닐(flumazenil), m-클로로페닐피페라진(m-chlorophenylpiperazine), 콜레시스토키닌(cholecystokinin), 이소프로테레놀(isoproterenol) 등이 있으며, 이들은 주로 중추신경계의 노르에피네프린(norepinephrine), 세로토닌(serotonin), GABA 수용체에 작용해서 공황발작을 일으킨다고 생각된다. 호흡과 관련해서 공황발작을 일으키는 물질로는 소듐락테이드(sodium lactate), 중탄산염(bicarbonate), 이산화탄소(carbon dioxide: CO_2) 등이 있는데, 주로 과호흡을 유발하거나 생체 내의 산-염기 균형을 깨뜨려서 공황발작을 유발한다. 특히 공황장애 환자들은 5% CO_2에 노출될 경우 공황발작이 일어나기 쉬운데, 이는 지나치게 민감한 뇌간이 중추신경계에 잘못된 경보시스템을 작동시켜 호흡장애와 과호흡, 불안감을 유발하기 때문으로 생각된다. 유전적 원인론과 관련된 연구는 많지 않지만 이 질환이 유전적인 요인을 갖고 있는 것은 분명하다. 예를 들어, 공황장애 환자의 가까운 친척 중에서는 다른 정신과적 질환을 가진 환자의 가까운 친척들에 비해 공황장애의 발생률이 4~8배 정도 더 높으며 일반 인구에 비해서는 10배 정도 더 높은 것으로 알려져 있다. 또한 일란성 쌍둥이에서 공황장애 발병의 일치율이 약 45% 정도인 데 반해 이란성 쌍둥이에서는 15% 정도로 큰 차이가 난다. 염색체 연구에서는 아직까지 특정한 염색체 부위가 공황장애와 관련이 있다는 보고는 없다.

　행동주의 이론에 따르면 불안이란 부모의 행동을 학습한 결과이거나 전형적인 조건화 반응을 통해 나타난다고 본다. 예를 들어, 사람이 붐비는 지하철 속에서 처음으로 공황발작을 경험한 환자는 그다음부터는 지하철만 타면 이전에 겪었던 공황발작을 떠올리게 되어 쉽게 불안해진다는 설명이다. 또한 공황장애 환자들은 사소한 신체 감각의 변화에도 지극히 민감한 반응을 보여서 재앙적 사고를 보이기 쉽다. 예를 들어, 불안의 한 신체 증상으로 심장박동이 빨라지고 흉부 불편감이 있으면 이것을 심장마비 증상으로 잘못 해석하는 경우를 말한다.

　공황장애의 주된 치료 방법으로는 약물치료와 인지행동치료, 통찰정신치료 등이 있을 수 있다. 공황장애 약물치료에는 항우울제의 일종인 선택적 세로토닌 재흡수억제제(Selective Serotonin Reuptake Inhibitor: SSRI)가 우선적으로 권장된다. 과거에는 삼환계 항우울제나 단가아민산화효소 억제제 같은 약물도 많이 사용되었지만 SSRI 제제가 상대적으로 부작용이 더 적고 안전하기 때문에 이제는 주로 SSRI 제제에 적절한 치료 효과를 보이지 않는 경우에만 치료제로서 사용된다. 인지행동치료는 공황장애의 치료에 효과적이며 약물치료와 병행할 경우 더욱 효과적이다. 대개 개인보다는 집단을 대상으로 한 인지행동치료를 많이 시행한다. 인지행동치료는 먼저 환자들의 공황발작에 대한 그릇된 믿음과 정보를 교정하는 교육이 필수적이다. 이외에도 이완훈련과 호흡훈련, 공포를 유발하는 대상에 대한 노출요법 등이 함께 이루어진다. 인지행동치료는 대상 환자의 약 70~80% 정도가 치료 초기에 반응을 보이지만 장기적으로는 약 50% 정도에서만 공황발작이 없어지는 것으로 알려져 있다. 통찰정신치료의 효과에 대해서는 체계적인 연구가 이루어진 것은 없지만 일부 연구에 의하면 공황장애의 치료에 역시 도움이 될 수 있다. 치료는 불안의 무의식적인 의미를 알도록 도와주고 환자가 피하는 상황의 의미를 이해하게 해 주며 충동을 억제할 필요성과 증상으로 인한 이차적 이득을 깨닫도록 해 주는 것이다.

경과 및 예후를 살펴보면, 공황장애는 일반적으로 만성적인 질병으로서 자연적으로 회복되는 경우는 드물다. 하지만 적절한 치료를 했을 경우엔 30~40% 정도는 증상의 완전한 관해가 오며 약 50% 정도는 증상이 있더라도 가벼워서 일상생활에 큰 영향을 받지 않게 되고 10~20% 정도만이 심각한 증상이 계속 남아 있다. 한편 공황장애 환자의 약 50% 정도에서 우울증이 발병하며 약 20% 정도에서는 알코올 의존이 함께 발생한다. 일반적으로 공황장애 환자들에서는 자살의 위험성도 올라가는 것으로 보인다. 대개 발병 기간이 짧을수록, 병전 기능이 좋을수록 질병의 예후도 좋은 것으로 생각된다.

6. 광장공포증

1) 진단기준 및 임상적 특징

광장공포증(agoraphobia)의 특징은 다양한 상황에 실제로 노출되거나 노출이 기대되는 상황에서 유발되는 현저한, 극도의 공포와 불안이다. 진단 기준을 만족하려면 다음의 다섯 가지 상황 중에서 적어도 두 가지 이상의 경우에서 증상이 발현되어야 한다. 대중교통을 이용하는 것(예: 자동차, 버스, 기차, 배, 비행기), 열린 공간에 있는 것(예: 주차장, 시장, 다리), 밀폐된 공간에 있는 것(예: 상점, 공연장, 영화관), 줄을 서 있거나 군중 속에 있는 것, 집 밖에 혼자 있는 것 등이다. 이러한 상황이 발단이 되어 공포와 불안을 경험하게 되면, 전형적으로 어떤 끔찍한 일이 발생할 것이라는 생각을 하게 된다. 사람들은 종종 '공황 유사 증상'이나 그들을 '무능력하게 느끼게 만드는 다른 증상, 혹은 당혹스러운 증상'을 경험할 때, 그 상황을 벗어나기 힘들며, 도움을 받을 수 없을 것이라고 믿는다. 어지럼증, 기절할 것 같은 느낌, 죽는 것에 대한 공포처럼 공황발작에 포함된 열세 가지 증상 중 어느 하나라도 있을 때 '공황유사증상'이라고 한다. '무능력하게 느끼게 하는 증상이나 당혹스러운 증상'은 토하거나 염증성 장 질환, 노인이 보이는 낙상에 대한 공포, 아동이 방향 감각을 잃고 길을 잃는 것 등을 포함한다.

광장공포증 환자는 도움을 받기 어려운 상황을 한사코 회피하려 한다. 사람이 많은 거리나 상점, 밀폐된 공간(예: 터널, 다리, 엘리베이터), 또는 도중에 내리기 어려운 운송 수단(예: 지하철, 버스, 기차)을 회피하며, 어쩔 수 없는 경우 누군가를 반드시 동행하려 한다. 심한 경우 외출도 안 하려 하지만, 혼자 있는 것도 두려워한다. 공포와 불안은 개인이 불안해하는 상황에서는 거의 항상 나타난다. 따라서 광장공포 상황에서 가끔씩 불안해하는 사람(예: 줄을 서 있던 5회 가운데 단지 1회만 불안해하는 사람)은 광장공포증으로 진단하지 않는다.

표 8-7 광장공포증의 진단 기준

A. 다음 다섯 가지 상황 중 두 가지 이상의 경우에서 극심한 공포와 불안을 느낀다.
   (1) 대중교통을 이용하는 것(예: 자동차, 버스, 기차, 배, 비행기)
   (2) 열린 공간에 있는 것(예: 주차장, 시장, 다리)
   (3) 밀폐된 공간에 있는 것(예: 상점, 공연장, 영화관)
   (4) 줄을 서 있거나 군중 속에 있는 것
   (5) 집 밖에 혼자 있는 것
B. 공황 유사 증상이나 무능력하거나 당혹스럽게 만드는 다른 증상(예: 노인에서 낙상에 대한 공포, 실음에 대한 공포)이 발생했을 때 도움을 받기 어렵거나 그 상황에서 벗어나기 어려울 것이라는 생각 때문에 그런 상황을 두려워하고 피한다.
C. 광장공포증 상황은 거의 대부분 공포와 불안을 야기한다.
D. 광장공포증 상황을 피하거나, 동반자를 필요로 하거나, 극도의 공포와 불안 속에서 견딘다.
E. 광장공포증 상황과 그것의 사회문화적 배경을 고려할 때 실제로 주어지는 위험에 비해 공포와 불안의 정도가 극심하다.
F. 공포, 불안, 회피 반응은 전형적으로 6개월 이상 지속된다.
G. 공포, 불안, 회피가 사회적·직업적, 또는 다른 중요한 기능 영역에서 임상적으로 현저한 고통이나 손상을 초래한다.
H. 만약 다른 의학적 상태가 동반된다면, 공포, 불안, 회피 반응이 명백히 과도해야만 한다.
I. 공포, 불안, 회피가 다른 정신질환으로 더 잘 설명되지 않는다. 예를 들어, 증상이 특정공포증의 상황 유형에 국한되어서는 안 된다. (사회불안장애처럼) 사회적 상황에서만 나타나서는 안 된다. (강박장애에서처럼) 강박사고에만 연관되거나 (신체이형장애에서처럼) 신체 외형

의 손상이나 훼손에만 연관되거나, (외상 후 스트레스장애처럼) 외상 사건을 기억하게 할 만
한 상황에만 국한되거나, (분리불안장애처럼) 분리에 대한 공포에만 국한되어서는 안 된다.
주의점: 광장공포증은 공황장애 유무와 관계없이 진단된다. 만약 공황장애와 광장공포의
진단 기준을 모두 만족한다면 두 가지 진단이 모두 내려져야 한다.

출처: American Psychiatric Association (2013).

2) 원인과 치료

인지이론에서는 공포에 대한 공포이론을 주장하였다. 광장공포증 환자는 그러한
상황에서 공포감을 경험하게 될 것을 두려워한다. 공포에 대한 공포는, 공포와 관련
된 신체 감각에 대한 두려움과 공포의 결과에 대한 부적응적인 사고로 구성되어 있
다. 즉, 공포감을 느낄 때의 신체적 감각을 두려워할 뿐 아니라, 두려워하는 자신을
보고 사람들이 자신을 경멸하게 될 것을 두려워하는 것이다. 이들은 불안을 경험한
상황을 잘못 해석하여 광장공포증을 야기하는 경향이 있다. 예를 들면, 공황발작이
버스를 탔을때 나타난 경우, 버스를 타는 것과 공황발작을 연관시켜 버스를 타는 것
과 같은 중립적 자극을 회피하게 된다.

약물치료로는 항불안제가 효과적이라는 보고가 있으나 약물치료 단독으로 회피 행
동을 치료하기는 매우 어렵다.

인지치료의 두 가지 중요한 요소는 환자의 그릇된 믿음과 광장과 같은 장소에 대한
잘못된 정보이다. 따라서 환자가 특정 장소에서 나타나는 가벼운 신체 감각을 공황
발작, 파국, 죽음과 같은 파국적인 상황으로 잘못 인식하는 것을 교정해야 하며 동시
에 불안 반응은 일시적이며 치명적이 아니라는 정확한 정보를 주는 것이다. 여기서도
상상노출, 실제노출 등 다양한 노출기법이 적용된다. 그중에 실제 노출은 행동치료의
기본이 된다. 노출기법은 환자들이 두려워하는 상황에 대하여 점진적으로 노출시켜
자극에 대하여 탈감각되도록 하는 것이다.

광장공포증의 경과는 대개 지속적이고 만성적이다. 광장공포증은 치료받더라도 완
전한 관해가 드물다(10%). 광장공포증은 정도가 심할수록 완전 관해율은 감소하고 재
발과 만성화율은 증가한다.

7. 범불안장애

45세 된 가정주부로 2명의 아들을 두고 있다. 이유를 알 수 없는 불안감, 초조감을 느끼고 있으며 최근 들어서는 불면증도 더욱 심해졌다. 이러한 증상은 스트레스가 있으면 더욱 심해지는데, 명절을 앞두고는 집안 어른들이 모두 모이는 자리에서 맏며느리로서 차례 음식을 제대로 준비하지 못할까 봐 매우 불안해지곤 하였다. 명절을 지내고 나서는 자신의 사소한 실수를 곱씹으면서 힘들어하였다. 만성적인 피로감과 소화불량, 두통, 온몸이 여기저기 쑤시고 아픈 증상을 자주 호소했으며 이 때문에 내과나 가정의학과를 자주 방문해서 검사를 받았지만 특별한 이상이 없고 신경성이라는 말만 듣곤 했다. 최근 들어 고 3인 큰아들의 수능 시험을 앞두고 있는데, 수험생인 아들보다 더욱 불안해하였으며, 깜짝깜짝 자주 놀라고 가족들에게 사소한 일에도 쉽게 짜증을 많이 내곤 하여 오히려 고 3인 아들이 위로해 주는 지경에 이르렀다.

1) 진단기준 및 임상적 특징

범불안장애(Generalized Anxiety Disorder)는 스스로 조절이 안 되는 지나친 걱정과 불안 증상이 6개월 이상 지속되는 만성적인 질병이다. 직장이나 가정생활에서 겪게 되는 여러 가지 사건이나 활동에 대해서 지나치게 걱정함으로써 지속적인 불안과 긴장을 경험한다. 이와 더불어 안절부절함, 피로감, 근육의 긴장, 과민함, 집중이 안 됨, 수면장애와 같은 여섯 가지 증상 중 적어도 세 가지 이상이 동반된다. 이런 상태가 지속되면 개인은 몹시 고통스러우며 현실적인 적응 능력이 저하되고, 일상생활의 기능이 현저히 떨어져서 정상적인 생활을 못 하게 되는데, 이러한 상태를 범불안장애라고 하며 '일반화된 불안장애'라고 부르기도 한다.

이들은 늘 불안해하며, 매사에 잔걱정을 많이 한다. 따라서 일상생활에서 일어나는 모든 일에 대해 끊임없이 걱정한다. 이들이 느끼는 불안은 생활 전반에 걸쳐 있고, 주제도 계속 바뀌기 때문에 부동불안(free-floating anxiety)이라고 불리기도 한다. 객관적으로 볼 때 걱정이 지나치고 비현실적이며, 항상 긴장되어 있고, 두통, 흉통, 근육의 통증, 피로감, 불면증, 과민성 대장증후군 등 여러 신체 증상이 동반되는 경우도 많다. 불필요한 걱정이 많아 우유부단하고 꾸물거리는 행동을 나타내기도 한다. 정상적인 불안과의 차이점은 걱정과 불안이 지나치며, 스스로 통제할 수 없고, 이로 인하여 일상생활에 기능 저하가 나타난다는 특징이 있다.

평생 유병률은 약 5%이며, 1년 유병률은 약 3%이다. 남성보다 여성의 유병률이 높다. 주로 30대에 처음 발생하지만 일부는 16세 이전에 발생하기도 한다. 범불안장애는 시기에 따라 증상의 심각도에 차이를 보이기는 하지만 대개는 만성적인 경과를 나타내는 경우가 많으며 특히 스트레스가 많은 시기에 증세가 악화되는 경향이 있다. 일부 학자는 범불안장애를 생애 전반에 걸쳐 나타나는 심리적 특질이나 성격장애로 보기도 한다.

범불안장애 환자들의 『DSM-5』 진단기준은 다음과 같다.

표 8-8 범불안장애의 진단 기준

A. 최소한 6개월 이상 동안 직장이나 학업과 같은 수많은 일상 활동에 있어 지나치게 불안해하거나 걱정을 한다.
B. 이런 걱정을 조절하기가 어렵다.
C. 불안과 걱정은 다음 여섯 가지 증상 중 적어도 세 가지 이상의 증상과 관련이 있다(지난 6개월 동안 적어도 몇 가지 증상이 있는 날이 없는 날보다 더 많다).
  주의: 아동에서는 한 가지 증상만 만족해도 된다.
  (1) 안절부절 못하거나 긴장이 고조되거나 벼랑 끝에 선 느낌
  (2) 쉽게 피로해짐
  (3) 집중하기가 어렵고 멍한 느낌
  (4) 매사에 과민함
  (5) 근육의 긴장
  (6) 수면교란(잠이 들기 어렵거나 또는 유지가 어렵고 밤새 뒤척이면서 만족스럽지 못한 수면 상태)
D. 불안이나 걱정 또는 신체 증상이 임상적으로 심각한 고통을 유발하거나 사회적, 직업적, 또는 다른 중요한 기능에 있어 장애를 일으킨다.
E. 질환이 물질(남용물질이나 약물)이나 다른 의학적 상태(예: 부신피질호르몬 과다증)의 직접적인 생리적 영향 때문에 발생한 것이 아니다.
F. 장애가 다른 정신질환으로 더 잘 설명되지 않는다(예컨대, 다음과 같은 것에 대한 불안이 아니어야 한다. 공황장애에서 공황발작이 일어나는 것, 사회불안장애에서 부정적 평가, 강박장애에서 오염 또는 다른 강박사고, 분리불안장애에서 애착 대상과의 이별, 외상 후 스트레스 장애에서 외상 사건회상 촉발자극, 신경성 식욕부진증에서 체중증가, 신체증상장애에서 신체적 호소, 신체변형장애에서 지각된 외모결함, 질병불안장애에서 심각한 질병 또는 조현병이나 망상장애에서 망상적 신념의 내용에 대한 불안이나 걱정이 아니어야 한다.)

출처: American Psychiatric Association (2013).

2) 원인과 치료

범불안장애의 원인에 대하여는 여러 가지 연구가 이루어지고 있다. 유전적 요인이 관련되어 있음을 시사하는 연구 결과로는 이 질환을 갖고 있는 환자의 직계가족 중 약 25%에서 범불안장애가 발견되며, 일란성 쌍생아에서의 질병의 일치율은 50%인데 반해 이란성 쌍생아에서의 질병 일치율은 15% 정도이다. 하지만 이러한 연구 결과는 범불안장애 자체가 유전되기보다는 불안 특질이 유전되는 것으로 보아야 한다는 입장도 있다. 생물학적 입장에서는 대뇌에서 GABA/벤조디아제핀 복합체의 기능이상과 관련된 것을 보고 있다. 또한 노어아드레날린계와 세로토닌계의 이상, 글루타메이트, 콜레시스토키닌이 관련된다는 주장도 제기되었다. 신경해부학적으로는 전두엽과 변연계, 기저핵의 이상과 관련되어 있다고 보고 있으며, 벤조디아제핀 수용체가 가장 많이 분포되어 있는 후두엽의 이상이 발병의 원인이라는 주장도 있다.

행동주의적 입장에서는 고전적 조건형성을 통해 불안 반응을 잘못 학습한 것으로 보고 있다. 일상생활의 여러 자극에 대하여 불안 반응이 잘못 학습되고 또 이것이 일반화됨으로써 불안 반응이 나타나는 것으로 보고 있다. 인지적 입장에서는 범불안장애 환자들이 왜곡된 인지적 특성이 있다고 본다. 즉, 주변의 잠재적 위협에 예민하며, 위험한 사건이 발생할 확률을 과도하게 높게 보는 경향이 있다. 또한 위험한 사건이 발생할 경우, 자신은 그 상황에 적절히 대처할 수 없으며 무기력하다고 생각하기 때문에 미래의 위험에 대한 걱정을 많이 하게 된다. 이들은 위험한 자극에 과도하게 주의를 기울이며, 그 자극을 과도하게 위협적인 것으로 해석하며 결과를 파국화(catastrophizing)하는 경향이 있다.

범불안장애의 치료는 정신치료와 약물치료로 나눠서 생각할 수 있으며, 두 가지 치료법을 병행해서 시행할 경우가 많다. 치료 기간은 대개 6개월 이상의 장기치료가 필요하다. 약물치료에 많이 사용되는 약물로는 항우울제 계통의 약물, 벤조디아제핀계 약물이 있다. 이러한 약물은 자극에 대한 과민성을 저하시키고, 진정시키는 효과를 나타낸다. 인지행동치료(Cognitive-Behavioral Therapy: CBT)에서는 걱정과 관련된 내면적 사고과정을 관찰하고 이해하도록 해 준다. 이때 '걱정사고기록지'를 작성하게 되는데, 이것을 통하여 자신이 언제 어떤 내용의 걱정을 얼마나 오랫동안 하는지를 관찰하게 한다. 이를 바탕으로 걱정이 과연 현실적이고 효율적인 것인지를 논의한다. 통찰정신치료는 정신분석적인 관점에서 무의식의 내용을 분석하여 현재 겪고 있는 불안이 과거 어린 시절의 심리적 경험과 밀접한 관련이 있음을 밝혀내는 치료법이다. 불안의 신체 증상에 대해서는 근육이완법이나 바이오피드백 같은 행동치료기법이 효과를 보일 수 있다.

요약

불안장애는 병적인 불안과 공포를 주된 증상으로 한다. 『DSM-5』에서는 불안장애를 7개 하위유형으로 분류하였으며, 전형적으로 발병하는 연령이 낮은 장애부터 제시하였다. 분리불안장애와 선택적 함구증은 『DSM-5』에서 새롭게 분리불안의 하위 유형으로 포함된 장애이다. 아동이 애착 대상과의 분리에 대해서 발달단계를 고려했을 때 부적절하고 과도한 불안과 공포를 나타낸다면 분리불안장애라고 할 수 있다. 선택적 함구증은 말을 할 수 있음에도 학교처럼 말을 해야만 하는 사회적 상황에서는 지속적으로 말을 하지 못하는 것이 특징인 질환이다. 특정공포증은 어떤 대상이나 상황에 대한 강렬한 공포와 그러한 대상이나 상황에 대한 회피 반응을 특징적으로 나타낸다. 여러 종류의 특정공포증이 있는데, 동물형, 자연환경형, 혈액-주사-손상형, 상황형 등이 있다. 사회불안장애(사회공포증)는 다른 사람들과 상호작용하는 사회적 상황을 두려워하여 회피하는 장애이다. 친밀하지 않은 사람들과의 모임이나 다른 사람들이 보는 앞에서 먹거나 마셔야 하는 상황, 다른 사람들 앞에서 무슨 일인가를 수행해야 하는 상황이 여기에 포함된다. 공황장애가 있는 사람들은 예기치 못한 공황발작을 반복적으로 경험하고, 공황발작을 겪는 것에 대해 지속적으로 미리 걱정하거나, 공황발작 때문에 부적응적인 행동을 보인다. 공황발작에서는 극심한 공포나 고통이 갑작스럽게 발생하여 수분 이내에 그 정도가 정점에 이르며 신체적·인지적 증상도 동반한다. 준공황발작은 13개의 공황 증상기준 중 네 가지 미만의 증상만을 보이는 경우이다. 광장공포증이 있는 사람들은 다음에 열거한 상황 중 두 가지 이상의 경우에 대해 두려워하거나 불안하게 여긴다. 대중교통을 이용하는 것, 열린 공간에 있는 것, 밀폐된 공간에 있는 것, 줄을 서거나 군중 속에 있는 것, 다른 상황에서 집 밖에 혼자 있는 것이 그것이다. 이들은 이러한 상황에서 공황 증상 또는 다른 부적절하거나 당혹스러운 증상이 나타나면 벗어나기가 힘들거나 도움을 받기 어려울 것이라는 생각 때문에 두려워한다. 이러한 상황은 거의 대부분 공포나 불안을 유발해서 이들로 하여금 상황을 회피하거나 동반자를 필요로 하게 한다. 범불안장애는 만성적 불안과 과도한 걱정을 나타낸다. 직장이나 학교에서의 업무를 포함해서 다양한 영역에서 조절하기 힘들고 지속적이며 지나친 불안과 걱정이 있다. 이에 더해서 안절부절하지 못하거나 낭떠러지 끝에 서 있는 느낌, 쉽게 피곤해짐, 집중이 힘들거나 머릿속이 하얗게 되는 것, 과민성, 근육 긴장, 수면 곤란과 같은 신체 증상을 경험한다.

학습과제

1. 불안의 정의를 이해한다.
2. 『DSM-5』에서 새롭게 불안장애에 포함된 하위 유형이 무엇이며, 왜 포함되었는지를 설명할 수 있어야 한다.
3. 공황 장애와 광장 공포증의 진단 기준을 설명하고 『DSM-5』에서 변화된 부분을 설명할 수 있어야 한다.
4. 불안장애에 적용될 수 있는 치료법 및 그 효용성을 설명할 수 있어야 한다.
5. 범불안장애의 진단 기준을 설명할 수 있어야 한다.

참고문헌

권석만(2013). 현대이상심리학(2판). 서울: 학지사.

김은정(2000). 사회공포증. 서울: 학지사.

김은정, 김지훈(2000). 특정공포증. 서울: 학지사.

대한신경정신의학회(2005). 신경정신의학. 서울: 중앙문화사.

이시영(1993). 대인공포증. 서울: 일조각.

이호영(1999). 공황장애. 서울: 중앙문화사.

임기영(1994). 도피에서 도전으로(공황장애 인지-행동치료 프로그램.) 서울: 한국업존.

American Psychiatric Association (2013). *Diagnostic and statistical manual of mental disorders* (5th ed.). Virginia: American Psychiatric Association. 권준수, 김재진, 남궁기, 박원명, 신민섭, 유범희, 윤진상, 이상익, 이승환, 이영식, 이헌정, 임효덕, 강도형, 최수희 공역(2015). 정신질환의 진단 및 통계편람(제5판). 서울: 학지사.

American Psychiatric Association.(1994). *Diagnostic and Statistical Manual of Mental Disorders-4th edition* (DSM-IV). Washington, DC:Author.

Barlow, D H, Brown T. A. & Crake, M. G. (1994). Definitions of panic attacks and panic disorder in the DSM-IV: Implicaions for research. *Journal of Abnormal Psychology, 103*, 553-564.

Davidson, J. R. T., & Foa, E. B. (1991). Refining criteria for posttramatic stress disorder. *Hospotal and Commumity Psychiatry, 42*, 259-261.

Foa, E. B., & Riggs, D. S. (1993). Post-traumatic stress disorder in rape victims. In J.Oldham, M.B. Riba, & A. Tasman(Eds.), *American Psychiatric press review of psychiatry*(Vol. 12, pp. 273-303). Washington, DC: American Psychiatric Press.

Janoff-Bulman, R. (1989). Assumptive worlds and the stress of traumatic events: Applications of the schema constructs. *Social Cognition, 7*, 113-136.

Mowrer, O. H. (1951). Two-factor learning theory: summary and comment. *Psychological Review, 58*(5). 350-354

Seligman M. (1971). Phobias and preparedness. *Behavior Therapy, 2*, 307-20

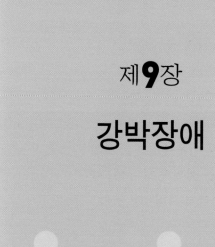

제9장

강박장애

최기홍

학습 목표

1. 강박장애의 진단기준 및 특징을 이해한다.
2. 강박장애를 세부 분류하고 이들의 특징을 이해한다.
3. 강박장애의 원인을 이해한다.
4. 강박장애의 평가 방법을 배운다.
5. 강박장애의 근거기반 치료를 배운다.

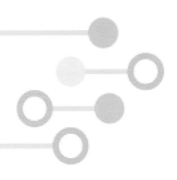

학습 개요

강박장애의 필수 증상은 반복되는 강박적 사고나 행동으로서, 이러한 증상으로 인해 많은 시간을 소모하거나 현저한 고통이나 장해를 경험하게 된다. 강박적 사고(obsession)는 불안이나 고통을 초래하는 반복적이고 침습적인 생각, 충동 혹은 심상을 뜻하며, 강박적 행동(compulsion)은 명백하게 지나친 행동으로서, 강박적 사고로 인한 불안이나 고통을 경감하거나 방지하고자 이루어지지만, 현실적으로 도움이 되지 않고 오히려 고통을 주는 행동이다. 강박장애에서 두드러지는 증상은 불안이나 공포가 아니라 강박적 사고와 강박적 행동이다. 이 때문에 불안장애의 넓은 범주 안에 강박장애가 포함되는지에 대한 논란이 있었고, 결국 『DSM-5』에서는 강박장애가 강박 및 관련 장애(Obsessive-Compulsive and Related Disorders)라는 새로운 범주로 포함되었다. 이 장에서는 『DSM-5』의 진단분류 기준과 세부 범주를 다룰 것이며, 강박장애의 평가 및 치료기법에 대해 개관할 것이다.

25세 대학생인 E 군은 자신도 모르게 남에게 해를 입혔거나 실수를 한 것은 아닐까 하는 생각과 그렇지 않았음을 확인해야만 하는 행동 때문에 심리건강센터에 방문하였다. 예컨대, 친구에게 돈을 꾸고 갚지 않은 것은 아닐까, 강의실에서 다른 학생의 물건을 실수로 가져온 것은 아닐까, 운전을 하고 오는 도중에 나도 모르게 누군가를 친 것은 아닐까 등의 불안감으로 수없이 확인을 반복하였다. 자기 때문에 화재나 폭발사고가 나지 않을까, 도둑이 들지 않을까 하며 가스 불, 전기 스위치, 자물쇠를 반복적으로 확인하였고 이런 문제로 신경 쓰고 시간을 소모해서 공부를 제대로 할 수 없었다. E 군 스스로도 이런 생각이 말도 안 되는 비합리적이라는 것을 잘 알고 있었고, 그 생각을 안 하려 하고 확인하는 행동을 억제하려 해 보지만 번번이 실패하였다.

1. 임상적 특징

강박장애는 원하지 않는 생각이나 행동을 반복하는 것으로, 이러한 증상에 최소한 하루 1시간 이상 소모하거나, 현저한 고통이나 장해를 초래한다. 강박장애의 주된 증상은 강박사고와 강박행동이다. 강박적 사고(obsession)는 불안을 야기하는 생각, 기억 이미지, 충동이 반복적으로 의식에 침투하는 것이다. 이들은 부적절하며 심한 고통과 불안을 야기한다. 가장 흔한 강박적 사고는 악수할 때 오염된다는 것과 같은 오염에 대한 반복적 사고, 가스 불을 제대로 잠그지 않았나 하는 반복적 의심, 순서대로 물건을 정리하고 싶은 욕구, 공격적이거나 두려운 충동, 성적인 심상 등이다. 단순한 지나친 걱정은 해당되지 않는다. 강박적 행동(compulsion)은 강박적 사고에 의해 야기되는 불안을 감소시키기 위하여 행하는 의식적 행위나 생각을 의미한다. 손을 반복적으로 씻거나 깨끗함에 지나치게 집착하는 행동, 반복적으로 점검하는 행동 등이다. 강박장애 환자의 대부분이 강박사고와 강박행동을 모두 나타내지만 약 25%는 강박사고는 있되 강박행동은 보이지 않는다고 보고되었다.

이들은 강박적 사고나 강박적 행동에 대하여 끊임없이 의식하며, 이러한 사고나 행동이 방해받으면 심한 불안감을 느낀다. 강박적 사고나 행동을 스스로 이질적인 것으로 느껴 이를 받아들일 수도, 통제할 수도 없는 것으로 여긴다. 그러면서도 스스로 자신의 강박적 사고와 행동이 불합리하다고 인식하며, 이에 저항해야 한다고 느끼고 있다.

강박사고 및 강박행동의 유형은 무척 다양하지만, 주로 다음 네 가지 행동이 가장 두드러지게 나타나는 것으로 본다. 첫째, 물건을 여러 번 확인하는 행동으로 가스밸브, 문의 잠금장치 등을 확인하는 것이다(확인행동). 둘째, 청결에 대하여 과도하게 집착하는 것으로, 손을 반복적으로 씻는 행동, 병균이 옮을까 봐 지하철에서 손잡이를 잡지 않는 행동 등이 포함된다(청결행동). 셋째, 주어진 과제를 제시간에 끝내지 않고 항상 늦게 처리한다. 항상 약속 시간보다 늦으며, 회사에서 요구하는 시간 안에 업무를 마치지 못한다(지연행동). 넷째, 모든 것에 세심하게 주의를 기울이며 항상 올바르고 정당하게 하였는지 반복적으로 염려하는 행동이다(과도한 의심과 도덕적인 행동). 이러한 사고와 행동으로 일상생활이 방해받기 시작하면 전문적인 도움을 받아야 한다.

강박장애의 진단기준에 따르면, 강박사고와 강박행동으로 상당한 시간을 소모하고, 심각한 심리적 고통과 기능 손상을 경험한다. 이러한 진단기준을 기반으로, 강박장애가 없는 사람이 경험하는 일반적인 수준의 침투적 생각이나 반복적으로 하는 행동과 구분할 수 있다.

2. 『DSM-5』에서의 변화

가장 큰 변화는 『DSM-IV』에서는 강박장애(obsessive compulsive disorder)가 불안장애 범주로 분류되었으나, 『DSM-5』에서는 강박 및 관련 장애의 범주에 포함된 것이다. 진단기준에서의 세부적인 변화는 다음에 기술하였다.

| 표 9-1 | 강박장애에 나타난 DSM-5에서의 변화 요약 |

1	A (1): 영어 표기로 'impulse'에서 'urge'로 수정됨. 한국어 번역으로는 두 용어 모두 '충동'으로 번역을 하고, '통제할 수 없다.'는 의미를 지니고 있으나, 강박장애의 속성을 표현하는 데 있어 충동조절장애의 속성을 나타내는 impulse보다 urge가 적절하다고 판단하여 용어에서의 변화를 줌.
2	A (1): 부적절한(inappropriate)에서 원하지 않는(unwanted)으로 수정됨. 강박장애의 자아-이질적(ego-dystonicity)인 속성을 나타내기 위해 문화적으로 다양하게 해석될 수 있는 '부적절한'이라는 단어보다는 '원하지 않는'이라는 단어를 사용함.
3	A (1): '주로(usually)'라는 단어를 추가함. 많은 연구를 통해 모두는 아니나 대부분의 강박장애 환자들이 불안과 우울을 경험하는 것으로 밝혀져 '대부분'이라는 용어를 추가함.
4	DSM-IV에 제시된 진단기준 B항을 삭제함. 그 이유는 '과도한(excessive)' 혹은 '비이성적인(unreasonable)'과 같이 조작적 정의가 불분명한 단어를 포함했던 진단기준을 삭제하고, 최근 병식(insight)과 관련된 정도를 온전한, 나쁜 혹은 부재함으로 나누고 조작화할 수 있도록 함.
5	진단기준 C에 함께 진단 내릴 수 있는 장애 범주를 확대하여, 주요우울장애, 범불안장애, 충동조절장애 등과 함께 진단내릴 수 있도록 함.
6	DSM-IV에서 세분화 영역에 포함되었던 '좋지 않은 병식(poor insight)'을 보다 세분화하여 '온전한 병식', '나쁜 병식' 그리고 '병식의 부재 혹은 망상적 믿음'으로 세분화함.
7	세분화 영역에 틱 관련장애를 포함함.

출처: American Psychiatric Association (2013).

3. 진단 및 하위유형

| 표 9-2 | 강박장애의 진단기준(DSM-5) |

A. 강박적 사고 또는 강박적 행동 혹은 두 가지 모두 나타난다.
   강박적 사고는 (1)과 (2)로 정의된다.
   (1) 반복적이고 지속적인 사고, 충동(urges) 또는 심상, 이 주요 증상은 장애가 경과하는 도중 어느 시점에서 침입적이고 원하지 않는(unwanted) 것으로 경험되며, 대부분 현저한 불안이나 불편감을 야기한다.
   (2) 개인은 이러한 사고, 충동, 심상을 무시하거나 억압하려고 시도하거나, 다른 생각이나 행동(즉, 강박적 행동)을 통해 중화하려고 한다.

강박적 행동은 (1)과 (2)로 정의된다.

(1) 반복적인 행동(예: 손 씻기, 정돈하기, 확인하기) 또는 정신적인 활동(예: 기도하기, 수 세기, 속으로 단어 반복하기), 이러한 행동은 개인의 강박적 사고에 대한 반응으로 행해지거나 또는 엄격하게 적용되어야 하는 원칙에 따라 수행된다.

(2) 강박적 행동이나 정신적 활동은 불안이나 고통을 예방하거나 감소하기 위해 혹은 두려운 사건이나 상황을 방지하거나 완화하려고 행해진다. 그러나 이러한 강박적 행동은 강박적 사고 혹은 상황을 예방하거나 완화하는 데 현실적으로 도움이 되지 않는다.

B. 강박적 사고나 강박적 행동으로 인해 상당한 시간을 소모하거나(하루에 1시간 이상), 사회적, 직업적 혹은 다른 중요한 기능에 임상적으로 심각한 불편감이나 손상을 경험한다.

C. 강박적 사고나 강박적 행동은 약물(예: 약물중독 혹은 치료약물)의 생리학적 효과 혹은 다른 의학적 상태로 인한 것이 아니다.

D. 다른 정신장애의 증상으로 잘 설명되지 않는다(예: 범불안장애의 지나친 걱정, 신체변형장애에서 외모에 대한 지나친 집착, 저장장애에서 소유물을 버리는 것의 어려움, 발모벽에서 머리카락 뽑기, 표피박리증에 피부를 벗기는 행위, 정형적 운동장애에서 특정 패턴의 행동, 섭식장애에서 의례적인 섭식행동, 물질 관련 및 중독장애에서 물질이나 도박에 대한 집착, 불안장애에서 질병에 걸릴것에 대한 집착, 성도착장애에서 성적 충동이나 공상, 파괴적, 충동조절 및 품행장애에서 충동적 행동, 주요우울장애에서 죄책감 반추, 조현스펙트럼장애 및 기타 정신병장애에서 사고침투 혹은 망상적 집착, 자폐스펙트럼장애에서 반복되는 패턴의 행동)

세분할 것:

온전한 병식: 강박장애 증상이 사실이 아니거나, 아닐 수 있다고 인식함

나쁜 병식: 강박장애 증상 아마 사실일 수 있다고 인식함

병식의 부재 혹은 망상적 믿음: 강박장애 증상이 사실이라고 확신함

세분할 것:

틱관련: 현재 혹은 과거에 틱장애 병력이 있음

출처: American Psychiatric Association (2013).

1) 강박장애의 하위유형

강박장애는 매우 다양한 형태의 강박적 사고나 행동으로 나타나는데, 크게 세 가지 하위유형으로 구분되기도 한다.

(1) 순수한 강박사고형

외현적 강박행동이 나타나지 않고, 내면적인 강박사고만 지니는 경우이다. 예컨대, 원치 않는 성적 생각, 난폭하거나 공격적 충동, 도덕관념과 배치되는 비윤리적인 심상 등과 같은 불편한 생각이 자꾸 떠올라 무기력하게 괴로워하거나 마치 내면적 논쟁

을 하듯이 대응하는 경우가 이에 해당한다.

(2) 내현적 강박행동형

강박적 사고와 더불어 겉으로 관찰되지 않는 내면적 강박행동만을 지니는 경우이다. 예컨대 숫자를 세거나, 기도를 하거나, 어떤 단어를 반복적으로 외우는 내현적 강박행동을 하며, 이는 불편한 강박사고를 없애거나 감소시키기 위한 경우가 대부분이다.

(3) 외현적 강박행동형

강박사고와 더불어 겉으로 드러나는 행동을 하는 유형이다. 한 사람이 두 가지 이상의 강박행동을 나타내는 경우가 많으나, 주된 강박행동의 유형에 따라 강박장애를 세분하여 그 특성을 연구하기도 한다. 예컨대, Rachman과 Hodgson(1980)에 따르면 청결행동을 주로 나타내는 강박장애는 여성(85%)에게 흔히 나타나는 반면, 확인행동을 주로 나타내는 강박장애는 남녀 비율이 비슷했다. 대표적인 강박행동은 다음과 같다.

표 9-3 대표적인 강박행동

강박장애 행동	내용
청결행동	청결행동(washing)은 더러운 것(예: 병균, 벌레, 오염물질)에 오염되었다는 생각과 더불어 이를 제거하려는 반복적 행동을 나타낸다.
확인행동	확인행동(checking)은 실수(예: 중요한 서류에 잘못 기재함, 자물쇠를 잠그지 않음)나 사고(예: 담뱃불을 끄지 않아 화재가 남, 자동차 브레이크가 풀려 사람을 다치게 함)에 대한 의심과 더불어 이를 피하려하는 행동을 나타낸다.
반복행동	반복행동(repeating)은 무의미하거나 미신적인 동일한 행동(예: 옷을 수십 번씩 입었다 벗었다 반복함, 성격책을 계속 몇 쪽씩 앞으로 뒤로 넘김)을 의식처럼 하는 것을 나타낸다.
정돈행동	정돈행동(arranging)은 주변의 사물을 질서정연하게 정리하는 행동을 나타낸다.
수집행동	수집행동(hoarding)은 낡고 오래되어 무가치한 물건도 버리지 못하고 모아 두는 행동을 나타낸다.
지연행동	지연행동(shwness)은 지나치게 꼼꼼하고 세부적인 것에 과도하게 신경을 쓰게 되어 어떤 일을 처리하는 데 속도를 느리게 만드는 행동을 나타낸다.

2) 강박장애의 유병률과 경과

미국에서 조사된 12개월 강박장애의 유병률은 1.2%이며, 전 세계적으로는 1.1%에서 1.8%로 보고되었다. 성인의 경우 여성이 남성에 비해 다소 높은 유병률을 보이나, 아동기에는 남성과 여성의 비율이 유사하다고 보고되었다(APA, 2013). 한국에서 조사된 바에 따르면, 강박장애의 평생 유병률은 0.6%, 1년 유병률은 0.5%로 보고되었다(조맹제, 2009).

강박장애는 보통 청소년기나 초기 성인기에 시작되고, 소아기에 시작되는 경우도 있다. 발병 연령은 여성보다 남성이 더 빠른 것으로 보인다(남성: 6~15세 사이, 여성: 20~29세 사이). 대부분 발병은 점진적이지만 급성적인 발병도 간혹 보고된다. 강박장애 환자 중 약 15%는 직업적·사회적 기능의 점진적 황폐화를 보인다.

3) 공병

(1) 강박장애와 다른 정신장애의 공병

불안장애들과의 공병률은 79%, 우울장애나 양극성장애와는 63%, 주요우울장애와는 41%, 틱 장애와는 약 30%, 조현병이나 조현정동장애와는 약 12%의 공병이 있는 것으로 보고되었다(APA, 2013).

(2) 공병과 치료 예후
① 우울장애와 공병 및 치료 예후

Abramowitz, Franklin, Street, Kozak과 Foa(2000)에 따르면 심한 강박장애와 우울장애가 함께 있을 경우 강박장애를 위한 노출/재발방지 치료에 반응할 확률이 줄어들었다. 또한 우울증이 있는 경우, 환자가 치료 중단 후 재발 위험이 더 높은 것으로 보고되었다.

② 불안장애와의 공병 및 치료 예후

강박장애와 범불안장애를 함께 가진 경우, 강박장애 치료 중단 비율이 높았고(Steketee et al., 2001), 외상후 스트레스장애가 있는 환자도 노출/재발방지 치료 효과가 감소하였다(Gershuny, Baer, Jenike, Minichiello, & Wilhelm, 2002).

③ 투렛장애와의 공병 및 치료 예후

투렛장애에서 강박장애가 있는 비율은 28~63% 정도(Kurlan et al., 2002)로 보이며, 공병 시 일반적으로 치료효과가 적었다(Matsunaga et al., 2005).

4) 감별진단

강박장애는 일반적인 의학적 상태로 인한 불안장애와 구별되어야 한다. 강박적 사고나 행동이 특정 의학적 상태의 직접적인 생리적 효과라고 판단되면 일반적인 의학적 상태로 인한 불안장애 진단을 내린다. 또 물질(substance)이 강박적 사고나 강박적 행동과 인과적으로 관계되어 있다고 판단되면 물질로 유발된 불안장애 진단을 내려야 한다. 한편, 반복적인 또는 침습적인 생각, 충동, 심상, 행동은 다른 정신장애에서도 생길 수 있다. 이런 경우에는 사고나 행위의 초점과 범위가 어떠한지 고려해야 한다. 사고나 활동의 내용이 특정 정신장애하고만 연관성이 있다면 강박장애로 진단되지 않는다(예: 신체형 장애에서 외모에만 집착하는 경우, 특정공포증/사회공포증에서 두려운 대상이나 상황에만 집착하는 경우 등).

보다 구체적으로 강박장애와 다른 정신장애와의 차이점은 다음과 같다.

(1) 강박적 사고 대 우울 반추

강박증과 달리 우울장애에서 나타나는 반추는 자신이나 세상에 대한 비관적인 내용이며, 생각을 억제하려고 하지 않는다(ego-syntonic). 주요우울증삽화의 경우 잠재적으로 불쾌한 상황이나 다른 대안적 행동에 대해 지속적으로 생각하는 경우가 흔히 있는데, 이것은 감정과 조화되는(mood-congruent) 우울장애의 일면으로 자아 비동조적(ego-dystonic)이지 않으므로 강박적 사고라고 여기지 않는다. 우울장애와 강박장애가 동시에 존재할 경우, 치료에 대한 비관적인 믿음이 치료에 좋지 않은 영향을 줄 수 있으므로, 이것이 강박적인 생각이 아니더라도 이런 생각에 대한 평가와 치료적 개입이 필요하다.

(2) 불안장애

'반복적이고 지속적인 사고, 충동 또는 심상'은 침입적으로 경험된다는 점에서 범불안장애의 병리적인 걱정과 비교될 수 있다. 범불안장애의 걱정은 실제 생활 문제에 대해 지나친 걱정을 한다는 점에서 강박사고와 구별된다. 불안장애는 과도하긴 하지만, 실제 현실적인 환경에 대한 걱정인 것에 반해 강박장애는 보다 비현실이거나 마법적인 내용으로 걱정하는 경향이 있다. 또 다른 차이점을 예로 들자면, 아이가 감기에 걸린 것을 걱정할 경우, 불안장애를 지니고 있는 부모는 아이가 감기로 인해 학교 성적이 떨어지고 만성적인 약골이 될까 봐 걱정하는 등의 장기적인 부정적 결과에 대해 불안해 하는 데 반해, 강박장애를 가지고 있는 부모는 '감기 바이러스'에 감염되는 것에 대해 강박적인 생각을 하는 것처럼 질병 자체에 대한 불안을 경험할 수 있다. 강박적인 의식(ritual) 없이 특정공포증과 관련된 회피도 강박장애와 유사해 보일 수 있다. 예를 들면, 불필요하게 강아지를 보고 멀리 도망가는 사람의 경우, 강박장애라면 '강아지의 세균'에 오염될까 봐 두려워서 강아지를 보고 도망가거나, 도망간 후에도 강아지가 주변에 있을 확률이 전혀 없다는 것을 알면서도 계속 강박적으로 확인하고 스트레스를 받는 경우이다. 또한 강아지 근처에 갔기 때문에 오염되었다고 생각되어 옷을 갈아입고 샤워를 반복적으로 하는 것과 같은 지속적인 회피행동은 특정공포증에서는 나타나지 않는다.

(3) 건강염려증과 신체변형장애

가장 흔하게 나타나는 강박사고로는 오염에 대한 반복적 생각, 반복적 의심, 공격적이거나 두려운 충동, 성적인 심상 등이 있다. 이 중 자신이 오염될 수 있다는 반복적인 생각에 사로잡히는 강박사고의 경우 건강염려증과 비슷한 형태를 보일 수 있다. 건강염려증이 있는 개인은 질병을 갖고 있다는 생각 속에 빠져들거나 이와 연관되는 강박적 행동을 보일 수 있다. 만약 반복적으로 고통을 주는 생각이 심각한 병이 있다는 두려움에 국한된 경우라면 강박장애 대신에 건강염려증으로 진단 내려야 한다. 그러나 강박적 사고나 강박적 행동이 질병에 대한 관심에만 국한된 것이 아니라면 강박장애 진단이 내려질 수 있다. 요약하면, 건강염려증은 건강에 대한 염려만 하는 데 반해, 강박장애는 다양한 염려를 하고 있다는 점에서 차이가 있다. 그리고 건강염려증 환자는 이미 질병에 걸렸을지도 모른다는 공포를 주는 신체의 물리적인 증상에만 공포를 보이는 데 반해, 강박장애는 일반적으로 질병 감염에 대한 강박 혹은 미래에 걸릴지도 모르는 질병에 대한 걱정을 한다.

(4) 망상장애 및 조현병

5%의 강박장애는 강박적 사고의 내용을 현실이라고 완전히 믿고 있으며, 약 20%가 강하긴 하지만 완전한 확신은 아니라고 한다. 이러한 병식의 수준을 『DSM-5』에서는 세분화하여 기록할 것을 제시했다. 강박장애의 경우, (망상장애와는 다르게) 강박적 사고와 강박적 행동을 보이지만, 조현병의 다른 증상(예: 사고의 와해, 환각)은 보이지 않는다.

5) 기타(종교적 행위, 강박성 성격장애)

미신적 행위와 반복적으로 확인하는 행위는 일상생활에서 흔히 볼 수 있다. 강박장애의 진단은 이런 행동으로 인해 시간이 소비되거나 임상적으로 심각한 손상이나 장해가 초래되는 경우라면 고려할 수 있다. 이와 같은 맥락에서 강박장애의 진단기준에서는 강박적 사고나 강박적 행동이 "시간을 소모하는"이라고 기술되어 있는 것에 주목할 수 있다. 이러한 기술은 환자가 병식이 없는 상태에서도(예를 들어, 강박적 사고나 행위가 유용하다고 합리화하는 경우) 강박장애 진단을 내릴 수 있다는 것을 시사한다(First et al., 2004). 그러나 강박장애의 진단은 문화적으로 혹은 종교적으로 용인되는 의식행위와 구분되어야 한다. 하루에 1시간 이상 종교적인 의식행위를 하는 모든 사람이 강박장애 진단을 받지는 않는다. 하지만 종교적 행위를 하지 않고는 버티지 못해서 주변 동료와 가족이 걱정을 하는 경우라면 강박장애 진단을 의심해 볼 수 있을 것이다(First et al., 2004). 강박성 성격장애와 강박장애는 이름은 비슷하지만 임상적 양상은 상당히 다르다. 강박성 성격장애는 강박적 사고나 강박적 행동이 특징적이지 않고, 정리정돈, 완벽주의, 통제와 같은 광범위한 양상을 포함하며, 성인기 초기에 시작되어야 한다. 만약 강박장애와 강박성 성격장애 증상을 모두 보인다면 두 진단이 모두 내려질 수 있다.

4. 평가

강박장애를 효과적으로 평가하려면 모든 유발신호, 강박적 생각, 회피행동, 강박적 습관을 알아야 하며, 그것들의 형성과 유지 기전, 증상 간 논리적 연관성을 파악하여야 한다. 이를 위해 환자가 강박적 생각을 하고 습관을 보이는 상황에서 정확히 무엇을 어떻게 느끼고 생각하며 행동하는지 구체적이고 사실적으로 알아야 하며, 환자가 호소하는 증상은 물론 언급하지 않는 것까지 확인할 필요가 있다.

1) 강박적 생각

공포 혹은 기타 불편감을 유발하는 생각, 관념, 영상, 충동 등을 말한다. 강박적 생각을 일으키는 '유발신호'는 내부 혹은 외부 자극으로서 아주 다양하다. 오염 자체의 불쾌감을 두려워하는 환자가 있는 반면, 오염되면 병에 걸려 죽지 않을까 혹은 격리되지 않을까 등 결과를 두려워하는 환자도 있다.

2) 강박적 습관

회피행동은 유발 신호를 수동적으로 피하기 위한 것인 반면, 강박적 습관(compulsion 혹은 ritual)은 일시적으로 불안(강박적 생각)을 줄이기 위해 고안된 적극적 행동이나 생각이다. 때로 강박적 습관을 머릿속으로 실행하기 때문에 겉으로 드러나지 않는 경우가 있어(mental ritual) 주의해야 한다. 머릿속으로 실행하는 강박적 습관을 강박적 생각과 구별하는 것이 특히 중요한데, 전자는 차단하고, 후자는 직면하여야 하기 때문이다.

(1) 강박장애 증상의 심각도 평가

치료 우선순위를 정하고 치료 진행을 관리하며, 환자의 호전을 모니터링하는 자료로 사용하기 위해 증상의 심각도를 평가한다. 따라서 치료 시작 전에도 증상의 기저선을 평가하는 것은 매우 중요하다. 또한 일관된 평가도구를 사용하여, 치료의 전 과정에서 평가의 일관성을 유지하는 것이 중요하다. 보통 증상의 발현 빈도, 지속 시간, 불편감, 생활에 지장을 주는 정도, 증상을 극복하려고 노력(저항)하는 정도를 수량화한다. 환자와 치료자가 증상을 각자 독립적으로 평가할 수 있는데, 이런 경우, 환자가 인지하는 증상의 심각도 수준과 치료자가 평가한 수준을 함께 비교 확인할 수 있다.

(2) 강박장애를 평가하는 과정
강박장애를 평가하는 과정은 다음과 같다.

① 치료 의뢰/의뢰서 검토
치료진(예: 임상심리학자, 상담심리학자, 정신과 의사 등) 또는 환자 자신 혹은 가족에 의해 의뢰되므로 의뢰 시 치료에 오게 된 주요 이유와 정황 정보를 확인한다.

② 적합성 평가
환자의 문제를 보다 객관적으로 파악하며, 구조화된 진단면접, 비구조화된 면접, 혹은 관련 심리검사를 통해 증상의 심각도뿐 아니라 치료 적합성을 평가한다. 행동치료에 적합한 경우는 환자의 문제와 치료 목적이 구체적이고 측정 가능한 것이며, 환자의 치료동기가 높고, 행동치료를 방해하는 동반질환이 없는 경우 적극적으로 고려할 수 있다.

③ 세부평가
구체적인 치료 준비를 위해, 환자의 문제와 치료 목표를 더욱 구체화하고 각종 심리척도를 사용하여 증상의 정도를 정량화한다. 평가 결과와 치료진의 임상적 판단에 기초하여, 치료 전략을 세우고 환자에게 치료 계획을 설명하고 논의 후 동의를 구한다. 치료 의뢰자에게도 결과를 통보할 수 있으나, 반드시 환자의 동의를 사전에 받는 절차를 거쳐야만 한다.

④ 치료의 원리 설명
치료가 적합하다고 판단되면, 치료의 원리를 설명하며, 환자 스스로 참고할 수 있는 서적 등을 추천해 줄 수도 있다.

강박장애를 평가하는 대표적 평가도구들을 〈표 9-4〉에 요약하였다.

표 9-4 강박장애의 대표적인 평가도구들

평가도구 유형	명칭	설명
인터뷰	구조화된 불안장애 진단면접 (ADIS)	불안장애 면담을 체계적으로 진행할 수 있도록 하는 면담 계획표
행동관찰	자기 관찰기록	환자가 강박 증상이 나타나는 즉시 작성하는 자기 관찰 기록지
표준화된 척도	예일브라운강박척도(YBOCS)	강박 증상의 심각도를 다양한 측면에서 구체적으로 평가하는 임상가 평가척도
	모즐리강박척도(MOCI)	강박 증상과 관련된 30문항의 자기보고식 설문지
	Padua 강박질문지 PI-WSUR	강박 증상을 측정하는 39문항으로 이뤄진 자기보고형 설문지
	벡 불안척도(BAI)	우울로부터 불안을 변별할 수 있도록 구성된 21문항 설문지(*전반적인 불안을 측정하는 도구로서, 강박장애에 특정적인 척도는 아님)
	강박증상목록 OCI-R-K	치료의 효과에 민감하게 반응하는 강박증상목록
	강박신념질문지 OBQ-87	강박장애를 유발하는 6개의 핵심 신념을 측정하는 87문항 설문지

참고: ADIS(Anxiety Disorders Interview Schedule), YBOCS(Yale-Brown Obsessive Compulsive Scale), MOCI(Maudsley Obsessional-Compulsive Inventory), PI-WSUR(Padua Inventory-Washington State University Revision), BAI(Beck Anxiety Inventory), OCI-R-K(Obsessive Compulsive Inventory-Revised-Korean version), OBQ(Obsessive-Belief Questionnaire).

5. 원인

1) 강박장애의 행동모델

인지이론의 관점에서 강박장애를 설명하는 경우, 언어적 조건형성(verbal conditioning)과 사회학습(social learning), 사고-행동 융합(thought-action fusion), 그리고 회피행위(avoidance behavior)가 강박장애의 발병과 유지에 관련된다고 본다(Mineka, &

Zinbarg, 2006).

'언어적 조건형성'은 개인이 갖고 있던 공포스러운 생각(예: 바이러스 감염으로 심각한 질병에 걸림)이 중립적인 생각(예: 병원)과 연합되면서 일어난다. 예를 들어, 병원하면 각종 바이러스와 병균이 떠오르고 HIV 바이러스에 감염될 것이라는 강박사고가 생기는 것이 이에 해당한다.

이러한 강박사고는 '사회학습'으로도 형성될 수 있는데, 집에서 부모가 오염되는 것을 몹시 두려워하여 모든 일에 청결을 지키려 하는 경우, 부모의 행동을 보고 모방하여 학습할 수 있다. 따라서 엄격한 규칙과 책임감을 요구하는 부모(혹은 선생님)의 영향력하에 자란 아이들은 강박장애에 더 취약할 수도 있다(Salkovskis, Shafran, Rachman, & Freeston, 1999).

'사고-행동 융합(thought-action fusion)'이란 개인의 사고와 욕구, 충동이 행동과 동일하다고 믿는 것이다. 예를 들면, 다른 사람을 해하고 싶다는 생각을 하는 것만으로도 다른 사람을 해한 것과 동일하다고 믿는 것이다(Shafran, Thordarson, & Rachman, 1996). 또 다른 사고-행동 융합 믿음의 예는 재앙에 대해 생각하는 것만으로도 그 일이 일어날 확률이 증가한다고 믿는 것이다. 예를 들어, 이런 믿음을 가진 사람은 자신이 위암에 걸릴 거라고 생각하는 것만으로도 그 확률이 높아진다고 생각해 괴로워할 수 있다. Salokovskis 등(1999)의 연구에 따르면, 이러한 요인들 때문에 강박사고가 더 큰 고통을 야기하며 강박사고가 야기하는 고통을 줄이려 강박행동을 하려는 욕구가 더 증가한다고 제안한다.

강박장애가 있는 사람은 '강박사고'로 인한 불안을 줄이기 위해 행동적 혹은 정신적 의식(ritual)을 행한다. 이런 종류의 강박행동을 회피반응으로 볼 수 있다. Barlow 등(2004)의 연구에서, 강박장애가 있는 사람에게 혐오하는 자극에 노출시키고 강박행동, 즉 회피행동을 하지 않도록 도왔을 때, 강박장애의 치료 효과가 더욱 긍정적으로 나타났다. 이 연구 결과는 회피 반응이 강박장애를 지속시키는 중요한 원인이 된다는 점을 시사한다.

언어적 조건형성(verbal conditioning)이나 사고-행동 융합(thought-action fusion)과 같은 과정에서 중립적인 자극(예: 숫자 4)이 두려운 반응(예: 죽음)과 연합될 수 있으며(제1단계), 이로 인해 중립적인 자극(예: 숫자 4)을 피하려는 행위(예: 숫자 4를 생각하지 않으려 하거나, 숫자 4가 떠오를 때마다 7번의 확인행동을 하는 등)를 하는 과정(제2단계)을

Mowrer의 2단계 이론이라고 부르기도 한다(Mowrer, 1939).

Barlow 등(2004)은 심리학적 취약성이 강박장애를 발병시킬 수 있는 소인이 될 수 있다고 설명한다. 심리적 취약성은 Salkovskis(1999)가 제안했듯이 위험하거나 용인되지 않는 생각을 학습하는 데서 생길 수 있다. 예를 들면, 독실한 종교적인 집안에서 자라온 사람들은 성이나 낙태와 같은 행위에 대해 도덕적으로 강한 신념을 가지고 있을 것이다. 결국 강박장애에 걸리기 쉬운 사람들은 이런 자연스런 주제에 대한 생각을 갖는 것만으로도(침습적 사고) 스트레스를 받고 이후에 이 생각을 억제하기 위해 부단히 노력하게 된다(Salkovskis & Campbell, 1994). 따라서 침습적 사고가 증가하면서 더 큰 스트레스를 경험하게 되고, 그 결과 이러한 침습적 사고를 억누르기 위한 노력이 강화되는 악순환이 일어난다. 이러한 악순환이 결과적으로 강박장애의 원인이 된다고 본다. 심리적 취약성은 생물학적 취약성과 함께 한 사람이 다른 사람들보다 강박장애를 더 쉽게 갖게 될 확률이 높을 수 있다는 현상을 설명한다.

2) 강박장애의 인지모델

강박장애 인지모델에서는 한 개인이 불안을 유발하는 환경(예: 병원 문고리를 맨손으로 만지는 경우)에 놓이면, 관련된 스키마(schema; 예: 나는 위험하다)가 활성화되고, 이후 병리적인 해석과 반복적인 침습적 생각(예: 내가 에이즈에 걸릴 것이고, 이 바이러스가 내 손자들에게 전염될 것이다)이 들게 된다고 본다. 이러한 생각은 다시 불안을 높이고, 동시에 손을 반복적으로 씻는 행동을 유발한다 ([그림 9-1]). 인지모델에서는 몇 가지 강박장애 환자의 인지패턴과 관련된 특성을 보고한다.

그 특성은 ① 위험(risk), ② 의심/불확실함, ③ 완벽주의, ④ 죄책감/책임/수치심, ⑤ 종교적 신념/도덕성이다.

① 위험(risk): 강박증 환자는 위험을 과대평가하고 위험이나 해(害)와 관련하여 높은 각성을 경험한다고 보고함. 다른 학자들에 따르면 강박증 환자가 위험을 과도하게 지각하기보다는 위험의 결과에 대해 자신의 책임을 과도하게 지우는 것이라고도 주장함. 이러한 과도한 책임감이나 위험/해와 관련된 과대평가를 인식론적인 추론능력의 결함으로 보는 견해도 있음.

② 의심/불확실함: 강박증 환자가 결정을 내리기 전에 정보나 증거를 과다하게 수집하는 경향이 있음. 강박적으로 확인하는 사람들은 때로 기억력의 손상이 있을 수도 있다고 함. 학자들은 강박증 환자가 불확실성에 대해 과민해하는 경향이 있다고도 주장함.

③ 완벽주의: 강박증 환자는 모든 영역에서 완벽하게 유능해야만 하며, 완벽하지 못한 경우 처벌받을 것이라는 잘못된 신념을 지닌다고 보고됨.

④ 죄책감/책임/수치심: 과도한 책임감과 죄책감이 강박행동과 관련이 있다고 보고됨.

⑤ 종교적 신념/도덕성: 어려서부터 믿어온 종교적 신념이 강박증상과 관련된다는 증거는 미약하지만 특정 행동에 대해 융통성 없고 엄격하게 종교적으로 훈육을 한 경우는 강박증상과 관련이 있을 수도 있다고 보고됨. 종교의 의식/의례와 강박사고 및 강박행동의 관련성에 대해서는 연구가 진행되고 있음.

3) 생물학적 모델

강박장애를 발달시키는 생물학적 취약성을 설명하는 신경화학적 모델에 따르면, 신경전달계의 세로토닌 결핍이 강박장애와 관련된다고 제안한다(Goodman, McDougle, & Price, 1992). 세로토닌 재흡수 억제제(Selective Serotonic Reuptake Inhibitors: SSRI)인 클로민프라민(Clomipramine, 상품명 Anafranil)과 다른 SSRI계 약물에 의해 강박증세가 호전된다는 사실에 비추어 강박장애가 세로토닌 감소 또는 조절 장애와 관련되었다는 가설이 제기되었다(대한신경정신의학회, 2005). 그러나 다른 연구들에서 강박장애에서 세로토닌의 역할이 결정적이지 못하다는 의견도 제시되었다(Insel, Mueller, Alterman, Linnoila, & Murphy, 1985). 좀 더 최근 가족 연구에서의 증거들은 세로토닌과 강박장애의 연관에 유전적 요인이 영향을 끼친다고도 제안한다(Hanna et al., 2002).

강박장애에 대한 뇌구조적인 이론들은 대뇌핵(basal ganglia)과 안와전두피질(orbito-frontal cortex)과 같은 뇌 부위에서의 비정상을 보고했다(Insel, 1992). 즉, 안와전두피질에서의 과활성화가 보고되었는데, 안와전두피질은 뇌에 '무언가가 심각하게 잘못되었다.'는 신호를 제공하여 우리가 잘못된 것에 경계를 하도록 돕는 역할을 하

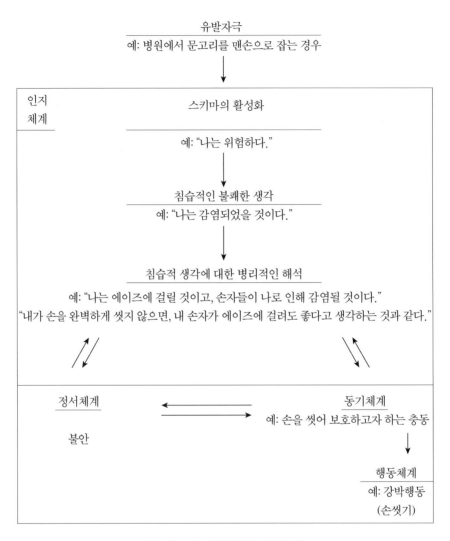

[그림 9-1] **강박장애의 인지모델**

출처: Needleman (1999).

는 것으로 알려져 있다. 이뿐 아니라 강박장애를 지닌 사람에게서 충동을 통제하는 영역인 미상핵(caudate nuclei)의 저활성이 보고되었는데, 이는 걱정을 걸러내는 기능이 저하되어 걱정이 많아지고 계속해서 확인하는 행동을 통제하지 못하는 것과 관련이 있다(권준수, 신민섭, 2015; Beucke et al., 2013; Freyer et al., 2011). 흥미롭게도 인지행동치료에서 도움을 받은 강박장애 환자들의 경우 미상핵에서의 정상적인 활성화가 다시 이루어지는 것으로 보고되었다(Freyer et al., 2011). 이는 인지행동치료가 강박장애 환자의 비정상적인 뇌활동을 정상화하는 데 도움이 된다는 직접적 근거가 될 수 있다.

다른 연구들은 높은 비율의 출생 비정상, 간질(epilepsy), 뇌진탕(head trauma), 또는 특정 질병이 강박장애의 위험요소가 될 수 있다고 지적했다. 하지만 현재까지는 강박장애를 가진 환자들의 뇌 구조, 기능, 그리고 신진대사를 정상 통제집단이나 다른 환자군과 비교했을 때, 일관되지 않은 결과가 나타나 앞으로 추가 연구가 필요하며 강박장애의 원인을 논의할 때, 신중한 판단이 필요하다(Graybiel, & Rauch, 2000).

강박장애의 유전적 요인에 대한 연구에 따르면, 상대적으로 유전이 적지만(0～25%), 주의하여 연구하여야 할 요인으로 보고되었고, 뚜렛 증후군과의 상관이 있으나 5% 정도의 강박장애 환자만이 뚜렛 증후군이 있다고도 보고되었다.

4) 강박장애와 신경인지기능

강박장애를 가진 사람들은 실행기능(executive function), 처리 속도, 언어 기억, 시공간 기억 등의 다양한 영역에서 신경인지기능 손상을 가지고 있는 것으로 보고된다(Abramovitch et al., 2013). 이러한 신경인지기능상의 손상은 특히 시공간 기억과 실행기능 영역에서 두드러진다(Shin et al., 2014). 즉, 강박장애를 가진 사람들은 복잡한 구성을 가진 시각자극을 기억해내는 데 상당한 어려움을 가지며, 관련 없는 자극에 대한 주의와 자동적인 반응을 억제하는 것(inhibition), 그리고 인지적 장을 전환하는 것(set shifting)에도 어려움을 가진다. 억제기능의 손상이 강박장애의 내적 표현형(endophenotype)을 반영하는 핵심적인 손상으로 간주되어 온 가운데, 강박장애 환자의 신경인지기능을 종합한 최근의 메타분석 연구는 강박장애 환자들이 시공간 기억에서 억제기능보다 더욱 큰 손상을 보이는 것으로 나타났다(Abramovitch et al., 2013; Chamberlain et al., 2005; Shin et al., 2014). 시공간 기억의 손상은 적어도 부분적으로 강박장애 환자들의 조직화기술(organization strategy)의 손상과 연관이 있는 것으로 보인다(Olley et al., 2007). 전반적으로 강박장애 환자에게서 신경인지기능의 손상이 관찰되기는 하지만, 손상의 크기가 매우 큰 것은 아니며, 많은 연구가 기능의 손상 여부나 그 정도에 대해서 이질적인 결과를 보고하고 있다(Shin et al., 2014). 즉, 공병하는 우울 증상의 정도, 발병 시기, 유병 기간, 하위 증상 유형 등에 따라 강박장애 환자는 다른 양상의 신경인지기능 손상을 나타내는 것으로 보인다. 강박장애 환자 중 우울 증상이 높은 사람들에게만 시공간 기억의 손상이 관찰되었다는 보고가 있다(Moritz et al., 2003). 마지막으로, 강박장애에서 관찰되는 신경인지기능의 손상의 본질과 관련하여, 강박 증상 또는 우울과 같은 공존하는 병리에 따른 사후 현상(epiphenomenon)인지, 강박장애의 병리 형성에 기여하는 주요 기제인지에 대해 논란이 존재한다(Abramovitch et al., 2013; Chamberlain et al., 2005).

6. 치료

1) 강박장애의 근거기반 치료

강박장애를 위한 심리치료 중 효과적이고 경험적으로 지지되는 것으로 나타나는 치료는 노출과 반응방지(exposure and response prevention) 그리고 인지치료로 보고되고 있다(권준수, 신민섭, 2015; Abramowitz, Kozak, Levitt, & Foa, 2000). 최근 한국에서 강박장애의 인지치료를 인터넷 기반에서 구축하여, 시간과 장소에 구애받지 않고 쉽게 서비스를 받을 수 있는 자기프로그램이 개발되어 그 효과가 검증되었다(권준수, 신민섭, 2015).

(1) 노출/반응방지

노출/반응방지(ER/RP)는 행동치료의 일환으로 환자를 강박적인 행동을 하게 되는 상황에 직면시켜서 습관적인 행동을 하지 않도록 스스로 억제하도록 돕는 개입법이다. 이 치료의 과정에서 환자는 강박사고와 관련된 불안에 익숙해지고, 강박사고와 강박행동 사이에 생겼던 강력한 연합이 소거된다. 불안을 일으키는 자극에 대한 노출은 위계적으로 이루어지는데 일반적으로 가장 덜 불안한 자극부터 시작한다. 노출은 실제로 이루어지기도 하고 상상적 기법을 이용하기도 한다. 예를 들어, 오염에 대한 두려움이 있는 환자에게 어떤 더러운 것(예: 신발 바닥 혹은 화장실 변기)을 만지게 하거나(실제노출), 더러운 것을 만지는 것을 상상하도록 한 후, 일정 시간 동안 손을 씻지 않은 채로 버티게 하는 것이다.

Franklin 등(2000)은 강박장애 환자 110명을 대상으로 4회기의 노출/반응방지 후에 이들의 결과를 통제집단과 비교하였다. 연구 결과 치료집단에 속했던 환자들의 강박 증상과 우울 증상이 통제집단에 비해 임상적으로 유의미하게 개선되었다. 40명의 강박장애 환자들을 대상으로 한 Abramowitz, Jonathan, Foa, Franklin과 Martin(2003)의 연구에서도 유사한 결과가 보고되었다. 이 연구는 2주에 한 번씩 15회기를 받는 집단과 매일 3주 동안 치료 받는 집단으로 나눠서 그 효과를 비교했는데, 두 집단 모두에서 임상적으로 유의미한 효과가 나타났다. 이외에도 Abramowitz(1997)가 강박장애 치료에 대한 논문을 메타분석한 결과에 의하면 노출/반응방지치료를 받은 환자들이 통제집단에 비해 평균적으로 더 유의미하게 향상되었다는 것이 보고되었다.

(2) 인지행동치료

강박장애를 위한 인지 치료의 기본 전제는 환자들이 자신과 세상 그리고 미래에 대해 왜곡되고 부적응적인 생각을 가지고 살아간다는 것이다. 강박장애는 개인이 타인이나 자신에게 해로울 수 있는 사건에 대해 지나치게 책임감을 느낄 때 나타날 수 있다고 보았다. 인지치료는 이러한 왜곡된 생각을 알아차리며, 보다 합리적이고 융통성 있는 생각으로 바꿀 수 있도록 돕는 것을 목적으로 한다. 인지치료는 종종 노출과 반응방지 기법과 함께 사용되기도 하므로, 인지행동치료라고도 한다.

McLean 등(2001)의 76명의 강박장애 환자를 대상으로 한 연구에서 인지치료 집단에 있던 환자들이 통제집단에 있던 환자들보다 예일-브라운 강박증 척도(Yale-Brown Obsessive Compulsive Scale), 벡우울척도, TAF(Thought and Action Fusion), IBRO(Inventory of Beliefs Related to Obsessions) 척도에서 더 유의미한 향상을 나타냈다. 약물치료 집단, 노출/반응방지 집단, 인지치료 집단 그리고 통제집단에서의 치료 효과를 메타분석한 Abramowitz(1997)의 연구에서는 인지치료를 받은 집단이 통제집단에서 보다 더 유의미한 치료 효과가 있었다는 것이 확인되었다. 또 강박장애 치료를 받은 환자들을 대상으로 한 2년 후의 추적조사에서도 인지치료를 받은 환자들의 Y-BOCS 점수와 우울증지수가 낮게 유지되는 것을 확인할 수 있었다(Whittal, Maureen, Robichaud, Melisa, Thordarson, Dana, McLean, & Peter, 2008).

(3) 노출/반응방지 대 인지치료

노출/반응방지와 같은 행동치료와 인지치료를 비교한 Mclean 등(2001)의 연구에서는 두 치료 모두 증상 감소의 측면에서 통제집단에 비해 좋은 좋은 결과를 보였다. 그러나 3개월 뒤의 추후조사에서 이 둘의 효과를 비교했을 때 노출/반응방지 집단에 있던 환자들이 인지치료 집단에 있던 사람들보다 회복의 기준에 부합하는 경우가 더 많았다. 3개월 후 노출/반응방지 집단에 있던 환자들의 Y-BOCS 점수는 평균 12.83인 반면 인지치료를 받은 경우 17.24로 나타났다. Abramowitz(1997)의 메타분석 연구에서도 노출/반응방지와 인지치료의 효과를 비교하는 4개의 논문을 검토해 본 결과, 인지치료의 효과를 노출/반응방지와 비교했을 때 효과크기가 M=-0.19(SD=0.13)로 보고되었다. 즉, 노출/반응방지의 효과가 더 큰 것으로 보고되었다.

Whittal 등(2008)의 연구에서도 인지치료를 받은 강박장애 환자들과 노출/반응방지를 받은 환자들을 2년 후에 추후조사한 결과 노출/반응방지 치료를 받은 환자집단에게서 Y-BOCS 점수가 더 낮게 나타난 것(즉, 증상의 감소 폭이 컸던 것)을 발견하였다. 이런 점을 종합해 봤을 때 노출과 반응 방지가 강박 장애 치료를 위한 보다 효과적인 치료가 될 것이라고 예상할 수 있다.

(4) 인지행동치료 대 약물치료

지난 50년간 인지행동치료와 약물치료의 효과성을 비교한 연구가 축적되어 왔다. 1970년부터 1993년까지 총 86편의 효과 비교 연구를 정리한 메타분석 연구에 따르면, 항우울제를 처방받은 환자들과 인지행동치료만을 받은 환자들, 그리고 항우울제와 인지행동치료를 함께 받은 환자들 간에 차이가 없는 것으로 보고되었다(van Balkom et al., 1994). 1973년부터 1997년까지 총 77편의 효과 비교 연구를 정리한 메타분석 연구에서는 인지행동치료가 SSRI(항우울제)와 동등하거나 더 나은 결과를 보였다고 보고하였다(Kobak et al., 1998). 또한 1997년에 Abramowitz 등의 메타분석 연구에서는 인지치료, 노출/반응방지, 그리고 SSRI가 유사한 치료효과를 나타낸다고 보고하였다. 요약하면, 인지행동치료와 약물치료가 유사한 결과를 가져온다고 판단되며, 어떤 치료를 환자에게 적용할지는 치료자의 전문성과 환자의 선호도를 고려하여 결정해야 할 것이다.

요약

강박장애는 환자가 강박사고, 강박행동 혹은 두 가지를 함께 보이는 경우 진단될 수 있다. 강박사고는 불안과 같은 고통을 유발하는 생각, 충동 혹은 이미지일 수 있고, 원하지 않으나 반복적으로 침습되기 때문에 억제하거나 무시하려는 노력을 하게 된다. 강박행동은 강박사고로 인해 반복적으로 유발되는 불안을 줄이기 위해 하는 습관이나 행동을 뜻한다. 강박사고와 강박행동은 시간 소모적이며, 사회적·직업적 혹은 기타 생활기능에 심각한 장애를 유발한다. 강박장애를 진단하기 위해서는 증상을 포괄적으로 평가하는 것이 매우 중요하며, 인터뷰, 행동관찰, 표준화된 척도 등을 활용한다. 강박장애는 행동모델, 인지모델, 생물학적 모델로 설명을 하며, 각각의 모델은 행동치료, 인지치료 및 약물치료 기법의 근간이 된다. 현재까지의 연구에 따르면, 강박장애를 치료하는 근거기반 치료는 행동치료, 인지치료 및 약물치료이며, 이 세 가지 치료는 동등한 효과를 보이는 것으로 보고되었다.

학습과제

1. 강박장애의 『DSM-5』 진단기준과 『DSM-IV』와의 차이를 기술하시오.
2. 강박장애를 평가하는 대표적인 평가도구의 유형을 기술하시오.
3. 강박장애를 설명하는 행동, 인지, 생물학적 모델을 설명하시오.
4. 강박장애를 위한 근거기반치료를 기술하시오.

감사의 글

이 장의 내용은 고려대학교 심리학과 대학원 고급심리치료 강의에서 학생들과 함께 구성한 내용으로 함께 참여해준 고려대학교 대학원 학생들과 특별히 양재철과 이서윤에게 감사의 마음을 전합니다.

📝 참고문헌

권준수, 신민섭(2015). 쉽게 따라하는 강박증 인지행동치료. 서울: 학지사.

대한신경정신의학회 (2005). 신경정신의학. 서울: 중앙문화사.

조맹제, 장성만, 함봉진, 정인원, 배안, 이영문, 안준호, 원승희, 손정우, 홍진표, 배재남, 이동우, 조성진, 박종익, 이준영, 김진영, 전홍진, 이해우(2009). 한국 주요정신장애의 유병률 및 관련요인: 2006 전국정신질환역학조사. 신경정신의학 제48권 제3호 통권 제210호.

Abramovitch, A., Abramowitz, J. S., & Mittelman, A. (2013). The neuropsychology of adult obsessive-compulsive disorder: a meta-analysis. *Clinical Psychology Review, 33*(8), 1163-1171.

Abramowitz, J. S. (1997). Effectiveness of psychological and pharmacological treatments for obsessive-compulsive disorder: a quantitative review. *Journal of Consulting and Clinical Psychology, 65*(1), 44-52.

Abramowitz, J. S., Foa, E. B., & Franklin, M. E. (2003). Exposure and ritual prevention for obsessive-compulsive disorder: Effects of intensive versus twice-weekly sessions. *Journal of Consulting and Clinical Psychology, 71*(2), 394-398.

Abramowitz, J. S., Franklin, M. E., Street, G. P., Kozak, M. J., & Foa, E. B. (2000). Effects of comorbid depression on response to treatment for obsessive-compulsive disorder. *Behavior Therapy, 31*(3), 517-528.

American Psychiatric Association (2013). *Diagnostic and statistical manual of mental disorders* (5th ed.). Virginia: American Psychiatric Association. 권준수, 김재진, 남궁기, 박원명, 신민섭, 유범희, 윤진상, 이상익, 이승환, 이영식, 이헌정, 임효덕, 강도형, 최수희 공역(2015). 정신질환의 진단 및 통계편람(제5판). 서울: 학지사.

Barlow, D. H., Allen, L. B., & Choate, M. L. (2004). Toward a unified treatment for emotional disorders. *Behavior Therapy, 35*(2), 205-230.

Barr, L. C., Goodman, W. K., Price, L. H., & McDougle, C. J. (1992). The serotonin hypothesis of obsessive compulsive disorder: implications of pharmacologic challenge studies. *Journal of Clinical Psychiatry, 53*, 17-28.

Beucke, J. C., Sepulcre, J., Talukdar, T., Linnman, C., Zschenderlein, K., Endrass, T., ... & Kathmann, N. (2013). Abnormally high degree connectivity of the orbitofrontal cortex in obsessive-compulsive disorder. *JAMA Psychiatry, 70*(6), 619-629.

Chamberlain, S. R., Blackwell, A. D., Fineberg, N. A., Robbins, T. W., & Sahakian, B. J. (2005). The neuropsychology of obsessive compulsive disorder: the importance of failures in cognitive and behavioural inhibition as candidate endophenotypic markers. *Neuroscience & Biobehavioral Reviews, 29*(3), 399-419.

First, M. B., & Gibbon, M. (2004). The Structured Clinical Interview for DSM-IV Axis I Disorders (SCID-I) and the Structured Clinical Interview for DSM-IV Axis II Disorders (SCID-II). In M. Hilsenroth & D. Segal(eds.), Comprehensive handbook of psychological assessment, Vol.2: Personality assessment(pp. 134-143). Hoboken, NJ, US: John Willey & Sons Inc.

Franklin, M. E., Abramowitz, J. S., Kozak, M. J., Levitt, J. T., & Foa, E. B. (2000). Effectiveness of exposure and ritual prevention for obsessive-compulsive disorder: randomized compared with nonrandomized samples. *Journal of Consulting and Clinical Psychology, 68*(4), 594.

Freyer, T., Klöppel, S., Tüscher, O., Kordon, A., Zurowski, B., Kuelz, A. K., ... & Voderholzer, U. (2011). Frontostriatal activation in patients with obsessive-compulsive disorder before and after cognitive behavioral therapy. *Psychological Medicine, 41*(01), 207-216.

Graybiel, A. M., & Rauch, S. L. (2000). Toward a neurobiology of obsessive-compulsive disorder. *Neuron, 28*(2), 343-347.

Gershuny, B. S., Baer, L., Jenike, M. A., Minichiello, W. E., & Wilhelm, S. (2002). Comorbid posttraumatic stress disorder: impact on treatment outcome for obsessive-compulsive disorder. *American Journal of Psychiatry, 159*(5), 852-854.

Hanna, G. L., Veenstra-VanderWeele, J., Cox, N. J., Boehnke, M., Himle, J. A., Curtis, G. C., ... & Cook, E. H. (2002). Genome-wide linkage analysis of families with obsessive-compulsive disorder ascertained through pediatric probands. *American Journal of Medical Genetics, 114*(5), 541-552.

Insel, T. R. (1992). Toward a neuroanatomy of obsessive-compulsive disorder. *Archives of General Psychiatry, 49*(9), 739-744.

Insel, T. R., Mueller, E. A., Alterman, I., Linnoila, M., & Murphy, D. L. (1985). Obsessive-compulsive disorder and serotonin: Is there a connection?. *Biological Psychiatry, 20*(11), 1174-1188.

Kobak, K. A., Greist, J. H., Jefferson, J. W., Katzelnick, D. J., & Henk, H. J. (1998). Behavioral versus pharmacological treatments of obsessive compulsive disorder: a meta-analysis. *Psychopharmacology, 136*(3), 205-216.

Kurlan, R., Como, P. G., Miller, B., Palumbo, D., Deeley, C., Andresen, E. M., ... & McDermott, M. P. (2002). The behavioral spectrum of tic disorders A community-based study. *Neurology, 59*(3), 414-420.

Matsunaga, H., Kiriike, N., Matsui, T., Oya, K., Okino, K., & Stein, D. J. (2005). Impulsive disorders in Japanese adult patients with obsessive-compulsive disorder. *Comprehensive Psychiatry, 46*(1), 43-49.

McLean, P. D., Whittal, M. L., Thordarson, D. S., Taylor, S., Sochting, I., Koch, W. J., ... & Anderson, K. W. (2001). Cognitive versus behavior therapy in the group treatment of obsessive-compulsive disorder. *Journal of Consulting and Clinical Psychology, 69*(2), 205-214.

Mineka, S., & Zinbarg, R. (2006). A contemporary learning theory perspective on the etiology of anxiety disorders: it's not what you thought it was. *American psychologist, 61*(1), 10-26.

Moritz, S., Kloss, M., Jahn, H., Schick, M., & Hand, I. (2003). Impact of comorbid depressive symptoms on nonverbal memory and visuospatial performance in obsessive-compulsive disorder. *Cognitive Neuropsychiatry, 8*(4), 261-272.

Mowrer, O. H. (1939). A stimulus-response analysis of anxiety and its role as a reinforcing agent. *Psychological Review, 46*, 553-565.

Needleman, L. D. (1999). Cognitive Case Conceptualization: A guidebook for Practitioners. New York and London: Routledge.

Olley, A., Malhi, G., & Sachdev, P. (2007). Memory and executive functioning in obsessive-compulsive disorder: a selective review. *Journal of Affective Disorders, 104*(1), 15-23.

Rachman, S. J., & Hodgson, R. J. (1980). *Obsessions and compulsions*. Prentice Hall.

Salkovskis, P. M. (1999). Understanding and treating obsessive-compulsive disorder. *Behaviour Research and Therapy, 37*, S29-S52.

Salkovskis, P. M., & Campbell, P. (1994). Thought suppression induces intrusion in naturally occurring negative intrusive thoughts. *Behaviour Research and Therapy, 32*(1), 1-8.

Salkovskis, P., Shafran, R., Rachman, S., & Freeston, M. H. (1999). Multiple pathways to inflated responsibility beliefs in obsessional problems: possible origins and implications for therapy and research. *Behavior Research and Therapy, 37*(11). 1055-1072.

Shafran, R., Thordarson, D. S., & Rachman, S. (1996). Thought-action fusion in obsessive compulsive disorder. *Journal of Anxiety Disorders, 10*(5), 379-391.

Shin, N. Y., Lee, T. Y., Kim, E., & Kwon, J. S. (2014). Cognitive functioning in obsessive-compulsive disorder: a meta-analysis. *Psychological Medicine, 44*(06), 1121-1130.

Steketee, G., Chambless, D. L., & Tran, G. Q. (2001). Effects of axis I and II comorbidity on behavior therapy outcome for obsessive-compulsive disorder and agoraphobia. *Comprehensive Psychiatry, 42*(1), 76-86.

van Balkom, A. J., van Oppen, P., Vermeulen, A. W., van Dyck, R., Nauta, M. C., & Vorst,

H. C. (1994). A meta-analysis on the treatment of obsessive compulsive disorder: A comparison of antidepressants, behavior, and cognitive therapy. *Clinical Psychology Review, 14*(5), 359-381.

Whittal, M. L., Robichaud, M., Thordarson, D. S., & McLean, P. D. (2008). Group and individual treatment of obsessive-compulsive disorder using cognitive therapy and exposure plus response prevention: A 2-year follow-up of two randomized trials. *Journal of Consulting and Clinical Psychology, 76*(6), 1003-1014.

제**10**장

외상 및 스트레스 관련 장애

박기환

학습 목표

1. 외상 및 스트레스 사건 관련 장애의 다섯 가지 하위진단들의 진단기준을 배운다.
2. 외상 및 스트레스 사건 관련 장애의 임상적 특징을 살펴본다.
3. 외상 및 스트레스 사건 관련 장애의 원인을 살펴본다.
4. 외상 및 스트레스 사건 관련 장애의 효과적인 치료방법을 배운다.
5. 외상 후 스트레스 장애의 특징과 치료에 대해 이해한다.
6. 반응성 애착장애와 탈억제성 사회적 유대감 장애의 특징과 치료를 비교하여 이해한다.

학습 개요

외상 및 스트레스 관련 장애는 외상이나 심각한 스트레스 사건을 경험한 후 불안, 공포, 우울, 분노, 해리 등과 같은 이질적이면서도 다양한 후유 증상을 나타내는 『DSM-5』 진단범 주로서, 반응성 애착장애, 탈억제성 사회적 유대감 장애, 외상 후 스트레스 장애(PTSD), 급 성 스트레스 장애(ASD), 적응장애라는 하위진단으로 구성되어 있다. 본장에서는 각 진단별 로 구체적인 진단기준과 임상적 특징을 살펴볼 것이고, 지금까지 밝혀진 원인과 효과적인 치료방법에 대해서도 살펴보고자 한다.

『DSM-5』의 외상 및 스트레스 관련 장애라는 진단 범주는 외상이나 심각한 스트레스 사건에 노출된 결과로서 나타난 장애들로 구성되어 있으며, 반응성 애착장애, 탈억제성 사회적 유대감 장애, 외상 후 스트레스 장애, 급성 스트레스 장애, 적응장애라는 진단들로 이루어져 있다.

외상 및 스트레스 관련 장애라는 진단 범주는 『DSM-IV』에서 다른 진단 범주들에 흩어져 있던 스트레스 관련 장애들을 한데 모아둔 것이라고 할 수 있다. 외상이나 심각한 스트레스 사건에 노출된 이후 나타나는 증상은 매우 다양한데, 흔히 불안이나 공포 관련 증상들이 나타나지만, 그 외에 무쾌감이나 불행감, 외현화된 분노와 공격적인 증상, 또는 해리 증상이 나타나기도 한다. 따라서 외상 및 스트레스와 관련된 다양한 이질적 증상들을 나타내는 심리장애들을 진단하기 위해 『DSM-5』에서 새로이 구성된 범주라고 이해할 수 있다.

『DSM-5』의 반응성 애착장애와 탈억제성 사회적 유대감 장애는 『DSM-IV』에서는 '유아기, 소아기, 청소년기에 흔히 처음으로 진단되는 장애'라는 큰 범주하에 "유아기 또는 소아 초기의 반응성 애착장애"라는 진단명으로 있었고 세부 진단으로 억제형과 탈억제형을 구분하여 제시하였는데, 『DSM-5』에서는 각각 반응성 애착장애와 탈억제성 사회적 유대감 장애로 독립시켜 제시하였다. 아동기에 적절히 보살핌을 받지 못한 사회적 방임(social neglect) 현상은 반응성 애착장애와 탈억제성 사회적 유대감 장애를 진단하는 데 공통적으로 필요하다. 따라서 두 장애가 같은 병인을 가지지만 반응성 애착장애는 우울 증상과 철수 행동같이 주로 내면화되어 표현되는 장애인 반면, 탈억제성 사회적 유대감 장애는 탈억제와 외현화된 행동이 두드러진 장애이다. 외상 후 스트레스 장애와 급성 스트레스 장애는 『DSM-IV』에서 '불안장애'라는 큰 범주의 하위 진단으로 포함되어 있었고, 적응장애는 『DSM-IV』에서 독립된 큰 범주의 진단으로 존재하였던 것이다.

이제 『DSM-5』의 다섯 가지 하위진단별로 진단기준 및 임상적 특징과 원인 및 치료에 대해 살펴볼 것인데, 편의상 『DSM-5』의 제시 순서와는 달리 임상 현장뿐만 아니라 사회적으로 주목받고 있는 진단인 외상 후 스트레스 장애부터 시작하고자 한다.

1. 외상 후 스트레스 장애

결혼을 1주일 앞두고 분주하게 여기저기 돌아다니며 결혼준비를 하고 있었던 민호와 유리는 일요일 오후 도시 고속도로에서 자가용을 몰고 가던 중 과속으로 달리던 다른 차량에게 부딪히는 사고를 당하게 되었다. 이 사고로 운전보조석에 타고 있던 유리는 중태에 빠져 인근 병원의 중환자실로 옮겼으나 이틀 만에 사망하였고, 운전을 하였던 민호는 다행히 크게 다치지 않았으나, 순식간의 사고로 결혼과 미래가 산산조각 나 버렸다. 민호는 사고가 있은 지 1년이 지났지만, 사고에 대한 악몽을 가끔 꾸었고, 시끄러운 소음이나 뭔가가 타는 냄새에 매우 예민해졌으며, 조금씩 차를 몰고 다니면서 시내의 일반도로는 운전이 가능해졌지만 가능한 차를 몰고 다니지 않으려고 했고 고속도로로 차를 몰고 나가는 것은 엄두를 내지 못하였다. 사고 이후 의욕도 없고 계속 불안하여 다니던 직장도 사표를 내고 3달을 쉬다가 다른 직장을 구했으나 1달을 채 다니지 못하고 그만 둔 후 무직 상태에 있으며, 밤에는 불안을 가라앉히기 위해 술을 마시지 않으면 잠을 들지 못하는 상태에 이르게 되었다.

1) 진단기준 및 임상적 특징

앞의 예에서처럼 충격적인 외상 사건을 경험한 후 다양한 심리적 후유 증상을 일정 기간 이상 나타내면서 사회적 · 직업적 기능에 손상이 있을 때 외상 후 스트레스 장애(Posttraumatic Stress Disorder: PTSD)를 진단할 수 있다. 이때 외상 사건은 쓰나미, 지진, 태풍과 같은 자연재해 사건일 수도 있고, 테러, 전쟁, 고문, 강간, 살인, 자동차 사고와 같은 인적 사건일 수도 있다. 이러한 사건에서 실제 죽음이나 죽음의 위협, 심각한 상해 또는 성적인 폭력을 직접 경험하거나 다른 사람에게 일어나는 것을 직접 목격한 경우여야 하며, 가까운 가족이나 친구에게 이러한 외상 사건이 일어났음을 알게 된 경우도 해당된다. 또한 사람 유해를 수습하는 응급처치요원이나 아동 학대의 상세한 내용에 반복적으로 노출되는 경찰관과 같이 외상 사건의 혐오스러운 세부 내용에 반복적으로 노출되거나 극단적인 노출을 경험하는 경우도 외상 사건에 포함될 수 있다. 아동의 경우 신체적 폭력이나 상해가 없더라도 발달적으로 부적절한 성적 경험의 형태로 성폭력이 발생할 수 있다. 고문이나 성폭력과 같이 스트레스 사건이 대인관계적이고 의도적일 때 장애의 정도가 특히 심각하거나 오래 지속되는 것으로 알려져 있다.

앞서 설명한 충격적인 외상 사건을 경험한 후 네 가지 유형의 증상이 1개월 이상 나타나면서 임상적으로 심각한 고통을 야기하거나 일상생활의 기능을 손상시키면 PTSD를 진단할 수 있다. 네 가지 유형의 증상은 침투(침습, intrusion), 회피(avoidance), 부정적 인지와 기분(negative cognition and mood), 각성(arousal)으로 아래에서 좀 더 설명할 것이다. 이러한 네 유형의 증상 중 더욱 두드러지거나 심각한 증상은 개인에 따라 다를 수 있으나, PTSD로 진단하기 위해서는 네 유형의 증상을 모두 가지고 있어야 한다.

우선 침투 증상은 사건에 대한 재경험이라고 할 수 있는데, 외상 사건에 대한 고통스러운 기억이 내 의지와 상관없이 반복적으로 의식에 떠오르는 형태로 나타날 수도 있고, 외상 사건과 관련된 내용과 감정이 고통스러운 꿈으로 반복해서 나타날 수도 있다. 아동의 경우에는 고통스러운 기억의 침투적 경험보다는 반복적인 놀이를 통해 외상의 주제나 양상이 표출되기도 하고, 내용을 알 수 없는 무서운 꿈을 꾸기도 한다. 외상 사건이 실제로 다시 일어난 것처럼 느끼고 행동하는 해리 반응의 형태로 침투 증상이 나타나기도 하며, 가해자와 닮은 사람이나 태풍 피해 이후 비바람과 같이 외상 사건과 유사한 자극이나 외상 사건을 떠올리는 단서가 있으면 심한 심리적 고통이나 생리적 반응을 보일 수 있다.

두 번째 유형의 증상은 외상 사건과 관련된 자극에 대한 지속적인 회피이다. 고통을 벗어나기 위해 외상 사건 혹은 그 사건과 밀접히 관련된 고통스러운 기억, 생각, 감정을 회피하려고 노력하게 된다. 그리고 그러한 고통스러운 기억, 생각, 감정을 불러일으키는 외적인 촉발 단서들, 즉 관련된 사람, 장소, 대화, 활동, 대상, 상황 등을 회피하거나 회피하려고 노력한다.

세 번째 유형의 증상은 외상 사건과 관련된 인지와 기분에서의 부정적 변화이다. 외상 사건의 중요한 측면을 기억하지 못하는 경우도 있고, "난 형편없어." "아무도 믿을 수 없어." "세상은 너무 위험해." 등과 같이 자신, 타인 및 세상에 대해 지속적이고도 과도한 부정적 신념을 가지게 된다. 또한 외상 사건의 원인이나 결과를 잘못 해석하여 자신이나 타인을 책망하게 되고, 두려움, 공포, 분노, 죄책감, 수치심 등의 부정적 정서를 지속적으로 경험한다. 중요한 활동에 대한 관심이나 참여가 현저하게 감소하고, 다른 사람에 대한 거리감이나 소원함을 느끼며, 행복, 만족, 사랑의 감정을 경험하지 못하는 등 긍정적 정서를 제대로 느끼지 못한다.

마지막 증상은 외상 사건과 관련된 각성과 반응성에서의 현저한 변화이다. 화낼 이유가 없는데도 짜증을 내거나 분노가 폭발하는 등 언어적·신체적으로 공격성이 나타나고, 어떤 경우에는 위험한 운전, 과음, 자해나 자살 시도 같은 무모한 행동이나 자기파괴적인 행동을 보이기도 한다. 주변 자극에 지나치게 과민하고 경계하며 전화벨 같은 일상적인 자극이나 반응에도 깜짝깜짝 놀라거나 과도한 반응을 보인다. 전화번호를 잊어버리거나 계속되는 대화를 따라가지 못하는 등 주의집중을 잘 하지 못하고, 잠들기 어렵거나 중간에 자꾸 깨거나 푹 자지 못하는 등 높아진 각성 상태가 수면을 방해한다.

지금까지 설명한 PTSD의 증상 특징은 『DSM-5』(American Psychiatric Association, 2013)의 진단기준에 따른 것으로 진단기준의 상세한 내용은 〈표 10-1〉에 제시되어 있다. 부가적인 진단으로서, PTSD의 진단기준을 충족하고, 자신의 신체로부터 분리되는 듯한 이인감(depersonalization)이나 자신의 현실 세계로부터 분리되는 듯한 비현실감(derealization)을 경험하는 경우 해리 증상 동반 PTSD로 진단한다. 또한 대부분은 외상 사건을 경험한 직후부터 증상이 나타나면서 PTSD를 진단받지만, 외상 사건 이후 6개월 이상 지나서 PTSD의 진단에 해당하는 경우 지연성 PTSD로 진단한다.

한편 『DSM-5』에서는 6세 이하 아동에 대한 PTSD 진단기준을 따로 제시하고 있다. 전반적으로는 앞서 설명한 PTSD의 진단기준과 크게 다르지 않지만, 연령 특성상 외상 사건이 부모나 주양육자와 관련될 수 있음을 명시하였고, 일상생활의 기능 손상도 주로 부모, 형제, 또래와의 관계나 학교행동에 초점을 맞추고 있다. 또한 외상 사건과 관련된 침투 증상에 있어 성인과 그 특징이 다를 수 있다는 점을 기술하고 있는데, 예를 들면, 침투적인 기억이 반드시 고통스럽지는 않을 수 있고, 놀이에서 외상 특징이 재현될 수 있으며, 악몽이 외상 사건과 관련되는지 확인하기 어려울 수 있다. 그리고 외상 사건과 관련된 인지와 기분에서의 부정적 변화 증상에서도 6세 이하의 아동 진단기준은 주로 정서와 행동 증상 위주로 구성되어 있고, 부정적 인지 증상에 대한 내용은 포함되어 있지 않다. 연령과 발달 특징에 따른 차이점이 반영된 결과로 볼 수 있겠다.

표 10-1 PTSD의 DSM-5 진단기준

주의: 다음 기준은 성인, 청소년, 7세 이상 아동에게 적용된다. 6세 이하의 아동은 따로 제시된 기준을 참고하라.

A. 실제 죽음이나 죽음의 위협, 심각한 상해 또는 성적인 폭력을 다음 중 한 가지 이상의 방식으로 경험한다.

1. 외상 사건을 직접 경험한다.

2. 외상 사건이 다른 사람에게 일어나는 것을 직접 목격한다.

3. 외상 사건이 가까운 가족이나 친구에게 일어났음을 알게 된다. 가족이나 친구가 실제로 죽거나 죽을 뻔한 경우 그 사건은 폭력이나 사고로 인한 것이어야 한다.

4. 외상 사건의 혐오스러운 세부 내용에 반복적이거나 극단적인 노출을 경험한다(예: 사람 유해를 수습하는 응급처치요원, 아동 학대의 상세한 내용에 반복적으로 노출되는 경찰관).

   주의: 기준 A4는 전자매체, TV, 영화, 사진을 통한 노출에는 적용되지 않지만, 그러한 노출이 일과 관련된다면 적용 가능하다.

B. 외상 사건과 관련된 침습 증상이 다음 중 한 가지 이상이 나타나며 외상 사건 이후에 시작된다.

1. 외상 사건에 대한 고통스러운 기억의 반복적, 불수의적, 침습적 경험

   주의: 7세 이상 아동에게서 반복적인 놀이를 통해 외상의 주제나 양상이 표출될 수 있다.

2. 외상 사건과 관련된 내용과 감정을 포함하는 고통스러운 꿈의 반복적 경험

   주의: 아동의 경우 내용을 인지하지 못한 채 무서운 꿈을 꿀 수 있다.

3. 외상 사건이 다시 일어난 것처럼 느끼고 행동하는 해리 반응(예: 플래시백). (이러한 반응은 현재 상황에 대한 의식을 완전히 잃어버리는 극단의 상태를 포함하여 연속선상에서 나타날 수 있다.)

   주의: 아동의 경우 외상 특유의 재연이 놀이에서 나타날 수 있다.

4. 외상 사건과 유사하거나 그러한 사건을 상징하는 내적 또는 외적 단서에 노출될 때 심각하거나 지속적인 심리적 고통

5. 외상 사건과 유사하거나 그러한 사건을 상징하는 내적 또는 외적 단서에 대한 현저한 생리적 반응

C. 외상 사건과 관련된 자극에 대한 지속적인 회피가 외상 사건 이후에 시작되고, 다음 중 한 가지 혹은 둘 다 나타난다.

1. 외상 사건에 대한 혹은 그 사건과 밀접히 관련된 고통스러운 기억, 생각, 감정을 회피하거나 회피하려고 노력함

2. 외상 사건에 대한 혹은 그 사건과 밀접히 관련된 고통스러운 기억, 생각, 감정을 불러일으키는 외적인 촉발 단서들(사람, 장소, 대화, 활동, 대상, 상황)을 회피하거나 회피하려고 노력함

D. 외상 사건과 관련된 인지와 기분에서의 부정적 변화가 외상 사건 이후에 시작되거나 악화되고, 다음 중 두 가지 이상이 나타난다.

1. 외상 사건의 중요한 측면을 기억하지 못함(보통 해리성 기억상실증 때문이며 두부손상, 알코올, 약물과 같은 다른 요인 때문이 아님)

2. 자신, 타인, 세상에 대해 지속적이고도 과도한 부정적 신념이나 기대를 지님(예: "난 형편없어." "아무도 믿을 수 없어." "세상은 너무 위험해." "내 신경계는 완전히 망가졌어.").

3. 외상 사건의 원인이나 결과에 대한 지속적 · 왜곡된 인지를 지니며, 이로 인해 자신이나 타인을 책망하게 됨

4. 지속적인 부정적 정서 상태(예: 두려움, 공포, 분노, 죄책감, 수치심)

5. 중요한 활동에 대한 관심이나 참여가 현저하게 감소함

6. 다른 사람에 대한 거리감이나 소원함

7. 긍정적 정서를 지속적으로 느끼지 못함(예: 행복, 만족, 사랑의 감정을 못 느낌)

E. 외상 사건과 관련된 각성과 반응성에서의 현저한 변화가 외상 사건 이후에 시작되거나 악화되고, 다음 중 두 가지 이상이 나타난다.

1. (화낼 이유가 없는 데도) 대개 사람이나 사물을 향한 언어적 · 신체적 공격성으로 나타나는 짜증스러운 행동이나 분노폭발

2. 무모하거나 자기파괴적인 행동

3. 과각성

4. 과도한 놀람 반응

5. 집중 곤란

6. 수면 교란(예: 잠들기 어렵거나 중간에 자꾸 깨거나 푹 자지 못함)

F. 장애(기준 B, C, D, E)의 기간이 1개월 이상이다.

G. 장애가 임상적으로 심각한 고통을 야기하거나 사회적, 직업적 혹은 다른 중요한 영역의 기능에 손상을 초래한다.

H. 장애는 물질(예: 치료약물, 알코올)의 생리적 결과나 다른 의학적 조건 때문이 아니어야 한다.

세분할 것

해리 증상 동반: 증상이 외상 후 스트레스 장애 기준에 부합하고, 부가적으로 스트레스에 대한 반응으로 다음 증상 중 최소한 하나를 지속적 혹은 반복적으로 경험한다.

1. **이인감:** 자신의 정신과정이나 신체를 벗어나거나 외부에서 관찰하는 것 같은 느낌이 지속적 혹은 반복적으로 경험한다(예: 꿈속에 있는 것 같은 느낌, 자기 혹은 신체가 실제가 아닌 것 같은 느낌, 시간이 느리게 가는 느낌).

2. **비현실감:** 주변에 대한 비현실감을 지속적 혹은 반복적으로 경험한다(예: 주변의 세상이 비현실적이고, 꿈같고, 동떨어지거나 왜곡된 것처럼 경험됨).

   주의: 이 하위 유형을 적용하려면 해리 증상은 물질의 생리적 결과(예: 블랙아웃, 알코올중독 상태에서의 행동) 혹은 다른 의학적 조건(예: 복합부분발작) 때문이 아니어야 한다.

세분할 것

지연성(with delayed expression): 외상 사건 후 적어도 6개월 이후 전체 진단 기준이 충족되는 경우(일부 증상은 즉각 나타날 수 있음).

출처: American Psychiatric Association (2013).

미국의 경우 『DSM-IV』 진단기준으로 PTSD 평생 유병률은 8.7%이고, 1년 유병률은 약 3.5%로 보고되었는데, 유럽이나 대부분의 아시아, 아프리카, 중남미 국가에선 평균 0.5~1.0%로 매우 낮게 추정되었다(APA, 2013). 한국의 경우 평생 유병률은 1.6%, 1년 유병률은 0.6%로 보고된 바 있다(조맹제, 2011). PTSD 비율은 참전 군인

및 직업적으로 외상 사건에 노출될 위험이 큰 사람들(예: 경찰, 소방관, 구급대원)에게서 상대적으로 높게 나타나며, 강간, 전투 및 포로, 민족적·정치적 문제로 인한 억류와 학살의 생존자들에게서 가장 높은 비율(노출된 개인들의 1/3에서 1/2 이상)로 발생한다는 것이 확인된 바 있다(APA, 2013). 예를 들어, 미국 경찰관의 PTSD 유병률은 약 12~35%로, 이는 일반인 집단에 비해 4배 이상 높은 것이며, 국내 경찰관도 12.7%~38.8% 정도가 PTSD 증상을 경험한 것으로 나타났다(권용철, 유성은, 2013).

일반적으로 외상 사건에 노출되는 비율은 여성보다 남성이 더 높지만, PTSD의 평생 유병률은 남성보다 여성이 2배 이상 높고(Perrin et al., 2014), 남성보다 여성이 더 오랜 기간 PTSD를 경험한다(APA, 2013). 여성이 PTSD에 더 취약한 결과는 남성보다 성범죄나 대인폭력의 피해를 더 많이 당하고 외상을 어린 시기에 경험하는 특징과 관련된 것일 수 있다.

PTSD의 증상은 일반적으로 외상 사건 후 3개월 이내에 시작되지만, 몇 달 혹은 몇 년의 시간이 지난 후에야 진단기준이 충족되는 경우도 간혹 있다. 이러한 지연성 발병은 외상 초기에 증상이 해리, 기억 상실, 심한 회피 등으로 인해 잠복해 있었을 수도 있고, 나중에 외상 사건에 대한 의미가 변화되어서 그러할 수도 있다. 외상 사건을 경험한 사람 중 대략 절반은 3개월 이내에 회복되지만 어떤 사람은 12개월 이상 증상이 지속되기도 한다. 예를 들어, 강간 생존자를 대상으로 PTSD 진단율을 2주, 1달, 3달, 6달, 9달 시점에 확인한 결과, 94%, 65%, 47%, 42%, 42%로 나타났다(Rothbaum & Foa, 1993). 3달 이후부터는 PTSD 진단율이 별로 감소하지 않았음을 알 수 있다. PTSD 증상이 3달 이내에 회복되지 않는다면, 이후 지속될 가능성이 높고, 적절한 치료가 이루어지지 않는다면 더 악화될 가능성도 있다.

사람들이 흔히 PTSD와 관련하여 떠올리는 외상 유형은 전쟁이나 테러일 수 있지만, 실제로 PTSD와 가장 빈번히 관련되는 외상 경험은 자동차 사고이다(Blanchard & Hickling, 2004). 그럼에도 폭행, 강간, 테러와 같은 외상이 다른 외상 유형보다 PTSD 발병 가능성을 높인다(North et al., 2012). 예를 들어, 테러 생존자는 자동차 사고 생존자보다 PTSD 비율이 두 배에 이르는 것으로 드러났다(Shalev & Freedman, 2005). 사람들 중 2/3 이상이 평생을 살면서 외상 경험으로 고통 받는 시기가 있다는 보고에서 보듯이(Galea, Nandi, & Vlahov, 2005), 외상 사건은 생각보다 흔히 경험할 수 있는 것이다. 대부분의 사람은 외상 스트레스를 견뎌내며 전문적 도움 없이 회복되고, 10% 이하의 사람만이 PTSD 진단을 받는다(Delahanty, 2011).

　　PTSD는 다른 정신장애와 공병할 가능성이 상당히 높은 장애인데, PTSD가 있는 사
람은 PTSD가 없는 사람에 비해 우울증, 양극성장애, 불안장애, 물질사용장애와 같
은 다른 정신장애를 한 가지 이상 동반할 가능성이 80% 이상 더 높다(APA, 2013). 가
장 높은 비율의 동반장애는 우울증으로, 약 50%의 PTSD 환자에게서 보고된 바 있다
(Kessler et al., 2005). 남성은 여성에 비해 물질사용장애와 품행장애의 공병이 더 흔하
게 나타나며, PTSD를 겪는 아동 대부분이 하나 이상의 다른 진단을 동반하지만, 주로
적대적 반항장애와 분리불안장애가 많다는 점에서 공병의 양상은 성인과 차이가 있
다(APA, 2013).

　　결과적으로 PTSD는 상당한 경제적 비용과 잦은 의료기관 이용을 초래하고, 사회
적 · 직업적 · 신체적 장애와 관련되어 있다. 기능 손상 및 적응 문제는 대인관계, 교
육, 건강, 직업 등 다양한 영역에 걸쳐 나타난다.

2) 원인 및 치료

　　PTSD라는 진단은 『DSM-Ⅲ』(APA, 1980)에서 처음 공식적으로 소개되었다. 불안장
애의 한 유형으로 소개된 PTSD의 특징들은 베트남 참전 군인들에 대한 연구 결과를
반영한 것이었으나, 전쟁이 아닌 다른 형태의 외상들도 유사한 증상을 만들어 낸다는
것이 인식되면서 다양한 외상 연구 결과가 통합되기 시작했고, PTSD 이론과 치료가
급속히 발달하였다.

(1) 원인

PTSD의 원인은 우선 당연히 외상이라고 할 수 있지만, 외상과 직접 관련된 특정 외
에도 외상 전후의 요인들이 외상 후 증상에 영향을 미칠 수 있다. 이러한 요인들을 통
합적으로 고려할 때 외상 후 증상들을 더 잘 이해하고 예측할 수 있게 된다. PTSD의
발병과 유지에 영향을 미치는 요인들을 외상 전, 외상 중, 외상 후 요인으로 나눠 보면
다음과 같다(APA, 2013).

　　외상 전 요인으로는 6세 이전의 정서 문제와 과거 정신장애와 같은 기질적 요인, 낮
은 사회경제적 지위나 교육 수준, 과거 외상 경험, 불우한 아동기, 낮은 지능, 정신과

적 가족력과 같은 환경적 요인, 외상 당시 젊고 여성이거나 특정 유전형을 지닌 것과 같은 유전적 및 생리학적 요인이 있다. 외상 사건 이전과 이후의 사회적 지지는 모두 PTSD를 예방하거나 완화시키는 보호 요인이다. 외상 중 요인은 외상 자체의 특성을 말하는 것으로, 외상의 심각도, 생명의 위협을 지각한 정도, 신체적 상해, 대인 간 폭력과 같은 환경적 요인이 해당된다. 외상 중 나타나고 외상 이후에도 지속되는 해리 증상 또한 위험 요인이다. 외상 후 요인으로는 부정적 생각, 부적절한 대처방식과 같은 기질적 요인, 반복적인 외상 단서 노출, 추가적인 생활 스트레스 사건, 경제적 문제 혹은 다른 외상 관련 문제와 같은 환경적 요인이 있다. 살펴본 세 차원의 요인들이 많이 해당하면 할수록 외상 후 증상이 심각하고 지속될 것이라 예상할 수 있으며, 보다 집중적인 치료적 개입의 필요성이 제기된다.

PTSD의 발생과 유지를 설명하기 위해 지금까지 다양한 이론이 제시되었지만, 여기서는 학습이론, 정서적 정보처리이론, 사회인지이론을 중심으로 설명할 것이다.

외상 후 증상을 설명하는 이론으로 처음 주목받기 시작한 것은 Mowrer(1947)의 고전적 조건형성 및 조작적 조건형성을 활용한 이요인 이론이었다. 이 이론에서는 외상 생존자에게 나타나는 심한 공포와 고통을 고전적 조건형성으로 설명하였고, 무조건 자극이나 외상 촉발인자가 없는데도 회피 증상이 나타나고 공포가 유지되는 것은 조작적 조건형성으로 설명하였다. 외상 기억과 어떤 단서들(조건 자극)은 공포와 불안(조건 반응)을 일으키기 때문에, 이러한 단서들은 회피하게 되고, 그 결과 공포와 불안은 줄어든다. 조건 자극의 회피는 이와 같은 방식으로 부적 강화를 받는다. 회피로 인해 외상 단서와 불안의 연합이 소거될 기회를 잃게 된다.

이요인 이론과 같은 학습이론이 PTSD의 공포와 회피 증상이 어떻게 생겨서 유지되는지를 잘 설명해 주지만, 외상 생존자의 의식이나 무의식(악몽 같은 형태로)에 침투하는 반복적인 외상기억, 즉 침투 증상은 제대로 설명하기 어렵다. Foa 등(1989)은 Lang의 정서처리이론을 토대로 하여, PTSD는 기억에서 공포 망(fear network)이 발달하기 때문에 생기고 공포 망은 도피와 회피행동을 야기한다고 주장하였다. 일반적으로 현실적인 위험이 닥쳤을 때 우리는 공포를 느끼게 되는데 이때 공포 구조가 활성화되고 이러한 활성화는 우리가 위험에 대비하도록 해 줌으로써 우리의 생존을 돕는 적응적 가치를 지니고 있다. 그러나 외상 후 과도하게 일반화된 형태로 비현실적인 활성화가 나타난다면 우리는 PTSD의 증상을 경험하게 된다.

정신적 공포 구조(fear structure)는 자극, 반응, 의미의 세 요소로 되어 있다. 외상과 관련된 요소라면 어떤 것이든 공포 구조 혹은 공포 도식을 불러일으킬 수 있고 이후 회피행동을 야기할 수 있다. PTSD가 있는 사람의 공포 망은 안정되어 있고 광범위하게 일반화되어 있기 때문에 쉽게 활성화되며, 상황이 위험하다는 해석을 이끌어 낸다. 외상을 떠올리는 단서에 공포 망이 활성화될 때, 공포 망에 있는 정보가 의식에 떠오르게 되는데, 이것이 침투 증상이다. 이러한 활성화를 회피하려는 시도가 PTSD의 회피 증상이 된다. 정보처리이론에 의하면, 안전한 환경에서 외상 기억에 반복 노출시키면 공포의 습관화가 이루어지고 결과적으로 공포 구조에도 변화가 생긴다. 공포와 같은 부적 정서가 줄어들면, PTSD 환자들은 자연스럽게 의미 요소를 바꿀 수 있게 되며, 자신의 부정적 자기 진술을 변화시키고 일반화 경향을 줄이게 된다.

사회인지이론도 정보처리이론과 관련되지만, 외상이 개인의 신념체계에 미치는 영향과 외상 사건이 외상 이전 신념에 융화되기 위한 적응 과정에 초점을 맞춘다. 가장 영향력 있는 사회인지 이론가 중 1명인 Horowitz(1986)는 정보처리란 기존의 신념과 다른 새롭고 양립할 수 없는 정보를 기존 신념에 통합시키고자 하는 심리적 욕구인 '완성 경향(completion tendency)'에 의해 일어난다고 제안하였다. 이러한 완성 경향으로 인해 정보처리가 완성되고 사건이 해결될 때까지 외상 정보가 기억 속에 생생하게 남아 있게 된다. 또한 외상 사건을 개인적인 역사 속에서 해결하고 통합하고자 하는 욕구도 있지만 정서적 고통을 회피하고 싶은 마음도 있는 등 양가적인 갈등을 갖게 된다. 사건에 대한 심상(회상, 악몽 등), 외상이 갖는 의미에 대한 생각, 외상 관련 정서가 압도하게 되면, 심리적 방어기제가 작동하고, 회피와 마비 증상이 나타난다. PTSD가 있는 사람들은 침투 단계와 회피 단계 사이를 오가는데, 외상이 잘 처리되어 나가면, 이러한 동요는 빈도나 강도 면에서 감소한다. 따라서 PTSD가 만성화되었다는 의미는 외상 사건이 충분히 통합되고 처리되지 않은 채 여전히 기억 속에 생생히 남아 있고, 아직도 침투 증상과 회피 증상을 야기할 수 있는 상태에 있다는 것이다.

다른 사회인지 이론가들은 실제 인지 내용에 더 초점을 맞추어 세상과 자기 자신에 대한 기본 가정이 깨진 현상이라고 제안하였다. 구성주의 이론들은 사람들이 세상과 자기에 대한 자신만의 내적 표상을 적극적으로 만든다고 본다. 새로운 경험은 개인의 세상에 대한 모형에 기초하여 의미가 부여된다. Janoff-Bulman(1989)에 따르면, PTSD를 경험하는 사람들은 세 가지 신념을 특징적으로 보이는데, 안정성에 대한 신념("저런 일이 나에게는 일어나지 않을 거야."), 의미 있는 세상에 대한 신념("이 세상은 통제 가능하고 예측 가능한 공정한 세상이다."), 가치 있는 자기 자신에 대한 신념("나는 저런 사건의 희생양이 되지 않을 소중한 사람이다.")이 그것이다. 외상적 경험은 이러한 신념을 무너지게 만들고 이러한 혼란이 장애를 유발한다. 치료를 위해선 기본적인 신념을 치유하고 복원하여 안정을 찾아야 한다. 이러한 과정은 외상 사건을 재해석하여 이전 신념과 새로운 신념 간의 거리를 좁힘으로써 가능해진다.

외상 후 정서는 공포에만 국한되지 않는다. PTSD가 있는 사람은 수치심, 분노, 슬픔 등과 같은 다양한 감정을 경험한다(Resick, 1995; Resick & Schnicke, 1992, 1993). 대개 외상 사건이 위협적이거나 착취적인 것으로 해석되기 때문에 공포, 분노, 슬픔과 같은 정서는 외상으로부터 직접 나오는 것이다. 이를 1차 정서라고 할 수 있다. 이와 달리 외상 생존자의 잘못된 해석에서 2차 정서가 파생될 수 있다. 예를 들어, 누군가가 의도적으로 공격했다면, 피해자는 투쟁-도주 반응에 따라 분노나 공포(1차 정서)를 느끼게 될 것이다. 그러나 사건 이후에 피해자가 공격의 책임을 자신에게 돌리면서 자기 자신을 비난했다면 수치심과 무기력감을 느낄 수 있는데, 이러한 2차 정서는 사건 자체보다는 사건에 대한 생각이나 해석에서 나오는 것이다.

사회인지이론에서는 정서적 표현이 습관화를 위해서라기보다는 외상 기억을 충분히 처리하기 위해서 필요한 것이다. 외상과 관련된 정서가 건드려지면, 그 정서는 약화되고 외상 기억을 신념체계 속에 통합시키는 것을 시작할 수 있다. 자기비난 및 죄책감과 관련된 사건에 대한 잘못된 신념, 안전이나 통제 가능성 혹은 예측 가능성 등과 관련하여 자신과 세상에 대해 지나치게 일반화한 신념을 다루고 수정해 나가면, 침투 증상과 함께 2차 정서도 감소하게 된다.

(2) 치료

PTSD를 치료하기 위한 다양한 방법이 있지만, 현재 가장 치료 효과가 있는 방법으로는 인지행동치료를 들 수 있다. PTSD의 인지행동치료(Cognitive Behavioral Therapy: CBT)에는 스트레스 접종 훈련(Stress Inoculation Training: SIT), 인지 재구성(cognitive restructuring), 노출치료(exposure therapy) 및 지속노출치료(Prolonged Exposure Therapy: PE), 안구운동 둔감화 및 재처리 치료(Eye Movement Desensitization and Reprocessing: EMDR) 등과 같은 방법이 있다. 이들 치료에서 핵심적인 치료 요인은 외

상 기억에 대한 반복 노출, 외상 사건 이후로 회피해 온 상황에 대한 실제 노출, 외상
의 의미에 대한 인지 재구성이라고 할 수 있다. 이러한 치료적 요인들은 공포 감소를
위한 두 가지 조건을 충족시킨다. 하나는 공포가 감소되기 위해서는 공포와 관련된
단서를 건드려 공포 구조가 활성화되어야 되고, 다른 하나는 기존의 부적응적 정보와
양립할 수 없는 새로운 정보가 제공되어야 한다는 것이다.

스트레스 접종 훈련은 Meichenbaum(1985)의 접근을 토대로 하여 강간 피해자를
돕기 위해 개발되었다. 이 훈련의 목표는 내담자에게 다양한 대처기술을 가르쳐 공
포를 조절할 수 있다는 자신감을 심어 주는 것이다. 프로그램의 다양한 내용은 각 내
담자의 문제와 욕구에 맞추어 융통성 있게 사용될 수 있고, 개인치료뿐 아니라 집단
치료의 형태로도 사용할 수 있다. 스트레스 접종 훈련은 두 단계로 진행된다. 첫 번째
단계는 치료를 위한 준비 단계로서, 내담자가 자신의 공포와 불안이 왜 나타나고 어
떤 특징이 있는지, 외상의 특징과 그 후유증을 이해할 수 있도록 사회학습이론을 사
용하여 교육한다. 두 번째 단계는 대처기술을 훈련한다. 신체적 차원(예: 근육이완훈
련, 호흡조절훈련), 행동적 차원(예: 내현적 모델링, 역할연기), 인지적 차원(예: 사고 중지,
안내된 자기대화) 각각에서 최소한 두 가지 기술을 익히도록 훈련한다.

인지 재구성에서는 내담자에게 부적응적 사고가 PTSD에서 담당하는 역할을 교육
하고, 부정적이고 부적응적 사고를 체계적으로 탐색하여 그 사고들에 도전하게끔 반
복 연습시킨다. 외상 경험이라는 새로운 정보는 내담자가 이전에 가지고 있던 도식
이나 신념과 불일치하게 되고, 이는 자기 혹은 세상에 대한 부정적이거나 비현실적인
신념을 지니게 하여 위협감을 증폭시키며, 이에 따라 걱정과 불안 및 공포가 심화된
다. 외상에 대한 어떤 치료든 이러한 비현실적 신념을 다루지만 인지 재구성은 이 신
념들에 일차적으로 초점을 둔다. PTSD에 효과적인 인지 재구성으로 알려진 치료로는
인지처리치료(Cognitive Processing Therapy: CPT, Resick & Schnicke, 1992, 1993)가 있
다. 인지 재구성이 PTSD의 치료에서 효과적인 기법으로 연구되어 왔으나, 실제 치료
장면에서는 인지 재구성만 사용하기보다 노출치료나 이완기법과 함께 사용하여 치료
효과를 극대화하려는 시도가 일반적이라고 할 수 있다.

1980년대 초반부터 PTSD 치료를 위해 노출치료의 효과가 연구되었다. 많은 연구
가 체계적 둔감화가 PTSD 치료에 효과적이라고 보고하였으나, 많은 치료자들이 선호
하는 기법으로 널리 사용되지는 못하였다. PTSD 환자들에게 두려워하고 회피하는 외

상 관련 자극들은 워낙 광범위한 경향이 있어 수많은 위계목록을 만들어야 하는 체계적 둔감화 방법으로는 효율적인 치료가 어려웠기 때문이다. 지금까지의 연구 결과는 공포 단서나 외상 기억 자체에 집중적으로 노출시키는 치료 방법이 매우 효과적이라는 것을 보여 주었고, PTSD 치료에서 현재 가장 널리 사용되는 방법이라고 할 수 있다. 홍수법, 점진적 노출, 지속노출치료와 같은 노출기법은 내담자가 실제로 공포 상황에 직면하도록 하고, 일정한 시간 동안 공포 유발 상황 속에 있는 것을 상상하거나 외상 경험을 구체적으로 회상하도록 한다. 노출치료에서는 특정 정서를 조절하고 덜 두려워하며 덜 위협적으로 느끼기 위해서 그 고통스러운 정서를 느껴야 하는 모순이 발생한다. 노출을 하기 위해 내담자가 감당해야 하는 고통을 치료자가 잘 지지해 주고 격려하며 노출을 수행해야 하는데, 정서 조절에 어려움이 있어 표준적인 실제 노출치료를 견딜 수 없는 사람에게는 체계적 둔감화와 같은 점진적 상상 노출이 하나의 대안이 될 수 있다.

지속노출치료는 Foa 등(1991)에 의해 개발된 프로그램으로, 일반적인 인지행동치료에 비해 노출을 중점적으로 사용한다는 특징이 있다. 지속노출치료는 크게 네 부분으로 구성되어 있다. 첫째, 외상의 본질 및 외상 반응에 대한 심리교육, 둘째, 불안을 조절하기 위한 호흡훈련, 셋째, 외상적 사건의 기억에 관한 심상노출, 넷째, 외상을 떠올리게 하는 단서에 대한 실제 노출이 그것이다. 지속노출치료에서는 심상 노출이 핵심적 치료 요소라고 할 수 있는데, 치료 회기의 많은 시간을 심상 노출에 사용한다. 심상 노출 후 15~20분 정도 노출 경험에 대해 내담자와 논의하는 과정을 통해 외상적 기억을 새로운 정보 및 통찰과 통합하여 보다 현실적인 관점을 생성하는 것 또한 중요한 치료 절차라고 할 수 있다. 회기 중에 수행된 심상 노출을 녹음한 테이프 듣기, 회피해 온 단서나 상황에 대한 실제 노출은 과제로 수행하게 된다. 지속노출치료는 한 회기를 90분으로 해서, 8~12회기 정도의 개인치료 형태로 진행하는 것이 일반적이다.

안구운동 둔감화 및 재처리 치료(Eye Movement Desensitization and Reprocessing: EMDR)는 특정 장애에 대한 이론이나 치료 기법이 아닌 Shapiro의 개인적 관찰에서 나온 치료 방법이라는 특이한 배경을 가지고 있다. 그녀가 고민하며 공원을 걷던 중 팔랑거리는 나뭇잎을 쳐다보면서 그 고민이 사라지는 우연한 경험 후 눈동자의 좌우 움직임이 외상의 인지적 처리를 촉진한다는 생각에 근거하여 EMDR을 개발하였다

(Shapiro, 1989, 1995).

EMDR은 초창기 1회기로 시행되던 투박한 방식에서 점차 진화하여 안구운동과 더불어 노출과 인지 재구성을 포함하고 있으며, 외상 사건에 대한 정보처리를 촉진하고 외상 관련 부정적 인지를 재구성하는 것을 목표로 하고 있다. 치료자는 내담자에게 외상 이미지나 기억을 살펴보도록 한 후 그 기억에 대한 부정적 생각이나 믿음을 확인하여 기억 및 부정적 생각의 고통 정도를 11점 척도로 평정하게 한다. 그리고 불안이 어느 신체 부위에 위치하는지도 확인해 본다. 또한 외상 기억과 관련하여 더 바람직한 긍정적 인지를 가지도록 돕는다. 그리고 나서 외상 기억을 시각화하고, 부정적 인지를 암송하고, 불안의 신체 감각에 집중하고, 치료자의 검지를 눈으로 따라가기를 내담자가 동시에 수행하게 한다. 치료자는 내담자의 얼굴 앞에서 검지를 30~35cm 좌우로 왔다 갔다 하는데, 초당 2회 정도의 빠른 속도로 24번 반복한다. 그 후 기억을 비우고 깊은 숨을 들이쉰다. 내담자는 외상 기억과 부정적 인지를 다시 불러와 고통의 정도를 평정하는데, 그 점수가 0이나 1이 될 때까지 안구운동을 반복하게 된다. EMDR은 다른 인지행동치료만큼 효과 있는 것으로 보고되고 있지만, Shapiro가 주장하는 것처럼 안구운동이 핵심 치료 요인인지는 명확하지 않은데, 안구운동을 빼면 사실상 CPT와 유사한 형태라고 볼 수 있다.

심리치료와 더불어 약물치료가 필요할 수도 있는데, 외상 후 증상이 심각하거나 지속적인 경우, 일상 기능이 심하게 붕괴된 경우, PTSD 이외의 우울증이나 불안장애가 심하게 동반된 경우, 심각한 불면이나 자살사고가 있는 경우, 심리치료를 일정 기간 받아도 효과가 없는 경우 등에 고려할 수 있으며, 주로 사용되는 약물에는 선택적 세로토닌 재흡수 억제제, 삼환계 항우울제, 항아드레날린성 약물 등이 있다.

PTSD의 심리치료에서 기본적으로 알고 있어야 할 주요 사항들이 있다. 우선 심리치료를 본격적으로 진행하기에 앞서 내담자에게는 현실감 유지와 안전감 확보가 필요하다. 지금 현재의 현실감을 유지한다는 것은 해리나 멍해지는 것과는 상반된 현상으로 효과적인 치료 진행을 위해 필수적이다. 안전감 확보 또한 지속적인 치료를 위해 필수적인데, 안전감 확보를 위한 좋은 방법은 자신만의 안전한 공간을 만들어 상상하는 것이다. 어떠한 공간이든 개인적으로 안전한 공간을 떠올릴 수 있게 되면, 그 공간을 더욱 안전하고 편안하게 만드는 다양한 품목, 예를 들어 무기, 가구, 장비 등과 같은 것들을 구비해 놓을 수 있다. 외상 기억을 다룰 때 내담자가 위협감과 공포에 압도당하는 상황이 오면, 치료자는 내담자가 안전한 공간으로 잠시 대피하여 안전감을 느끼며 휴식할 수 있도록 할 수 있다. 내담자는 자신이 필요할 때 대피할 수 있는 안전한 공간이 있다고 느끼므로 두려운 외상 기억에 직면하고자 하는 용기를 더 낼 수 있게 된다(오수성 등, 2009).

초보 치료자나 자원봉사자의 경우 외상 경험 직후의 생존자에게 감정을 발산하도록 도우려 할 수 있는데, 이때 감정 발산은 외상을 재경험하고 강한 정서를 표현하는 과정을 의미하며(권정혜 등, 2010), 막힌 정서를 씻어낸다는 의미로 '카타르시스'라는 용어를 사용할 수도 있다. 그러나 외상 경험에 대해 다 얘기하게 함으로써 내담자가 정서적 카타르시스를 느낄 수는 있지만, 정서적 카타르시스는 그 자체로 지속적 변화를 가져오지는 않으며, PTSD 환자에게는 종종 위험을 가져다줄 수도 있음을 알고 있어야 한다. 그냥 외상에 대해 얘기하며 외상 수준의 정서에 반복적으로 노출되면, 그 후 외상 기억의 아주 사소한 회상 단서에도 과민 반응을 보이는 재외상화 현상을 나타낼 수 있다. 따라서 외상 경험에 대해 말하는 목적은 갇혀 있는 정서를 방출하는 것이 아니라 정서에 대한 적절한 통제력을 얻는 데 있다는 것을 명심할 필요가 있다.

한편 내담자가 외상 경험을 한 지 얼마나 경과했는지에 따라 효과적인 치료 접근의 양상이 달라져야 한다. 외상에 노출된 직후에는 회복에 대한 낙관적인 메시지를 전달하면서 정서적 지지를 제공하는 것이 도움이 되며, 외상 경험에 대해 상세하게 설명하도록 요구하는 것은 오히려 역효과를 낼 수 있으므로 주의할 필요가 있다. 외상 경험 후 2주에서 4주 정도가 경과한 경우는 단기 인지행동치료가 증상을 감소시키고 만성화되는 것을 예방할 수 있다. 외상 경험 후 증상이 3개월 이상 지속되는 경우에는 외상 후유증의 만성화 가능성이 우려되므로 외상에 초점을 맞춘 인지행동치료를 8~12주간 집중적으로 실시하는 것이 효과적이다.

외상은 분명 심각한 고통을 안겨 주는 것이지만, 심각한 외상 스트레스 사건을 겪은 뒤 오히려 삶의 가치와 바람직성을 추구하고 타인과 더욱 친밀해지는 경험을 하며 자기 내부에 잠재되어 있는 강점과 삶의 새로운 가능성을 발견하는 사람들이 있다. 암과 같은 생명을 위협하는 극심한 스트레스 사건을 겪은 뒤 지금까지 자신의 삶을 돌이켜 보고 반성하며 그간 소홀히 했던 가족들과 더욱 돈독해지는 경험을 하거나, 사고로 어린 아들을 잃은 엄마가 유사한 상황에 처한 다른 엄마들에게 관심을 보이며 지지와 봉사활동을 하는 것이 이에 해당된다(최승미, 2008). 이처럼 생애 주요 위기나 외상 사건을 겪은 후, 개인이 경험하는 긍정적인 변화를 외상 후 성장(Posttraumatic Growth: PTG)이라고 부른다(Calhoun & Tedeschi, 1999).

외상 사건의 출현은 개인의 삶을 뿌리부터 뒤흔드는 강력한 경험을 유발하여 개인의 가치, 삶의 목표, 신념체계를 뒤흔들고 매우 극심한 감정적 스트레스와 고통을 경험하게 한다. Calhoun과 Tedeschi(1999)는 그런 상태를 도전(challenge)이라고 명명하였는데, 이때부터 개인은 외상 이전에 갖고 있던 특성 및 다양한 자원을 활용하여 정서적 고통을 관리하기 시작하고, 외상으로 인해 붕괴된 기존의 인지적 스키마를 새롭게 재구조화함으로써 외상 후 성장으로 나아가게 된다.

외상 후 성장을 위해서는 외상과 역경에 좀 더 잘 대처하는 성격적인 특징도 중요할 수 있다. 그러한 특징으로는 외향적이고 개방적인 성격, 목표를 위해 성실하게 일하는 태도, 유쾌한 성격 등을 꼽을 수 있다. 또한 내적 통제감(자신의 행동에 대해 스스로 보상을 줄 수 있고, 어떤 일이 일어났을 때 외부가 아닌 자기 스스로가 통제할 수 있다고 믿음), 자기효능감(스스로의 대처능력에 대한 자신감), 이해 가능성(비록 심각한 외상 사건이라도 이해 가능하며 처리할 수 있고 의미 있다는 인식), 강인함 또는 강한 정신력 등도 한 개인의 외상 반응 방식에 중요하게 영향을 미치는 요인들이다(오수성 외, 2009).

2. 급성 스트레스 장애

1) 진단기준 및 임상적 특징

급성 스트레스 장애(Acute Stress Disorder: ASD)의 핵심 특징은 한 가지 또는 그 이상의 외상 사건에 노출된 후 3일에서 1개월까지 특징적 증상들이 나타난다는 것인데, 이때 외상 사건의 정의는 『DSM-5』 PTSD에서의 정의와 동일하며, 특징적 증상들의 내용도 PTSD 증상과 거의 유사하다. 다만, ASD 증상에서는 PTSD의 부정적 인지와 기분(진단기준 D) 영역의 인지 관련 증상이 모두 빠져 있고, PTSD에서는 부가적인 진단에서 고려되던 해리 증상이 포함되어 있는 것이 큰 차이점이라고 할 수 있다. 또한 PTSD로 진단받기 위해서는 침투, 회피, 부정적 인지와 기분, 각성의 네 가지 영역 각각에서 모두 해당 증상이 있어야 하지만, ASD는 침투, 부정적 기분, 해리, 회피, 각성의 5개 영역의 총 14개 증상 중 영역과 상관없이 9개 증상만 해당하면 진단이 가능하다. ASD의 『DSM-5』 진단기준은 〈표 10-2〉에 제시되어 있다.

　ASD와 PTSD의 진단을 구분하는 중요한 특징은 증상들의 지속 기간이다. ASD는 외상 사건 이후 최소 3일 동안 나타나야 하고, 외상 사건 이후 1개월까지 지속될 경우 진단될 수 있어 사건 이후 바로 나타났다가 3일 이내로 사라지거나 1달 이상 지속되는 증상들은 ASD의 진단기준에 해당되지 않는다. 반면 PTSD로 진단하기 위해서는 해당 증상들의 지속기간이 1개월 이상이 되어야 한다.

　ASD로 진단받은 지 1개월 후 PTSD로 진행될 수도 있지만, 외상 사건에 노출된 후 1개월 이내에 회복되어 PTSD로는 진행되지 않은 일시적 스트레스 반응에 그칠 수도 있다. PTSD로 진단된 사람들의 반 정도가 처음에 ASD를 보이는 것으로 알려져 있다 (APA, 2013). 진단기준 A에 제시된 사건들처럼 심각하고 외상적 요인들을 가지고 있는 스트레스 사건이 아닌데 스트레스 증상이 나타나고 있다면 적응장애를 고려해 볼 수 있다.

　ASD 유병률은 외상 사건의 특징과 평가되는 맥락에 따라 다양하게 나타난다. 대인관계와 관련 없는 외상 사건에서는 피해자의 20% 미만이 ASD로 진단받는 경향이 있는데, 자동차 사고의 13~21%, 경도 외상성 뇌 손상의 14%, 고도 화상의 10%, 산업재해의 6~12%가 ASD로 나타났다. 반면 폭행, 강간, 총기난사 목격과 같은 대인관계 외상 사건을 경험한 경우 20~50%의 높은 진단 비율을 보였다(APA, 2013). ASD는 PTSD와 마찬가지로 남성보다 여성에게서 더 흔하다. 이는 스트레스 반응의 신경생물학적 성차 때문일 수도 있고, 강간이나 대인관계 폭력 같은 ASD를 일으키기 쉬운 외상성 사건을 경험할 가능성이 남성보다 여성이 더 높기 때문일 수도 있다.

표 10-2 급성 스트레스 장애의 DSM-5 진단기준

A. 실제 죽음이나 죽음의 위협, 심각한 상해 또는 성적인 폭력을 다음 중 한 가지 이상의 방식으로 경험한다.
　1. 외상 사건을 직접 경험한다.
　2. 외상 사건이 다른 사람에게 일어나는 것을 직접 목격한다.
　3. 외상 사건이 가까운 가족이나 친구에게 일어났음을 알게 된다. 가족이나 친구가 실제로 죽거나 죽을 뻔한 경우 그 사건은 폭력이나 사고로 인한 것이어야 한다.
　4. 외상 사건의 혐오스러운 세부 내용에 반복적이거나 극단적인 노출을 경험한다(예: 사람 유해를 수습하는 응급처치요원, 아동 학대의 상세한 내용에 반복적으로 노출되는 경찰관).
　　　주의: 이는 전자매체, TV, 영화, 사진을 통한 노출에는 적용되지 않지만, 그러한 노출이 일과 관련된다면 적용 가능하다.
B. 침습, 부정적 기분, 해리, 회피, 각성의 5개 범주에서 총 9개 이상의 증상이 나타나며 외상 사건 이후에 시작되거나 악화된다.
　침습 증상
　1. 외상 사건에 대한 고통스러운 기억의 반복적, 불수의적, 침습적 경험
　　　주의: 아동에서는 반복적인 놀이를 통해 외상의 주제나 양상이 표출될 수 있다.
　2. 외상 사건과 관련된 내용과 감정을 포함하는 고통스러운 꿈의 반복적 경험
　　　주의: 아동의 경우 내용을 인지하지 못한 채 무서운 꿈을 꿀 수 있다.
　3. 외상 사건이 다시 일어난 것처럼 느끼고 행동하는 해리 반응(예: 플래시백). (이러한 반응은 현재 상황에 대한 의식을 완전히 잃어버리는 극단의 상태를 포함하여 연속선상에서 나타날 수 있다.)
　　　주의: 아동의 경우 외상 특유의 재연이 놀이에서 나타날 수 있다.
　4. 외상 사건과 유사하거나 그러한 사건을 상징하는 내적 또는 외적 단서에 대한 반응으로 심각하거나 지속적인 심리적 고통 혹은 현저한 생리적 반응
　부정적 기분
　5. 긍정적 정서를 지속적으로 느끼지 못함(예: 행복, 만족, 사랑의 감정을 못 느낌)
　해리 증상
　6. 자신이나 주변에 대한 현실감의 변화(예: 타인의 관점으로 스스로를 바라보기, 멍한 상태, 시간이 느려지기)
　7. 외상 사건의 중요한 측면을 기억하지 못함(보통 해리성 기억상실증 때문이며 두부손상, 알코올, 약물과 같은 다른 요인 때문이 아님)
　회피 증상
　8. 외상 사건에 대한 혹은 그 사건과 밀접히 관련된 고통스러운 기억, 생각, 감정을 회피하려고 노력함
　9. 외상 사건에 대한 혹은 그 사건과 밀접히 관련된 고통스러운 기억, 생각, 감정을 불러일으키는 외적인 촉발 단서(사람, 장소, 대화, 활동, 대상, 상황)를 회피하려고 노력함
　각성 증상
　10. 수면 교란(예: 잠들기 어렵거나 중간에 자꾸 깨거나 푹 자지 못함)

11. (화낼 이유가 없는 데도) 대개 사람이나 사물을 향한 언어적 · 신체적 공격성으로 나타나는 짜증스러운 행동이나 분노폭발
12. 지나친 경계
13. 집중 곤란
14. 과도한 놀람 반응
C. 장애(기준 B의 증상들)의 기간은 외상 노출 후 3일에서 1달까지이다.
   주의: 증상은 대개 외상 직후 시작되지만, 장애 진단기준을 충족하려면 최소한 3일에서 한 달까지 지속되어야 한다.
D. 장애가 임상적으로 심각한 고통을 야기하거나 사회적, 직업적 혹은 다른 중요한 영역의 기능에 손상을 초래한다.
E. 장애는 물질(예: 치료약물, 알코올)의 생리적 결과나 다른 의학적 조건(예: 경미한 외상적 두부 손상) 때문이 아니어야 하며, 단기 정신병적 장애로 잘 설명되지 않는다.

출처: American Psychiatric Association (2013).

2) 원인 및 치료

ASD를 발생시킬 수 있는 가장 중요한 첫 번째 위험 요인은 외상 사건에의 노출이라고 할 수 있다. 이와 더불어 많은 위험 요인이 있는데, 과거 외상 경험과 같은 환경적 위험 요인도 있고, 과거 정신장애 병력, 높은 부정 정서 혹은 신경증, 외상 사건을 심각하게 지각하는 것, 회피적 대처 양식과 같은 기질적 위험 요인도 있다. 미래의 위협에 대해 과도하게 평가하고, 죄책감과 무망감을 느끼는 것과 같은 외상 경험을 재앙적으로 평가하는 특징은 ASD를 강력하게 예언하는 기질적 요인으로 꼽힌다. 유전적 · 생리적 위험 요인도 있는데, 여성은 남성보다 ASD로 발전할 위험이 더 높고, 평상시 청각적 놀람 반응과 같은 상승된 반응성을 보이는 경우 발병 위험을 높인다 (APA, 2013).

ASD의 치료로 심리적 디브리핑(debriefing)과 단기 인지행동치료(Brief Cognitive Behavior Therapy: B-CBT)를 들 수 있는데, 두 치료 모두 증상이 지속되어 PTSD로 진행되는 것을 막는 데 초점을 맞추고 있다. 발생한 외상 사건과 이에 대한 생각 및 정서 반응을 다루고, 정상적인 스트레스 반응임을 교육하면서 향후 계획과 대처를 논의하는 심리적 디브리핑은 대개 외상 발생 1주일 이내에 주로 집단 형태로 1~3시간 동안 이루어진다(Powers, Nayak, Cahill, & Foa, 2012). 그러나 심리적 디브리핑의 치료 효과는 분명하지 않은데, 외상 스트레스 연구 국제협회(ISTSS) 지침에는 심리적 디브리

핑 단일 회기의 PTSD 예방 효과는 밝혀지지 않았으며, 집단 형태의 디브리핑도 유의한 효과가 있는 것 같지 않으므로 사용을 권하지 않는다고 기록되어 있고(Foa et al., 2009), 어떤 경우에는 증상을 악화시킬 수도 있다(Ursano et al., 2004).

B-CBT는 대개 4~5회기로 진행되고 심리교육, 스트레스 관리기법, 인지치료, 노출치료로 구성되어 있다. 치료는 외상 후 2~4주 정도에 시작되고, 만성적인 PTSD 치료를 위해 개발된 치료 구성요소에 토대를 두고 있다. B-CBT는 초기 PTSD 증상과 ASD를 신속히 회복시키고 6개월 후의 PTSD 발생률을 감소시키는 것으로 나타났다(Powers et al., 2012).

종합적으로 볼 때, 외상 사건 이후 조기 CBT 개입이 PTSD를 예방하는 데 효과적임이 밝혀졌다. 그러나 치료 효과가 외상 유형에 따라 다른 특징이 있었는데, 강간이나 폭행과 같은 대인관계 폭력과 관련된 외상에는 그 효과가 상대적으로 강력하지 않았다. 따라서 성폭행이나 신체적 폭행에 CBT를 적용할 때에는 우선적으로 일정 기간 관찰 및 지지가 선행되어야 할 것이다(Powers et al., 2012).

3. 적응장애

1) 진단기준 및 임상적 특징

우리가 일상생활에서 스트레스 사건을 경험했을 때 불안과 우울 같은 정서적 반응을 포함하여 다양한 스트레스 반응을 보이는 것은 자연스러운 현상이고 또 한편으로는 필요한 것이다. 이러한 반응은 일시적으로는 부적응적이라고 여겨질 수도 있지만, 결과적으로는 스트레스에 대처하기 위한 우리 신체와 정신의 보호적 · 기능적 반응이라고 할 수 있다. 그러나 이러한 스트레스 반응이 사회적 · 문화적으로 기대된 것 이상으로 심하게 나타나거나 생활 기능을 저해할 때 적응장애(Adjustment Disorders)의 진단이 고려된다. 물론 개인의 스트레스 사건에 대한 반응이 부적응적인지, 기대된 것 이상인지에 대한 임상적 판단은 그 개인의 사회문화적 맥락이 고려되어야 한다. 스트레스 사건의 특성과 의미, 스트레스 사건에 대한 반응을 수용하는 정도는 문화마다 다를 수 있다.

적응장애의 핵심 특징은 확인 가능한 스트레스 사건에 대한 반응으로 정서적 또는 행동적 증상이 나타난다는 점이다(APA, 2013). 이러한 스트레스 사건은 실연과 같은 단일 사건일 수도 있고, 사업 문제나 부부 문제처럼 복합 사건일 수도 있다. 또한 스트레스 사건은 반복적으로 나타날 수도 있고, 지속적으로 존재할 수도 있다. 스트레스 사건은 개인이나 가족 수준에서 영향을 줄 수도 있지만, 자연재해처럼 지역사회 전체에 영향을 줄 수도 있다. 입학, 부모 곁을 떠나기, 결혼, 자녀 출산 및 양육, 직업적 성취, 은퇴와 같은 인생의 발달적 전환기에 스트레스 상황이 동반되어 나타나기도 한다.

진단기준에 의하면, 적응장애의 장해는 스트레스 사건이 시작되고 3개월 이내에 시작되어야 하며, 스트레스 사건 이후 6개월 이상 지속되지 않는다. 실직과 같이 스트레스 사건이 갑자기 나타난 사건이라면, 장해의 발병은 보통 며칠 이내에 즉시 나타나고, 지속 기간도 몇 달 정도로 상대적으로 짧다(APA, 2013). 스트레스 상황이 없어지거나 그 상황에 적절히 대처할 수 있게 되면 일반적으로 적응의 문제는 해소될 것이다. 그런데 스트레스가 해소된 지 6개월이 지났는데도 적응장애가 지속된다면 만성적인 것으로 여겨질 수 있고, 다른 진단을 고려할 수도 있다.

적응장애에서는 급성 스트레스 장애나 외상 후 스트레스 장애에서 보게 되는 스트레스 사건보다는 경미한 스트레스 사건에 불안 반응이나 우울 반응을 보이지만, 직장이나 학교, 대인관계 등에서 장해를 보이고, 특히 청소년에게는 무단결석이나 폭력과 같은 품행 문제가 나타나기도 한다. 〈표 10-3〉에서 보는 것처럼 적응장애의 『DSM-5』 진단기준은 불안, 우울, 품행장애를 포함하는 하위유형을 세분화하여 진단할 수 있도록 되어 있다.

사랑하는 사람의 사망 이후 애도 반응을 보이는 것은 정상이라고 할 수 있으나, 애도 반응이 한 개인이 속한 문화적·종교적 규준과 연령 기준으로 적절하다고 기대되는 정상적 규준을 넘어서서 심각하고 지속적으로 나타난다면 적응장애 진단을 내릴 수 있다. 적응장애로 진단하기 위해서는 개인이 보이는 부적응 증상들이 주요우울장애, PTSD, ASD, 성격장애 등과 같은 다른 정신장애의 진단기준에 해당하지 않아야 한다. 다만 성격장애가 있을 경우, 적응장애 준거에 충족되고, 스트레스-관련 장해가 성격장애에 기인할 수 있는 것보다 훨씬 더 크다고 판단되면, 적응장애로 진단할 수 있다.

적응장애의 유병률은 평가 방법과 조사 표본에 따라 다양하지만 흔하게 내려지는 진단이다. 전반적인 정신건강 치료 장면에서 적응장애를 주 진단으로 받은 사람들은 대략 5~20%인 것으로 알려져 있고, 병원 정신과 장면에서는 50%에까지 이를 정도로 매우 흔한 진단이다(APA, 2013). 적응장애는 자살의 위험성을 높이는 것으로 알려져 있다.

표 10-3 **적응장애의 DSM-5 진단기준**

A. 정서적 또는 행동적 증상들이 확인 가능한 스트레스에 대한 반응으로 나타나며, 스트레스가 있은 후 3개월 이내에 발생한다.
B. 증상이나 행동이 임상적으로 심각하며, 다음 중 하나 혹은 둘 다로 확인된다.
    1. 증상의 심각도와 발현에 영향을 미칠 수 있는 환경적 맥락과 문화적 요인을 고려할 때 스트레스의 정도보다 훨씬 심한 고통
    2. 사회적 · 직업적 혹은 다른 중요한 영역의 기능에서 심각한 장해
C. 스트레스-관련 장애가 다른 정신장애 기준에 부합하지 않고, 이미 존재하던 정신장애가 악화된 것이 아니다.
D. 증상이 정상적인 사별 반응으로 나타나는 것이 아니다.
E. 스트레스나 그 결과가 종결되면, 증상은 종결 후 6개월 이상 지속되지 않는다.

세분할 것
    우울 기분 동반: 기분저하, 자주 울기, 절망감 등이 주로 나타남
    불안 동반: 신경과민, 걱정, 안절부절못함, 분리불안이 주로 나타남
    불안 및 우울 기분 동반: 우울과 불안이 복합적으로 나타남
    품행장애 동반: 품행장애가 주로 나타남
    정서 및 품행장애 동반: 정서적 증상(예: 우울, 불안)과 품행장애가 모두 나타남
    명시되지 않은 경우: 적응장애의 특정 하위유형 중 하나로 분류할 수 없는 부적응 반응일 때

출처: American Psychiatric Association (2013).

2) 원인 및 치료

적응장애를 야기하는 원인 중 하나는 스트레스 사건이라고 할 수 있다. 그러한 스트레스 사건이 없었다면 부적응의 문제가 나타나지 않았을 것이다. 하지만 적응장애에서의 스트레스 사건은 누구나 살아가면서 경험할 수도 있는 일상적인 사건이라는 점에서 스트레스 사건의 특성만을 원인으로 지목하기는 어렵다. 동일한 스트레스 상황에서도 개인의 적응 정도는 다양하다는 점에서 개인차에 주목하게 된다. 이러한 개인차는 기질적 · 환경적 영향을 모두 포함할 수 있다.

일반적으로 불우한 생활환경에서 자란 사람들은 스트레스 사건을 경험할 가능성이

높고, 적응장애의 위험성도 높아지는 것으로 알려져 있다(APA, 2013). 어린 시절 양육자와의 안정된 애착 경험을 형성하지 못하여 좌절과 역경을 극복하는 능력을 학습하지 못하는 경우도 심리적 취약성으로 작용할 수 있다. 심리학에서 흔히 인급되는 다양한 성격 특성, 심리적 탄력성, 자기효능감, 자기존중감, 인지 도식, 문제대처방식 등은 스트레스 사건에 개인이 어떻게 다르게 반응할 수 있는지를 설명해 주는 심리적 요인이다. 이러한 심리적 측면과 더불어 사회적 지지라는 환경적 요인 또한 개인의 적응도에 영향을 미치는 중요한 변수이다. 개인이 부적응 문제를 경험할 때 배우자, 가족 혹은 친구의 정서적ㆍ물질적 지지와 격려는 어려움을 겪는 개인이 그 상황을 이겨내는 데 큰 힘이 된다.

과거에는 확인 가능한 일상 스트레스로 인한 불안이나 우울이 불안장애나 기분장애의 진단기준에 맞지 않는 경우 적응장애의 진단을 사용하였다. 이는 적응장애에 대한 연구가 지금까지 거의 이루어지지 않은 이유 중 하나로 볼 수 있다. 아마도 적응장애를 보이는 사람은 특성불안이나 불안 관련 생물학적ㆍ심리적 취약성을 지니고 있다가 스트레스 사건을 만났을 때 불안장애나 우울장애의 정도까지 이르지는 않지만 적응의 문제를 나타내는 것일 수 있다(Barlow & Durand, 2015).

경험적으로 입증된 적응장애의 효과적 치료법 연구는 사실상 없다고 할 수 있다. 미국의 정신과 의사 중 65%는 약물과 심리치료를 함께 처방했으며, 나머지 35%는 치료 처방을 하지 않거나 심리치료만 처방한 것으로 나타났다(O'Connor & Cartwright, 2012). 일반적으로 적응장애의 심리치료를 위해서는 우선 지지적 태도와 접근이 필요하다. 치료자는 내담자에게 스트레스 사건으로 인한 정서적 고통과 부적응 상태를 공감해 주면서 스트레스로 인한 신체적ㆍ심리적 반응을 교육하고 스트레스 상황에 대처할 수 있는 다양한 대처방법을 학습시켜 줄 수 있다. 또한 호흡 및 이완훈련, 마음챙김 훈련, 자기주장 훈련, 인지 재구성 등을 활용할 수 있다. 내담자에 따라서는 현재 스트레스 사건으로 인한 고통이나 부적응이 내담자의 과거 어린 시절 성장 경험이나 외상과 어떻게 관련되는지를 살펴보는 보다 통찰 지향적인 접근이 도움이 될 수 있다. 심리치료는 대개 개인치료 형태로 이루어지지만 집단치료나 가족치료 형태로 이루어질 수도 있다. 불안이나 우울 증상 호소가 심한 경우 항불안제, 항우울제, 수면제 등의 약물이 단기간 처방될 수 있다.

4. 반응성 애착장애

1) 진단기준 및 임상적 특징

반응성 애착장애(Reactive Attachment Disorder)는 발달적으로 부적절한 애착행동이 특징인데, 아동은 애착 대상의 위안이나 지지, 보호나 돌봄을 받기 위해 먼저 다가가지 않는다. 핵심 특징은 아동과 양육자 간에 애착이 거의 형성되어 있지 않다는 것이다. 반응성 애착장애 아동은 선택적인 애착을 형성할 능력이 없는 것은 아니지만, 초기 발달 시기의 제한된 기회로 인하여 선택적인 애착을 행동으로 나타내지 못하는 것 같다. 다시 말해, 아동은 괴로움을 느낄 때 양육자에게 위안, 지지, 돌봄, 보호를 얻기 위한 지속적인 노력을 보이지 않을 뿐 아니라 양육자의 위안행동에도 거의 반응을 보이지 않는다. 이처럼 양육자와의 일상적인 상호작용에서 긍정적인 정서 표현을 거의 나타내지 않고, 이유 없는 공포, 슬픔, 짜증의 부정적인 정서 상태를 보이는 등 정서조절의 문제를 보인다. 반응성 애착장애는 발달적으로 선택적인 애착을 형성할 수 없는 시기의 아동에게 진단되어서는 안 되기 때문에 진단은 발달연령 9개월 이상을 대상으로 한다(APA, 2013). 반응성 애착장애의 『DSM-5』 진단기준은 〈표 10-4〉에 제시되어 있다.

반응성 애착장애로 진단된 아동은 태어난 직후부터 사회적 방임 상태에 있었던 경우가 많고, 애착행동을 거의 보이지 않고 정서적으로 부적절한 행동을 하는 장애의 주요 임상적 특징이 9개월에서 5세 사이에 유사한 양상으로 분명하게 나타난다. 반응성 애착장애가 5세 이상의 아동에게서도 발생하는지, 만약 발생한다면 5세 미만 아동과 발현 양상이 어떻게 다른지 등에 대해서는 확실하게 밝혀져 있지 않으므로 5세 이상 아동에 대한 진단은 신중하게 이루어져야 한다(APA, 2013). 반응성 애착장애 아동에게는 흔히 사회적 방임으로 인한 인지발달과 언어발달의 지연이 같이 나타나고, 영양실조 같은 의학적 문제나 우울증 혹은 상동증적 행동이 동반될 수 있다.

반응성 애착장애의 유병률은 알려져 있지 않지만 임상 장면에서는 비교적 보기 힘들다. 이 장애는 심각한 방임에 노출된 후 입양되거나 고아원에서 자란 어린 아동에게서 발견된다. 그러나 심각하게 방임된 아동에게서도 이 장애는 흔하지 않은데, 이런 아동들의 10% 미만에서만 발생한다.

　　반응성 애착장애에서 나타나는 긍정적 정서 표현 부재, 인지발달과 언어발달 지연, 사회적 상호작용 결핍 등의 특징은 자폐스펙트럼장애에서도 나타나므로 두 장애를 잘 감별하는 것이 임상 장면에서는 중요하다. 우선 반응성 애착장애에서는 사회적 방임의 과거력이 있지만 자폐스펙트럼장애에서는 매우 드물다. 물론 방임의 과거력을 상세하게 확인하는 것이 항상 가능하지는 않으며 특히 초기평가에서는 쉽지 않을 수 있다. 둘째, 자폐스펙트럼장애에서 특징적인 제한된 관심과 반복적 행동은 반응성 애착장애의 주요 특징은 아니다. 두 장애 모두 머리나 몸을 흔들거나 돌리는 것과 같은 상동증적 행동을 나타낼 수 있지만, 자폐스펙트럼장애는 의례와 반복, 제한되고 고정된 관심, 특이한 감각 반응을 특징적으로 보인다. 셋째, 자폐스펙트럼장애 아동은 사회적 의사소통에 결함을 보이지만, 반응성 애착장애 아동은 그렇지 않다. 두 장애 모두 지능의 정도는 다양하게 나타나지만, 반응성 애착장애 아동은 자신의 지능에 적합한 사회적 의사소통을 보이는 반면, 자폐스펙트럼장애 아동은 의도적이고, 목표 지향적이며, 상대방에게 영향을 미치려고 하는 것과 같은 사회적 의사소통 행동에 선택적인 손상을 보인다. 마지막으로 자폐스펙트럼장애 아동은 자신의 발달 수준에 맞는 선택적 애착행동을 보이는 반면, 반응성 애착장애 아동은 그렇지 않거나 일관성 없는 행동을 보인다(APA, 2013).

표 10-4 반응성 애착장애의 DSM-5 진단기준

A. 성인 양육자에 대한 억제되고 정서적으로 위축된 행동이 일관된 양상으로 다음 두 가지와 같이 나타난다.
　1. 아동은 괴로울 때 양육자에게 위안을 받고자 하지 않는다.
　2. 아동은 괴로울 때 양육자의 위안에 반응하지 않는다.
B. 지속적인 사회적·정서적 장해가 다음 중 적어도 2개 항목으로 나타난다.
　1. 다른 사람에 대해 사회적·정서적 반응을 거의 나타내지 않는다.
　2. 긍정적인 감정이 잘 드러나지 않는다.
　3. 성인 양육자와의 위협적이지 않은 상호작용 중에도 이유 없는 짜증, 슬픔, 공포를 나타낸다.
C. 아동은 적절히 양육을 받지 못한 극단적인 경험을 다음 중 적어도 1개 항목으로 했다.
　1. 위안, 자극, 애정에 대한 기본적인 정서적 욕구가 양육자에 의해 지속적으로 채워지지 않는 형태의 사회적 방임이나 박탈
　2. 안정된 애착 형성 기회를 방해하는 주 양육자의 빈번한 변동
　3. 선택적 애착 형성 기회를 막는 특수한 장면(예: 양육자에 비해 아동 비율이 높은 기관)에서 자람

D. 기준 C의 양육 경험이 기준 A의 장애행동에 영향을 미쳤을 것이라고 추정된다(예: 기준 A의 장애가 기준 C의 적절한 양육 결핍 이후에 시작되었다).

E. 진단 기준이 자폐스펙트럼장애에 해당하지 않아야 한다.

F. 이러한 장애는 5세 이전에 나타나야 한다.

G. 아동의 발달 연령이 9개월 이상에 해당한다.

세분할 것

지속형: 장애가 12개월 이상 나타남

현재 심도를 세분할 것:

아동이 장애의 모든 증상을 보이고 각 증상이 비교적 높은 수준으로 나타날 때 **심한 정도(severe)**로 세분화된다.

출처: American Psychiatric Association (2013).

2) 원인 및 치료

심각한 사회적 방임은 반응성 애착장애 진단에 필수적인 요인이고, 밝혀진 유일한 위험 요인이기도 하다. 하지만 심각하게 방임된 아동의 대부분은 이 장애로 발전하지 않으므로 심각한 방임 이후 양육 환경의 질이 어떠한지가 예후에 중요한 것 같다 (APA, 2013).

Bowlby에서 시작해 Ainsworth, Main, Fonagy 등에 의해 발전한 애착이론에 따르면, 부모 특히 엄마의 양육 태도에 대한 유아의 반응 양상이 유아의 애착행동으로 나타나고, 이는 전 인생에 걸쳐 영향을 미치는 지속적 특질로 작용한다. 일반적으로 유아는 자신을 압도하고 위협하는 감정을 자신을 보호하고 수용해 주는 부모에게 투사하고, 부모는 그것을 담아내고 처리하여, 소화 가능하고 감당할 수 있는 형태로 만들어 유아에게 되돌려 준다. 그러나 유아의 애착 신호에 대해 부모가 거부 반응을 보이거나 일관성 없고 예측 불가능한 반응을 보일 때 불안정한 애착이 형성될 수 있다. 부모가 지속적으로 유아의 고통과 두려움을 담아내지 못할 때 유아는 그러한 부정적 정서에 대한 부모의 전형적인 반응을 내면화하여 행동하는 경향이 있는데, 부모의 불안정한 특징을 자녀가 이어받는 악순환을 밟게 되는 것이다. 물론 불안정한 애착행동도 처음 생겨날 당시에는 생존을 위한 나름의 적응적 대처로서 기능하였을 것이기 때문에 생존에 기여한 초기의 대처방식과 내적 작동 모델은 시간과 환경이 바뀌어도 쉽게 바뀌지 않은 채 지속되는 특징을 보인다.

　　반응성 애착장애와 탈억제성 사회적 유대감 장애의 치료 연구는 입양 아동을 대상으로 한 통제되지 않은 연구만 일부 있고, 무선통제 연구가 부재하고 또 실제로 쉽지 않다는 점에서 효과적인 치료를 경험적 증거에 기반하여 논하기는 어려운 실정이다. 고아원의 아동들에게서 발견된 반응성 애착장애와 탈억제성 사회적 유대감 장애에 대한 현실적 치료는 결국 입양을 통해 애착대상을 제공하는 것이다. 부적절한 양육이 원인이기 때문에 입양이 장애를 줄여 줄 것으로 기대하는 것이 당연할 수 있다.

　　제한된 연구들 속에서 반응성 애착장애에 대한 행동 기반 접근이 효과가 있었다는 통제되지 않은 연구들(Mukaddes, Bilge, Alyanak, & Kora, 2000; Mukaddes, Kaynack, Kinali, Besikci, & Issever, 2004)이 있었다. 이들은 자폐증과 반응성 애착장애의 유사한 증상에 주목하여 자폐증 치료에 효과적이었던 치료법을 반응성 애착장애에 적용하였는데, 행동기법을 활용하여 자녀의 문제행동을 다루는 방법을 부모에게 가르쳐주는 심리교육 프로그램을 사용하였다.

　　논란이 많은 치료법으로 접촉(holding)치료가 있다. 아동의 방어를 뚫기 위해 강한 신체적 접촉이 필요하다는 전제하에 치료 도중 아동이 원하지 않는 강제 접촉을 시도하는 치료가 효과적이라는 주장이 있었지만 현재는 대부분 전문가에 의해 부작용이 많은 위험한 치료법으로 간주되고 있다. 다만 강제적이지 않은 접촉치료의 효과에 대해서는 옹호론과 신중론이 있다. 신체적 접촉의 효과에 대한 분명한 객관적 증거가 나와 있지 않은 상황에서는 이 치료법의 비신체적 접촉에 우선적으로 초점을 맞추는 것이 안전할 것이다(O'Connor, Spagnola, & Byrne, 2012).

　　애착이론과 관련한 심리치료는 내담자가 자신의 느낌을 분명하게 언어적으로 표현할 수 있게 하고, 감정을 조절할 수 있도록 공감하고 지지해 주면서 자신의 삶의 이야기를 재구성해 보도록 돕는다. 이때 정신화(혹은 성찰, 메타인지, 마음챙김) 능력을 키워주는 것이 중요하다. 정신화는 경험에 대한 관점을 다양하게 가지도록 하여 기존의 내적 작동 모델을 변화시키고 자동적인 반응양식을 의식화시킴으로써 인지, 정서, 행동 차원의 유연성을 향상시킬 수 있다.

　　이미 언급한 대로, 반응성 애착장애에 대한 강력한 치료로 심리치료와는 다른 맥락에서 양육자의 일관성과 가용성을 높일 수 있는 양육 환경으로 변화시키기를 고려할 수 있다. 현실적·윤리적 이유로 엄격하게 통제된 연구는 거의 없지만, 양육 환경의 긍정적 변화가 반응성 애착장애의 증상을 개선한다는 보고가 있다(O'Connor,

Spagnola, & Byrne, 2012).

5. 탈억제성 사회적 유대감 장애

1) 진단기준 및 임상적 특징

탈억제성 사회적 유대감 장애(Disinhibited Social Engagement Disorder)의 주요 특징은 낯선 사람에게도 부적절한 정도로 과도하게 친밀한 행동을 하는 것이다. 이러한 과도한 친밀성은 사회문화적으로 용인되는 수준을 넘어선다. 이는 선택적 애착에 문제를 보이는 현상이므로 탈억제성 사회적 유대감 장애는 발달적으로 선택적 애착을 형성할 수 있는 연령 이전에 진단 내려져서는 안 되며, 이러한 이유로 아동의 발달연령이 9개월 이상 되어야 진단이 가능하다. 탈억제성 사회적 유대감 장애의『DSM-5』진단기준은 〈표 10-5〉에 제시되어 있다.

탈억제성 사회적 유대감 장애로 진단받는 아동은 대개 생후 몇 개월부터 사회적 방임 상황에 놓인다. 만 2세가 지나서 방임이 시작된 경우에도 이 장애로 진단된 사례는 거의 없는 것으로 알려져 있다. 탈억제성 사회적 유대감 장애의 행동 양상은 연령대에 따라 차이가 있다. 일반적으로 대부분 문화에서 유아는 낯선 사람과 상호작용을 할 때 낯가림을 보인다. 그러나 장애가 있는 걸음마 시기의 유아는 낯선 성인에 대한 낯가림을 보이지 않고 거리낌 없이 접근하여 상호작용하며, 아무렇지도 않게 따라가기도 한다. 학령기 전 아동은 낯선 사람에게 관심을 끌려는 행동과 더불어 지나치게 친밀하여 무례한 질문이나 행동을 보이기도 한다. 초등학교 시기에는 언어적으로나 신체적으로 지나치게 친숙한 행동을 하고 감정을 가장해서 드러내는데, 특히 어른들과 상호작용할 때 더 그러하다. 청소년기엔 무분별한 행동이 또래관계로 확대되는데, 피상적인 또래관계를 갖고 또래갈등도 많으며 무분별한 성적 관계를 갖기도 한다. 이 장애의 성인기 양상은 밝혀져 있지 않다.

탈억제성 사회적 유대감 장애는 사회적 충동성 때문에 주의력결핍 과잉행동장애(Attention Deficit/Hyperactivty Disorder: ADHD)처럼 보일 수도 있지만, ADHD와 달리 주의력 문제나 과잉행동을 보이지는 않기 때문에 구별이 가능하다. 반응성 애착장애와 마찬가지로 탈억제성 사회적 유대감 장애도 사회적 방임으로 인한 인지발달과 언어발달의 지연, 영양실조, 상동증적 행동을 동반할 수 있다(APA, 2013). 이 장애는 방임의 징후가 사라진 후에도 지속되는 경향이 있기 때문에 장애 진단을 받은 아동 중에 현재는 방임의 징후가 없는 경우가 드물지 않으며, 애착 문제가 없어 보이는 아동에게서도 나타날 수 있다고 한다.

탈억제성 사회적 유대감 장애의 유병률은 알려져 있지 않지만 매우 드문 편이고, 심각하게 방임된 후 위탁 양육을 받거나 고아원에서 자란 아동의 경우에도 20% 정도의 아동에서만 장애가 관찰된다. 임상 장면에서는 이 장애를 거의 보기 힘들다.

표 10-5 **탈억제성 사회적 유대감 장애의 DSM-5 진단기준**

A. 아동이 낯선 성인에게 적극적으로 접근하거나 상호작용하는 행동 양상이 다음 중 두 가지 이상 나타난다.
  1. 낯선 성인에게 접근하여 상호작용하는 데 주저함이 없다.
  2. 지나치게 친밀한 언어적 또는 신체적 행동을 나타내고 이는 문화적으로 허용되고 그 연령에 적절한 사회적 범위를 벗어난다.
  3. 낯선 상황에서조차도 주변을 탐색한 후 성인 양육자를 확인하며 찾지 않는다.
  4. 주저하지 않고 낯선 성인을 자발적으로 따라 나선다.
B. 기준 A의 행동들이 (주의력결핍/과잉행동 장애에서처럼) 충동성 때문만이 아니라 사회적으로 탈억제된 행동을 포함한다.
C. 아동은 적절히 양육을 받지 못한 극단적인 경험을 다음 중 적어도 1개 항목으로 했다.
  1. 위안, 자극, 애정에 대한 기본적인 정서적 욕구가 양육자에 의해 지속적으로 채워지지 않는 형태의 사회적 방임이나 박탈
  2. 안정된 애착 형성 기회를 방해하는 주 양육자의 빈번한 변동
  3. 선택적 애착 형성 기회를 막는 특수한 장면(예: 양육자에 비해 아동 비율이 높은 기관)에서 자람
D. 기준 C의 양육 경험이 기준 A의 장애행동에 영향을 미쳤을 것이라고 추정된다(예: 기준 A의 장애가 기준 C의 병리적 양육 이후에 시작되었다).
E. 아동의 발달 연령이 9개월 이상에 해당한다.

세분할 것
  지속형: 장애가 12개월 이상 나타남
현재 심도를 세분할 것:
  아동이 장애의 모든 증상을 보이고 각 증상이 비교적 높은 수준으로 나타날 때 **심한 정도(severe)**로 세분화된다.

출처: American Psychiatric Association (2013).

2) 원인 및 치료

탈억제성 사회적 유대감 장애의 원인은 아직 잘 알려져 있지 않지만, 반응성 애착 장애의 원인과 유사한 것으로 추정하고 있다. 반응성 애착장애와 마찬가지로 심각한 사회적 방임이 탈억제성 사회적 유대감 장애 진단에 필수적인 요인이고, 알려진 유일한 위험 요인이다. 하지만 심각하게 방임된 아동의 대부분이 이 장애로 발전하는 것은 아니므로, 장애 발병에 아동의 개인적 취약성이 작용할 가능성이 있고, 신경생물학적 취약성이 관여할 가능성에 대한 일부 연구가 있다. 그러나 특정한 신경생물학적 요인이 관련된다는 증거는 아직 분명하지 않다. 이 장애의 예후는 방임 이후 양육 환경의 질과 다소간 관련성이 있긴 하지만, 양육 환경이 개선된 이후에도 장애가 지속되는 경우가 많다(APA, 2013).

탈억제성 사회적 유대감 장애를 보이는 아동은 애착대상을 자주 상실하거나 양육자가 자주 교체되는 경험을 통해 안정된 애착관계와 신뢰감을 형성하지 못한 경우가 많다. 이들은 누군가 한 사람을 믿고 따랐을 경우에 결국 버림받을 것에 대한 두려움을 지니고 있으며 이를 방어하기 위해 모든 사람에게 무분별한 친밀감을 나타낸다. 이들의 정서 표현과 사회적 행동은 과장되거나 진정성이 느껴지지 않는 피상적인 것이어서 다른 사람에게 호감을 주지 못할 뿐만 아니라 불편감과 혐오감을 줄 수 있다(권석만, 2013).

반응성 애착장애와 마찬가지로 탈억제성 사회적 유대감 장애의 치료에 대한 연구도 제한적이며, 이 장애에 고유한 효과적 치료방법 또한 현재로서는 명확하게 제시하기 어렵다. 다만 사회적 방임으로 인한 불안정한 애착의 문제라는 동일한 원인을 공유한다는 측면에서 반응성 애착장애에 적용하는 심리적 개입을 활용해 볼 수 있다. 반응성 애착장애에서와 마찬가지로 탈억제성 사회적 유대감 장애에서도 안정된 애착을 형성할 수 있는 양육 환경이 제공되어야 하는데, 이는 감수성 있고 반응적인 부모가 아동의 요구를 알아차리고 반응해 주는 환경이다. 또한 학대아동에 대한 증거기반 치료가 애착을 증진시켰으므로 탈억제성 사회적 유대감 장애에도 적용될 수 있을 것이다.

그러나 반응성 애착장애와 탈억제성 사회적 유대감 장애는 드러나는 대인관계 양상이나 문제 양상에서 차이가 있다. 뿐만 아니라 반응성 애착장애는 우울과 밀접히 관련되어 있고 적절한 애착대상이 생기면 장애가 상당히 개선되는 반면, 탈억제성 사회적 유대감 장애는 충동성과 밀접히 관련되어 적절한 양육 환경과 선택적 애착관계가 주어져도 장애가 지속될 수 있으므로(Zeanah & Gleason, 2015) 효과적인 치료방법에 대한 연구가 필요한 상황이다.

전반적으로는 양육 환경의 개선이 탈억제성 사회적 유대감 장애를 예방하거나 줄여주는 역할을 하는 것 같지만, 일부 아동에서는 장애가 지속된다는 사실에서 양육 환경 개선 외에 추가적인 전략과 접근이 필요하다. 이 장애의 특징인 사회적 경계선 침범과 탈억제를 야기하는 것으로 추정되는 사회인지적 결함을 타깃으로 하는 치료를 향후 기대해 볼만 하다(Zeanah & Gleason, 2015).

요약

외상 및 스트레스 사건 관련 장애라는 『DSM-5』 진단 범주는 외상이나 심각한 스트레스 사건에 노출된 결과로서 나타난 장애들로 구성되어 있으며, 반응성 애착장애, 탈억제성 사회적 유대감 장애, 외상 후 스트레스 장애(PTSD), 급성 스트레스 장애(ASD), 적응장애라는 진단들로 이루어져 있다.

PTSD는 충격적인 외상 사건을 경험한 후 다양한 심리적 후유 증상, 즉 침투, 회피, 부정적 인지와 기분, 각성의 네 가지 유형의 증상을 1개월 이상 나타내면서 임상적으로 심각한 고통을 야기하거나 일상생활의 기능을 손상시키면 진단된다. PTSD의 원인은 우선 외상이라고 할 수 있지만, 외상과 직접 관련된 특징 외에도 외상 전후의 요인들이 외상 후 증상에 영향을 미칠 수 있다. PTSD의 효과적인 치료방법으로 인지행동치료를 들 수 있으며, 여러 가지 인지행동치료 기법들이 현장에서 사용되고 있다.

ASD는 PTSD의 진단기준과 거의 유사하지만 지속 기간에서 차이를 보이는데, 외상 사건 이후 해당 증상들이 최소 3일에서 1개월까지 나타날 때 진단이 가능하다. 적응장애에서는 급성 스트레스 장애나 외상 후 스트레스 장애에서 보게 되는 스트레스 사건보다는 경미한 스트레스 사건에 불안반응이나 우울반응을 보이는 것으로 청소년들에게는 무단결석이나 폭력과 같은 품행문제로 나타나기도 한다.

반응성 애착장애와 탈억제성 사회적 유대감 장애는 모두 사회적 방임과 관련된 진단으로 반응성 애착장애의 특징은 아동과 양육자간에 애착이 거의 형성되어 있지 않다는 것이다. 반응성 애착장애 아동은 선택적인 애착을 형성할 능력이 없는 것은 아니지만, 초기 발달 시기의 제한된 기회로 인하여 선택적인 애착을 행동으로 나타내지 못하는데, 괴로움을 느낄 때 양육 자에게 위안, 지지, 돌봄, 보호를 얻기 위한 지속적인 노력을 보이지 않을 뿐 아니라 양육자의 위안 행동에도 거의 반응을 보이지 않는다. 탈억제성 사회적 유대감 장애의 특징은 낯선 사람 에게도 부적절한 정도로 과도하게 친밀한 행동을 하는 것으로 선택적 애착에 문제를 보이는 현상이다.

학습과제

1. 외상 후 스트레스 장애를 진단하기 위한 네 가지 유형의 주요 증상을 기술하시오.
2. 외상 후 스트레스 장애의 발병과 유지에 영향을 미치는 요인들을 외상 전, 외상 중, 외상 후 요인으로 나누어 기술하시오.
3. 외상 후 스트레스 장애의 인지행동치료에서 핵심적인 치료요인을 기술하시오.
4. 외상 후 스트레스 장애, 급성스트레스 장애, 적응장애의 진단적 감별점을 기술하시오.
5. 반응성 애착장애와 탈억제성 사회적 유대감 장애의 진단 및 임상적 특징을 비교하여 설 명하시오.

참고문헌

권석만(2013). 현대 이상심리학(2판). 서울: 학지사.

권용철, 유성은(2013). 경찰관의 외상 후 스트레스 장애 증상과 관련된 인지적, 정서적 특성. 한 국심리학회지, 임상, 32(3), 649-665.

권정혜, 김정범, 조용래, 최혜경, 최윤경, 권호인(2010). 트라우마의 치유. 서울: 학지사.

오수성, 신현균, 김상훈, 김정호, 최영미, 신경란, 정명인, 김혜진, 박성록, 이진(2009). 외상 후 스 트레스 장애 워크북. 서울: 학지사.

조맹제(2011). 2011년도 정신질환실태 역학조사 보고서. 서울: 보건복지부.

최승미(2008). 외상 후 성장 관련 변인의 탐색. 고려대학교 대학원 박사학위 청구논문.

American Psychiatric Association. (1980). *Diagnostic and statistical manual of mental disorders*(3rd ed.). Washington, DC: American Psychiatric Association.

American Psychiatric Association (2013). *Diagnostic and statistical manual of mental disorders* (5th ed.). Virginia: American Psychiatric Association. 권준수, 김재진, 남궁기, 박원명, 신민섭, 유범희, 윤진상, 이상익, 이승환, 이영식, 이헌정, 임효덕, 강도형, 최수희 공역(2015). 정신질환의 진단 및 통계편람(제5판). 서울: 학지사.

Barlow, D. H., & Durand, V. M. (2015). *Abnormal psychology(7th ed)*. CengageLearning.

Blanchard, E. B., & Hickling, E. J. (2004). *After the crash: Psychological assessment and treatment of survivors of motor vehicle accidents* (2nd ed.). Washington, DC: American Psychological Association.

Calhoun, L. G., & Tedeschi, R. G. (1999). *Facilitating posttraumatic growth. A clinician's guide*. New Jersey: Lawrence Erlbaum Associates Publishers.

Delahanty, D. L. (2011). Toward the predeployment detection of risk for PTSD. *American Journal of Psychiatry, 168,* 9-11. doi:10.1176/appi.ajp.2010.10101519

Foa, E .B., Keane, T. M., Friedman, M. J., & Cohen, J. A. (2009). *Effective treatments for PTSD: Practice guidelines from the International Society for Traumatic Stress Studies*. New York: Guilford Press.

Foa, E. B., Rothbaum, B., Riggs, D., & Murdock, T. (1991). Treatment of posttraumatic stress disorder in rapr victims: A comparison between cognitive-behavioral procedures and counseling. *Journal of Consulting and Clinical Psychology, 59,* 715-723.

Foa, E. B., Steketee, G. S., & Rothbaum, B. O. (1989). Behavioral/cognitive conceptualizations of posttraumatic stress disorder. *Behavior Therapy, 20,* 155-176.

Galea, S., Nandi, A., & Vlahov, D. (2005). The epidemiology of post-traumatic stress disorder after disasters. *Epidemiologic Review, 27,* 78-91.

Horowitz, M. (1986). *Stress response syndromes* (2nd ed.). New York: Aronson.

Janoff-Bulman, R.(1989). Assumptive world's and the stress of traumatic events: Applications of the schema constructs. *Social Cognition, 7,* 113-136.

Kessler, R. C., Chiu, W. T., Demler, O., & Walters, E. E. (2005). Prevalence, severity, and comorbidity of 12-month DSM-IV disorders in the National Comorbidity Survey Replication. *Archives of General Psychiatry, 62,* 617-627.

Kessler, R. C., Sonnega, A., Bromet, E., Hughes, M., & Nelson, C. B. (1995). Posttraumatic stress disorder in the National Comorbidity Survey. *Archives of General Psychiatry, 52,* 1048-1060.

Meichenbaum, D. H. (1985). *Stress inoculation training*. Elmsford, NY: Pergamon Press.

Mowrer, O. H. (1947). On the dual nature of learning: A re-interpretation of "conditioning" and "problem-solving." *Harvard Educational Review, 17,* 102-148.

Mukaddes, N. M., Bilge, S., Alyanak, B., & Kora, M. E. (2000). Clinical characteristics and treatment responses in cases diagnosed as reactive attachment disorder. *Child*

Psychiatry and Human Development, 30, 273-287.

Mukaddes, N. M., Kaynack, F. N., Kinali, G., Besikci, H., & Issever, H. (2004). Psychoeducational treatment of children with autism and reactive attachment disorder. *Autism, 8,* 101-109.

North, C. S., Oliver, J., & Pandya, A. (2012). Examining a comprehensive model of disaster-related posttraumatic stress disorder in systematically studied survivors of 10 disasters. *American Journal of Public Health, 102,* e40.

O'Connor, B. P., & Cartwright, H. (2012). Adjustment disorder. In P. Sturmey & M. Hersen (Eds.), *Handbook of evidence-based practice in clinical psychology, Vol 2* (pp. 493-506). New Jersey: John Wiley & Sons.

O'Connor, T. G., Spagnola, M., & Byrne, J. G. (2012). Reactive attachment disorder and severe attachment disturbances. In P. Sturmey & M. Hersen (Eds.), *Handbook of evidence-based practice in clinical psychology, Vol 1* (pp. 433-453). New Jersey: John Wiley & Sons.

Perrin, M., Vandeleur. C. L., Castelao. E., Rothen. S. p., Glaus. J., Vollenweider. P., et al. (2014). Determinants of the development of post-traumatic stress disorder in the general population. *Social Psychiatry and Psychiatric Epidemiology, 49,* 447-457.

Powers, M. B., Nayak, N., Cahill, S. P., & Foa, E. B. (2012). Posttraumatic stress and acute stress disorder. In P. Sturmey & M. Hersen (Eds.), *Handbook of evidence-based practice in clinical psychology, Vol 2* (pp. 337-364). New Jersey: John Wiley & Sons.

Resick, P. A. (1995). Cognitive treatment of crime-related post-traumatic stress disorder. In R. Peters, R. McMahon, & V. Quinsey (Eds.), *Aggression and violence throughout the life span* (pp. 171-191). Newbury Park, CA: Sage.

Resick, P. A., & Schnicke, M. K. (1992). Cognitive processing therapy for sexual assault victims. *Journal of Consulting and Clinical Psychology, 60,* 748-756.

Resick, P. A., & Schnicke, M. K. (1993). *Cognitive processing therapy for rape victims: A treatment manual.* Newbury Park, CA: Sage.

Rothbaum, B. O., & Foa, E. B. (1993). Subtypes of posttraumatic stress disorder and duration of symptoms. In J. R. T. Davidson & E. B. Foa (Eds.), *Posttraumatic stress disorder: DSM-IV and beyond* (pp.23-35). Washington, D C: American Psychiatric Press.

Shalev, A. Y., & Freedman, S. (2005). PTSD following terrorist attacks. *American Journal of Psychiatry, 162,* 1188-1191.

Shapiro, F. (1989). Eye movement desensitization: A new treatment for post-traumatic stress disorder. *Journal of Behavior Therapy and Experimental Psychiatry, 20,* 211-217.

Shapiro, F. (1995). *Eye movement desensitization and reprocessing: Basic principles, protocols, and procedures.* New York: Guilford Press.

Ursano, R. J., Bell, C., Eth, S., Friedman, M., Norwood, A., Pfefferbaum, B., ... Steering Committee on Practice Guidelines. (2004). Practice guideline for the treatment of patients with ASD and posttraumatic stress disorder. *American Journal of Psychiatry, 161*(11 Suppl.), i–31.

Zeanah, C. H., & Gleason, M. M. (2015). Annual Research Review: Attachment disorders in early childhood–Clinical presentation, causes, correlates, and treatment. *Journal of Child Psychology and Psychiatry, 56,* 207–222.

제11장

해리장애

이은영

학습 목표

1. 해리장애의 정의와 유형을 알아본다.
2. 해리장애의 원인에 대한 이론적 접근과 치료법에 대하여 고찰한다.

학습 개요

사람들은 대부분 자신의 생각과 행동을 인식하며 일상적인 생활을 영위한다. 그러나 심리적 충격이나 고통스러운 경험을 당할 때, 그로부터 자신을 보호하기 위하여 심리적인 방어를 하게 된다. 고통과 충격의 경험을 자신의 기억에서 지우거나 다른 사람의 경험인 것처럼 부인하는 '해리'라는 방어를 사용하는데, 그러한 증상을 해리장애라고 일컫는다. 해리장애는 해리성 기억상실, 해리성 정체성 장애, 이인성/비현실감 장애로 구분된다.

사람들은 자신이 누구인지를 알고, 과거 경험 속에서 행복하거나 불행한 일을 기억하며, 현재 나의 행동을 인식하면서 생활한다. 그러나 자신이 감당하기 어려운 심리적 충격이나 스트레스를 받으면 그러한 충격을 인식하고 싶지 않고, 자신을 보호하기 위하여 심리적으로 방어를 한다. 일반적으로 사람들은 천재지변, 전쟁, 배우자 학대 및 사망, 성적 외상이나 학대 등과 같은 고통스러운 경험을 당할 때 극도의 무력감을 경험하고 자기조절 능력을 상실한다. 이럴 때 고통스러운 경험을 기억 속에서 지우거나, 다른 사람의 경험인 것처럼 부인(denial)하는 '해리(dissociation)'라는 방어를 사용한다. 해리는 성격의 각 부분이 따로 분리되는 것으로 '나'로부터 기억과 정체성(identity)이 분리되며 그 결과 자신의 과거를 기억하지 못하고, 자신도 모르는 다른 정체성으로 생활하게 되는 것을 일컫는다.

기억상실증이나 다중인격으로 대중에게 많이 알려진 해리장애는 임상 장면에서 보기 드문 장애이고, 일반인들은 사람들의 관심을 극적으로 끌고 싶어하는 소설이나 영화 속에서 더 자주 접하기도 한다.

1. 임상적 특징

해리장애(dissociative disorder)는 Breuer가 1880년 12월부터 1882년 6월까지 치료한 안나 오(Anna O.)의 사례에서 체계적으로 보고되었다. 이 사례는 1895년 Freud와 Breuer가 함께 저술한 「히스테리 현상의 심리기전에 대하여(On the Psychical mechanism of hysterical phenomena)」라는 논문에 발표되었는데, 안나 오는 정신분석적 방법으로 치료한 최초의 환자이기도 하다(Quinodoz, 2004). 그녀는 21세의 미혼 여성으로 두통, 우측 팔과 다리의 무감각증, 시각장애 등 히스테리 증상(현재의 진단명은 '전환장애')이 심하였는데, 병이 진행되며 2개의 의식 상태가 갑자기 교체되어 나타났다. 한 정체성은 우울하고 불안하기는 하였지만 주위를 인식하고 다른 정체성에 비하여 정상적이었다. 교체되어 나타나는 정체성은 욕을 하거나 사람들에게 물건을 던지거나 옷을 찢는 행동을 하였는데, 정상적인 상태로 돌아오면 그녀는 교체되어 나타난 정체성의 행동을 기억하지 못하였다. 다만 필름이 끊겼다고 호소하며 의식적 생각의 흐름에 공백이 있다고 말하였다(김미리혜, 2004).

그 후 Pierre Janet(1889~1907)가 '해리'라는 용어를 처음 소개하였는데, Janet는 인격의 분리된 부분이 존재하고 그것들이 서로 독립적으로 기능할 수 있다고 제시하였다. 해리장애는 Freud의 '신경증' 개념 영향으로 1900년대 중반 이래 '히스테리성 신경증-해리형'으로 분류되었다가『DSM-III』(1980)부터 신경증이라는 용어 대신 '해리성 장애'로 명명되었고, 이때부터 해리성 장애에 대한 이론 및 임상적 · 대중적 관심이 고취되었다.『DSM-III』에서는 해리성 장애를 심인성 건망증, 심인성 둔주, 다중인격, 이인성 장애로 구분하였다. 이러한 장애명이『DSM-IV』(1994)에서는 해리성 기억상실, 해리성 둔주, 해리성 정체감 장애, 이인성 장애로 변경되었다가, 2013년『DSM-5』가 발간되며 해리성 기억상실, 해리성 정체성 장애, 이인성/비현실감 장애로 분류되었다(APA, 2013).

'해리'의 사전적 의미는 심리 과정의 한 부분이 다른 부분과 분리되어 상호관계를 유지하지 못하고 각각 독립적으로 기능하는 것으로 정의된다(Campbell, 2003). '해리'는 재난, 학대 등 고통스러운 경험을 피하기 위하여 심리적 충격을 기억과 감정에서 분리하는 무의식적 현상이다. 해리장애는 의식, 기억, 행동, 자기정체성, 외부 환경에 대한 인식의 통합적 기능에 갑작스럽게 이상을 보이는 것으로, 정상적으로는 통합되어야 하는 정체성이 분리되어 기억, 정체성, 자신과 환경에 대한 지각이 의식되지 않는 장애이다. 해리장애는 신체적이거나 기질적인 장애와 무관하게 '해리'라는 정신적 방어를 통하여 고통스러운 기억과 그와 관련된 괴로운 정서를 의식하지 못하는 장애이다.

2. 해리장애의 종류 및 진단

해리장애는 해리성 기억상실, 해리성 정체성 장애, 이인성/비현실감 장애 등의 세 가지 유형으로 구분된다.

1) 해리성 기억상실

해리성 기억상실(dissociative amnesia)은 개인이 알고 있던 과거 경험을 갑작스럽게 기억하지 못하는 증상으로, 중요한 개인 정보(자신의 신상이나 사건 등)를 몇 시간 혹은 몇 년간에 걸쳐 기억하지 못하는 장애이다. 기억되지 않는 내용은 흔히 충격적이거나 스트레스가 되는 사건(전쟁, 천재지변, 배우자 학대 및 사망, 아동학대 등)과 연관되고, 그러한 사건과 함께 그 후의 일정 시간 내에 발생하는 사건과 상황을 기억하지 못한다. 이 장애는 충격적 사건을 기억하지 못함으로써 심리적 고통에서 벗어나는 이득이 있어 환자는 자신의 기억상실에 대하여 심하게 걱정하기보다 무관심한 태도를 보인다. 해리성 기억상실로 인하여 자신의 과거를 기억하지 못하거나, 자신이 기억상실이 있다는 것은 알지만 그 증상이 충격적 사건의 결과 나타난 것이라는 인식을 하지 못한다. 해리성 기억상실이 있는 동안은 자신의 이름, 가족, 주소, 전화번호 등을 기억하지 못하며, 당황스러워하고 목적 없이 이리저리 방황하지만, 말의 조리가 없다든지 정신병적 양상은 보이지 않는다.

해리성 기억상실은 스트레스 사건 후 갑작스럽게 발병하는 경우가 많고, 회복도 갑작스럽게 이루어지며 스트레스 상황이 제거되면 자발적으로 회복되기도 한다. 기억상실은 해리성 정체성 장애에서도 나타나지만 기억상실만 있으면 해리성 기억상실로 진단한다. 이러한 기억상실은 정상적인 망각으로 설명하기에는 너무 광범위하고, 회상능력에 심한 결함을 보인다.

해리성 기억상실의 유형은 국소적 기억상실(localized amnesia), 선택적 기억상실(selective amnesia), 지속적 기억상실(continuous amnesia), 전반적 기억상실(generalized amnesia)로 구분된다. 국소적 기억상실은 충격적 사건 뒤의 몇 시간 혹은 며칠 동안의 모든 일을 기억하지 못하는 것인데, 예를 들어 집에 불이 나서 가족은 모두 사망하고 혼자만 살아 난 가장이 화재 사건에 대하여 며칠간 기억하지 못하는 장애로, 해리성 기억상실에서 가장 보편적 유형이다. 선택적 기억상실은 충격적 사건만을 선택적으로 기억하지 못하는 것으로 전술한 화재 사건의 예로 설명하면 집에 불이 나고, 소방차와 구조대가 온 것도 기억하지만 불에 탄 자녀의 시신을 꺼내는 장면만은 기억하지 못하는 것이다. 지속적 기억상실은 충격적 사건 후부터 현재까지의 모든 사건을 망각하는 것이고, 전반적 기억상실은 자신의 생애를 모두 기억하지 못하는 것이다. 그러나 후자 두 가지 유형의 기억상실은 흔하게 발생하지 않는 증상이다(도상금, 2000).

전반적 기억상실과 지속적 기억상실의 경우 자신의 이름, 주소, 가족, 친구도 기억하지 못하지만, 이야기하고 읽고 쓰며 계산하고 사고하는 능력은 유지되고, 자신과 관련 없는 일상적인 지식에 대한 기억도 유지된다. 즉, 해리성 기억상실은 심인성 기억상실(psychogenic amnesia) 혹은 기능적 기억상실이다.

뇌손상(자동차 사고, 추락 사고, 심한 폭행 등)으로 인한 기질적 기억장애와 해리성 기억상실을 비교하면 다음과 같다.

- 해리성 기억상실은 대부분 순행성 기억상실(anterograde amnesia)이어서 촉발적인 스트레스 사건을 포함한 그 후를 기억하지 못하며, 기질적 기억상실은 역행성 기억상실(retrograde amnesia)로 외상 전의 일을 기억하지 못한다.
- 해리성 기억상실은 주로 선택적이어서 잊고 싶고 받아들이기 힘든 사건(예: 강간 당한 사건)만이 기억나지 않는다.
- 해리성 기억상실은 기억하지 못하는 증상이 자신의 갈등을 생각나지 않게 하는 것이므로 자신의 상태에 대하여 덜 혼란스럽다.
- 해리성 기억상실은 시간과 장소에 대한 지남력이 유지되는 경우가 많으며 새로운 정보에 대한 학습에도 별 문제가 수반되지 않는다. 반면 기질적 기억상실에서는 지남력 상실과 새로운 학습의 장애가 발생한다.
- 해리성 기억상실은 잊어버린 사건이 의식선상에 나타나지 않는 것이고 기질적 기억상실처럼 뇌손상으로 인하여 기억이 없어진 것이 아니기 때문에, 최면기법이나 최면대체 약물(sodium amytal, barbiturate 등)에 의하여 회상할 수 있다(Alloy, Riskind, & Manos, 2005).

해리성 기억상실 중 국소적 기억상실의 예를 들어 보기로 한다. 한 남자가 자신이 누구인지 모르겠다며 응급실을 찾았다. 그는 멍하고 의식이 흐려 보였으나 약물이나 술에 취하지는 않았고, 두뇌 손상도 발견되지 않았다. 병원에서 며칠간 입원한 후 어느 날 갑자기 기억이 회복되었다. 기억상실이 발생한 날 그는 교통사고로 보행자를 치어 죽였는데, 친구 집에서 경찰서 신고에 필요한 서류를 작성하여 우편으로 발송하고 집을 나온 후 의식이 흐려지며 기억을 상실하였다.

표 11-1 해리성 기억상실의 진단기준

A. 중요한 자전적 정보 회상이 안 된다. 일상적 망각이 아니고, 외상 혹은 스트레스 후에 나타난다.

　　주의: 해리성 기억상실은 주로 특정 사건 후 국소적 혹은 선택적 기억상실이나 혹은 정체감이나 인생에 대한 전반적 기억상실로 구성된다.

B. 증상은 임상적으로 의미있는 정신적 고통 혹은 사회적, 직업적, 중요한 영역에서의 손상이 원인이 된다.

C. 증상이 물질(술, 약물남용)이나 신경계 혹은 다른 의학적 조건(국소 복합 경련, 일과성 완전 기억상실, 뇌손상, 다른 신경계 이상)의 생리적 작용에 의한 것이 아니다.

D. 증상이 해리성 정체성 장애, 외상후 스트레스 장애, 급성 스트레스 장애, 신체화장애, 주요 혹은 경도 신경인지장애에 의한 것이 아니다.

다음의 경우 명시함:

해리성 둔주 동반: 정체성 또는 중요한 자전적 정보에 대한 기억상실과 연관된 외관상 목적이 있는 여행 또는 방랑

출처: American Psychiatric Association (2013).

기억상실을 다룬 영화

〈마음의 행로(Random Harvest)〉

기억상실을 다룬 영화의 고전이라고 할 수 있고, 1942년 히치콕(Alfred Hitchcock)이 감독한 작품으로 전반적 기억상실을 다룬 영화이다. 찰스는 명문가의 아들이었으나 전쟁 도중 부상을 당하고 기억을 상실하였다. 그 후 스미스라는 이름으로 무희인 폴라를 만나 결혼하고 작가가 되었는데, 연재 기사를 계약하러 신문사에 가다가 교통사고를 당하여 찰스 시절의 과거 기억이 되살아나고, 기억 상실 기간 동안 함께 한 폴라와의 결혼생활 기억을 잃는다. 폴라의 노력으로 스미스로 생활한 시절의 기억을 되찾고 행복한 결말을 맺는 영화이다.

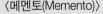

〈메멘토(Memento)〉

단기기억상실을 소재로 만든 2000년도 영화이다. 전직 보험 수사관인 레너드는 아내가 강간당하고 살해되던 날의 충격으로 기억이 10분밖에 유지되지 않는 단기기억상실증 환자가 되었다. 레너드는 10분 이상의 기억을 유지하기 위해 자신이 갔던 장소와 만난 사람에 대한 사진을 남기고, 항상 메모를 해 두며, 심지어 몸에 문신까지 남긴다. 자신의 아내를 죽인 범인을 찾는 미스테리물이다.

〈본 얼티메이텀(The Bourne Ultimatum)〉
이는 '본' 시리즈의 3편으로 2002년의 '본 아이덴티티', 2004년의 '본 슈프리머시'의 후속인 2007년 작품이다. 암살 요원이었던 제이슨 본은 사고를 당하여 자신의 이름, 국적, 직업을 모르는 기억상실에 걸린다. 그는 블랙브라이어라는 극비 조직이 만든 비밀 병기 1호인데 조직이 그를 제거하려 한다. 니키라는 여자의 도움으로 드문드문 기억을 찾아가며 블랙브라이어에 맞서는 액션 영화이다.

해리성 둔주

해리성 둔주(dissociative fugue)는 『DSM-IV』에서는 해리장애의 네 가지 유형 중 한 유형으로 제시하였으나, 『DSM-5』에서는 해리장애의 한 유형인 해리성 기억상실 진단기준 내에 포함시킨다. 즉, 해리성 둔주를 동반하지 않는 해리성 기억상실과 해리성 둔주를 동반한 해리성 기억상실로 구분한다.

둔주(fugue)는 영어로 'flight(도망쳐 달아나다)'라는 의미의 프랑스어이다. 해리성 둔주는 갑작스럽게 집을 떠나 자신의 이전 정체감과 상황을 기억하지 못한 채 예정에 없던 여행을 하거나 낯선 곳에서 새로운 인물로 생활하는 증상을 보인다. 해리성 둔주 역시 충격적인 외상 경험과 관련되어 발병하는데, 스트레스 상황에서 개인이 어떤 의도를 갖고 다른 곳으로 도망치는 것이 아니라, 자신이 누구인지 모르는 해리 상태에서 평소의 주거지를 떠나 이리저리 헤매는 증상을 보인다.

둔주의 기간은 몇 시간, 며칠 혹은 몇 년간 지속된다. 어떤 경우는 이웃 동네에서 다른 이름으로 숙박을 하고 그다음 날 아침에 회복되기도 하는데, 아주 드물게는 외국에 가서 새로운 인물로 새로운 생활을 하기도 한다. 이와 같이 새로운 신분이나 직업을 갖고 생활하는 경우는 고립된 상태로 단순한 직업을 갖고 생활하는 경우가 많다. 해리성 기억상실은 자신이 누구인지 모르고 목적 없이 방황하지만, 해리성 둔주는 정체감의 일부만을 상실하는 경우가 더 많고, 무작정 방랑하기보다 어떤 지역을 목적으로 여행을 하기도 한다.

해리성 둔주도 매우 충격적인 사건 후에 발생하는 경우가 많고, 대부분 저절로 회복되는데, 회복되면 둔주기간 동안 자신이 생활했던 모습을 기억하지 못한다. 해리성 둔주의 사례를 들어 보기로 한다. 30대 초반의 주부가 '존속유기 살해 죄'로 구속되어 정신감정이 의뢰되었다. 그녀는 어느 날 남편과 부부싸움을 한 후 10개월 된 아들을 업고 나가 행방불명이 되었다. 4일 후 동네 사람에게 발견되었는데, 아기는 없어지고 헝클어진 머리에 넋이 나간 표정이었다. 이기의 행방을 물었으나 그녀는 4일간 어디서 무엇을 하였는지 기억하지 못하였고, 남편을 포함한 가족을 알아보지 못하였다. 동네 사람들이 근처 산을 뒤진 결과 아기는 산 속에서 시체로 발견되었다. 그녀는 존속유기 살해 죄로 구속되었으나 당시의 의식과 판단력이 정상이 아니었다는 정황적 근거로 정신감정이 의뢰되었다(권석만, 2003).

2) 해리성 정체성 장애

해리성 정체성 장애(dissociative identity disorder)는 과거에 '다중인격 장애(multiple personality disorder)'로 명명되었던 장애이고, Stevenson의 『지킬 박사와 하이드(Dr. Jekyll and Mr. Hyde)』라는 소설을 통하여 잘 알려져 있다. 해리성 정체성 장애는 한 사람 안에 둘 혹은 그 이상의 정체성이 존재하는데, 각각의 정체성이 서로 독립되어 있고 각기 다른 정체성이 활동할 때 다른 정체성이 그것을 인식하지 못하는 경우가 많다.

해리성 정체성 장애에는 주 정체성(host: 장애 이전부터 존재하는 본래의 정체성)과 교체 정체성(alters: 장애로 인하여 발달된 정체성)이 존재한다. 각기 다른 정체성이 의식에 나타나 각 정체성에 부합되는 말과 생각 및 행동을 하는데, 가장 간단한 형태가 2개의 정체성이 교체되어 나타나는 것이고(이중인격), 더 복잡해지면 교체 정체성이 여러 개 번갈아 나타난다. 각각의 교체 정체성은 각기 다른 이름, 목소리, 인격, 연령, 성별을 갖고 행동하는데, 그러한 정체성의 변화는 보통 심리사회적 스트레스에 의하여 유발된다. 정체성 변화에 걸리는 시간은 보통 몇 초 정도이지만 때로는 서서히 진행되기도 한다.

주 정체성은 대개 수동적이고 의존적이며 억압적인 양상을 보이는 반면 교체 정체성은 공격적이고 비판적인 경우가 많다. 때로는 교체 정체성이 성적인 범행이나 살인을 저지르기도 하고, 한 정체성이 다른 정체성을 죽이고 싶을 때 자살을 시도하기도 한다. 간혹 가족관계를 맺는 정체성, 직장 생활을 하는 정체성, 특정 기술을 발휘하는 정체성 등으로 해리되기도 한다. 한 정체성이 의식선상에 나타나 활동한 때를 다른 정체성은 기억하지 못하는 경우가 많은데, 당시의 행동은 그 당시를 목격한 다른 사람의 보고에 의하여 드러난다. 이를테면 얌전한 처녀가 밤에 야한 복장으로 음란한 행동을 하는 것이 목격되거나, 환자는 핫 초코를 마시지 않는데 아침마다 핫 초코를 마신 컵이 식탁에 있다는 증거물에서 해리성 정체성 장애가 관찰된다.

해리성 정체성 장애를 다루는 영화나 소설이 많이 소개되는데, 그중 실례를 바탕으로 만든 작품에는 〈사이빌(Sybil)〉, 〈이브의 세 얼굴(The Three Faces of Evelyn)〉, 〈빌리 밀리건(Billy Milligan)〉 등이 있다. 미국의 정신과의사인 Wilber가 16년간 치료한 사례를 〈사이빌〉이라는 제목으로 1976년 소설과 영화로 제작하였는데, 이 작품은 해리성 정체성 장애에 대한 대중적 관심을 고취시켰다. 주인공은 주 정체성인 사이빌과 15개의 교체 정체성을 갖고 있다. 얌전한 교사인 사이빌과는 달리 교체 정체성들은 고집 세고 화 잘 내는 페기 루, 매력적이고 활동적인 바네사, 여자를 좋아하는 남자인 마이크, 장난기 많은 소녀 등 15개의 각기 다른 정체성이 사이빌의 심리적 필요에 따라 교체되어 나타난다. 〈이브의 세 얼굴〉은 정신과의사인 R. F. Jeans가 보고한 크리스 시즈모어라는 해리성 정체성 장애를 앓고 있는 실존 인물을 토대로 영화화한 것이다. 이브는 이브화이트, 이브블랙, 제인이라는 세 가지 유형의 정체성을 가지고 있는데, 이브화이트는 온순하고 진지한 성격인 반면, 이브블랙은 거침없고 유혹적인 정체성을 지니고, 제인은 성숙한 측면을 보이고 있다. 이브가 이브블랙으로 변화할 때는 갑자기 온몸이 굳고 눈을 감으며 고통을 참듯 관자놀이를 누르다가 두 팔을 축 늘어뜨리며 눈을 번쩍 뜨고 웃음을 터뜨리면서 변화되는 극적인 모습을 보인다. 『빌리 밀리건』이라는 소설은 1977년 납치와 강간 혐의로 기소되었다가 해리성 정체성 장애로 무죄가 된 빌리 밀리건의 일대기를 소설화한 것이다. 빌리는 8세 때 양부에게서 성적 학대를 당한 이후 20년 정도 상황에 따라 변하는 다양한 연령대와 성을 가진 24개의 정체성을 지니고 살아왔다. 성적 학대에 시달린 주 정체성인 빌리 밀리건, 고통스러운 상황에서 벗어나기 위하여 양부를 죽이는 것이 목표인 에이프릴, 사기꾼 앨런, 3세의 영국 소녀 크리스틴, 예술가 토미, 그 외 절도범, 폭력배, 레즈비언 등 여러 교체 정체성으로 해리되는데, 주 정체성인 빌리 밀리건은 다른 정체성을 전혀 모르고 있다.

해리성 정체성 장애가 있는 개인은 아동기에 심한 신체적 학대나 성적 학대를 경험하였다는 보고가 많다. Putnam에 따르면 해리성 정체성 장애 환자의 97%가 아동기에 외상 경험이 있는 것으로 조사되었는데, 그중 83%는 성적 학대를 받은 경험이 있는 것으로 보고되었다(Putnam, Guroff, Silberman, & Barban, 1986). 앞서 기술한 Breuer

의 환자 안나 오도 성적 학대와 어머니에게서 감정적인 학대를 받은 사실이 드러났고, 『DSM-IV』 사례집에 기술된 환자도 어린 시절 아버지에게서 신체적·성적 학대를 받았다는 보고를 하고 있다. 그러나 이러한 보고는 환자의 아동기 시절 기억에 의하여 이루어진 것이라서 기억의 왜곡이 있을 수 있고, 아동이 신체적 학대를 받았어도 병원을 가지 않으면 객관적인 진료 기록이 남지 않으므로 정확한 확인이 어려운 실정이다. 또한 신체적이거나 성적인 학대에 책임이 있는 성인은 대부분 그들의 행동을 부정하므로 환자의 기억이 확인되기 쉽지 않아 학대에 대한 진위 여부에 논란을 일으키기도 한다. 학대받은 아동이 모두 해리장애에 걸리는 것은 아니지만 학대받은 아동이 학대받지 않은 아동보다 해리 증상을 더 많이 보이는 것으로 드러난다.

　해리성 정체성 장애는 반복적인 외상 경험으로 아동기에 발생한다는 연구가 있으나, 막상 진단이 이루어지는 시기는 주로 사춘기 후반과 성인 초기이다. 아동은 학대 경험에 대하여 엄청난 분노가 생기지만 물리적 힘으로 성인을 이길 수 없으므로, 억압과 해리를 통하여 고통스러운 정서에서 도피한다. 아동기 동안 형성되어 잠복되었던 교체 정체성들이 성인이 되면 표면으로 떠오르고 교체 정체성의 기억, 사고, 행동을 하게 된다. 해리성 정체성 장애 환자는 과거력이 온전하게 기억되지 않으며 기억의 공백이 있는 느낌을 받고, 때로는 자아 상태가 독립적으로 보일 때도 있다.

　해리성 정체성 장애는 남성보다 여성에게서 3~9배까지 더 빈번히 진단된다. 이 장애는 다른 유형의 해리장애보다 성격 전반에 걸쳐 광범위하게 나타나므로 회복이 불완전하고 예후가 좋지 않으며, 반복적이고 만성 경과를 밟는 경우가 많다.

표 11-2 **해리성 정체성 장애 진단기준**

A. 둘 또는 그 이상의 성격상태로 분리되는 정체성 혼란인데, 이는 어떤 문화권에서는 빙의 경험으로 기술되기도 한다. 정체성 분리는 자기에 대한 인식이 현저하게 단절되고, 감정, 행동, 의식, 기억, 지각, 인지, 감각-운동 기능 등의 변화가 수반된다. 증상이 자신에 의하여 보고되거나 타인에 의하여 관찰된다.
B. 매일의 사건, 중요한 개인 정보, 외상 사건에 대하여 재발성으로 회상이 안 되는 구간이 있거나 일상적인 망각은 이에 해당되지 않는다.
C. 증상이 의미있는 정신적 고통이나 사회적, 직업적, 그 외 중요한 기능 영역에서의 손상에 의하여 야기된다.
D. 장애가 문화적, 종교적 실행에서 정상적으로 수용되는 부분이 아니다.

주의: 소아기에서의 이 증상은 상상적인 놀이 친구 또는 기타 환상적인 놀이에서 연유되는 것이 아니다.

E. 증상이 물질(알코올 중독 시의 혼란스러운 행동) 혹은 다른 의학적 조건(복합적 부분 발작)으로 인한 생리적 작용에 의한 것이 아니다.

출처: American Psychiatric Association (2013).

해리성 정체성 장애 사례와 치료과정

환자 소개와 증상

몰리는 그래픽 디자이너인 34세 여성으로, 예술적 소질이 있음에도 매우 침체되고 위축된 상태로 생활하였으며, 치료자 앞에서 수줍고 검소하며 보수적인 모습을 보였다. 그런데 직장에 무단결근을 하였고, 자신의 파일에 있는 기괴한 그림을 보고 그것은 자신의 그림이 아니며 누군가가 자신을 모함한 것이라고 주장하여 직장을 잃을 위험에 처해 있었다. 또한 충동구매로 빚을 많이 졌고, 아파트에 사람들을 자주 초대하여 시끄럽게 굴어 강제 퇴거당할 상황이었다. 몰리는 지적 능력이 있음에도 인생의 중요한 부분을 생각해 내는 것을 힘들어하였고, 외현적으로 드러나는 모습과 불일치하는 행동에 대한 질문을 하면 당황해하며 모호하게 설명하였다.

몰리는 두통, 불면, 기억상실, 공황 증세 등을 자주 겪었는데, 어느 때부터인가는 자신의 화실에서 자기 스타일이 아닌 이상한 그림들이 발견되었고, 자신이 산 기억이 없는 옷이 옷장에 걸려 있었으며, 모르는 사람이 다가와 몰리가 아닌 다른 이름으로 자신을 부르는 경험을 하였다. 그녀는 문제가 더 심해지고, 극심한 혼란과 자살 충동을 느껴 병원을 찾게 되었다.

치료과정 동안 나타난 교체 정체성

치료자는 치료 초기에 신뢰감을 형성하고자 하였으나 몰리는 불안해하고 무언가를 억누르는 것처럼 보였다. 치료자는 몰리에게 최면술과 유사한 상상기법을 사용하여 치료자가 묘사하는 시간과 장소를 생생하게 상상하도록 요구하였다. 장면을 시각화하는 동안 몰리가 편안해 보였고, 치료자는 그녀에게 만족스럽고 편안했던 과거의 이미지를 회상해 보도록 제안하였다. 얼마 후 치료자가 몰리에게 무엇이 떠오르는지를 묻자 그녀는 어린아이 목소리로 어린 시절 루스라는 친구와 놀던 여름을 묘사하였다. 이 정보는 몰리가 말해 주던 삶과 일치하지 않아 치료자는 그 친구에 대하여 좀 더 자세한 정보를 요구하였다. 몰리는 루스가 5세경에 가까웠던 친구로, 아버지가 몰리에게 화가 났을 때 루스는 몰리에게 그림을 그려 주거나 이야기책을 읽어 주며 편안하게 해 주었다고 하였다. 아버지가 다른 친구들에게 했던 것처럼 둘 사이를 방해하지 않았냐고 묻자 몰리는 "아버지는 우리에 대하여 몰랐어요."라고 대답하였다. 상상 훈련이 끝나고 왜 좀 더 일찍 친구에 대해서 말해 주지 않았냐고 묻자, 몰리는 멍한 침묵으로 반응했고, 자신은 루스라는 사람을 모르고 그런 이름을 언급한 적이 없다고 화를 내었다.

　그 후 치료자는 몰리의 이상행동이 해리 증상의 특성을 갖는 것으로 확신하고 최면기법을 도입하였다. 몇 주 동안 최면기법을 시행하고 난 후에 몰리는 심한 육체적·성적 학대에 대하여 얘기하였다. 최면치료 초기에는 최면 동안 드러나는 자기 과거의 억압된 부분을 강하게 부정하였으나 몇 달 후부터는 자신의 해리 성격에 동의하였다.

　몰리에게서는 7개의 정체성이 드러났는데, 루스는 어머니가 집을 비웠을 때 아버지가 가했던 육체적 고통으로 인한 정신적 고통을 견디기 위하여 생겨났다. 몰리는 어린 시절의 고통스러운 경험을 기억하지 못하였는데, 루스는 9세까지의 경험을 모두 알고 있었다. 루스는 또 델리아와 데이더를 만들어 냈고, 그들은 몰리가 9세 때 아버지의 성적 학대에 반응하여 나타났다. 델리아와 데이더는 아버지가 몰리를 겁탈한 다음 일요일 교회에서 갑자기 생겨났다. 목사가 성적 변태에 대한 설교를 하자 몰리는 죄의식에 사로잡혔고, 그 죄를 감당할 유혹적인 아이인 델리아를 탄생시켰다. 데이더는 델리아의 등장 후 죄의식과 양심의 역할을 맡았다. 이러한 교체 정체성은 서로의 존재와 몰리에 대하여 약간은 알고 있었으나, 몰리는 그 당시 교체 정체성과의 장벽이 너무 단단하여 그들에 대하여 몰랐었다. 다만 몰리는 기억하지 못하는 상황에서 갑자기 깨어나는 경험을 하였고 이것을 어른들에게 말하니 미쳤다고 비난하자 이러한 경험을 혼자서만 간직하였다.

　몰리가 사춘기가 되었을 때 삼촌이 그녀를 강간하였는데, 아버지의 성적 학대에 대한 분노를 통제하는 델리아와 데이더만으로는 삼촌 사건에 대한 분노를 감당할 수 없어서 스테이시와 빌리를 새롭게 만들어 냈다. 스테이시는 청소년기에 나타나는 성적 열망을 유지하는 역할이었고, 몰리와는 다른 기법의 유화와 조각을 배웠다. 빌리는 동성애자인 남자로 아버지와 삼촌에게서 자신을 보호하기 위한 강한 힘이 필요할 때 생겨났다.

　아버지의 사망 후 몰리는 대학 시절에 소외된 생활을 하였고, 이 문제를 해결해 줄 지혜로운 친구를 갖는 환상을 가지면서 모니카가 탄생하였다. 문제를 가장 신속하게 해결하는 것이 모니카의 역할이어서 모니카가 치료에 가장 협조적이었다. 27세경 몰리가 매독에 걸렸는데, 아버지가 몰리에게 병을 옮겨 주어 매독에 걸린 것이었으나 몰리는 근친상간의 기억이 없어 자신이 그 병에 걸린 것이 이해되지 않았다. 마지막 정체성은 몰리가 살던 동네 사람들이 매독에 걸린 몰리를 비난하여 새로운 도시로 이주하게 되면서 새로운 삶에 적응하기 위해 나타난 바버라였다. 바버라는 세속적인 여성의 모습을 보였고, 하룻밤 관계 맺기를 좋아했으며 몰리가 알지 못하는 친구들이 많았고 비싸고 세련된 옷을 사기 좋아하였다.

몰리의 과거력

　몰리는 작은 마을에서 냉담한 어머니와 무능한 세일즈맨인 아버지 사이에서 태어났다. 부부는 사이가 나빴고, 어머니는 외조부모를 만나기 위하여 집을 자주 비웠으며, 아버지는 폭력적이었다. 가족은 독실한 침례교도였고, 엄한 자녀 교육을 강조하여 몰리의 예술적 재능 표현도 용납되지 않았다. 아버지는 사람들 앞에서의 행동과 집에서의 행동이 매우 달랐는데, 가정에서는 매일 술을 마시며 아내와 딸에게 소리쳤고, 몰리의 발바닥을 불에 지지고 다락방에 가두었으며, 딸 앞에서 아내를 강간하려고도 하였다. 몰리는 학교 성적이 불규칙적이었는데, 몰리는 "병 때문에 수업에 많이 빠져서"라고 말하였으나 특별히 무슨 병인지는 기억하지 못하였다. 몰리는 어려서부터 두통이 있었고, 선생님이나 학교 아이들이 자신이 기억하지 못하는 이상한 행동에 대하여 비난했다고 불평하였다. 몰리는 학창 시절 사회적 발달이 안 되어 친구를 사귀지 못하였고, 고등학교와 대학교 시절에도 적응하지 못하였다. 대학교 때 아버지가 사망하였고 자신이 아버지의 죽음에 죄의식을 갖지 않는다는 생각에 우울증을 보이며 자살시도를 하였다. 대학 졸업 후 미술 개인지도를 하며 어머니와 함께 살았는데, 매독이 발견되어 동네에서 배척받고 도시로 이주하였다.

몰리의 해리성 정체성 장애의 원인과 치료

아버지의 육체적 학대, 어머니의 잦은 외출과 냉담함 때문에 몰리는 가상의 친구에게서 위안을 얻고자 루스를 만들게 되었다. 이 첫 번째 정체성인 루스가 스트레스 상황에 처하면 또 다른 정체성을 만들어 대응하려고 하였다.

전통적으로 해리성 정체성 장애에 최면치료를 사용하였는데, 최면을 통하여 해리된 정체성에 대한 기억을 회상하게 만들고, 그 정체성의 상태에서 행동하도록 유도하였다. 때로는 최면 상태에서 변형된 정체성의 모습을 비디오에 담아 다른 정체성의 의식 상태에서 그것을 보여 주기도 하였다. 몰리에게 다른 정체성이 그녀의 신체를 지배하는 동안 일기를 짤막하게 쓰게 하였고, 해리된 정체성이 적어 놓은 일기를 이해하면서 여러 정체성이 자연스럽게 융화되었다. 그 후 수개월에 걸쳐 몰리에게 상처를 준 사건들을 다루는 치료를 하였다. 결국 몰리는 자신의 정체성들이 자신을 파괴할 수도 있었던 소중한 부분을 보호해 주었다는 사실을 깨달았다. 치료 후 몰리는 프리랜서 미술가로 유화를 그리며, 새로운 그림 소재를 찾기 위하여 여행을 다니며 생활하였다(김영애 역, 1997).

3) 이인성/비현실감 장애

이인성/비현실감 장애(depersonalization-derealization disorder)는 다른 해리장애처럼 기억을 못 하는 것이 아니라 주 증상이 이인성(자신의 정신기능이나 신체 감각이 비현실적이거나 분리되는 느낌)이나 비현실감(주변 상황이 비현실적이거나 분리되는 느낌)으로 나타난다(Comer, 2014).

이인성 증상은 비현실적이고 이상한 감각을 느끼는 증상으로, 마치 자신이 몸 밖으로 나와 자신을 외부에서 관찰하고, 꿈속에서 생활하는 것 같은 느낌을 받는다. 그리고 신체 감각이 이상하게 느껴지기도 하는데, 자신의 몸이 기계처럼 작동되는 것 같기도 하고, 다른 사람의 몸속에 갇혀 있는 느낌을 받기도 하며 일시적으로 자신의 현실 감각이 상실되는 장애이다. 비현실감 증상은 외부 세계가 비현실적이고 이상하다는 느낌을 갖는 것으로 물건의 모양과 크기가 변하거나, 사람들이 로봇 혹은 죽은 사람으로 느껴지는 장애이다. 이인성은 자기지각의 변화이고, 비현실감은 외계지각의 장애이다(이정균, 2000).

이인성/비현실감 장애는 흔히 청소년기나 젊은 성인에게서 나타나는데, 주로 갑작스럽게 발생하고, 심한 피곤과 강한 스트레스, 통증 등에 의하여 촉발되고, 심한 외상 경험이나 생명을 위협하는 환경(납치, 인질)에 처했던 사람들이 이 장애에 걸리기 쉬운 것으로 알려진다. 감정 반응이나 주변 상황에 대한 관심 및 주의력이 감소되나 현실감을 잃지는 않고, 질문에 반응을 하거나 상호작용은 이루어지며, 이상한 느낌이 잘못되었다는 것은 인식한다.

이인성/비현실감 증상은 정상적인 성인이나 아동기에 일시적으로 나타나기도 하므로, 그 증상이 생활에 지장을 주거나 고통의 원인이 되지 않으면 이인성/비현실감 장애라고 진단 내리지 않는다. 사람들은 일시적인 비현실감으로 주변 상황에 대하여 기시감과 미시감을 경험한다. 기시감(deja vu)은 처음 보는 장소나 상황인데도 전에 보았던 것처럼 느끼는 것이고, 미시감(jamais vu)은 전에 본 적이 있는 장소나 상황인데 처음 본 것 같이 낯설게 느껴지는 것이다. 이인성/비현실감 장애는 불안장애, 공황장애, 우울증과 연합되는 경우가 자주 있다. 특히 불안이 이인성/비현실감 장애의 증상을 심하게 만들고, 이인성-비현실감 증상은 불안을 더욱 야기시킨다(연규월, 1995).

이인성/비현실감 장애는 기억상실이 수반되지 않으므로 해리장애에 포함시켜야 하는지 논란이 있으나, 일시적이라도 현실감에 대한 혼란이 있고 그로 인하여 정체성에 영향을 미치므로 해리장애에 포함시킨다.

표 11-3 이인성/비현실감 장애 진단기준

A. 이인성, 비현실감 혹은 증상 모두가 지속성 혹은 재발성으로 발생한다.
   1. 이인성: 자신의 사고, 느낌, 감각, 신체, 활동에 대하여 현실 같지 않은 느낌과 분리감 혹은 외부 관찰자가 되는 경험(예: 지각 변화, 시간 왜곡, 비현실적인 자기, 정서적이거나 신체적으로 무딘 상태)
   2. 비현실감: 외부 상황에 대한 현실 같지 않은 경험과 분리감(예: 사람이나 외부 대상이 비현실적, 꿈 같은, 안개 낀 듯한, 생명감이 없거나 시각적으로 왜곡된 경험)
B. 이인성 혹은 비현실감 동안 현실검증이 유지된다.
C. 증상이 의미 있는 정신적 고통이나 사회적, 직업적, 그 외 중요한 기능 영역의 손상에 의하여 야기된다.
D. 장애가 물질(약물남용, 약물투여) 혹은 다른 의학적 조건(발작)으로 인한 생리적 작용에 의한 것이 아니다.
E. 장애가 다른 정신 장애-조현병, 공황장애, 주요우울장애, 급성 스트레스 장애, 외상 후 스트레스 장애, 다른 해리성 장애-에 해당되지 않는다.

출처: American Psychiatric Association (2013).

4)『DSM-5』에 추가된 진단준거

『DSM-5』에서는 앞서 제시한 해리장애의 진단기준에 부합되지 않는 경우 다음과 같은 진단기준을 제시한다.

(1) 달리 명시된 해리장애

달리 명시된 해리장애(other specified dissociative disorder)는 사회적·직업적 또는 중요 기능 영역에서 임상적으로 현저한 고통을 주는 해리장애 증상이 있으나 특정 해리장애의 진단기준에 부합되지 않을 때 적용된다.

① 만성적이고 반복적인 혼합된 해리증상

정체성 혼란이 있으나 해리증상이 심하게 나타나지 않는 경우 또는 해리성 기억상실이 없는 상태의 빙의 경험 등이 이에 해당된다.

② 지속적이고 강력하고 강압적인 설득에 의한 정체성 장애

강압적 설득(예: 세뇌, 사상개조, 억류, 고문, 장기간의 정치적 투옥, 테러조직의 신입행

사 동안의 사상주입 등)에 의하여 정체성에 의문을 품거나 변화되는 경우가 이에 해당
된다.

③ 스트레스성 사건에 대한 급성 해리성 반응

이 범주는 전형적으로 1개월 미만 혹은 몇 시간이나 며칠에 걸쳐 급성적으로 일시
적인 해리증상이 나타난다. 이 상태는 의식의 축소, 이인성, 비현실감, 지각혼란(예:
시간이 천천히 흐르는 느낌, 거시감), 부분 기억상실, 일시적 혼미, 감각-운동 기능 변화
(예: 통각 상실, 마비) 등으로 발현된다.

④ 해리성 황홀경

이는 환경자극에 의하여 나타나는 심각한 무반응 혹은 무감각 상태로 급성적 의식
손실(부분적 혹은 전반적)을 보인다. 무반응성은 일시적 마비 혹은 의식 상실, 가벼운
상동적 행동을 동반하는데, 그 개인은 자신이 그에 의하여 조절된다는 사실을 인식하
지 못하거나 통제하지 못한다. 해리성 황홀경은 문화적 또는 종교적 관례의 정상적
부분에 해당되지 않는다.

(2) 명시되지 않는 해리장애

명시되지 않는 해리장애(unspecified dissociative disorder)는 해리장애의 증상이 나
타나지만 해리장애의 특정 분류 기준에 부합되지 않는데 그와 같이 부합되지 않는 이
유를 명시할 수 없을 때 사용된다. 또한 특정 진단을 내리기에 충분한 정보가 없을 때
(예: 응급실 상황) 적용된다.

3. 원인 및 치료

해리장애 환자는 대개 정신적 충격이 강한 외상이나 스트레스의 경험을 갖는다. 환
자가 지하철 참사를 당한 경우, 연쇄 살인사건의 피해자인 경우, 어려서 아버지에게
서 성적 학대를 당하여 낙태의 경험이 있는 경우, 남편의 심한 구타를 오랫동안 받은
경우에 기억상실이나 해리성 정체성 장애가 보고되었다. 전쟁의 충격에서도 둔주나

기억상실이 나타나는 경우가 있는데, 제1차 · 제2차 세계대전에서 그러한 증상이 보고되었고, 그 당시 기억상실이나 둔주를 '전쟁신경증'이라고 명명하였다.

해리장애는 충격적 외상이나 스트레스가 전제되어 발생하는데, 스트레스 시 '왜' 증상이 형성되는가에 대하여 이론별로 접근이 다르다. 정신분석적, 행동주의적, 인지적, 생물학적, 자기 최면의 측면에서 이론적 설명을 살펴보고, 각 이론에 따르는 치료법에 대하여 기술하고자 한다.

해리장애는 다른 장애에 비하여 환자도 적고, 치료법에 대한 연구도 매우 빈약한 실정이다. 이 장애에는 정신분석, 지지적 정신치료, 최면치료를 실시하고 임상적으로 약물치료를 시도한다. 다른 장애들은 장애의 기제에 적절한 약물치료 연구가 많으나, 해리장애는 장애에 적합한 약물치료를 하기보다 해리장애로 인하여 동반되는 우울장애, 불안장애, 외상후 스트레스 장애 등을 치료하여 안정감을 갖게 하는 경우가 많다. 해리장애 환자는 전쟁이나 사고 후 불안과 두려움이 강해지고, 아동기 시절부터의 신체 및 성적 학대 경험 후 분노와 비통함 등의 정서가 강하므로, 그러한 정서 문제를 해결하고 불안을 치료하면 해리장애의 증상이 감소하기도 한다.

해리장애는 효과적인 치료법이 정립되어 있지 않아서 환자들에게 증상을 관리하는 기법을 교육시키기도 하는데, 이를테면 증상을 촉진시키는 스트레스 상황에 참여하지 않도록 하거나, 스트레스 대처 기술을 가르쳐 주고, 안정감을 찾도록 긍정적 정서 관리 및 조절에 초점을 맞추기도 한다.

1) 정신분석적 설명

정신분석적으로 볼 때 원초아와 초자아, 자아와의 갈등에서 신경증적 불안이 발생하고, 그 불안을 감소시키기 위하여 자아가 방어를 하는데 그 방어의 내용에 따라 증상이 형성된다. Freud는 해리장애 환자가 경험하는 충격적 외상이나 스트레스는 강한 불안을 야기시키고, 그것으로부터 자신을 보호하기 위하여 '부정, 억압, 해리'라는 방어를 사용하여 증상이 형성된다고 하였다. 그 방어를 통하여 환자는 충격적 외상을 기억하지 못하고, 자아의 붕괴를 제어하게 된다.

해리성 기억상실은 불안을 야기시키는 기억을 억압하고 부인하여 충격적 경험을 의식하지 못하게 한다. 이인성/비현실감 장애도 정신분석적으로 일종의 방어기제로 보는데, 자신과 현실을 실제가 아닌 낯선 것으로 느끼면서 괴로운 현실을 자신의 것이 아닌 비현실적인 것으로 지각하여 불안을 제어하는 것으로 본다. 해리성 정체성 장애는 자신의 경험으로 받아들이기에는 괴로운 외상 충격에서 자신을 보호하기 위하여 새로운 교체 정체성을 만들어 낸다. 아버지에게서 성적 학대를 받은 어린 소녀는 공포와 고통에서 자신을 분리시키기 위하여 상상 속의 친구나 보호자를 만들어 편안함을 찾으려는 시도를 하고 교체 정체성을 만든다.

　해리성 정체성 장애에서는 각 정체성이 서로를 의식하지 못하기도 하고, 때로는 한 정체성이 다른 정체성을 인식하는 경우도 있다. 이와 같이 서로를 의식하는 정체성은 고통스러운 의식을 무의식화 시키는 '억압'의 개념으로는 이해하기가 곤란하다. 이를 Hilgard(1977)는 신해리 이론(neodissociation theory)으로 설명하였다. Hilgard는 최면에 대한 연구를 하며 의식을 여러 개로 분리하는 실험을 하였다. 피실험자가 각성 상태에서 얼음물에 손을 담그고 동통의 정도를 수치로 평가하게 하였다. 최면을 유도하여 왼팔은 고통을 느끼지 못하고, 오른팔은 '숨은 관찰자(hidden observer)'의 역할을 한다고 지시받았다. 최면 중에 얼음물에 다시 손을 담그게 하고 동통이 느껴지지 않게 유도한 후 질문을 하자 동통을 느끼지 못한다고 답하였다. 그러나 오른팔로 동통의 정도를 평가하게 하자 동통의 정도를 수치로 기록하였다. Hilgard는 동통이 의식에는 전달되지 않지만 다른 정신 상태가 동통을 인식한다고 추론하였다. 실험에서 최면 중에 의식의 통합력이 일시적으로 분리되는 것처럼 Hilgard는 해리 상태를 기억상실 장벽(amnesia barrier)에 의하여 의식에 전달되지 못하는 것으로 설명하였다. Hilgard는 억압과 해리를 다음과 같이 구분하였다. 억압은 의식과 무의식을 수평

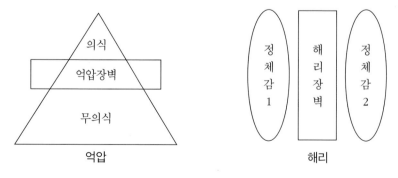

[그림 11-1] **억압과 해리의 비교**

적으로 분할하여 의식되지 않는 기억이 무의식 속에 존재한다고 하였고, 해리는 수직 분할하여 기억이나 정체성이 횡적인 장벽에 의하여 분리된다고 하였다. 해리성 정체성 장애는 수직 분할로 분리된 정체성들이 교체되어 나타나는 현상으로 설명한다. 해리성 정체성 장애에서는 여러 정보가 경계를 갖고 병존하고 있어 이것이 해리 장벽을 벗어나 발현될 때 별개의 정체성을 나타낸다(최병무, 1995).

해리장애는 고통스러운 경험을 부분적 혹은 전체적으로 억압하는 것이므로, 무의식을 의식화시키는 정신분석적 치료가 흔히 사용된다. 환자에게 신뢰감을 형성시키며 정신분석을 통하여 억압을 제거하고, 상실된 외상적 기억을 회상하게 만들며, 그것을 정화시키고 재통합한다. 그러나 억압된 기억이 쉽게 드러나지 않을 때가 많으므로 억압을 제거하기 위하여 최면치료를 이용하는 경우가 있다. 해리성 정체성 장애의 치료에서 치료자는 최면 동안 상실된 기억을 회생시키고 교체 정체성을 드러나게 하여, 한 정체성이 다른 정체성을 인식하게 만들고 각 정체성을 통합시켜 준다. 정체성들의 통합이 치료 목표이기는 하나 '해리' 방어기제를 없애고 학대와 고통스러운 기억 및 정서를 인식하게 되면 괴로움과 심한 퇴행이 발생할 수 있으므로 조심해야 한다.

2) 행동주의적 설명

행동주의에서는 해리장애를 학습된 대처 반응으로 보고, 증상을 통하여 고통스러운 환경자극을 회피하여 보상을 얻는 것으로 설명하였다. 해리성 기억상실은 불안이나 죄책감을 유발하는 상황이나 생각을 망각함으로써 고통을 감소시키고 그것이 강화가 되어 증상이 지속된다. 해리성 정체성 장애는 고통스러운 상황에서 평소와 다른 역할의 행동을 하고 강화를 받으면, 고통스러운 상황에 접할 때 강화받은 역할의 행동을 보이는 것을 학습하게 된다.

해리장애 환자는 상상력이 풍부한 것으로 조사되었다(McNally, Clancy, Schacter, & Pitman, 2000). Pitman은 환자가 풍부한 상상력으로 새로운 정체성을 만들고 보상을 받는다는 측면에서 해리성 정체성 장애가 환자에 의하여 만들어진 것이라고 주장하였다. 치료자는 해리장애의 원인으로 충격적 외상이 있었는지를 파악하고 싶어 하므로 환자들이 학대와 강간의 외상 경험을 언급할 때 더 많은 관심을 보이게 되고, 결과적으로 그러한 언급에 강화를 주게 된다. 해리장애 환자는 상상력이 풍부하고 최면에 취약한 피암시적인 특징을 갖는다. 풍부한 상상력으로 다른 정체성을 만들고 피암시적인 특징으로 그것을 믿으며, 그로 인하여 자신의 고통과 책임을 회피하게 되는 보상을 받는다.

행동치료는 강화를 중지하는 것인데, 예를 들어 해리성 정체성 장애에서 치료자와 가족, 친구들이 환자의 한 정체성에만 반응하고, 교체 정체성을 보일 때 그와는 대화를 하지 않으며 관심을 주지 않아 강화를 단절한다. 그리고 주 정체성이 교체 정체성의 힘을 빌리지 않고 분노를 적절히 표현하도록 주장훈련을 시킨다. 토큰 강화를 치료에 이용하기도 하는데, 해리성 정체성 장애에서 적응적 정체성이 나타날 때마다 토큰으로 강화하고 치료자가 관심을 주면 그 정체성이 가장 오래 지속된다.

3) 인지적 설명

인지 이론가들은 해리장애를 기억장애로 본다. 해리장애에서 기억되지 않는 내용은 대부분 환자의 자서전적인 일화적 기억에 해당된다. 해리장애는 판단이나 문제해결에 필요한 기술을 관장하는 기억인 절차적 기억(procedural memory)이나 일반적 지식에 대한 기억인 의미적 기억(semantic memory)은 손상되지 않고, 자신의 외현적 기억(explicit memory), 즉 의식적으로 회상, 재인되는 기억만이 손상된다. 예를 들어, 해리성 둔주 환자는 자신의 신상과 과거 경험을 기억하지 못하지만 세상에 관한 일반적인 지식은 보유하고, 다른 인적 사항으로 살아갈 수 있는 기능이 발휘되고 직장생활도 영위한다. 해리성 기억상실에서도 일화적 기억이 망각된 증상을 보이지만 그 개인 내에 일화적 기억이 사라진 것은 아니고, 장애가 회복되면 그 기억을 하게 된다. 결국 해리장애는 기억 내용을 의식으로 복구하지 못하는 장애로 기억 인출의 실패라고 볼 수 있다(Dorahy, 2001).

인지 이론가들은 이에 대한 이론적 배경을 상태의존 기억(state-dependent memory)으로 설명한다. 사람들은 특별한 상황 혹은 특별한 마음 상태에서 무언가 학습한다면, 그 학습 내용은 나중에 동일한 조건에 있을 때 더 기억될 가능성이 높다. 예를 들어, 학습 당시 담배를 피운다면 나중에 담배 피우는 상황에서 학습 내용 회상이 더 잘 될 것이고, 행복한 기분에서 습득한 내용은 행복할 때 더 기억이 잘 나며 슬플 때 기억한 내용은 슬플 때 더 회상이 잘 된다.

해리성 정체성 장애의 경우 극심한 스트레스 상태에서 교체 정체성이 한 행동을 주 정체성이 평소에는 기억을 하지 못한다. 환자는 평소 주 정체성으로 생활하다가 스트레스 상황이 다시 발생하면 스트레스 상황에서 나타나는 교체 정체성이 활동하여 그에 맞는 기억과 행동을 한다. 한편, 해리장애에 대한 인지적 치료 적용은 매우 미비한 실정이다.

4) 생물학적 설명

해리장애에 대한 생물학적 설명은 아직 가설 수준에 불과하다. 해리장애의 증상은 신경계장애와 유사한 증상을 보이기도 하는데 간질 환자들이 발작 시에 기억상실, 이인증, 기시감 등을 경험하는 점에서 해리 증상이 신경계와 연관되는 것으로 추정한다. 뇌의 해마(hippocampus)는 기억과 관련되는 부분으로 기억 내용을 인출할 때 작용하는 것으로 알려져 있다. 스트레스를 받을 때 해마 세포가 위축(atrophy)되는 구조적 변화를 초래하고, 스트레스가 해마에 작용하는 신경전달물질을 방출한다.

이러한 가설을 근거로 설명하면, 해리장애가 스트레스에 의한 것이고 그 스트레스가 아동학대처럼 만성적으로 작용할 경우 학대 경험이라는 스트레스가 해마의 기능을 변화시킬 수도 있다는 것이다(Bremner, Krystal, Charney, & Southwick, 1996).

해리장애에 대한 생물학적 치료에 대한 연구도 거의 없고, 기억을 회복시키는 데 도움을 주는 바르비투르산염(barbiturate), 소듐아미탈(sodium amytal), 벤조디아제핀(benzodiazepine), 로라제팜(lorazepam) 등이 사용된다. 이 약물들은 사람을 진정시키고 억압을 덜 하게 작용하여, 불안을 유발시키는 사건들을 회상하게 만든다. 해리장애에 적합한 약물이 확고히 결정된 것은 없고, 해리장애와 공존하는 우울이나 불안을 감소시키는 약물을 사용하여 정서적 안정에 도움을 준다.

5) 자기 최면

사람들은 최면상태에서 피암시적이 되고 평소에는 불가능하게 보였던 방법으로 행동하고 지각하며 생각하게 된다. 최면상태에서 일시적으로 눈이 안 보이거나 귀가 안

들리거나 통증에 무감각해 지기도 한다. 최면은 오랫동안 잊고 있었던 사건을 기억하게 만들어 정신치료에서 사용되는 반면 최면으로 사실, 사건 심지어 자신의 정체성까지 잊게 만드는 최면성 기억상실(hypnotic amnesia)을 야기시키기도 한다.

최면성 기억상실과 해리장애는 모두 어느 시기 동안의 특정 사건이나 상황을 기억하지 못하고 또한 특정 사실이 왜 기억에서 사라졌는지에 대한 자각을 하지 못한다. 이러한 점에서 해리장애가 불쾌한 사건을 스스로 잊게 만드는 자기 최면의 한 형태일 수 있고 사람들이 스스로 불쾌한 사건을 잊으려고 최면을 거는 것일 수 있다고 하였다. 해리성 기억상실은 무서운 경험을 잊고자 스스로에게 최면을 걸어 기억상실이 발생하고 해리성 정체성 장애는 학대나 두려운 사건에 접할 때 자기 최면으로 자신과 다른 정체성으로 자신의 요구를 충족시키려고 한다는 것이다(Comer, 2014).

해리장애 치료에 최면 치료가 사용된다. 해리장애가 자기 최면이라고 볼 때 치료자가 최면을 걸어 잊어버린 사건들을 회상시키는 치료를 한다.

요약

해리장애는 Freud의 신경증 개념의 영향으로 1900년대 중반 이래 '히스테리성 신경증-해리형'으로 불리다가, 1980년 『DSM-III』부터 '해리장애'로 명명되었다. 『DSM-III』에서는 해리장애를 심인성 건망증, 심인성 둔주, 다중인격, 이인성장애로 구분하였으나, 1994년 『DSM-IV』부터는 해리성 기억상실, 해리성 둔주, 해리성 정체감 장애, 이인성장애로 변경되었고, 2013년 『DSM-5』에서는 해리성 기억상실, 해리성 정체성장애, 이인성/비현실감 장애로 분류하였다.

해리성 기억상실은 개인의 과거 경험을 갑작스럽게 기억하지 못하는 증상으로, 자신의 중요한 개인 정보를 몇 시간 혹은 몇 년에 이르기까지 기억하지 못한다. 기억상실이 인생 전반에 걸쳐 나타나기도 하나 주로 국소적이거나 선택적인 기억상실이 발생한다.

해리성 정체성 장애는 한 사람 안에 둘 혹은 그 이상의 정체성이 존재하고, 각각의 정체성이 서로 독립되어 있어 한 정체성이 활동할 때 다른 정체성이 그것을 인식하지 못하는 장애이다. 각기 다른 정체성이 의식에 나타나 그 정체성에 부합되는 언어와 생각, 행동을 한다.

이인성/비현실감 장애는 일시적으로 자신의 현실감각이 상실되는 장애로, 자신이나 외부 상황에 대하여 비현실적이고 이상한 감각을 느끼는데, 그 느낌이 잘못되었다는 것은 인식한다. 이인성은 자기지각 장애, 비현실감은 외계지각 장애이다.

해리장애는 정신분석적으로 볼 때 충격적 외상이나 스트레스가 강한 불안을 야기시키고,

그것에서 자신을 보호하기 위하여 '해리'라는 방어를 사용하여 형성된다고 하였다. 환자들은 방어를 통하여 충격적 외상을 기억하지 못하고, 자아가 붕괴되는 것을 제어한다. 이러한 정신분석적 접근 외에 해리장애는 그 외 행동주의적, 인지적, 생물학적, 자기 최면의 근거에 의하여 설명된다.

학습과제

1. 해리장애의 세 가지 유형을 기술하고 설명하시오.
2. 해리성 기억상실과 기질적 기억장애의 차이를 기술하시오.
3. 해리성 정체성 장애의 주 정체성과 교체 정체성의 차이를 설명하시오.
4. 정신분석적 측면에서 해리장애의 원인에 대하여 기술하시오.

참고문헌

권석만(2003). 현대 이상심리학 2판. 서울: 학지사.

김미리혜(2004). 히스테리연구. 서울: 열린책들.

김영애 역(1997). 이상심리학. 서울: 하나의학사.

도상금(2000). 해리장애. 서울: 학지사.

연규월(1995). 해리현상과 임상진단. 정신병리학 4, 9-16.

이정균(2000). 정신의학. 4판. 서울: 일조각.

최병무(1995). 해리의 정의와 개념의 변천. 정신병리학 4, 3-8.

Alloy, L. B., Riskind, J. H., & Manos, M. J. (2005). *Abnormal Psychology* (9th ed.). McGraw Hill.

American Psychiatric Association. (1994). *Diagnostic and Statistical Manual of Mental Disorders* (4th ed.). Washington, DC.

American Psychiatric Association (2013). *Diagnostic and statistical manual of mental disorders* (5th ed.). Virginia: American Psychiatric Association. 권준수, 김재진, 남궁기, 박원명, 신민섭, 유범희, 윤진상, 이상익, 이승환, 이영식, 이헌정, 임효덕, 강도형, 최수희 공역(2015). 정신질환의 진단 및 통계편람(제5판). 서울: 학지사.

Bremner, J. D., Krystal, J. H., Charney, D. S., & Southwick, S. M. (1996). Neural mechanism in dissociative amnesia for childhood abuse: Relevance to the current controversy surrounding the "false memory syndrome." *American Journal of Psychiatry, 153*, 71–82.

Campbell, R. J. (2003). *Psychitric Dictionary*. New York: Oxford University Press.

Comer, R. J. (2014). *Abnormal Psychology* (8th ed.), Macmillan Higher Education Company.

Dorahy, M. J. (2001). Dissociative identity disorder and memory dysfunction: The current state of experimental research and its future directions. *Clinical Psychology Riview, 21*, 771–795.

Hilgard, E. R. (1977). *Divided Consciousness: Multiple Controls in Buman Thought and Action*. New York: Wiley Interscience.

McNally, R. J., Clancy, S., Schacter, D. L., & Pitman, R. K. (2000). Personality profiles, dissociation, and absorption in women reporting repressed, recovered, or continuous memories of childhood sexual abuse. *Journal of Consulting and Clinical Psychology, 68*, 1033–1037.

Putnam, F. W., Guroff, J. J., Silberman, E. K., Barban, L., & Post, R. M. (1986). The Clinical phenomenology of multiple personality disorder: Rivew of 100 recent cases. *Journal of Clinical Psychology, 47*, 285–293.

Quinodoz, J. M. (2004). *Reading Freud: A Chronological Exploration of Freud's Writings*. (trans. David Alcorn). Routledge.

제**12**장

신체증상 및 관련 장애

이경희

학습 목표

1. 신체증상 및 관련 장애의 개념 및 정의에 대해 알아보고 다양한 관점에서 신체증상 및
   관련 장애를 살펴봄으로써 신체와 마음의 관계를 이해한다.
2. 신체증상 및 관련 장애의 하위 유형에 대해 알아보고 하위 유형의 증상이 각기 어떻게
   다른지 살펴본다.
3. 신체증상 및 관련 장애의 원인을 정신분석적 관점과 행동주의적 관점, 인지적 관점 및
   기타 생리학적 관점에서 살펴보고 현재 치료적인 접근은 어떻게 이루어지고 있는지 살
   펴본다.

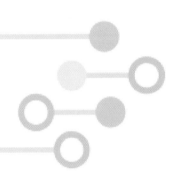

학습 개요

신체증상 및 관련 장애는 신체와 마음 간의 관계를 특징적으로 보여 주는 심리장애이다. 신체증상 및 관련 장애는 생리적인 원인이 발견되지 않거나 의학적인 진단을 받지 않음에도 환자가 다양한 신체증상으로 고통을 겪거나 불안을 겪는 장애를 말한다. 위가 아프다거나 머리가 아프다거나 때로는 신체적인 마비나 감각의 실조가 일어나기도 하며 질병에 대한 불안감으로 고통을 겪기도 한다. 신체증상에 대해 생리적인 원인이 발견되거나 진단이 내려질 경우에는 이에 대해 의학적인 치료를 받으면 되나 이러한 신체증상에 대해 의학적인 진단이 내려지지 않을 때에는 환자는 이로 인해 또 다른 불안감이 가중된다. 그렇다면 왜 뚜렷한 생리적인 원인이 없이 신체증상으로 고통을 겪고 또 질병에 대한 불안을 느끼게 되는 것일까? 신체적으로는 이상이 없음에도 어떻게 신체적인 고통을 겪게 되는 것일까? 신체증상의 발현에 심리적인 면은 어떻게 영향을 주는 것일까? 이 장에서는 신체증상 및 관련 장애의 다양한 유형을 살펴보고 이의 원인과 치료에 대해 알아봄으로써 신체와 마음의 관계를 이해하고자 한다.

　건강에 이상이 생겨 병원을 찾게 되는 경우가 있다. 소화가 잘되지 않는다거나, 머리가 아프다거나, 팔다리가 저리다거나 하는 여러 다양한 증상으로 신체적인 고통을 느끼고 이를 치료하기 위해 병원을 찾게 된다. 그러나 신체적인 고통에도 불구하고 증상을 일으킨 생리적인 원인을 찾기 어렵고 의학적인 진단이 내려지지 않는 경우가 있다. 몸이 아픈데도 의학적인 진단이 나오지 않으면 한편으로는 안심이 되나 또 다른 한편으로는 아픈 이유를 발견하지 못하여 불안해지며 신체적인 고통을 더욱 크게 느끼기도 한다. 이처럼 신체적인 증상으로 인해 고통을 겪지만 의학적인 진단을 내리기 어렵고 다른 기질적인 원인이 발견되지 않으며 기저에는 심리적인 이유를 지니는 일련의 장애를 신체증상 및 관련 장애(Somatic Symptom and Related Disorders)라 한다.

　몸과 마음은 일견 다른 작용을 거치는 이원적인 것처럼 보이기도 하나 상호 연관된 일원적인 관계로 이해할 수 있다. 몸이 아프면 마음도 편안하지 않으며 마음이 편안하지 않으면 몸도 편치 않다. 몸과 마음은 동전의 양면처럼 하나로 연계되는 유기적인 관계라 하겠다. 신체증상 및 관련 장애는 스트레스가 심하다거나 불안이 높다거나 심리적인 갈등이 해결되지 않을 때 이러한 불안과 갈등이 신체증상으로 대치되어 드러나는 장애이다. 기저에 깔려 있는 심리적인 불안과 갈등이 해결되지 않아 개인이 이를 감당할 수 없을 때 이러한 불안과 갈등이 신체증상으로 표현되는 것이다. 『DSM-5』에서는 신체증상 및 관련 장애를 신체증상장애, 질병불안장애, 전환장애, 인위성장애 등으로 나누어 분류하고 있다.

1. 신체증상장애

> 　30대 직장 여성인 K씨는 요즈음 소화가 안 되고 더부룩하며 위통이 자주 일어나 걱정이다. 자연 입맛도 없고 힘도 없어 생활에 활력이 없고 직장동료들과 식사를 하거나 같이 어울리기도 힘들다. 내과를 방문하여 내시경 등 의학적인 검사를 해 보았으나 아무런 이상이 없다는 결과를 받았다. 다가올 승진시험 때문에 스트레스를 많이 받나 생각하고 마음을 편하게 가지려고 해도 생각처럼 쉽지 않다. 3년째 승진시험에 실패하고 있어 올해에도 시험에 통과하지 못하면 회사를 그만두게 될지도 모른다는 심리적인 압박감이 심하다. 더구나 팀장이 부여한 프로젝트를 기한 내에 해내야 해 공부할 시간도 절대적으로 부족하다는 느낌이다. 그날도 지친 몸으로 집에 돌아왔는데 남편이 일찍 들어와 있어 물어보니 상사와의 갈등으로 사표를 내야 할 것 같다고 하여 K씨는 크게 상심하고 남편과 심하게 다퉜다. 중학교 때 부모님이 이혼을 하여 경제적으로 힘들게 살았고 대학을 졸업한 이후 어머니와 동생들의 생계를 부양해 왔던 과거에 생각이 미치자 K씨는 미래에도 자신의 책임이 영원히 끝나지 않을 것 같다는 절망감을 느꼈다. 때마침 어머니가 계단에서 넘어져 다리를 다쳐 병원에 입원했다는 동생의 전화를 받고 집을 나서는데 갑자기 어깨에 심한 통증을 느꼈다. 그날 이후 어깨통증이 너무 심해 팔을 움직이기도 어렵고 쉽게 잠을 이루기도 어렵다. 어깨의 통증 때문에 장시간 의자에 앉아 있기도 어려워 업무를 처리하기가 힘들다. 위도 아프고 또 어깨 통증도 심해 자신의 몸에 문제가 생긴 것이 아닌가 걱정이 되면서도 모든 일상에서 떠나고 싶다는 마음 때문에 K씨는 요즈음 몹시 우울하다.

1) 증상

　1859년에 프랑스 의사인 Pierre Briquet는 심리적인 갈등이나 스트레스가 원인이 되어 다양하게 드러나는 신체적인 증상을 관찰하여 이를 '브리케 증후군'이라 명명하였으며,『DSM-III』이전에는 히스테리성 신경증 전환형으로,『DSM-III』이후에는 신체화장애로 명명하였다가『DSM-5』에서는 신체화장애와 통증장애를 포괄하여 신체증상장애로 설명하고 있다.

　신체증상장애(Somatic Symptom Disorder)란 한 가지 이상의 신체증상으로 고통을 겪으며 이로 인해 일상생활에 현저한 어려움을 겪는 장애를 말한다. 이러한 신체증상은 다양하게 나타날 수 있다. 일반적인 신체증상으로는 복통이나 구토, 속이 메슥거림, 설사, 변비 등 위장계통의 증상이나 호흡곤란, 숨 가쁨, 현기증 등 호흡계통의 증상, 머리나 어깨 및 기타근육의 통증이나 월경불순 및 성기능장애 등을 보인다. 한 가지의 뚜렷한 신체증상을 호소하기도 하고 때로는 여러 가지 다양한 신체증상을 호소하기도 한다.

『DSM-5』 이전의 신체화장애에 대한 진단기준에서는 최소한 네 가지의 통증을 보이고 두 가지의 위장 관련 증상을 보이며 한 가지의 성기능 증상, 한 가지의 신경학적 증상을 보일 때 신체화장애라는 진단을 내렸다. 반면에 『DSM-5』의 신체증상장애에서는 이러한 엄격한 진단기준을 적용하기보다는 한 가지 이상의 신체증상을 보이고 이러한 신체증상으로 인해 일상생활에서 고통이나 손상이 초래되는 경우로 진단기준을 넓혔으며 통증을 임상 양상의 주된 초점으로 보아 따로 분류하였던 통증장애를 신체증상장애에 포함시켰다.

신체증상장애에서 보이는 다른 주요 특징으로는 신체증상과 관련하여 높은 불안과 염려를 보인다는 것이다. 고통을 겪는 신체증상에 대해 과도한 염려와 걱정을 하며 이는 질병에 대한 염려로 이어지고 이로 인해 의사의 진단과 치료를 받기 위해 빈번히 의료기관을 방문하게 된다. 『DSM-5』에 따르면 한 가지 이상의 고통스러운 신체증상을 보이고 이로 인해 일상생활을 영위하는 데 어려움을 겪으며 다음 중 하나 이상의 방식으로 증상과 관련된 건강 염려를 드러낸다. 첫째, 자신이 지닌 신체증상에 대해 과도하게 지속적으로 생각에 몰두하거나 둘째, 자신의 건강이나 신체증상에 대해 지속적으로 높은 수준의 불안을 보이거나 셋째, 자신의 증상이나 건강염려에 투여하는 시간과 에너지가 과도한 양상을 보인다는 것이다. 신체증상과 이러한 신체증상에 대한 염려와 불안이 6개월 이상 지속될 때에 신체증상장애에 대한 진단을 내리게 된다(DSM-5 진단기준 참조).

신체증상은 심리적인 갈등이 크거나 스트레스가 심하면 반복적으로 드러나는 경향을 보이는데, 이는 심리적인 원인이 신체적인 증상으로 대체되어 드러나고 있음을 나타내는 것이다. 신체증상장애는 뚜렷한 의학적 진단이나 검사 결과가 나오지 않음에도 신체적으로 고통스러운 증상을 호소하고 이러한 신체증상에 대해 심리적인 몰두를 특징으로 보이는 심리장애이다. 신체증상은 심리적인 원인에 기인하기 때문에 보통 우울이나 불안을 동시에 보이기도 하며 대인관계나 적응상의 문제를 함께 지니기도 한다. 신체증상에 대해 심리적인 이유를 잘 인정하려 하지 않으며 자신의 증상을 과장되게 표현하려는 경향을 보이기도 한다. 성격적으로는 의존적이면서도 정서적으로 불안정하며 정서적인 변화의 폭이 크고 대인관계에서 쉽게 심리적인 좌절감을 느끼는 경향이 높다. 신체증상으로 고통을 겪기 때문에 심리적인 이유를 찾기보다는 진단이 나오지 않는 것에 불안을 느껴 이 병원 저 병원을 찾거나 때로는 불필요한 의학적 처치나 민간요법을 찾기도 한다. 보통 10대에 신체증상장애가 시작되는 경향이 있으며 좋아지다가도 심리적인 스트레스가 많아지면 증세가 악화되어 만성화되는 경우가 많다.

표 12-1 신체증상장애의 진단기준

A. 고통스럽게 하거나 일상생활을 현저하게 방해하는 하나 이상의 신체적 증상이 있다.
B. 이러한 신체적 증상에 대해 과도한 생각, 감정, 행동을 보이거나 증상과 관련된 건강염려를 다음 중 최소한 하나 이상의 방식으로 나타낸다.
  1. 증상의 심각성에 대해 과도하게 지속적으로 생각한다.
  2. 건강이나 증상에 대해 지속적으로 높은 수준의 불안을 보인다.
  3. 증상이나 건강에 대한 염려에 시간과 에너지를 과도하게 투여한다.
C. 어떤 하나의 신체증상을 지속적으로 보이는 것이 아니라 할지라도 신체적 증상을 보이는 상태가 일반적으로 6개월 이상 지속된다.

출처: American Psychiatric Association (2013).

신체증상장애와 꾀병

몸이 아픈데도 병원에서 진단이 나오지 않으면 흔히 꾀병이 아닌가 하는 오해를 하게 된다. 그러나 신체증상장애에서는 일부러 증상을 꾸미는 것이 아니기 때문에 꾀병과는 크게 다르다. 신체증상장애와 꾀병의 차이는 다음 두 가지로 요약할 수 있다.

첫째, 의도성의 문제이다. 신체증상장애 환자가 신체증상을 보이는 것은 의식적으로 시작한 것이 아니다. 신체적으로 고통을 느끼나 이는 자신이 의도한 것이 아니며 어느 시점에서 의식적으로 시작할 수도 없다. 그러나 꾀병은 이득을 얻기 위한 목적에서 의도적으로 신체증상을 꾸미게 된다. 예를 들어, 꾀병의 경우, 학교에 가기 싫은 학생이 복통을 호소하여 학교에 가지 않으려는 의도로 배가 아픈 시늉을 할 수 있다. 반면에 학교 가는 것에 심한 불안과 거부감을 지니고 있는 학생이 등교시간이 되면 심하게 배가 아파 올 수 있다. 이 경우 꾀병과는 달리 학생은 복통을 의도적으로 만들어 낸 것이 아니라 자신도 의식하지 못한 채 불안이 신체증상으로 표현된 것이라 할 수 있다.

둘째, 신체증상에 대한 통제의 문제이다. 꾀병은 신체증상을 멈추려고 하면 언제든 멈출 수 있다. 즉, 자신이 증상을 통제할 수 있다. 그러나 신체증상장애에서는 증상으로 심한 고통을 겪어도 증상을 즉시 멈출 수 없다. 증상의 양상이 어떻게 진행될지 알 수 없으며 신체증상으로 인하여 생활에 많은 지장을 초래해도 증상을 임의로 통제할 수 없다.

결국 꾀병은 의식적으로 시작해 의식적으로 끝낼 수 있지만 신체증상장애는 의식적으로 시작하는 것도 아니고 또 증상을 의식적으로 끝낼 수도 없다. 신체증상장애에서는 기저의 심리적인 갈등이 해결되어야 비로소 신체적인 증상이 호전될 수 있다.

2) 원인

진단기준이 더 엄격하게 적용되었던 기존의 신체화장애에 대한 연구를 참고로 신체화장애의 유전적 요인에 대한 연구들을 보면 이란성 쌍생아보다 일란성 쌍생아에서 신체화장애의 일치율이 높다. 신체화장애의 일차가족 중 20%가량이 역시 신체화장애를 앓고 있으며 가족 중 불안장애나 우울장애, 알코올중독, 반사회적 성격장애를 지니고 있는 비율이 높게 보고되었다. 뇌에 관한 연구를 보면 전두엽의 기능장애나 주로 신체의 왼쪽 부위에서 통증을 보고하고 있어 우반구의 관련성을 설명하기도 하나(James et al., 1987), 신체증상장애에서는 유전적인 관련성이 확실하게 알려진 것은 없고 그 역할도 불분명하며, 유전적이거나 기타 생리적인 요인의 영향은 비교적 적은 것으로 알려져 있다.

그보다는 심리적인 요인이 신체에 영향을 미치는 것으로 이해되고 있는데 일찍이 Selye는 스트레스에 대한 일반적인 적응 증후군(general adaptation syndrome)을 설명하며 스트레스와 신체와의 관련성을 설명하였다. 일반적인 적응 증후군이란 스트레스가 지각되면 신체는 경고 단계와 저항 단계, 소진 단계의 세 단계를 밟아 간다는 것이다. 경고 단계에서는 스트레스라고 지각되는 상황에서 신체 내에 복잡한 생화학적 변화가 일어나 스트레스에 대항할 에너지를 동원하게 된다. 스트레스에 의해 자율신경계가 활성화되는 단계이다. 경고 단계를 지나도 스트레스가 지속되면 신체는 저항 단계로 넘어가 부신호르몬의 분비가 증가하는 등 신체의 저항을 증가시키며 스트레스에 적응할 기제를 갖춘다. 그러나 이러한 기제가 장기간 작용하면 신체는 마지막 단계인 소진 단계로 넘어간다. 소진 단계에서는 지속된 스트레스로 신체가 더 이상 효율적으로 반응할 수 없게 되며 경고 단계에서 나타났던 신체 반응이 다시 나타난다. 결국 신체는 해로운 손상을 입거나 질병에 걸리고 심지어는 생명이 위협받는 상황에 이르게도 된다.

스트레스를 받으면 부정적인 정서 상태가 유발된다. 우울이나 불안, 적대감이나 분노감 등의 부정적인 감정을 겪으면, 이는 신체 내에 생리적인 변화를 유발할 수 있다. 부정적인 감정이 내분비의 변화를 유도하고 교감신경계가 활성화되며 이러한 교감신경계의 활성화는 신체의 많은 증상을 자각하도록 만든다. 그러나 심리적인 갈등을 느끼거나 부정적인 감정을 지닌다고 해서 누구나 신체증상장애를 앓는 것은 아니다. 이는 심리적인 갈등이 신체화하여 드러나는 데에는 많은 변인이 개입될 수 있음을 시사한다. 우선 개인이 상황을 어떻게 해석하고 받아들이는가에 대한 인지적인 변인이 큰 역할을 한다. 어떤 사람은 하나의 사건을 큰 스트레스로 받아들이는 반면 어떤 사람은 이를 대수롭지 않은 일로 받아들인다. 스트레스 지각은 개개인이 상황을 어떻게 해석하고 받아들이는가에 따라 달라진다. 다른 하나는 스트레스에 대한 신체적인 반응 수준이 개인마다 다르다는 것이다. 개인마다 스트레스에 반응하는 신체생리적인 반응이 다르기 때문에 신체화하여 드러나는 양상도 개인마다 차이를 보인다. 생물학적 관점에서 볼 때 심리적인 이유나 갈등이 신체생리적인 요인과 상호작용을 하는 것은 주지의 사실이나 신체증상장애를 이해하기 위해서는 개인의 심리적인 측면을 이해하는 것이 중요하다 하겠다.

정신분석적인 관점은 신체화를 무의식적인 갈등이나 억압된 감정이 달리 표현된 것으로 이해한다. Freud는 이를 억압된 감정이 신체라는 통로를 통해 표출되는 것으로 보았다. 개인은 타인이 받아들이기 힘든 강한 욕구나 충동을 느끼기도 하고 때로는 심리적인 갈등을 겪는다. 이러한 부정적인 감정은 개인에게 불안을 일으키는데, 이러한 불안에서 벗어나고자 하는 것이 또 다른 기본적인 욕구가 된다. 심리적인 고통이나 갈등이 의식되면 누구보다도 자신이 견디기 힘들다. 의식으로 떠오르면 견디기 어려운 갈등이나 욕구는 결국 의식으로 떠오르지 못하도록 억압된다. 정신분석에서는 개인이 느낀 갈등이나 부정적인 감정이 대상이 변한다고 해서, 또 시간이 지난다고 해서 해결되거나 개인에게서 사라지는 것은 아니라고 본다. 결국 이러한 갈등은 무의식으로 억압되고 억압된 갈등은 개인에게 끊임없이 영향을 미친다. 신체화란 이러한 억압된 감정이나 갈등이 신체를 통해 표현되는 것으로, 개인은 억압된 부정적인 감정이나 갈등보다는 자신의 신체에 주의를 기울임으로써 갈등을 해결하고자 하는 시도를 하게 된다. 정신분석에서는 신체화를 억압된 갈등이 신체를 통해 드러나는 것으로 보고 이를 자신을 보호하기 위한 일종의 방어기제로 이해한다.

정신분석의 대상관계이론에서 보면, 어린 시절 최초의 애착관계가 형성되는 어머니와의 관계에서 인정받지 못하거나 불안정감을 느끼는 등 애착관계에 문제가 있으면 유아는 자기조절 능력이 취약해진다. 자기조절 능력이 취약해지면 내외부의 사극에 대해서 능동적으로 대처하지 못하게 되는데, 정서적인 자극에 대한 대처에서 취약해질 뿐만 아니라 신체적인 자극에 대한 대처에도 취약해진다. 또 다른 한편으로 정신분석에서는 신체화를 어린 시절로의 퇴행 현상으로 이해하기도 한다. 어린 시절 언어나 행동을 통해 자신의 부정적인 감정이나 고통을 제대로 전달할 수 없었을 때 신체를 통해 고통을 표현하면 양육자의 많은 보살핌과 보호를 받을 수 있었다. 자라서도 이처럼 신체를 통해 고통을 표현함으로써 어린 시절에 익숙했던 심리적인 편안함을 얻고자 하게 되는데 이를 일종의 퇴행으로 볼 수 있다는 것이다. 정신분석적인 관점에서 보면 신체화란 억압된 감정이 신체를 통해 대치되는 것이며 이는 갈등을 상징화하는 것으로, 감정을 억압하면 할수록 자신의 부정적인 감정을 인식하지 못하거나 심하게 표현을 억압하면 할수록 신체화로 발전될 가능성이 매우 높다고 본다(Singer, 1990).

이러한 정신분석적 관점과는 달리 행동주의적 관점에서는 신체화를 학습된 양식으로 이해한다. 어린 시절 누구나 정도의 차이는 있으나 한 번쯤은 아파 본 경험이 있다. 그렇지 않으면 가족이나 주위 사람이 앓는 것을 본 경험이 있다. 신체화장애 환자의 가족 중에는 실제로 신체화장애를 앓은 비율이 높다는 연구 결과가 있다. 이처럼 자신이 실제로 아프거나 주위의 아픈 사람들을 보면서 아픈 경험을 학습하게 된다는 것이다. 어린 시절 몸이 아프면 두 가지 경험을 하게 되는데, 하나는 아픈 상태에 대해 가족이 많은 주의를 기울이는 것을 경험한다. 정신분석에서 다른 한편으로 신체화를 퇴행의 모습으로 이해했던 것처럼 몸이 아프면 주위 사람의 많은 관심과 배려를 받게 된다. 아파서 얻게 되는 주위의 관심과 배려가 중요한 강화 요인이 된다. 다른 하나는, 가족의 관심과 배려를 받기는 하나 몸이 아프다는 자체는 고통스러운 것이다. 그럼에도 아픈 상태를 견딜 수 있는 이유로는 아프면 또 다른 강화물을 얻을 수 있다는 것이다. 관심과 보살핌을 받는 것 외에도 생활에서 부딪혀야 하는 문제를 일시적으로라도 피할 수 있게 되고 또 자신이 해야만 하는 책임과 의무에서도 어느 정도 자유로울 수 있게 된다. 결국 관심을 얻고 동시에 책임과 의무에서 자유로울 수 있다는 것이 강화 요인으로 작용하여 성인이 되어 스트레스에 부딪혔을 때에도 이러한 학습된 반응이 나타날 수 있다는 것이다. 스트레스에 대처하는 양식이 신체화로 조건 형성되었다고 볼 수 있다.

　행동주의적 관점에서는 신체화를 스트레스에 대처하는 방식으로서 환자 역할을 채택하는 것으로도 이해한다(Holder-Perkins & Wise, 2001). 개인이 환자 역할을 채택하게 되는 데에는 사회문화적인 영향도 무시할 수 없다. 문화권에 따라 신체화가 어떻게 드러나는가에 대해서는 어느 정도 논란이 있지만 일반적으로 동아시아 문화권에서 신체화가 많이 일어나는 것으로 보고된다(Mumford, 1993). 우리나라를 비롯한 동아시아 문화권에서는 심리적인 문제나 갈등을 외부로 드러내는 것을 문화적으로 크게 용인하지 않으며 심리적인 불안이나 갈등을 드러내고 표현하는 사람을 취약한 사람으로 보는 경향이 있다. 심리적인 문제를 표현하는 것에 대해서는 관대하지 않은 반면 신체적인 문제를 표현하는 것에는 상대적으로 관대하다. 즉, 질병이 있거나 몸이 아플 때에는 이에 주의를 기울이게 되고 신체적으로 드러나는 문제에 대해서는 관대하게 바라본다. 이러한 사회 분위기에서는 우울이나 불안, 분노감 등 감정을 밖으로 드러내지 않는 것을 인성의 높은 가치로 여기기 때문에 특히 부정적인 감정을 가능한 한 외부로 표현하지 않으려 하게 된다. 우리나라도 성인이 되어 부정적인 감정을 표현하는 것을 문화적으로 가치있는 행동으로 보지 않는다. 반면 감정을 신체로 표현하는 것에는 역시 관대하다. 우리나라의 언어를 보면 감정을 표현하는 데 있어 심리적인 감정을 신체적인 상태로 대치하여 표현하는 것을 많이 볼 수 있다. '속이 쓰리다.'거나 '머리가 아프다.'거나, '가슴이 답답하다.' '애간장이 끓는다.'는 등 감정을 신체적인 상태로 빗댄 언어 표현이 많다. 이는 감정을 직설적으로 표현하는 것을 받아들이기보다는 억제하는 것을 더 나은 가치로 여기는 사회적인 영향으로 볼 수 있다. 이렇게 행동주의적 관점에서는 신체화를 학습된 반응으로 이해하며 이에는 가족의 영향, 사회의 영향, 넓게는 문화의 영향을 받는 것으로 이해한다.

　신체화를 이해하는 데 있어 인지적인 관점을 살펴보면, 왜 스트레스 상황에서 어떤 사람은 신체화를 보이는 반면 어떤 사람은 신체화를 보이지 않는지를 이해할 수 있다. 개인에 따라 반응이 다른 이유로는 같은 스트레스 상황에서도 상황을 달리 해석하는 인지적인 요인에 영향을 받기 때문이다. 인지적 관점에서는 상황을 해석하는 개개인의 독특한 인지 구조를 중요시한다. 예를 들어, 손을 다쳐 피가 나는 사람이 한동안 이에 대해 통증을 느끼지 못하다가 손가락이 베인 것을 알고 나서부터는 손가락의 통증을 크게 자각할 수 있다. 즉, 그동안 다른 곳에 몰두하느라 손가락에 주의를 기울이지 못했다가 주의가 손가락에 미친 순간부터 통증을 크게 느끼는 것이다. 이처럼 신체화 과정에서 형성되는 인지적인 해석은 다음과 같이 진행될 수 있다. 먼저 자신의 신체증상에 주의를 기울인다. 주의를 다른 곳이 아닌 자신의 신체증상에 기울이게 되며 다음으로는 이러한 신체증상에 대한 해석을 내린다. 피곤을 느꼈다거나 과로를 했다거나 아니면 스트레스 때문이라거나 여러 이유에서 신체증상을 느낄 수 있다. 그러나 이러한 신체증상을 어떻게 해석하느냐에 따라 증상을 일시적인 것으로도, 고통스러운 장기적인 건강 이상 상태로도 느낄 수 있다. 또한 신체증상이 생긴 이유에 대해 어떻게 귀인을 하는가도 중요하다. 신체증상을 신체의 어느 부분엔가 이상이 생겼기 때문으로, 질병에 걸렸기 때문으로 귀인을 할 때에는 신체증상에 더 주의를 기울이게 된다. 신체에 이상이 생긴 것으로 귀인하게 되면 신체증상에 대해 과도하게 자각하게 되고 사소한 신체증상도 신체적인 질병 상태와 연관을 시키게 되며 신체증상에 대해 더욱 큰 고통을 느끼게 된다. 인지적 관점에서 보면 결국 신체화란 신체 징후에 선택적인 주의를 기울이고 그 증상을 신체의 문제에 귀인하며 증상을 과도하게 지각해 가는 것이라고 할 수 있다.

신체증상장애의 원인을 이해하기 위해서는 앞서 살펴본 여러 관점에 대한 종합적인 이해가 도움이 될 수 있다. 신체생리적인 요인과 심리적인 갈등과의 연합, 과거의 학습 경험, 신체 상태에 대한 인지적 해석 등이 영향을 미칠 수 있다. 따라서 몸이 아플 때 부모가 어떤 태도를 취했는지, 과도한 근심과 염려는 없었는지, 가족 중에 신체화를 보이는 사람은 없었는지, 만성적인 질병 상태에 있는 사람은 없었는지, 심리적인 면보다는 신체적인 면을 더 허용하는 주위 환경과 문화의 영향은 없었는지 등에 대한 다양한 고려가 필요하다.

3) 치료

신체증상장애는 재발이 잦으며 만성적인 경향을 보이기 쉬운 장애이다. 환자는 무엇보다도 신체증상에 주목하게 되기 때문에 신체증상이 심리적인 이유나 갈등에서 발현된다는 것을 잘 인정하지 않는 경향이 있다. 따라서 신체증상장애는 단기간에 치료하기 어려운 장애이며 만성적이면서 반복적인 경과를 밟는 경우가 많다.

신체증상장애를 치료하기 위해서는 무엇보다도 치료자와의 관계 형성이 매우 중요하다. 신체증상으로 고통을 느낄 때 이를 단순히 신경성이라거나 심리적인 이유로만 설명하면 환자는 이에 대해 심리적인 저항을 보이기 쉽다. 이로 인해 치료자와의 관계가 깨지기 쉽기 때문에 무엇보다도 치료자와의 긍정적인 관계 형성이 중요하다. 신체증상에 과도하게 주목하여 이를 강화시켜서도 안 되지만 또한 신체증상을 무시하거나 인정하지 않는 태도를 보이면 치료적인 관계 형성이 깨지기 쉽다. 환자는 의도적으로 아픈 것이 아니기 때문에 이를 강화하지 않는 선에서 신체증상을 인정하는 것이 필요하다.

정신분석적인 접근에서는 신체증상으로 대치되는 무의식적인 심리적 갈등과 욕구를 드러내고 이를 의식화시키는 것이 중요하다. 기저에 깔려 있는 심리적인 갈등과 불안이 무엇인지를 환자가 인식하지 못하는 경우도 있고 방어적으로 이를 받아들이지 않는 경우도 있다. 통찰치료적인 접근보다는 지지치료적인 접근이 도움이 되는 경우가 많으며 무의식적인 갈등과 불안을 인식하도록 하는 것이 중요하다.

행동치료적인 접근에서는 먼저 증상을 제거하기 위한 치료적인 접근을 취한다. 신체증상은 어떤 상황에서, 어떻게 드러나는지, 이를 강화시키는 요인은 무엇인지를 파악하여 이에 대해 행동치료적인 방법을 다양하게 적용한다. 먼저 신체증상을 어떻게 감소시킬 수 있는지 파악하며 신체증상이 강화되지 않도록 강화 요인을 차단한다. 다음으로 신체증상은 심리적인 불안이나 갈등이 표현되는 것이기 때문에 이러한 불안을 다루고 대처하는 방법을 찾는다. 갈등을 언어화하도록 하거나 자기주장 훈련 및 사회적 대처기술 훈련 등을 통해 불안에 대처하도록 하며 신체적으로는 근육이완 훈련을 병행하기도 한다. 인지치료적인 접근에서는 무엇보다도 신체증상에 과도하게 주목하지 않도록 하며 주의를 신체증상에서 다른 곳으로 분산시키도록 한다. 신체에 느끼는 감각 자극을 증상으로 지각하지 않도록 하며 신체증상을 새롭게 해석하도록 돕는다.

신체증상장애를 치료하기 위해서는 무엇보다 심리적인 이유와 갈등을 표현하고 인정하도록 돕는 것이 필요하다. 심리적인 갈등과 스트레스로 인하여 신체증상이 드러날 수 있음을 받아들이고 이를 인식하도록 도와야 한다. 그렇지 않으면 스트레스에 부딪힐 때마다 신체화로 반복하여 나타나 그 개인을 고통스럽게 할 수 있기 때문이다. 심리적인 불안과 갈등을 표현하도록 돕고 특히 우울이나 분노감 등의 부정적인 감정을 표현하고 인식하도록 하며 이를 긍정적으로 풀어낼 수 있는 감정의 통로를 만드는 것이 중요하다. 이와 함께 심리적인 갈등이나 불안 및 스트레스에 대해 긍정적이고 건설적으로 대처해 나갈 수 있도록 해야 한다. 새로운 정서적인 자극이 주어지거나 스트레스를 일으키는 상황에서는 재발이 쉽기 때문에 스트레스 대처와 관리가 중요하다. 적극적이고도 긍정적인 스트레스 관리와 생활 관리에 대한 교육과 훈련이 필요하다. 가족이나 주위 사람의 지지와 격려가 필요하나 신체증상에 대해 위로와 격려만 하면 오히려 증상을 강화시킬 수도 있기 때문에 조심해야 하며 이 경우 신체증상장애에 대한 교육이 도움이 되는 경우가 많다.

약물치료의 경우, 신체증상장애에 직접적으로 사용하는 약물은 없지만 신체증상을 완화시키는 의학적인 처치를 하기도 한다. 우울이나 불안을 함께 겪는 경우가 많기 때문에 때에 따라서는 항우울제나 항불안제를 처방하기도 한다.

2. 질병불안장애

1) 증상

질병불안장애(Illness Anxiety Disorder)는 심각한 질병에 걸렸거나 앞으로 심각한 질병에 걸릴지 모른다는 불안과 두려움에 집착하는 상태를 말한다. 질병에 걸린 것으로 걱정하여 병원을 찾지만 의학적인 진단을 받는 경우는 드물다. 그러나 의학적인 진단이 내려지지 않았다고 해서 안심을 하기보다는 질병의 구체적인 원인을 찾지 못하였거나 제대로 질병이 확인되지 않았을지도 모른다는 두려움 때문에 또 다른 병원을 찾아 전전하게 된다. 대부분 신체증상을 보이지는 않지만 신체증상을 보이더라도 그 정도가 경미하거나 다른 의학적인 질병을 지니고 있다 하더라도 질병에 대한 두려움이 너무 과도하다. 건강에 대한 불안 수준이 매우 높아 개인의 건강 상태에 대한 변화나 정보에 매우 민감하며 쉽게 염려와 두려움에 휩싸인다. 질병에 대한 불안감으로 의학적 검사나 진료를 자주 반복하여 받기도 하나 때로는 질병에 대한 두려움 때문에 진료를 받거나 병원을 찾는 것을 회피하기도 한다.

대부분의 사람이 신체적인 증상이 나타나면 어느 정도는 자신이 질병에 걸린 것은 아닐까 하는 걱정과 염려를 하기도 한다. 주위에서 심각한 질병에 걸린 사람을 보거나 특히 가족력이 있는 질병에 대해서는 유사한 신체증상에 대해서 때로는 두려움을 지닐 수 있다. 이러한 두려움은 보통 일시적이며 의학적으로 아무런 이상이 없다는 진단을 받았을 때에는 두려움이 감소되거나 해소된다. 그러나 이러한 불합리한 두려움과 불안이 6개월 이상 지속되고 의사의 객관적인 설명이나 의학적인 진단에도 불구하고 건강 이상이나 질병에 대한 집착이 계속될 때에는 질병불안장애 진단을 내리게 된다(DSM-5 진단기준 참조). 『DSM-5』 이전에는 건강염려증으로 불리기도 하였다.

질병불안장애 환자는 질병에 대한 지나친 불안으로 활력이 떨어지며 기타 여러 면에서 기능 저하를 보이기도 하고 질병에 대해 지나치게 두려움을 표출함으로써 가족과의 관계나 다른 대인관계에서 어려움을 겪기도 한다. 질병불안장애는 모든 연령대에서 보일 수 있으나 보통 청소년기에 시작하여 20대와 30대에서 많으며, 남성과 여성의 차이는 크게 보고되고 있지 않다. 질병에 대한 두려움으로 보통 내과나 기타 일반병원을 찾게 되고 일반병원을 찾는 환자 중 4~6% 정도가 질병불안장애를 보인다는 보고기 있다. 질병불안장애에서는 우울이나 불안 증상이 공존하는 경우가 많으며 증상이 회복되었다가도 스트레스 요인이 발생하면 재발하기 쉬워 만성적인 경향을 보인다.

표 12-2   질병불안장애의 진단기준

A. 심각한 질병에 걸렸다는 생각에 집착한다.
B. 신체적 증상이 없거나 있더라도 그 강도가 경미하다. 다른 병이 있거나 병이 발생할 위험성이 높다 하더라도(예: 가족력이 있는 경우) 이러한 집착이 명백히 과도하다.
C. 건강에 대한 불안 수준이 높으며 개인적 건강 상태에 관하여 쉽게 경각심을 가진다.
D. 건강과 관련된 과도한 행동(예: 질병의 징후를 찾기 위한 반복적인 신체검진)이나 부적응적인 회피행동(예: 의사와의 면담약속과 병원방문을 피함)을 한다.
E. 질병에 대한 집착이 적어도 6개월 이상 지속되나 두려워하는 질병이 이 기간 동안 변할 수 있다.
F. 질병과 관련된 집착은 신체증상장애, 공황장애, 일반화된 불안장애, 신체이형장애, 강박장애, 공황장애, 신체형 망상장애와 같은 다른 정신장애로 더 잘 설명되지 않는다.

출처: American Psychiatric Association (2013).

2) 원인

　질병불안장애환자는 스스로에 대한 존중감이 취약하고 자기비하가 많으며 대인관계에서 부적절감을 느끼는 경향이 높다. 정신분석적인 관점에서 Freud는 이에 관하여 외부 대상에 성적 에너지가 발산되지 못한 채 성적 에너지가 자신을 향하게 되면 이러한 에너지가 신체증상으로 전환될 수 있다고 하였다. 다른 정신분석학자들은 자신이 사랑받지 못한다는 감정, 애정에 대한 상실감, 원하는 것을 얻지 못하는 감정 등이 분노의 감정을 일으키고 이러한 분노의 감정이 자신을 향하게 되는 것이라고 보았다. 공격심과 분노감이 외부로 표현되지 못한 채 자신의 신체로 향하는 것이다. 이러한 부정적인 감정이 자신을 향할 때에는 자신을 무가치한 존재로 보게 되며 자신감이 취약해지고 이는 무력한 신체로 표현된다. 억압된 분노감이 무력한 신체의 모습으로 대치되어 나타나는 것이다. 질병불안장애 환자는 때로는 죄책감을 드러내고 자기 처벌적인 모습을 보이기도 한다. 즉, 질병불안장애 환자들은 자신이 느끼는 고통과 분노의 부정적인 감정을 외부로 표현하기보다는 신체 이상으로 관심을 돌려 자신을 벌주기도 하고 또 자신을 방어하기도 한다.

　행동주의적 관점에서는 질병불안장애를 학습과 강화의 관점에서 설명하고 있다. 신체증상장애와 마찬가지로 질병불안장애 역시 어린 시절에 자신이나 가족, 또는 가까운 사람들이 아픈 상황을 경험한 아동이 성장한 후에 질병불안장애를 많이 보였다는 연구가 있다. 질병불안장애에서 두려움을 보이는 신체증상도 부모가 앓았던 질병의 신체증상과 유사하다는 보고가 있다(Kellner, 1985). 또 다른 한편으로는 어린 시절에 어떤 형태로든 부정적인 사건이나 갈등 상황을 겪으면서 그 결과를 자신의 힘으로 통제할 수 없다는 경험을 한 후에는 항상 경계하는 태도가 강화되고 이러한 경계하는 태도가 신체 건강에 대한 태도에도 영향을 미친다. 다른 신체장애와 마찬가지로 질병불안장애 환자 역시 신체 증상에 대한 호소와 건강 이상에 대해 보이는 두려움으로 인하여 주위 사람의 관심과 주의를 끌게 되는 경우가 많다. 주위 사람들이 보이는 관심과 주의로 인하여 애정욕구를 충족시킬 수 있게 되고 때로는 자신이 해야 하는 고통스러운 의무와 책임에서 어느 정도 자유로워질 수 있다. 이러한 결과가 강화되고 학습되어 질병불안장애는 계속 순환되고 악화될 수 있다.

　인지적 관점에서는 질병불안장애를 무엇보다도 신체 증상에 대한 인지 왜곡을 주

특징으로 하는 장애라고 본다. 인지적인 관점에서 보면 질병불안장애는 신체의 증상에 집착하고 과도하게 부정적으로 해석하여 두려움과 공포를 지니게 되는 것인데, 다음의 두 가지 중요한 면을 지닌다. 하나는 우선 신체적인 자극이나 감각을 불안으로 받아들인다는 것이다. 신체의 감각자극이나 건강과 관련된 내외적 자극에 먼저 위협감을 느끼고 이로 인해 염려와 긴장이 유발된다. 인지적인 염려와 긴장감은 신체적인 각성을 일으키는데, 신체적인 각성이 일어나면 이에 다시 주의를 기울이게 되고 이러한 신체적인 각성 상태가 자신의 염려를 확증시키는 증거가 되지는 않는지 확인하려 들게 된다. 신체적인 각성에 주의를 기울임으로써 더욱 신체적인 각성이 일어나고 이를 신체적인 질병 상태에 있는 것으로 잘못된 해석을 내리게 된다. 잘못된 해석으로 인하여 또다시 위협감을 느끼고 긴장과 염려가 일어나며 신체에 주의를 더 많이 기울임으로써 결국 이러한 불안감이 순환하여 질병불안장애를 악화시킨다(Warwick & Salkovskis, 1987). 다른 하나는 질병불안장애 환자는 무엇보다도 신체적인 증상이나 감각, 관련 정보에 선택적인 주의를 기울인다는 것이다(Smeets, de Jong, & Mayer, 2000). 신체감각에 대해서 자신의 염려를 확증하는 정보에 더 주의를 기울이고 자신의 신체 반응에 대해서도 부정적인 면에만 주의를 기울인다. 외부에서 얻는 건강 정보를 접할 때에도 자신의 증상과 관련된 정보에만 선택적으로 주의를 기울이며, 또 이러한 정보에 의존하여 자신의 증상을 더욱 부정적으로 해석한다. 특히 안심을 하게 되는 정보보다는 염려스러운 정보에 더 귀를 기울이고 신체적으로 느끼는 감각도 건강에 배치된다고 생각되는 감각에 더 많은 주의를 기울인다. 질병불안장애 환자는 대체로 질병에 대한 잘못된 신념을 지니고 있고 정상인보다 노화와 죽음에 대해 더 큰 두려움과 공포를 보였다(Haenen et al., 2000). 또한 부정적인 신체증상이 하나도 없는 상태를 건강한 상태라고 보고 조금이라도 취약한 곳이 있으면 건강한 것이 아니라는 건강에 대한 비현실적인 믿음을 보이기도 하였다(Barsky et al., 1993).

생물학적으로는 질병불안장애를 유전적 요인으로 설명하려는 접근이 있다. 예컨대, 질병불안장애를 앓았던 가계에서 질병불안장애가 발생하는 경향이 높다는 연구결과(Kellner, 1985)는 내적·외적 자극에 대해 생물학적으로 취약한 유전적인 요인을 질병불안장애의 원인 중 하나로 고려해야 할 필요성을 보여 준다.

3) 치료

질병불안장애에 대한 치료적인 접근은 쉽지 않다. 왜냐하면 질병불안장애는 우울이나 불안 증상을 동반하는 경우가 많고, 어떤 학자는 질병불안을 불안장애의 다른 표현으로 이해하기 때문에 기저에 깔려 있는 이러한 장애에 대한 치료적인 접근이 필요하기 때문이다. 정신분석적으로 질병불안장애는 신경증적인 욕구와 불안의 다른 표현이기 때문에 이러한 욕구와 불안을 다루는 것이 중요하다.

질병불안장애에는 인지행동적인 치료적 접근이 효과적이라는 보고가 있다(Warwick et al., 1996; Clark et al., 1998). 질병불안장애는 사소한 신체적인 감각을 질병과 관련지어 이에 선택적인 주의를 기울이고 또 원인을 질병에 귀인하는 특징을 갖는다. 따라서 인지적으로는 사소한 신체 감각에 주의를 기울이지 않게 하고 신체증상을 질병에 귀인하지 않도록 하는 것이 중요하다. 신체증상을 새롭게 해석하고 원인을 질병에 귀인하지 않도록 인지적인 재해석을 하며 신체증상이 지니는 의미를 있는 그대로 받아들이고 이해하도록 한다. 한 연구(Salkovskis & Warwick, 1986)에서 질병불안장애 환자에게 먼저 진단이 내려지지 않은 병으로 고생하고 있고 또 환자 자신이 불안의 문제를 지니고 있다는 것에 인지적인 동의를 구하였다. 이러한 인지적인 해석에 덧붙여 행동적인 접근 방법이 병행되었다. 치료가 시작되기 전에 환자는 신체 감각을 질병의 상태로 해석하고 이에 집중하여 불안을 증가시키는 많은 일련의 행동을 하고 있었다. 질병과 관련된 의학서적을 읽으며 자신의 신체 상태를 끊임없이 확인하고 주위에 신체적인 고통을 호소하며 병원을 전전하는 행동을 통해 점점 불안이 가중되는 순환을 보여 왔다. 환자에게 이처럼 불안을 가중시키는 조건에 대해 인지적인 해석을 내리고 이러한 조건을 통제하도록 하는 행동통제 방법을 사용하였다. 인지적인 재해석과 함께 증상이 강화되지 않도록 질병에 대한 불안감에 영향을 미치는 행동 조건을 통제하도록 하여 큰 치료 효과를 거둘 수 있었다.

또한 인지행동치료에서는 신체증상과 건강 상태에 기울이는 주의를 다른 곳으로 분산시키도록 하며 신체적인 감각을 느낄 때에는 주의를 전환할 수 있는 대체활동을 하도록 한다. 때로는 특정한 신체 부위에 일부러 주의를 집중하게 하여 유사한 증상이 어떻게 일어날 수 있는지를 실제로 체험하도록 하기도 한다. 질병불안장애에서는 스트레스에 대한 관리 훈련도 중요하다. 보통 질병불안장애 환자가 보이는 증상과 태도에 대해 가족이나 주위 사람이 과도하게 관심과 주의를 기울일 때에는 증상을 강화 시킬 염려가 있다. 그러나 때로는 의료진이 환자가 염려하는 질병 상태에 대해 의학적인 설명을 구체적으로 충분히 할 때에는 증상이 경감되었다는 보고도 있다(Fava et al., 2000). 약물치료로는 항불안제나 항우울제가 처방되기도 한다.

3. 전환장애

1) 증상

전환장애(Conversion Disorder)는 기능성 신경증상장애라고도 하며 수의적 근육운동이나 감각기관에서 한 가지 이상의 기능 변화를 보이는 경우를 말한다. 이전에는 히스테리성 신경증으로 알려진 장애로 『DSM-III』 이래로 전환장애로 명명되었다. 신체중상장애에서는 일반직으로 자율신경계의 영향을 받는 신체증상이나 통증을 주로 보이는 반면, 전환장애에서는 신경학적인 운동 기능이나 감각 기능에서 이상을 보인다. 전환장애에서 주로 신경학적인 손상을 시사하는 증상들을 나타내기는 하나 이러한 증상이 실제 의학적으로 신경학적인 손상이나 결함에 기인하는 것은 아니다. 증상이 이미 확증된 의학적인 진단과 일치하지 않으며 생리학적인 원인이 발견되지 않고 다른 의학적인 질병에 의해 잘 설명되지 않는다. 증상으로 인해 일상생활에서 현저한 고통을 겪기도 하고 사회적이거나 직업적인 기능을 수행하는 데 현저한 방해를 받는다(DSM-5 진단기준 참조).

전환장애에서 많이 보이는 증상으로는 먼저 운동 기능에 이상을 보이는 경우로, 신체적인 균형이나 협응에 손상을 보이거나 근긴장 이상 운동을 보이기도 한다. 발의 균형을 잡거나 보행하는 데 어려움을 겪는 기립보행불능증이나 팔다리의 저림, 팔다리 사용의 불능 상태를 보이거나 때로는 근육에 마비가 오기도 한다. 또는 목소리가 나오지 않거나 불분명한 발음 상태를 보이기도 하고 음식을 삼키지 못하는 등의 증상을 보인다. 다음으로 감각 기능에 이상을 보이는 경우로, 감각신경의 결함이 없음에도 앞을 보지 못하거나 소리를 듣지 못하거나 촉각을 느끼지 못하는 등의 증상을 보인다. 실명 상태를 보이거나 시야의 일부분만 보이는 터널시야를 보이기도 하고, 신체에 가해지는 자극을 느끼지 못하거나 통각에 대해서 무감각하기도 하다. 운동 기능이나 감각 기능의 이상과 더불어 발작이나 경련을 보이기도 하는데 갑작스럽게 손발이 떨리거나 뒤틀리고 경련이나 마비가 오며 경련이나 마비를 동반한 발작을 보이기도 한다. 증상들은 어느 하나의 증상으로 나타나기도 하고 위에서 언급한 여러 증상이 복합적으로 나타나기도 한다.

전환장애에서 보이는 증상이 기능적인 손상일 뿐 기질적이거나 신경학적인 손상이 아니라는 것은 '장갑마비'의 경우에서 잘 설명된다. 장갑마비는 장갑을 끼는 부위인 손에만 마비가 오는 것으로, 실제 신경은 손과 팔 전체에 연결되어 있어 손에만 신경학적으로 마비가 오기 어려운 데도 손에만 마비가 일어난다. 이는 마비 증상이 신경학적인 기질적 문제가 아니라 심리적인 기능적 문제라는 것을 잘 설명해 준다. 전환장애 증상에서 심리적인 기제를 이해할 수 있는 또 하나의 설명은 전환장애 환자는 보통 자신의 증상에 무관심한 듯해 보인다는 점이다. 보통 신경학적인 손상에 기인해 신체 증상이 나타날 때에는 통상 몹시 불안해지며 드러난 증상에 대해 많은 주의를 기울이고 염려를 한다. 증상의 발현에 대해 심하게 불안해하거나 증상이 일어난 원인을 알고 싶어 하며 증상의 경과와 치료에 대해 큰 관심을 갖는다. 반면 전환장애 환자는 고통을 호소하기는 하나 자신의 증상에 대해 무관심한듯해 보인다. 물론 환자는 의식적으로 증상을 일으킨 것이 아니기 때문에 그 증상으로 인하여 고통을 겪기는 하나 상대적으로 증상에 무심하고 관심이 없는 듯해 보이는 소위 '히스테리성 무관심(la belle indifference)' 상태를 보인다. 이러한 히스테리성 무관심 상태는 전환장애에서 보이는 증상이 심리적인 기제를 지님을 엿볼 수 있게 한다.

기존에 전환장애의 유병률을 전체 인구 중 1~3%로 보고한 연구들이 있으나 현재는 과거에 비해 점점 감소되고 있는 것으로 보고 있어 유병률이 잘 알려져 있지 않다. 남성보다 여성에서 2~5배 정도 더 많은 것으로 보고되나 위협적인 상황이나 군대에서 남성의 전환 증상 사례가 많이 보고되어 심한 스트레스 상황에서는 남녀 차이가 크게 없다는 주장도 있다(Chodoff, 1974). 초발 연령은 주로 10대 후반으로, 10대 후반의 청소년기에서 35세 이전의 성인기에 많이 발생한다. 사회경제적 지위와 교육 수준이 낮은 계층이나 농촌 지역에서 더 많이 발생하는 것으로 보고되며, 현대에 들어와서는 이전에 비해 전환장애의 발생률이 상대적으로 떨어진 것으로 보고되고 있어 전환 증상의 표현에 미친 사회문화적인 영향을 엿볼 수 있다.

표 12-3 　전환장애(기능성 신경학적 증상장애)의 진단기준

A. 수의적 운동이나 감각기능의 변화를 나타내는 하나 이상의 증상이 있다.
B. 증상과 이미 확인된 신경학적 또는 의학적 상태의 불일치를 보여 주는 임상적 증거들이 있다.
C. 증상이나 결함은 다른 의학적 장애나 다른 정신장애로 더 잘 설명되지 않는다.
D. 증상이나 결함은 사회적, 직업적, 또는 다른 기능의 중요한 영역에서 임상적으로 심한 고통이나 손상을 초래하거나 의학적 평가가 필요하다.

출처: American Psychiatric Association (2013).

2) 원인

전환장애는 과거에는 히스테리로 많이 알려진 장애이다. 전환이란 용어는 Freud가 사용한 용어로, 전환 증상에 대한 연구가 정신분석의 이론적인 틀을 세우는 데 큰 역할을 하였다. Freud는 신체의 마비로 나타난 전환 증상을 설명한 사례에서, 한 개인이 느낀 무의식적인 욕망이나 충동이 외부로 표현되지 못한 채 억압되고 이 욕구를 표현하는 데 따른 두려움에 대한 타협으로 전환 증상이 일어난다고 설명하였다. '안나 O(Anna O)'의 사례에서처럼 아버지를 향한 성적 충동이 용납되지 않은 채 불안을 일으키고 이러한 욕구에 대한 죄책감이 자기처벌적인 신체 마비로 나타나며 이 마비를 통해 죄책감을 덜고자 하는 기능으로 전환된다는 것이다. Freud는 전환 증상이 심리성적 발달단계의 오이디푸스단계에서 일어나는 성적 충동과 무의식적으로 밀접한 관련을 갖는 것으로 이해하였다. Freud가 전환 증상을 성적 욕구에 대한 갈등과 억압의 측면에서 본 것과는 달리 다른 정신분석학자들은 성적 욕구만이 아닌 다른 여러 욕구와의 관련성을 설명하였다. Lazare(1981)는 개인의 공격적인 욕구나 의존적인 욕구가 제대로 해소되거나 충족되지 못해 이러한 욕구에서 전환 증상이 유발될 수 있다고 설명하였다. 오늘날의 정신분석학자들은 전환 증상을 성적 욕구나 공격적인 욕구, 의존적인 욕구 등을 포함하여 억압된 무의식적인 갈등이나 욕구가 다른 출구를 찾지 못한 채 신체로 대체되어 표현되는 것으로 설명한다.

정신분석적 관점에서는 무의식적인 갈등이 신체로 대체되어 표현되는 것은 전환 증상을 보임으로써 얻는 두 가지 무의식적인 이득이 있기 때문으로 본다. 무의식적인 이득 중 하나는 먼저 일차적 이득(primary gain)으로, 신체 증상으로 갈등을 전환시킴으로써 자신의 본질적인 갈등과 불안을 인식하지 않아도 된다는 것이다. 신체로 관

심을 돌려 버림으로써 고통스러운 내적 충동과 갈등을 회피할 수 있다는 것이다. 다른 하나는 일차적 이득 외에 얻게 되는 이차적 이득(secondary gain)으로, 증상으로 인하여 주위의 동정과 관심을 얻게 되고 이로 인해 자신이 해야 할 책임과 의무가 면제되는 것이다. 즉, 자신이 놓일 수 있는 불쾌한 상황으로부터 도피하거나 원하지 않는 것을 하지 않아도 되는 이득을 얻을 수 있다는 것이다. 이러한 무의식적인 이득은 전환장애에서 보이는 '히스테리성 무관심' 상태를 잘 설명해 준다. 앞서 설명했던 것처럼 마비나 감각 상실, 경련과 같은 신체증상이 갑작스럽게 나타나면 보통 이러한 증상에 몹시 당황해하고 불안해하는 데, 전환장애 환자는 자신의 전환 증상에 대해 그리 당황해하지 않으며 일견 무관심한 듯한 태도를 보인다. 도저히 용납되기 어려운 심리적인 갈등이 있을 때나 정신적인 충격을 겪은 뒤에 전환 증상을 많이 보이는 점으로 미루어 갈등이나 충격을 스스로 처리하기 어렵거나 견디기 힘들 때 결국 이러한 갈등이나 충격이 신체로 전환되어 나타나는 것으로 본다.

이러한 정신분석적 관점과는 달리 행동주의적 관점에서는 앞서의 장애들과 마찬가지로 전환 증상을 외부적으로 강화되어 학습되는 것으로 이해한다. 근육운동장애나 감각기능장애를 보인 사람들을 보고 증상을 모방하거나 스스로 환자 역할을 채택함으로써 심리적인 보상을 얻게 되고 이러한 보상이 전환 증상을 강화시키는 것으로 보기도 하고(Ullmann & Krasner, 1975), 어린 시절에 사소하거나 경미한 마비와 같은 증상을 경험하고 이러한 마비 증상이 보상을 가져오고 불안을 경감시켰을 때 전환 증상이 강화된다는 것이다. 이러한 경험이 있으면 성인이 되어서도 불안이 일어날 때마다 전환 증상으로 불안을 처리하게 된다(Nemiah, 1985). 행동주의적 관점은 전환 증상으로 얻게 되는 보상이 강화의 역할을 하여 불안을 처리하는 기제로 학습된다는 것이다. 행동주의적 관점에서 전환 증상이 학습된다고 하여 이러한 증상이 의도적으로 만들어진다고 보는 것은 아니며, 그보다는 강화의 역할을 강조하는 것이다. 예를 들어, 실제로는 약물의 치료 효과가 없는데도 약물을 복용하였다는 안심이 통증을 감소시키는 위약 효과(placebo effect)를 보이는 경우나, 의식의 변경 상태가 유도된 상황에서 실제 마비가 일어나지 않았음에도 신경근육의 마비나 무감각을 보고하는 사례에서처럼, 의식적이지는 않아도 불안 감소와 연합될 때에는 이러한 불안 감소가 강화 역할을 하게 된다는 것이다. 전환 증상 역시 증상과 불안 감소가 연합되어 불안이 일어날 때마다 전환 증상을 나타내는 것으로 이해한다.

신체증상장애에서 보이는 증상과 달리 전환장애에서는 왜 운동이나 감각기능의 이상이 증상으로 드러나는가에 대한 생물학적인 설명은 뚜렷하지 않다. 예컨대, 신체 마비가 보통 신체의 왼쪽 부분에 많이 일어나기 때문에 정서와 관련된 뇌의 우반구 이상이 관련된다는 연구가 있기는 하나(Binzer, Ardersen, & Knllgren, 1996) 신체의 왼쪽 부위와 오른쪽 부위에 큰 차이가 없다는 연구결과도 있다(Roelofs et al., 2000). 대뇌피질에서 감각신호를 자각하도록 하는 처리과정에 이상이 있을 수 있다는 보고도 있고 대뇌피질과 망상체 사이의 정보 교류에 이상이 생겨 감각운동에 대한 정보가 전달되지 않아 마비 현상이 나타난다고도 본다. 감각기능을 상실한 전환장애 환자의 연구를 보면 감각자극에 대해 대뇌피질에서의 억제활동이 높게 나타난다(Levy & Mushin, 1973).

전환장애의 소인이 되는 성격에 대한 연구에 따르면 전환장애 환자의 경우 연극성 성격장애를 지닌 비율이 높고 가족 중에서는 반사회성 성격장애와 연극성 성격장애를 지니고 있는 비율이 높았다. 전환장애는 이전 시대에 비해 현대에는 많이 감소한 것으로 나타나는데, 사회학습적인 시각에서 볼 때 이는 사회문화적인 요인도 전환장애의 발생과 관련이 있음을 시사한다. 19세기에는 20세기에 비해 전환장애가 많이 보고되었는데, 19세기는 상대적으로 사회문화적인 억압이 많았던 시대이다. 예를 들어 성적인 욕구나 표현이 문화적으로 억압되었으며 사회적으로도 정서적인 불안을 표현하는 것에 관대하지 않았다. 이에 비해 현대에서는 성적인 표현이나 불안을 표현하는 것에 상대적으로 관대해졌으며 이로 인해 감정을 표현하는 것이 예전 시대보다 용이해졌다. 또 심리학적인 정보와 지식이 많아진 것도 전환장애의 발생을 낮추는 데 하나의 역할을 한 것으로 보인다.

3) 치료

전환장애를 치료하기 위해서는 무엇보다도 먼저 전환 증상으로 드러난 심리적인 갈등 상황이나 사건을 확인하고 이를 파악하는 것이 중요하다. 전환장애로 진단을 내리기 위해서는 전환 증상의 발현에 앞선 스트레스 상황이나 심리적인 연관성을 발견해야 한다. 만성적으로 전환 증상을 드러낼 때에는 당장의 스트레스 자극 없이도 전환 증상을 보일 수 있으나 근본적으로는 심리적인 동기와 이유를 지니기 때문에 치료를 하려면 증상과 연관된 심리적인 갈등과 원인을 이해하는 것이 필요하다.

정신분석치료에서는 전환 증상으로 나타난 무의식적인 갈등과 욕구를 의식화시키는 치료적인 방법이 시행된다. 신체적으로 전환된 기저의 심리적인 갈등이 무엇인지를 의식화시키게 된다. 그러나 정신분석치료가 전환장애에서 단기간에 쉽게 치료 효과를 얻기는 어렵다. 전환 증상으로 드러난 심리적인 갈등을 바로 직면시키거나 이를 통찰하게 하는 것은 환자에게 또 다른 고통이나 저항을 불러올 수 있고 오히려 전환 증상을 가중시킬 수도 있기 때문에 정신분석적 통찰치료는 환자에 따라 조심스럽게 적용된다. 통찰치료보다는 지지치료가 많이 적용되는데, 지지적으로 심리적인 갈등을 서서히 인식할 수 있도록 한다. 대화요법이나 감정의 정화를 불러오는 환기요법 등이 시행된다.

행동주의적 치료에서는 먼저 신체증상의 소실에 주요 관심을 둔다. 증상이 언제 일어나는지, 어떤 상황에서 발생하는지, 어떠한 심리 상황과 연관되는지를 분석하고 이러한 상황과 행동을 다룬다. 전환장애에서는 무엇보다도 심리적인 이유와 스트레스가 전환 증상과 어떻게 관련되는지 이해하는 것이 중요하기 때문에 행동주의적 치료 방법에서도 자극과 반응, 강화의 유관관계에서 전환 증상을 다룬다.

전환장애를 치료하기 위해서는 환자가 전환 증상으로 얻는 이차적 이득을 확인하고 이를 차단하는 것이 중요하다. 환자는 전환 증상을 드러냄으로써 이차적인 이득을 얻을 수 있다. 이러한 이득으로 인하여 심리적으로 불안한 상황에서는 전환 증상이 재발하기 쉽다. 정신분석적 치료에서는 환자 자신이 증상에 관심을 갖게 됨으로써 환자의 역할을 지속하게 되고 퇴행을 발달시킬 수 있음에 주목한다. 행동주의적 치료에서도 전환 증상을 드러냄으로써 얻게 되는 책임 회피, 주의와 관심의 증가 등 증상에 따라 오게 되는 보상이 강화를 일으키게 된다고 보고 이에 주목한다. 따라서 심리적인 이유에 대해서는 치료적인 접근을 하되 증상에 대해서는 과도한 주의와 관심을 기울이지 않도록 경계하는 것이 필요하다. 그러나 환자가 이러한 증상을 나타내는 것이 의식적인 것은 아니기 때문에 신체증상을 부정하는 것은 아니며 고통스러운 상태를 인정하지 않는 것이 아님을 명심해야 한다. 신체증상을 그대로 인정하되 치료자가 이에 과도한 주의를 기울여 증상이 강화되지 않도록 하는 것이 중요하다. 전환장애 환자에게 마비나 감각상실과 같은 신체증상이 실제로는 심리적인 이유나 때로는 상상에 의한 것임을 직접적으로 이야기한다거나 환자가 겪는 신체적인 고통을 받아들이지 않게 되면 지속적인 치료관계가 깨지기 쉽기 때문에 역시 이에 주의해야 한다.

인지행동치료로는 자신이 느끼는 불안과 두려움에 대해 인식하도록 하고 신체적인 증상을 잘못 해석하지 않도록 하며 스트레스 관리, 사회적 기술 습득 및 대처 훈련, 신체에 적용하는 근육이완 훈련 등이 병행된다. 선행된 심리적인 갈등을 살펴보고 유사한 상황에서 어떻게 대처하고 갈등 상황을 헤쳐 나갈 수 있을지, 상황에 대해 어떻게 자율적이면서도 긍정적으로 대처할 수 있을지에 대해 교육하고 훈련한다.

전환장애는 증상이 급작스럽게 발병한 경우, 증상을 촉발한 원인이 분명한 경우, 증상이 나타나기 이전에 적응 수준이 양호한 경우, 기타 다른 정신과적 장애가 없는 경우에 예후가 좋다. 전환장애에 때로는 최면치료가 시행되기도 하며 항불안제와 같은 약물이 처방되기도 한다.

4. 인위성 장애

인위성장애(factitious disorder)는 신체적 또는 정신적 증상을 허위로 꾸며내어 환자 역할을 하는 경우를 말한다. 증상을 의도적으로 가장하기도 하고 스스로 상처를 내거나 상해를 입어 질병을 유발하기도 한다. 이렇게 하는 이유는 외부적으로 분명한 현실적인 이유가 있어서라기보다는 단지 환자 역할을 하려는 심리적인 욕구에 기인한다. 정신적으로 우울 증상이나 기타 정신병적 증상을 위장하기도 하고 고통스러운 상황을 거짓으로 꾸며 내기도 하며, 신체적으로는 신체증상을 끊임없이 호소하고 치료를 요하는 질병과 유사한 증상을 만들어 내어 이를 치료하기 위해 병원을 찾거나 입원을 하는 상황을 만든다.

아픈 상태를 인위적으로 가장한다고 하여 일견 꾀병처럼 보일 수 있으나 인위성장애는 꾀병과는 다르다. 꾀병은 병을 가장하는 분명한 목적이 있다. 예를 들어, 증상을 가장하여 처벌이나 책임을 피하거나 경제적 이득을 얻거나 법적 책임을 회피하고자 하는 등의 목적이 분명하다. 따라서 진단과 치료과정에서 오는 고통을 회피하고자 하며 목적이 달성되면 증상이 사라지는 반면, 인위성장애는 처벌을 피하거나 보상을 얻고자 하는 분명한 목적이 없으며 진단과 치료과정에서 오는 고통을 스스로 받아들이는 피학적인 모습을 보인다.

인위성장애는 대개 성인기 초기에 발병하며 때로는 아동기나 청소년기에서도 발생한다. 아동기나 청소년기에 실제로 병을 앓았던 경험이 많이 보고되는데 병을 앓으며 경험했던 보호와 의존의 경험이 성인기에 인위성장애를 일으키는 데 하나의 역할을 하는 것으로 보인다. 인위성장애 환자의 경우 어린 시절에 부모로부터 버림받거나 무시나 학대를 받았던 경험이 많이 보고된다. 정신분석이론에서는 어린 시절에 형성되지 못한 부모-자녀관계를 의료진과 환자의 관계에서 재구성해 보려고 하는 무의식적인 욕구에서 비롯되는 것으로 이해한다. 부모에게 받지 못했던 돌봄과 배려를 의료진과의 관계에서 재경험하고 이를 회복하고자 하는 심리적인 욕구에서 환자 역할을 하게 된다는 것이다.

인위성장애 환자는 자존감이 취약하고 의존적이며 혼란스러운 자기정체감을 보이며 때로는 피학적이면서도 자기파괴적인 성향을 보인다. 의학적인 진단과 치료과정을 거치며 고통을 감내하기도 하고 이러한 고통을 통해 자기 자신을 벌주려는 죄책감도 많이 보인다. 그러나 이러한 심리적인 욕구가 충족되거나 의료진과의 관계가 안정적으로 오래 지속되기는 힘들다. 환자 역할을 하는 것을 지적하거나 비난하면 욕구가 좌절되어 병원을 방문하거나 치료하는 것을 중단하며, 반복적으로 다른 의료진이나 병원을 찾아 전전하며 만성화되는 경향을 보이기도 한다.

인위성장애의 발병률은 잘 알려져 있지 않으며, 치료도 쉽지 않다. 병을 위장하거나 유발한 것이 문제시되면 쉽게 치료를 중단하기 때문이기도 하고 또 심리치료를 위해 스스로 치료자를 찾는 경우도 드물기 때문이다. 인위성장애 환자를 대할 때 치료자는 먼저 환자 역할로 받을 수 있는 불필요하고 고통스러운 진단과 치료과정을 거치지 않도록 주의할 필요가 있다. 치료자가 인위성장애 환자의 심리적인 욕구를 인식하고 환자 자신이 허위 증상을 인정하도록 하는 것이 필요하다. 무엇보다 환자 역할을 함으로써가 아니라 실제 생활에서 현실적으로 자신의 심리적인 욕구를 건강하게 해결해 나갈 수 있도록 돕는 것이 중요하다.

5. 기타 의학적 상태에 영향을 미치는 심리적 요인

심리적인 요인이 질병의 발생과 경과에 실제로 영향을 미쳐 의학적으로 진단을 받을 때에는 이를 정신신체장애(psychosomatic disorder)라고 한다. 정신신체장애는 정신생리장애(psychophysiological disorder)라고도 불리는데『DSM-5』에서는 이를 "기타 의학적 상태에 영향을 미치는 심리적 요인(psychological factors affecting other medical conditions)"으로 분류하고 있다. 신체증상장애나 전환장애와의 차이는 심리적인 요인이 신체증상의 발생과 경과에 영향을 미친다는 점에서는 같으나 신체증상장애나 전환장애는 의학적인 진단을 받지 않는 반면, 정신신체장애는 의학적인 진단을 받는다는 점에서 차이를 보인다.

정신신체장애에서 심리적인 요인은 질병의 발생만이 아니라 경과나 회복에 영향을 미치며 악화 및 재발에도 광범위하게 영향을 미친다. 즉, 심리적인 요인이 질병을 악화시키거나 회복을 지연시키는 등 의학적 상태의 경과에 영향을 미치거나 치료를 방해하며, 건강에 위협이 되는 위험 요인을 추가로 제공하거나 스트레스와 관련되는 생리적인 반응이 의학적 상태의 증상을 유발하거나 악화시킨다. 심리적인 요인에는 스트레스나 개인의 성격 특질 및 대처양식, 불안감이나 분노 및 적대감 등의 정서적 표현 방법, 건강하지 못한 생활양식, 심리적인 갈등 등이 모두 포함된다.

정신신체증상은 소화기계 장애(소화성 궤양, 궤양성 대장염, 과민성 대장증후군, 비만)에서 가장 많으며 호흡기계 장애(과호흡 증후군, 기관지천식), 심혈관계 장애(관상동맥 심장질환, 고혈압, 울혈성 심부전, 부정맥), 내분비계 장애(갑상선 기능항진증, 당뇨병, 여성 내분기계 장애), 피부계 장애(소양증, 다한증, 두드러기, 지루성 피부염 또는 신경성 피부염), 근육골격계 장애(류머티즘 관절염, 요통, 섬유근육통), 신경계 장애(두통, 편두통, 긴장성두통)와 만성 통증, 면역계 장애, 암, 비뇨생식기계 장애 등에서 다양하게 나타난다.『DSM-5』에서는 심리적인 요인이 거의 모든 일반적인 의학적 상태의 발현이나 치료에 중요한 역할을 한다고 설명하고 있다.

이처럼 심리적인 요인이 중요한 역할을 하나 다른 신체형장애에서는 신체적인 손상이나 질병에 대한 진단이 내려지지 않는 반면에 심리적인 요인이 동일해도 정신신체장애에서는 실제로 신체적인 손상이나 질병이 발생하는 이유는 무엇일까? 개인은 왜 이런 차이를 보이는 것일까? 이러한 차이에 대한 설명으로는 두 가지 이론을 들 수 있다. 하나는 신체취약이론으로, 각 개인은 유전적으로 특정한 신체기관의 취약성이 다르다는 것이다. 심리적인 요인이 개인에 따라 특히 신체적으로 취약한 기관에 영향을 미쳐 특정한 신체질환이 유발될 수 있다는 것이다. 다른 하나는 특정반응이론으로서, 개인은 스트레스에 대한 자율적인 반응에서 각자 독특한 반응양식을 가지고 있다는 것이다. 예를 들어, 외부의 여러 자극에 대하여 어떤 사람은 심박률의 증가를 보이는 반면, 어떤 사람은 심박률이 크게 변하지 않는다(Lacey, 1967). 이처럼 개인은 스트레스에 대하여 각자 다른 반응을 보이며 가장 민감한 반응을 보이는 신체기관에 정신신체장애가 발생할 가능성이 높다는 것이다. 다른 신체화 장애와 함께 정신신체장애는 몸과 마음은 이분법적인 것이 아니라 서로 영향을 주는 밀접한 관계에 있으며 몸과 마음이 다른 양면을 보이나 실은 하나임을 시사해 준다. 이러한 몸과 마음의 연관성에 대한 연구는 이상심리학의 주요 주제로 오랫동안 연구되어 왔다.

 요약

1. 생리적인 원인이 발견되지 않고 의학적인 진단 결과에서도 이상이 나타나지 않음에도, 신체적인 증상으로 고통을 겪거나 불안을 겪는 경우를 신체증상 및 관련 장애라 한다. 신체증상은 심리적인 갈등이나 불안이 신체적으로 표현되어 나타난 증상이며, 드러난 증상에 따라 신체증상장애, 질병불안장애, 전환장애, 인위성장애 등으로 분류한다.

2. 신체증상 및 관련 장애의 원인에 대한 설명으로는 과거의 무의식적인 갈등이나 욕구가 신체로 대치되어 드러나는 것으로 보는 정신분석적 관점과 이전의 경험과 신체증상을 강화시키는 요인 및 학습을 중요하게 보는 행동주의적 관점, 신체증상을 개인이 어떻게 해석하고 받아들이는가를 중요시하는 인지적 관점 등이 있으며 생물학적 관점과 더불어 통합적인 관점에서 신체증상 및 관련 장애를 이해해 볼 수 있다.

3. 신체증상장애는 하나 이상의 다양한 신체증상을 호소하는 장애로서 보통 만성적인 경과를 밟는다. 의학적인 원인 없이 구토나 설사, 변비 등 위장 계통의 증상이나 호흡기 계통, 비뇨기 계통의 증상 등 다양한 증상을 호소한다. 이로 인해 일상생활을 영위하는 데 어려움을 겪게 되는데, 이는 심리적인 이유와 밀접한 관련이 있다.

4. 다양한 신체증상을 호소하는 신체증상장애와는 달리 전환장애는 수의적인 운동영역이나 감각기관에서 기능적인 결함이나 손상을 보이는 장애이다. 신체의 마비나 경련, 운동기능의 손상, 시각이나 청각 등 감각기능의 실조나 이상을 보인다. 그러나 이러한 운동기능이나 감각기능의 손상에 대해 신경학적이나 의학적인 원인은 발견되지 않는다. 정신분석에서는 심리적인 갈등이나 불안, 억압된 욕구 등을 신체증상으로 대치시켜 드러냄으로써 얻게 되는 무의식적인 일차적 이득과 이차적 이득에 대해 설명하고 있다.

5. 질병불안장애는 신체증상을 보이는 신체증상장애나 전환장애와는 달리 신체증상을 보

이지 않으며 신체증상을 보인다 하더라도 그 정도가 경미하다. 그럼에도 자신이 심각한 질병에 걸렸거나 앞으로 심각한 질병에 걸릴 것이라는 불안과 두려움에 휩싸여 고통을 겪는 장애를 질병불안장애라 한다. 사소한 신체적 증상이나 감각에도 심각한 질병에 걸렸다고 해석하여 질병에 대한 지나친 두려움과 불안을 나타내며 진단 결과에서 이상이 발견되지 않음에도 심각한 질병에 걸렸다는 두려움을 떨치지 못하여 이 병원 저 병원을 찾아다니게 된다. 신체증상 자체보다는 질병에 대한 비현실적인 두려움과 염려, 불안, 공포가 더 크다는 점에서 신체증상장애나 전환장애와 차이를 보인다.

6. 인위성장애는 정신적이거나 신체적인 증상을 의도적으로 만들어 냄으로써 환자 역할을 하려고 위장하는 경우를 말한다. 질병을 허위로 가장하기도 하고 때로는 자신의 신체에 위해를 가하여 질병을 유발하기도 한다. 이는 이득이 되는 보상을 얻거나 처벌이나 책임을 회피하려는 현실적인 이유에서가 아니라 단지 환자 역할을 하려는 심리적인 욕구에서 기인한다. 분명한 목적을 갖지 않는다는 점에서 꾀병과는 다르며 심리적인 욕구 때문에 환자 역할을 위장한다.

7. 신체증상장애나 전환장애는 생리적인 원인이 발견되지 않고 의학적인 진단을 받지 않으나 정신신체장애는 신체증상에 대해 실제로 의학적인 진단을 받는 경우를 말한다. 심리적인 요인이 신체증상의 발생과 경과에 영향을 미친다는 점에서는 같으나 실제로 의학적인 진단을 받는다는 점에서 이들 장애와 다르다. 『DSM-5』에서는 이를 "기타 의학적 상태에 영향을 미치는 심리적인 요인"으로 분류하고 있다.

학습과제

1. 신체화의 개념을 설명하고 신체증상장애의 진단기준에 대해 설명하시오.
2. 신체증상장애와 전환장애의 공통점과 차이점에 대해 설명하시오.
3. 전환장애의 원인을 정신분석적 관점에서 설명하고 일차적 이득과 이차적 이득에 대해 설명해 보시오.
4. 질병불안장애에 대해 설명하고 원인과 치료를 인지행동적 관점에서 설명해 보시오.
5. 인위성장애와 꾀병이 어떻게 다른지 비교 설명해 보시오.

참고문헌

권석만(2003). 현대 이상심리학 2판. 서울: 학지사.

김명정, 김광일(1984). 신체화장애의 임상적 연구. 정신건강연구, 2, 137-158.

민성길(2006). 최신정신의학. 서울: 일조각.

신현균(2000). 신체형 장애. 서울: 학지사.

원호택(1997). 이상심리학. 서울: 법문사.

최정윤, 박경, 서혜희(2006). 이상심리학(2판). 서울: 학지사.

American Psychiatric association. (1994). *Diagnostic and Statistical Manual of Mental Disorder* (4th ed.). Washington, DC.

American Psychiatric Association (2013). *Diagnostic and statistical manual of mental disorders* (5th ed.). Virginia: American Psychiatric Association. 권준수, 김재진, 남궁기, 박원명, 신민섭, 유범희, 윤진상, 이상익, 이승환, 이영식, 이헌정, 임효덕, 강도형, 최수희 공역(2015). 정신질환의 진단 및 통계편람(제5판). 서울: 학지사.

Barsky, A. J., Coeytaux, R. R., Sarnie, M. K., & Cleary, P. D. (1993). Hypochondriacal patients' beliefs about good health. *American Journal of Psychiatry, 150*, 1085-1089.

Binzer, M., Andersen, P. M., & Kullgren, G. (1996). Clinical characteristics of patients with motor disability due to conversion disorder: A prospective control group study. Journal of Neurology, *Neurosurgery, and Psychiatry, 63*, 83-88.

Chodoff, P. (1974). The diagnosis of hysteria: An overview. *American Journal of Psychiatry, 131*, 1073-1078.

Clark, D. M., Salkovskis, P. M. N., Hackmann, A., Wells, A., Fennell, M., Ludgate, S., Ahmad, S., Richards, H. C., & Gelder, M. (1998). Two psychological treatment for hypochondriasis. *British Journal of Psychiatry, 173*, 218-225.

Corove, M. B., & Gleaves, D. H. (2001). Body dysmorphic disorder: A review of conceptualiz ations, assessment, and treatment strategies. *Clinical Psychology Review, 21*, 949-970.

Fava, G. A., Grandi S., Rafanelli, C., Fabbri, S., & Cazzaro, M. (2000). Explanatory therapy in hypochondriasis. *Journal of Clinical Psychiatry, 61*(4), 317-322.

Gerald, C. D. (2004). *Abnormal psychology: with cases*. NY: Wiley. 이봉건 역(2006). 이상심리학. 서울: 시그마프레스.

Haenen, M. A., de Jong, P. J., Schmidt, A. J., Stevens, S., & Visser, L. (2000). Hypochondriacs' estimation of negative outcomes: Domain-specificity and responsiveness to reassuring and alarming information. *Behaviour Research and Therapy, 38*, 819-833.

Holder-Perkins, V., & Wise, T. N. (2001). Somatization disorder. In K.A. Phillips (Ed.), *Somatoform and Factitious Disorders* (pp. 1-26). Washington, DC: American Psychiatric Press.

Hollander, E., Allen, A., Kwon, J., Wong, C., & Simeon, D. (1999). Clomipramine vs. desipramine crossover trial in body dysmorphic disorder. *Archives of General Psychiatry, 56*, 1033-1039.

James, L., Singer, A., Zurynski, Y., Gordon, E., Kraiuhin, C., Harris, A., Howson, A., & Meares, R. (1987). Evoked response potentials and regional cerebral blood flow in somatization disorder. *Psychotherapy and Psychosomatics, 47*, 190-196.

Kellner, R. (1985). Functional somatic symptoms and hypochondriasis: A survey of empirical studies. *Archives of General Psychiatry, 42*, 821-833.

Lacey, J. I. (1967). Somatic response patterning and stress: Some revisions of activation theory. In M. H. Appley, & R. Trumball (Eds.), *Psychological Stress*. NY: McGraw-Hill.

Lauren B. A, John H. R, & Margaret J. M. (2004). *Abnormal psychology: current perspective*. NY: Mcgraw-Hill. 홍창희, 조진석, 성경순, 이명주 공역(2006). 이상심리학: 현재의 조망. 서울: 박학사.

Lazare, A. (1981). Current concepts in psychiatry. *New England Journal of Medicine, 305*, 745-748.

Levy, R., & Mushin, J. (1973). The somatosensory evoked response in patients with hysterical anaesthesia. *Journal of Psychosomatic Research, 17*, 81-84.

Maldonado, J. R., & Spiegel, D. (2001). Conversion disorder. In K. A. Phillips (Ed.), *Somatoform and Factitious Disorders* (pp. 67-94). Washington, DC: American Psychiatric Press.

Melzack, R. (1992). Phantom limb. *Scientific American, April*, 90-96.

Melzack, R., & Wall, P. D. (1965). Pain mechanism: A new theory. *Science, 150*, 971-979.

Mumford, D. B. (1993). Somatization: A transcultural perspective. *International Review of Psychiatry, 5*, 231-242.

Nemiah, J. C. (1985). Somatoform disorders. In H. I. Kaplan & B. J. Saddock (Eds.), *Comprehensive Textbook of Psychiatry* (4th ed., pp. 924-942). Baltimore, MD: Williams & Wilkins.

Noyes, R. (1999). The relationship of hypochondriasis to anxiety disorders. *General Hospital Psychiatry, 21*, 8-17.

Phillips, K. A. (2001). Body dysmorphic disorder. In K. A. Phillips (Ed.), *Somatoform and*

Factitious Disorders (pp. 95-128). Washington, DC: American Psychiatric Press.

Roelofs, K., Naering, G. W., Moene, F. C., & Hoogduin, C. A. (2000). The question of lateralization in conversion disorder. *Journal of Psychosomatic Research, 49*, 21-25.

Salkovskis, P., & Warwick, H. M. (1986). Morbid preoccupations, health anxiety, and reassurance: A cognitive-behavioural approach to hypochondriasis. *Behaviour Research and Therapy, 24*, 597-602.

Singer, J. L. (1990). *Repression and Dissociation: Implication for Personality Theory: Psychopathology and Health.* Chicago: The University of Chicago Press.

Smeets, G., de Jong, P. J., & Mayer, B. (2000). If you suffer from a headache, then you have a brain tumour: Domain-specific reasoning "bias" and hypochondrias. *Behaviour Research and Therapy, 38*, 763-776.

Theodor, L. H., & Mandelcorn, M. S. (1973). Hysterical blindness: A case report using a psychophysical technique. *Journal of Abnormal Psychology, 82*, 552-553.

Thibaut, J. W., & Kelley, H. H. (1959). *The social psychology of groups.* New York: Wiley.

Ullmann, L., & Krasner, L. (1975). *A Psychological Approach to Abnormal Behavior.* Englewood Cliffs, NJ: Prentice-Hall.

Warwick, H. M. C., & Salkovskis, P. M. (1987). Hypochondriasis. In J. Scott, J. M. G. Williams & A. T. Beck (Eds.), *Cognitive therapy: A Clinical Casebook.* London: Routledge.

Warwick, H. M. C., Clark, D. M., Cobb, A. M., & Salkovskis, P. M. (1996). A controlled trail of cognitive-behavioural treatment of hypochondriasis. *British Journal of Psychiatry, 169*, 189-195.

Wilhelm, S., Otto, M. W., Lohr, B., & Deckersbach, T. (1999). Cognitive behavior group therapy for body dysmorphic disorder: A case series. *Behavior Research and Therapy, 37*, 71-75.

Wilson, J. J., & Gil, K. M. (1996). The efficacy of psychological and pharmacological interventions for the treatment of chronic disease-related and non-disease-related pain. *Clinical Psychology Review, 16*, 573-597.

Zimmerman, M., & Mattia, J. I. (1998). Body dysmorphic disorder in psychiatric outpatients: Recognition, prevalence, comorbidity, demographic, and clinical correlates. *Comprehensive Psychiatry, 39*(5), 265-270.

제13장

섭식 및 배설장애

이임순

학습 목표

1. 사회문화적 요인과 섭식장애와의 관계를 알아본다.
2. 신경성 식욕부진증, 신경성 폭식증 및 폭식장애의 차이점과 특징을 알아본다.
3. 섭식장애의 원인과 치료의 기본 원칙을 이해한다.
4. 급식장애의 종류와 특징에 대해 알아본다.
5. 배설장애의 종류와 특징에 대해 알아본다.

학습 개요

섭식장애는 신체적인 아름다움과 날씬함을 강조하는 시대 흐름에 따라 나타난 장애로 볼 수 있다. 섭식장애는 청소년기 소녀에게서 주로 나타나지만 점차 성별과 연령에 무관하게 증가되는 추세이다. 섭식장애 환자는 왜곡된 신체상을 나타내고, 체중의 증감에 따라 자존감이 좌우된다. 섭식장애 환자는 심리적 불편함을 먹는 것으로 해결하려는 경향을 나타내는 한편, 체중증가를 통제력의 상실로 받아들이므로 음식을 섭취한 후에 이를 제거하려고 노력하는 이중의 어려움을 겪는다. 『DSM-5』의 진단기준에 근거하여 섭식장애의 종류와 특징을 알아보고, 치료의 기본적인 견해를 살펴본다. 인위적으로 장기간 음식섭취를 제한하는 전형적인 다이어트의 영향을 살펴봄으로써 섭식장애와의 연관성을 고찰해 본다. 그리고 주로 아동기에 나타나는 급식장애의 종류와 증상에 대하여 『DSM-5』의 진단기준을 제시한다. 마지막으로, 『DSM-5』의 진단기준에 근거하여 배설장애의 종류와 증상에 대해 알아본다.

1. 섭식장애

우리는 신체적인 에너지를 얻기 위해 매일 음식을 먹는다. 삶이 풍요로워지면서 음식은 단순히 생명을 유지하는 수단만이 아니라 사회적 지위나 문화의 표현 등 여러 의미를 가진다. 아직도 세상의 한편에서는 생명을 유지하는 데 필요한 음식이 부족해서 죽어 가지만, 다른 한편에는 날씬해지기 위해 자발적으로 굶는 사람이 있다. 통통한 몸매가 부와 아름다움의 상징이었던 시기도 있었지만, 오늘날 대부분의 서구화된 사회에서는 마르거나 날씬한 것이 아름답다고 여겨지며, 날씬해지기 위해 노력하는 것이 일상이 되었다. 이런 사회 흐름과 함께 아동은 청소년기가 되면서 자신의 신체 변화에 예민해지고, 자신의 체형에 대한 다른 사람의 평가에도 민감해진다. 특히 청소년기의 소녀는 자신의 체형에 대해 불만스러워하기 쉬우며, 남들이 부러워하는 날씬한 몸매로 가꾸기 위해 다이어트를 시작하기도 한다. 하지만 과도한 섭식절제는 경우에 따라 폭식을 유발하거나 섭식장애로 진행될 가능성이 있다.

섭식장애(eating disorder) 중에서 가장 먼저 보고된 것은 신경성 식욕부진증이다. 'anorexia'는 '식욕 감소'라는 그리스어에서 왔으나, 신경성 식욕부진증 환자는 식욕이 감소해서가 아니라 살찌는 것에 대해 극도로 두려워하기 때문에 자발적으로 음식섭취를 줄이는 것이므로 잘못 붙여진 명칭이라 할 수 있다. 1960년대에는 신경성 식욕부진증의 특징을 마른 몸을 위한 처절한 추구, 체중 공포 혹은 살찌는 것에 대한 병적 두려움으로 정의하였다. 1980년에 『DSM-III』에서는 폭식증을 신경성 식욕부진증의 증상으로 보았으나, 1987년에 『DSM-III-R』에서는 신경성 폭식증을 신경성 식욕부진증과는 다른 장애로 기술하였다. 'bulimia'는 '황소 식욕'이라는 그리스어에서 유래하는데, 신경성 폭식증은 대체로 정상범위의 체중에 해당하는 사람이 폭식한 후 이에 대한 보상행동으로 구토나 하제 사용을 반복하는 것이 특징이다. 1994년에 『DSM-IV』에서는 폭식장애를 추후 연구를 위한 진단으로 부록에 포함시켰으나, 2013년에 『DSM-5』에서는 이를 섭식장애의 한 유형으로 보았다. 폭식장애는 조절할 수 없는 폭식 후에 수치심과 죄책감을 느끼는 장애이며, 폭식을 반복하지만 체중증가를 막기 위한 별도의 보상행위를 하지 않는 것이 특징이다.

『DSM-5』에 따르면, 젊은 여성이 신경성 식욕부진증을 나타내는 1년간 유병률은 0.4%이고, 신경성 폭식증을 나타내는 1년간 유병률은 약 1~1.5%에 해당한다. 신경성 식욕부진증과 신경성 폭식증의 발생비율이 여성과 남성이 적어도 10대 1 정도로 여성에게 주로 나타나며, 일반적으로 10대 후반에 발병하고, 중상의 사회경제적 계층에서 주로 나타나는 것으로 알려져 왔다. 최근에는 섭식장애가 청소년기에서 초기 성인기의 여성뿐 아니라 남녀 모두의 문제로서 30대에서 50대에 이르기까지 거의 전 연령에서 나타날 수 있는 장애로 확대되는 추세이다. 또한 이 두 장애를 나타내는 경우에 자살 및 사망 위험률이 증가하므로 특별한 주의를 요한다. 이 두 장애에 비해 폭식장애는 상대적으로 알려진 것이 적은데, 폭식장애는 일반적으로 청소년기나 성인기 초기에 시작되지만, 그 이후에도 시작될 수 있다. 우리나라에서는 1980년대 후반부터 청소년 사이에서 섭식장애가 발생하기 시작하였다(한오수 외, 1990). 우리나라에서도 이미 남녀 모두가 체중감소를 위한 다이어트에 많은 관심을 보이고 있으며, 체중조절 프로그램 혹은 다이어트를 실시하는 사람은 섭식장애 유병률이 전체 집단에 비해 더 높기 때문에 섭식장애에 대한 이해와 예방 및 치료에 많은 관심을 가져야 한다.

1) 신경성 식욕부진증

(1) 임상적 특징

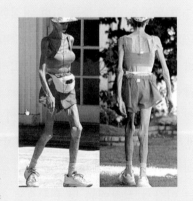

   K 양은 오늘도 식사시간에 부모님과 전쟁을 치렀다. 18세의 K 양은 163cm, 36kg이다. 그러나 K 양은 아랫배가 나와서 살을 빼야 한다며 하루에 죽 두 공기를 나누어 먹고 기름기 있는 것은 전혀 입에 대지 않으며, 하루에 3시간 이상 헬스와 사우나를 한다. 저러다가 쓰러질까 걱정되어 가족이 아무리 이야기를 해도 듣지 않으며, K 양은 체중이 점점 줄어도 만족할 줄 모른다.

   그러다가 급기야는 학교에서 쓰러져 병원에 옮겨졌는데 신경성 식욕부진증으로 인한 영양실조라는 진단을 받고 섭식장애 클리닉에 입원하게 되었다. 다음은 K양의 이야기이다. "제가 다이어트를 한 지는 4년이 넘었어요. 그냥 요요 다이어트였죠. 솔직히 전 제가 날씬하지는 않아도 뚱뚱하지 않다는 것을 알았거든요. 근데 몇 년 동안 다이어트를 하니까 이제는 배도 고프지 않아요. 이제는 아주 먹는 것에 대한 기쁨을 잊은 것 같아요. 오후에 커피 한 잔을 마셔도 구토에 대한 압박으로 힘이 들고, 어떤 음식을 먹어도 이유 없이 속이 불편하고 메스꺼워요. 이러다 속이 다 망가지는 게 아닐지 모르겠어요."

K 양 사례에서 보는 것과 같이 신경성 식욕부진증(anorxia nervosa) 환자는 날씬해지고 싶은 충동과 살을 빼야 한다는 욕구가 매우 높다. 이들은 음식섭취를 매우 제한하고 자신이 먹는 음식의 칼로리를 일일이 계산하며, 대체로 자신이 정해 놓은 음식을 정해진 순서에 따라 먹는다. 음식을 매우 작은 조각으로 잘라서 아주 천천히 먹으며, 기름기가 있는 음식은 피하고 배고픔을 줄이기 위해 칼로리가 없는 커피를 마시거나 껌을 씹는다.

신경성 식욕부진증의 핵심적인 임상적 특징은 정상체중에 대한 거부와 체중증가에 대한 극심한 공포이다. 성장기 청소년의 경우에는 예상되는 성장이 이루어지지 않는데, 체중이 개인의 나이와 키에 비해 최소한에도 미치지 못하며, 정상체중의 85% 이하로 체중이 저하되고, 월경을 시작한 경우에는 월경이 없어진다. 신경성 식욕부진증을 나타내는 사람은 끊임없이 체중감소를 위해 노력하며, 음식물 섭취를 줄이고 스스로 구토를 유발하거나 하제나 이뇨제를 남용하기도 한다. 체중이 현저하게 감소할 때까지 칼로리 소모를 위해 운동을 심하게 한다. 체중이 늘거나 살이 찌는 것을 몹시 두려워하고 체중과 체형에 대한 경험과 의미를 왜곡하며 자신의 체중과 체형에 따라 자존감이 좌우되는데, 체중이 감소하면 자존감이 높아지고 성공적으로 자기통제를 했다고 안도하지만 체중이 증가하면 자기조절에 실패한 것이라고 지각한다. 대체로 이들은 심한 체중감소를 나타내거나, 성장기 청소년의 경우 정상적으로 기대되는 체중증가가 없을 때 가족에게 이끌려 전문가를 찾게 된다. 이런 경우에 신경성 식욕부진증 환자는 문제를 부정하는 경우가 대부분이며, 자신에 대해 신뢰할 수 없는 정보를 제공한다. 이런 장애에 수반하여 우울 증상이나 성적 흥미의 감소 및 강박 증상이 함께 나타날 수 있다.

Crisp(1997)는 신경성 식욕부진증을 공포적 회피장애(phobic avoidance disorder)로 보았는데, 공포의 대상은 정상 성인의 체중과 체형에 도달하는 것이다. 이 장애를 가지고 있는 사람은 사춘기의 정상적인 발육을 통해 성숙한 여성의 체형이 되는 것을 '살찌는 것'이라고 지각하고 성적인 의미를 부여할 수 있으며, 회피기제를 통하여 사춘기 이전의 체중을 추구하고 유지하려고 한다. 신경성 식욕부진증에서 나타내는 비만에 대한 극심한 두려움은 일반적으로 사람들이 보이는 것과 유사하지만, 체중을 사춘기 이전 수준으로 유지하는 것은 생물학적으로 불가능하다. 음식을 섭취하고 성장하라는 신체의 명령은 강력하다. 하지만 신경성 식욕부진증 환자는 체중을 더 감소시켜야 할 필요성을 느낀다. 신경성 식욕부진증 환자의 전형적인 두려움은 이런 회피에 대한 통제를 상실하는 것이다. 신경성 식욕부진증 환자는 자신의 삶에서 생물학적 면을 분리하며, 단순히 역치 이상으로 체중이 늘어나는 것에 대해 좌절과 공포를 경험하게 된다.

신경성 식욕부진증은 대체로 사춘기 초기의 소녀가 자기상에 대해 좀 더 의식하게 되면서 시작된다. 이 장애는 75% 이상이 13~18세 여성에게서 발생하는데, Halmi 등 (1979)의 연구에 따르면, 신경성 식욕부진증은 14세와 18세에 발병하는 빈도가 높은데 이 시기에는 가족으로부터 독립하는 것이 주요 과제가 되는 때이다. 14세 즈음에는 고등학교에 들어가고, 18세 즈음은 좀 더 독립성이 기대되는 나이다. 이런 불확실성의 시기에 날씬해지고 싶은 욕구가 더 많아지는 것으로 추측된다(Hsu, 1990).

섭식장애를 나타내는 사람은 일반적으로 이런 장애가 발생하기 이전에 과도한 다이어트를 시도했던 경우가 많다. 신경성 식욕부진증을 나타내는 사람 중 25%가 이전에 실제로 과체중이었지만, 대다수는 다이어트를 시작할 때 정상 범위의 체중이었으며, 체중이 초과하더라도 그 연령의 정상체중에서 단지 1~2kg를 넘는 경우가 대부분이다(Fairburn & Cooper, 1984). 이들이 처음으로 체중감소에 성공했을 때 다른 사람의 관심과 부러움, 찬사, 감탄, 질투를 받게 되는데, 이것이 섭식장애로 진행하는 계기가 된다. 신경성 식욕부진증을 나타내는 사람이 살찌는 데 대한 두려움을 나타내는 것은 다이어트를 하는 일반인과 크게 다르지 않지만, 이들은 체중이 줄어든 후에도 살을 빼기 위한 노력을 계속하며 자신이 여전히 살쪘다고 느낀다.

Crisp 등(1980)은 절제형을 나타내는 신경성 식욕부진증 환자의 경우 발병 후 2년 이내에 40% 정도가 신경성 폭식증으로 진행한다고 보고하였다. 이런 장애를 나타내는 사람은 고통이 심해지면 실제로 자살시도를 하는 경우도 있다. 신경성 식욕부진증 환자는 폭식과 제거행동을 통해 체중이 증가하기도 하지만 여전히 정상체중에 못 미

표 13-1	신경성 식욕부진증의 진단기준

A. 필요한 것에 비해 에너지 섭취를 제한해서 나이, 성별, 발달 수준 및 신체적 건강을 고려할 때 심각한 저체중이 된다. 심각한 저체중은 최소한의 정상 수준에 못 미치거나 아동·청소년의 경우에 예상되는 최소한의 수준에 못 미치는 것으로 정의된다.

B. 이미 심각한 저체중임에도 불구하고, 체중증가나 살찌는 것에 대하여 과도한 두려움을 느끼거나 체중증가를 방해하는 지속적인 행동을 한다.

C. 체중이나 체형을 인식하는 데 장해를 나타내며, 자신을 평가하는 데 체중이나 체형이 과도하게 영향을 미치거나 현재 저체중의 심각성을 지속적으로 부인한다.

하위 유형
- 절제형: 지난 3개월 동안 폭식이나 제거행동(즉, 자기유발 구토, 설사제, 이뇨제 혹은 관장제의 남용)을 반복하지 않음. 이 유형은 체중감소를 위해 다이어트, 굶기, 그리고/또는 과도한 운동을 함
- 폭식/제거형: 지난 3개월 동안 폭식하거나 제거행동을 반복함(즉, 스스로 구토를 유도하거나 설사제, 이뇨제, 관장제의 남용)

현재의 심각성
- 경미함: BMI* ≥17
- 약간 심함: BMI 16-16.99
- 심함: BMI 15-15.99
- 극심함: BMI <15

출처: American Psychiatric Association (2013).
* BMI(Body Mass Index: 신체질량지수): 체중(kg)/키(m)^2

치며, 결국에는 심장마비나 체력 감소로 죽음을 초래할 수 있다. 신경성 식욕부진증이 진행되면 칼슘을 섭취해도 회복할 수 없는 뼈의 손실이 나타나며, 신경성 식욕부진증은 사망률이 5~15%로 예측될 만큼 심각한 장애이다(Patton, 1988).

(2) 원인과 치료

신경성 식욕부진증에 대한 정신분석적 조망은 처음에는 이런 양상을 추동-갈등으로 설명하려고 하였다. 살찌는 것에 대한 두려움은 임신의 거부로, 극적으로 마른 것은 죽음에 대한 두려움을 표상하는 것으로 평가되었다. 체중감소는 성적 기능과 연합된 신체적인 측면을 떨쳐버림으로써 성적 관심을 회피하는 기능을 한다.

그 이후에 섭식장애에 대한 이론적 관점은 가족 및 부모-아동관계에 초점을 두는 것으로 바뀌었다. Minuchin 등(1978)은 신경성 식욕부진증 환자의 가정은 그물 같은 관

계 양상을 나타낸다고 보았다. 여기서는 전반적으로 세대 간의 경계나 개개인 간의 경계가 없어지고 각 가족구성원은 서로 지나치게 개입하며, 심한 경우에 가족이라는 모체로부터 독립된 주체감을 느끼지 못한다. Selvini Palazzoli(1978)는 신경성 식욕부진증 환자가 심리적으로 어머니로부터 독립하지 못하며 결국 자기 신체에 대한 안정감을 얻는 데 실패한다고 주장한다. 신체는 마치 악한 모성적 함입물 때문에 생존하는 것처럼 받아들여지고, 굶는 것은 이런 적대적이고 공격적인 내적 대상의 성장을 중지시키는 시도가 된다. Boris(1984)는 심한 탐욕이 신경성 식욕부진증의 핵을 이루며, 신경성 식욕부진증 환자는 소유에 대한 터무니없는 욕망 때문에 타인으로부터 선한 것을 받아들일 수 없다고 하였다.

Bruch는 신경성 식욕부진증 환자의 발달상 근원을 추정하면서, 영아와 어머니 사이에 존재하는 관계의 장애를 밝혀냈다. 신경성 식욕부진증 환자의 어머니는 외견상 완벽하게 아이의 욕구를 알아채고 철저하게 필요한 것을 채워 주는 것으로 보이지만, 이는 아이의 필요에 의해서가 아니라 어머니 자신의 필요에 따라 아이를 양육하는 것이다. 아이는 자신의 욕구를 알아채기 어렵고, 자율성을 상실하여 자신의 신체기능을 스스로 조절할 수 없다고 느끼며, 무력감을 느끼게 된다. Bruch(1985)는 무력감을 느끼면서 성장한 아동이 가족 내에서 힘을 재확립하기 위한 방법으로 신경성 식욕부진증을 일으킬 수 있다고 보았다. Bruch(1987)의 연구에 따르면, 신경성 식욕부진증 환자의 음식과 체중에 대한 집착은 비교적 후에 일어나는 일이고, 더 기본적인 것은 자기개념의 장애이다.

대부분의 신경성 식욕부진증 환자는 부모를 기쁘게 하려고 노력하던 착한 소녀가 사춘기부터 갑자기 고집이 세어지고 부정적이 된다. 신경성 식욕부진증을 나타내는 사람은 가족의 영향에서 벗어나 자신이 통제할 수 있는 좁은 영역에서 독립 선언을 하기 위해 이 장애를 사용한다. 이들의 현저한 성격 특징은 과도한 의존성과 예민함, 내향성, 완벽주의, 미묘하지만 지속적인 이기주의와 고집스러움이다. 신경성 식욕부진증 환자의 행동은 스스로가 특별한 특성을 가진 특별하고 독특한 사람이라는 확신을 얻으려는 필사적 노력에 해당된다. 음식과 체중에 초점을 맞추고, 엄격하게 칼로리를 계산하며 음식물 섭취를 조절하고 자기 안으로 향함으로써, 그리고 자신의 삶을 예측하고 통제할 수 있다고 느끼는 것으로 삶을 채움으로써, 자신의 세계를 자신이 다룰 수 있다고 느끼게 된다. 신경성 식욕부진증 환자는 굶음으로써 자신이 강해졌다고 느끼며 다른 사람보다 일시적으로 우월하다고 느낀다.

음식에 대한 회피를 정신분석적 조망으로 본다면, 두 가지 중심적인 의미가 있는데, 첫째, "이것은 내가 통제할 수 있는 영역이야."이다. 둘째, "나는 단지 어린아이야, 나 혼자는 살 수 없어, 누군가 나를 돌봐야만 해."이다. 신경성 식욕부진증 환자의 심리역동을 요약하면, 신경성 식욕부진증은 특별하고 독특해지려는 줄기찬 시도이며, 부모의 기대로 생겨난 거짓자기감을 공격하고, 미숙하지만 진정한 자기를 주장하는 것이다. 신체와 동등한 적대적 모성 함입물을 공격하고, 탐욕과 욕망에 대해 방어하며, 자신이 아니라 타인을 탐욕스럽고 가망 없는 것으로 느끼는 것이다.

신경성 식욕부진증에 대한 인지행동적 모형에서는 섭식절제 행동이 학습된 것이며, 강화에 의해 그 행동이 유지되는 것으로 본다. 개인이 음식 섭취를 줄이는 것은 날씬한 것을 선호하는 사회적 압력에 기인한 것으로 보며, 이런 행동은 다양하고 넓은 부적 강화물에 의해 증진된다. 예를 들어, 과체중이 되거나 단순히 날씬하지 않은 것은 다른 사람의 비난을 받거나 별다른 관심을 받지 못하므로, 음식을 회피해 섭식과 관련된 불안을 감소시키고 더 이상 체중이 증가하는 것을 방지한다.

신경성 식욕부진증 환자는 자신의 체중과 체형에 대한 잘못된 가정과 태도를 가지고 있다. 체중과 체형에 대한 인지적 왜곡을 보이며, 먹는 것에 대한 통제력을 상실할까봐 두려워한다. 이런 인지적 왜곡은 자기가치를 자신의 체중이나 체형에 따라 평가하는 것이다. 또한 신경성 식욕부진증 환자는 자기 자신을 부정적으로 평가하는데, 자신이 이룬 것에 대한 자신이 없기 때문에 체중 문제로 자신을 평가하려고 한다. 신경성 식욕부진증 환자는 체중감소를 성취로 보기 때문에 병식이 없고 이를 고치려는 동기가 부족하다.

신경성 식욕부진증 환자의 치료 목적을 체중회복으로 좁게 잡아서는 안 된다. 일반적으로 신경성 식욕부진증의 치료는 체중증가를 위하여 먹는 것을 회복시키는 것과 더불어 이런 섭식행동을 유발하고 유지하는 원인에 대해 이해하기 위해 심리치료를 시작해야 한다. 신경성 식욕부진증 환자를 위한 심리치료로는 가족치료와 역동적 개인치료의 혼합, 혹은 장기간 개인 심리역동 치료(표현-지지 심리치료)를 통해 오랜 기간 지속되어 온 자기체계의 손상과 내적 대상관계 왜곡을 다루어야 한다. 이런 심리적 원인에 대한 근본적인 이해와 변화 없이는 재발과 입원이 반복된다(Bruch, 1982).

신경성 식욕부진증 환자의 체중을 증가시키는 치료에서, 섭식행동을 변화시키기

404

위한 지나친 노력은 피한다. 신경성 식욕부진증 환자가 치료를 받으러 올 때 이미 심각한 체중감소와 신체적 문제를 수반하는 경우가 많으며, 보통 정상체중의 30% 이상 체중이 감소했을 경우 입원치료가 필요하다. 하지만 환자의 부모처럼 강요하거나 지나친 관심을 갖지 않으면서 환자가 체중을 회복하는 데 관심이 있다는 것을 알려야 한다. 환자가 음식섭취에 대한 불안을 털어놓을 수 있는 대상이 있어야 하며, 자주 조금씩 음식을 섭취하도록 도와줌으로써 내담자가 제어기능을 상실한다는 공포를 해결하도록 돕고 체중증가에 대해 긍정적으로 강화하며, 지나치게 체중을 증가시키지 않을 것을 확신시킨다.

신경성 식욕부진증 환자의 심리치료에서는 치료 초기에 해석을 피해야하며, 또한 역전이 발생을 주의 깊게 감시하고, 인지적 왜곡을 평가해야한다. 짧게 보면 신경성 식욕부진증 환자는 치료에 매우 저항적인 것으로 보이지만, 많은 환자가 호전된다. 처음에 의뢰된 후 평균 12년 후에 추적조사를 하였을 때, 10%만 신경성 식욕부진증 진단을 받았으나 여전히 많은 내담자가 완벽주의와 상대적으로 낮은 체중 등 신경성 식욕부진증의 몇 가지 요소와 싸우고 있었다(Sullivan et al., 1998).

2) 신경성 폭식증

(1) 임상적 특징

25세의 L 양은 아침에 눈을 뜨자마자 체중계에 올라선다. 그리고 어제 친구와 사소한 일로 다투고 집에 와서 주체할 수 없이 먹고 두려워 변기를 잡고 구토를 하느라 씨름했던 기억으로 괴로워하고 있다. L 양은 매일 다짐을 하지만 조그만 일에도 자극을 받아 폭식과 토하기를 반복한다. 자신이 음식에 의해 조절을 당하고 있다는 두려움으로 늘 불안하다. "저는 25세의 백조예요. 살을 빼려고 다이어  트 교실에 다녀 9kg을 뺐어요. 단기간에 몸무게를 많이 감량했지만 지금은 다시 7kg이 쪘고 체중이 계속 늘고 있어요. 이제는 많이 먹으면 토하는 습관까지 생겼어요. 빵이나 과자같이 단것이 먹고 싶고 밥은 통 먹기가 싫어요. 화가 나거나 무언가 뜻대로 되지 않으면 먹고 싶은 생각이 너무 나서 참을 수가 없어요. 저는 다른 일에는 인내력도 있고 참을성도 있는데 먹는 것만 보면 의지력이 어디론가 사라져 버려 마치 먹는 것의 노예처럼 살아가고 있어요."

　　L 양의 예처럼 대부분의 신경성 폭식증(bulimia nervosa) 환자는 스트레스가 쌓이거나 불편한 마음이 들면 먹는 것을 통해서 해소하는 경향이 있다. 이들은 이런 폭식행위에 수치심을 느끼고 자책하면서도, 폭식 때문에 체중이 증가하는 것을 막기 위해 구토를 하는 등의 악순환을 반복한다. 신경성 폭식증은 '게걸스레 먹은 다음 속을 비우는 증상'으로 알려져 있다. 폭식의 반복은 먹는 것을 조절하지 못하는 점과, 일정 시간에 다른 사람이 정상적으로 먹을 수 있는 것보다 훨씬 더 많이 먹는다는 점을 나타낸다.

　　신경성 폭식증 환자는 굶고, 폭식하고, 제거하는 주기를 가진다. 이들의 80% 이상은 처음에는 먹고 싶은 충동이 증가하여 폭식을 하고, 다음에는 포만감을 참을 수 없어서 칼로리를 제거하려고 의도적으로 구토를 한다. 드물게는 체중감소를 위하여 먼저 구토를 하고, 다음에 폭식하는 경우도 있다. 어느 경우이든, 환자가 먼저 생각하는 것은 자신의 갈등 상황을 해결하여 이상적인 상태에 도달하는 것이다. 즉, 자신이 원하는 것을 먹으면서도 여전히 날씬하기를 원한다. 불행히도 폭식은 스트레스와 분노, 지루함, 불안, 우울 혹은 거절당함과 같은 울적한 기분에 대처하는 방법이기도 하며, 충동성이나 반항을 표현하는 데 사용되기도 한다. 몇몇 환자는 행복하거나 흥분될 때 폭식한다. 대부분의 환자는 구토하거나 하제를 사용하는 것을 좋아하지 않지만, 이를 통하여 죄책감을 없애거나 긴장을 줄인다. 신경성 폭식증 환자의 2/3는 체중을 조절하기 위해서 규칙적으로 구토를 하지만, 1/3은 주로 하제를 남용하며, 많은 경우 두 방법을 모두 사용한다. 체중조절의 상대적 효율성은 많은 변인에 달려 있지만, 다량의 하제 남용은 효과적이지 않다. 신경성 폭식증 환자는 이뇨제를 남용하는 경우가 많은데, 이것은 칼로리를 제거해 주지 않으며 심지어 전해질장애의 원인이 되는 경우가 많다. 모든 하제 사용은 단지 수분을 줄이기 때문에 일정 시간이 지나면 체중은 다시 원상태로 돌아온다. 따라서 체중증가에 대한 두려움은 지속된다. 신경성 폭식증 환자의 40%는 다이어트 약, 알코올 혹은 그 외의 약물을 남용한다(Fairburn & Cooper, 1984).

정상체중인 신경성 폭식증 환자의 50%는 과거에 신경성 식욕부진증 병력을 가지고 있는 것으로 알려져 있지만 정상체중의 신경성 폭식증 환자가 역으로 제한형의 신경성 식욕부진증으로 바뀌는 경우는 상대적으로 드물다(Russell, 1979).

폭식은 울적한 정서 상태 혹은 가족에게서 독립하거나 학교를 졸업하고 사회로 나아갈 때와 같은 사회적 상황에서 시작될 수 있다. 폭식을 유발시키는 가장 흔한 기분은 긴장이나 우울이다. 다른 느낌은 불행함, 지루함, 외로움, 공허한 느낌, 좌절됨, 거부당한 느낌, 화나는 것이다. 폭식을 촉발하기 가장 좋은 상황은 혼자 있는 경우이며 그다음으로는 가족과 함께 있을 때인데, 특히 어머니와 함께 있는 경우이다. 대개 하루 종일 다이어트를 하면서 굶고 난 후, 피곤한 저녁이나 오후에 혼자서 폭식을 한다. 신경성 폭식증 환자의 10%만 하루에 한 끼 이상 식사를 한다. 신경성 폭식증 환자는 한동안 스스로 금지했기 때문에 간절히 먹고 싶은 어떤 음식을 먹으려다 폭식을 하게 된다(Hsu, 1990). 일단 폭식 충동이 촉발되면, 환자는 먹을 수 있는 건 무엇이든 먹는다. 혼자서 폭식하기 위해 주변 사람을 물리친다. 가장 흔하게는 자기 집 부엌이나 거실에서 TV를 보면서 폭식한다. 집에 먹을 만한 음식이 없는 경우에는 자신이 그렇게 많은 음식을 구매한 것을 남들이 모르게 하려고 몇 군데 식품점이나 편의점을 돌면서 음식을 산다. 신경성 폭식증 환자는 정상적인 식사 후에 폭식하기도 한다. 일단 음식을 먹기 시작한 후에는 '어차피 다이어트는 망쳤으니까, 그냥 끝까지 가 보자.'라고 생각한다. 하지만 자신이 조절능력을 상실한 것에 대해 당황해하며, 죄책감과 자기비난을 하는 경우가 흔하다.

신경성 폭식증 환자는 칭찬과 인정을 받기 위해 남에게 의존해 있다고 느끼며 다른 사람의 판단에 따르는 경향이 있다. 다른 사람에게 순응하고 기쁨을 주려고 노력하며, 자신이나 다른 사람에 대한 분노, 흥분 또는 부정적 감정을 감추려는 경향이 있다. 이들에게 음식은 밖으로 내놓을 수 없는 감정과 갈등을 방출할 수 있는 유일한 출구이며, 폭식과 제거행동은 자신이 받아들일 수 없는 감정을 방출하거나 차단해 주는 역할을 한다. 처음에는 음식이 신경성 폭식증 환자의 감정을 안정되게 만들어 주고, 흥분을 가라앉혀 준다. 체중을 조절하기 위한 시도로 시작했던 행동이 빠른 속도로 이제는 조절할 수 없는 행동이 된다. 신경성 폭식증 환자는 점점 더 먹는 것과 제거하는 것에 대해 생각을 많이 하게 된다. 신경성 폭식증 환자의 하루 생활은 언제 먹을 것인가, 칼로리를 어떻게 제거할 것인가 하는 생각으로 가득 차게 되고, 폭식과 제거행동의 반복이 생활을 지배한다. 폭식을 중단하려는 노력은 중독에 빠져 있는 습관을 버리려고 노력하는 것만큼이나 어렵다. 음식과의 싸움에 사로잡혀 있는 신경성 폭식증 환자는 이 병이 치료 가능하다는 사실을 인식하지 못하지만, 신경성 식욕부진증 환자와는 달리 자신이 스스로를 괴롭히고 있다는 사실을 알고 있다.

신경성 폭식증의 평균 발병 연령은 18세경이지만, 10세 이전이나 40세 이후에 발병하기도 한다. 25세 이후에 늦게 발병하는 경우에는 약물의존, 자살시도, 우울 증상을 함께 나타내는 경우가 더 많다. 신경성 폭식증 환자의 40%는 장애가 발생하기 전에 실제로 과체중이었다. 따라서 신경성 폭식증 증후군 내에서 하위집단이 있을 수 있다. 일반적으로 이들은 신경성 폭식증이 발생하기 이전에 일정 기간 다이어트를 하였으며, 체중증가를 막기 위해 제거행동을 하였다. 치료를 받으러 오는 환자의 장애 지속 기간은 대략 4년이었다(Hsu, 1990).

표 13-2 **신경성 폭식증의 진단기준**

A. 다음의 특징을 나타내는 폭식삽화가 반복해서 일어난다.
  (1) 일정 시간 동안(예를 들어, 2시간 내에), 대부분의 사람이 유사한 상황에서 동일한 시간 동안 먹을 수 있는 음식의 양보다 확실히 더 많은 양의 음식을 먹음
  (2) 이 삽화 동안 먹는 데 대한 조절능력이 상실됨(예: 먹는 것을 멈출 수 없거나 무엇을 얼마나 먹을지 조절할 수 없다고 느낌)
B. 체중증가를 막기 위하여 스스로 유도하는 구토, 설사제, 이뇨제 혹은 다른 약물 남용, 단식 혹은 과도한 운동과 같은 부적절한 제거행동을 반복한다.
C. 폭식과 부적절한 제거행동은 평균적으로 3개월간 적어도 주 1회 나타난다.
D. 체형과 체중이 자기평가에 과도한 영향을 미친다.
E. 이런 장애가 신경성 식욕부진증 기간에만 발생하는 것은 아니다.

현재의 심각성
• 경미함: 부적절한 제거행동 삽화가 평균 주 1~3회 나타남
• 약간 심함: 부적절한 제거행동 삽화가 평균 주 4~7회 나타남
• 심함: 부적절한 제거행동 삽화가 평균 주 8~13회 나타남
• 극심함: 부적절한 제거행동 삽화가 평균 주 14회 이상 나타남

출처: American Psychiatric Association (2013).

(2) 원인과 치료

신경성 폭식증에 대한 정신분석적 조망을 고려할 때, 이 장애가 이질적인 장애라는 점을 염두에 두어야 한다. 신경성 폭식증에 대한 이해는 환자 각자에 따라 달라져야 할 것이다. 신경성 폭식증 환자는 경계선 장애에서 보이는 것과 같이 정신병적 성격에서부터 신경증적 성격에 이르기까지 다양한 특성을 나타낼 수 있다. 신경성 식욕부진증 환자가 더 강한 자아와 더 강력한 초자아의 제어를 특징으로 한다면, 신경성 폭식증 환자는 약한 자아와 해이한 초자아로 말미암아 충동 방출을 지연하는 데 어려움이 많다(Gabbard, 2005).

Kendler 등(1995)은 신경성 폭식증이 발생하는 데 가족 요인과 환경 요인이 중요한 역할을 한다는 사실을 발견하였다. 신경성 폭식증 환자의 경우, 부모의 부부 문제, 성적 학대와 신체적 학대 및 부정적인 자기평가 등이 발병과 관련이 있었다(Fairburn et al., 1997). 연구자들은 부정적 자기평가가 자신의 외모에 대한 소녀들의 시각을 왜곡시켜 섭식절제를 하도록 조장한 것이라고 주장했다.

Reich와 Cierpka(1998)는 신경성 폭식증 환자들과 이들의 부모가 감정적 대화를 하는 데 장애가 있으며, 부모에 대한 모순적 동일시로 인해 형성된, 자기의 모순된 부분 간에 지속적인 갈등이 존재한다고 지적하였다. 신경성 폭식증 환자는 부모와 분리되는 것의 어려움을 광범위하게 경험한다. 음식을 먹는 것은 어머니와의 공생적 융합에 대한 소망을 의미하며, 음식을 거절하는 것은 어머니로부터 분리되려는 노력으로 볼 수 있다. 신경성 폭식증 환자의 부모는 자식을 자신의 연장선으로 생각하며, 자기를 확신시키는 자기대상으로 사용한다. 가족의 각 구성원은 결속감을 유지하기 위해 다른 구성원에 의존한다. 이런 방식은 신경성 식욕부진증 환자 가정의 특징이다. 하지만 받아들일 수 없는 악한 성품을 다루는 독특한 양상이 신경성 폭식증 환자의 가족체계에서 두드러지는데, 모든 구성원이 스스로를 전적으로 선한 것으로 보아야 할 강한 필요성을 갖는다. 부모가 가지고 있는 받아들일 수 없는 성품은 신경성 폭식증 소아에게 투사되고, 이 소아는 전적으로 악한 것의 저장소가 된다. 투사물과의 무의식적 동일시에 의해 소아는 가정 내 모든 탐욕과 충동성의 보유자가 된다. 결국 이런 평형적 균형은 부모 자신, 혹은 부모 간 갈등에 초점을 맞추는 것이 아니라 병든 소아에게 초점을 맞추게 한다. 신경성 폭식증 환자는 함입과 투사의 대상관계 기전을 굳히게 된다. 음식을 섭취하고 뱉어 내는 것은 공격적인 '악한 함입물'을 함입하고 투사하는 것을 의미한다. 단백질은 선한 것으로, 탄수화물과 지방은 악한 것으로 취급한다. 표면적으로 이런 전략은 매우 강렬하며 구토라는 형태로 악함을 배척함으로써 스스로를 선하게 느끼도록 한다. 하지만 이것이 선함과 악함을 조화시켜 얻어진 것이 아니라 공격성의 분열과 부정, 그리고 투사의 결과로 얻어진 것이기 때문에 선함의 끝은 언제나 불안정하다.

신경성 폭식증을 나타내는 어린 소녀는 충동적이며, 불안정하다. 이 아동은 자신의 삶을 추구하는 것과 불안정하고 혼란스러우며 불행한 부모의 심리적 평형을 유지하는 것 사이에서 갈등을 나타낸다. 신경성 폭식증 환자는 고무젖꼭지나 담요와 같은 중간 대상이 없으며, 자신의 신체 자체를 중간 대상으로 사용한다(Sugarman & Kurash, 1982). 이들은 청소년기에 접어들면서 자신의 기분과 긴장, 자존감 및 응집력을 조절하기 위한 장비가 빈약하다. 이들은 일시적으로 생동감과 효율성을 회복하기 위해 폭식, 제거행동, 체중조절 등 신체를 조정하는 경향이 있다. 신경성 폭식증은 감정반전, 소극적에서 적극적으로 돌아서기 등의 방어를 사용하며, 모순적 초자아 요구를 경험한다(Reich & Cierpka, 1998).

인지행동적 조망에서 보면, 신경성 폭식증 역시 신경성 식욕부진증과 마찬가지로 체중증가에 대한 두려움에서 기인하며, 체중증가에 대한 두려움이 음식에 대한 접근-회피 갈등을 유발한다. 신경성 식욕부진증은 음식에 대한 회피행동이 압도적으로 우세한 것이며, 신경성 폭식증은 음식에 대한 접근행동과 회피행동이 반복되는 상태이다. 신경성 폭식증 환자는 체중증가에 대한 두려움으로 엄격한 다이어트를 계획하고 실행하지만, 이를 어기게 되면 '어차피 망친 것'이라는 마음으로 폭식으로 이어지게 되고, 또 폭식으로 인한 칼로리 증가를 막기 위해 구토 등의 제거행동을 한다. 치료적 접근에서는 일상적인 억제가 무너지는 것을 파국화하는 것과 같은 인지적 결함을 찾아내고, 보다 실현 가능한 식사 규칙을 수립하고 지키도록 돕는 것이 필요하다.

폭식행동에 대한 실험실에서의 직접적이고 객관적인 연구가 몇몇 집단에 의해서 시도되었다(Kaye et al., 1986; Mitchell & Laine, 1985; Rosen et al., 1986; Walsh et al., 1989). 대략 이런 연구는 신경성 폭식증 환자가 폭식이 가능한 상황에서 얼마나 많이 먹는지를 밝히기 위한 것이었다. 신경성 폭식증 환자는 정상 통제집단 피험자보다 훨씬 더 많이 먹었다. 이 경우 폭식은 수천에서 2만 칼로리에 이르기까지 폭넓게 나타난다. 환자와 통제집단 피험자가 유사한 양을 섭취한 경우에, 신경성 폭식증 환자는 정

상 통제집단에 비해 유의미하게 더 배가 고픈 것으로 느꼈다. 다소 놀랄 만한 것은 폭
식 식사의 영양소 구성은 일상적인 식사와 유사한데, 50%가 탄수화물, 40%가 지방,
10%가 단백질이었다. 따라서 실험실 상황에서 폭식과 정상 식사 간 차이는 주로 섭취
한 음식의 양이었다. 이런 실험실 연구는 치료 효과를 객관적으로 평가하는 데 사용
될 수 있을 것이다.

신경성 폭식증 치료의 가장 중요한 원칙은 환자 개개인에 맞추어 치료계획을 세워
야 한다는 것이다. 신경성 폭식증 환자 중 1/3은 비교적 건강한 군으로 인지행동치료
와 심리교육 프로그램을 포함하는 단기치료에 잘 반응한다. 16주간의 인지행동치료
를 통해 폭식과 하제 사용을 완전히 끊은 내담자를 4개월간 추적 연구한 결과, 44%
가 재발하였다(Halmi et al., 2002). 인지행동치료로 완전히 회복되지 못한 환자 중 반
이상이 치료가 끝난 시점에도 1주일에 평균 2.6회 폭식, 3.3회 하제 사용을 나타냈다
(Thompson-Brenner et al., 2003).

Keel과 Mitchell(1997)은 신경성 폭식증 환자의 추적평가를 실시한 88개의 연구에
서 증상 공개 5~10년 후 50%의 여성 환자는 신경성 폭식증에서 완전히 회복되었다
고 보고하였고, 20%는 여전히 신경성 폭식증의 모든 진단기준을 충족시켰으며, 거의
30%에서 신경성 폭식증 증상이 재발했다. Fairburn 등(1995)에 따르면, 인지행동치료
와 역동적 심리치료를 비교한 연구에서, 처음 결과는 인지행동치료가 우세한 것으로
나타났지만, 장기간 추적조사에서는 두 치료 모두가 효과 면에서 거의 동일하였다.
하지만 많은 신경성 폭식증 환자가 행동치료를 하는 것에 불평하였으며, 모든 신경성
폭식증 환자의 50% 이상이 행동수정치료에 만족하지 못하였다(Yager, 1984). 신경성
폭식증 환자의 관심과 신념체계에 맞지 않는 치료는 결국 실패한다. 신경성 폭식증
환자는 섭식 문제가 더 근본적인 장애에서 비롯된 증상이라고 본다. 환자의 내적 세
계를 무시하고 단지 드러난 행동에만 초점을 맞추는 것은, 내담자의 성장기에 본질보
다는 피상적인 것에만 관심을 가졌던 부모와의 관계를 재연하게 할 수 있다.

대부분의 신경성 폭식증 환자는 역동적 심리치료로 도움을 받는다. 역동적 심리치
료에 반응하지 않는 신경성 폭식증 환자의 2/3는 경계성 성격장애 환자이며, 나머지
신경성 폭식증 환자는 다른 성격장애나 우울증을 함께 앓고 있는 경우이다. 입원치료
나 개인 심리치료 상황에서 가족관계 안에서의 양식을 재연하는 것을 보면서 치료자
는 가족체계 내에서 내담자의 역할을 이해하게 된다. 신경성 폭식증 역시 가족 내의

평형적 균형을 맞추려는 시도이므로, 개인치료와 함께 가족치료나 가족개입이 필요하다. 가족체계를 무시하였을 때 내담자의 호전이 다른 가족에게는 엄청난 위협이 될 수 있다. 이러한 위협에 대한 방어적 반응으로 신경성 폭식증 환자의 치료가 늦어지거나 다른 가족구성원에게 심각한 기능장애가 생겨날 수 있다. 신경성 폭식증 환자의 강력한 양가감정과 가정의 안정을 파괴할 것에 대한 걱정 때문에 많은 신경성 폭식증 환자가 집중적인 역동적 심리치료를 회피하려 한다. 신경성 폭식증 환자는 자신을 결함 있는 사람으로 보고 심리치료가 자신의 결함을 드러내게 할 것이라 생각한다.

식사일기를 쓰게 하고, 특정한 섭식 양상과 감정 상태 사이의 연관성을 지적하는 것이 내담자와 치료동맹을 확립하는 데 효과적이다. 신경성 폭식증 치료과정에서 흔히 나타나는 역전이는 '내담자를 빨리 낫게 하려는 소망'이며, 이는 치료자가 너무 빨리 너무 많은 해석적 개입을 하게 만들어서 내담자가 과식하게 만든다. 자기심리학에 근거한 공감적 접근방식을 사용하여 해석을 지연시키는 것이 많은 신경성 폭식증 환자를 도울 수 있다. 신경성 폭식증에 대한 역동적 심리치료는 심리교육적 치료법 혹은 인지행동치료에 반응하지 않는 경우에 한한다. 지지, 교육 및 가족치료를 포함한 가족적 접근이 필수적이며, 다른 치료법과 병행하여 증상을 조절해야 한다.

3) 폭식장애

(1) 임상적 특징

32세의 주부 M 씨는 모든 문제를 음식으로 해결한다. M 씨는 속이 든든해야만 마음이 편안해진다. 그러다 보니 늘 입에 먹을 것을 달고 사는 편이다. 이제까지 수많은 다이어트를 해 보았으나 그것도 잠시뿐이며 폭식을 막을 수는 없었고, 160cm의 키에 체중이 80kg이 되었다. 이제는 심한 우울증에 빠져 다른 사람과 만나는 것조차 피하고 있다. "제 고민은 배가 불러도 마구 먹는다는 것입니다. 안 먹다가 한번 음식을 입에 대면 배가 불러서 아플 때까지 무식하게 먹게 돼요. 이젠 살 빼는 것도 포기하고 계속 먹어요. 저 정말 중증이죠? 정말 제 자신이 너무나 한심스러워요. 저 어쩌면 좋죠? 자신감도 없어져서 걱정이에요. 남들이 절 엄청난 뚱보로 생각할 것 같아서 겁나요. 그래서 그런지 남 앞에선 많이 먹는 편은 아니에요. 혼자 있을 때 먹어요. 그래서 남과 어울리는 것이 싫고 혼자 있는 게 편해요. 혼자서 먹기만 하면 좋겠어요. 저 어떻게 해요?"

M 씨의 예처럼 폭식장애(binge-eating disorder)는 조절할 수 없는 폭식 후에 수치심과 죄책감을 느끼는 장애이다. 폭식장애의 핵심 특징으로는 배가 고프지 않은데도 습관적으로 폭식을 하는 것인데, 적어도 3개월 동안 1주일에 1회 이상 폭식삽화가 발생한다. 폭식삽화는 일정 시간에 대부분의 사람이 유사한 상황에서 먹는 것보다 분명하게 더 많은 양의 음식을 먹는 것으로 정의된다(DSM-5). 일정 시간은 대부분 2시간 이내의 제한된 시간을 말한다. 과도한 음식섭취가 일어날 때, 조절능력의 상실이 반드시 동반된다. 일부 사람은 폭식삽화 중이나 후에 해리 상태가 일어나기도 한다. 폭식하는 음식의 종류는 개인적으로 다양하게 나타나지만, 폭식은 특정 영양소에 대한 갈망이라기보다는 비정상적인 음식섭취 양으로 특징지어진다. 그러나 폭식삽화 중에는 평소에는 먹지 않고 참았던 음식을 먹는 경향이 있다. 폭식장애 환자는 폭식 동안 신체적 고통을 가져올 정도의 과도한 음식을 섭취하며, 폭식을 하는 자신에 대해 부끄러워하고, 폭식 이후에 자신에 대해 역겨운 느낌, 우울감 또는 과도한 죄책감을 느낀다.

폭식장애 환자는 식사시간과는 상관없이 아무 때나 음식을 먹는다. 주로 외롭고 슬프거나 우울해서 혹은 불쾌한 기분을 느껴서 먹기 시작하며, 음식으로 자신의 불쾌한 감정을 달랜다. 음식을 먹는 것이 처음에는 위안이 되고 즐거움이 되지만 곧 먹는 것 자체를 조절할 수 없게 되고 비정상적으로 느끼게 된다. 음식을 먹어도 불쾌한 감정이 쉽게 사라지지 않으면, 오랜 시간에 걸쳐 음식을 먹게 되는 경우도 있다. 폭식하고 난 후에 자신을 혐오하며 심한 우울감에 빠지는 것과 이런 자기혐오와 우울감으로 인해 다시 폭식을 하게 되는 악순환을 가져오는 것은 신경성 폭식증의 경우와 유사하다. 그러나 폭식장애 환자는 폭식으로 인한 체중증가를 염려해 구토를 한다거나 하제를 사용하는 제거행동을 하지 않는다는 점에서 신경성 폭식증과 다르며, 제거행동을 하지 않기 때문에 체중이 증가한다. 폭식장애 환자는 자신이 문제가 있다는 것을 알고 있으며 폭식을 한 후에 다이어트를 시작하는 경우가 많다.

폭식장애는 비만과 혼동될 수 있다. 비만은 어떤 사람의 체중이 자신의 표준체중보다 25% 이상 더 나가는 경우를 말한다. 최근 세계건강기구의 아시아태평양지구에서는 동양인은 신체질량지수(BMI)가 25 이상인 경우를 비만으로 정의하도록 기준을 제시하였다. 체중증가는 부적절한 식사, 운동 부족 또는 유전적 요인에 의해 일어날 수도 있으므로, 단순한 비만을 섭식장애로 볼 수는 없다(이영호 외, 2003).

표 13-3 폭식장애의 진단기준(DSM-5)

A. 폭식삽화를 반복함. 폭식삽화는 다음 두 가지 특징을 나타낸다.
  (1) 일정 시간 동안(예: 2시간 내에), 대부분의 사람이 유사한 상황에서 동일한 시간 동안 대부분의 사람이 먹을 수 있는 양보다 분명하게 더 많은 양의 음식을 먹음
  (2) 이 삽화 동안 먹는 데 대한 조절능력을 상실함(예: 먹는 것을 멈출 수 없거나 무엇을 얼마나 먹을지 조절할 수 없다고 느낌)
B. 폭식삽화에 다음 중 3개 또는 그 이상이 동반된다.
  (1) 평소보다 훨씬 더 빨리 먹음
  (2) 불편할 정도로 배가 부르다고 느낄 때까지 먹음
  (3) 신체적으로 배고프다고 느끼지 않을 때 많은 양의 음식을 먹음
  (4) 많이 먹는 것이 부끄러워서 혼자 먹음
  (5) 자신에 대해 혐오감, 우울감 또는 심한 자책감 등이 뒤따름
C. 폭식에 대해 매우 고통스러워한다.
D. 평균적으로 3개월 동안 적어도 1주에 한 번 폭식을 한다.
E. 폭식이 신경성 폭식증에서처럼 반복되는 부적절한 제거행동을 동반하지 않으며, 신경성 폭식증이나 신경성 식욕부진증 기간 중에만 발생되는 것이 아니다.

현재의 심각성
- 경미함: 부적절한 폭식삽화가 평균 주 1~3회 나타남
- 약간 심함: 부적절한 폭식삽화가 평균 주 4~7회 나타남
- 심함: 부적절한 폭식삽화가 평균 주 8~13회 나타남
- 극심함: 부적절한 폭식삽화가 평균 주 14회 이상 나타남

출처: American Psychiatric Association (2013).

미국의 경우 18세 이상의 여성과 남성의 폭식장애 1년간 유병률은 각각 1.6%와 0.8%로 보고된다(DSM-5). 다이어트 클리닉이나 헬스장 같은 체중조절 프로그램에 다니는 사람의 약 30%가 폭식장애를 나타낸다(김준기 외, 2000).

이외에도 섭식장애의 진단과 일치하지는 않지만 섭식행동의 이상을 나타내는 경우도 있으며, 최근에는 밤에 먹는 식사습관인 야식증후군에 대한 연구도 많아지고 있으며, 섭식장애에서 나타내는 현상과는 달리 심리적 문제와 연관되지 않고 신체적 배고픔에 따라 음식을 먹는 직관적 섭식 혹은 자연스러운 섭식에 대한 연구도 진행되고 있다.

(2) 원인과 치료

폭식장애는 스트레스, 심리적 압박감 및 일상적인 문제를 음식으로 해결하려고 하

는 심리장애이다. 폭식장애의 발생에 대해서는 거의 알려져 있지 않지만, 일반적으로 서서히 시작되며 흔히 식사습관이 형성되는 아동기 초기에 시작될 것으로 생각된다. 가정에서 좋지 않은 감정을 달래기 위해, 또는 좋은 감정을 표현하기 위해 음식을 이용하거나 지루한 여가시간을 보내기 위해 음식을 이용한다. 성장기 아동에게는 문제가 되지 않던 섭식습관도 나중에 성장이 멈추면 체중 문제를 유발할 수 있다. 폭식장애가 성인기 초기에 시작하는 경우는 대부분 어떤 좌절이나 특정 감정에서 오는 문제를 잘 해결하지 못한 경우이다. 폭식장애는 전형적으로 청소년기 또는 성인기 초기에 시작되지만 후기 성인기에 시작될 수도 있다. 폭식장애를 치료하기 위해 오는 사람들은 신경성 식욕부진증이나 신경성 폭식증으로 치료를 찾는 사람보다 보통 연령이 높다. 또한 자연적인 경과나 치료 결과로 장애에서 벗어나는 비율은 폭식장애가 위의 두 섭식장애에 비해서 높다. 또한 폭식장애에서 다른 섭식장애로 바뀌는 경우는 흔하지 않다.

폭식장애의 발병에는 생물학적·문화적·심리적 요인이 복합적으로 작용한다. 세로토닌 결핍은 음식에 대한 갈망의 원인이 된다. 날씬함에 대한 문화적 요구와 '모든 것을 골고루 먹어야 한다.'라는 강조 및 문화적 가치에 맞추려는 노력은 식사 조절로 이어진다. 풍부한 음식 속에서 박탈감은 폭식으로 이어질 수 있다. 하지만 폭식과 연관된 충동적인 행동은 심리적 원인에서 비롯되었음을 인식해야 한다.

일반적으로 폭식의 선행조건이라고 고려되는 다이어트의 원리를 살펴보자. 다이어트는 신체적으로 배고픔의 신호에 따라 음식을 섭취하기보다는 자의적인 기준에 따라 음식섭취량을 제한하는 것이다. 이렇게 엄격한 기준에 따라 다이어트를 할 경우에 신체는 생물학적인 기아 상태에 빠지게 된다. 이런 다이어트가 지속되면 신체는 미네소타 실험에서처럼 음식에 대한 집착이 더욱 강해지고, 심리적이거나 사회적인 단서에 의해서 자신이 정한 기준을 어기고 음식을 섭취할 경우 곧바로 폭식으로 연결된다. 부적절한 다이어트의 부작용에서 벗어나는 방법은 규칙적인 식사를 하는 것이다. 일정 기간 규칙적으로 적당량의 음식을 섭취하면 체중은 원래대로 돌아온다.

다이어트와 관련된 섭식행동을 바로잡는 데 규칙적으로 식사일기를 기록하고, 폭식 상황과 관련하여 인지적 왜곡이나 자동적 사고를 찾아보고 이를 더욱 현실적인 사고로 수정하는 데 인지행동치료가 도움이 된다. 하지만 근본적으로 섭식장애를 일으키는 원인으로 작용한 심리적인 문제를 심층적으로 다루는 데는 심리역동적 치료 및 대인관계치료, 가족치료적인 접근이 더 효과적이다.

다이어트의 유혹과 함정*

나의 체중이 지금의 3/4이 된다면, 가령 64kg에서 48kg이 될 수 있다면, 6개월간 음식을 지금의 절반만 먹고 버틸 수 있을까? 이런 실험을 실제로 해 보면 어떨까? 다이어트를 하는 데 도움이 되지 않을까? 지금은 연구에 대한 윤리규정 때문에 실행에 옮길 수 없지만, 이런 과감한 실험이 실제로 70년 전 미국 미네소타대학교에서 행해졌다(Keys et al., 1950). 제2차 세계대전 기간에 양심에 따라 군입대를 거부했던 신체적·정신적으로 건강한 젊은 남성 100명이 이 연구에 자원하였고, 이들 중에서 36명을 선발하여 '기아에 관한 실험'을 하였다. 이 연구는 세 단계로 이루어졌는데, 첫 3개월은 '준비 기간'으로 피험자들은 평소처럼 음식을 먹고 자유롭게 생활한다. 그다음 6개월은 '식사제한 기간'으로 음식량을 이전의 절반으로 줄인다. 마지막 3개월은 '회복 기간'으로 피험자들은 다시 정상적으로 음식을 먹는다.

'준비 기간'에는 피험자들의 행동, 성격, 식사습관의 세부사항을 관찰했다. 32명은 실험에 끝까지 참여했고, 4명은 '식사제한 기간' 혹은 실험 종료 무렵에 실험 참여를 포기했다. 실험에 끝까지 참여한 32명은 신체적·심리적·사회적 변화를 보였다.

음식섭취를 반으로 줄인 '식사제한 기간'에 피험자들은 심한 허기를 느꼈으며, 이들은 점차 음식 외에는 모든 것에 무감각하고 무관심해졌고, 도벽을 나타내거나 음식을 찾아 쓰레기통을 뒤지기도 하였다. 이들은 심각한 정서적 어려움을 나타냈는데, 점차 우울감이 증가하였고 감정의 동요를 나타냈으며 조증 상태를 나타내는 피험자도 있었다. 정신병적 상태에 빠진 피험자도 2명이나 있었고, 피험자 중 1명은 도끼로 자신의 손가락 3개를 절단하였다. 전반적으로 사회적 교류와 성적 측면에서 변화가 나타났다. 대부분의 피험자는 자신감을 잃고 소극적으로 되었으며, 말수가 줄고 유머감각과 웃음을 잃었다. 이성에 대한 관심도 현저하게 감소하였는데, 피험자 대부분은 성욕이 매우 감소하였으며 섹스보다는 먹는 것에만 몰두하였다. 대부분의 피험자는 소화장애, 수면장애, 어지러움, 시력장애, 청력장애, 감각이상 등 다양한 신체 증상을 나타냈고, 쉽게 피로해지고 무력감을 느꼈으며, 신체활동도 급격히 감소하였고 활동이 느려졌다.

'식사제한 기간'이 끝날 무렵, 피험자들의 기초대사량은 평상시의 40%까지 감소하였으며, 심장박동, 호흡, 체온 모두 감소하였다. 체중은 평균 25%가 감소했는데 체지방의 70%가 감소하고 근육은 전체의 40%가 감소하였다. 그런데 정상적으로 음식을 먹자 지방만 매우 많이 증가하는 양상을 보였다. 8개월 동안 음식을 정상적으로 먹고 안정을 되찾은 피험자들은 체중이 평균 110%가 되었으며, 지방은 140%가 되었다. 정상적으로 식사를 하는 '회복 기간'에도 피험자들은 음식에 계속 집착하였으며, '회복 기간' 마지막에 대부분의 피험자가 정상 상태로 돌아갔으나, 어떤 피험자는 계속 과식을 하였으며, 마음껏 먹도록 하였을 때 하루에 10,000칼로리를 먹는 피험자도 있었다. 정상적인 식사를 하게 되어도 심리적인 어려움은

---

* 한국심리학회 웹진 2015년 3월에 게재됨.

금방 해결되지는 않았으며, 대인관계에 대한 관심이나 성적 관심도 원래 수준으로 회복되지 않았다. 정상적인 식사를 시작하고 8개월이 지난 후 정상적으로 성적 호기심을 나타냈으며, 9개월이 지나서야 피험자들의 체중과 지방이 모두 원래 수준으로 돌아갔다.

이 실험은 기아상태가 지속될 때 정상적인 사람이 음식에 대해 어떻게 반응하며, 음식에 대한 욕구의 지배를 받을 때 기분과 행동이 어떻게 변하는지를 극적으로 보여 준다. 70년 전의 실험이 오늘날 우리에게 주는 의미는 실험에서 시행한 식사제한이 현재 보편적으로 시행되고 있는 다이어트 방법과 거의 같다는 점이다. 다이어트는 배가 고픈 느낌에 따라 음식을 먹기보다는 자신이 정한 기준에 따라 음식섭취량을 제한하는 것이다. 엄격한 기준에 따라 다이어트를 할 경우에 신체는 기아상태에 빠진다. 또한 자신이 정한 기준보다 음식을 많이 먹었을 경우에 '다이어트는 실패했어, 이왕 실패한 것이니까 그냥 먹자'는 생각이 뒤따르며 폭식으로 연결될 수 있다. 다이어트의 실패는 심한 좌절을 일으키며, 더욱 엄격한 다이어트에 박차를 가하게 된다. 다이어트를 지속할수록 우리 몸은 기아상태에 대비하여 기초대사량을 줄이고 지방을 축적하기 때문에, 점점 더 살이 찌기 쉬운 체질로 바뀌는 요요현상이 일어난다. 위 실험에서 본 것처럼 이런 다이어트는 단기적으로는 체중을 감소시키지만, 장기적으로는 체중을 증가시킬 수 있다.

섭식장애 환자들이 체중증가에 대한 공포를 나타내는 것을 제외하면, 기아 실험에서 피험자들이 나타내는 행동은 섭식장애 환자들의 행동과 매우 유사하다. 또한 기아 실험 참여자들이 회복 기간을 거치면서 정상적인 신체 건강과 정서적으로 안정을 찾는 것은 섭식장애에서 벗어날 수 있는 방법을 시사한다. 즉, 일정 기간 규칙적으로 적당량의 음식을 섭취하면 체중은 원래대로 돌아오며, 요요현상에서 벗어나고 다이어트에 기인한 여러 합병증에서도 회복될 수 있다.

'어떻게 하면 날씬해질까?'라는 고민은 '날씬한 몸매를 통해서 나는 무엇을 얻으려 하는가?'라는 질문으로 바뀌어야 한다. 다이어트에 성공하여 날씬한 몸매가 되면, 한동안 다른 사람들로부터 감탄과 부러움을 받는다. 하지만 이런 찬사에 목말라하면 섭식장애가 시작될 수 있다. 섭식장애는 자존감의 문제를 체중에 대한 관심으로 바꾸어 놓은 것이다. 다른 사람의 부러움과 인정, 남들의 감탄하는 눈초리에 나의 자존감은 높아지는가? 다이어트라는 유혹 뒤에는 나의 모든 문제가 날씬한 몸매로 다 해결되리라고 굳게 믿는 섭식장애의 위험이 도사리고 있다. 날씬한 몸매가 아니더라도 자부심을 가지고 다른 사람과 소통하며 즐겁게 지내는 것, 먹지 않으려고 노력하기보다는 배가 고플 때 먹을 수 있다는 상식에 따라 생활하는 것은 어떨까? 진정한 자존감은 체중에 따라 춤추는 것이 아니다. 다른 사람의 감탄이 아닌 나의 눈으로 나를 바라보자.

2. 급식장애

『DSM-5』에서는 먹는 것과 관련하여 심각하게 신체적 건강이나 심리사회적 기능을 손상시키는 장애를 '급식 및 섭식장애'라는 범주에 포함시켰으며, 이식증, 되새김장애, 회피적/제한적 음식섭취장애, 신경성 식욕부진증, 신경성 폭식증 및 폭식장애의 진단기준을 제공하였다. 이들 진단기준은 상호배타적인 분류체계로, 단일 삽화는 이들 진단 중 하나의 분류에만 해당한다. 이런 접근의 근거는 수많은 일반적인 심리적 및 행동적 특징에도 불구하고, 이 장애들은 임상적 과정, 결과 및 치료적 요구 면에서 실질적으로 다르기 때문이다. 그러나 이식증 진단은 어떤 다른 급식 및 섭식장애가 있을 때에도 해당될 수 있다. 비만은 『DSM-5』에 심리장애로 포함시키지 않았는데, 비만을 일으키는 유전적 · 신체적 · 행동적 · 환경적 요인은 개인에게 다르게 작용하기 때문이다.

1) 이식증

이식증(pica)의 중요한 특징은 한 달 이상 지속적으로 하나 이상의 영양가 없고, 음식이 아닌 물질을 먹는 것이다. 전형적으로 섭취하는 물질은 나이와 구하기 쉬운 정도에 따라 다양하며 종이, 비누, 천, 머리카락, 끈, 털, 흙, 풀, 분필 등이다. 또한 이런 행동이 발달 수준에 적합하지 않고, 사회적 관습이나 문화적으로 설명될 수 없는 경우이다. 다른 심리장애(예: 지적장애, 자폐스펙트럼장애, 조현병) 기간에만 나타나는 것이 아니어야 하며, 다른 장애 기간에 나타나더라도 심각한 경우에는 별도로 이식증 진단을 한다. 이식증의 유병률은 분명치 않으며, 이식증은 모든 연령에서 발병할 수 있지만, 주로 아동기에 발병한다.

이식증의 원인은 밝혀지지 않았지만, 부모의 무관심이나 지도감독이 소홀한 가정에서 양육되는 유아에게 나타나며, 임신 중인 젊은 여성이 흙 등을 먹는 것 혹은 심각한 지적장애가 있는 경우에 나타나는 것으로 알려져 있다. 또한 이식증을 나타내는 사람은 비타민이나 미네랄이 결핍된 것이 입증되기도 하였다.

이식증에 대한 치료로는 양육자가 이런 장애를 보이는 아동에게 바람직한 행동을 강화하도록 하는 조작적 조건형성이나 긍정적인 관심과 상호작용을 보여 주는 것 등을 들 수 있다. 또한 아동의 환경을 깔끔하게 하고 위험한 물질을 치우는 것도 도움이 된다.

표 13-4 이식증의 진단기준

A. 적어도 1개월 동안 비영양성 · 비음식 물질을 계속 먹는다.
B. 비영양성 · 비음식 물질을 먹는 것이 발달 수준에 비추어 볼 때 부적절하다.
C. 먹는 행동이 사회적 관습, 혹은 문화적 지지를 받지 못한다.
D. 만약 먹는 행동이 다른 정신질환(예: 지적장애, 자폐스펙트럼장애, 조현병)이나 의학적 상태(임신 포함) 기간 중에만 나타난다면, 이 행동이 별도의 임상적 관심을 받아야 할 만큼 심각한 것이어야 한다.

출처: American Psychiatric Association (2013).

2) 되새김장애

되새김장애(rumination disorder)는 일반적으로 지적장애가 있는 사람이나 유아에게 나타날 수 있으며 비교적 드물게 나타나는 장애다. 되새김이란 자발적으로 음식을 토하여 되씹고 다시 삼키는 것을 말한다. 이런 되새김 과정을 통해 많은 음식물을 섭취하기 어려워지며, 심각한 영양실조가 될 수 있고, 만성적인 되새김장애로 인한 사망률이 12~20%에 달한다(DSM-5).

되새김장애의 발생과 유지에 대해 정확히 알 수는 없다. 발달적 관점에서 보자면 되새김이나 반추는 자극의 부족이나 방임과 같은 부모-유아 간의 불만족스러운 관계와 연관된다. 또한 유아가 음식을 게우는 것에 대해 부모가 달래거나 긍정적 관심이나 강화를 보일 수 있으며, 이런 강화는 되새김 행동을 증가시킬 수 있다. 또한 음식을 토하는 것이 내적인 불만족 상태를 이완시켜 주고, 견딜 만한 다른 즐거움을 가져온다는 것을 학습하는 것과 연관된다.

되새김장애는 학습이나 행동치료를 통해 치료하는 것이 강조되어 왔다. 이런 행동의 선행사건을 다른 행동으로 바꾸어 보는 것, 음식물의 질감이나 품질을 바꾸는 것, 다른 행동에 대해 변별적인 강화를 하거나, 되새김 반응을 무시하는 것 등을 시도해 볼 수 있다.

표 13-5 되새김장애의 진단기준

A. 적어도 1개월 이상 음식의 역류를 반복한다. 역류된 음식은 다시 씹거나, 다시 삼키거나 뱉는다.
B. 반복된 역류는 위장 및 다른 신체질환(예: 식도의 역류, 유문협착)에 기인한 것이 아니다.
C. 이런 섭식장해가 신경성 식욕부진증, 신경성 폭식증, 폭식장애나 회피적/제한적 음식섭취장애 중에 나타난 것이 아니다.
D. 이런 증상이 다른 심리장애[예: 지적장애(지적발달장애)나 다른 신경발달장애]와 관련하여 발생했다면, 별도의 임상적 관심을 받을 만큼 매우 심각한 경우에 해당한다.

출처: American Psychiatric Association (2013).

3) 회피적/제한적 음식섭취장애

회피적/제한적 음식섭취장애(avoidant/restrictive food intake disorder)의 주요 특징은 음식섭취를 회피하고 제한하는 것이며, 입을 통한 음식섭취로는 적절한 영양이나 에너지 섭취가 부족하다. 심각한 수준으로 체중이 감소하거나 심각한 수준의 영양 부족을 나타내며, 위장관 급식이나 경구 영양보충제에 의존하고, 현저한 심리사회적 기능의 장애를 나타낸다.

회피적/제한적 음식섭취장애는 보통 성인보다는 아동에게서 나타난다. 이 장애는 체중이나 체형에 대한 과도한 관심이나 살찌는 것에 대한 두려움과는 관련이 없다는 점에서 신경성 식욕부진증과는 다르다. 이 장애의 원인으로 때로는 음식의 색, 냄새, 식감, 온도, 맛에 대한 지나친 감수성과 같은 감각적 특징에 기인할 수 있으며, 이는 선택적인 섭식, 까다로운 섭식, 상습적인 음식 거부 등으로 불린다. 또한 섭식장애를 가진 어머니의 자녀들이 유아의 급식장애에서 높은 비율을 나타내는 것으로 밝혀졌다. 회피적/제한적 음식섭취장애는 유년기와 아동기 초기에 남녀에서 비슷한 확률로 일어나지만, 자폐스펙트럼장애와 연관해서 나타날 경우는 남성의 비율이 더 우세하다(DSM-5).

표 13-6 회피적/제한적 음식섭취장애의 진단기준

A. 적절한 영양 및 에너지 요구를 맞추는 데 지속적으로 실패하는 것으로 나타나는 섭식 혹은 급식 장해(예: 먹는 것 혹은 음식에 대한 적절한 관심의 결여, 음식의 감각적 특징에 근거한 회피, 먹는 것의 혐오적 결과에 대한 걱정). 적어도 다음 중 하나 이상을 동반한다.
  1. 현저한 체중감소(혹은 아동의 경우에 기대되는 체중증가에 미치지 못하거나 성장이 더딤)
  2. 현저한 영양결핍
  3. 장으로 주입하거나 경구 영양보충제에 의존
  4. 심리사회적 기능에 심각한 방해
B. 이런 장해는 구할 수 있는 음식이 없거나 문화적으로 용인되는 관행으로 잘 설명될 수 없다.
C. 이런 섭식 장해가 신경성 식욕부진증이나 신경성 폭식증이 진행되는 동안에만 나타나는 것이 아니며, 또한 개인의 체중이나 체형에 대해 경험하는 방식에 관한 장해의 증거가 없어야 한다.
D. 이런 섭식 장해가 공존하는 건강상태로 인한 것이 아니거나 다른 심리장애로 더 잘 설명되지 않는다. 이런 섭식 장해가 다른 상태나 다른 장애와 연관되어 발생한다면, 이 섭식 장해의 심각성이 일반적으로 나타나는 것보다 심하거나 별도의 임상적 관심을 받을만큼 심각하다.

출처: American Psychiatric Association (2013).

3. 배설장애

배설장애(elimination disorder)는 소변 또는 대변의 부적절한 배설을 포함하며 대개 아동기와 청소년기에 처음 진단된다. 배설장애는 부적절한 장소에서 반복적으로 소변을 보는 유뇨증과 부적절한 장소에서 반복적으로 대변을 보는 유분증이 포함된다. 유뇨증은 주간형과 야간형으로 구분되며, 유분증의 경우는 변비 및 변실금이 있는 경우와 없는 경우로 구분된다.

1) 유뇨증

유뇨증(enuresis)의 특징은 낮이나 밤에 침구나 옷에 반복적으로 소변을 보는 것이다. 불수의적인 배뇨가 가장 흔하나, 가끔은 의도적일 수도 있다. 연속된 3달간 적어도 주 2회 이상의 빈도로 일어나고, 사회적, 학업적(직업적) 또는 다른 중요한 기능에서 임상적으로 현저한 고통이나 손상을 초래해야 한다. 개인의 연령이 소변을 가릴 수 있는 연령에 도달해야 한다. 요실금이 물질의 생리적 효과나 다른 의학적 상태에

표 13-7   유뇨증의 진단기준

A. 불수의적이거나 의도적으로 침대나 옷에 반복해서 소변을 본다.
B. 이런 행동이 연속해서 세 달간 적어도 일주일에 두 번 이상의 빈도로 임상적으로 확연하게
    나타나거나, 사회적·학업적(직업적) 혹은 다른 중요한 기능에서 임상적으로 명백하게 고통
    이나 손상을 초래한다.
C. 생활연령이 5세 이상이거나 동일한 발달 수준에 해당한다.
D. 이런 행동이 물질(예: 이뇨제, 항정신병 약물)의 생리적 효과나 다른 의학적 상태(예: 당뇨병,
    척추이분증, 경련장애)에 기인한 것이 아니다.

하위 유형
• 야간형: 밤에 잘 때만 소변 배출
• 주간형: 깨어 있는 시간에 소변 배출
• 주야간형: 위 두 하위 유형의 혼합

출처: American Psychiatric Association (2013).

의한 것이 아니어야 한다. 유뇨증의 유병률은 5세에서 5~10%, 10세에서 3~5%, 15세 이상에서는 1% 정도이다(DSM-5).

유뇨증은 소변 가리기가 성취되지 않은 시기에 나타나는 일차적 유뇨증과 소변을 가린 기간 후에 장애가 나타나는 이차적 유뇨증이 있다. 정의에 의하면 일차적 유뇨증은 5세에 시작된다. 이차적 유뇨증이 발생하는 시기는 5세와 8세 사이지만, 어느 시기라도 발병할 수 있다. 이 장애가 있는 대부분의 아동은 청소년기에 소변을 가릴 수 있게 되지만 약 1%는 성인기까지 지속된다.

환경적으로 느슨한 소변 훈련과 심리사회적 스트레스 등이 유뇨증의 원인으로 생각된다. 부모가 유뇨증이 있는 경우에 아동기의 야간 유뇨증 발병률이 더 높아지며, 특히 아버지가 유뇨증이 있는 경우에 발병률은 10.1배 더 높다. 야간 유뇨증은 남성에게 더 흔하며, 주간 유뇨증은 여성에서 더 흔하다. 유뇨증이 있는 아동은 사회적 활동(예: 집을 떠난 캠핑)에 제한을 갖게 되며, 아동의 자존감, 또래들로부터의 배척, 보호자의 분노와 처벌 등의 어려움을 겪게 된다.

2) 유분증

유분증(encopresis)의 특징은 부적절한 장소에 반복적으로 대변을 보는 것이다. 대부

표 13-8 유분증의 진단기준

A. 불수의적이거나 의도적으로 부적절한 장소(예: 옷이나 바닥)에 반복해서 대변을 본다.
B. 3개월 동안 적어도 매달 한 번 이런 상황이 나타난다.
C. 생활연령이 4세 이상이거나 동일한 발달 수준에 해당한다.
D. 이런 행동이 물질(예: 하제)의 생리적 효과에 의한 것이 아니며, 변비와 관련된 기전을 제외한 다른 의학적 상태에 기인한 것이 아니어야 한다.

하위유형
• 변비 및 변실금이 있는 경우: 신체 검진이나 개인력에서 변비의 증거가 있음
• 변비 및 변실금이 없는 경우: 신체 검진이나 개인력에서 변비의 증거가 없음

출처: American Psychiatric Association (2013).

분은 불수의적이지만 때로는 의도적이기도 하다. 이런 사건은 적어도 3개월간 월 1회 발생해야 하며, 아동의 생활연령이 최소한 4세가 되어야 한다. 대변 실금이 전적으로 하제 등에 의한 물질의 생리적 효과가 아니어야 하고, 변비를 제외한 다른 의학적 상태에 의한 것이 아니어야 한다. 5세 아동의 1%가 유분증을 나타내고, 이 장애는 남아가 여아보다 흔하다.

　일차적 유분증은 대변 가리기가 성취된 적이 없는 경우이며, 이차적 유분증은 일정 기간 대변 가리기를 한 후에 발생하는 경우이다. 부적절하고 일관성 없는 대소변 가리기 훈련과 동생의 출생이나 입학 등 심리사회적 스트레스가 유발 요인이 될 수 있다. 유분증은 몇 년간 간헐적으로 악화되면서 지속될 수 있다(APA, 2013).

　유분증이 있는 아동은 수줍음이 많고, 난처한 일이 생길지 모르는 상황(예: 캠프, 학교)을 피하려 한다. 손상의 정도는 아동의 사회적 활동에 대한 제한이나 아동의 자존감, 또래들의 사회적 배척과 돌보는 사람의 분노, 처벌 및 거부에 영향을 받는다. 변실금이 고의적인 경우는 적대적 반항장애나 품행장애의 특징을 함께 나타내기도 한다.

 요약

　섭식장애에서 처음 소개된 장애는 신경성 식욕부진증이며, 체형과 체중에 지나친 집착과

왜곡된 신체상 및 체중의 증감에 따라 자존감이 좌우되는 것이 특징이다. 신경성 식욕부진증은 대체로 청소년기 소녀에게서 나타나며, 이 장애를 나타내는 소녀는 체중감소를 통하여 자신이 통제할 수 있는 좁은 영역에서 독립을 선언하며 자기 자신을 표현하는 것으로 보인다. 신경성 폭식증 환자는 심리적인 불편함을 폭식을 통하여 해결하려는 경향을 나타낸다. 이런 폭식행동에 대해 수치심을 느끼며, 체중증가를 막기 위해 과도한 음식을 섭취한 후에 이를 제거하기 위한 행동을 하는 것이 특징이다. 폭식장애는 습관적으로 폭식을 하며, 폭식을 통하여 정서적인 문제를 해결하려고 하는 점에서는 신경성 폭식증과 유사하지만, 제거행동을 하지 않는다는 점이 다르다. 섭식장애는 인위적으로 엄격하게 음식섭취를 제한하는 다이어트를 반복하는 것에 기인한다. 섭식장애의 치료는 우선 일정기간 동안 규칙적으로 음식을 섭취하여 신체적인 균형을 되찾는 것과 다이어트와 관련된 행동을 바로 잡기 위한 인지행동치료 및 근본적인 심리적 원인을 다루는 심층적인 심리치료가 필요하다.

급식장애는 먹는 것과 연관하여 건강이나 심리사회적 기능이 손상된 장애이며, 주로 아동기에 나타난다. 이식증은 영양가가 없거나 음식이 아닌 것을 지속적으로 먹는 것이 특징이다. 되새김장애는 자발적으로 음식을 토하여 되씹고 다시 삼키는 것이 지속되는 것이 특징이다. 회피적/제한적 음식섭취장애는 입으로 섭취하는 음식물이 현저하게 적어서 심각한 수준의 영양부족을 나타내는 것이 특징이다. 이 장애들은 아동기의 지적장애와 함께 나타날 수도 있다.

배설장애는 소변이나 대변을 부적절한 장소에 배설하는 장애를 지칭한다. 유뇨증은 반복적으로 침구나 옷에 소변을 보는 것이 특징이다. 유분증은 부적절한 장소에 반복적으로 대변을 보는 것이 특징이다. 배설장애는 아동기에 주로 발생한다.

학습과제

1. 섭식장애에서 가장 핵심이 되는 문제를 기술하시오.
2. 신경성 식욕부진증의 핵심 증상과 임상적 특징을 기술하시오.
3. 신경성 폭식증의 핵심 증상과 임상적 특징을 기술하시오.
4. 폭식장애의 핵심 증상과 임상적 특징을 기술하시오.
5. 신경성 식욕부진증의 원인과 치료에 대해 기술하시오.
6. 신경성 폭식증의 원인과 치료에 대해 기술하시오.
7. 다이어트의 문제점과 건강한 식생활의 필요성에 대해 기술하시오.
8. 급식장애의 종류와 특징을 기술하시오.
9. 배설장애의 종류와 특징을 기술하시오.

📝 참고문헌

김준기, 이정은, 배재연, 신나리, 박주현, 공성숙(2000). 다이어트 vs 다이어트 장애. 서울: 현문사.

이영호, 박세현, 황을지, 허시영, 이혜경(2003). 식사장애: 거식증과 폭식증 극복하기. 서울: 학지사.

한오수, 유희정, 김창윤, 이철, 민병근, 박인호(1990). 한국인의 식이장애의 역학 및 성격 특성. 정신의학 15, 270-287.

American Psychiatric Association. (1994). *Diagnostic and Statistical Manual of Mental Disorders* (4th ed.). Washington, DC: Author.

American Psychiatric Association (2013). *Diagnostic and statistical manual of mental disorders* (5th ed.). Arlington, VA.

Boris, H. N. (1984). The problem of anorexia nervosa. *International Journal of Psychoanalysis, 65,* 315-322.

Bruch, H. (1982). Psychotherapy in anorexia nervosa. *International Journal of Eating Disorders, 1,* 3-14.

Bruch, H. (1985). Four decades of eating disorders. In D. M. Garner, & P. E. Garfinkel (Eds.), *Handbook of psychotherapy for anorexia nervosa and bulimia nervosa.* New York: Guilford Press.

Bruch, H. (1987). The changing picture of an illness: anorexia, In J. L. Sacksteder, D. P. Schwartz, Y. Akabane, & C. T. Madison (Eds.), *Attachment and the therapeutic process.* International University Press, pp. 205-222.

Crisp, A. H., Hsu, L. K. G., Harding, B., & Hartshorn, J. (1980). Clinical features of anorexia nervosa. *Journal of Psychosomatic Research, 24,* 179-191.

Crisp, A. H. (1997). Anorexia nervosa as flight from growth: assessment and treatment based on the model. In D. M. Garner, & P. E. Garfinkel(Eds.), *Handbook of treatment for eating disorders* (2nd ed.). New York: Guilford Press.

Fairburn, C. G., & Cooper, P. J. (1984). The clinical features of bulimia nervosa. *British Journal of Psychiatry, 144,* 238-246.

Fairburn, C. G., Norman, P. A., Welch, S. L., O'Connor, M. E., Doll, H. A., & Peveler, R. C. (1995). A prospective study of outcome and bulimia nervosa and the long-term effects of three psychological treatment. *Archive General Psychiatry, 52,* 304-312.

Fairburn, C. G., Welch, S. L., Doll, H. A., Davies, B. A., & O'Conner, M. E. (1997). Risk factors for bulima nervosa: a community-based case-control study. *Archive General*

Psychiatry, 54, 509-517.

Gabbard, G. O. (2005). *Psychodynamic Psychiatry in Clinical Practice*(4th ed.). American Psychiatric Press. Washington, DC.

Halmi, K. A., Casper, R., Eckert, E., Goldberg, S. C., Davis, J. M. (1979). Unique features associated with age of onset of anorexia nervosa. *Psychiatry Research, 1,* 209-215.

Halmi, K. A., Agras, W. S., Mitchell, J., Wilson, G. T., Crow, S., Bryson, S. W., & Kraemer, H. (2002). Relapse predictors of patients bulimia nervosa who achieved abstinence through cognitive behavioral therapy. *Archive General Psychiatry, 59,* 1105-1109.

Hsu, L. K. G. (1990). *Eating Disorders.* New York: Guilford Press.

Kaye, W. H., Gwirtsman, H. E., George, D. T., Weiss, S. R., & Jimerson, D. C. (1986). Relationship of mood alternatives to bingeing behavior in bulimia. *British Journal of Psychiatry, 149,* 470-485.

Keel, P. K., & Mitchell, J. E. (1997). Outcome in bulimia nervosa. *American Journal of Psychiatry, 154,* 313-321.

Kendler, K. S, Walters, E. E., Neals, M. C., Kessler, R. C., Heath, A. C., & Eaves, L. (1995). The structure of the genetic and environmental risk for six major psychiatric disorders in women: phobia, generalized anxiety disorder, panic disorder, bulimia, major depression, and alcoholism. *Archive General Psychiatry, 52,* 374-383.

Keys, A., Brozek, J., Henschel, A., Michelson, O., & Taylor, H. L. (1950). *The biology of human starvation: Vol. 1.* (p. 828). Minneapolis, MN: University of Minnesota Press.

Minuchin, S., Rosman, B. L., Baker, L. (1978). *Psychosomatic families: Anorexia nervosa in context.* Cambridge, MA, Harvard Press.

Mitchell, J. E., & Laine, D. C. (1985). Monitored binge-eating behavior in patients of normal weight with bulimia. *International Journal of Eating Disorders, 4,* 177-183.

Patton, G. C. (1988). Mortality in eating disorders. *Psychological Medicine, 18,* 947-951.

Reich, G., & Cierpka, M. (1998). Identity conflicts in bulimia nervosa: psychodynamic patterns and psychoanalytic treatment. *Psychoanalytic Inquiry, 18,* 383-402.

Rosen, J. C., Leitenterg, H., Fisher, C., & Khazam, C. (1986). Binge-eating episodes in bulimia nervosa: The amount and type of food consumed. *International Journal of Eating Disorders, 5,* 255-268.

Russell, G. F. M. (1979). Bulimia Nervosa: An ominous variant of anorxia nervosa. *Psychology and Medicine, 9,* 429-448.

Selvini Palazzoli, M. (1978). *Self-starvation.* New York: Jason Aronson.

Sugarman, A., & Kurash, C. (1982). The body as a transitional object in bulimia. *International Journal of Eating Disorder, 1,* 57-67.

Sullivan, P. F., Bulik, C. M., Fear, J. L. (1998). Outcome of anorexia nervosa: a case-control study. *American Journal of Psychiatry, 155,* 939-946.

Thompson-Brenner, H., Glass, S., Westen, D. (2003). A multidimensional meta-analysis of psychotherapy for bulimia nervosa. *Journal of Clinical Psychology, 10,* 269-287.

Walsh, B. T., Kissileff, H. R., Cassidy, S. M., & Dantzic, S. (1989). Eating behavior of women with bulimia. *Archives of General Psyhiatry, 46,* 54-58.

Yager, J. (1984). The treatment of bulimia: on overview, In P. S. Powers, & R. C. Fernandez (Eds.), *Current Treatment of Anorexia Nervosa and Bulimia.* Edited by Powers, P. S., Fernandez, R. C., Basel. Switzerland: S Karger.

제14장

수면-각성장애

김미리혜

학습 목표

1. 수면-각성장애에 대한 개념적 이해를 돕기 위해 수면과정에 대해 우선 알아본다.
2. 수면-각성장애의 유형 몇 가지를 예시해 주는 대표적인 사례들을 살펴본다.
3. 수면-각성장애를 진단하기 위해 『DSM-5』에서의 진단기준, 하위유형 및 그 증상, 유병률, 예후 등을 배운다.
4. 수면-각성장애의 원인 등 관련 변인과 치료적 접근을 배운다.

학습 개요

수면은 의식이 달라지고 근육이 이완되며 마음대로(수의적으로) 신체 조절이 안 되는 상태다. 잘 자지 못하면 그것 자체로도 괴롭지만 깨어 있는 동안의 생활과 신체 및 심리건강에 악영향을 미친다. 이 장에서 다루는 수면장애 및 각성장애는 수면 곤란이나 이상이 있는 경우로서 수면의 길이와 질 그리고 타이밍과 관련된 증상을 포함한다. 이 범주에 포함된 10개의 장애는 환자가 잠을 잘 못잔 탓으로 낮(각성 시)에 힘들어하고 사회생활, 학업 등 주요 기능에서 손상을 겪는다는 공통 특징을 갖는다. 14장에서는 먼저 수면과정에 대해 간략히 살펴본 후 『DSM-5』에 기초한 수면장애 및 각성장애의 진단기준과 증상을 소개할 것이다. 마지막으로, 각 장애의 원인을 비롯한 관련 변인과 치료법에 대해 살펴볼 것이다.

『DSM-5』의 수면-각성장애 범주에는 다음과 같은 열 가지 장애(혹은 장애군)가 들어가 있다. 불면장애(insomnia disorder), 과다수면장애(hypersomnolence disorder), 기면증(narcolepsy), 호흡관련 수면장애(breathing-related sleep disorders), 일주기리듬 수면-각성장애(circadian rhythm sleep-wake disorders), NREM 수면 각성장애(non-rapid eye movement sleep arousal disorders), 악몽장애(nightmare disorder), REM 수면 행동장애(rapid eye movement sleep behavior disorder), 하지불안 증후군(restless legs syndrome), 물질/치료약물로 유발된 수면장애(substance/medication-induced sleep disorder)(American Psychiatric Association, 2013).

수면-각성장애를 진단하기 위해서는 환자의 수면력 정보 수집, 신체검사, 설문지와 수면일지 및 임상검사를 거쳐야 한다. 첫 면담 시 환자는 물론 환자와 함께 자는 사람에게 정보를 얻고 수면다원검사(polysomnography)로 확인한다. 수면다원검사는 환자가 수면검사실에서 자는 동안 뇌파, 안구운동, 근전도, 코골이, 호흡 등을 측정하는 것이다.

수면장애는 종종 우울, 불안 및 인지 변화를 수반한다(Roth, Jaeger, Jin, Kalsekar, Stang, & Kessler, 2006). 대부분 공병이 있다는 말이다. 처음에는 공병이 없었다고 해도 수면 및 각성 문제를 계속해서 겪다보면 다른 심리장애나 약물 중독이 생긴다.

수면-각성장애 범주 중 불면장애의 주 증상은 독자들도 경험했으리라 믿는다. 수능 시험 전날 잠을 이루지 못해 컨디션이 나쁜 상태에서 시험을 보느라 고군분투하거

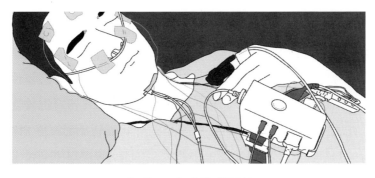

[그림 14-1] 수면다원검사

나 잠이 일찍 깨어 화장실에 갔다 와서는 더 이상 잠이 오지 않아 뒤척이다가 아침을 맞고 그날 하루 종일 피곤한 상태에서 업무에 집중하지 못하고 조는 것은 너무도 흔한 예이다. 이렇게 잠들기 어렵거나 잠이 들었다 해도 자주 깨거나 한 번 깬 후 다시 잠을 자지 못하는 일이 자주 생기고 그런 상태가 오래 지속되면 불면장애라고 보면 된다. 우선 정상적 수면과정을 먼저 이해한 후 이러한 불면장애를 비롯한 비정상적 수면-각성 상태를 하나씩 살펴보기로 한다.

1. 수면 과정

일생의 삼분의 일을 자면서 보내면서도 우리는 수면에 대해 아직도 모르는 것이 많다. 그렇지만 수면이 깨어 있는 동안의 생활과 신체 및 심리건강에 여러모로 영향을 끼친다는 점은 누구나 인정한다. 수면-각성장애는 수면 곤란이나 이상이 있어서 각성 시(낮)에 어려움을 겪는 경우이다. 수면-각성장애를 이해하기 위해서는 먼저 수면의 기본 과정을 알아야한다. 다시 말해, 정상적으로 수면이 어떤 모습을 보이고 어떤 단계를 거치는가를 알아야 거기에서 벗어난 상태에 대해 이해할 수 있을 것이다.

1950년대까지만해도 수면이 수동적이고 활동 중지된 상태라고 생각했지만 의학과 테크놀로지의 발달로 이제는 자는 동안에도 우리가 활발하게 활동한다는 것을 알게 되었다. 수면 중 여러 변화가 일어나는데, 일반적으로 각 사이클은 90~110분 정도이고 얼마나 오래 자느냐에 따라 하룻밤에 거치는 수면 사이클의 수가 달라진다. 정상수면은 눈을 빨리 움직이는 급속안구운동(Rapid Eye Movement: REM)이 나타나는 REM 수면과 그렇지 않은 NREM(NonREM) 수면으로 구분된다. NREM 수면은 뇌파(electroencephalography: EEG) 활동의 특성에 따라 N1, N2, N3 단계로 나뉜다. 뇌파는 앞서 소개한 수면다원검사에서 얻고자하는 자료의 일부로, [그림 14-1]에서 보듯이 머리에 붙은 전극으로 측정한다.

미국 수면의학회(the American Academy of Sleep Medicine)에서 나눈 수면 단계를 기술하면 다음과 같다(Berry et al., 2015). 우선 잠을 자려고 눈을 감으면 EEG의 알파파가 50% 이상 나타나는 W단계(깨어 있는 상태: Wakefulness)로부터 시작할 것이다.

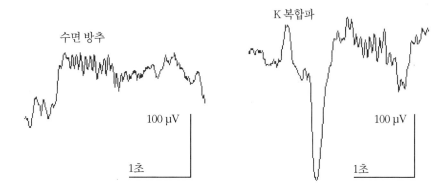

[그림 14-2] EEG상의 수면 방추와 K 복합파

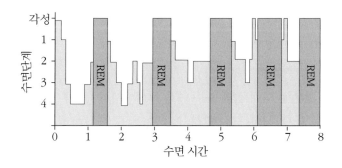

[그림 14-3] 정상 수면 단계

- N1단계(Stage N1): 잠이 막 든 상태. 각성과 수면 사이의 변화 단계. 얕은 단계라서 쉽게 깰 수 있다. 쉬면서 깨어 있는 상태에서 주로 보이는 알파파가 사라지고 세타파가 반 이상 나타나는 상태로 정의된다.

- N2단계(Stage N2): N1단계보다 깊은 수면으로, EEG상으로 마치 실이 감겨 있는 것처럼 파동이 촘촘해진 수면 방추(sleep spindle)와 갑자기 솟아오른 부분인 K 복합파(K-complex)가 나타나는 단계. 수면방추는 12~16Hz의 갑작스러운 출현을 뜻하며, K 복합파는 짧은 고전압의 파형인데 주변의 청각 자극에 의한 반응으로도 나타난다. 소리가 들렸을 때 수면방추와 K 복합파가 뚜렷하게 생기는 사람은 잠이 깨지 않는다고 한다. 수면방추와 K 복합파가 잠에서 깨어나지 않도록 돕는다는 가설이 지지되고 있다.

- N3단계(Stage N3): 가장 깊은 수면 단계. EEG상에서 서파활동(slow wave activity) 또는 델타파로 정의된다. 이 수면은 수면 사이클 중 가장 회복 효과가 높고 깨우기 가

장 힘든 때이다. 나중에 설명할 몽유병, 야경증 등의 많은 사건수면(parasomnia)이 이때 발생한다.

- R단계(Stage R): 빠른 안구운동이 일어나는 REM 수면. 안구 이외에 다른 신체부위의 움직임은 없지만 뇌파 활동은 깨어 있을 때와 유사하다. 뇌의 변연계 부분이 활발하게 활동하는 것으로 미루어 볼 때 정서 조절과 관련이 있다고 추측된다. 이 단계에서는 쉽게 깰 수 있다.

우리가 잠이 들면 NREM 수면의 N1단계에서 시작되고 N2, N3 단계를 거치면서 약 90분이 지나면 REM 수면에 들어간다. NREM 수면은 주로 우리의 신체 기능이 회복되는 단계이고 REM 수면은 기억을 포함한 인지적인 기능을 회복시켜 주는 듯하다. 수면 문제의 종류에 따라 특정 수면 단계에만 나타나기도 하고 동일한 문제라도 수면 단계에 따라 다른 양상을 보이기도 한다.

이렇게 우리의 기본적 의식 상태는 수면과 각성이고 수면 시 NREM 수면과 REM 수면 단계를 번갈아 경험하지만 이도 저도 아닌 '경계선'의 상태도 있다. 때로 우리는 완전히 잠든 것이 아닌 NREM 상태에서 REM 수면의 특성인 생생한 꿈을 꾸기도 한다. 흔히 '선잠(hypnagogic)'이라 불리는 '비몽사몽' 상태에서 우리는 REM 수면 때처럼 꿈에 완전히 몰입되어 꿈을 현실로 아는 상태가 아니고 어느 정도는 의식이 깨어 있는 경험을 한다. 이때 전두엽 활동이 줄고 각성 시 휴식할 때 보이는 알파파 그리고 잠잘 때 볼 수 있는 세타파도 나타난다. 말하자면, 뇌의 스위치가 각성에서 수면으로 단번에 바뀌지 않은 것이다. 뇌의 어떤 부분은 순간적으로나마 (길어야 수 분 동안) 깨어 있을 때처럼 활동하고 있다는 말이다. 이때 우리가 보는 이미지들이 너무 생생하고 괴상망측하고 불편하면 '입면 시 환각(hypnagogic hallucination)'이라는 임상 용어를 사용하게 된다. 앞으로 설명할 기면증에서 흔히 볼 수 있는 증상이기도 하다. 수면장애가 없다면 이러한 비몽사몽을 특별한 경험으로 즐기거나 창의적 영감을 얻는 데 활용할 수 있다. 실제로 살바도르 달리(Salvador Dali)는 이를 소재로 그림을 그렸다.

입면 시 환각을 비롯하여 수면 중 나타나는 이상행동, 신체 현상을 '사건수면'이라고 한다. 사건수면의 가장 '약한' 종류는 잠꼬대라고 할 수 있고 심한 종류는 흔히 우리가 '몽유병'이라고 부르는 장애이다. 수면-각성장애 범주에는 사건수면을 보이는 REM 수면 행동장애 등이 포함되어 있다.

2. 불면장애

> A는 직장에 다니는 30대의 여성으로서 밤에 자려고 누우면 생각이 꼬리에 꼬리를 물고 떠오른다. 오늘 있었던 일, 오늘 했어야 할 일, 내일 할 일, 오늘 상사에게 했어야 할 말…… . 특별히 낮에 힘든 일을 겪는 것 같지도 않고, 피곤한데도 잠드는 데 한 시간 이상 걸리기 일쑤이다.
>
> B는 처음에 잠드는 데는 문제가 없다. 단 새벽 3, 4시경 깨어 화장실에 갔다 와 다시 자려고 하면 잠이 안 온다. 그래서 밤에 물을 마시지 않고 잤는데도 도중에 깬다.
>
> C는 처음에 잠이 안 와서 술을 마셨더니 잠은 잘 오지만 도중에 쉽게 깨곤 했다. 이 병원 저 병원 다니며 수면제를 이것저것 먹었다. 처음에는 효과가 있는 것 같았지만 몇 주가 지나면 다시 잠들기가 어려워지면서 원래대로 돌아간다. 수면제 과용이 걱정될 정도로 복용량을 늘려보기도 한다. 잠을 못 이루어 너무 괴롭다. 낮에 업무에 집중할 수가 없어 커피를 진하게, 여러 번 마신다. 결국 낮에는 졸음을 쫓기 위해 커피에, 밤에는 잠들기 위해 수면제에 의존하는 꼴이 되었다.

자려고 누웠으나 잠이 안 와서, 잠은 잘 들지만 밤 동안 자주 잠이 깨서, 혹은 새벽에 잠이 깨서는 다시 잠이 안 와서 괴로운 적이 있는가? 첫 번째 유형은 수면시작 불면증, 두 번째 유형은 수면유지 불면증, 세 번째 유형은 수면종료 불면증이다. 여러분의 경험을 떠올려 보면 잘 자지 못해 괴롭기도 하지만 낮 시간 동안 졸리고 주의집중이 안 되며 예민해지고 짜증이 났을 것이다. 지속적으로 거의 매일 불면증이 계속되면 기능 손상이 심할 것이라는 점을 쉽게 이해할 수 있다.

잠을 이루고자 "자, 이제 걱정 그만 하고 자야지. 내일 중요한 일이 있으니 잘 자두어야 할 텐데" 하고 의식적으로 노력하면 오히려 정신이 또렷해지는 경험도 했을 것이다. 또한 "잠이 안 와 큰일이네. 누운 지 한 시간도 넘은 것 같은데. 오늘도 잠이 안 오면 어떻게 하지." 하고 불면을 두려워하면서 불면에 시달렸던 경험도 했을 것이다. 수면에 집착하고 자려고 애를 쓸수록 불면 증상은 심해진다는 수면의 역설을 기억할 필요가 있다.

불면증만 따로 겪는 경우보다 다른 신체 상태[예: 통증이나 주요우울장애 같은 정신장애]와 공병인 경우가 더 많으며 불면증이 독립적 문제든 다른 정신 장애나 신체 상태 및 다른 수면장애(예: 호흡 관련 수면장애)와의 공병이든 관계없이 불면장애 진단을 내린다. 불면장애의『DSM-5』진단기준은 다음과 같다.

표 14-1 불면장애의 진단기준

A. 수면의 양이나 질에 대한 불만족을 주호소로 한다. 다음 증상 중 하나 이상을 동반한다.
  1. 잠들기 어렵다(아동의 경우 부모 등 돌보미의 도움 없이는 잠들기 어려울 때).
  2. 수면을 유지하기 어렵다. 잠자다가 자주 깬다든지 깬 뒤 다시 자려고 할 때 잠이 오지 않는다.
  3. 일찍 일어나서는 다시 잠들 수 없다.
B. 수면 문제 때문에 대인관계, 학업 또는 직업, 행동 등 중요 기능 영역에서 임상적으로 유의한 부적 정서나 손상이 있다.
C. 수면 문제가 적어도 주당 3회 이상 일어난다.
D. 수면 문제가 적어도 3개월 이상 계속된다.
E. 적절한 수면 기회에도 불구하고 수면 문제가 일어난다.
F. 불면증이 다른 수면-각성장애(예: 기면증, 호흡 관련 수면장애, 일주기리듬 수면-각성장애, 사건수면)의 경과 동안만 일어난다든지, 그러한 장애의 경과로 더 잘 설명된다면 불면장애로 진단하지 않는다.
G. 불면증을 물질(약물남용, 약)의 생리적 효과 탓으로 돌릴 수 없다.
H. 공존하는 정신장애나 신체적 문제로 불면증을 잘 설명할 수 있다면 불면장애로 진단하지 않는다.

출처: American Psychiatric Association (2013).

3. 과다수면장애

고등학교에 입학한 지 얼마 안 되어 D는 점차 잠이 많아지고 아침에 일어나는 것이 어려워졌다. 밤에 10시간 이상 자고 난 후라도 개운하지 않았고 피곤했다. 학교에 늦게 도착해서는 늘 졸음과 싸웠고 낮잠을 서너 번 자야 했다. 늦게까지 공부하느라 오래 자지 못했던 친구들은 낮잠 후 "아, 상쾌하다."라고 하는데 D는 그러지 못했다. 잠에 취한 몽롱한 상태에서 하루를 지내다 보면 무슨 일이 일어났는지 의식하거나 기억하지 못하는 일도 잦았다. 수업을 듣다 조는 것은 물론, 미술시간에 그림을 그리다가도 낮잠을 잔다. 처음에는 밤늦게까지 공부하느라 낮에 조는 줄 알았던 같은 반 학생들과 학교 선생님들은 이제 D가 '게으르다.' '반항하고 있다.' 혹은 '학업 스트레스 때문에 잠으로 도피한다.'고 생각한다. 중학교 때 중상위권을 유지했던 D의 성적은 가파른 하향 곡선을 그리고 있다. 이로 인해 D는 불안하고 우울하다.

과다수면은 불면의 반대라고 할 수 있다. 과다수면장애의 증상에는 지나치게 오래 자는 것(밤에 오래 자는 것 혹은 불수의적인 낮잠), 각성 수준이 낮아져서 다시 말해 정신이 몽롱해서 깨어 있기가 어려운 것, 그리고 수면 무력증(sleep inertia: 밤잠이나 낮잠 후 한동안 수행이 저조하거나 정신이 들지 않는 증상)이 포함된다. 극단적 사례에서 하루 수면시간이 20시간에 육박하기도 하지만 보통 9시간 이상 '지나치게 오래' 자고도 아침에 깨기 어렵고 개운하지 않다고 호소한다. '나도 잠이 꽤 많은데'라고 생각한다면 아마 단지 '잠이 많은 사람(long sleeper)'일 가능성이 크다. 필요로 하는 수면시간이 다른 사람들보다 길 뿐이라는 것이다. 가령 여러분이 단지 '잠이 많을 뿐이어서' 9시간 정도 자야 한다면, 수면시간 9시간을 못 채우면 이튿날 졸리고 피곤하지만 충분히 잤다면 과다수면장애 환자들이 호소하는 '오래 자고 일어나도 피로가 해소되지 않은 느낌'이 들지 않으며 낮에 졸음 등의 증상이 나타나지 않을 것이다. 이에 비해 과다수면장애 환자들은 간밤에 취한 수면의 양이나 질과는 무관하게 낮에 피로감과 졸림에 시달린다.

과다수면장애 환자의 35~50% 정도가 보이는 수면 무력증은 우리가 일상 대화에서 흔히 '잠에 취한 상태'라고 부르는 상태로서 환자들은 잠에서 깨고도 한동안(수분에서 수시간) 몸을 잘 가누지 못하거나 지남력장애, 기억 손상 등을 보인다. 앞 사례에서 보듯 오래 자고도 낮에 졸음과 싸우다가 1시간 이상 긴 낮잠을 자게 마련이다. 물론 수업시간 같은, 몸을 움직이지 않는 지루한 상황에서 잠이 더 잘 온다.

과다수면장애의『DSM-5』진단기준은 다음과 같다.

표 14-2 과다수면장애의 진단기준

A. 수면이 적어도 7시간 지속되었음에도 불구하고 과다한 졸림(hypersomnolence)을 주호소로 한다. 다음 증상 중 하나 이상이 추가되는 경우이다.
  1. 동일한 날에 반복적으로 수면
  2. 9시간 이상의 수면에도 불구하고 피로가 해소되지 않음(개운한 기분이 들지 않음)
  3. 갑작스러운 각성 이후 완전히 깨어 있기 어려움
B. 과다수면이 적어도 3개월 이상 일주일에 3회 이상 일어난다.
C. 과다수면이 인지적, 사회생활상, 직업적 혹은 다른 중요 기능 영역의 심각한 고통이나 손상을 수반한다.
D. 과다수면이 다른 수면장애(예: 기면증, 호흡 관련 수면장애, 일주기리듬 수면장애 혹은 사건수면)로 더 잘 설명되거나 이들 다른 장애의 경과 동안만 일어나는 것은 아니어야 한다.

E. 과다수면이 물질(예: 물질남용, 약)의 생리적 효과로 인한 것이 아니다.

F. 공존하는 정신적 · 신체적 장애가 과다졸음 호소를 적절히 설명할 수 있다면 과다수면장애로 진단하지 않는다.

출처: American Psychiatric Association (2013).

4. 기면증

1990년대 영화 〈아이다호(My Own Private Idaho)〉에는 시도 때도 없이 잠 들어 버리는 주인공 마이크(리버 피닉스 분)가 등장한다. 영화의 첫 장면부터 도로 한가운데 서 있던 마이크가 갑자기 경련하면서 잠에 빠져든다. 그는 가족도, 직업도 없이 마약과 매춘의 절망적 삶을 사는데 이렇게 수시로 잠에 빠져 현실을 도피하는 것으로 그려진다. 잠에 빠진 그의 얼굴을 자세히 보면 눈알을 빨리 움직이는 모습을 볼 수 있는데 수면이 시작되고 금방 REM 단계에 도달한 기면증 환자의 모습 그대로이다. 도중에 마이크가 감정이 고조된 상태로 성관계를 시작하자마자 팔다리 근육이 풀리면서 쓰러지는 '탈력발작' 장면도 등장한다.

하루에도 여러 번 멀쩡하게 깨어 있다가 갑자기 주체할 수 없는 졸음이 와서 수면에 빠져드는 것이 기면증(narcolepsy)의 특징이다. 영화 〈아이다호〉에서 주인공이 보여 주듯 기면증 환자는 정상 생활을 영위하기 어려울 때가 많다. 기면증이 잘 관리되지 못하는 상태라면 학교에서 수업을 끝까지 제대로 들을 수 없고 도중에 잠이 들면 사고가 날 가능성이 큰 직업은 선택할 수 없을 것이다. 기면증 환자 중 약 70%는 탈력발작(cataplexy)을 겪는데 이는 의식이 깨어 있는 상태에서 갑자기 근육 긴장이 풀려 부분적으로 혹은 전체 몸 근육의 힘이 빠지는 것이다. 그 결과 바닥에 쓰러지기도 한다. 주로 놀라거나 웃거나 화낼 때 등 감정적인 자극이 있을 때 유발되는데, 탈력발작 중에는 의식은 있지만 몸을 움직일 수는 없다. 기면증이 치료되지 않은 채 운전하거나 기계를 다루는 직장에서 일하면 위험하다. 사고 위험도 높고 탈력발작 때문에 감정 변화를 가져오는 정상적인 대인관계도 어렵다. 기면증이 의심되는 환자는 수면잠복기 반복검사를 추가로 시행하기도 한다. 이 검사로 환자가 낮에 얼마나 빠른 시간 내 잠에 빠지는지 측정하면서 이때 REM 수면이 일어나는 지 확인한다. 수면이 시작되고 15분이 채 흐르지 않았는데도 REM 수면에 빠지면, 다시 말해 REM 잠복기(REM latency)가 15분 이하이면 확진을 내릴 수 있다.

20~60%의 환자는 잠이 들 무렵에 입면 시 환각(hypnagogic hallucination)을, 혹은 잠에서 깨어날 무렵에 출면 시 환각(hypnopompic hallucination)을 경험한다. 앞에서 설명했듯이, 이같이 환각이 일어나는 것은 일시적으로 REM 수면에 빠지는 상태이며 이때 뇌의 일부는 수면, 나머지는 각성 모드(mode)인 것으로 이해할 수 있다.

기면증 환자의 일차 친척이면 기면증에 걸릴 위험도가 다른 사람들보다 10~40배 증가하며 특정 유전자와 기면증과의 상관관계가 높다는 연구결과도 있어 유전적 소인의 가능성을 시사한다. 또한 다음 『DSM-5』의 진단기준에도 나와 있듯, 기면증 환자에게는 뇌의 각성 조절물질인 하이포크레틴(hypocretin) 부족이 나타나는데 하이포크레틴 조절과 관련된 유전자 돌연변이가 의심되고 있다. 기면증의 『DSM-5』 진단기준은 다음과 같다.

표 14-3 ● 기면증 진단기준

A. 지난 3달간 적어도 1주일에 3회 이상 낮 동안 억제할 수 없는 잠에 여러 번 빠진다.
B. 다음 증상 중 하나 이상을 동반한다.
　1. 탈력 발작(농담하거나 웃은 뒤 의식이 유지된 상태에서 갑작스럽게 근육의 힘이 빠짐)
　2. 뇌의 각성 관련 물질인 하이포크레틴 부족
　3. 수면다원검사 결과 밤에 잠든 후 REM 수면으로 넘어가는 데 15분 이하 혹은 반복적 수면 잠복기(잠드는 시간) 측정 결과 수면 잠복기가 8분 이하이고, 잠들고 금방 REM 수면이 시작되는 빈도가 2회 이상

출처: American Psychiatric Association (2013).

5. 호흡 관련 수면장애

호흡 관련 수면장애(breathing-related sleep disorders)는 자주 호흡곤란이 일어나 자는 데 방해가 되어 수면을 지속하기 어렵거나 수면 질이 떨어지는 특징을 지닌다. 이는 코골이 습관에서 상기도 저항증후군, 폐쇄성 수면 무호흡증 등을 아우르는 스펙트럼이다. 호흡 관련 수면장애는 기도의 이상, 비만, 심장질환, 신경학적 질환 등과 관련이 있다. 폐쇄성 수면 무호흡 저호흡증은 저산소증, 심장에의 부담으로 인해 고혈

압, 심장질환 등의 합병증이 생길 수 있으므로 치료해야 한다. 기도를 확장시켜 숨이 막히지 않도록 도울 수 있고 상기도 양압술로 공기를 코로 불어넣어 줄 수 있다.

1) 폐쇄성 수면 무호흡 저호흡증

폐쇄성 수면 무호흡 저호흡증(Obstructive Sleep Apnea Hypopnea)은 가장 흔한 호흡관련 수면장애로서 반복적인 상기도 폐쇄가 특징이다. 숨이 완전히 막히거나(무호흡증) 부분적으로 막혀(저호흡증) 산소 공급이 원활하지 못하게 된다. 산소가 부족할 때마다 숨이 막히는 느낌 때문에 순간적으로 깨거나 깊은 잠을 못 자 많은 환자가 낮 시간에 졸음이 온다고 호소한다. 따라서 여러분이 코골이 등 호흡곤란이나 낮에 피로나 졸림을 경험한다면 폐쇄성 수면 무호흡 저호흡증 진단을 고려해 봐야 한다. 이러한 증상과 함께 수면다원검사 결과 수면 중 기도가 막혀서 시간당 5회 이상의 호흡 정지나 저호흡(50프로 이상 호흡량 감소)이 일어나거나 수반 증상과 무관하게 시간당 15회 이상의 호흡 정지나 저호흡이 일어날 때 폐쇄성 수면 무호흡 저호흡증 진단을 내린다. 물론 코를 골더라도 수면다원검사상 아무런 이상이 없다면 단지 '일차성 코골이'일 뿐이며 수면장애 및 각성장애 진단을 내리지 않는다.

2) 중추성 수면무호흡증

중추성 수면무호흡증(central sleep apnea) 환자들은 대부분 심부전, 뇌졸중 등 기저 질환을 가지고 있다. 기도가 막히지는 않지만 환자들이 가지고 있는 심장질환이나 신경학상의 문제로 인해 호흡 조절이 안정적이지 않아 자다가 10초 이상 숨을 쉬지 못하는 증세를 보인다. 다시 말해 호흡에 관여하는 신경이 일시적으로 조절 기능을 중지하면 숨을 계속 쉬는 노력을 그치게 된다. 뇌가 관장하여 자동적으로 숨 쉬다가 어느 순간 숨 쉬기를 뛰어 넘는 것이다. 진통제로 쓰이는 아편계 약물(예: 모르핀)은 호흡을 불안정하게 만들어 일시적으로 호흡을 중단시키기도 한다. 수면다원검사에서 시간당 5번 이상의 중추성 무호흡을 보이면 중추성 수면무호흡증으로 진단한다.

3) 수면관련 환기저하

수면관련 환기저하(sleep related hypoventilation)는 수면다원검사에서 이산화탄소 농도가 높아져서 호흡 감소 증상을 보이는 경우이다. 폐질환, 근육장애, 약물(벤조다이아제파인, 아편류) 사용과 연관되어 발생하는 경우가 많고 다른 호흡 관련 수면장애보다 유병률이 낮다.

6. 기타 수면-각성장애

1) 일주기리듬 수면-각성장애

일주기리듬은 생체 시계라고도 부르는데 매일매일 수면 타이밍을 제어한다. 생체 시계 덕분에 매일 일정한 시간에 신체가 자거나 깰 태세를 갖추는 것이다. 정상인은 '아침형'에서 '올빼미형' 연속선상에 있다. 아침형이든 올빼미형이든 정상적 일주기 체계를 갖춘 사람은 아침에 적절한 때 일어나고 밤에 충분한 수면을 취하며 원한다면 매일 일정한 때에 자고 깬다. 수면 주기가 어긋난 경우가 바로 일주기리듬 수면-각성장애이다. 전진성 수면위상형(advanced sleep phase type)이 바로 극단적 '아침형', 아니 '새벽형'으로서 초저녁부터 졸려서 대인관계가 어렵다. 지연성 수면위상형(delayed sleep phase type)은 반대로 새벽이 되어야 잠이 들어 아침 일찍 일어나지 못한다. 이 경우 지각이 잦아 학교나 직장생활이 어려울 것이다. 이외에도 주야간 교대 근무로 인한 수면장애도 일주기리듬 수면장애의 하나이다.

여러분은 해외여행 시 아마 시차로 인한 수면장애(Jet lag)를 경험했을 것이다. 이 수면장애는 『DSM-5』에서 제외되었는데 그 이유는 시차로 인한 수면 문제가 일시적이기도 하지만 시차에 대한 정상적인 반응으로 보기 때문이다.

일주기리듬 수면-각성장애(circadian-rhythm sleep disorder)의 『DSM-5』 진단기준은 다음과 같다.

표 14-4 일주기리듬 수면-각성장애 진단기준

A. 일주기 체계의 변화 탓 혹은 일주기리듬과 개인의 물리적 환경 혹은 사회적, 직업적 일정
　이 요구하는 수면-각성 일정이 어긋난 탓으로 지속적 혹은 반복적으로 일어나는 수면 교란
　이다.
B. 수면 방해는 과도한 졸음이나 불면증 또는 2가지 모두를 초래한다.
C. 수면 교란이 대인관계나 직업 등 중요 기능상의 어려움을 초래한다.

출처: American Psychiatric Association (2013).

2) NREM 수면각성장애

　　사건수면증상은 NREM수면 각성장애, 악몽장애 및 REM수면 행동장애에서 나타난
다. 앞서 설명했듯이 사건수면이란 잠들기 시작할 때, 잠자는 동안 혹은 잠에서 깨어
날 때 일어나는 비정상적인 행동이나 경험을 말한다. 즉, 잠을 자면서도 자율신경계,
운동계, 또는 인지과정의 활성화가 일어나서 수면이 방해를 받고 이상한 행동을 보이
는 경우다.

　　NREM수면 각성장애의 특징은 누워 있기는 하지만 불완전하게 깨어 있는, 혼란스
러운 각성이 특징으로서 다른 사람이 깨우려고 해도 그 상태에서 빠져나오지 못한다.
나중에 일어나서는 그러한 일들을 기억하지 못하고 꿈을 꾼 기억이 없다고 한다. 수
면 중 걸어 다니기도 하고 수면 중 경악(night terror)이라고 불리는 현상인, 동공이 커
지고 심장이 빨리 뛰며 가쁘게 숨을 쉬고 땀이 나는 등의 강렬한 자율신경계 활성화
를 보이기도 한다.

　　NREM수면 각성장애의『DSM-5』진단기준은 다음과 같다.

표 14-5 NREM수면 각성장애 진단기준

A. NREM수면 단계 동안 반복적으로 불완전한 각성이 일어나고 다음 중 하나 이상 수반할 경우
　이다.
　　1. 수면보행증(sleepwalking): 수면을 지속하면서 일어나 걸어 다니는 일이 반복된다. 무표
　　　정하게 걸어다니면서 다른 사람들이 말을 건네도 반응이 없는 편이고 깨우기가 어렵다.
　　2. 야경증(sleep terrors): 갑작스런 공포와 함께 잠이 깨는 일이 반복적으로 일어난다. 보통
　　　공황 상태에서 비롯된 비명으로 시작된다. 강렬한 공포와 동공확대, 심계항진, 가쁜 호흡,
　　　발한 등 자율신경계의 각성을 보인다. 환자를 진정시키려는 타인의 노력에 잘 반응하지 않
　　　는다.

B. 꿈 장면을 거의 기억하지 못한다.

C. 수면 중 위의 일들이 일어났다는 사실을 망각한다.

출처: American Psychiatric Association (2013).

3) 악몽장애

우리는 일상 대화에서 공포 등 불쾌한 감정을 불러일으키는 꿈을 악몽이라고 한다. 심리학적이나 의학적 용어로서의 '악몽'도 유사한 뜻을 가지고 있으며, 보다 구체적으로 정의하고 있을 뿐이다. 잠이 든 뒤 한참 후(수면 후반부) 마치 현실처럼 생생하게 느껴지는, 줄거리가 있는 긴 꿈으로서 공포 등 불쾌한 감정을 야기하는 내용을 담고 있을 경우 악몽이라고 한다. 악몽의 주제는 다양하지만 도망가려해도 제대로 뛰지 못하거나 높은 곳에서 떨어지는 내용이 많다. 즉, 생존이나 안전의 위협에서 벗어나기 위해 안간힘을 쓰다가 깨어나게 된다. 심장이 빨리 뛰고 있다는 것을 느끼면서 금방 또렷이 정신이 든다. 그리고 아주 세세한 것까지도 생생하게 기억할 수 있고 그로 인해 불쾌한 기분이 지속되어 다시 잠을 청해도 잠이 오지 않는 경우가 허다하다. 심리적 외상(trauma) 때문에 그와 관련된 내용의 악몽을 되풀이해서 꾸기도 한다. 앞서 설명한 '수면 중 경악'과의 차이점을 설명하자면 수면 중 경악에서 사람들은 꿈이 아닌 강렬한 감정만을 경험하므로 왜 그런 공포를 느꼈는지 모르겠다고 답하지만 악몽은 말그대로 '불쾌한 꿈'으로서, 내용이 있다.

악몽은 다른 꿈들과 마찬가지로 REM 수면 때 주로 나타나고 잠이 깊어진 후반부에 길고 강렬하게 지속된다. 그러나 잠이 막 든 무렵 REM 수면이 시작되면서(앞에서 설명했던 선잠 상태) 악몽을 겪기도 하는데, 이때 환자는 깨어 있는 상태에서 몸을 움직일 수 없는 끔찍한 경험을 하게 된다. 악몽장애(nightmare disorder)의 『DSM-5』 진단기준은 다음과 같다.

표 14-6 악몽장애 진단기준

A. 생존의 안전, 신체적 온전함에 대한 위협을 받고 살고자 발버둥치는 내용의, 매우 불쾌한 꿈이 반복되며 생생하게 기억한다.
B. 잠에서 깨자마자 금방 또렷하게 정신이 든다.
C. 수면 교란이 대인관계나 직업 등 중요 기능상의 어려움을 초래한다.

출처: American Psychiatric Association (2013).

4) REM수면 행동장애

REM수면 행동장애의 특징은 REM수면 동안 근육이 정상적으로 이완되지 않은 상태라 자는 동안 주위 사람을 공격하거나 꿈에서 하는 행동대로 현실에서 행동하는 것이다. 물론 환자 자신이나 옆에 누운 타인에게 상해를 입히는 사고가 발생하기도 한다. 환자는 이 증상을 창피하게 여겨서 다른 사람들이 눈치 채지 않도록 혼자 침실을 쓰려 한다. REM 수면 행동장애의 『DSM-5』 진단기준은 다음과 같다.

표 14-7 REM수면 행동장애 진단기준

A. 수면 중 반복적으로 각성이 일어나 소리를 내고 복잡한 움직임을 보인다.
B. 이러한 행동은 REM수면 동안 나타나므로 보통 잠든 뒤 90분 이상 지나서 시작하게 되고 후반부에 더 빈번하다. 드물게는 낮잠 자는 동안 나타날 수도 있다.
C. 이러한 행동 후에 잠이 깨기도 하는 데 이럴 때 환자는 정신이 또렷해져서 혼란을 보이지 않는다.

출처: American Psychiatric Association (2013).

5) 하지불안 증후군

하지불안 증후군(restless legs syndrome)은 가만히 앉아 있거나, 눕거나 자려고 할 때, 다리가 불편하거나 불쾌한 감각이 느껴져서 다리(때로는 팔 등 신체의 다른 부위)를 움직이고 싶은 충동을 느끼는 경우이다. 흔히 다리가 '불편하다.', '가렵다.' '벌레 같은 것이 기어 다니는 느낌이다.'라고 호소한다. 항상 그런 것은 아니고 심각도에도 변화가 있다. 불편감 때문에 잠들기 어려워 수면부족을 호소한다. 대부분 원인을 모르지만 유전적 취약성 등 위험 요인은 어느 정도 연구되었다. 물론 자다가 다리가 눌려 저린 경우는 하지불안 증후군과는 구별된다.

표 14-8 하지불안 증후군 진단기준

A. 다리에 불편하고 불쾌한 느낌이 들어 다리를 움직이고 싶은 충동을 겪는다. 다음과 같은 특징들을 모두 보인다.
   1. 휴식 중 혹은 움직이지 않는 동안 다리를 움직이고 싶은 충동이 시작되거나 악화된다.
   2. 움직이면 다리를 움직이고 싶은 충동이 부분적으로 혹은 모두 사라진다.
   3. 낮보다는 저녁이나 밤에 다리를 움직이고 싶은 충동이 악화되거나, 전적으로 저녁이나 밤에만 충동이 생긴다.
B. 위의 A 증상들이 일주일에 적어도 3회 이상 일어나고 적어도 3개월 이상 지속된다.
C. 사회적, 직업적, 학업적, 기타 중요한 기능상의 심각한 손상이 동반된다.

출처: American Psychiatric Association (2013).

6) 물질/치료약물로 유발된 수면장애

저녁식사 후 커피를 마시고 잠이 오지 않아 당황한 적이 있을 것이다. 또한 커피에 중독되다시피 해서 커피를 마시지 않으면 낮에 졸음이 쏟아지는 경험을 했을 것이다. 카페인 섭취로 불면이 유발되었고 카페인 중독으로 주간 졸림형 수면장애의 증상을 나타낸 예이다. 혹자는 술을 많이 마신 후 금방 잠이 들었지만 몇 시간 후 아주 생생한 악몽을 꾼 적이 있을 것이다. 이는 알코올이 유발한 사건수면 증상이다.

물질/치료약물로 유발된 수면장애는 말 그대로 특정 물질의 약리 작용으로 수면 문제가 생긴 경우로서 불면형(insomnia type), 주간 졸림형(daytime sleepiness), 사건수면형(parasomnia type) 및 혼재형(다양한 증상이 혼재하며 특정 증상이 두드러지지 않는 경우)으로 그 종류를 차트에 명시한다. 또한 중독된 동안 발병한 경우, 물질 사용을 중단한 후 발병한 경우도 마찬가지다. 알코올, 카페인, 아편류, 수면제, 항불안제, 암페타민류 등이 수면장애를 유발하는 대표적인 물질/치료약물류이다.

7. 관련 요인과 치료

아동기 외상 경험(예: 가족 간 갈등, 성학대)이 수면 무호흡증, 기면증 및 불면증의 성인기 수면장애와 관련 있다는 개관 연구(Schenck, 2013)가 있고 몇몇 수면장애에 유전적 소인이 작용한다고 시사하는 연구결과(예: Kajeepeta, Gelaye, Jackson, & Williams, 2015)가 있다. 불면증은 모두 알다시피 스트레스와 관련이 있으며 노인과 야간 작업을 하는 사람들이 흔히 호소한다. 폐경기 여성의 경우 낮은 에스트로겐이나 프로게스테론 수준이 불면증과 연관된다. 폐쇄성 수면 무호흡 저호흡증의 경우 비만, 대사증후군 및 심혈관 질환과 상관이 있다(Strobel & Rosen, 1996; Drager, Togeiro, Polotsky, & Lorenzi-Filho, 2013; Mansukhani, Kara, Caples, & Somers, 2014; Trombetta et al., 2010). 특히 비만은 폐쇄성 수면 무호흡 저호흡증의 일차적 위험요인으로 꼽히고 비만을 개선하면 폐쇄성 수면 무호흡 저호흡 증상도 개선된다는 연구결과가 있다(Epstein et al., 2009; Foster et al., 2009). 비만으로 상기도와 복부의 지방 조직이 증대되어 호흡 시 근육이 더 힘을 써야 하기 때문이라고 설명한다(Drager et al., 2013). 아동의 경우에도 비만이 수면 중 호흡곤란에 영향을 미칠 위험이 있다고 결론 내렸다. 그러나 수면 무호흡 저호흡증이 체중증가를 야기하는지, 혹은 체중감소의 방해 요인인지에 관한 연구는 별로 없다(Ong, O'Driscoll, Truby, Naughton, & Hamilton, 2013).

치료는 물론 진단과 신체적 · 심리적 상태에 따른다. 가령 물질중독에 기인한 수면 문제라면 우선 물질중독 치료에 초점을 맞추고, 우울장애 등 일차적인 심리적 문제가 있다면 그러한 기저의 문제를 먼저 다룰 수 있겠다. 혹은 기면증의 경우 모다피닐(Modafinil) 약물을, 호흡 관련 수면장애라면 비만 정도를 줄이고 상기도 수술(늘어져 있거나 큰 편도, 목젖, 연구개 등을 수술하여 기도를 확장시킴)로 수면 중 호흡을 개선시킬 수 있으며 구강장치나 수면 중 공기를 주입, 기도를 확보해 주는 장치인 CPAP(continuous positive airway pressure)를 매일 사용할 수 있다(Epstein et al., 2009). 바로 누워 자면 저호흡이 심해지는 일부 환자는 옆으로 누워서 자는 것이 도움이 된다.

불면증은 무조건 수면제를 처방할 것이 아니라 일차적으로 수면 위생(sleep hygiene)에 대한 교육으로 치료를 시작한다(김미리혜, 2010). 수면 위생이란 밤에 수면 환경과 습관을 개선해서 숙면을 위한 습관을 들이는 것으로 불면증 외에도 도움이 되는 경우가 많다. 우선 숙면 환경을 만들어야 하는데, 방법은 다음과 같다. 밤에 침실을 어둡고 조용하게 유지한다. 매일 밤 같은 시간에 자려고 눕고 매일 아침 같은 시간에 일어난다. 자기 전 음식을 많이 먹지 않는다. 자기 전 카페인이 포함된 음식, 담배 및 술을 피한다. 침대가 각성과 짝지어지지 않도록 잠을 자는 용도로만 사용한다. 또한 낮에 햇빛을 쐬며 활동적으로 움직인다. 또한 수면 부족이 낮 생활에 끼치는 영향을 우려하고 불면에 대한 공포를 가진 환자는 각성 수준을 높이는 부적응적인 인지를 바꿀 필요가 있고(Morin, Blais, & Savard, 2002), 이완기법을 배워 밤에 긴장을 푸는 연습을 하면 도움이 된다(Silberman, 2009). 다시 말해서 인지행동적인 접근법이 효과적이다(Morin, 2010).

많은 불면증 환자는 술을 마신다. 그러나 오랜 음주가 N3과 N4 감소 및 REM 수면 억제와 관련이 있다는 연구결과가 있다. 또한 술을 끊을 경우 음주 때 억제되었던 깊은 잠이 드는 것이 어렵고 심한 불면증 등의 문제가 생길 수 있다. 수면제가 도움이 될 수 있지만 중독의 위험이 있으므로 한 달 이내로만 사용해야 한다. 벤조디아제핀(Benzodiazepine) 계열인 발륨(Valium)은 당장은 도움이 되지만 장기적으로 깊은 잠을 방해하고 수면 패턴을 교란한다. 최근에는 부작용이 상대적으로 덜 심각한 비 벤조디아제핀 계열인 졸피뎀(Zolpidem) 등이 많이 처방되고 있다.

수면제를 먹으면 깊이 잤다는 느낌이 들지 않는 경우가 많다. 수면제 복용 시 수면 방추가 많이 생기는데 자연적으로 생긴 수면방추와 다른 양상을 보인다. 수면제 복용으로 생긴 인위적인 수면 방추는 2단계 수면에서 머무르게 돕지만(다시 말해 잠이 잘 깨지 않도록 돕지만) 더 깊은 수면 단계로 넘어가지 못하게 방해한다.

시차나 불면증용으로 멜라토닌(melatonin)을 사용하는 사람들이 있는데, 잘 통제된 경험 연구가 많지 않아 아직 그 효과를 단정하기에는 이르며 장기 복용했을 때의 부작용에 관한 연구도 드물다. 몇몇 연구에서 위약집단보다 수면 잠복기, 수면시간 및 전체 수면 질을 개선한다는 결과를 보였다(개관 연구: Ferracioli-Oda, Qawasmi, & Block, 2013).

요약

수면의 질 때문이든지 아니면 지속시간 때문이든지 잠을 제대로 못 자면 피로감과 집중력 저하, 기분 변화 등 많은 문제를 일으킨다. 수면 관련 증상과 함께 대인관계, 학업, 직장생활 등 주요 기능에서 손상을 겪는다면 수면-각성장애 진단을 내린다. 수면-각성장애의 이해를 돕기 위해 이 장에서는 먼저 수면과정에 대해 간략히 살펴 본 후『DSM-5』에 기초한 수면-

각성장애에 속하는 열 가지 장애의 진단기준과 증상들을 사례와 함께 소개하였다. 정상수면은 급속안구운동이 나타나는지 여부에 따라 REM 수면과 NREM(NonREM) 수면으로 구분되며, NREM 수면은 뇌파활동의 특성에 따라 N1, N2, N3 단계로 나뉜다. 어떤 문제는 특정 수면단계에만 나타나기도 하고 동일한 문제라도 수면 단계에 따라 상이한 양상을 보이기도 한다. 낮 시간에 졸음이 쏟아지고 활동하기가 힘든데 수면시간이 짧으면 불면장애, 수면시간이 길면 과다수면장애가 의심된다. 하루에도 여러 번, 멀쩡하게 깨어 있다가 갑자기 주체할 수 없이 수면에 빠져드는 것은 기면증의 특징이다. 호흡 관련 수면장애는 수면 중 자주 호흡곤란이 일어나 수면을 유지하기 어렵거나 수면 질이 떨어지는 특징을 지닌다. 일주기 리듬 수면-각성장애는 일주기 리듬과 개인의 환경이 요구하는 수면-각성 일정이 맞지 않아 지속적 혹은 반복적으로 일어나는 수면 교란이 주요 특징이다. NREM 수면 각성장애, 악몽장애 및 REM 수면 행동장애에서는 사건수면이 나타난다. 하지불안증후군은 수면 중 다리에 불쾌한 감각이 느껴져서 수면에 방해가 되는 경우이다. 마지막으로 알코올, 카페인 등의 물질/치료약물로 인해 유발된 수면장애는 특정 물질의 약리 작용으로 인해 수면 문제가 생긴 경우이다. 각 수면-각성장애를 치료하거나 관리하기 위해서는 일반적으로 각각에 맞는 접근법을 사용하면서 수면 위생을 병행한다.

학습과제

1. 정상 수면과 이상 수면 (특히 불면장애와 과다수면장애)은 어떤 질적인 그리고 양적인 차이가 있는지 논하시오.
2. 수면-각성장애를 앓고 있지 않는 사람들이 경험하는 '악몽', '잠꼬대' 등과 수면-각성장애 환자들이 겪는 '악몽장애', '사건수면' 등을 비교하시오.
3. 앞으로 수면-각성장애에 포함시키면 좋을, 다른 수면각성관련 문제가 있을지 생각해 보시오.

참고문헌

김미리혜(2010). 불면증의 인지행동치료. 한국심리학회지: 건강, 15. 601-615.

American Psychiatric Association (2013). *Diagnostic and Statistical Manual of Mental*

Disorder (5th ed.). Virginia: American Psychiatric Association.

Berry, R. B., Brooks, R. Gamaldo, C. E., Harding, S. M., Lloyd, R. M., Marcus, C. L., & Vaughn, B. V. for the American Academy of Sleep Medicine. (2015). *The AASM Manual for the Scoring of Sleep and Associated Events: Rules, Terminology and Technical Specifications* (2nd ed.). Darien, IL: American Academy of Sleep Medicine.

Drager, L. F., Togeiro, S. M., Polotsky, V. Y., & Lorenzi-Filho, G. (2013). Obstructive Sleep Apnea: A Cardiometabolic risk in obesity and the metabolic syndrome. *Journal of the American College of Cardiology, 62*(7), 569-576.

Epstein, L. J., Kristo, D., Strollo, P. J., Friedman, N., Malhotra, A., Patil, S. P., Ramar K., Rogers, R., Schwab, R. J., Weaver, E. M., & Weinstein, M. D. (2009). Clinical guideline for the evaluation, management and long-term care of obstructive sleep apnea in adults. *Journal of Clinical Sleep Medicine, 5*(3), 263-276.

Ferracioli-Oda, E., Qawasmi, A., & Block, M. H. (2013). Meta-analysis: melatonin for the treatement of primary sleep disorders. *PLos One, 8*(5), e63773.

Foster, G. D., Borradaile, K. E., Sanders, M. H., Millman, R., Zammit, G., Newman, A. B., Wadden, T. A., Kelly, D., Wing, R., Pi-Sunyer, F. X., Reboussin, D., Kuna, S. T., and the Sleep AHEAD Research Group of the Look AHEAD Research Group (2009). A randomized study on the effect of weight loss on obstructive sleep apnea among obese patients with type 2 diabetes: the Sleep AHEAD study. *Archives of internal medicine, 169(17),* 1619-1626.

Kajeepeta, S., Gelaye, B., Jackson, C. L., & Williams, M. A. (2015). Adverse childhood experiences are associated with adult sleep disorders: a systematic review. *Sleep Medicine, 16*(3), 320-330.

Mansukhani, M. P., Kara, T. Caples, S. M., Somers, V. K. (2014). Current chemoreflexes, sleep apnea, and sympathetic dysregulation. *Hypertension Reports, 16*(9), 476.

Morin, C. M. (2010). Chronic insomnia: Recent advances and innovations in treatment developments and dissemination. *Canadian Psychology/Psychologie Canadienne, 51(1),* 31-39.

Morin, C., M., Blais, F., & Savard, J. (2002). Are changes in beliefs and attitudes about sleep related to sleep improvements in the treatment of insomnia? *Behaviour research and therapy, 40,* 741-752.

Ong, C. W., O'Driscoll, D. M., Truby, H., Naughton, M. T., & Hamilton, G. S. (2013). The reciprocal interaction between obesity and obstructive sleep apnea. *Sleep Medicine Review, 172*(2), *123-131.*

Roth, T., Jaeger, S., Jin, R., Kalsekar, A., Stang, P. E., & Kessler, R. C. (2006). Sleep problems, comorbid mental disorders, and role functioning in the national comorbidity survey replication. *Biological psychiatry, 60,* 1364-1371.

Schenck, Carlos H. (2013). Family history of REM sleep behaviour disorder more common in individuals affected by the disorder than among unaffected individuals. *Evidence Based Mental Health, 16*(4), 114.

Silberman, S. A. (2009). *The Insomnia Workbook.* CA. New Harbinger Publications. 김무경 역(2014). 불면증은 불치병이 아니다. 서울: 학지사

Strobel, R J., & Rosen, R. C. (1996). Obesity and weight loss in obstructive sleep apnea: a critical review. *Sleep, 19*(2), 104-115.

Trombetta, I. C., Somers, V. K., Maki-nunes, C., Drager, L. F., Toschi-dias, E., Alves, M. J. N. N., Fraga, R. F., Rondon, M. U. P. B., Bechara, M., G., Lorenzi-Filho, G., Negrao, C. E. (2010). Consequences of comorbid sleep apnea in the metabolic syndrome— implications for cardiovascular risk. *Sleep, 33*(9), 1193-1199.

제15장

성 관련 장애

안귀여루

학습 목표

1. 다양한 성 관련 장애의 범주를 파악한다.
2. 성별 불쾌감의 유형과 원인, 치료법을 알아본다.
3. 성기능부전의 유형과 원인, 치료법을 알아본다.
4. 변태성욕장애의 유형과 원인, 치료법을 알아본다.

학습 개요

이 장에서는 인간의 성적 욕구나 행동의 다양성을 이해하고, 최근 연구에 의해 밝혀진 부적응적인 성행동의 원인과 치료에 대해 논의하고자 한다. 『DSM-5』에서는 이러한 성과 관련된 다양한 이상행동을 '성 관련 장애(sex-related disorders)'라는 범주로 분류하고 있다. 이 장애 범주에는 성별 불쾌감, 성기능부전, 변태성욕장애의 세 가지 하위분류가 있다. 성별 불쾌감은 자신의 생물학적 성과 성역할을 불편해하고 강하고 지속적인 반대성에 대한 동일시를 보이는 경우이며, 성기능부전은 성적 욕구의 장애와 성 반응 주기상의 변화에 기능적 문제가 있는 경우이며, 변태성욕장애는 성적 욕구의 대상이나 방식, 행위에 문제가 있는 경우이다.

신문이나 잡지에 보고되는 성에 관한 기사들을 보면 인간의 성적 욕구나 행동이 얼마나 다양한지를 알 수 있다. 그러나 성에 관한 것은 매우 사적이고 은밀한 영역이기 때문에 가까운 사람에게조차 알려지지 않는 경우가 많다.

최근에는 성행동과 태도에 대한 연구가 상당히 활발하게 진행되고 있고 이를 통해 인간 성행동의 다양한 양상이 점차 밝혀지고 있다. 그런데 이러한 성행동의 다양성이 다양성을 넘어 자신과 타인에게 고통과 부적응을 가져오게 될 때 이 역시 다른 영역과 마찬가지로 장애로 진단된다.

『DSM-5』(APA, 2013)에서는 이러한 성과 관련된 다양한 이상행동을 '성 관련 장애'(sex-related disorders)'라는 범주로 분류하고 있다. 이 장애 범주에는 성별 불쾌감, 성기능부전, 변태성욕장애의 세 가지 하위분류가 있다. 성별 불쾌감(gender dysphoria)은 자신의 생물학적 성과 성역할을 불편해하고 강하고 지속적인 반대성에 대한 동일시를 보이는 경우이며, 성기능부전(sexual dysfunctions)은 성적 욕구의 장애와 성 반응 주기상의 변화에 기능적 문제가 있는 경우이며, 변태성욕장애(paraphilic disorders)는 성적 욕구의 대상이나 방식, 행위에 문제가 있는 경우이다.

1. 성별 불쾌감

성별 불쾌감(gender dysphoria)은 『DSM-IV』에서 성 정체감 장애(gender identity disorder)로 명명되었던 장애이다. 성 정체감이란 자신이 남자 혹은 여자라는 내적인 느낌을 반영하는 심리적 상태로서 단순히 생물학적 특징을 말하는 성(sex)과는 구별된다. 성별 불쾌감을 가진 사람은 자신의 생물학적 성과 성역할에 대해서 지속적으로 불편감을 느끼며, 반대의 성에 대해서 강한 동일시를 나타내거나 반대의 성이 되기를 소망한다. 예를 들어, 신체적으로는 남성임에도 자신이 남성이라는 사실과 남성의 역할을 싫어하며 여성의 옷을 입거나 여성적인 놀이나 오락을 좋아하는 등 여성이 되기를 소망한다. 많은 경우 이들은 성전환수술을 원하기도 한다. 이 장애는 소아에서부터 성인에 이르기까지 다양한 연령대에서 나타날 수 있다.

1) 성별 불쾌감의 유형

성별 불쾌감의 가장 중요한 진단기준은 반대 성과의 성적 동일시가 지속적으로 강하게 나타나는 것이다. 청소년과 성인의 경우에는 반대 성이 되고 싶다는 욕구를 표현하는 것, 반대 성으로 행세하는 것, 반대 성으로 살거나 취급받고자 하는 소망, 그리고 반대 성의 전형적인 느낌과 반응을 자신이 갖고 있다는 확신 등을 보일 때 진단된다. 한편 소아의 경우는 다음 기준 중 적어도 여섯 가지 이상이 해당하는 경우에 진단되는데, 반복적으로 반대 성이 되기를 소망하거나 주장하고, 상대방 성의 옷을 입기를 고집하거나, 놀이 상황에서 반대 성 역할에 대한 강한 선호나 환상을 보이거나, 자신의 성이 전형적으로 선호하는 장난감, 게임, 활동을 강하게 거부하거나, 반대 성이 주로 하는 놀이에 참여하기를 간절히 원하거나, 반대 성의 놀이 친구에 대한 편애를 강하게 보이고, 자신에게 주어진 해부학적 성을 강하게 혐오하며, 자신이 경험하는 성역할과 어울리는 1, 2차적 성 특징에 대한 강한 열망이 있는 경우이다.

이들은 자신의 생물학적 성에 대한 지속적인 불쾌감을 보이거나 자신의 성 역할에 대해 부적절감을 지닌다. 소아의 경우 남아는 자신의 음경 혹은 고환을 혐오하고, 전형적인 남성의 장난감이나 활동을 거부하는 반면, 여아는 앉은 자세로 소변 보기를 거부하거나 자신에게 음경이 생길 것이라고 주장하기도 하고 여성적인 복장에 대한 강한 혐오감을 나타낸다. 청소년과 성인의 경우는, 잘못된 성으로 태어났다고 믿고 성전환수술에 집착한다. 앞과 같은 증상들로 인해 현저한 사회적 부적응을 경험할 때 성별 불쾌감으로 진단된다.

성별 불쾌감을 지닌 사람은 가족, 동성의 또래, 사회적 기대나 역할과의 갈등 때문에 대인관계나 직장생활을 비롯한 생활 전반에서 심각한 어려움을 경험한다. 이들은 흔히 불안이나 우울 증상을 동반하며, 간혹 자살을 기도하기도 한다. 성별 불쾌감의 유병률은 자세히 알려져 있지 않지만, 아동의 경우 남아가 5배 정도로 여아보다 월등하게 많고, 성인의 경우는 남자가 여자보다 2~3배 정도 많은 것으로 알려져 있다.

존과 조앤

일란성 쌍생아 중의 하나로 태어난 존은 생후 얼마 후 포경 수술을 받던 중, 의사의 실수로 성기가 절단되는 사고를 겪게 되었다. 충격과 분노는 말할 수 없이 컸지만, 아이의 장래를 위해 어떤 조처를 취할 수밖에 없었던 부모는 의사와 의논 끝에 존에게 조앤이라는 이름을 지어 주고 그 아이를 여자아이로 키우기로 결정했다. 이후로 부모는 조앤에게 여자아이에게 어울리는 옷을 사 입히고 여자아이를 대하는 방식으로 대하였다. 조앤은 이런 사실을 전혀 알지 못하였다. 조앤이 자라서 사춘기가 되었을 때, 조앤은 호르몬 치료를 받았고, 이후 6년간은 의사와 연락이 없었고, 잘 지내는 것으로 생각되었다. 그래서 이 사례는 인간의 성이 생물학적으로 결정되는 것이 아니고 사회적 혹은 후천적으로 부여될 수 있는 것이라는 주장을 뒷받침해 주는 증거로 제시되곤 했다(Green & Money, 1969).

그러나 실제로는 조앤은 내적으로 엄청난 갈등과 고통을 경험하였고, 결국은 자신에게 새로 부여받은 성에 적응하지 못했다. 이러한 사실은 임상가의 장기간의 추적 연구에 의해 밝혀졌다(Diamond, 1995). 아이 때도 조앤은 남자아이들이 가지고 노는 장난감이나 거친 놀이를 좋아했고, 여자아이의 옷을 입기를 싫어했다. 조앤은 사춘기 초기까지 자신이 남자라고 생각했지만, 그녀를 수술한 의사들은 여자답게 굴기를 강요했다. 14세가 되었을 때 그녀는 부모에게 자신이 자살을 하고 싶을 만큼 비참하고 힘들다는 사실을 이야기했고, 부모는 조앤에게 사실을 이야기해 주었다. 그 후에 조앤은 다시 존으로 돌아가기 위한 수술을 받았다. 존은 결혼해서 3명의 아이를 입양하였으나, 그는 자신의 초기 경험 때문에 고통받았고 결국은 스스로 목숨을 끊었다.

존의 사례는 출생 시에 생물학적 성과 다른 성을 부여받은 아이들이 성공적으로 적응한 사례들이 학계에 보고되고 있지만, 생물학적 요인이 크게 작용할 수 있다는 것을 보여 주는 경우이다.

2) 원인과 치료

성별 불쾌감의 원인에 대한 이론은 다양하다. 선천적 원인을 강조하는 입장에서는 유전자 이상이 성별 불쾌감을 유발할 수 있다고 한다. 그러나 일란성 쌍둥이 연구에서 성정체감이 각기 다른 경우가 발견되어, 유전적 요인은 성별 불쾌감을 결정하는 한 요인일 뿐이라고 여겨지고 있다. 또 다른 생물학적 원인으로는 태내 호르몬의 이상을 들 수 있는데, 태아의 유전적 결함이나 어머니의 약물복용 등으로 인해 태내기에 호르몬 이상이 나타나고 이로 인해 육체와 심리적 특성 사이에 괴리가 생긴다는 주장이다. 그러나 성별 불쾌감을 가진 사람의 뇌 구조나 호르몬 분비가 정상인과 차이가 없다는 연구들도 다수 보고되고 있다.

후천적 원인을 강조하는 입장에서는 성별 불편감은 후천적인 경험이나 학습에 의해 유발될 수 있다고 본다. Freud는 성별 불쾌감을 성장과정 중 오이디푸스 갈등이 나타나는 남근기 상태에 고착된 현상으로 설명하는데, 이성의 부모를 과도하게 동일시하게 된 것이라는 설명이다. 한편 일부 연구자와 임상가들은 성별 불쾌감의 원인으로 부모와 가족의 중요성을 강조하는데, 남성 성별 불쾌감 환자의 경우는 아버지가 없거나 무기력한 반면, 어머니는 지배적이고 속박적인 경향이 있다고 한다. 한편 여성 성별 불쾌감 환자의 경우 어린 시절에 어머니가 우울증 성향이 있는데, 아버지가 냉담해서 아버지를 대신해서 자신이 지지적이고 남성적인 역할을 해야 했던 경우가 많았다.

학습이론에 따르면, 동성의 부모가 소극적이거나 존재하지 않는 반면, 반대 성의 부모가 지배적이어서 아동이 반대 성의 부모를 모델로 삼아 사회적 행동을 습득하게 되는 경우에 성정체감 혼란이 생기기 쉽다고 한다. 또한 아동이 반대 성의 행동을 모방할 때 부모가 관심과 흥미를 보이고 귀여워하는 등의 보상을 주면 이러한 행동은 강화될 수 있다. 뿐만 아니라 또래관계에서도 강화가 이루어질 수 있다. 여성스러운 남자아이는 여자아이를 선호하여 함께 지내는 시간이 많은 반면, 남성스러운 여자아이는 남자아이와 더 많은 시간을 보낸다. 따라서 반대 성의 행동이 함께 어울리는 또래들에 의해서 강화될 수 있다. 이렇듯이 부모와 또래의 영향에 의해서 후천적으로 성별 불쾌감이 발달할 수 있다는 주장이다.

성별 불쾌감에 대한 치료는 그 목표와 방법에 있어서 매우 다양한 문제가 관련되어 있다. 먼저 성별 불쾌감을 지닌 사람들은 대부분 절대 변치 않을 반대 성에 대한 동일시를 가지고 있으며 강력하게 성전환수술을 원한다. 따라서 성별 불쾌감 환자에게는 성전환수술이 주요한 치료방법이 된다. 정신치료를 시도할 수 있으나 그것은 동반되는 우울증이나 불안감을 치료하는 데 주목적이 있다. 수술적 치료를 하는 경우 일단 시술이 이루어지면 돌이킬 수 없기 때문에, 수술 전 엄격한 사전평가를 하는 것이 필요하다. 성전환 수술을 받은 사람들이 70~80%는 수술 후의 생활에 만족하는 반면, 약 2%가 수술 후 후유증으로 자살한다는 보고가 있다.

2. 성기능부전

『DSM-5』에서는 성기능부전(sexual dysfunctions)을 남성의 경우 성욕감퇴장애, 발기장애, 조기사정, 사정지연의 네 가지 하위 유형으로, 여성의 경우 성적 관심/흥분장애, 극치감장애, 성기-골반통증/삽입장애의 세 가지 유형으로 구분하고 있다. 성기능부전으로 진단되기 위해서는 공통적으로 장애의 지속기간이 6개월 이상이어야 하고 증상이 대부분의 성행위 시에 나타나야 한다. 또한 성기능부전은 발생 원인에 따라 평생형, 획득형, 일반형, 상황형으로 구분된다. 평생형은 성적 기능이 시작될 당시(주로 사춘기)부터 성기능부전이 지속적으로 있어 온 경우이고 획득형은 정상적인 성 기능이 이뤄지다가 여러 가지 원인에 의해 어떤 시점으로부터 성기능부전이 발생된 경우를 말한다. 일반형은 특정한 자극, 상황, 대상과는 관계없이 전반적인 상황에서 성기능부전이 나타나는 경우를 말하고 상황형은 성기능부전이 특정한 자극, 상황, 대상에만 제한적으로 나타나는 경우를 말한다.

1) 남성 성기능장애

(1) 성욕감퇴장애

성욕감퇴장애(hypoactive sexual desire disorder)는 성적 공상 및 성행위에 대한 욕망이 부족하거나 없는 것이다. 이 장애를 가진 사람은 성적 자극을 추구하고자 하는 동기가 거의 없고, 이로 인한 좌절감도 크지 않다. 따라서 성행위를 스스로 주도하지 않으며, 단지 상대방에 의해서 성행위가 요구되었을 때만 마지못해 응하게 되는데 이 경우에도 성행위에 매우 소극적으로 임하거나 성적인 쾌감을 느끼지 못하는 경우가 많다.

성인 인구의 약 20%가 성욕감퇴장애를 경험하며, 성기능부전으로 치료기관을 찾는 사람 중에 반 이상이 성욕감퇴를 호소한다고 한다. 성욕감퇴장애를 보이는 사람은 흔히 성적 흥분장애나 극치감장애를 보이기도 한다. 이는 성욕의 감퇴가 일차적 성기능부전의 결과일 수도 있고, 흥분이나 절정감의 부재로 유발된 정서적 고통에 의한 것일 수도 있다는 것을 말해 준다.

(2) 발기장애

남성 발기장애(male erectile disorder)는 성행위 시 성행위가 끝날 때까지 성적 흥분에 따른 적절한 발기가 지속적으로나 반복적으로 일어나지 않거나, 유지되지 않는 상태를 뜻한다.

발기장애는 빈도가 가장 높은 남성의 성기능부전이다. 남성 발기장애는 양상이 다양한데, 과거에 정상적인 발기와 성교 경험이 있었느냐에 따라 두 가지로 구분하기도 한다. 과거에 한 번도 정상적인 발기와 성교 경험이 없는 경우는 일차적 발기부전(primary impotence)이라고 하는 반면, 어느 시점 이후부터 발기에 어려움을 겪는 경우는 이차적 발기부전(secondary impotence)이라고 한다. 일차적 발기 부전은 성인 남성의 약 1~3.5%로, 매우 드물며 신체적인 원인에 의해서 발생하는 경우가 많다. 반면 이차적 발기부전은 성인 남성의 10~20% 정도로 보고되며 심리적인 원인으로 발병하는 경우가 많다.

발기불능의 원인을 명확히 알기 위해서는 수면발기검사(nocturnal penile tumescence: NPT)가 이용된다. 이 검사에서는 음경이 위축된 상태에서 음경에 밴드를 부착하고 수면을 취하게 한다. 흔히 신체적 원인이 없을 때에는 수면 시에 음경이 팽창하는데, 이 경우에는 음경에 부착한 밴드의 상태가 달라진다. 따라서 수면 중에 발기가 이루어지면 심리적 원인에 의한 것으로 추정할 수 있는 반면, 그렇지 않으면 신체적인 원인에 의한 것이므로 정밀신체검사를 받아야 한다.

(3) 조기사정

남성이 상대 여성이 절정감에 도달할 때까지 사정을 지연시키지 못하고 그 전에 미리 사정하는 일이 반복적으로 나타나는 경우, 이를 조기사정(premature ejaculation)이라고 한다. 다만, 이런 현상이 상당한 기간 지속되거나 반복적으로 자주 나타날 경우에 한하여 조기사정이 진단된다. 신체적 과로, 과음, 심한 스트레스로 인해 이런 현상이 일어났거나, 성행위가 처음이거나 오랫동안 없었던 경우 등에서 나타나는 일시적인 조기사정 현상은 병으로 진단되지 않는다.

실제로 조기사정은 남성이 지니는 성기능부전 중 가장 흔한 장애이다. 대부분의 남성은 성 경험이 많아지고 나이가 들면서 사정의 시기를 조절하는 방법을 배운다. 그러나 미혼 남성의 경우에는 조기사정에 대한 두려움으로 인해 이성과 사귀는 것을 주저하게 되고 친밀한 관계를 회피하며 사회적으로 고립되는 경우도 있다.

조기사정

　30대 후반의 대기업 사원인 L씨는 한 달에 3~4번 정도 아내와 성관계를 갖는다. 사실 더 자주 아내와 성관계를 갖고 싶은 마음도 있지만 회사 일이 너무 많고 야근이 잦기 때문에 현실적으로 어려움이 있다. 그러나 그보다 L씨의 가장 큰 고민은 아내와의 성관계에서 사정을 통제할 수 없다는 점이다. 대부분의 경우 삽입한 지 얼마 되지 않아 바로 사정을 하기 때문이다.

　사정을 미루기 위해 다양한 방법을 시도해 봤지만, 별 효과가 없었다. 아내와 결혼한지는 3년이 되었는데 결혼할 당시부터 이와 같은 문제가 있었다. 그런데 이상한 점은 결혼 전에 다른 사람과의 성관계 시에는 이런 문제가 없었다는 점이다. 상담과정에서 L씨가 자신의 용모에 대해 심한 열등감이 있고 실제로 이로 인해 결혼이 늦어졌는데 대기업에서 과장으로 승진한 후에야 중매로 결혼했다는 사실이 밝혀졌다. 그는 아내가 자신을 좋아해서 결혼한 것이 아니라 자신의 위치 때문에 결혼한 것이 아닌가에 대한 생각을 자주 하고 있고, 아내의 씀씀이가 지나치게 헤픔에도 그에 대해 아내에게 이야기를 하지 못하고 있음이 밝혀졌다.

---

(4) 사정지연

　성행위 시 적절한 성적 흥분 상태에 도달해도 사정이 지연되거나 결여된 상태를 남성 절정감 장애(male orgasmic disorder)라고 한다. 이 장애는 사정지연(delayed ejaculation)이라고 불리기도 하는데, 일반 인구의 5% 정도로 유병률은 낮은 편이나 환자의 고통은 매우 심각하다. 이 장애를 지닌 남성은 사정을 하지 못하기 때문에 흔히 불임의 문제가 함께 나타난다.

2) 여성 성기능장애

(1) 여성 성적 관심/흥분장애

　여성 성적 관심/흥분장애((female sexual interest/arousal disorder)는 여성이 성 행위에 대한 관심이 심각하게 결여되거나 이로 인해 부적응적 증상이 초래되는 경우를 말한다. 여성 성적 관심/흥분장애를 지닌 여성은 성행위 시 성적 흥분에 따른 적절한 윤활 부종 반응이 일어나지 않아 남성 성기의 삽입이 어렵거나 성교가 지속되기 어려운 경우이며, 이런 현상이 지속적이고 심한 고통을 초래해 부부관계나 이성관계에 어려움이 발생할 때 진단된다. 이 장애는 과거에 불감증(frigidity)이라고 불리기도 했었다. 이 장애는 성욕장애와 여성 극치감 장애를 동반하는 경우가 많다.

성적 흥분을 느끼지 못하는 여성은 성교 시에 자신의 문제를 숨기는 경우가 많다. 그러나 반복적으로 고통스러운 성교를 경험하면, 성행위를 회피하게 되고 결과적으로 결혼 및 성관계에서 문제가 발생하게 된다.

(2) 여성 극치감 장애

성 욕구가 있고 성관계를 추구하며 성행위 시에 어느 정도의 성적 흥분을 느끼지만 극치감을 경험하는 절정 단계에 지속적으로 도달하지 못하는 경우를 여성 극치감 장애(female orgasmic disorder)라고 한다.

여성 극치감 장애는 가장 흔한 여성 성기능장애로서 성인 여성의 약 10%가 경험한다는 보고가 있는데, 일반적으로 여성은 나이가 들면서 극치감을 경험하기 쉽기 때문에 여성 극치감 장애는 젊은 여성에게서 더 흔히 나타난다. 평생 동안 전혀 성적 극치감을 경험하지 못하는 경우는 일차적 극치감 장애라고 하고, 과거에는 극치감을 경험했으나 일정 시점부터 이러한 경험을 하지 못하는 경우는 이차적 극치감 장애라고 한다.

(3) 성기-골반통증/삽입장애

성기-골반통증/삽입장애(genito-pelvic pain/penetration disorder)는 성교 시에 지속적으로 통증을 경험하여 성행위를 고통스럽게 느끼는 경우이다. 성기-골반통증/삽입장애는 『DSM-Ⅳ』에서는 성교 통증 장애(sexual pain disorder)라고 지칭되었었다. 이 장애를 가진 여성은 성행위가 고통스럽기 때문에 성교를 피한다. 이러한 통증은 두 가지로 구분되는데 성교 통증과 질 경련증이다. 성교 통증(dyspareunia)은 성교 시에 지속적으로 생식기에 통증을 느끼는 경우이다. 통증은 주로 성교를 하는 동안에 경험되지만 때로는 성교 전이나 성교 후에 느껴질 수도 있다. 이런 통증은 성행위를 회피하게 만들고 때로는 성 욕구장애나 성적 흥분장애 같은 다른 성기능부전으로 발전하기도 한다. 한편 질경련증(vajinismus)은 성교 시 남성의 성기가 삽입되려고 할 때 질 입구의 괄약근이 불수의적인 경련을 일으켜 질 입구가 수축되거나 폐쇄되는 장애이다. 근육경련이 심한 경우에는 음경의 삽입이 전혀 불가능하다. 질 구조가 해부학적으로 정상이고, 질 수축이 지속적으로 자주 나타날 때 질경련증으로 진단된다. 이 장애를 가진 여성은 질 삽입이 시도되거나 예상되지 않는 상황에서는 정상적인 성욕이나 쾌감을 느끼지만, 남성의 성기를 비롯하여 손가락이나 탐폰 등을 삽입할 경우에는 질경련이 일어난다.

3) 성기능부전의 원인과 치료

(1) 성기능부전의 원인

성기능부전을 가진 사람은 일반적으로 한 가지 장애가 가장 두드러지게 나타나지만 성기능과 관련된 여러 문제가 복합적으로 나타나는 경우가 더 많다. 즉, 발기장애가 문제가 되어 병원을 찾는 사람 중 다수가 성욕감퇴장애를 보인다거나 조기사정 증상을 보이는 등 증상이 복합적으로 나타나는 경우가 많다.

성기능장애의 원인으로 가장 먼저 들 수 있는 것은 생물학적 요인들이다. 신경계에 영향을 끼치는 신경학적 질병이나 당뇨, 신장질환 등이 성 기관의 민감도를 떨어뜨려 성적 기능을 손상시킬 수 있다. 고혈압이나 우울증 등 만성 질병으로 약물을 복용하는 것도 성 기능의 장애를 초래할 수 있으며 알코올의 과다 섭취 역시 성기능부전의 원인이 될 수 있다.

성기능부전의 심리적인 원인으로는 가장 대표적인 것이 수행에 대한 압박감이라고 할 수 있다. 어떤 이유로든 성적 행동의 수행에 자신감을 상실한 사람은 성적인 상황을 부정적으로 보고 피하고자 하며, 수행과 관련된 부정적인 사고를 가지고 있는 경우가 많다. 한편 각 장애별로 성기능부전의 심리적 원인으로 논의되는 것들을 살펴보면, 성욕감퇴의 원인은 다양한 스트레스와 갈등인데, 일시적으로 나타났다가 회복되기도 하지만 때로는 만성적인 경우도 있다. 이런 경우는 보통 성 욕구장애가 사춘기 때부터 시작되기도 한다. 어렸을 때 심한 성적인 공포감이나 성적 학대를 경험했을 경우에도 성욕감퇴장애가 발생할 수 있다.

여성 성적 관심/흥분장애의 주요한 심리적 원인으로는 성행위에 대한 죄책감이나 두려움, 성행위 시의 불안과 긴장, 상대에 대한 적개심이나 경쟁심 등을 들 수 있으며, 금욕적인 가정 환경, 아동기의 성적 학대 경험 등도 원인이 될 수 있다고 한다. 이 밖에도 폐경기의 여성호르몬의 감소, 당뇨나 위축성 질염 등의 신체적 질병, 질 분비를 감소시키는 항고혈압제나 항히스타민제등의 약물복용 등으로 인해서도 여성의 성적 흥분 반응이 저하될 수 있다. 여성 극치감 장애의 원인은 부부간의 갈등이나 긴장, 죄의식, 소극적 태도, 대화 결여 등의 심리적인 것이 대부분이다. 또한 성에 대해 억압적인 문화나 종교적 태도가 영향을 미칠 수도 있다. 이 밖에도 강간이나 성추행 등의 부정적 성경험, 우울증, 신체적 질병 등으로 인해 극치감 장애가 발생할 수도 있다. 남성 사정지연의 원인 역시 부부간의 갈등, 상대방에 대한 매력 상실, 임신에 대한 양가감정, 상대방에 대한 적대감과 증오심 등을 들 수 있다.

조기사정의 원인도 역시 심리적인 것이 많은데, 상대방을 만족시켜야 한다는 강박관념과 불안, 결혼생활의 갈등, 과도한 음주와 흡연, 기타의 심리적 스트레스 등이 조기사정을 일으킬 수 있다. 이 밖에도 편안한 성관계를 방해하는 부적절한 상황에서의 반복적 성 경험이 조기사정에 영향을 미칠 수 있다.

성교 통증은 일반적으로 신체적인 원인에 의해 발생하는 경우가 많지만, 통증의 발생과 지속과정에 심리적 요인이 영향을 미칠 수 있다. 예를 들어, 어린 시절에 성적인 학대나 강간 등의 고통스러운 경험을 당했던 사람이 성인이 되어 성교 시에 통증을 경험할 수 있다. 이 밖에도 성행위에 대한 죄의식, 상대방에 대한 거부감이나 혐오감, 상대방을 조정하려는 무의식적 동기 등의 심리적 요인이 성교 통증에 영향을 미칠 수 있다. 질 경련증은 성행위에 대한 부정적인 태도와 죄책감을 지니고 있거나 상대방에 대한 반항감이 있을 때 나타나는 경향이 있으며, 고통스러운 첫 성 경험이나 성폭행 경험과도 관련이 있다.

(2) 성기능부전의 치료

1970년대까지 성적 장애에 대한 치료는 대부분 정신분석학적 이론에 기초해서 이루어졌다. 그러나 Masters와 Johnson(1970)은 자신의 성행동에 대한 연구를 기초로 성기능부전을 구분하고 보다 실제적이고 과학적인 성기능부전의 치료법을 제시하였다. Masters와 Johnson은 인간의 성행동과 성기능부전을 과학적으로 연구하기 시작한 개척자라고 할 수 있으며, 성기능부전의 분류 역시 이들이 제안한 성 반응 주기에 기초하고 있다.

현재 가장 널리 사용되는 성기능부전의 심리적 치료법은 Masters와 Johnson의 성 치료와 Kaplan의 정신역동적 성 치료(psychodynamically oriented sex therapy)가 있다. 이외에 의학적인 치료도 많이 이용되고 있다.

① 마스터즈와 존슨의 성 치료

Masters와 Johnson이 1970년에 제시한 성 치료 방법으로, 성기능부전에 대한 보다 간단하고 직접적이며 매우 성공적인 치료법이다. 이들은 자신들이 제안한 성기능부전의 원인을 기초로 해서, 특정 문제에 따라 약간씩 변형이 있기는 하지만 대부분의 여성과 남성, 모든 환자에게 적용되는 성기능부전 치료법을 제시하였다. 이들은 개인보다는 부부를 치료 대상으로 삼는데 그 이유는 부부관계의 이해를 통해 성기능부전의 유발 원인을 포괄적으로 파악하고 부부간의 협동적 노력을 통해 장애를 치료하고자 하기 때문이다. 치료진 역시 남녀 2명의 치료자로 구성되며, 한 사람은 성 치료 전문가이며 다른 한 사람은 보조치료자의 역할을 맡는데, Masters와 Johnson이 최초의 성 치료자였다.

Masters와 Johnson의 치료법은 보통 2주의 기간 동안 치료가 매일 진행된다. 치료에서는 성기능에 대한 기본 교육이 이루어지고 이를 통해 성과 관련된 잘못된 신념을 교정하고, 의사소통을 높인다. 치료자의 가장 중요한 목표는 심리적으로 기인한 수행 불안을 제거하는 것이다. 부부는 적극적으로 치료에 참여하고 치료자가 처방한 성적 과제에 대한 반응을 즉시 확인하고 논의한다. 또한 행동주의적 치료이론에 근거하여 성기능 문제를 개선하는 구체적인 행동 방법을 제시하여 연습시키고 이를 부부관계에서 시행하도록 지도한다. 치료는 '감각 집중법'을 통해 이루어지는데 이는 성 반응의 각 단계에서 체험되는 신체 감각에 주의를 집중하여 충분히 느낌으로써 성적 쾌감을 증진하고 성행위에 몰입하도록 하는 방법이다. 이 방법은 Masters와 Johnson의 성 치료에서 핵심 치료법으로서 쾌감 단계, 성기자극 단계, 성교훈련 단계로 나누어 실시된다. 예를 들어, 쾌감 단계에서는 성기를 제외한 신체의 각 부위를 만지고, 키스하고, 안고 마사지 하는 등의 행동을 통해 상대방의 신체를 탐색하고 즐기는 연습을 한다. 이 단계가 지나면 성기를 자극하는 훈련을 하고 마지막으로 성교를 각 단계별로 나누어 점차 성교의 시간이나 정도를 높여 가는 훈련을 받는다.

② Kaplan의 정신역동적 성 치료

정신분석적 치료 개념을 도입한 Kaplan의 정신역동적 성 치료에서는 한 사람의 치료자가 부부를 대상으로 치료한다. 또한 치료 빈도도 일주일에 1~2회 정도이며, 치료 기간도 제한을 두지 않는다. 신체검사도 필요하다고 생각되는 부부에게만 실시하며, 과제 또한 환자에게 필요한 것을 골라 선별적으로 처방한다. 2주간 매일 집중적인 치료가 이루어지는 Masters와 Johnson의 방식과 달리, 좀 더 장기적이고 융통성 있는 치료 기간을 두고 환자의 성기능 문제를 살펴보고 개선되도록 돕는다. Kaplan은 성기능장애의 하위유형별로 원인이 다르기 때문에 성 치료에 있어 성기능장애의 하위유형마다 독특한 치료방법을 사용해야 한다고 제안한다. 예를 들어, 조기사정의 경우 사정조절 능력을 증진하기 위한 방법으로 스톱-스타트 기법을 제시하고 있다. 조기사정의 치료 목표는 환자가 사정을 조절하여 원하는 시기에 사정할 수 있도록 도와주는 것이다. 사정을 조절하기 위해서, 환자는 사정이 이루어지는 극치감 직전의 강한 성적 흥분과 성기의 감각을 자각할 수 있어야 한다. 아울러 사정을 지연할 수 있는 기술과 인내력을 길러야 한다. 한편 조기사정을 치료하기 위해 환자의 아내가 스톱스타트 기법을 배워 남편을 돕는 절차를 사용하기도 한다. 이와 같이 Kaplan은 전통적인 성 치료기법과 정신분석적 치료를 혼합하여 성기능부전의 하위 유형별로 필요한 적절한 절차를 구체적으로 제시하였다.

③ 인지행동적 치료

성기능부전에 대한 인지적 접근에서는 성행위 시에 정서적 흥분과 신체적 반응을 위축시키는 인지적 요인들을 수정하고자 한다. 성기능부전을 유발하는 인지적 요인은 성에 대한 역기능적 신념과 성행위 시의 부정적 사고로 나누어 볼 수 있다.

성기능부전을 보이는 사람들은 성에 관해 비현실적인 신념을 보이거나 부정적 사고를 보이는 경향이 있는데 이러한 신념의 예로는 '남자에게 성적 능력은 가장 중요하다.' '상대방을 항상 만족시켜야 한다.' '성은 추잡하고 나쁜 것이다.' 등이 있을 수 있다.

또한 성기능부전을 가진 사람들은 성행위 시에도 부정적인 생각을 많이 하는 경향이 있으며, 성행위 시에 나타나는 자신의 신체적 반응과 상대방의 반응을 부정적인 의미로 해석하는 경향이 있다. 성행위 시에 갖게 되는 부정적인 생각은 불안감, 초조감, 좌절감을 증폭시킨다. 따라서 성적 흥분과 신체적 반응이 억제되고 자신의 성기능에 대한 자신감이 저하되면서 걱정이 지속된다. 또한 다음 성행위 시에도 자신의 성적 수행에 대한 불안과 두려움을 지니게 되어 실패가 반복되는 것이다.

성기능부전에 관한 인지행동치료에서는 환자들이 성과 성생활에 대한 건강한 신념과 태도를 지니도록 하고, 불안을 증가시키는 부적응적 신념이나 사고를 교정함으로써 편안한 마음으로 성행위에 임할 수 있도록 유도한다. 이를 위해 환자가 성행위 시에 어떤 생각을 하는지를 확인하고 이러한 사고의 타당성과 유용성에 대해서 환자와 논의한다. 환자에게 이러한 부정적 사고가 성기능을 위축시킨다는 점을 인식시킨다. 아울러 성행위 시에 지닐 수 있는 긍정적이고 현실적인 대안 사고를 개발하고 연습시킨다.

이러한 인지적 기법과 더불어 성행위 시에 느끼는 불안과 긴장을 감소시키기 위해 체계적 둔감법, 모방학습, 긴장이완 훈련 등 행동주의적 치료법을 실시하기도 한다. 성기능을 향상시키는 구체적인 성적 기술을 가르치는 것도 필요하다. 이와 더불어 의사소통훈련, 자기주장훈련, 사회적 기술훈련, 부부관계 개선훈련 등이 사용되기도 한다.

④ 의학적 치료

최근 다양한 약물치료와 외과적 치료 기술이 발전되어 왔지만, 대부분의 경우 남성의 발기장애에 집중되어 있다. 1998년에 개발된 비아그라나 이와 비슷한 기능의 레비트라와 씨알리스 같은 약이 가장 잘 알려져 있다. 가장 많이 사용되는 의학적 치료법에는 약물의 복용, 성기에 혈관에 작용하는 물질을 주사하는 것, 혹은 보형물질을 삽입하는 수술법, 진공도구 치료법 등이 있다. 그러나 이런 의학적 치료법이 최대한의 효과를 내기 위해서는 광범위한 성에 대한 교육과 성 치료 프로그램이 수반되는 것이 필수적이다.

3. 변태성욕장애

변태성욕장애(paraphilic disorder) 혹은 성도착장애는 강렬한 성적 충동과 함께 성적 관심이나 상상, 대상 혹은 행위나 방법이 비정상적인 성적 장애이다. 변태성욕장애의 진단기준은 '부적절한 대상이나 목표'에 대해서 강렬한 성적 욕망을 느끼고 성적 상상이나 행위를 반복하는 것이다. 이러한 부적절한 대상이나 목표에 대한 성적 상상이나 행위가 6개월 이상 지속되고 이러한 문제로 스스로 심각한 고통을 받거나 현저한 사회적·직업적 부적응을 나타낼 때 변태성욕장애라고 진단된다.

변태성욕장애의 50% 이상은 18세 이전에 발병하고 남성의 비율이 압도적으로 많으며 보통 2개 이상의 도착증을 동시에 보인다. 도착행위는 15세에서 25세 사이에 가장 많이 나타나고 이후에는 감소하는 경향이 있다.

성적가학장애, 노출장애, 소아성애장애, 관음장애 등은 법적 구속의 대상이 될 수 있으며, 성적피학장애의 경우는 타인에게 해를 끼치지는 않지만 성도착적 상상이 현실화되어 치명적인 결과를 초래할 수도 있다. 또한 배우자나 성적 파트너가 성도착적 성행위를 수치스러워하는 경우 사회적·성적 관계에 부적응의 문제가 발생한다.

1) 변태성욕장애의 유형

(1) 노출장애

노출장애(exhibitionistic disorder)는 성적 흥분에 도달할 목적으로 예기하거나 경계하지 않는 낯선 사람에게 자신의 성기를 노출시키는 행위를 반복하는 것이다. 이들은 성기를 노출하거나 혹은 노출시키는 상상을 하면서 자위행위를 하기도 한다. 이런 증상을 보이는 사람은 대부분 남성이다. 노출증을 보이는 사람은 실제로 성행위를 하려고 시도하는 경우는 거의 없으며, 단지 보는 사람을 놀라게 하거나 충격을 주고자 하며, 자신의 성기를 보고 상대방이 흥분할 것이라고 생각한다. 이러한 성기노출과 관련된 성적 공상이나 행위가 6개월 이상 지속되고 이로 인해 사회적 적응에 문제가 발생할 때 노출장애로 진단된다.

> **관음장애와 노출장애**
>
> 31세의 A씨는 기혼이고 자동차 공장의 생산직 사원이다. 처음으로 훔쳐보기를 시작한 것은 14세에 옆집 목욕탕 창문을 통해 아주머니가 목욕하는 것을 훔쳐보는 것으로 시작되었다. 그 이후로 밤이 되면 동네를 돌면서 불이 켜져 안이 들여다보이는 아파트나 집을 훔쳐보기 시작했는데 그러는 동안에 성적인 흥분을 느끼게 되었다고 한다. 그러다가 들키지 않을 만한 장소에서 남의 집을 들여다보면서 자위행위를 시작하게 되었는데, 이때 바깥에서 자신의 성기를 드러내게 되었다. 그러다가 점점 나이가 들자, 여학교 근처에서 배회하게 되었고, 다른 사람들이 없는 장소에서 여학생들에게 자신의 성기를 노출하는 행위를 하게 되었다. 이 행동으로 인해 경찰에 체포된 적도 있었는데, 체포의 위험이 그 행동을 멈추게 하기 보다는 오히려 성적으로 더 흥분되게 한다고 보고하였다.

(2) 관음장애

관음장애(voyeuristic disorder)는 다른 사람이 나체 상태이거나 옷을 갈아입을 때, 혹은 커플이 성교행위를 하고 있을 때 몰래 훔쳐봄으로써 성적 흥분을 느끼는 경우를 말한다. 관찰되는 상대방은 낯선 사람인 경우가 대부분이며, 관음장애를 지닌 사람은 관음행위 도중이나 이러한 목격 내용을 회상하면서 자위행위를 하는 경향이 있다. 이들은 전형적으로 미성숙하며, 여성과의 관계가 불안정한 남성인 경우가 많은데, 여성에게 성교를 제안하면 거절당할지도 모른다는 불안 때문에 관음행위를 통해 성적 만족을 추구한다. 자신이 관찰하는 대상과 성행위를 하는 상상을 하기도 하지만, 실행에 옮기는 경우는 매우 드물다. 관음장애 역시 타인의 사생활 침범으로 법적 구속이 될 수 있다. 관음장애 증상은 대개 15세 이전에 시작되어 만성화되는 경향이 있으며, 이들의 이성애적 발달은 일반 남성보다 좀 늦은 편이어서 데이트 상대와의 성교 시기도 늦은 편이다.

(3) 마찰도착장애

마찰도착장애(frotteuristic disorder)는 동의하지 않는 사람에게 자신의 성기나 신체 일부를 접촉하거나 문지르는 행위를 반복적으로 나타내는 경우이다. 이러한 행위는 체포될 염려가 없는 밀집된 지역(예: 대중교통수단, 붐비는 길거리)에서 행해진다. 상대방의 허벅지나 엉덩이에 자신의 성기를 문지르거나, 손으로 상대방의 성기 또는 유방을 건드린다. 보통 행위 중 피해자와 비밀스런 애정관계를 맺게 된다는 상상을 한다. 발병은 보통 청소년기에 시작되고 대부분의 행위는 15~20세 사이에 발생하며 그 후 발생 빈도는 점차 줄어든다.

(4) 소아성애장애

소아성애장애(pedophilic disorder)는 사춘기 이전의 소아를 성적 공상이나 성행위의 대상으로 반복적으로 선택하는 경우이다. 소아성애장애는 16세 이상에게 진단 가능하며 성적 대상이 되는 소아보다 적어도 5세 이상의 연상이어야 한다. 일반적으로 남성의 경우, 8~10세의 여자아이를 선호하는 경향이 있지만 남자아이를 대상으로 하는 경우도 있다. 이들은 소아의 옷을 벗기고 바라보거나 성기를 만지거나, 소아가 있는 자리에서 자위행위를 하거나 자신의 성기를 만지게 하거나, 소아의 성기에 손가락을 넣거나 자신의 성기를 접촉시키는 등의 행동을 하며, 이때 위협이나 폭력이 사용되기도 한다. 소아성애장애는 법적으로 문제가 되는 변태성욕장애이다. 소아성애적 성행위가 자신의 친자식, 의붓자식, 친척에게 국한되어 행해질 경우에는 근친상간(incest)이 된다.

(5) 성적피학장애

성적피학장애(sexual masochistic disorder)는 굴욕을 당하거나 매질을 당하거나 묶이는 등 고통을 당할 때 성적 흥분을 느끼거나 이러한 형태의 성적 행위를 반복하는 경우이다. 이들은 자신의 몸을 묶게 하거나 상처를 입게 하거나 채찍으로 때리게 하거나 하는 등의 피학적 행동을 선호한다. 극단적인 경우에는 가슴을 압박하거나 올가미, 플라스틱 주머니, 마스크 등을 사용한 산소 부족 상태에서 성적 쾌감을 느끼려고 하는 경우도 있는데, 때로는 죽음에 이르기도 하며 이를 저산소 기호증(hipoxyphilia)이라고 한다. 성에 대한 피학적 상상은 어린 시절부터 존재하는 경향이 있으며, 실제적인 피학적 성행위는 대개 성인 초기에 시작되며 만성적이고 반복적이다. 성적피학장애를 가진 사람 대부분은 지나치게 위험한 성행위를 하지는 않지만, 때로는 점차 피학행위의 정도가 심화되어 심각한 신체적 상해나 죽음까지 초래하는 경우도 있다.

(6) 성적가학장애

성적가학장애(sexual sadistic disorder)는 성적 흥분을 위하여 타인에게 신체적으로 혹은 심리적으로 고통이나 굴욕감을 느끼게 하는 성적 행위를 반복하는 경우를 말한다. 이런 상상이나 행위는 주로 상대에 대한 자신의 우월성을 나타내는 것들로, 상대방을 묶거나 기어 다니도록 하거나 구타, 채찍질, 불로 태우기, 담뱃불로 지지기, 목조르기 등 형태가 다양하다. 대체로 초기 성인기에 가학적 행위가 시작되며, 만성화되어 동의하지 않는 상대에 대한 강간, 난폭한 성행동, 성적 살인행위 등으로 인하여 체포될 때까지 지속되는 경향이 있다. 성적가학장애가 심한 육체적 손상을 일으키지 않은 채로 지속되는 경우도 있지만, 많은 경우 시간이 경과함에 따라 강도가 높아져서 상대방에게 심한 손상을 입히거나 죽음에 이르게 하기도 한다.

(7) 물품음란장애

물품음란장애(fetishistic disorder)는 무생물인 물건에 대해서 성적 흥분을 느끼며 집착하는 증상이나. 주로 여성의 내의, 브래지어, 스타킹, 신발, 부츠 등의 착용물에 성적 흥분을 느낀다. 이들은 물건을 만지거나 문지르거나 냄새 맡으면서 자위행위를 하거나, 성교 시 상대방에게 그런 물건을 착용하도록 강요하기도 하는데, 그런 물건이 없을 경우에는 발기부전이 일어나기도 한다. 발병 시기는 보통 청소년기이며 일단 발병하면 만성화된다.

(8) 복장도착장애

복장도착장애(transvestic disorder)는 이성애자인 남성이 반복적으로 혹은 지속적으로 이성 복장을 착용함으로써 성적 흥분을 경험하는 경우를 말한다. 성정체감 장애로 인하여 이성의 옷을 입는 경우는 복장도착장애라고 진단되지 않는다. 복장도착장애를 지닌 남성은 여자 옷을 입고 성적 공상 속에서 자신을 남자 주인공의 상대 여성이라고 상상하면서 자위행위를 하는 경향이 있다. 전형적으로 어린 시절이나 청년 초기에 시작되며, 이성애적 남성에서 주로 볼 수 있다. 이러한 환상이나 성적 충동, 행동 등이 직장이나 사회생활에 심각한 장애를 일으킬 때 진단된다. 시간이 경과하면서 이 장애를 지닌 일부 남성은 영원히 여성으로서 옷을 입고 살기를 원하기도 한다.

(9) 기타 변태성욕장애

이외에도 매우 다양한 유형의 변태성욕장애가 보고되고 있는데, 이들은 비전형적 변태성욕장애(atypical paraphilic disorder)로 분류된다. 여기에는 동물과의 성행위나 그에 대한 공상을 통해 성적 흥분을 얻는 동물성애증(zoophilia), 상대에게 외설스러운 말을 함으로써 흥분을 얻는 외설증(coprolalia), 특히 전화를 통해 낯선 사람에게 음란한 말을 함으로써 성적 흥분을 추구하는 전화음란증(telephone scatologia), 상대방의 성기에 대변을 문질러 바름으로써 흥분을 얻는 분뇨성애증(coprophilia), 소변을 통해서 성적 쾌감을 얻는 방뇨성애증(urophilia), 심지어는 시체와 성관계를 맺고자 하는 시체성애증(necrophilia) 등이 보고되고 있다. 이처럼 인간이 성적 쾌락을 위해서 추구하는 성적 행위와 그 대상은 상상을 초월할 만큼 다양하다.

2) 원인과 치료

(1) 변태성욕장애의 원인

변태성욕장애의 원인에 대해서는 과학적 연구를 통해 밝혀진 바가 거의 없다. 전통적으로 변태성욕장애에 대해서는 정신분석적 설명이 가장 활발하게 제기되었다. 정신분석적 입장에서는 변태성욕장애를 유아적인 성적 발달단계에 고착된 것으로 보고 있다. 특히 오이디푸스 콤플렉스가 잘 해결되지 않은 사람들이 거세불안 때문에 이러한 증상을 보이는 것으로 설명하고 있다. 예를 들어, 노출장애의 경우, 환자는 자신의 성기를 다른 여성에게 노출시킴으로써 자신이 거세되지 않았다는 사실을 확인하려고 한다는 것이다. 즉, 환자는 자신의 성기를 보고 놀라는 여성의 모습을 보면서 거세불안을 극복한다는 것이다. 한편 관음장애는 소아기에 부모의 성교 장면을 목격하거나 엿듣게 되는 경험과 관련되어 있다고 한다. 소아는 부모의 성교 장면을 충격적으로 받아들이며 자신이 보고 있다는 사실을 들키지 않도록 꼼짝하지 않은 채 몰래 지켜보거나 엿듣게 된다. 이러한 경험은 소아의 거세불안을 촉발하며 이때의 충격을 성인이 되어 능동적으로 극복하려는 시도가 관음장애로 나타난다고 설명한다. 물품음란장애의 경우, 성적 흥분을 불러일으키는 물건은 상징적으로 여성의 성기를 뜻하는데, 물건을 대상으로 성적 흥분을 느끼는 것은 덜 위협적이고 자기 마음대로 할 수 있기 때문에 거세불안을 극복하도록 돕는다. 성적가학장애를 보이는 사람들은 어린 시절에 성적 외상 경험을 한 경우가 많으며 자신의 성적 외상 경험을 타인에게 돌려줌으로써 무의식적으로 소아기의 외상을 극복하려고 시도하는 것인 반면, 성적피학장애를 지닌 사람들은 소아기의 학대 경험을 반복하는 것인데 이는 거세를 당하는 대신 희생물이 됨으로써 덜 가혹한 불행을 받아들이는 무의식적인 시도라고 설명하고 있다.

한편 행동주의적 입장에서는 고전적 조건형성 과정을 통해 변태성욕장애를 설명한다. 예컨대, 여자의 잠옷에 대한 물품음란장애의 경우, 어린 시절에 누군가의 잠옷을 보는 순간에 성적 흥분을 경험해 잠옷과 성적 흥분이 잘못 조건형성된 것일 수 있다고 설명한다. 또한 변태성욕장애 환자들은 사회적 상황에서 부적절하며, 대인관계가 미숙하다는 보고도 있다. 따라서 이들은 정상적인 이성관계를 통하여 성적 욕구를 해소하기 어렵기 때문에 결과적으로 비정상적인 대상을 통해 성적 욕구를 해소하려고 한다는 것이다. 즉 어린아이나 동물, 여성의 물건처럼 마음대로 통제할 수 있는 대상을 통해 성적 욕구를 발산하고 더 나아가 좌절된 지배 욕구를 충족하고자 한다는 주장도 있다.

(2) 변태성욕장애의 치료

변태성욕장애는 치료가 어려운 경우가 대부분이다. 왜냐하면 이들은 성도착행동을 통해 오랜 기간 성적 쾌락을 얻어 왔기 때문에 치료를 원하는 경우가 없기 때문이다. 이들은 자신의 문제를 장애나 병이라고 생각하기보다는 자신의 독특한 성적 취향이라고 생각하는 경향이 많다. 다만 법적인 문제인 범죄와 관련되어 정신과 의사에게오는 경우가 대부분이다. 그러나 이 경우에도 사실상 치료에 대한 동기가 거의 없다.

그러나 환자가 협조한다면 환자 개인이 가진 문제나 특성에 따라 적절한 치료적 접근이 필요하다. 정신역동적 심리치료나 인지치료, 행동 수정 같은 다양한 치료법을사용하여 통합적으로 접근하는 것이 필요하다. 변태성욕장애의 치료 목표는, 첫째, 환자가 자신의 증상을 장애로 인정하고 치료에 응하도록 하는 것이고, 둘째, 변태성욕행위의 피해자가 느끼는 고통과 모멸감을 공감할 수 있도록 하며, 다음으로는 정상적인 이성관계가 가능하도록 사회적 고립과 부적절한 대인관계를 개선하고, 마지막으로는 변태성욕행동이 유발되기 쉬운 상황을 예측하고 가능한 이런 상황을 피하는방법을 고안하는 등의 재발 예방 계획을 세우도록 돕는 것이다.

다양한 치료적 접근법에서 변태성욕장애를 다루는 방법을 살펴보면, 정신분석적접근에서는 환자가 어린 시절을 탐색해 성적 외상 경험을 회상해 내도록 돕고, 거세불안 등의 무의식적 갈등이 변태성욕 증상으로 나타나고 있다는 것을 깨닫도록 유도하는 것이 중요하다. 일반적으로 자신의 문제에 대해 고통스러워하거나 원인을 알고자 하는 환자들의 예후가 좋은 편이며, 성격장애가 동반되는 경우는 치료가 매우 힘든 것으로 알려져 있다.

한편 행동주의 치료자들은 변태성욕장애를 잘못된 조건형성 때문이라고 보고 혐오적 조건형성을 통해서 이러한 증상을 제거하고자 한다. 예를 들어, 여성의 구두에 성적 흥분을 느끼는 물품음란장애 환자의 경우, 구두와 전기쇼크를 연합시켜 구두에 대한 성적 흥분을 소거한다. 한편 성적으로 흥분을 일으키는 자극과 그 행동의 결과로일어나는 부정적인 결과들을 연합하는 내현적 조건형성이라는 절차를 사용하기도 한다. 또한 환자들이 성도착적인 공상을 하면서 자위행위를 하는 경우가 많은데, 이때 성적 공상의 내용을 보다 정상적인 것으로 바꾸어 주는 것도 필요하다. 또한 이들이 정상적인 이성관계를 형성하여 성적 욕구를 해소할 수 있도록 사회적 기술훈련과 자기주장 훈련 등이 병행되어야 한다.

때로는 과도한 성욕이나 자위행위를 억제하기 위해 성욕 감퇴 약물을 처방할 수도 있으며, 다른 정신장애가 변태성욕장애의 유발에 관련되어 있는 경우에는 항정신성 약물을 사용할 수도 있다.

 요약

'성 관련 장애(sex-related disorders)' 범주에는 성별 불쾌감, 성기능부전, 변태성욕장애의 세 가지 하위 분류가 있다. 성별 불쾌감(gender dysphoria)은 자신의 생물학적 성과 성역할을 불편해 하고 강하고 지속적인 반대성에 대한 동일시를 보이는 경우이며, 성기능부전(sexual dysfunctions)은 성적 욕구의 장애와 성 반응 주기상의 변화에 기능적 문제가 있는 경우이며, 변태성욕장애(paraphilic disorder)는 성적 욕구의 대상이나 방식, 행위에 문제가 있는 경우이다.

성별 불쾌감은 『DSM-IV』에서 성 정체감 장애(gender identity disorder)로 명명되었던 장애이다. 성별 불쾌감을 가진 사람은 자신의 생물학적 성과 성역할에 대해서 지속적으로 불편감을 느끼며, 반대의 성에 대해서 강한 동일시를 나타내거나 반대의 성이 되기를 소망한다. 성별 불쾌감을 지닌 사람은 대부분 절대 변치 않을 반대 성에 대한 동일시를 가지고 있으며, 강력하게 성전환수술을 원한다. 따라서 성별 불쾌감 환자에게는 성전환수술이 주요한 치료방법이 된다.

성기능부전의 경우, 남성은 성욕감퇴장애, 발기장애, 조기사정, 사정지연의 4개 하위 유형으로, 여성은 성적 관심/흥분장애, 극치감 장애, 성기-골반통증/삽입장애의 세 가지 유형으로 구분된다. 성기능부전을 가진 사람은 일반적으로 한 가지 장애가 가장 두드러지게 나타나지만 성기능과 관련된 여러 문제가 복합적으로 나타나는 경우가 더 많다. 즉, 발기장애가 문제가 되어 병원을 찾는 사람들 중 다수가 성욕감퇴장애를 보인다거나 조기사정 증상을 보이는 등 증상이 복합적으로 나타나는 경우가 많다. 가장 널리 사용되는 성기능부전의 심리적 치료법은 Masters와 Johnson의 성 치료와 Kaplan의 정신역동적 성 치료가 있다. 이외에 의학적인 치료도 많이 이용되고 있다.

변태성욕장애는 강렬한 성적 충동과 함께 성적 관심이나 상상, 대상, 혹은 행위나 방법이 비정상적인 성적 장애이다. 변태성욕장애의 진단기준은 '부적절한 대상이나 목표'에 대해서 강렬한 성적 욕망을 느끼고 성적 상상이나 행위를 반복하는 것이다. 이러한 부적절한 대상이나 목표에 대한 성적 상상이나 행위가 6개월 이상 지속되고 이러한 문제로 인하여 스스로 심각한 고통을 받거나 현저한 사회적·직업적 부적응을 나타낼 때 변태성욕장애라고 진단된다. 변태성욕장애의 원인에 대해서는 과학적 연구를 통해 밝혀진 바가 거의 없으며, 전통적으로 이 장애에 대해서는 정신분석적 설명이 가장 활발하게 제기되었다. 또한 변태성욕장애를 다루는 방법은 다양한 이론적 접근에 따라 달라진다.

학습과제

1. 성 관련 장애의 범주, 성별불쾌감, 성기능부전, 변태성욕장애의 원인과 치료법에 대해 논하시오.

참고문헌

권석만(2013). 현대 이상심리학(2판). 서울: 학지사.
김상원(1999). 성교육/성상담의 이론과 실제. 천안: 교육출판사.
김석희 역(1999). 섹스와 편견. 서울: 정신세계사. (원서 정보 알 수 없음).
김청송(2015). 사례중심의 이상심리학. 경기: 싸이북스.
신희천(2000). 성도착증과 성정체감장애. 서울: 학지사.
원호택(1997). 이상심리학. 서울: 법문사.
윤가현(1998). 성문화와 심리. 서울: 학지사.
이정균(1997). 정신의학. 서울: 하나의학사.
이현수(1995). 이상행동의 심리학 제4판. 서울: 대왕사.
최정윤, 박경, 서혜희(2006). 이상심리학. 서울: 학지사
한동세(1974). 정신과학. 서울: 일조각.

Adson, P. R. (1992). Treatment of Paraphilias and Related Disorders. *Psychiatric Annals, 22,* 299–300.
American Psychiatric Association. (2013). *Diagnostic and statistical manual of mental disorders* (5th ed.). Virginia: American Psychiatric Association. 권준수, 김재진, 남궁기, 박원명, 심민섭, 유범희, 윤진상, 이상익, 이승환, 이영식, 이헌정, 임효덕, 강도형, 최수희

공역(2015). 정신질환의 진단 및 통계편람(제5판). 서울: 학지사.

Barlow, D. H.(2014). *Abnormal Psychology: An Integrative Approach*-7th *Edition*. International Edition: Cengage Learning.

Davison, G. C., & Neale, J. M. (1994). *Abnormal Psychology* (6th ed). New York: John Wiley & Sons.

Diamond, M.(1995). Biological aspects of sexual orientation and identity. In L.Diamant & R. D. McAnulty(Eds)., The psychology of sexual orientation, behavior, and identity. Westport, CT: Greenwood Press.

Emery, R. E. (2002). *Essentials of Abnormal Psychology*. Prentice-Hall.

Goodwin, D. W., & Guze, S. B. (1984). *Psychiatric Diagnosis* (3rd ed). New York: Oxford University Press.

Green, R., & Money, J. (1969). *Transsexualism and sex reassignment*. Baltimore:Johns Hopkins Press.

Greenacre, P. (1970). The Transitional Object and the Fetish: With Special Reference to the Role of Illusion. *International Journal of Psychoanalysis, 51*, 447-456.

Greenacre, P. (1979). *Fetishism, in Sexual Deviation*. 2nd edition. Edited by Rosen, I. Oxford: Oxford University Press, 79-108.

Kaplan, H. S. (1979). *Disorders of Sexual Desire and Other New Concepts and Techniques in Sex Therapy*. New York: Simon & Schuster.

Kaplan, H. S. (1986). The Psychosexual Dysfunctions (ch 36). In *Psychiatry, Revised Edition*. Edited by Cavenar. J. O. Jr. Vol. 1: The Personality Disorders and Neuroses. Edited by Cooper A. M., Frances A. J., Sacks M. H. Philadelphia, JB: Lippincott, 467-479.

Lief, H. I. (1981). *Sexual Problems in Medical Practice*. Monroe, WI: American Medical Association.

Rice, M. E., Quinsey, V. L., & Harris, G. T. (1991). Sexual Recidivism Among Child Molesters Released from a Maximum Security Psychiatric Institution. *Journal Consul Clin Psychology, 59*, 318-396.

Scharff, D. E. (1988). An Object Relations Approach to Inhibited Sexual Desire. In *Sexual Desire Disorders*. Edited by Leiblum, S. R., & Rosen, R. New York: Guilford Press, 45-74.

Socarides, C. W. (1988). *The Preoedipal Origin and Psychoanalytic Therapy of Sexual Perversions*. Madison, CT: International Universities Press.

Stoller, R. J. (1985). *Observing the Erotic Imagination*. New Haven: Yale University Press.

제16장

파괴적, 충동조절 및 품행장애

윤혜영

학습 목표

1. 파괴적, 충동조절 및 품행장애의 정의와 유형을 알아본다.
2. 파괴적, 충동조절 및 품행장애의 원인에 대한 이론적 접근을 고찰한다.
3. 파괴적, 충돌조절 및 품행장애와 감별이 필요한 장애를 확인한다.
4. 파괴적, 충동조절 및 품행장애에 대한 치료적 접근에 대해 살펴본다.

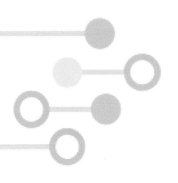

학습 개요

이 장에서는 주의력-결핍/과잉행동 장애와 더불어 대표적인 외현화 문제로 묘사되는 파괴적, 충동조절 및 품행장애에 대해 다루고자 한다. 새롭게 개정된 『DSM-5』에서는 '적대적 반항장애' '간헐적 폭발장애' '품행장애' 이외에도 '반사회성 성격장애' '병적 방화' '병적 도벽' 그리고 '달리 명시된/명시되지 않은 파괴적, 충동-조절 및 품행장애'가 포함되어 있으나, 이 장에서는 임상 장면에서 비교적 흔히 만날 수 있는 '적대적 반항장애' '간헐적 폭발장애' '품행장애'에 초점을 맞춰 주요 특징과 유병률, 경과, 감별 진단, 원인, 치료 방법에 대해 논의할 것이다. 이 장에 소개된 장애들의 경우, 아동 · 청소년기에 시작되어 그 이후의 발달단계까지 부정적인 영향을 미치는데, 규칙이나 의무에 대한 지속적인 위반이나 공격성, 강렬한 정서적 폭발이나 불순응 등이 주요한 특징이다. 최근 유병률이 지속적으로 증가하고 있으며, 개인 및 가족뿐 아니라 사회 전반에 미칠 수 있는 부정적 영향으로 인해 많은 관심과 주의가 필요한 장애라 할 수 있다.

이 장에 포함된 장애들의 경우, 사회적으로 파괴적인 행동을 보이며 아동 자신보다 함께 있는 친구나 선생님, 부모님과 같은 주변의 다른 사람을 더 고통스럽게 만든다는 특징이 있다. 파괴적, 충동조절 및 품행장애의 경우, 감정과 행동에 대한 자기조절 문제와 관련된 장애를 의미한다. 특히 이 장애들은 공격행동이나 과민한 기분으로 인하여 타인의 권리를 침해하거나, 사회적 규범을 위반하는 등의 문제를 보이는 특징이 있으며, 주의력-결핍/과잉행동 장애(Attention deficit/Hyperactivity disorder)와 함께 대표적인 외현화장애로 꼽는다. 또한 이 장애들은 파괴적, 충동적, 통제되지 않는, 반항적, 반사회적, 품행장애, 비행, 분노 발작과 같은 다양한 용어로 개념화되는 경향이 있으며, 학령기 초기에 시작하여 청소년기 전반에 걸쳐 성인들의 걱정을 야기한다. 특히 공격성과 괴롭힘, 타인의 권리 침해 등은 아동 및 청소년 개인과 가족뿐만 아니라 학교를 포함한 기관이나 나아가서 사회 전체의 문제라 할 수 있다.

이 장에서 주로 소개하는 '적대적 반항장애' '간헐적 폭발장애' '품행장애' 세 가지 장애는 모두 정서조절과 행동조절의 문제를 포함하고 있지만, 두 가지 유형의 자기 조절 중 어떤 영역이 더 핵심적인 문제 영역인지에 따라 장애의 특성이 구분된다. 품행장애는 행동조절의 어려움과 관련되는데, 타인의 권리 침해나 심각한 규칙 위반, 사람이나 동물에 대한 공격성과 같은 문제가 있을 경우 주로 진단된다. 간헐적 폭발장애는 오히려 정서조절의 어려움이 주된 문제 영역으로, 심리사회적 요인에 의한 과도한 분노 표출이나 조절되지 못한 감정과 관련된다. 적대적 반항장애는 두 장애의 중간 정도에 해당하며, 분노나 과민성과 같은 정서 통제의 어려움과 논쟁적이고 반항적인 행동 통제의 어려움이 동일하게 문제가 되는 양상을 보인다(최정윤, 박경, 서혜희, 2015).

적대적 반항장애나 간헐적 폭발장애, 품행장애에서 기술되는 다양한 증상, 예를 들어 짜증이나 반항, 거짓말, 공격행동 등은 아동의 정상 발달과정에서 어느 정도 관찰되는 정상적인 행동양상이라 할 수 있다. 자신의 문제를 언어로 표현하는 것이 서툰 어린아이의 경우 자신의 욕구가 좌절되었을 때 주변 사람들을 때리거나 물건을 던지는 등의 공격행동이 쉽게 발생한다. 언어가 발달하는 과정에서 환상과 현실을 적절히 구분하지 못할 수 있기 때문에, 어린 아이들이 특별한 의도없이 이야기하는 거짓말 역시 발달과정에서 자연스러운 현상이다. 따라서 증상이 장애에 부합하는지를 결정하기 위해서는, 진단기준과 관련된 행동의 빈도, 지속성, 다양한 상황에서 만연된 정도, 손상의 정도를 포괄적으로 고려해야 한다. 특히 개인의 연령이나 성별, 개인이 속한 문화권의 정상 기준을 상대적으로 고려하여 진단하는 것이 필수적이다.

〈표 16-1〉에서 볼 수 있듯이 아동기 초기부터 성인기까지 품행장애와 관련된 문제들의 유형은 매우 다양하다. 초기 아동기에는 양육자의 지시에 제대로 순응하지 않거나 반항적인 태도를 보이거나 지나치게 떼를 쓰는 행동이 문제행동이라 할 수 있으며, 이러한 문제행동이 지나치게 잦고 다양한 영역에서 발생할 경우 적대적 반항장애로 진단한다. 아동이 성장함에 따라 점차 반사회적 행동이나 관계적 공격성이 나타나고, 후기 아동기나 청소년기에는 위험 수준이 높은 비행행동이나 물질 사용이 주요한 문제행동이 될 수 있으며, 이러한 문제행동이 일정 수준 이상 지속될 경우 품행장애로 진단하게 된다. 중요한 것은 적대적 반항장애가 있는 아동이라고 해서 모두 품행장애로 발전하는 것이 아니며, 모든 문제행동이 관련 장애로 진단되는 것은 아니라는 점이다.

표 16-1 발달단계별 품행 관련 문제행동 유형 및 관련 장애의 종류

초기 아동기	중기 아동기	청소년기
비순응적 태도 반항적 분노 발작	외현적/내현적 반사회적 행동 관계적 공격성	비행 물질 사용 위험성이 높은 성적 행동
적대적 반항장애		품행장애

출처: Dishion & Patterson (2006)에서 재인용.

1. 적대적 반항장애

1) 적대적 반항장애의 임상적 특징

적대적 반항장애(oppositional defiant disorder)는 거부적이고 적대적이며 도전적인 행동을 지나치게 많이 나타내는 경우에 흔히 진단된다. 이 장애에 해당하는 아동은 화를 잘 내고 어른의 요구나 규칙을 무시하며 어른에게 논쟁을 통해 도전하고 고의로 타인의 기분을 상하게 하거나 귀찮게 한다. 이러한 행동이 지나쳐 학교나 가정에서 많은 문제가 생겨날 때 적대적 반항장애로 진단된다.

이 장애를 진단할 때 고려해야 할 가장 중요한 요소는 분노/과민한 기분, 논쟁적/반항적 행동 또는 보복적인 행동과 관련된 증상이 적어도 4개 이상 나타나는 기간이 6개월 이상 지속되어야 한다는 점이다. 적절하고 능숙하게 자신의 요구사항을 주장하면서 어른의 지시에 순응하지 않는다면 그런 행동은 적대적 반항장애가 아니라 오히려 바람직하고 발달을 촉진하는 요소가 될 것이다. 그러나 자신의 형제나 자매가 아닌 적어도 1명 이상의 다른 사람과의 관계에서 서툴고 지속적이며 과도하게 나타나는 반항행동의 경우, 장애로 진단 가능하다. 반항과 자기주장이 적절한지를 구분하기 위해서는 이런 행동이 또래 아동에 비해 더 빈번하게 나타나는지, 그러한 행동이 아동의 사회적·학업적 기능에 유의미한 손상을 초래하는지를 포괄적으로 파악하여 진단해야 한다.

분노나 과민한 기분과 같은 부정적 정서가 동반되지 않은 채, 행동 문제만 보이는 경우도 있지만, 대부분 행동 문제와 정서적 어려움이 함께 나타나며, 가까운 가족에게 분노폭발과 반항적인 행동을 보이는 경우가 가장 흔하다. 이 때문에 심리검사나 면담 장면에서는 뚜렷한 증상의 징후가 관찰되지 않으나 가족과 함께 있을 때에는 심각한 문제행동으로 드러날 가능성이 높다. 따라서 증상이 가정이라는 한 가지 상황에서만 발생한다 하더라도, 진단적 역치를 충족시키면서 사회적 기능 손상을 야기할 경우에는 적대적 반항장애로 진단할 수 있다.

표 16-2 **적대적 반항장애: 진단기준**

A. 분노/과민한 기분, 논쟁적/반항적 행동 또는 보복적인 양상이 적어도 6개월 이상 지속되고, 다음 중 적어도 네 가지 이상의 증상이 존재한다. 이러한 증상은 형제나 자매가 아닌 적어도 한 명 이상의 다른 사람과의 상호작용에서 나타나야 한다.

분노/과민한 기분

  1. 자주 욱하고 화를 냄

  2. 자주 과민하고 쉽게 짜증을 냄

  3. 자주 화를 내고 크게 분개함

논쟁적/반항적 행동

  4. 권위자와의 잦은 논쟁, 아동이나 청소년의 경우는 성인과 논쟁함

  5. 자주 적극적으로 권위자의 요구나 규칙을 무시하거나 거절

  6. 자주 고의로 타인을 귀찮게 함

  7. 자주 자신의 실수나 잘못된 행동을 남의 탓으로 돌림

보복적 특성

  8. 지난 6개월 안에 적어도 두 차례 이상 악의에 차 있거나 앙심을 품음

  주의점: 진단에 부합하는 행동의 지속성 및 빈도는 정상 범위 내에 있는 행동과 구별되어야 한다. 다른 언급이 없다면 5세 이하의 아동인 경우에는 최소한 6개월 동안 거의 매일 상기행동이 나타나야 한다. 5세 이상의 아동인 경우에는 6개월 동안 일주일에 최소한 1회 이상 상기행동이 나타나야 한다(진단기준 A8). 이런 빈도에 대한 기준은 증상을 기술하기 위한 최소 기준을 제공한 것일 뿐이며, 반항적 행동이 동일한 발달 수준에 있고, 성별이나 문화적 배경이 같은 다른 사람들에게서 전형적으로 관찰되는 것보다 더 빈번하고 강도가 높은지와 같은 다른 요인들도 고려해야 한다.

B. 행동장애가 개인 자신에게, 또는 자신에게 직접적으로 관련 있는 사회적 맥락(예: 가족, 또래 집단, 동료) 내에 있는 상대방에게 고통을 주며, 그 결과 사회적, 학업적, 직업적, 또는 다른 중요한 기능 영역에서 부정적인 영향을 준다.

C. 행동은 정신병적 장애, 물질사용장애, 우울장애 또는 양극성 장애의 경과 중에만 국한되어 나타나지 않는다. 또한 파괴적 기분조절장애의 진단기준을 충족하지 않아야 한다.

D. 현재의 심각도 명시할 것

  경도: 증상이 한 가지 상황(예: 집, 학교, 직장, 또래 집단)에서만 나타나는 경우

  중등도: 증상이 적어도 두 가지 상황에서 나타나는 경우

  고도: 증상이 세 가지 이상의 상황에서 나타나는 경우

출처: American Psychiatric Association (2013).

  가장 핵심적인 임상적 특징은, 어른들과 논쟁을 하고 신경질을 부리고 쉽게 화를 낸다는 것이다. 어른들의 지시에 복종하지 않고 규율을 따르지 않으며, 이러한 행동은 어른들을 화나게 해서 오히려 더 부정적인 반응을 야기하기도 한다.

  이 장애로 진단받는 아동은 자신이 화를 잘 내거나 반항적이라고 생각하기보다는

오히려 부당한 요구나 분위기에 대해 대항하려는 자신의 태도를 긍정적 반응이라고 합리화하는 경향이 있다. 어떤 경우에는 자신의 문제행동을 정당화하려고 친구나 다른 사람을 비난하는 모습을 보이기도 한다. 이러한 경우는 장애에 기여하는 개인의 특성과 그 사람이 경험하는 부적응적인 사회적 상호작용 중 어떤 요소가 아동의 적대적 행동에 영향을 미쳤는지 쉽게 결정하기 어려울 수 있다(Berkout, Young, & Gross, 2011). 실제로 아동 및 청소년기의 적대적 반항장애는 보살핌이 부족한 방임적 가족 환경이나, 엄격하고 비일관적 양육이 제공되는 가정에서 좀 더 흔히 발병한다. 방임이나 학대와 같이 열악한 조건에서는 이러한 태도가 오히려 아동에게 보호적 요소가 되었을 수 있기 때문에, 임상적으로는 아동의 환경적 영향을 감소시키는 데 초점을 맞추어 작업해야 할 것이다.

ADHD가 있는 아동이나 청소년, 성인 집단에서 적대적 반항장애의 비율이 상당히 높은 편인데, 이는 기질적인 위험 요인을 공유하기 때문인 것으로 여겨진다. 과민한 기질, 높은 정서 반응성이나 낮은 좌절 인내력은 ADHD와 적대적 반항장애가 유사하게 공유하는 기질적 취약성이다. 이로 인해 ADHD로 진단받은 아동의 경우, 성장과정에서 적대적 반항장애를 함께 진단받는 경향이 상당히 높은 편이다(Beauchaine & Neuhaus, 2008).

재희는 9세 남자아이로 7세 경에 ADHD 진단을 받았다. 어린 시절부터 명랑하고 쾌활한 편이었지만, 산만하고 충동적인 성향으로 인해 사소한 실수로 혼나는 경험이 잦아지면서 작은 일에도 쉽게 위축되고 자신이 괴롭힘을 당한다고 생각하는 일이 빈번해졌다.

최근 놀이터에서 할머니가 귀엽다고 볼을 토닥거렸더니 왜 때리냐고 소리를 지르면서 발을 구르며 흥분하는 모습을 보였으며, 학교에서 선생님이 체육 시간에 줄을 제대로 서지 않는 것에 대해서 주의를 주자 선생님이 자신을 차별한다며 갑자기 교실로 들어가 버리는 일이 있었다고 한다. 엄마나 동생과 부딪히는 일이 매우 잦은 편인데 식사시간에 돌아다니면서 먹지 않기, 동생과 싸우지 않기, 장난감을 정리하기와 같이 집에서 지켜야 할 간단한 규칙을 상기시키면 갑자기 짜증을 부리고 물건을 던지거나 소리를 지르는 모습을 보인다고 한다. 주로 야단을 치는 아버지와의 관계가 매우 나쁜 편인데, 최근에는 아버지에게 혼이 난 다음 울면서 언젠가 자기가 크면 "아빠를 쓰레기장에 던져 버릴거야"라고 소리를 지르고 아빠의 신발에 물을 부어 버려서 상담실에 의뢰되었다.

2) 적대적 반항장애의 유병률과 경과, 감별 진단 및 원인

적대적 반항장애의 유병률은 1～11%로 보고되며, 실제로 학령기 아동의 16～22%에서 거부적 성향이 관찰된다. 빠른 경우에는 만 3세경부터 시작될 수 있으며, 대부분의 경우 8세 이전에 시작된다. 사춘기 이전에는 남아에게 많지만 사춘기를 지나면 남녀의 유병률은 비슷해진다(APA, 2013).

대부분 첫 증상은 취학 전에 나타나며, 청소년기 이후에 첫 발병하는 경우는 매우 드물다. 까다롭고 예민한 기질을 지닌 아동이 짜증과 분노발작이 지속될 경우, 여아는 적대적 장애로, 남아는 품행장애로 진단되는 경향이 많다는 보고도 있다. 발달적으로 적대적 반항장애가 품행장애보다 먼저 나타나며, 아동기에 적대적 반항장애가 발병했을 경우 성장 과정에서 반사회적 행동, 충동조절 문제, 물질남용, 불안 및 우울 등 다양한 정서적 어려움을 경험하게 될 가능성이 높다. 장애가 만성화 될 경우 거의 대부분 대인관계에서 문제가 발생하며, 친구도 없고, 학교생활에 문제가 발생한다. 지능은 정상적이나 학업 성적이 나쁜 경우가 많다. 대개 좌절되어 있고 열등감이 있으며 우울하고, 참을성이 적다. 청소년기에는 술이나 정신활성물질을 남용하기 쉽다. 또한 자주 품행장애나 기분장애로 발전되기도 한다(APA, 2013).

적대적 반항장애의 경과와 예후는 여러 변수, 즉 병의 심각도, 지속기간 혹은 품행장애, 학습장애, 기분장애, 물질사용장애 같은 질환의 공존 여부 및 가족관계에 따라 다양하다. 순수하게 적대적 반항장애만 진단받은 환자의 경우, 약 1/4은 예후가 좋아서 수년 내에 호전된다. 그러나 성장하면서 증상이 그대로 유지되고 다른 사람의 권리를 침해하는 품행장애로 이행되는 경우에는 예후가 나쁜 편이다(APA, 2013).

(1) 감별 진단

발달단계에서 특정 시기, 즉 24개월 즈음에 발현되는 반항행동은 정상적이므로 감별되어야 한다. 스트레스가 심할 때 반항적인 행동이 일시적으로 나타날 수 있는데 이때는 적응장애로 진단하여야 한다. 품행장애, 조현병, 기분장애의 발현과정에서도 반항적인 행동이 나타날 수 있는데 이때는 적대적 반항장애로 진단하지 않는다. 적대적이고 거부적인 행동은 주의력-결핍/과잉행동 장애, 인지장애, 지적장애와 동반될 수도 있는데, 이때는 문제행동의 심한 정도와 기간에 따라 적대적 반항장애 진단을 동시에 내릴 수 있다.

품행장애의 경우, 성인이나 권위자와의 갈등이 장애의 원인이라는 점에서는 적대적 반항장애와 유사할 수 있다. 그러나 품행장애에서 재산 파괴, 사기나 절도와 같이 타인의 기본권의 침해가 보다 빈번하게 발생한다는 측면에서 감별될 수 있을 것이다.

파괴적 기분조절부전장애의 경우, 적대적 반항장애와 같이 만성적인 부정적 기분과 분노발작이란 증상을 공유한다는 측면에서 유사할 수 있을 것이다. 그러나 증상이 야기된 기저에 기분 조절의 어려움이 존재하며, 이런 어려움이 파괴적 기분조절부전장애 진단을 모두 충족할 경우에는 적대적 반항장애를 진단해서는 안 된다.

(2) 원인

정상적인 발달과정에서 아동의 반항적 행동은 18~24개월 사이에 절정에 달한다. 이 시기의 아동은 자기주장을 고집하고 작은 일에도 화를 내고 성질을 부린다. 그래서 '무서운 두 살(terrible twos)'이라고도 한다. 이런 자기주장과 타인에 대한 거부적 행동은 아주 어릴 때는 정상적인 것이다. 기존의 규범과 가치에 대해 반항하는 과정에서 아동은 자율성, 주체성, 내적 기준과 자기 조절을 확립해 나간다. 다만 이러한 행동이 발달이 지속되는 과정에서도 계속 연장될 경우, 병리적으로 변화하게 된다. 특히 높은 정서 반응성이나 낮은 좌절 인내력과 같이 정서 조절 문제와 관련된 기질적 요인들은 적대적 반항장애를 예측하는 요인이 된다(Rowe, Costello, Angold, Copeland, & Maughan, 2010).

적대적 반항장애와 관련된 가족력은 뚜렷하게 발견되고 있지 않으나 부모에게 반사회성 성격장애와 약물남용 같은 문제가 있을 확률이 일반 인구에서보다 높은 편이다. 적대적 반항장애 아동의 부모들은 대부분 원래부터 권력, 지배, 자율에 지나치게 관심이 많다고 한다. 지나치게 엄격하거나 비일관적·방임적 양육을 하게 될 경우, 부모의 양육방식은 장애 유발에 중요한 역할을 하는 것으로 보인다(Dishion & Petterson, 2006).

기질적으로 자기주장이 강하고, 좋아하는 것을 강하게 표현하며 독단적인 성향이 있는 아동에게 부모가 자신의 필요에 의해 아동의 행동을 힘이나 권위로써 억제하려 하면 투쟁이 일어나고 적대적 반항장애로 발병된다. 아동은 과잉의존을 피하고 자율성을 지키며 자기결정권을 확립하려는 것이다. 후기 아동기에는 여러 환경적 외상,

질병, 지적장애와 같은 무능 상태, 무력감, 불안, 자존심 손상 등에 대한 방어로써 적대행동이 나타나기도 한다. 정신분석적으로는 이를 항문기적 문제라고 보고 있다.

유전적 · 생리적 측면에서 다양한 신경생물학적 특징(예: 낮은 심박률과 피부 전도도, 기저 코르티솔 반응성의 감소, 전두엽 피질 및 편도체 이상)이 적대적 반항장애와 관련되는 것으로 밝혀졌다(Weyandt, Verdi, & Swentosky, 2011). 그러나 특정한 유전적 특징이 적대적 반항장애를 예측하지 못하고 있으며, 이러한 유전적 표지인자(marker)의 존재 여부에 대해서는 여전히 논란 중이다.

2. 간헐적 폭발장애

1) 간헐적 폭발장애의 임상적 특징

간헐적 폭발장애(intermittent explosive disorder)는 충동조절장애(impulse control disorder)의 일종으로, 『DSM-IV』에서는 분노조절장애로 분류되었으나, 『DSM-5』 (APA, 2013)로 개정되면서 '간헐적 폭발장애'라는 명칭으로 변경되었다. 간헐적인 공격 충동이 억제되지 않아 심각한 파괴적 행동으로 법적인 문제를 야기하며 사회적으로 심각한 상황에 처하게 되는 경우가 많다.

간헐적 폭발장애에서 보이는 충동적인 행동폭발은 급성으로 발병하며, 전형적으로 전구기가 거의 혹은 전혀 없다. 분노 폭발은 대부분 30분 이내로 지속되며, 매우 친하거나 관계가 있는 사람에 의해 유발된 사소한 촉발자극에 대한 반응으로 발생한다. 간헐적 폭발장애가 있는 사람은 언어적 공격 또는 신체적 공격을 보일 수 있다. 특히 신체적 공격의 경우 재산 피해나 상해를 가하지 않는 덜 심각한 삽화(진단기준 A1)를 보이거나 혹은 더 심각하고 파괴적이고 공격적인 삽화(진단기준 A2)를 보일 수 있다. 진단기준 A1은 빈번한(3개월 동안 평균적으로 매주 2회 이상) 공격적 행동폭발로 정의된다. 여기서 공격적 행동폭발은 분노발작, 장황한 비난, 논쟁이나 언어적 다툼, 기물 파괴를 보이지 않고 동물 및 타인에게 상해를 입히지 않는 공격행동이 특징적이다. 진단기준 A2는 덜 빈번한(예: 1년에 3회) 충동적인 공격적 행동폭발로 정의된다. 충동적인 공격적 행동폭발은 동물 및 타인에게 상해를 입힐 수 있는 공격행동으로, 금전이나 권력, 친밀감을 얻기 위한 것으로 한정된 것이 아니라 미리 계획되지 않은 채 충동적으로 발생하는 분노 폭발이라는 점이 특징적이다.

간헐적 폭발장애는 6세 이하이거나 이에 준하는 발달 단계에 있는 사람에게는 진단할 수 없으며, 공격적 행동폭발이 다른 정신질환에 의해 더 잘 설명되는 경우는 배제해야 한다. 파괴적 기분조절부전장애가 있는 사람이나 다른 의학적 상태나 물질의 생리적 효과로 인해 충동적인 공격적 행동폭발을 보이는 사람에게는 간헐적 폭발장애를 진단할 수 없다. 특히 6~18세 아동의 경우, 적응장애 맥락 내에서 충동적인 공격적 행동을 보인다면 간헐적 폭발장애라고 진단할 수 없다.

이 장애는 기분장애, 불안장애, 물질사용장애와 밀접하게 관련되어 있으며, 대부분의 경우 간헐적 폭발장애가 발병한 이후 불안장애나 기분장애, 물질사용장애가 발생한다.

표 16-3 **간헐적 폭발장애: 진단기준**

A. 공격적인 충동을 통제하지 못해서 보이는 반복적인 행동폭발로, 다음의 항목 중 하나를 특징적으로 보인다.
  1. 언어적 공격성(예: 분노발작, 장황한 비난, 논쟁이나 언어적 다툼) 또는 재산, 동물, 타인에게 가하는 신체적 공격성이 3개월 동안 평균적으로 일주일에 2회 이상 발생함. 신체적 공격성은 재산 피해나 재산 파괴를 초래하지 않으며, 동물이나 다른 사람에게 상해를 입히지 않음
  2. 재산 피해나 파괴 그리고/또는 동물이나 다른 사람에게 상해를 입힐 수 있는 신체적 폭행을 포함하는 폭발적 행동을 12개월 이내에 3회 이상 보임
B. 반복적인 행동폭발 동안 표현된 공격성의 정도는 정신사회적 스트레스 요인에 의해 촉발되거나 유발되는 정도를 심하게 넘어선 것이다.
C. 반복적인 공격적 행동폭발은 미리 계획된 것이 아니며(예: 충동적이거나 분노로 유발된 행동), 유형적인 대상에만 한정된 것이 아니다(예: 돈, 권력, 친밀감).
D. 반복적인 공격적 행동폭발은 개인에게 현저한 심리적 고통을 유발하거나, 직업적 또는 대인관계 기능에 손상을 주거나 경제적 또는 법적 문제와 관련된다.
E. 생활연령은 적어도 6세 이상이다(또는 6세에 상응하는 발달단계 수준).
F. 반복적인 공격적 행동폭발이 다른 정신질환으로 더 잘 설명되지 않으며(예: 주요우울장애, 양극성 장애, 파괴적 기분조절부전장애, 정신병적 장애, 반사회성 성격장애, 경계성 성격장애) 다른 의학적 상태(예: 두부외상, 알츠하이머병)나 물질(예: 남용약물, 치료약물)의 생리적 효과로 인한 것이 아니다. 6~18세 아동의 경우에 적응장애의 일부로 보이는 공격적 행동을 이 진단으로 고려해서는 안 된다.

주의점: 반복적이고 충동적인 공격적 행동폭발이 주의력-결핍/과잉행동 장애, 품행장애, 적
대적 반항장애, 자폐스펙트럼장애에서 보일 수 있는 정도를 초과하고 독립적인 임상적 주의
가 요구될 때 상기진단에 더해서 간헐적 폭발장애를 추가로 진단내릴 수 있다.

출처: American Psychiatric Association (2013).

2) 간헐적 폭발장애의 유병률과 경과, 감별 진단 및 원인

미국에서 간헐적 폭발장애의 1년 유병률은 약 2.7%이다. 간헐적 폭발장애는 50세
이상의 장년층에 비해 35~40세 이하 사람들에게 더 흔히 보이며, 교육수준이 고졸
이하인 경향이 있다. 여성에 비해 남성에서 간헐적 폭발장애의 유병률이 더 높았으
나, 성차가 발견되지 않는다는 연구도 존재한다.

(1) 감별 진단

다른 장애(예: 주요우울장애, 양극성장애, 정신병적 장애)의 삽화 중에만 진단기준 A1
이나 A2를 충족하는 경우, 또는 다른 의학적 상태가 물질이나 약물치료의 생리적 효
과로 인해 충동적인 공격적 행동폭발이 일어나는 경우에는 간헐적 폭발장애 진단을
내리지 않는다. 특히 6~18세 아동이나 청소년의 경우 적응장애 맥락 내에서 충동적
인 공격적 행동폭발을 보인다면 간헐적 폭발장애 진단을 배제해야 한다. 반복적이고
충동적이며 문제가 되는 공격행동이 간헐적 폭발장애로 진단될 수 있는지 여부는 제
반 상황을 고려하여 주의 깊게 결정해야 한다.

간헐적 폭발장애와 대조적으로 파괴적 기분조절부전장애는 충동적인 공격적 행동
폭발 사이에 거의 매일 부정적 기분 상태(즉, 과민성, 분노)를 지속적으로 보인다는 특
징이 있다. 반복적이고 충동적이며 문제가 되는 공격적 행동폭발의 발병이 10세 이
전일 경우, 정서적 전후관계를 확실히 할 수 없을 경우에 파괴적 기분조절부전장애로
진단한다.

아동기에 발병하는 ADHD나 품행장애, 적대적 반항장애 또는 자폐스펙트럼장애
중 어느 한 가지 장애가 있을 경우, 충동적인 공격행동이 폭발할 수 있다. ADHD의 경
우, 공격행동이 충동성에 의해 나타나며, 품행장애의 경우에는 공격행동이 보다 치밀
하고 약탈적이란 점에서 차이가 있다. 적대적 반항장애에서 보이는 공격성은 주로 권

위자와의 논쟁 과정에서 나오는 반항적 행동의 일환인 반면, 간헐적 폭발장애는 신체적 공격을 포함하여 보다 다양한 촉발 자극에 반응하여 갑작스럽게 분노를 표출하는 것이 특징이다. 특히 ADHD나 적대적 반항장애, 품행장애에서 나타나는 충동적인 공격성의 수준은 간헐적 폭발장애에 비해 낮은 편이다.

(2) 원인

이 장애의 원인은 주로 스트레스나 부모의 양육방식 등 심리사회적 영향과 신경생리학적 영향의 상호작용으로 여겨지고 있다(Mueller, 2011). 특히 20세 이전에 신체적 또는 정서적 외상을 겪은 사람의 경우 간헐적 폭발장애의 위험성이 증가하는 것으로 알려져 있다. 특히 편도체의 반응을 기능자기공명영상(fMRI)으로 본 결과, 건강한 사람에 비해 간헐적 폭발장애가 있는 사람에게서 분노 관련 자극이 제시되었을 때 편도체가 더 많이 활성화되는 반응이 나타났다.

또한 신경생리학적 연구를 바탕으로 세로토닌계의 역기능과 관련될 수 있음이 시사되었는데, 낮은 세로토닌 수치는 충동적 공격성과 상호 연결되어 있다. 특히 전측대상회 영역(anterior cingulate gyrus)과 안와전두피질(orbitofrontal cortex)에서의 세로토닌 이상이 간헐적 폭발장애와 관련된 것으로 여겨진다(Coccaro, McCloskey, Fitzyerald, & Phan, 2007).

3. 품행장애

1) 품행장애의 임상적 특징

품행장애(conduct disorder)는 난폭한 행동, 방화, 도둑질, 거짓말, 가출 등 타인의 권리를 침해하거나 다른 사람에게 불안감을 주는 등, 사회적으로 용납될 수 없는 행위를 습관적으로 범하는 경우를 말한다. 청소년이 나타내는 소위 '비행행동'이 이러한 품행장애에 해당되는데, 대부분의 경우 이러한 행동이 최소한 6개월 동안 지속되어야 품행장애 진단을 내릴 수 있다. 품행장애는 갑자기 발병되지 않는다. 시간을 두고 서서히 여러 가지 증상이 발생되다가 결국은 다른 사람의 권리를 침해하는 정도에까지 이르게 된다.

『DSM-5』에서는 발병 나이에 따라 아동기 발병형(childhood-onset type)과 청소년-발병형(adolescent-onset type)으로 구분한다. 10세 이전에 품행장애의 특징적인 증상 중 적어도 1개 이상을 보이는 경우는 아동기 발병형으로 진단하며, 10세 이전에 품행장애의 특징적 증상을 전혀 충족하지 않는 경우는 청소년기 발병형으로 진단한다. 현 시점에서 품행장애의 진단기준을 충족하지만, 첫 증상을 10세 이전에 보였는지 또는 10세 이후에 보였는지에 대한 정보가 없어서 확실히 결정하기 어려운 경우는 명시되지 않은 발병으로 구분한다. 발병 연령에 따른 아형을 구분하기 위해서는 개인과 보호자 모두로부터 얻은 정보를 기반으로 해야 하며, 대개 실제 발병보다 2년 정도 이후에 진단되는 경우가 많다.

증상의 심한 정도에 따라 경도(mild), 중등도(moderate), 고도(severe)로 구분한다. 행동 문제와 관련된 증상 개수가 아주 적고, 이러한 행동 문제가 다른 사람에게 가벼운 손상을 초래할 경우에는 경도로 진단한다. 품행장애 증상이 진단에 필요한 정도보다 많거나 행동문제가 다른 사람에게 상당한 손상을 초래할 경우에는 고도로, 행동 문제의 증상 수와 다른 사람에게 끼치는 영향이 '경도'와 '고도'의 중간인 경우에는 중등도로 진단한다.

품행장애는 여러 형태로 공격적 행동을 표출한다. 공격적 · 반사회적 행동으로써 약자를 괴롭히고, 신체적 공격이 자주 있고, 친구에게 잔인한 행동을 보인다. 동물에게도 잔인하다. 또한 어른에게 욕설도 잘하고, 반항적이며, 적대적이고, 건방지고, 복종하지 않는다. 이들은 이런 행동을 숨기려 하지도 않는다. 학교 결석, 성 문제와 관련된 비행행동, 흡연, 음주, 약물 남용은 일찍이 시작된다. 지속적인 거짓말, 잦은 가출, 배회, 문화-파괴적 행동(vandalism)도 흔하다. 심지어 부수고, 훔치고, 강탈하고, 패싸움하고, 폭력을 행사하기도 한다. 특히 자기보다 작고 약한 사람에게 더욱 난폭하며, 어른의 경우에도 상대방의 인내심을 시험하는 것 같은 행동을 하여 화나게 한다.

이들은 다른 사람과 사회적 애착관계를 형성하지 못하여 친구도 없고 고독하며, 친구가 있다 하더라도 피상적 관계일 뿐이다. 겉은 강하고 거친 것 같으나 내심 열등감이 있다. 이기적이어서 타인의 느낌, 욕구, 안녕에 대한 관심이 없다. 따라서 죄책감이나 후회도 없고 문제가 있을 때 남을 탓한다. 처벌을 하더라도 그런 행동이 감소되기보다 좌절과 분노에 대한 잘못된 표현만 증가시켜 결국 행동은 더 악화된다.

공격적인 품행장애 아동은 상담 장면에서도 비협조적이고 적대적이어서, 치료자를 자극하고 약올리는 경우가 많다. 자신의 부정적 행동을 감추고 부인하는 경우가 많으며, 상담을 진행하는 과정에서도 나쁜 행실을 정당화시키거나 변명하려 하고 치료자에게 화를 내거나 뛰쳐나가기도 한다. 모호한 상황에서 타인의 의도를 실제보다 좀 더 적대적이고 위협적이라고 잘못 해석하는 일이 잦기 때문에 자신의 공격적인 반응이 합리적이고 정당하다고 생각하는 경향이 있다. 좌절에 대한 낮은 인내력과 과민성, 분노발작, 의심, 처벌에 대한 둔감성, 자극 추구, 무모함을 포함하는 부정적 감정과 자기 조절의 어려움과 같은 성격 특성이 흔히 동반된다.

『ICD-10』에서는 다음과 같은 방식으로 품행장애를 세분하기도 한다. 가정에 국한된 품행장애(conduct disorder confined to the family context)의 경우, 비사회적이거나 공격적인 행태(단순한 반항적, 도전적, 파괴적 형태뿐만이 아닌)가 거의 가정 내에서만 일어나거나, 핵가족 혹은 집안에 가까이 사는 사람들 내에서의 상호관계에서만 일어난다. 자기 집안의 물건을 훔치고 고의로 장난감이나 장신구를 깨뜨리거나, 옷을 찢거나, 가구에 흠집을 내거나, 상으로 받은 물건을 깨뜨리는 모습을 보인다. 다른 사람이 아닌 가족에게만 폭력을 휘두르고, 집에서만 고의로 방화를 하기도 한다.

표 16-4 품행장애: 진단기준

A. 다른 사람의 기본적인 권리를 침해하고 연령에 적절한 사회적 규범 및 규칙을 위반하는 지속적이고 반복적인 행동 양상으로, 지난 12개월 동안 다음의 15개 기준 중 적어도 3개 이상에 해당되고, 지난 6개월 동안 적어도 1개 이상의 기준에 해당된다.

사람과 동물에 대한 공격성

1. 자주 다른 사람을 괴롭히거나 위협하거나 협박함
2. 자주 신체적인 싸움을 검
3. 다른 사람에게 심각한 신체적 손상을 입힐 수 있는 무기 사용(예: 방망이, 벽돌, 깨진 병, 칼, 총)
4. 다른 사람에게 신체적으로 잔인하게 대함
5. 동물에게 신체적으로 잔인하게 대함
6. 피해자가 보는 앞에서 도둑질을 함(예: 노상강도, 소매치기, 강탈, 무장강도)
7. 다른 사람에게 성적 활동을 강요함

재산파괴

8. 심각한 손상을 입히려는 의도로 고의로 불을 지름
9. 다른 사람의 재산을 고의로 파괴함(방화로 인한 것은 제외)

사기 또는 절도

10. 다른 사람의 집, 건물 또는 자동차를 망가뜨림

11. 어떤 물건을 얻거나 환심을 사기 위해 또는 의무를 피하기 위해 거짓말을 자주 함(즉, 다른 사람을 속임)

12. 피해자와 대면하지 않은 상황에서 귀중품을 훔침(부수거나 침입하지 않고 상점에서 물건 훔치기, 문서 위조)

심각한 규칙 위반

13. 부모의 제지에도 불구하고, 13세 이전부터 자주 밤늦게까지 집에 들어오지 않음

14. 친부모 또는 양부모와 같이 사는 동안 밤에 적어도 2회 이상 가출, 또는 장기간 귀가하지 않은 가출이 1회 있음

15. 13세 이전에 무단결석을 자주 함

B. 행동장애가 사회적, 학업적 또는 직업적 기능 영역에서 임상적으로 현저한 손상을 초래한다.

C. 18세 이상일 경우, 반사회성 성격장애의 기준에 부합되지 않는다.

출처: American Psychiatric Association (2013).

사회화되지 않은 품행장애(unsocialized conduct disorder)의 경우, 지속적으로 보이는 비사회적·공격적인 행동뿐만 아니라, 대인관계에서 다른 아이들로부터 고립되고, 거절당하거나, 인기가 없으며, 가까운 나이의 또래 친구가 없다. 어른과 관계를 맺는 경우에도 심각할 정도로 불화, 적대감, 분노를 표현하는 경향이 있으나, 자신이 존경심을 갖고 따르고자 하는 어른과의 관계는 좋은 경우도 있다.

사회화된 품행장애(socialized conduct disorder)의 경우, 지속적으로 품행 문제를 보이긴 하지만, 일반적으로 동료집단에서는 잘 융화되어 있다. 즉, 대체로 자기 나이 또래의 아이들과 적절한 우정관계를 유지하는 경향이 있다. 대개 이때의 또래집단은 비행(非行)이나 비사회적 행위 등을 하는 아동으로 구성되어 있다(이 경우에는 그 아동이 한 행위가 사회적으로는 용납이 안 되어도 그 집단 내에서는 인정받는 행위이기 쉽다). 만일 비사회적 행동이 특히 남을 괴롭히는 일(bullying)이라도 자신이 속한 집단에서 신의를 지킨다.

2) 품행장애의 유병률과 경과, 감별 진단 및 원인

연간 유병률은 2~10%로 추정되며, 인종이나 국적과 상관없이 상당히 일관되게 보고되는 편이다. 대체로 18세 이하 남성의 6~16%, 여성의 2~9%에서 나타난다고 추

정된다. 남자가 여자보다 훨씬 많으며 남녀비는 4~12 : 1이다. 유병률은 아동기에서 청소년기로 갈수록 증가한다. 품행장애의 진단기준에 맞는 증상을 보이는 나이는 대개 남성은 10~12세 사이이고 여성은 14~16세가 지나서이다.

품행장애 증상이 어린 나이에 시작되고, 증상의 수가 많이 나타나는 경우, 가장 예후가 나쁜 편이다. 심한 경우에는 성인이 되어 기분장애 및 성격장애로 진단될 수 있다. 예후가 좋은 경우는 품행장애가 경도이며, 공존되는 정신병리가 없고, 지능이 정상인 경우이다.

취학 전과 같이 아주 어린 시기에 품행 문제가 발생할 수도 있지만, 보통 중기 아동기에서 중기 청소년 사이에 이러한 문제가 현저하게 나타나며, 16세 이후에 발병하는 경우는 드물다. 아동기 발병형의 경우, 대개 남아인 경우가 많다. 또한 타인에 대한 신체적 공격성을 흔히 보이며 또래관계가 매우 나쁜 편이다. 아동기 초기 동안 적대적 반항장애나 ADHD가 선행했을 가능성이 높으며, 사춘기 이전에 품행장애로 진단되는 경향이 있다. 또한 품행장애의 문제가 성인기까지 지속되는 특징이 관찰된다. 청소년기 발병형의 경우, 공격적 행동이 적고 또래관계도 비교적 정상적으로 발달한다. 성비도 비슷한 편이며 품행 문제가 성인기까지 지속되는 경우도 더 적다.

품행장애의 경과는 다양한 편인데, 대부분 성인기가 되면 증상이 사라진다. 특히 청소년기 발병형은 증상이 경미한 경우 성인이 되었을 때 사회적·직업적 적응에 특별한 어려움을 보이지 않을 수 있다. 이 때문에 품행장애 문제만으로 치료를 받는 경우는 드문 편이다.

품행장애는 초기에는 거짓말이나 상점에서 물건을 훔치는 것과 같이 비교적 가벼운 일탈행동으로 시작되지만, 나중에는 강간이나 폭력, 갈취와 같이 더 심각한 문제로 발전하는 경향이 있다. 특히 어린 나이에 다른 사람에게 큰 피해를 주는 심각한 행동에 관여했을 경우 예후가 더욱 나쁘다. 이들이 성인이 되었을 경우에는 공격성, 재산 파괴, 사기, 규칙 위반과 같은 증상이 계속되며, 배우자나 아이들에게 폭력을 행사하는 반사회성 성격장애의 양상이 나타날 수 있다.

품행 문제는 정학이나 퇴학, 법적인 문제, 직장 적응의 문제, 성적으로 전염되는 질환, 계획하지 않은 임신, 사고나 싸움으로 인한 문제 등을 야기할 수 있다. 이런 문제로 인해 정상적인 학교생활 및 가정 생활을 지속하기 어려우며, 성장 과정에서 다양한 사고를 경험할 가능성도 더 높다.

지호는 중학교 2학년 남학생으로 최근 친구 집에서 게임 CD를 몰래 가져오는 일이 있었고, 이를 추궁하는 어머니에게 심하게 화를 내고 물건을 던지는 행동을 보여 상담에 의뢰되었다. 이런 행동은 집에서만 나타나는 것이 아니라 학교에서도 마찬가지로 나타나는데, 선생님이 지호의 행동을 지적하면 자신이 그런 일을 하지 않았다고 대들고 책상을 치거나 책을 집어 던지는 불순응적인 행동 때문에 선생님이 집으로 전화를 한 일도 있었다. 친구들 사이에서도 누가 모르고 건드리면 일부러 자신을 쳤다며 덤벼들곤 하여 싸움도 잦았으며, 이 때문에 친구들이 지호를 무서워하며 피하는 모습을 보인다. 동생에게는 특히 폭력적인 모습을 자주 보이는데, 자신의 물건을 조금만 건드리거나 자신이 시키는 심부름을 제대로 하지 않으면 동생을 구타하고 발로 차는 등의 행동을 자주 보이곤 한다. 지호가 원하는 것을 엄마가 거절하면 분노발작(temper tantrum)과 욕지거리를 하고, 어느 정도 참고 있다가 아이의 행동을 참아내기 힘든 상황이 되면 항복하고 결국 아이의 요구를 들어 주는 일이 반복된다고 한다.

지호 어머니는 보수적이고 권위적인 남편 때문에 결혼 초부터 어려움이 많았고 만성적으로 우울한 상태에서 생활하고 있었다. 지호 아버지는 지호 어머니가 자신의 말에 수긍하고 따르지 않으면 금방 큰 소리를 쳤고, 다툼이 커져 싸움이 되면 집안의 물건을 부수고 어머니에게 폭력을 휘두르는 경우도 드물지 않았다. 이 때문에 지호는 어려서부터 부모님 사이에서 큰 소리가 나면 몹시 무서워했고, 폭력을 휘두르는 아버지를 보면서 이불 속에서 울면서 밤을 새운 경우도 여러 번 있었다.

지호 어머니는 살면서 여러 번 이혼을 생각했고, 사는 것이 너무 힘들어 자살을 생각한 적도 있으나, 아직 어린 지호와 지호 동생을 보면 차마 그럴 수가 없어 참고 살아온 것이 10년을 넘어서고 있다. 그렇지만 최근 들어 지호가 어머니에게 대들 때는 마치 남편이 자신에게 화를 낼 때를 방불케 할 정도로 격분하고, 어쩌다 동생이 반항하거나 형에게 대들면 과도하게 화를 내면서 심하게 때리는 모습을 보고는 아버지의 영향이 아닌가 하는 불안을 감출 수 없다.

(1) 감별 진단

한 번의 반사회적 행동이나 비행행동으로는 품행장애 진단이 내려지지 않는다. 6개월 이상 반복적·지속적으로 나타나는 반사회적 행동이 있어야 진단될 수 있다. 품행장애는 다른 아동기 정신질환(예: 학습장애)에서도 나타나므로, 아동의 과거 병력을 자세히 알아서 일시적 현상인지 또는 외부 자극에 의한 반응성 현상인지를 판단해야 한다.

적대적 반항장애와 품행장애는 모두 성인이나 권위자와 갈등을 초래하는 품행 문제가 증상의 핵심 특징이다. 그러나 적대적 반항장애는 품행장애와는 달리 타인의 권리를 침해하지 않으며, 연령에 맞는 사회 규범을 위반하지 않는다. 특히 적대적 반항장애는 분노 발작이나 과민한 기분과 같이 정서조절의 어려움이 중요한 진단적 근거가 되지만 품행장애에서는 정서조절 문제가 진단 준거에 포함되지 않는다.

간헐적 폭발장애는 강한 분노와 관련되며, 이러한 분노 표현이 품행장애와 유사해 보일 수 있다. 그러나 간헐적 폭발장애는 충동적인 공격성만 보이고, 계획적이지 않으며, 돈이나 권력 등을 획득하기 위해서 행동 문제가 야기되지 않는다는 점에서 품행장애와 구분된다.

기분장애가 있을 때도 쉽게 흥분하고 공격적 행동을 보일 수 있으므로 주요우울장애와 양극성장애도 감별 진단해야 한다. 이 경우에는 뚜렷한 기분 증상이 선행하고, 정서적 반응의 결과로 공격적 행동이 나타나는 것이므로 품행장애와 구분된다. 기분장애의 경우, 강렬한 정서적 각성 상태와 무관한 기간 동안에는 품행 문제가 발생하지 않아야 한다.

주의력-결핍/과잉행동 장애나 학습장애와 감별해야 하며 같이 있으면 두 장애 모두 진단한다. 특히 ADHD가 있는 아동의 경우 파괴적일 수 있는 과잉행동이나 충동적 행동을 보일 수 있지만 그런 행동이 사회 규준을 위반하거나 타인의 권리를 침해하지는 않는다.

(2) 원인

아동의 반사회적 행동과 품행장애는 단일 요인으로 발생하는 것이 아니고, 여러 가지의 생물심리사회적 요인들이 관여된다고 추정한다. 반사회성 성격장애나 알코올 의존이 있는 부모의 자녀에게서 일반 인구보다 품행장애가 더 자주 발생한다. 품행장애와 반사회적 행동의 유병률은 사회경제적 요인과 밀접한 관련이 있다. 사회경제적 지위가 낮은 집단에서 이러한 행동 문제가 보다 빈번하게 발생한다(Capaldi, DeGarmo, Patterson, & Forgatch, 2002).

가장 활발하게 연구되고 있는 요인은 가정 환경과 관련된 요인이다. 문제가 많은 부모의 태도와 잘못된 육아 방법이 자녀에게 잘못된 행동을 야기할 수 있다. 가정 환경이 무질서하고 비일관적일 경우, 품행장애나 비행 행동이 유발될 가능성이 높다. 결손가족 그 자체가 품행장애의 원인이 된다기보다 부모 사이의 불화가 중요한 요인이 되는 것으로 알려져 있다. 특히 품행장애 소년들에 대한 연구 결과, 가족 내에서 도덕이나 양심의 형성에 필수적인 요소들이 결여된 것으로 나타났다. '부모와 아동

간의 애정, 일관적인 처벌의 사용, 분노와 불안, 죄책감을 유발하기 위한 신체적 처벌이 아닌 심리적 처벌의 사용, 이러한 것들에 대한 설명과 논리의 부여' 등이 주요한 요소인 것으로 밝혀졌다.

무질서하고 태만한 부모 밑에서 자란 아동은 점차 화를 잘 내고, 파괴적이고, 요구가 많아지고, 성숙한 대인관계 형성에 필수적인 좌절감에 대한 인내력이 제대로 형성되지 않는다. 또한 역할 모델이 불충분하고 자주 바뀌므로 건강한 자아상(self image)과 양심이 건강하게 형성될 수 없다. 따라서 이들은 사회 규범을 따르고자 하는 동기가 결여되고 비교적 양심의 가책도 받지 않게 된다(Capaldi et al., 2002).

중요한 문제 중 하나가 아동 학대와 방임이다. 장기간에 걸쳐 폭력적 환경에서 신체적 학대를 많이 받고 성장하면 아동은 공격적으로 되며, 자신의 기분을 말로 표현하기 어렵게 되는 반면 폭력적으로 부정적 감정을 표현하게 된다. 아동기 학대는 아동에게 지나친 경계심을 갖게 만들며, 지나친 경계심으로 인해 발생하게 되는 폭력은 다른 사람의 권리를 침해하는 것으로 나타난다(Lansford, Miller-Johnson, Berlin, Dodge, Bates, & Pettit, 2007).

사회경제적 수준이 낮은 가정의 아동에게서 품행장애가 많이 발생하는데, 이는 빈곤계층에 속한 아동들의 경우 정당하게 사회적·경제적 욕구를 성취할 수 없어 정상적으로는 용납되지 않는 수단을 쓰는 것일 수 있다. 이런 품행의 문제는 사회경제적으로 결핍된 계층의 문화에서는 쉽게 용납되기도 한다(Chung & Steinberg, 2006).

유전이 공격 행동에 미치는 영향의 효과 크기는 중간 정도 수준이지만 친부모나 형제 자매에게 품행장애가 있는 아동의 경우, 품행장애의 발병 위험이 증가한다. 친부모가 심한 알코올 사용 장애, 우울장애나 양극성장애, 조현병이 있거나 친부모가 이전에 ADHD나 품행장애 과거력이 있었던 아동의 경우, 이 장애의 발병이 더 흔한 것으로 보고된다(Weyandt et al., 2011).

품행장애의 신경생물학적 요인에 대한 연구는 거의 없는 편이다. 그러나 최근 연구에서는 적은 인원이긴 하지만 품행장애 환자들의 경우 소수에서 혈청 내 도파민 수치가 낮다는 것이 밝혀졌다. 또한 품행장애가 있는 소아범죄자의 혈중 세로토닌 수치가 높다고 한다. 혈중 5-HT 수치는 뇌척수액 내의 5-HT 대사물인 5-HIAA와 반비례 관계인데 뇌척수액 내 낮은 5-HIAA는 공격성이나 폭력 행동과 관련이 있다. 품행장애가 있는 사람의 경우 휴지기에 느린 심박률이 더 신뢰롭게 관찰되었는데, 다른 정신질환에서는 이런 양상이 뚜렷하게 나타나지 않는다. 두려움이 유발되는 상황에서 자동화된 공포 조건화의 감소, 특히 낮은 수준의 피부전도율이 발생하는 경향이 품행장애와 관련된다는 증거도 보고되고 있다. 또한 정서 조절이나 정서 처리와 관련된 뇌 영역, 특히 뇌의 복측전전두피질과 편도체를 포함하는 전두측두엽-변연계 회로에서 구조적이고 기능적인 차이가 있다는 것이 일관되게 나타나고 있다(Olvera, Semrud-Clikeman, Pliszka, & O'donnell, 2005).

4. 파괴적, 충동조절 및 품행장애의 치료

품행장애 아동 및 청소년의 증상과 심각성의 정도에 따라서 치료는 법적인 처벌, 가족에 대한 중재, 사회적 지지의 제공, 개인이나 가족의 정신병리에 대한 정신치료, 약물치료 등 다양하게 이루어지고 있다. 치료 장소도 가정, 학교, 병원(외래, 입원, 주간치료센터), 기숙학교, 특수한 비행 프로그램, 교도시설 등 매우 다양하다. 특히 치료의 효과를 유지하기 위해서는 어머니의 우울, 결혼생활의 문제, 학대와 같이 가정의 어려움과 관련된 문제가 통합적으로 다루어져야 한다. 심리치료에서는 과거에 쌓였던 분노나 적개심을 적절한 방식으로 표현하고 스트레스에 대한 내성 자체를 높여야 한다는 주장이 제기되고 있다(Grant, Odlaug, & Kim, 2007).

적대적 반항장애나 품행장애를 치료할 경우, 개인심리치료를 우선 시행한다. 치료자들은 아동과의 좋은 치료관계를 통해 아동이 자기행동의 파괴성과 위험을 이해하고 자존감을 회복하여, 외부로부터의 지배에 대해 자동적으로 방어를 할 필요가 없음을 알게 되고 독립과 새로운 적용 기술을 획득하도록 한다. 약물을 사용하기도 하지만 치료적 개입으로 약물만 단독으로 사용하는 경우는 거의 없다. 이 장애를 치료하기 위해 약물을 사용할 경우, 대개 우울이나 불안, 주의력-결핍/과잉행동 장애와 같이 동반되는 증상의 치료를 위해 사용된다고 볼 수 있다.

품행장애나 적대적 반항장애를 치료하기 위해서는 행동치료적 기법이 권장되는데, 문제행동을 무시하거나 재강화하기보다는 적절한 행동을 선택적으로 칭찬하고 격려하고 강화하는 것을 통해서 반항적 문제행동의 비율이 감소되도록 한다. 그리고 이런 원칙을 부모에게 이해시키고, 아동을 다루는 기술에 대해 부모와 상담하고 지도하여야 한다.

치료하는 사람들이 가진 품행장애에 대한 개념에 따라서 개인 혹은 집단치료, 행
동치료, 부모교육, 인지치료 그리고 약물치료 등, 다양한 치료 방법이 시행되고 있다.
치료에서 가장 필수적인 사항은, 첫째, 바람직하지 못한 행동을 억제하고 견제해 주
는 구조(틀)를 확고히 하며, 둘째, 안전과 치료 환경을 동시에 제공하는 효과적인 한계
를 설정하는 것이다. 가정 안에서의 한계 설정은 부모 간의 갈등, 부모의 부재, 일관
성 없는 훈육, 애매하거나 낮은 기대, 부모의 우울 등에 의해 방해받는 경우가 많으므
로 부모나 학교와 같이 아동을 둘러싼 공동체가 치료에 모두 포함되어야 한다.

파괴적, 충동조절 및 품행장애는 다른 사람에게 심각한 영향을 미치기 때문에 다
양한 치료방법이 시도되어 왔으나, 효과성이 입증된 연구는 그리 많지 않다(Burke,
Loeber, & Birmaher, 2002). 또 간헐적 폭발장애는 매우 드문 장애이기 때문에 치료에
대한 연구가 거의 없는 편이다. 다음에서는 각 장애들을 치료하기 위해 자주 사용되
는 근거 기반 치료 중 일부에 초점을 맞춰 설명하고자 한다.

1) 부모훈련 프로그램

부모훈련은 청소년의 공격성, 불순종, 반사회적 행동을 줄이기 위한 가장 성공적인
접근 중 하나이며, 대부분 다양한 공통적인 특징을 갖고 있다(Brestan & Eyberg, 1998).

표 16-5 부모훈련 프로그램의 공통적 특징

1. 치료는 일차적으로 부모와 함께 실시한다.
   - 치료자는 친사회적 행동을 증가시키고 일탈행동을 감소시키기 위해 부모가 자녀와의 상호
     작용을 변화시킬 수 있도록 가르친다.
   - 부모와 아동 모두에게 상호작용하는 방법을 훈련하기 위해 아동을 회기에 데리고 오도록
     한다. 나이가 많은 청소년은 행동 변화 프로그램의 협상과 개발에 참여하게 한다.
2. 행동 문제를 확인하고, 정의하고, 관찰하는 새로운 방법을 가르친다.
3. 그들에게 다음과 같은 사회학습 원리와 절차를 가르친다(예: 사회적 강화, 친사회적 행동에
   대한 점수, 강화로부터의 타임아웃, 특권 상실).
4. 치료 회기는 기법이 시행되는 방법과 기술을 사용하여 연습할 수 있는 기회이다. 가정에서
   시행하는 행동 변화 프로그램을 검토한다.
5. 학교에서 아동의 기능을 일반적으로 치료에 통합시킨다.

- 학교와 학교 관련 행동에 대한 부모 관리 강화 프로그램은 종종 행동 변화 프로그램의 일부이다.
- 가능하다면, 교사는 행동을 모니터링하고 결과를 제공하는 역할을 한다.

출처: Kazdin (1997)에서 재인용.

　대부분의 부모훈련 프로그램은 적대적이고 반항적 행동을 줄이는 데 초점을 맞추고 있지만, 아동이 보이는 순종이 항상 긍정적이라 할 수 없다. 부당하거나 이해되지 않는 요구에 대해서는 "아니요."라고 말할 수 있는 아동의 능력 역시 훈련되어야 한다. 이러한 관점에서 부모는 아동에 대해서 완벽한 순종을 기대해서도 안 되며, 아동의 순종적 행동이 반드시 바람직한 것도 아니라는 사실을 이해하는 것이 중요하다.

　가장 보편적으로 사용되는 부모 교육 프로그램은 Eyberg와 동료들이 개발한 부모-자녀 상호작용 치료(Parent Child Interaction Training: PCIT) 프로그램이다(Eyberg et al, 2001). 이 프로그램은 부모-자녀 애착을 향상시키고 부모의 부족한 행동관리 기술을 향상시키는 것을 목표로 한다. 부모에게 가르치는 효과적인 요구를 위한 규칙은 〈표 16-6〉에 제시되어 있다. 이 프로그램에서는 부모에게 아동의 문제행동을 정확하게 관찰하고 기록하는 것을 강조한다. 적절하거나 친사회적인 행동은 사회적이고 비사회적인 강화물을 보다 효율적으로 사용하여 더욱 증진시키고, 바람직하지 않은 행동에 대해서는 효율적으로 강화물을 철회하도록 가르치는 것이 가장 중요한 개입이며, 부정적인 명령보다는 효과적인 요구를 할 수 있는 의사소통 기술을 가르친다. 가족들은 임상 장면과 가정에서 이루어지는 치료 회기에 참석해서, 특정한 목표행동에 개입하여 바람직한 행동의 비율을 증진시키고, 부적절한 행동의 발생 비율을 감소시키는 양육 기술 모델을 학습하게 된다.

표 16-6　PCIT 프로그램에서 제시하는 효과적인 요구를 위한 규칙

규칙	예
간접적이기보다는 직접적으로 지시할 것.	원을 그려 보겠니? → 원을 그려라.
긍정문으로 진술할 것.	돌아다니지 마라. → 내 옆에 와서 앉아라.
한 번에 하나씩 요구할 것.	네 방을 치워라 .→ 신발장에 신발을 넣어라.

모호하게 말하기보다는 구체적으로 지시할 것.	조심해. → 책상에서 내려와라.
나이에 적합한 지시를 할 것.	직육면체를 그려라. → 사각형을 그려라.
아이를 존중하면서 예의를 갖춰 요구할 것.	그만 두들겨. 당장 나한테 블록을 내놔 → 블록을 줄래?
요구를 하기 전 혹은 아이들이 요구에 따른 후에는 왜 그런 행동이 필요한지 설명할 것.	손을 씻으렴. (아동이 손을 씻은 후) 고마워. 손을 씻게 되면 세균들이 멀리 달아나서 네가 아프지 않게 될 거야.
필요하거나 적절한 경우에만 요구할 것.	(아동이 돌아다닐 때) 이 의자에 앉으렴. (시기적으로 적절함) 나에게 휴지를 줘. (시기적으로 적절하지 않으며, 그런 요구가 필요한 요구인지 고려해야 함)

출처: Zisser & Eyberg (2010)에서 재인용.

2) 개인심리치료

(1) 인지적 문제해결 기술 훈련

부모훈련 접근은 품행장애 행동에 대한 가족적 측면에 초점을 맞추지만, 인지적 문제해결 기술 훈련(Cognitive Problem-Solving Skills Training)은 품행장애 청소년의 기능적 측면에 보다 구체적으로 초점을 두는 것이 특징이다(Lochman, Boxmeyer, Powell, Barry, & Pardini, 2010). 즉, 아동·청소년의 문제행동에 대한 행동치료적 기법에 덧붙여 대상 아동의 자기조절 및 문제해결 능력에 대한 인지훈련을 동시에 적용하는 것이다. 여기에는 분노조절, 충동조절 및 의사소통 능력의 증진과 같이 품행장애 청소년이 보다 손쉽게 접근할 수 있는 개념이 포함되어 있다.

이 치료기법은 아동이나 청소년이 문제를 명확히 정의하며, 다양한 해결책을 찾아내고, 각 해결책의 결과를 예상하여, 스트레스 상황을 처리하기 위한 가장 적절한 방법을 발견하도록 돕는 치료 프로그램이다. 아동이나 청소년이 대인관계에서 발생시키는 문제를 해결하기 위해 단계적으로 다가가도록 가르치며, 문제나 과제의 효과적인 해결에 이르는 방법에 직접적인 주의를 기울이도록 돕는다.

이 과정에서 게임이나 학습활동, 이야기 등 조직화된 과제를 사용한다. 아울러 치료과정에서 배운 문제해결 기술을 점차 일상생활에 적용하도록 한다. 연습, 역할극, 모델링, 강화와 약한 정도의 처벌과 같은 여러 방법을 동시에 적용하기도 한다.

Kazdin과 동료들(1997)은 품행 문제가 있는 아동을 치료할 때 부모훈련과 인지적 문제해결 기술 훈련을 병합하여 사용하는 치료 방법의 효과성을 검증하였다. 앞서 설명했던 인지적 문제해결 기술훈련(Cognitive Problem Solving Skills Training: CPSST)과 부모관리훈련(Parent Management Training: PMT)의 경우, 두 치료를 결합하여 7세 이상의 품행장애 아동에게 실시했을 때, 단독치료일 때보다 더 효과적인 것으로 나타났다. 치료 직후와 1년 추적 관찰 결과, 가정과 학교, 지역사회에서 청소년의 기능을 상당히 개선시켰을 뿐만 아니라 부모의 스트레스 관리나 기능 수준도 상당히 향상되었다. 게다가 품행장애 아동에 대한 치료에 덧붙여, 치료 회기 내에 부모의 스트레스 관리를 포함하는 치료 구성요소를 추가했을 때 치료 효과가 더 크게 나타났다. 이러한 연구결과는 품행장애 청소년뿐만 아니라 그들의 가족에게도 영향을 미칠 수 있는 포괄적인 치료적 구성 요소가 포함된 경우에 더 효과적이라 할 수 있다. 치료의 구성요소는 청소년과 가족의 문제에 대한 본질과 지속성에 따라 다양하게 병합될 수 있으며, 각 가족의 특성에 따라 융통성 있게 개별화되어 진행되어야 한다.

(2) 사회적 기술 중심치료

개인심리치료는 반사회적 행동의 정신적인 바탕이 되는 갈등과 심리적 과정에 초점을 맞추어 치료가 이루어진다. 치료자와의 새로운 대인관계를 경험하면서 자신의 행동에 대한 통찰을 얻고 행동의 새로운 양식을 탐색함으로써 올바른 감정적 경험을 하도록 돕게 된다. 특히 이러한 개입 중 중요한 것은, 품행장애 행동의 대인관계 및 사회인지적 측면을 다루는 것이다. 이러한 개입은 개입의 일부로 사회인지적 결함과 왜곡을 주로 다루게 된다. Lochman과 동료들(2010)의 분노 대처 프로그램은 이러한 개입의 유형에서 훈련된 문제해결 기술의 유형을 설명한다(표 16-7 참조).

Webster-Stratton과 동료들(2004)의 인지-행동적, 사회적 기술, 문제해결, 분노관리 훈련 프로그램(Incredible Years child dinosaur program study)은 그러한 결함과 기술을 다루는 개입의 또 다른 예라 할 수 있다. 3~8세의 조기발병 품행 문제를 가진 아동은 소규모 집단으로 치료받을 수 있는데, 이 프로그램에서는 품행 문제가 있는 아동이 경험하는 전형적인 대인관계 어려움을 다룬다. 프로그램 과정에서, 아이들은 다양한 기법을 통해 여러 갈등 상황에 대처하는 방법을 배운다. 대인관계와 관련된 스트레스 상황에 놓여 있는 아동들의 비디오를 검토하면서, 그 상황에서 가장 효과적일

것으로 기대되는 문제해결 방법을 논의하고, 해결책과 대처 기술을 연습한다. 아동의
발달 수준에 적합하게 구성된 프로그램 과정에서, 아동은 인형이나 색칠 공책, 만화,
스티커, 경품과 같은 물건들을 보상으로 제공받는다.

대처기술을 다른 장면에서 일반화시키기 위한 전략도 회기 안에 포함된다. 특히 정
기적인 편지 수신을 통해 학부모와 교사들이 서로 가정이나 학교에서 목표 기술을 사
용했는지 점검하고, 해당 기술을 사용할 때마다 강화하도록 요청하여, 특정 행동 목
록을 완료했을 때 적절한 보상을 제공하도록 요청한다. 치료 후 처치에서 치료 프로
그램에 참여한 아동들을 대기자 명단과 비교했을 때, 가정이나 학교에서 공격성이나
불순종, 외현화 문제가 더 적었으며, 또래와 친사회적인 행동은 더 많은 편이었다. 뿐
만 아니라 일반적인 상황에서 긍정적인 갈등관리 전략을 더 많이 사용하는 경향이 있
었다. 치료 후에 나타난 변화는 1년 동안의 추적 관찰에서도 대부분 유지되었다. 특
히 이러한 아동 중심 개입을 부모-학교의 개입 목표 훈련과 병행해서 진행할 경우,
더 큰 개선을 가져오는 것으로 보고되고 있다(Webster-Stratton & Reid, 2010).

표 16-7 분노조절 프로그램 회기 내용

회기	내용/중심
1	소개 및 집단 규칙
2	목적 이해 및 글쓰기
3	분노 관리: 인형을 이용한 자기 지시 과제
4	자기 지시(Self instruction) 사용하기
5	조망 수용
6	분노 직면하기
7	어떻게 분노를 느끼나요?
8	선택과 결과
9	문제해결을 위한 단계
10	행동에서 문제해결
11	비디오 제작하기: 학습한 개념들과 기술들을 사용하여 분노 통제가 잘 되지 않거나 공격성을 표시하는 상황에 대해 리뷰

요약

이 장에서 소개한 '적대적 반항장애' '간헐적 폭발장애' '품행장애'는 모두 정서조절과 행동 조절의 문제를 포함하고 있다. 품행장애는 주로 행동조절의 어려움이 핵심 특징으로 타인의 권리 침해나 심각한 규칙 위반, 사람이나 동물에 대한 공격성과 같이 사회적으로 용납되지 않는 행동 문제가 있을 경우 진단된다. 간헐적 폭발장애는 정서조절의 어려움이 핵심 특징으로, 과도한 분노 표출이나 조절되지 못한 짜증과 같은 감정의 부적절한 표현이 있을 경우 진단된다. 적대적 반항장애는 행동 조절과 정서 조절의 문제가 함께 존재하는 경우로, 분노나 과민성과 같은 정서 통제의 어려움과 논쟁적이고 반항적인 행동 통제의 어려움이 동일하게 문제가 되는 양상을 보인다.

적대적 반항장애는 거부적이고 적대적이며 도전적인 행동을 지나치게 많이 나타내는 경우에 흔히 진단된다. 이 장애에 해당되는 아동은 분노/과민한 기분, 논쟁적/반항적 행동 또는 보복적인 행동과 관련된 증상이 적어도 4개 이상 나타나는 기간이 6개월 이상 지속되어야 하며, 학교나 가정에서 많은 문제가 생겨날 때 진단된다.

간헐적 폭발장애는 공격 충동이 억제되지 않아 심각한 파괴적 행동으로 법적인 문제를 야기하며 사회적으로 심각한 상황에 처하게 되는 것이 특징으로 6세 이하에서는 잘 나타나지 않지만 젊은 사람에게 보다 흔하다. 특히 언어적 공격성과 물리적 공격성, 물리적 폭행과 같은 공격적 충동 통제의 실패로 인한 반복적인 폭발행동이 주요한 특징이다.

품행장애는 난폭한 행동, 방화, 도둑질, 거짓말, 가출 등 타인의 권리를 침해하거나 다른 사람에게 불안감을 주는 사회적으로 용납될 수 없는 행위를 습관적으로 범하는 경우를 말한다. 이러한 행동은 적어도 12개월 동안 지속되고 과거 6개월 동안 최소 1번은 나타나야 장애로 진단될 수 있다. 미취학 시기에도 품행장애의 문제가 시작될 수 있지만, 대개 유소년기에서 청소년기 사이에 나타나며 이른 발병의 경우 예후가 좋지 않다.

학습과제

1. '적대적 반항장애' '간헐적 폭발장애' '품행장애'의 진단적 특성이 무엇이며, 각 장애를 감별하기 위한 핵심 요소가 무엇인지 설명하시오.
2. 행동조절과 정서조절의 관점에서 '적대적 반항장애' '간헐적 폭발장애' '품행장애'를 구분하여 기술하시오.

3. 적대적 반항장애의 원인을 생물학적, 심리학적, 사회적 요인으로 구분하여 설명하시오.

4. 품행장애의 이른 발병이 나쁜 예후를 보이는 이유에 대해서 설명하시오.

5. 파괴적, 충동조절 및 품행장애에서 조기 개입이 왜 중요한지 설명하시오.

6. 파괴적, 충동조절 및 품행장애에서 약물치료보다 심리치료적 개입이 선호되는 이유가 무엇인지 설명하시오.

참고문헌

American Psychiatric Association. (2013). Diagnostic and statistical manual of mental disorders (DSM-5®). Virginia: American Psychiatric Association.

Bakker, M. J., Greven, C. U., Buitelaar, J. K., & Glennon, J. C. (2017). Practitioner Review: Psychological treatments for children and adolescents with conduct disorder problems— a systematic review and meta-analysis. *Journal of child psychology and psychiatry*, *58*, 4-18.

Beauchaine, T. P., & Neuhaus, E. (2008). Impulsivity and vulnerability to psychopathology. *Child and adolescent psychopathology*, 129-156.

Berkout, O. V., Young, J. N., & Gross, A. M. (2011). Mean girls and bad boys: Recent research on gender differences in conduct disorder. *Aggression and Violent Behavior*, *16*, 503-511.

Brestan, E.V., & Eyberg, S.M. (1998). Effective psychosocial treatments of conduct-disordered children and adolescents: 29 years, 82 studies, and 5,272 kids. *Journal of Clinical Child Psychology*, *27*, 180-189.

Burke, J. D., Loeber, R., & Birmaher, B. (2002). Oppositional defiant disorder and conduct disorder: a review of the past 10 years, part II. *Journal of the American Academy of Child & Adolescent Psychiatry*, *41*, 1275-1293.

Capaldi, D., DeGarmo, D., Patterson, G. R., & Forgatch, M. (2002). Contextual risk across the early life span and association with antisocial behavior. In J. B. Reid, G. R. Patterson, & J. Snyder (Eds.), *Antisocial behavior in children and adolescents* (pp. 123-145). Washington, DC: American Psychological Association.

Chung, H. L., & Steinberg, L. (2006). Relations between neighborhood factors, parenting behaviors, peer deviance, and delinquency among serious juvenile offenders. *Developmental psychology*, *42*, 319-331.

Coccaro, E. F., McCloskey, M. S., Fitzgerald, D. A., & Phan, K. L. (2007). Amygdala and orbitofrontal reactivity to social threat in individuals with impulsive aggression. *Biological psychiatry, 62*, 168-178.

Dishion T. J., & Patterson, G. R. (2006). The development and ecology of antisocial behavior in children and adolescents. In D. Cicchetti, D. J. Cohen (Eds.), *Developmental psychopathology: Risk, disorder, and adaptation*. (pp. 503-541). New York: Wiley.

Eyberg, S. M., Funderburk, B. W., HembreeKigin, T. L., McNeil, C. B., Querido, J. G., & Hood, K. (2001). Parent-child interaction therapy with behavior problem children: One and two year maintenance of treatment effects in the family. *Child & Family Behavior Therapy, 23*, 1-20.

Eyberg, S. M., Nelson, M. M., Duke, M., & Boggs, S. R. (2004). *Manual for the Dyadic Parent-Child Interaction Coding System: Third Edition*. Unpublished manual. University of Florida, Gainsville, FL.

Grant, J. E., Odlaug, B. L., & Kim, S. W. (2007). Impulse control disorders: clinical characteristics and pharmacological management. *Psychiatric Times, 24*, 64-69.

Grant, J. E., Schreiber, L., & Odlaug, B. L. (2011). Impulse control disorders: updated review of clinical characteristics and pharmacological management. *Frontiers in psychiatry, 2*, 1-11.

Kazdin, A. E., Siegel, T. C., & Bass, D. (1997). Cognitive problem-solving skills training and parent management training in the treatment of antisocial behavior in children. *Journal of Consulting and Clinical Psychology, 60*, 733-747.

Lansford, J. E., Miller-Johnson, S., Berlin, L. J., Dodge, K. A., Bates, J. E., & Pettit, G. S. (2007). Early physical abuse and later violent delinquency: A prospective longitudinal study. *Child maltreatment, 12*, 233-245.

Lochman, J. E., Boxmeyer, C. L., Powell, N.P., Barry, T.D., & Pardini, D. A. (2010). Anger Control Training for Aggressive Youth. In: J. R. Weisz, & A. E. Kazdin, (Eds.), *Evidence-based psychotherapies for children and adolescents*. New York: Guilford Press.

Loeber, R., Burke, J. D., Lahey, B. B., Winters, A., & Zera, M. (2000). Oppositional defiant and conduct disorder: a review of the past 10 years, part I. *Journal of the American Academy of Child & Adolescent Psychiatry, 39*, 1468-1484.

Müller, A., Rein, K., Kollei, I., Jacobi, A., Rotter, A., Schütz, P., & de Zwaan, M. (2011). Impulse control disorders in psychiatric inpatients. *Psychiatry Research, 188*, 434-438.

Olvera, R. L., Semrud-Clikeman, M., Pliszka, S. R., & O'donnell, L. (2005). Neuropsychological deficits in adolescents with conduct disorder and comorbid bipolar disorder: a pilot study. *Bipolar Disorders, 7*(1), 57-67.

Rowe, R., Costello, E. J., Angold, A., Copeland, W. E., & Maughan, B. (2010). Developmental pathways in oppositional defiant disorder and conduct disorder. *Journal of abnormal psychology, 119,* 726.

Webster-Stratton, C., Reid, M. J., & Hammond, M. (2004). Treating children with early-onset conduct problems: Intervention outcomes for parent, child, and teacher training. *Journal of Clinical Child and Adolescent Psychology, 33*(1), 105-124.

Webster-Stratton, C., & Reid, M. J. (2010). *The Incredible Years parents, teachers, and children training series: A multifaceted treatment approach for young children with conduct disorders.* New York: Guilford Press.

Weyandt, G. Verdi, A. & Swentosky, A. (2011). Oppositional, Conduct, and Aggressive Disorders. In S. Goldstein, & C. R. Reynolds (Eds.), *Handbook of Neurodevelopmental and Genetic Disorders in Children* (2nd ed.). New York: Guilford Press.

Wicks-Nelson, R., & Israel, A. C. (2015). 아동청소년 이상심리학. (정명숙, 박영신, 정현희 역). 서울: 시그마프레스. (원전은 2014년에 출판).

Zisser, A., & Eyberg, S. M. (2010). Parent-child interaction therapy and the treatment of disruptive behavior disorders. *Evidence-based psychotherapies for children and adolescents, 2,* 179-193.

제**17**장

신경인지장애 및 노년기 정신장애

정진복

학습 목표

1. 다양한 원인으로 발생하는 인지기능 손상을 주요 임상 특징으로 보이는 진단들에 대해 살펴본다.
2. 신경인지장애의 『DSM-5』 진단기준을 살펴본다.
3. 신경인지장애의 원인과 치료법을 알아본다.

학습 개요

인지기능 손상을 일차 임상 특징으로 보이는 장애군을 포괄하여 신경인지장애로 진단 분류하는데, 여기에는 섬망, 주요 신경인지장애, 경도 신경인지장애 등이 있다. 이러한 진단이 정의되기까지의 발전과정을 소개하고 이를 일으키는 다양한 원인을 종합적으로 고찰한다. 마지막으로 각 장애의 진단준거와 임상 양상 및 치료법을 살펴본다.

1. 신경인지장애

1) 신경인지장애의 정의와 개념

기질성(organic)이란 신체기관(organ), 그중 뇌에서 확인할 수 있는 이상을 말하고, 이로 인해 정신장애가 유발되었을 때 전통적으로 기질적 정신장애(organic mental disorder)로 불렸다. 정신장애의 진단분류 체계가 정립되면서 이들을 이해하는 초기의 개념적 준거로서 기질성 장애 대 기능적 장애로, 또한 기능적 장애는 다시 정신병적 장애 대 신경증적 장애로 분류되곤 하였다. 다시 말해서 기질성 정신장애란 뇌에 뚜렷한 병변(변성, 외상 등)이나 뇌 활동에 이상을 일으키는 신체 상태(예: 약물, 호르몬 이상)로 인해 정신장애가 유발된 경우이다(Sadock & Sadock, 2003). 그 외 기질적 근거가 없다고 인정되는 장애는 기질성과 대비되는 개념으로 기능성이라 불렸다. 예를 들어, 조현병(정신분열병)이나 우울증, 기타 다양한 신경증적 진단군이 여기에 속한다.

그러나 신경생물학의 발달과 더불어 정신장애뿐만 아니라 인간의 모든 정신작용이 뇌에서 크게는 구조적으로 적게는 생화학적 변화를 동반한다는 사실이 밝혀지면서 구조와 기능의 구분은 더 이상 의미가 없어져 버렸다. 『DSM-IV』(1994)에서는 이를 반영하여 이분법적 개념을 삭제하고 대신 독립된 질병 단위로 분류하는 방법을 택하였다. 『DSM-5』에서는 한 걸음 더 나아가 인지적 손상을 일으킬 수 있는 것으로 밝혀진 변인들을 중심으로 아형을 세분화하였다.

증상적으로 기질성 정신장애에서는 비교적 비특이적이며 전반적인 인지기능장애가 나타난다. 기능성 장애에서도 인지적 장애는 나타나지만 이는 제한된 몇몇 증상에 불과하며 주 증상에 부수된 이차적인 양상으로 나타난다. 환자가 의식의 혼탁, 심한 기억장애, 실어증 및 실행증 등을 보일 경우, 일차적으로 뇌의 이상을 의심해야 한다. 그러나 증상에 의한 구분은 정확하지 않을 수 있다. 예를 들어, 노년기 우울증 환자는 기억손상 등과 같은 가성치매의 증상을 공유하며 조현병(정신분열병)의 경우 긴장성 혼미(catatonic stupor)는 뇌 이상으로 인한 혼미(stupor)와 비슷한 양상을 보인다. 반대

로 측두엽 간질이나 갑상선 기능 저하의 경우 전형적인 뇌손상 증후군 없이 정신장애
와 유사한 증상을 나타내므로 각별히 진단에 유의해야 한다.

　　따라서 『DSM-5』에서는 인지기능손상을 주요 임상적 특징으로 보이는 장애군을 포
괄하고, 특히 신경인지장애는 발달상의 장애가 아니라 후천적 장애임을 명시하였다.
대부분의 정신장애도 인지적 손상을 동반하지만 신경인지장애 진단을 내리려면 인지
적 손상을 일차 증상으로 보여야 하고 이를 일으킬 수 있는 가능한 병인을 제시함으
로써 진단의 확실성을 높였다. 따라서 『DSM-5』에서는 다른 정신장애의 진단 범주와
대비되게 신경인지장애에서만큼은 원인론적인 진단적 접근을 시도한 것으로 간주할
수 있다.

2) 신경인지장애의 DSM 체계식 접근

　　『DSM-I』(1952)은 기질성 뇌 증후군(organic brain syndrome)의 진단기준으로 지남
력, 기억장애, 지적기능 장애, 판단장애, 불안정하고 얕은 정서를 명시하고 병인보
다는 그 질병의 발병 시기와 기간에 따라서 급성과 만성으로 분류하였다(Sadock &
Sadock, 2003).

　　『DSM-II』(1968)에서는 기질성 뇌증후군을 급성 및 만성으로 분류하지 않고, 대신
기능 장애의 정도에 따라서 정신병 및 비정신병 장애로 나누고 있다(Sadock & Sadock,
2003).

　　『DSM-III』(1980)는 다축체계를 사용하여 기질성 장애의 원인에 대해서 증후군별로
분류를 시도하고 있다. 여기에는 아홉 가지 증후군(비정형 혹은 혼합형을 포함하면 열
가지)이 기술되어 있는데, 중독, 금단, 섬망, 치매, 건망 증후군, 망상 증후군, 환각증,
정동 증후군, 성격 증후군이다(Sadock & Sadock, 2003).

　　『DSM-III-R』(1987)은 기질성 불안장애가 추가된 것 이외에는 『DSM-III』와 큰 차이
가 없으며, 다만 치매, 기질성 환각증 등 몇몇 진단에서 하위 범주로 세분화한 정도이
다(Sadock & Sadock, 2003).

　　『DSM-IV』(1994)에서 기질성 정신장애라는 용어는 사라졌으며 원인에 관계없이 증
후군에 따라 분류함으로써 독립적인 범주화를 모색하였다. 따라서 예전의 기질성 정
신장애는 다음과 같은 세 가지 범주로 재편성된 셈이다.

- 인지기능장애
- 일반 의학조건에 의한 정신장애
- 물질 관련 장애

『DSM-5』에서는 인지기능 손상을 주요 임상특징으로 하는 광범위한 장애군 중 발달장애를 제외하고 이를 신경인지장애로 범주화하였다. 과거의 치매 범주를 다양한 원인으로 일어나는 주요 또는 경도 신경인지장애로 묶은 후, 병인에 따라 알츠하이머병, 전두측두엽변성, 루이소체병, 혈관질환, 외상성 뇌손상, 물질/치료 약물남용, HIV 감염, 프라이온병, 파킨슨병, 헌팅턴병 등 세부 유형으로 구체화하였다. 또한 아형을 진단할 때 자세한 지침을 제시하였는데, 이는 다각적 인지 영역, 예를 들면, 복합적 주의, 집행기능, 학습과 기억, 언어, 지각-운동, 사회인지별로 평가할 수 있도록 텍스트를 제공한 것이다.

2. 신경인지장애의 원인

1) 뇌 질환

일차적으로 대뇌피질의 변성을 일으키는 알츠하이머병(Alzheimer's disease), 피크병(Pick's disease) 등이 치매의 주요 원인이 된다. 또한 피질하 구조가 손상되는 장애, 즉 파킨슨병(Parkinson's disease), 헌팅턴병(Huntington's disease), 윌슨병(Wilson's disease) 등도 운동장애와 함께 치매, 정신병적 상태, 우울증, 불안장애 등 정신과적 증상을 일으킬 수 있다. 염색체 질환인 다운증후군 역시 병의 초기에 알츠하이머병과 비슷한 뇌병변 및 치매를 일으킬 수 있다.

다발성 경화증(multiple sclerosis)은 뇌백질의 탈수초화(demyelination)를 일으키는 질환으로서 탈수초 병변의 위치에 따라 다양한 신경학적 증상이 시간에 따라 변하면서 나타난다. 이 장애는 젊은 여성에게 많이 나타나며 이 때문에 히스테리성 질환으로 오인받기도 한다. 이 다발성 경화증은 신경학적 국소 증상 이외에도 흔히 기억장애 같은 인지기능장애, 우울증, 고양된 정서, 성격 변화 등을 일으킨다. 뇌백질에 손상을 주는 대사성 질환도 다른 국소 신경학적 증후군 없이 조현병(정신분열병)과 비슷한 증상을 일으킬 수 있다.

뇌종양(brain tumor)은 절반 이상이 정신 증상을 동반하며 때로는 정신 증상이 가장 먼저 나타나는 증상일 수 있다. 종양의 위치별로는 전두엽, 변연계 및 제3뇌실 주변의 종양이 측두엽 및 후두엽의 종양보다 정신 증상을 더 흔하게 일으킨다. 종양의 위치에 따른 국소적, 신경학적 및 정신과적 증상이 있을 수 있으나 기억장애 등은 종양의 위치와 무관할 수 있다. 뇌종양의 말기에는 뇌압상승에 의한 의식 저하를 일으킨다.

뇌 및 수막의 급성 감염은 섬망 등의 급성 뇌 증후군을 일으킬 수 있다. 단순포진뇌염(herpes simple encephalitis)은 측두엽 및 전두엽의 심한 손상을 일으키며, 병의 급성기에 정신병적 행동을 유발할 수도 있고, 병이 회복된 후 성격장애 등 심한 후유증이 온다. 기타 세균 및 바이러스성 뇌수막염의 후유증으로 지능의 저하, 성격 변화 등이 나타난다.

중추신경계 매독(general paresis)은 현재 거의 찾아볼 수 없지만 매독균은 직접 뇌혈관 장벽을 통과하여 뇌실질을 침범하며, 전두엽을 중심으로 한 뇌염 및 수막염을 일으킨다. 매독의 1차 감염 후 10~15년 뒤 성격 변화 및 판단력 저하, 정동 변화, 정신병적 상태 등 정신 증상이 서서히 나타나며, 이때까지 다른 증상은 관찰되지 않을 수 있다.

HIV는 면역세포뿐만 아니라 중추신경계를 감염시키며, 염증 반응 및 뇌병증(encephalopathy)을 일으키는데, 국소 신경학적 증상 없이도 섬망, 우울, 불안 및 피질하 치매가 일어난다. 또한 면역 억제의 결과로 뇌종양 등이 발생하면서 치매에 이를 수 있다. 광우병(Creuzfeldt Jakob)을 일으키는 프리온(Prion)은 가축의 뇌에 변성을 일으키는 단백질의 일종인데, 종 간 감염이 가능한 병인 중 하나다. 따라서 인간에게 옮길 수 있는 병 중 하나로 알려졌으며, 감염 후 수년에서 15년까지 증상의 발현이 지연될 수 있다. 이 병은 진전, 운동실조 등 피질하 신경학적 증상이 나타난다.

2) 뇌 외상

심한 뇌손상의 급성기에는 의식상실이 있고 섬망이 일어나다가 회복되기도 하며, 지연된 후유장애가 지속되기도 한다. 지연된 후유증으로는 뇌의 국소적 손상에 의한 국소 증상, 우울증, 불안장애, 기억장애, 치매, 간질, 성격변화 등이 올 수 있다. 손상의 정도와 증상의 심각도가 일치하는 것은 아니며 뇌영상 검사에서 뚜렷한 후유증이 증명되지 않는 경우에도 지속적인 정신 증상이 나타날 수 있다. 이것은 확산성 축삭손상(diffuse axonal injury) 등 현존하는 검사로서는 증명할 수 없는 뇌손상의 결과로 생각된다. 가벼운 손상으로 의식 상실 후 수 분 이내에 깨어난 경우에도 외상 주변의 사건에 대한 기억상실 및 지속되는 뇌진탕 후 장애(postconcussional syndrome)가 일어날 수 있다. 가벼운 외상이 만성 경막하 혈종을 일으키는 경우 신경계 및 정신병적 증상은 외상 후 수 주일 뒤에 나타날 수 있으며, 권투선수와 같이 사소한 뇌 충격을 장기간 받은 경우에는 파킨슨병 양상과 함께 치매로 진행되기도 한다. 그 유명한 사례가 권투선수인 무하마드 알리인데, 선수생활 중 받은 크고 작은 뇌타격으로 인해 기저핵의 손상과 함께 파킨슨병이 진행된 것으로 알려져 있다.

대뇌혈관의 경색 및 출혈로 국소 신경학적 증상이 뚜렷한 뇌졸중은 회복기 이후에도, 신경학적 증상이 안정된 뒤에도 우울증과 조증 등의 정신 증상이 나타날 수 있다. 다경색 치매(multi infarct dementia) 및 빈스방어병(Binswanger's disease)은 뚜렷한 신경학적 증후군을 일으키지 않는 다발성의 소동맥 경색에 의해 일어나는 치매이다. 고혈압성 뇌증(hypertensive encephalopathy)에서는 의식장애 및 우울증이나 조증 등이 나타날 수 있다.

3) 신체질환

다양한 신체질환에 의해서도 정신장애가 유발될 수 있다. 면역학적 질환, 내분비장애, 대사장애, 기타 신체질환 등이 이에 속한다.

(1) 면역학적 질환

자가면역질환인 SLE(systemic lupus erythe-matosus) 환자의 50%에서 정신 증세를 보인다. 이는 소혈관 장애에 의해 증상이 나타난다고 생각된다. 뇌신경 마비 등 신경학적 증상이 동반되기도 하며 우울증, 불안정한 정서, 정신병적 상태 등을 보인다. 심하면 섬망 상태에 이를 수 있다. SLE가 신경계를 침범한 경우에는 스테로이드를 고용량 사용하게 되므로 스테로이드에 의한 정신 증상과 감별이 어려울 수 있는데, SLE 자체에 의한 정신 증상 발현이 스테로이드에 의한 정신 증상 발현보다 더 흔하다고 알려져 있다.

(2) 내분비장애

갑상선 기능항진증에서는 불안, 초조성 우울, 혼란, 인지기능 저하, 경조증, 망상, 환각 등 다양한 정신 증상이 올 수 있으며, 갑상선 기능저하증에서도 인지기능 저하, 망상, 환각, 우울증, 경조증 등이 나타난다. 부갑상선 기능 저하 및 기능항진증에서는 체내 칼슘 항상성 장애로 인해 섬망 등이 나타날 수 있다. 부신기능 저하를 보이는 에디슨병(Addison's disease)에서는 무기력, 쉽게 피로함, 이자극성, 우울증 등이 나타나며, 부신기능 항진을 보이는 쿠싱증후군(Cushing's Syndrome) 시에는 초조성 우울, 인지기능장애, 경조증, 망상, 환각 등 정신 증상이 나타난다.

(3) 대사장애

다양한 선천성 대사장애가 뇌에 대사물질의 축적을 일으켜 정신지체 및 다른 정신과적 장애를 일으킨다. 당뇨병 환자에게서 이로 인해 정신병적 양상이 수반되기도 한다. 저혈당증으로 인해 급성 불안이 유발되며, 당뇨병성 케토산혈증(diabetic ketoacidosis)에서는 섬망이 나타날 수 있다. 전해질 균형의 파괴는 수술 후 섬망을 일으키기도 한다.

(4) 기타 신체 질환

비타민 또는 니아신 결핍은 신경계의 변성을 일으키고 이로 인해 섬망, 치매로 진행될 수 있다. 영양결핍이나 신체쇠약이 심할 경우와 고열 발생이 신체 항상성을 깨뜨리고 정신병적 증상을 유발한다. 고열 발생은 보통 의식 상실, 섬망과 같은 증상을 일으킨다.

4) 뇌에 영향을 미치는 물질

마약과 같은 정신활성 물질에 의한 정신장애는 진단상으로는 물질 관련 장애와 물질중독으로 분류된다. 이러한 물질들로 인한 행동적 효과들이 상호 불가분한 형태로

3. 신경인지장애의 분류 및 진단

일어나므로 일찍부터 『DSM』에서는 물질장애를 독립적인 진단 범주로 다루었다. 알코올, 대마, 아편계, 암페타민, 그밖에 중추신경계에 영향을 미치는 물질은 전형적인 행동적 효과 이외에도 환각·지각의 왜곡, 망상, 의식의 변화, 장기 투여 시 경도에서 중증도까지 인지적 손상을 일으키고 궁극적으로는 성격적 황폐화를 가져온다. 이때 인지적 손상이 뚜렷할 경우 독립적 진단은 없으나 증후군에 따라 섬망이나 신경인지장애의 세부 유형으로 진단할 수 있다.

그러나 여기에 포함되지 않은 다양한 의약품 및 비의약품 화학물질도 정신장애를 일으킬 수 있다. 환경독소인 일산화탄소, 이산화탄소, 시안계 화합물, 각종 유기용매, 기타 중금속은 정신장애를 포함해 다양한 직업병을 일으키는 것으로 알려져 있다.

3. 신경인지장애의 분류 및 진단

1) 섬망

(1) 진단준거

섬망(delirium)은 단기간에 발생하는 의식 및 전반적 인지기능의 저하를 보이는 장애이다. 환자는 전반적으로 각성 상태에 있고 질문에 대답할 수 있지만, 합목적적 반응을 위해 주의력을 유지하는 것이 어렵고, 내외 환경을 이해하는 능력이 감퇴되어 있으며, 사고 및 언어에 조리가 없다. 정서는 변화가 심하며, 다양한 환각 및 착각을 겪기도 하고, 정신운동장애가 있어서 운동성이 감소 또는 증가하며 심지어 괴상한 행동 등을 보이기도 한다. 이들은 단기기억의 손상이 있고, 회복된 경우에도 섬망 동안의 일은 기억하지 못한다. 자율신경계 항진, 수면-각성 주기의 변화, 진전(tremor) 및 안구진탕 등의 운동기능 조절장애도 자주 동반된다. 이런 기능 장애의 정도는 단기간에도 변화가 심하며, 원인적 요소가 제거되는 경우 수일간의 경과를 거쳐서 완전히 회복되기도 한다. 전구 증상으로는 수일 전부터 불안, 공포, 안절부절, 기면, 수면장애, 악몽 등이 있을 수 있다. 섬망은 급성 착란 상태(acute confusional srate), 급성 뇌증후군(acute brain syndrome), 대사성 뇌증(metabolic encephalopathy), 독성 정신병(toxic psychosis) 등으로 불리기도 한다. 『DSM-5』의 진단준거는 〈표 17-1〉과 같다.

| 표 17-1 | 섬망의 진단기준 |

A. 주의의 장애(주의를 기울이고, 집중, 유지 및 전환하는 능력의 감소)와 의식의 장애(환경에 대한 지남력 감소)
B. 장애는 단기간 동안 발생하고(대개 몇 시간이나 며칠), 기저 상태의 주의와 의식에서 변화를 보이며, 하루 중에도 심각도가 변동하는 경향이 있다.
C. 부가적 인지장애(예: 기억 결함, 지남력 손상, 언어, 시공간 능력, 지각 등에서)
D. 진단기준 A와 C는 이미 존재하고 있거나, 확진되었거나, 진행 중인 다른 신경인지장애로 더 잘 설명되지 않고, 혼수와 같이 각성 수준이 심하게 저하된 상황에서는 일어나지 않는다.
E. 과거력, 신체검사 또는 검사 소견에서 장애가 다른 의학적 상태, 물질중독, 약물금단, 독소노출 등으로 인한 직접적 생리적 결과이거나 다중 병인으로 인한 것이라는 증거가 있다.

출처: American Psychiatric Association (2013).

(2) 역학

섬망은 매우 흔하나 간과되는 수가 많다. 섬망의 유병율은 1~2% 정도로서 전체적으로 낮지만 85세 이상의 노인일 경우 10~15%에서 나타나며, 특히 어떠한 외과적 수술 후 노인 환자에게서 자주 동반된다(15~53%). 섬망의 위험 인자로서 노인, 기존의 뇌 장애, 신체 질환, 마약, 향정신성 약물 등이 이 증후군을 잘 일으킨다.

(3) 원인

섬망의 진단과정은 물질중독 섬망, 물질금단 섬망, 약물치료로 유발된 섬망, 다른 의학적 상태로 인한 섬망, 다중 병인으로 인한 섬망 등 아형을 구분하기 위한 부호(specifier)를 포함하고 있다. 물질중독 및 금단성 섬망은 물질중독 진단 대신에 내릴 만큼 신경인지 증후군이 심해야 한다.

뇌기능 장애의 일반적 원인들이 섬망을 일으킬 수 있다. 즉, 뇌의 병변, 신체질환 및 향정신성 물질의 중독 및 금단 상태 등이 여기에 속한다. 한 환자에서 다양한 원인적 요소가 함께 작용하여 섬망을 일으킬 수도 있다. 수술 후 다양한 원인이 동시에 발생하여 섬망상태가 일어날 수도 있다. 따라서 섬망의 원인을 파악하기 위해서는 모든 요소에 대한 전반적 평가가 필요하다. 조현병(정신분열병)이나 양극성장애의 급성기에도 섬망과 비슷한 상태인 변화가 심한 의식 상태를 보이는 경우도 있다.

(4) 평가 및 치료

섬망은 특히 수술 후 많이 나타난다. 섬망은 심하지 않은 경우 간과되기가 쉬우나 심하지 않은 섬망도 전체적인 치료과정에서 어려움을 유발할 수 있다. 따라서 노인, 주요 수술 환자 등 고위험군에 대해서는 정기적인 관찰이 필요하다. 때로 환자가 적절한 정보를 제공할 수 없는 경우, 보호자와의 면담을 통하거나 정신 상태 검사를 직접 실시하면 된다. 이를 통해 섬망으로 진단되면 그 원인에 대한 검색이 중요하다. 약물 및 알코올 사용력을 포함하는 철저한 병력 청취, 뇌내 병변의 가능성에 대한 평가, 주요 신체기관의 기능 상태에 대한 평가, 실험실 검사를 통한 저산소증, 전해질 이상 등의 평가뿐만 아니라 환자가 처한 전반적 상황, 감각박탈 여부, 통증 등에 대한 평가가 필수적이다.

섬망상태는 원인에 대한 처치가 이루어지면 대개 일주일 이내에 회복된다. 그러나 원인 요소에 대한 대처가 이루어지지 않으면 더 오래 지속되기도 한다. 섬망에서의 회복은 다양한 경과를 밟는데, 일시적 '통과증후군'을 거치고 완전히 기능을 회복할 수도 있다. 원인적 병리과정이 비가역적으로 진행되는 경우 치매 등 회복불가능한 뇌기능 장애가 생기거나 죽음에 이를 수도 있다. 섬망 상태에 동반되는 자율신경계 및 행동 증상이 신체적 손상을 일으켜 사망에 이를 수도 있다.

2) 주요 및 경도 신경인지장애

(1) 정의

치매(dementia)는 뇌의 질환 또는 손상과 관련해 의식장애가 없는데도 기억장애를 포함하는 다양한 인지기능의 장애가 지속적으로 나타나는 경우를 말한다. 또한 치매는 지능의 감퇴가 일어나기 때문에 지적지체와 구별되고, 의식 손상이 일차적 증상이 아니므로 섬망과 구별된다. 치매에서 나타나는 인지기능의 장애로서 기억력, 지남력, 시·공간 인지력, 판단력, 추상적 사고력, 실행능력 및 언어능력의 장애 등이 나타나며, 치매 환자는 이러한 다양한 인지기능의 손상으로 일상생활 및 사회적·직업적 기능의 손상을 겪게 된다. 장애 초기에 환자는 병식이 있으며, 따라서 기능장애를 보상하기 위한 노력으로 메모를 열심히 하거나, 면담자의 주의를 다른 데로 돌리기 위한 농담 등을 하기도 하지만, 이런 노력은 부적절해 보이기도 한다. 이러한 인지기능의 장애는 정상적 노화과정에서도 동반되지만, 치매의 경우 이 과정이 심각한 수준으로 진행된 상태라 할 수 있다.

『DSM-5』에서는 여러 근원에 의해 생긴 치매를 인지적 손상의 경중에 따라 주요 신경인지장애와 경도 신경인지장애로 새롭게 명명하고 세분화하였다. 또한 병인에 따라 아형을 명시하였는데, 여기에 알츠하이머병, 전두측두엽 변성, 루이소체병, 혈관질환, 외상성 뇌손상, 물질/치료 약물남용, HIV 감염, 프라이온병, 파킨슨 병, 헌팅턴병 등이 있다. 이 질환들과 치매의 연관성을 명시함으로써 의학모델의 원형인 원인론적 진단 분류를 시도하고 있다.

치매의 진행과정은 원인에 따라 일부 가역적일 수도 있으나 대개 비가역적 혹은 진행성이다. 우울증, 이유 없는 울음이나 웃음, 쉽게 흥분함, 정신병적 상태(피해망상, 환각성), 성격의 변화(본래 성격의 강화, 무감동, 폭력성) 등 다른 정신과적 장애가 동반되기도 한다. 신경학적 증상으로는 국소 신경학적 증상, 경련(seizure), 유아기 반사의 재출현(파악, 빨기, 턱 반사) 등이 나타날 수 있다. 주요 및 경도 신경인지장애의 『DSM-5』의 진단기준은 각각 다음과 같다.

표 17-2 **주요 신경인지장애**

A. 하나 또는 그이상의 인지 영역(복합적 주의, 집행기능, 학습과 기억, 언어, 지각-운동, 사회인지)에서 인지저하가 이전의 수행 수준에 비해 현저하다는 증거는 다음에 근거한다.
  1. 환자, 환자를 잘 아는 정보제공자, 또는 임상의가 현저한 인지기능 저하를 걱정
  2. 인지 수행의 현저한 손상이 가급적이면 표준화된 신경심리검사에 의해 또는 그것이 없다면 다른 정량적 임상평가에 의해 입증
B. 인지결손은 일상활동에서 독립성을 방해한다(즉, 최소한 계산서 지불이나 치료약물 관리와 같은 일상생활의 복잡한 도구적 활동에서 도움을 필요로 함).
C. 인지결손은 오직 섬망이 있는 상황에서만 발생하는 것이 아니다.
D. 인지결손은 다른 정신질환(예: 주요우울장애, 조현병)으로 더 잘 설명되지 않는다.

출처: American Psychiatric Association (2013).

표 17-3 **경도 신경인지장애**

A. 하나 또는 그 이상의 인지 영역(복합적 주의, 집행기능, 학습과 기억, 언어, 지각-운동, 사회인지)에서 인지저하가 이전의 수행 수준에 비해 경미하게 있다는 증거는 다음에 근거한다.
  1. 환자, 환자를 잘 아는 정보제공자, 또는 임상의가 현저한 인지기능 저하를 걱정

   2. 인지 수행의 경미한 손상이 가급적이면 표준화된 신경심리검사에 의해 또는 그것이 없다
      면 다른 점수화할 수 있는 임상평가에 의해 입증
 B. 인지결손은 일상활동에서 독립적 능력을 방해하지 않는다(즉, 계산서 지불이나 치료약물 관
    리와 같은 일상생활의 복잡한 도구적 활동은 보존되지만 더 많은 노력, 보상 전략 및 조정이
    필요할 수 있다).
 C. 인지결손은 오직 섬망이 있는 상황에서만 발생하는 것이 아니다.
 D. 인지결손은 다른 정신질환(예: 주요우울장애, 조현병)으로 더 잘 설명되지 않는다.

출처: American Psychiatric Association (2013).

(2) 역학

치매의 유병률은 연구자와 표집 장소에 따라 편차가 심하나, 연령이 높을수록 그 비율도 증가한다. 예를 들어, 65세 이상에서 15%가 경미한 치매이고 5%가 심한 치매로 보고되며, 85세 이상에서는 30% 정도가 심한 치매로 추정된다. 이와 같이 연령이 5년 증가할 때마다 유병률은 배로 증가한다. 우리나라에서 65세 이상에서 6~11%가 치매를 앓고 있으며 향후 노인 인구의 증가와 비례해 치매 비율도 급격히 증가할 것이다.

(3) 원인

치매는 다양한 요인에 의해 발생할 수 있다. 가장 흔한 것은 알츠하이머병에 의한 치매이며 다음으로는 혈관성 치매이다. 또한 일차적인 신경계 변성 때문에 생기는 치매로서 루이소체성 치매(Diffuse Lewy Body Disease: DLBD)를 들 수 있다. 이 병은 조직학적으로 특이한 루이소체(Lewy body)가 관찰된다. 이 병의 임상적 특성은 알츠하이머병과 비슷하여 망상을 동반한 환청이나 환시, 인지기능장애의 심한 변동, 추체외로 증세의 동반이 나타난다.

다음으로는 피크병이 있다. 이 병은 전두엽 및 측두엽 부위의 위축이 심하며, 조직학상 뉴런의 소실이 관찰된다. 이 병은 남성에 흔하며 가족력이 있는 경우가 많다. 임상적으로 수행능력 장애, 다른 증상이 없는 실어증 등이 두드러진 경우가 많고, 초기에 심한 성격변화나 이상행동을 보이는 경우도 흔하다. 병이 진행되어 인지적 손상이 심해지면 알츠하이머병과의 구분이 어려운 경우가 많다. 뇌영상 검사를 통해 피질 구조, 특히 전두엽, 후두엽의 위축이나 대사저하를 평가할 수 있지만 최종 진단을 위해서는 사후 부검이 결정적인 역할을 한다.

기저핵(caudate and putamen)에 일차적 변성을 일으키는 헌팅턴병도 정신병, 우울증, 성격의 변화 및 피질하 치매를 일으키고, 정신운동 지연, 복잡한 업무 수행의 곤란 등이 보이지만, 상대적으로 언어와 기억은 보존된다.

뇌간 흑질(substantia nigra)의 도파민성 뉴런이 파괴되는 파킨슨병도 진행되면 20～30%에서 치매가 나타난다. 또한 이 병은 우울증의 동반 비율도 높다.

HIV, 뇌외상, 뇌감염, 뇌종양, 전신질환 및 대사장애 등도 치매를 일으킬 수 있다. 또한 만성 알코올중독, 항불안제, 중금속 등의 장기적 노출도 치매를 유발할 수 있다.

(4) 평가

치매의 임상적 진단은 인지기능에 대한 평가 및 병력, 다른 정신과적 장애와의 감별에 의해 이루어진다. 임상적 진단에 의해 현재의 기능 상태 및 진행 속도를 파악하는 것은 전반적인 치료를 위한 주요 지침이 된다.

그 이후에 필요한 것이 원인적 진단이며 원인 규명을 통해 가역적이거나 악화 속도를 늦출 수 있는 치료를 탐색하는 것이 가능하다. 신경매독, 뇌진균 감염, 뇌종양, 장기적 알코올, 경막하 혈종, 뇌수종(hydrocephalus), 간질, 약물중독, 대사성 뇌병증, 간성, 뇌병증, 저나트륨혈증, 갑상선 기능저하증, 부갑상선 기능저하증, 비타민 B_{12}결핍증, 저혈당증 등에 의해 생긴 치매는 치료 가능 치매 또는 가역적 치매라고 하며, 전체 치매의 약 10～20%를 차지한다.

서서히 진행되는 치매의 경우 발병은 임상적 관심의 대상이 되기 수년 전부터 있었음을 알 수 있다. 치매의 원인에 따라 진행 속도 및 양상이 다를 수 있으므로 병력에 대한 자세한 청취가 필수적이다. 이때 가족력, 직업력, 내ㆍ외과적 병력, 물질 사용력 등도 중요하다. 인지기능은 학력 수준과 관계가 있으므로 환자의 학력 및 과거 직업에 대한 병력 청취도 필요하다.

정신상태검사를 통해서 전반적인 인지장애의 유무를 확인하는 것은 치매의 진단 및 감별 진단에 도움이 된다. 치매 평가도구로서 정신상태검사(MMSE)가 있는데, 총 30개의 간단한 질문과 수행 과제로 구성되어 있어 치매 유무를 바로 감별하는 데 유용하다. 표준화된 평가도구로서 치매용으로 개발된 정신상태검사는 직접적 수행뿐만 아니라 보호자의 정보 제공을 활용할 수 있으므로 증상이 경미한 경우와 심한 경우 모두 실시할 수 있다.

한국판으로 표준화된 것으로서 우선 한국판 치매평가검사(최진영)가 있다. 이는 55~84세 노인을 대상으로 직접 실시하는 것이다. 그다음 보호자 면담을 통해 자세한 인지적 활동을 평가하고 진단하는 것으로서 노인 일상활동평가(김도관, 김지혜, 구형모)가 개발되었다.

신경심리검사는 현재의 기능 정도와 특정 영역 및 기능의 손상을 탐지하고 병전 능력 수준과 비교해 손상 정도를 제시해 향후 치료에 활용할 수 있는 유용한 평가도구이다. 그러나 증상이 경미할 때 구조화된 검사를 할 수 있지만 증상이 심할 경우 아예 면담 자체가 불가능하므로 사용하기 어려울 수 있다.

치매와 일차적으로 감별할 것은 정상적인 노화에 따른 인지기능의 감퇴이다. 치매와 정상노화의 감별을 위해 가장 중요한 것은 사회·직업적 기능 손상의 여부이다. 섬망과는 경과 및 의식장애 여부에 의거해 감별한다. 이 외에도 조현병 등 다른 정신장애와도 감별이 필요할 때가 있으나 노인집단에서 가장 문제가 되는 경우는 인지기능장애를 호소하는 우울증, 즉 유사치매와의 감별이다. 그러나 노인우울증 환자에게서 실제로 치매가 동반되는 경우도 흔히 있다.

(5) 경과 및 예후

치매의 경과는 매우 다양하다. 외상, 저산소증 및 급성 감염 등에 의한 치매는 손상 후 수년 이내 증상이 고정되어 노화나 다른 이유에 의한 추가 뇌손상이 없는 한 증상의 변화가 없다. 그러나 혈관성 치매는 단계적으로 진행되지만 변화가 심하다.

알츠하이머병에 의한 치매는 꾸준히 서서히 진행되며 말기에 이르기까지 5~10년이 소요된다. 초기에는 새로운 일이나 복잡한 일을 잘 못하고, 같은 말이나 행동을 반복하며, 지나치게 꼼꼼해지거나 평소의 성격이 강화되는 등 행동기능의 장애를 주로 보인다. 중기에는 기억장애(특히 최근기억) 등의 전형적인 임상 양상으로부터 시작해 더 진행되면 지남력과 주의력이 손상되는 인지기능의 장애가 두드러지면서, 성격 변화(짜증이 많고 적대적·충동적)와 일상생활의 장애 및 사회적 고립이 눈에 띈다. 말기에 이르면 장기 기억조차 손상되며, 무감동, 정신병적 양상 및 요·변 실금 등 신경학적 장애가 진행된다. 주위 사람들에 의해 이상행동이 확실히 발견되는 치매는 이미 어느 정도 진행된 상태인 경우가 많다. 치매로 진단된 이후의 평균 생존 기간은 8년 정도이다(DSM-5).

3) 알츠하이머형 신경인지장애

(1) 임상 양상 및 진단

Alois Alzheimer에 의해 최초로 발견되어 명명된 질환으로서 피질성 치매이며, 치매 중 가장 유병률이 높다. 그 발병과 경과는 서서히 발생하고 진행되는 것을 특징으로 한다. 경과가 그렇듯 국소신경학적 증후는 병의 말기까지는 나타나지 않는데, 진행된 유형에게 뇌영상 검사를 해 보면 광범위한 뇌위축 소견이 나타난다. 특히 그 손상이 측두엽과 두정엽에서 뚜렷하다. PET과 같은 기능적 뇌영상 검사에서는 비교적 초기부터 측두엽과 두정엽의 대사 감소가 관찰된다. 이와 같이 이 진단은 점진적 발병 및 진행 양상을 보이면서 치매를 유발할 수 있는 다른 특이 원인을 동반하지 않는 경우에 임상적으로 진단할 수 있다. 65세 이전에 발병하는 경우 조발성(early onset)으로 분류되며 경과가 더 빠른 것으로 알려져 있는데, 최근 늘어나는 추세이고 더 이른 연령에서도 발병되는 것으로 보고되고 있다. 알츠하이머형 치매의 『DSM-5』 진단기준은 다음과 같다.

표 17-4 알츠하이머형 치매의 진단기준

A. 주요 또는 경도 신경인지장애의 기준을 충족한다.
B. 1개 이상의 인지 영역에서 손상이 서서히 시작되고 점진적으로 진행한다(주요 신경인지장애는 최소한 2개 영역에서).
C. 진단기준이 다음과 같이 거의 확실한 혹은 가능성 있는 알츠하이머병 두 종류 중 하나를 충족한다.

출처: American Psychiatric Association (2013).

(2) 역학

알츠하이머형 치매 환자는 치매 인구의 50~60%를 차지한다. 그중 65세 이상 노인에서 5%, 80세 이상 노인에서 10~20%가 알츠하이머형 치매를 갖고 있다. 위험요소로는 연령, 여성, 가족력, 뇌손상 병력 등이 있다. 알츠하이머 병의 유병률은 경도에서 중증도까지 범위가 넓음으로 환경과 진단기준에 따라 다양하게 봐야 한다(DSM-5).

(3) 원인

알츠하이머형 치매 환자의 40%에서 가족력이 있으며 일란성 쌍생아에서 이란성 쌍생아보다 일치율이 더 높다는 사실은 알츠하이머형 치매의 발병에 유전적 요소가 영향을 준다는 증거이다. 지금까지 연구된 결과에서 알츠하이머형 치매 환자의 약 5%에서는 상염색체 우성 유전이 시사되는데, 이러한 경우 대부분 40~50대에 발병하는 조발성 알츠하이머병이다. 현재까지 알츠하이머병과 직접적인 관련을 가지는 것으로 알려진 유전자로는 베타-아밀로이드 전구 단백질(β-amyloid precursor protein: APP; 21번 염색체), 프리세닐린-1(presenilin-1: PS1; 14번 염색체), 프리세닐린-2(presenilin-2: PS2; 1번 염색체) 등이 있는데, 이들 유전자의 돌연변이가 알츠하이머형 치매의 발병과 관련된다고 알려져 있다. 21번 염색체 이상과 관련된 다운증후군 환자가 40세 이상 사는 경우 거의 대부분 알츠하이머병 양상을 보인다. 이 외에 아포지방단백질(Apolipoprotein E: apo E) 유전자의 4 대립유전자가 알츠하이머형 치매의 유전적 위험 요인으로 작용하는 것으로 밝혀져 있다.

4) 혈관성 주요 및 경도 신경인지장애

혈관성 치매는 대부분 중소 혈관의 경색에 의한 다발성 뇌손상으로 생기지만 다발성 경색 치매(multi-infarct dementia)와 같이 단일 뇌혈관 병변에서도 나타날 수 있다. 이 혈관성 치매는 알츠하이머형 다음으로 흔한 치매 유형이다. 또한 이 병은 알츠하이머형보다 급격하게 시작되며 단계적으로 진행되고, 국소 신경학적 증상을 가질 때가 많다.

대뇌피질이 아닌 피질하(기저핵 또는 뇌실 주위 백질)에 병변이 있는 경우에는 알츠하이머형과 경과가 비슷할 수 있다[빈스방어병: 피질하동맥경화성 뇌병증(subcortical arteriosclerotic encephalopathy)]. 뇌혈관질환의 위험 인자가 혈관성 치매의 위험 인자가 된다. 여기에는 고혈압, 고지혈증, 비만, 심장질환, 당뇨병, 알코올 의존, 흡연 등이 해당되며 주로 남성에게서 많이 발병한다. 혈관성 치매의 『DSM-5』 진단기준은 다음과 같다.

표 17-5 혈관성 주요 및 경도 신경인지장애의 진단기준

A. 주요 또는 경도 신경인지장애의 기준을 충족한다.
B. 임상적 특징은 다음 중 하나가 제시하는 바와 같이 혈관성 병인과 일치한다.
　　1. 인지결함의 시작이 하나 이상의 뇌혈관 사건과 시간적으로 연결됨
　　2. 복합적 주의(처리속도 포함)와 전두엽 집행기능에서의 저하 증거가 뚜렷함
C. 과거력, 신체검사, 뇌영상검사에서 신경인지 결함을 설명하기에 충분한 뇌혈관질환이 존재
　　한다는 증거가 있다.
D. 증상들은 다른 뇌질환이나 정신장애로 더 잘 설명되지 않는다.

출처: American Psychiatric Association (2013).

5) 기타 신경인지장애

여기에 포함되는 장애에서는 고전적으로 기질성 장애를 특징짓는 의식의 감소 및 인지기능의 감퇴 등이 나타나지 않는다. 즉, 증후군적으로 기질성 장애의 특이성이 인정되지 않는다. 이 장애들은 병의 양상이 처음부터 이렇게 나타날 수도 있고, 전형적 증상을 보이는 기질성 장애의 경과 도중에 나타나기도 한다(통과 증후군). 다음의 장애는 공식 진단명을 떠나 임상 장면에서 뇌질환과 뇌손상으로 인해 나타나는 상호작용적인 변화를 이해하는 데 유용한 장애군이다. 『DSM-5』의 진단 범주로 분류하려면, 다른 의학적 상태로 인한 정신병적 장애나 물질/약물치료로 유발된 정신병적 장애에 해당된다고 볼 수 있다. 다른 의학적 상태로 인한 임상장애(예: 기타 정신병적 장애)와 신경인지장애의 진단을 동시에 내려야 할 때도 있을 수 있다.

(1) 기질성 정신병적 장애

『ICD-10』에서의 기질성 망상장애 및 기질성 환각증은 『DSM-5』 분류상 조현병 및 기타 정신병적 장애에 포함된다. 이 장애는 『DSM-5』 진단기준상 환청 또는 망상이 뚜렷하며 의학적 원인이 추정되는 기타 범주를 말한다.

① 기질성 망상장애

기질성 망상장애(organic delusional disorder)의 증상은 의식이 깨끗하면서 망상을 보인다. 뇌종양 등에서는 단순하고 체계화되지 않은 망상을 보이며, 암페타민 정신병에서는 조직화된 망상이 잘 나타난다. 피해망상이 가장 흔하며, 망상 외에도 사고장

애, 정신운동장애 등 조현병에서 보이는 다양한 증상이 동반될 수 있다. 암페타민, 환각물질, 측두엽 간질, 헌팅턴병 등에서 잘 나타난다.

② 기질성 환각증

기질성 환각증(organic hallucinosis)의 증상은 의식이 깨끗하면서 지속적인 환각을 경험하는 것이다. 청각, 시각, 촉각 순서로 흔하다. 그러나 원인에 따른 차이가 있어서 코카인 및 환각제 중독의 경우에는 환촉이 흔하고, 만성 알코올중독에서는 환청이 흔하며, 측두엽 간질에서는 냄새 환각이 흔하다. 시 · 청각 상실이 있는 경우에는 환시 · 환청이 잘 일어난다. 알코올에 의한 환각증은 장기간 알코올 사용자에게서 갑자기 나타나며 수일에서 수 주간 지속된다.

③ 기질성 긴장증 장애

기질성 긴장증 장애(organic catatonic disorder)는 기질적 원인에 의해 조현병의 운동증상과 비슷한 긴장증(catatonia) 양상을 보이는 경우이다. 예를 들어, 꼼짝하지 않는다든지, 정신운동 흥분이나 심한 거부증(negativism)이나 함구증, 괴이한 자세나 행동 등을 말한다.

(2) 기질성 기분장애

『DSM-5』 분류상 양극성 관련 장애나 우울장애에 포함된다. 기분의 변화는 매우 다양한 영향을 받으므로 흔하지만 잘 진단되지 않는 것으로 생각된다. 증상적으로는 우울증, 조증, 혼합형 등이 모두 나온다. 내분비장애 등 신체질환 및 뇌에 직접 손상을 가져오는 질환, 약물 등이 모두 기분변화를 일으킬 수 있다. 향정신성 약물은 사용할 때뿐만 아니라 금단 시에도 기분을 변화시킬 수 있다. 향정신성 약물뿐만 아니라 항고혈압제, 스테로이드, 비스테로이드성 소염제(NSAID), 항생제, 항암제 등 다양한 치료적 약품이 우울증을 일으킬 수 있다.

(3) 기질성 불안장애

『DSM-5』 분류상 불안장애에 포함된다. 불안장애에 속하는 다양한 일차적 질환과 비슷한 증상을 일으킬 수 있으며『DSM-5』에서는 불안장애 양상, 공황 양상, 강박장애 양상, 공포증 양상 등으로 구분하고 있다. 불안장애를 일으킬 수 있는 흔한 원인으로는 갑상선 및 부갑상선 질환, 갈색 세포종, 저혈당증, 포르피린증(porphyria), 카르시노이드 증후군(carcinoid syndrome), 심근병증(cardiomyopathy), 심부정맥 등이 있을 수 있다. 뇌염 등의 뇌질환에서도 불안장애가 잘 동반된다. 공황발작은 심장질환, 만성 폐쇄성 폐질환, 파킨슨병, 측두엽 간질, 갈색 세포종 등에서 잘 나타나며, 불안장애의 양상은 갑상선 기능항진증에서 흔히 나타난다. 류머티즘열(rheumatic fever[Sydenam's chorea]) 및 다발성 경화증과 관련하여 강박장애가 많이 나타난다고 보고되고 있다. 약물로는 암페타민, 코카인, 카페인 등의 자극제와 세로토닌성 환각제 투여 시 그리고 중추신경억제제의 금단 시 불안이 잘 나타난다.

(4) 기질성 성격장애

임상적으로는 오래전부터 기질적 뇌장애에 의한 성격변화가 잘 알려져 있었다. 기질적 상태에 의한 성격변화는 기존의 성격이 더 극적으로 과장되어 나타나거나 극단적으로 퇴행하는 현상이 대표적이다. 이러한 환자들은 전반적으로 감정의 깊이가 얕고 변화가 심하며 무감동증에서부터 병적인 기분좋음까지 다양하게 나타난다. 또한 이들에게서는 환경자극에 대한 참을성이 감소해 감정과 충동-조절장애가 나타난다. 충동-조절장애는 탈억제, 부적절한 행동, 저속한 농담, 욕 등으로 나타날 수 있다. 이런 증후군은 과거 전두엽 증후군으로 알려지기도 하였다. 전두엽의 외측(convexity) 손상 시에는 무감동 및 정서적 위축을 주로 한 임상 양상이 나타나며, 전두엽 안와부(orbital) 손상 시에는 충동성을 위주로 한 임상 양상이 잘 나타난다. 그러나 전두엽의 국소적 손상 이외의 경우에도 성격의 변화는 만성적인 기질성 장애에서 자주 관찰된다. 원인으로는 뇌의 외상이 가장 흔하며, 뇌종양, 뇌혈관장애, 간질 등이 많다. 『DSM-5』에서는 뇌손상으로 인한 성격변화의 개념을 전두측두엽 신경인지장애를 제외하면 충분히 포함하고 있지 않으므로 기타 성격장애 범주 속의 다른 의학적 상태로 인한 성격변화로 분류할 수 있겠다. 하지만 뇌손상과 성격변화 간 관련성을 깊이 있게 다루지 않기 때문에 아쉬운 점이 많다.

6) 외상성 뇌손상으로 인한 신경인지장애 사례

A씨는 38세 남성으로서 20××년 ×월 ×일 교통사고로 두부외상을 입고 의식이 소실된 후 인근 병원 응급실에서 몇 시간 만에 깨어났다. 신경외과에 전과된 후 이학적 검사와 뇌 촬영을 했으나 별다른 이상 소견을 발견할 수 없었다. 그러나 계속 두통, 어지러움, 이해의 어려움, 기억장애, 집중력장애 등을 호소하여 신경심리검사를 의뢰하였다.

그 결과, 이 환자의 경우 웩슬러 지능검사와 같은 양적인 지능에는 유의한 손상이 나타나지 않았으나 신경심리검사에서는 양적·질적으로 유의한 손상이 나타났다. 즉, 운동기능, 수용언어, 기억 등 3개의 임상척도에서 임계치 이상의 손상지수를 보였고, 요약척도를 볼 때 좌반구의 손상이 유의한 것으로 나타났으며, 국소화척도에서 세부적으로 시사한 것은 좌전두, 좌감각운동, 좌두정후두, 좌측두, 우두정후두 등 5군데에 걸쳐 병리적 손상이 나타났다. 진단은 폐쇄성 두부손상을 가리킨다.

이상의 인지장애는 의식상실을 동반할 정도의 심한 두부 외상 후에 생기며, 두통, 피로감, 어지러움, 이자극성, 집중력장애, 기억장애, 수면장애, 스트레스 및 알코올에 대한 내성 감소 등이 나타난다. 이와 같은 사례는 뇌영상 검사에서는 이상이 없는 것으로 나타나지만 신경심리검사를 통해서 인기기능 장애를 확인할 수 있다. 보상과 관련되는 실제적인 또는 주관적인 손상을 당한 후 불안, 건강염려증, 전환장애의 형태로 증세가 나타나는 꾀병 및 외상 후 스트레스 장애로 오인받기도 하는데, 신경심리검사의 발달과 더불어 확산성 두부손상과 폐쇄성 두부손상 등의 잠정 진단이 내려지고 있다.

요약

정신장애의 초기 준거로서 기질적 장애 대 기능적 장애로 분류하는 방식이 흔히 쓰였다. 그러나 생물정신의학의 비약적 발전에 따라 다양한 원인과 임상 양상이 구체적으로 밝혀지면서 기질적 정신장애의 재정의가 요구되었다. 『DSM-Ⅳ』에서는 이를 반영하여 전통적인 이분법적 분류 대신, 독립된 질병 단위로 세분화하고 기질적 정신장애도 새롭게 진단, 분류하였다. 『DSM-5』에서는 한 걸음 더 나아가 인지적 손상을 일으킬 수 있는 밝혀진 변인들을 중심으로 인지장애의 아형을 세분화하였다.

오늘날 뇌기능의 이상으로 생긴 장애를 섬망, 주요 신경인지장애, 경도 신경인지장애로 범주화하고, 원인이 향정신성 약물에 의한 것일 때, 선천적으로 혹은 초기에 발생했을 때는 따로 물질중독이나 신경인지발달장애로 분류한다. 또한 인지장애를 일으키는 신경질환이나 외적 원인과의 인과적 관계를 인정하는 병인론적 접근을 허용하여 신경인지장애의 아형을 구분하는 변화를 모색하기도 하였다.

인지기능장애의 원인은 다양하다. 직/간접적인 대뇌피질 및 피질하 구조의 손상에 따라 다양한 임상 양상이 나타난다. 이러한 다양한 원인과 임상 증상을 『DSM-5』의 분류에 따라 살펴보고, 진단준거, 원인, 치료방법을 제시하였다.

학습과제

1. 기질적 정신장애와 기능적 정신장애의 분류법은 진단적인 유용성이 있는지 기술하고, 있다면 그 이유는 무엇인지 설명하시오.
2. 치매와 정상 노화의 차이를 설명하시오.
3. 신경인지장애를 진단하고, 평가하는 방법을 기술한 후 그 한계에 대해 논하시오.

참고문헌

American Psychiatric Association. (1952). *Diagnostic and Statistical Manual of Mental Disorders* (1st ed.). Washington, DC: American Psychiatric Association.

American Psychiatric Association. (1968). *Diagnostic and Statistical Manual of Mental Disorders* (2nd ed.). Washington, DC: American Psychiatric Association.

American Psychiatric Association. (1980). *Diagnostic and Statistical Manual of Mental Disorders* (3rd ed.). Washington, DC: American Psychiatric Association.

American Psychiatric Association. (1987). *Diagnostic and Statistical Manual of Mental Disorders* (3rd ed. rev.). Washington, DC: American Psychiatric Association.

American Psychiatric Association. (1994). *Diagnostic and Statistical Manual of Mental Disorders* (4th ed.). Washington, DC: American Psychiatric Association.

American Psychiatric Association.(2013). *Diagnostic and Statistic Manual of Mental Disorders*(5th ed.). Washington, DC; American Psychiatric Association.

Sadock, B. J., & Sadock, V. A. (2003). *Synopsis of psychiatry* (9th ed.). Williams & Willkins.

제18장

성격장애

이현수

학습 목표

1. 성격장애의 개념을 이해한다.
2. 성격장애의 하위유형을 분류해 보고 하위유형의 임상 양상 및 감별 진단에 대해 이해한다.
3. 각 성격장애에 대한 치료적인 접근을 살펴본다.

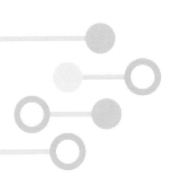

학습 개요

성격장애는 다양한 임상적 장애의 주된 원인이 되기도 하고 임상적 장애의 경과에 절대적인 영향을 미친다. 또한 동일한 임상적 장애라도 성격 특성에 따라 치료 전략이 달라진다. 특정 성격을 단순히 '있다, 없다'의 실무율적 분류로 나눌 수 없듯이 성격장애 또한 특정 하위 유형만 배타적으로 갖고 있는 경우는 오히려 드물며 다른 장애의 특징을 공유하고 있어 성격장애에서는 유독 감별 진단의 어려움이 많다. 더욱이 성격은 개인의 평생에 걸쳐 발생되고 형성되기 때문에 환자의 과거 모습과 현재 행동을 잘 통합해야 정확한 진단이 가능하다. 이 장에서는 『DSM-5』에 분류되어 있는 10개의 성격장애를 중심으로 임상 양상, 감별 진단, 치료방법 등을 기술하였다.

40대 후반의 남성 P는 명문대학교를 나와 대기업에 입사했지만 회사 동료나 상사와 언쟁이 잦아 3년 만에 퇴직한 후 몇 개의 크고 작은 회사에서 유사한 모습을 반복적으로 보이다가 마지막에는 작은 사업체를 인수하여 현재까지 사장으로 지내오고 있다. 사장으로서는 아래 직원들에게 일방적인 명령을 내리기 때문에 직원들 사이에서 호감도가 높지는 않지만 예전에 비해 사람들 간의 갈등이 많이 줄어들었고 머리가 비상하여 사업을 잘 이끌어 가기 때문에 경제적으로 안정된 생활을 해 왔다. 주변 사람들과의 언쟁은 대학교를 다닐 때나 군대에 있을 때도 늘 발생했지만 대학교 때는 자신이 좋아하는 사람들만 골라서 만나고 군대에 있을 때는 선임의 눈에서 벗어나면 괴롭다는 현실적인 두려움 때문에 자신의 성격을 애써 눌렀기 때문에 눈에 띌 정도의 큰 문제를 보이지는 않았다. P는 항상 자신은 옳은데 왜 다른 사람들은 잘못을 하고도 오히려 자신에게 문제가 있다는 식으로 말하는지 도대체 이해가 가지 않았다. 이런 일이 비일비재하다 보니 P는 세상 모든 사람을 믿을 수 없었고 자신을 지키기 위해서라도 더욱 더 외부 세상을 경계하며 정신을 똑바로 차리고 살겠다고 다짐하곤 한다. P의 성격이 가장 현저하게 드러나는 곳은 집에서였다. P는 아내가 바람을 피운다고 확신하고 몇 가지 확실한 증거도 갖고 있다. 모르는 전화번호가 뜰 때마다 아내가 서둘러 휴대폰을 끄는 것도 그런 증거 중 하나이다. 바로 한 달 전에도 아내가 장을 본다고 나가서는 예상 시간보다 1시간이나 늦게 들어왔다. 그 시간에 어떤 남자와 만나고 온 것이 분명했다. 장만 보고 왔다면 장바구니에 고작 두부, 파, 계란만 들어 있을 리가 없었고 신발에 찐득찐득한 진흙이 묻어 있지도 않았을 것이기 때문이다. 시장 끝 쪽에 도로 포장이 안 된 곳에 조그만 여관이 하나 있는데 거기를 다녀온 것이 분명하기에 아내에게 사실을 말하라고 다그쳤지만 아내는 계속 부인하기에 얼결에 아내를 구타했다. 이런 식으로 아내에게 언어적 · 신체적 폭행을 하는 일이 신혼 초부터 수십 차례 있어 왔다. P의 아내는 한동안 외출을 자제하는 듯 하더니 이번 주말에 친척 결혼식에 가야 한다고 했다. P는 어떻게 아내가 또 다시 이런 식으로 자신을 골탕먹이려고 하는지 도대체 이해가 가지 않으며 화가 치솟아 일이 손에 잡히지 않는다.

P는 환각이나 지리멸렬한 사고 등의 전형적인 사고장애 양상이 없으며 배우자에 대한 의심을 제외한다면 현실 검증력도 양호한 편이다. 또한 우울, 불안 등의 정서장애도 유의한 수준은 아니다. 직업적 성취와 성공에서도 문제가 없으며 오히려 머리가 좋아 남들보다 더 신속하고 효율적으로 일을 처리한다. 다만, 피해사고와 의심, 과도한 경계심을 특징으로 하는 독특한 성격을 갖고 있어서 대인관계에 심각한 어려움을 갖고 있다. P의 모습은 편집성 성격장애(Paranoid personality)의 특성을 고스란히 보여

주고 있다. 현재 정신병리 전문가들은 P가 갖고 있는 편집성 성격장애를 포함하여 사회적 기능에서 심각한 어려움을 야기하는 10개의 성격장애를 분류하고 있다.

1. 성격장애의 정의

성격장애(personal disorder)란 "문화적 기준에서 벗어난 주관적인 행동이나 경험의 지속이 청소년기 또는 성인기 초기에 시작되어 시간이 지나도 변하지 않고, 이로 인하여 고통과 장해가 초래되는 상태"이다(DSM-5). 아래 진단기준의 A 항목에 제시되어 있는 '내적 경험'은 정서, 동기, 흥미, 태도, 인지양식, 신념, 가치관 등을 일컫는 말로, 즉 성격장애 환자는 외현적인 행동뿐만 아니라 정서, 인지양식, 신념, 가치관 등에서도 독특한 특성을 보이며, 이런 특성이 각 성격장애의 임상 양상으로 집약되고 다른 장애와 감별되는 기준이 된다. 성격장애는 A군(이상하고 상식을 벗어난 특징을 공유함), B군(극적이고 감정적이며 변덕스러운 특징을 공유함), C군(불안, 두려움, 근심이 많은 특징을 공유함) 등 3개 군으로 분류된다. A군에는 편집성, 조현형, 조현성 성격장애가 있고 B군에는 반사회성, 경계성, 연극성, 자기애성 성격장애가 있으며 C군에는 회피성, 의존성, 강박성 성격장애가 있다.

표 18-1 성격장애의 진단기준

A. 내적 경험과 행동의 지속적인 유형이 개인이 속한 문화에서 기대되는 바로부터 현저하게 편향되어 있다. 이러한 형태는 다음 중 2가지(또는 그 이상)에서 나타난다.
  1. 인지(즉, 자신과 다른 사람 및 사건을 지각하는 방법)
  2. 정동(즉, 감정 반응의 범위, 불안전성, 적절성)
  3. 대인관계 기능
  4. 충동 조절
B. 지속적인 유형이 개인의 사회 상황의 전 범위에서 경직되어 있고 전반적으로 나타난다.
C. 지속적인 유형이 사회적, 직업적, 또는 다른 중요한 기능 영역에서 임상적으로 현저한 고통이나 손상을 초래한다.
D. 유형은 안정적이고 오랜 기간 동안 있어 왔으며 최소한 청년기 혹은 성인기 초기부터 시작된다.
E. 지속적인 유형이 다른 정신질환의 현상이나 결과로 더 잘 설명되지 않는다.

F. 지속적인 유형이 물질(예: 남용약물, 치료약물)의 생리적 효과나 다른 의학적 상태(예: 두부 손상)로 인한 것이 아니다.

출처: American Psychiatric Association (2015).

2. 성격장애의 유형과 진단기준 및 양상

1) A군 성격장애

(1) 편집성 성격장애

편집성 성격장애(paranoid personality disorder)는 장기간 지속되는 의심과 불신이 특징이다. 환자는 자신의 감정에 대한 책임을 부정하며 다른 사람의 탓으로 돌리고 적대적이며 화를 잘 낸다. 고집불통이고 편향된 정보를 수집하며 배우자를 병적으로 질시하고 자주 논쟁을 하고 까다롭게 구는 사람들은 이 성격장애를 갖고 있을 가능성이 있다.

① 유병률

유병률은 전 인구의 1~4% 정도이다. 이들은 스스로 치료를 받으러 오는 경우는 거의 없다. 가계 내에 조현병 환자가 있을 경우 대조군보다 높은 유병률을 보인다. 여성보다 남성에게 더 많으며 소수민족, 이민자, 청력장애자에게서 발병률이 높다고 보고된 바 있다.

② 진단

면담 상황에서 환자는 형식적인 태도를 취하며 치료의 필요성을 언급하면 어리둥절해하는 모습을 보인다. 근육긴장이 자주 나타나며 이완하기가 어렵고 유머가 없고 심각하다. 환자의 논쟁 내용은 왜곡된 것이라도 말투는 목적 지향적이며 논리정연하다. 사고의 내용에서는 투사, 편견, 관계 사고를 보인다. 다음은 『DSM-5』의 진단기준이다.

표 18-2 편집성 성격장애 진단기준

A. 다른 사람의 동기를 악의가 있는 것으로 해석하는 등 타인에 대한 전반적인 불신과 의심이 있으며, 이는 성인기 초기에 시작되며 여러 상황에서 나타나고 다음 중 4가지(또는 그 이상)로 나타난다.
  1. 충분한 근거 없이, 다른 사람이 자신을 관찰하고 해를 끼치고 기만한다고 의심함
  2. 친구들이나 동료들의 충정이나 신뢰에 대한 근거 없는 의심에 사로잡혀 있음
  3. 어떠한 정보가 자신에게 나쁘게 이용될 것이라는 잘못된 두려움 때문에 다른 사람에게 비밀을 털어놓기를 꺼림
  4. 보통 악의 없는 말이나 사건에 대해 자신의 품위를 손상하는 또는 위협적 의미가 있는 것으로 해석함
  5. 지속적으로 원한을 품는다. 즉, 모욕이나 상처줌 혹은 경멸을 용서하지 못함
  6. 다른 사람에겐 분명하지 않은 자신의 성격이나 평판에 대한 공격으로 지각하고 곧 화를 내고 반격함
  7. 정당한 이유 없이 애인이나 배우자의 정절에 대해 반복적으로 의심함
B. 조현병, 정신병적 양상을 동반한 양극성장애 또는 우울장애, 다른 정신병적 장애의 경과 중 발생한 것은 여기에 포함시키지 않으며, 다른 의학적 상태의 생리적 효과로 인한 것이 아니다.

주의점: 진단기준이 조현병의 발병에 앞서 만족했다면 "병전"을 추가해야 한다. 즉, "편집성 성격장애(병전)".

출처: American Psychiatric Association (2015).

③ 임상 양상

다른 사람의 행동을 악의적이고 위협적인 것으로 해석한다. 이러한 경향은 초기 성인기에 시작되고 다양한 상황에서 나타난다. 다른 사람과 자주 논쟁하며 그들의 권위나 성격을 존중하지 않는다. 배우자에 대한 병적인 질투심이 있고 자신의 감정을 외재화하여 자신이 받아들일 수 없는 충동이나 생각을 남의 탓으로 돌린다. 관계 사고와 궤변에 가까운 논리적 방어를 흔히 보인다.

편집성 성격장애 환자는 감정적으로 제한되어 있다. 자신이 이성적이고 객관적이라는 자부심을 갖지만 실제로는 그렇지 않다. 따뜻함이 결여되어 있고 힘과 권위에 집착하며 약한 사람을 경멸한다. 사회에서는 업무를 잘 처리하고 유능한 사람으로 보이기도 하지만 분쟁과 갈등을 자주 일으킨다.

④ 감별 진단

고착된 망상이 없다는 점에서 망상장애와 구별된다. 편집성 조현병과는 달리 환각이나 전형적인 사고장애가 없다. 경계성 성격장애와는 달리 다른 사람에게 깊이 관여하지 않고 불안정한 대인관계가 거의 없다는 점에서 구분된다. 또한 이들은 반사회성 성격장애 환자가 갖고 있는 장기간의 반사회적 경력이 없다. 조현성 성격장애 환자는 사회에서 철회되어 있고 무관심하며 편집적 사고가 없다는 면에서 이들과 구분된다.

⑤ 경과 및 예후

장기간 지속되며 조현병의 전조 증상으로 간주되기도 한다. 한편으로는 나이가 들거나 스트레스가 줄어들면서 편집성 경향이 반동형성, 도덕적 관심 또는 이타주의적 관심을 갖는 방향으로 완화되기도 한다고 주장하는 연구자도 있다. 하지만 대개 일과 삶에서 문제를 갖게 되는데, 특히 직업적인 문제와 결혼생활에서의 문제가 많이 발생한다.

⑥ 치료

심리치료

편집성 성격장애 환자를 치료할 때 치료자는 일관적인 태도를 유지해야 하고, 자신과 타인에 대한 믿음과 친밀감이 결여되어 있다는 것이 환자의 핵심 문제라는 사실을 명심해야 한다. 따라서 이들에 대한 치료는 지나치게 온정적인 분위기보다는 격식 있고 구조화되어 있으며 전문적인 분위기에서 끌고 나가는 것이 좋다. 치료자가 환자의 의존성이나 성적인 관심, 친밀감에 대한 욕구에 지나치게 관심을 보이는 것도 오히려 환자의 불신을 강화할 수 있다. 이들의 망상은 굴욕감을 느끼지 않도록 부드럽게 다루어져야 한다.

인지행동적 접근에서는 편집성 성격장애 환자의 편집적 사고의 기저에 자신을 부적절하고 불충분하다고 믿는 신념이 내재해 있으며 환자가 이러한 신념을 강화하는 정보를 왜곡적으로 수집하지만 자신의 고통의 원인을 외부 사람, 외부 환경에 투사한다고 가정한다. 이들은 '나는 부적절해. 따라서 사람들이 나를 해칠 것이기 때문에 사람들을 늘 경계해야 해.'라는 왜곡된 생각을 갖고 있다. 따라서 인지치료에서는 환자의 자기효능감을 증진시켜 현실적인 자신감을 갖도록 하면서 경계와 방어를 줄이도록 개입한다. 대인관계 갈등을 다루는 현실지향적인 치료도 도움이 된다. 아울러 타인의 의도와 행동에 대한 현실적인 지각을 발달시키고 타인의 관점에서 지각할 수 있는 훈련을 병행한다. 편집성 성격장애 환자에게 사회기술을 증진시키고 불신감을 감소시킬 수 있는 집단치료는 매우 효과적이지만 환자가 집단치료 상황을 잘 견뎌 내지 못하며 행동치료적인 개입도 잘 견뎌 내지 못한다. 이들은 때로 다른 사람들에게 위협적인 행동을 할 때가 있으므로 치료자는 이들의 행동을 조절하고 제한해야 한다. 어떤 치료든 환자의 신뢰를 얻는 것이 쉽지 않기 때문에 모든 치료의 첫 단계는 이들과의 협력관계를 구축하는 것이다.

약물치료

이 환자들의 불안과 초조를 다루는 데 약물치료가 효과가 있다. 대부분 디아제팜(diazepam) 계통의 약물인 발륨(Valium)이 효과적이나 단기간의 심한 초조나 준망상적인 사고를 보이는 경우에는 소량의 할로페리돌(haloperidol) 제제를 사용할 수 있다. 어떤 환자의 경우에는 피모자이드(pimozide) 계통의 약물이 편집적인 사고를 크게 감소시킨다고 보고된 바 있다(Sadock & Sadock, 2003).

(2) 조현형 성격장애

조현형 성격장애(schizotypal personality disorder) 환자들은 기이한 마술적 사고나 이상한 믿음, 관계 사고를 갖고 있으며 거의 매일 착각, 비현실감 등을 경험한다.

① 유병률

0.6%에서 4.6%까지 폭넓은 범위에 있으며 성별 유병률은 밝혀지지 않았다. 가족 중에 조현병 환자가 많다고 보고되고 있으며, 이란성 쌍생아보다 일란성 쌍생아에게서 발병률이 높다(약 4% 대 33%)(Sadock & Sadock, 2003).

표 18-3 **조현형 성격장애 진단기준**

A. 친분 관계를 급작스럽게 불편해하고 그럴 능력의 감퇴 및 인지 및 지각의 왜곡, 행동의 괴이성으로 구별되는 사회적 및 대인관계의 결함의 광범위한 형태로, 이는 성인기 초기에 시작되며 여러 상황에서 나타나고 다음 중 5가지(또는 그 이상)로 나타난다.
   1. 관계사고(심한 망상적인 관계망상은 제외)
   2. 행동에 영향을 주며, 소문화권의 기준에 맞지 않는 이상한 믿음이나 마술적인 사고를 갖고 있음(예: 미신, 천리안, 텔레파시 또는 육감 등에 대한 믿음, 다른 사람들이 내 느낌을 알 수 있다고 함. 아동이나 청소년에서는 기이한 공상이나 생각에 몰두하는 것)
   3. 신체적 착각을 포함한 이상한 지각 경험
   4. 이상한 생각이나 말을 함(예: 모호하고, 우회적, 은유적, 과장적으로 수식된, 또는 상동적인)
   5. 의심하거나 편집성 사고
   6. 부적절하고 제한된 정동
   7. 기이하거나 편향되거나 괴이한 행동이나 외모
   8. 일차 친족 이외에 친한 친구나 측근이 없음
   9. 친하다고 해서 불안이 감소하지 않으며 자신에 대한 부정적인 판단보다도 편집증적인 공포와 관계되어 있는 과도한 사회적 불안
B. 조현병, 정신병적 양상을 동반한 양극성장애 또는 우울장애, 다른 정신병적 장애 혹은 자폐스펙트럼장애의 경과 중 발생한 것은 여기에 포함시키지 않는다.

주의점: 진단기준이 조현병의 발병에 앞서 만족했다면 "병전"을 추가해야 한다. 즉, "조현형 성격장애(병전)".

출처: American Psychiatric Association (2015).

② 진단

기이한 사고와 행동, 외모에 근거하여 진단을 내린다. 이 환자들은 정상적인 의사소통에 어려움이 있기 때문에 정확한 병력 청취가 어려울 때가 많다. 〈표 18-3〉은 『DSM-5』의 진단기준이다.

③ 임상 양상

조현형 성격장애는 사고와 의사소통 방식이 손상되어 있다. 조현병 환자가 보이는 것과 같은 극단적인 사고장애는 드물지만, 언어가 기이하고 자폐적이어서 이해하기가 어렵다. 또한 조현병 환자들처럼 자신의 감정을 잘 알아차리지 못하지만, 반면 타인의 감정에는 매우 민감하게 반응하며 특히 분노와 같은 부정적 감정에 민감하다. 이들은 자신이 천리안이 있고 사고력과 통찰력이 뛰어나다고 믿지만 내적으로는 유

아적 두려움을 많이 느끼고 이를 보상하기 위한 공상을 많이 한다. 결국에는 자신을 대단한 사람이라고 착각하면서 다른 사람을 하찮은 존재로 생각한다.

이들은 부적절한 행동으로 인해 친구가 거의 없다. 경계성 성격장애의 몇몇 특징을 보이며 두 가지 진단을 다 내릴 수도 있다. 스트레스 상황에서는 정신병적 증상이 나타나기도 하지만 지속 기간은 짧다. 심각한 경우에는 무쾌감증이나 심각한 우울증이 오기도 한다.

④ 감별 진단

행동, 사고, 지각, 의사소통의 기이함과 조현병 가족력을 갖고 있다는 점에서 조현성이나 회피성 성격장애와 구분된다. 정신병적 증상이 없다는 점에서 조현병과 구분되며 정신 증상이 있더라도 짧고 단편적이다. 어떤 환자는 경계성 성격장애와 조현형 성격장애의 진단기준 모두를 만족시킨다. 편집성 성격장애 환자는 의심이 강하지만 조현형 성격장애에서 보이는 기이한 행동은 없다.

⑤ 경과 및 예후

연구에 따르면 환자의 10% 정도가 자살한다고 알려져 있다(Sadock & Sadock, 2003). 최근 견해는 이 성격장애를 조현병의 전구기 성격으로 보고 있다. 하지만 이들의 별난 양상에도 불구하고 결혼을 하고 일을 하면서 안정적인 삶을 사는 사람들도 있다.

⑥ 치료
심리치료

조현형 성격장애 환자에 대한 치료 원칙은 이들을 상당히 조심스럽게 다루어야 한다는 것이다. 이들은 사고방식이 기이하고 이상한 종교적 관습과 마술적 행위에 몰입하는데 치료자는 그러한 사고와 행동을 조롱하거나 비판해서는 안 된다.

조현형 성격장애 환자는 광범위한 인지적 결함과 주의력 손상이 있다고 알려져 있어서 인지행동치료에는 잘 맞지 않을 수 있다. 하지만 이들의 비현실적인 믿음이 부정적인 사건에 대한 외부 귀인과 편파적인 정보처리에 의한 결과이며 환각적 경험과 관련된 고통감 또한 현실에 대한 왜곡된 해석의 결과이기 때문에 이런 측면을 중심으로 인지치료를 시도해 볼 수 있을 것이다. 이들은 '나는 가치가 없고 다른 사람에 비해 열등해. 내가 뭔가 남과 다른 점이 있다면 사람들이 주목할 거야.'라는 왜곡된 생각을 갖고 있을 수 있다. 이러한 인지 왜곡이 워낙 장기화되어 왔고 견고하기 때문에 치료 초기에는 인지적 왜곡 자체를 수정하려고 하기보다는 그와 관련된 증상으로 겪게 되는 사회적 불안감 혹은 수면장애 등의 완화를 우선 시도하는 것이 환자의 치료 순응성을 높여 줄 것이다.

약물치료

항정신병 약물을 관계사고, 착각, 기타 증상 등에 심리치료와 병행해서 쓸 수 있다. 항우울제는 우울 증상이 있을 때 유용하다.

(3) 조현성 성격장애

조현성 성격장애(schizoid personality disorder) 환자는 일생 동안 사회에서 철수되어 있는 사람들에게 진단된다. 이들은 대인관계를 불편하게 느끼고 내향적이며 냉담하고 제한된 정서를 보인다. 다른 사람에게는 괴짜 혹은 고독한 사람으로 비춰진다.

① 유병률

유병률은 정확하지는 않지만 대략 3~5% 정도이다. 성별에 따른 유병률 차이도 정확하게 밝혀진 것은 없지만 남녀의 비가 2:1 정도로 보고되고 있다. 이들은 다른 사람과 거의 접촉이 없는 직업을 택하는 경향이 있으며 심지어 다른 사람들이 꺼려 하는 야간 근무를 자처하기도 한다.

② 진단

이들은 초기 면담에서부터 쉽게 알아낼 수 있는데, 눈 맞춤을 피하고 면담을 빨리 끝내고 싶어 하며, 정서가 제한되어 있고 무관심하면서도 가끔은 부적절하게 심각한 모습을 보인다. 예민한 임상가는 이들의 내면에 두려움이 깔려 있다는 것을 알아차릴 수 있다. 이들은 유쾌한 정서를 거의 보이지 않으며 유머를 시도해도 상당히 유치하고 초점이 빗나가 있는 경우가 많다. 어투는 딱딱하고 답변이 짧으며 자발적인 대화를 거의 하지 않는다. 가끔 이상한 은유법을 쓰며 무생물이나 초자연적인 사물에 대해 관심이 많다. 〈표 18-4〉는 『DSM-5』의 진단기준이다.

표 18-4 조현성 성격장애 진단기준

A. 다양한 형태의 사회적 유대로부터 반복적으로 유리되고, 대인관계에서 제한된 범위의 감정 표현이 전반적으로 나타나며, 이러한 양상이 성인기 초기에 시작되며 여러 상황에서 나타나고 다음 중 4가지 이상에 해당될 때 조현성 성격장애로 진단한다.
    1. 가족과의 관계를 포함해서 친밀한 관계를 바라지 않고 즐기지도 않음
    2. 항상 혼자서 하는 행위를 선택함
    3. 다른 사람과의 성적 경험에 대한 관심이 거의 없음
    4. 거의 모든 분야에서 즐거움을 취하려 하지 않음
    5. 일차 친족 이외의 친한 친구가 없음
    6. 다른 사람의 칭찬이나 비난에 무관심함
    7. 감정적 냉담, 유리 혹은 단조로운 정동의 표현을 보임
B. 단, 조현병, 정신병적 양상을 동반한 양극성장애 또는 우울장애, 다른 정신병적 장애 혹은 자폐스펙트럼장애의 경과 중 발생한 것은 조현성 성격장애로 진단하지 않으며, 다른 의학적 상태의 생리적 효과로 인한 것이 아니다.

주의점: 진단기준이 조현병의 발병에 앞서 만족했다면 "병전"을 추가해야 한다. 즉, "조현성 성격장애(병전)".

출처: American Psychiatric Association (2015).

③ 임상 양상

조현성 성격장애 환자는 냉담하고 세상을 초월한 듯이 보인다. 다른 사람의 고민이나 일상적인 사건에 관심이 없는 듯이 보이며 유행의 변화에도 관심이 없다. 이들의 성격특성은 혼자만의 즐거움에 몰입하거나 다른 사람은 참기 힘든 고독한 직업을 가지는 등의 모습에서 나타나기도 한다. 성생활 또한 환상 속에서 고립되어 존재하며 성숙한 성관계를 거의 맺지 못한다. 이들은 친밀감을 원하지 않으므로 결혼하지 않는 경우가 많으며, 간혹 결혼을 강력히 원하는 배우자에게 이끌려 수동적으로 가정생활을 유지할 수 있다. 조현성 성격장애 환자는 분노를 직접적으로 표현하지 못하고 수학이나 천문학 같은, 인간과 관련이 적은 분야에 많은 에너지를 쏟기도 하며 때로는 동물이나 식물 등에 과도하게 집착하기도 한다.

비록 조현성 성격장애 환자가 자기몰입적인 공상을 많이 하지만, 현실 검증력은 정상 범위에 있다. 이들은 공격적인 행동을 거의 하지 않기 때문에 현실에서든 공상 속에서든 위협을 느끼면 상상 속의 전능함으로 맞서거나 아니면 아예 체념하고 수동적으로 받아들이기도 한다. 무관심한 것처럼 보이지만 업무와 관련해서는 무능하지 않

으며 간혹 창의적인 아이디어를 내놓기도 한다.

④ 감별 진단

조현병 환자 및 조현형 성격장애 환자와 비교해 볼 때, 이들은 조현병 가족력이 없으며, 혼자 하는 일에서는 매우 성공적으로 업무를 수행하기도 한다. 이들은 또한 사고장애나 망상이 없다는 점에서 조현병과 구별된다. 편집성 성격장애 환자와 많은 면을 공유하지만 편집성 성격장애 환자가 이들보다는 활발하게 사회적인 일에 참여하며, 공격적이고 다른 사람에게 감정을 투사하는 경향이 강하다. 강박성 성격장애 환자와 회피성 성격장애 환자는 정서적으로 제한되어 있다는 면에서는 이들과 유사하지만 고독함을 불쾌하게 생각하고 과거에 풍부한 대상관계를 맺었던 경우가 있으며 자폐 성향이 약하다는 면에서는 차이가 있다. 조현형 성격장애 환자는 이들에 비해 지각, 사고, 행동, 의사소통에서의 괴이함이 두드러진다는 면에서 구분된다. 조현성 성격장애와 회피성 성격장애는 둘 다 고립되어 보여 외견상 매우 유사하지만 회피성 성격장애 환자는 외부활동에 참여하기를 갈망한다는 면에서 이들과 구분된다.

⑤ 경과 및 예후

발병은 주로 아동기 초기부터 시작된다. 다른 성격장애처럼 오래 지속되지만 반드시 일생 동안 지속되는 것은 아니다. 조현병으로 이환되는 비율은 아직 확실하게 밝혀지지 않았다.

⑥ 치료

심리치료

조현성 성격장애 환자에 대한 치료는 편집성 성격장애 치료와 비슷하지만 이들이 훨씬 더 치료자의 기대에 부응하려고 하고 때로는 헌신적인 모습을 보이기도 한다. 치료 동안에 신뢰감이 증가하면 당황스러워하면서도 자신의 공상과 상상 속의 친구를 밝히기도 한다. 하지만 한편으로는 치료자에게 의존하는 자신의 모습을 보면서 두려움을 경험할 수도 있다.

집단치료에서 이들은 상당 기간 동안 침묵을 지키며 이러한 모습에 대해 다른 집단원이 공격하면 방어적인 모습을 보인다. 하지만 어느 정도 시간이 경과하여 집단원에게 친밀감을 느끼게 되면 집단은 이들의 고립된 대인관계에서 유일한 사회적 접촉의 통로가 될 수 있다.

인지행동치료에서는 조현성 성격장애 환자의 역기능적인 믿음을 탐색하여 수정하는 개입을 한다. 인지치료에서는 이들이 '나는 이상해, 나는 세상에 어울리지 않는 사람이야, 사람들을 믿을 수 없으니 혼자 사는 것이 상책이야.'라는 잘못된 생각을 갖고 있으며 사람들이 자신의 불안을 알아차릴까 봐 표정을 드러내지 않고 고립되어 있다고 가정한다. 따라서 이러한 신념에서 파생되는 환자들의 자기보호행동—눈 맞춤 피하기, 바닥 응시하기, 얼굴 표정 숨기기—이 다른 사람에게는 부적절하게 보일 수 있음을 인식시키고 그러한 자기보호행동을 하지 않더라도 피해를 입지 않는다는 것을 알게 하여 현실 검증력을 회복하도록 도와준다. 이러한 과정을 통해 고립적이고 기이한 자기상을 벗어 버리고 정상적인 자기상을 획득하게 하여 대인관계에서의 자신감을 갖도록 도와준다. 대인관계 기술의 습득도 중요하다.

약물치료

소량의 항정신병 약물, 항우울제, 정신자극제 등이 도움이 된다. 세로토닌 약제가 거절에 대한 민감도를 줄이는 데 도움이 되며 벤조디아제핀(benzodiazepine)도 대인 불안을 완화시킬 수 있다.

2) B군 성격장애

(1) 반사회성 성격장애

반사회성 성격장애(antisocial personality disorder)란 청소년기와 성인기 때의 다양한 행동을 총괄하는 사회 규범을 따라갈 수 없는 상태를 말한다. 반사회적이고 범죄적인 행동이 특징이지만 범죄성과 동일한 뜻은 아니다.

① 유병률

발병률은 남성 3%, 여성 1% 정도이다. 가난한 도시 지역이나 이주 거주자에게서 발병률이 더 높고 여성 환자에 비해 남성 환자는 대가족인 경우가 많다. 발병 나이는 15세 이전이며 여아는 사춘기 무렵에 증상이 시작되고 남아는 그보다 이른 시기에 증상이 나타난다. 교도소 수감자 중 반사회성 성격장애에 해당하는 사람의 비율은 75% 정도로 매우 높다. 대조군에 비해 이 환자들의 직계 가족에서 5배나 높은 가족력이 보고되었다.

② 진단

경험이 아주 많은 임상가라도 반사회적 성격장애 환자와 면담할 때는 당혹감을 많이 경험하게 된다. 면담을 할 때 이들은 외현적으로는 침착하고 자신감 있어 보이지만 이면에는 불안감, 적대감, 난폭함, 분노 등이 숨어 있다. 스트레스 상황에서 어떻게 대처하는지를 알아봄으로써 이들의 병리적 양상을 확인해 볼 수 있다.

이들은 종종 비정상적인 EEG 소견과 유아기의 미세뇌기능장애를 시사하는 신경학적 이상이 관찰되고 이런 지표들을 초기 임상적 진단을 확인하는 데 사용할 수 있다. 다음은 『DSM-5』의 진단기준이다.

표 18-5 **반사회성 성격장애 진단기준**

A. 15세 이후에 시작되고 다음과 같은 다른 사람의 권리를 무시하는 행동 양상이 있고 다음 중 3가지(또는 그 이상)를 충족한다.
  1. 체포의 이유가 되는 행위를 반복하는 것과 같은 법적 행동에 관련된 사회적 규범에 맞추지 못함
  2. 반복적으로 거짓말을 함, 가짜 이름 사용, 자신의 이익이나 쾌락을 위해 타인을 속이는 사기성이 있음
  3. 충동적이거나, 미리 계획을 세우지 못함
  4. 신체적 싸움이나 폭력 등이 반복됨으로써 나타나는 불안정성 및 공격성
  5. 자신이나 타인의 안전을 무시하는 무모성
  6. 일정한 직업을 갖지 못하거나 혹은 당연히 해야 할 재정적 의무를 책임감 있게 다하지 못하는 것 등의 지속적인 무책임성
  7. 다른 사람을 해하거나 학대하거나 다른 사람 것을 훔치는 것에 대해 아무렇지도 않게 느끼거나 이를 합리화하는 등 양심의 가책이 결여됨
B. 최소 18세 이상이어야 한다.
C. 15세 이전에 품행장애가 시작된 증거가 있다.
D. 반사회적 행동은 조현병이나 양극성장애의 경과 중에만 발생되지는 않는다.

출처: American Psychiatric Association (2015).

③ 임상 양상

반사회성 성격장애 환자는 유심히 관찰하지 않으면 정상적인 사람으로 보일 때가 많으며 심지어는 매력적이고 호감을 주는 인상을 갖고 있기도 하다. 하지만 이들의 과거력을 조사해 보면 삶의 많은 영역에서 기능적 손상이 있었음을 알 수 있다. 거짓말, 결석, 가출, 절도, 싸움, 물질 남용, 기타 불법행위가 전형적으로 관찰되며 대부분 이런 양상은 유년기에서부터 시작된다. 이들은 이성의 치료자에게는 유혹적이고 세련된 모습을 보일 때도 있지만 동성의 치료자는 이들을 권모술수형의 불평이 많은 사람으로 평가할 것이다. 우울이나 불안 등의 증상이 많이 관찰되지는 않지만 자살위협이나 건강염려증적 양상은 흔히 관찰된다. 자신의 반사회적 행동에 대해서는 말도 안 되는 합리화를 하지만 망상이나 비논리적 사고는 없다. 사실 임상가들은 이들에게서 현실 검증력이 온전하고 특히 언어 지능이 상당히 우수하다는 인상을 받곤 한다.

일반인에게 반사회적 성격장애 환자는 흔히 사기꾼으로 알려져 있다. 이들은 사기에 능하여 쉽게 돈을 벌거나 평판을 얻을 수 있다는 말로 사람들을 꼬드긴다. 이러한 음모는 결국 양자 모두의 재정적·사회적 파탄으로 끝난다. 이들은 진실을 절대 말하지 않으며 도덕적 규범을 따르지 않는다. 난혼, 배우자 학대, 자녀 학대, 음주 운전도 흔하게 나타난다. 하지만 이러한 행동에 대해 전혀 후회를 하지 않기 때문에 양심이 결여된 사람으로 보인다.

④ 감별 진단

반사회성 성격장애는 개인의 삶의 여러 영역에 연루된다는 점에서 단순한 범죄행동과는 구분된다. 많은 연구자는 반사회성 성격장애 환자에게서 간과되거나 진단되지 않은 신경학적 장애 혹은 정신과적 장애가 있다고 생각한다. 물질 남용과 반사회성 성격장애를 감별하기는 어려운데, 두 가지 양상이 유년기에 시작하여 성인기까지 지속되었다면 동시 진단을 내려야 하지만 반사회적 행동이 알코올이나 물질 남용 이후에 시작되었다면 반사회성 성격장애로 진단 내릴 수 없다.

반사회성 성격장애를 진단할 때 치료자는 사회경제적 지위, 문화적 배경, 성별에 따라 양상이 다르게 나타날 수 있음을 알고 있어야 한다. 또한 지적장애, 조현병, 조증으로 증상이 설명될 때는 반사회성 성격장애 진단을 내릴 수 없다.

⑤ 경과와 예후

반사회적 성격장애의 증상이 가장 많이 나타나는 시기는 청소년기 후기에서 청년기 초기이지만, 일단 발현되면 증상은 매우 오래 지속된다. 예후는 다양하여, 나이가 들면서 증상이 감소한다는 보고도 있지만 신체화장애가 나타나기도 한다. 우울증이나 알코올사용장애, 다른 물질 남용 등도 흔하게 발생한다.

⑥ 치료

심리치료

반사회성 성격장애 환자는 단편적이고 자기중심적인 시각에서 세상을 평가하고 자신의 잘못된 행동을 좀처럼 인정하지 않기 때문에 치료 동기가 매우 낮다. 이들의 독특한 특성 때문에 치료자 자신이 이들을 잘 다룰 수 있을지를 자문해 보아야 한다. 치료가 진행된다고 해도 그 효과는 크지 않을 수 있다. 이런 점이 치료자의 의욕을 떨어뜨리지만 조그만 변화라도 의미를 부여하고 굳건하고 담대한 마음으로 치료과정에서의 어려움을 극복해야 하며 촉진적 관계를 형성해야 한다. 또한 치료과정에서 치료자의 역전이가 많이 발생할 수 있기 때문에 치료자 자신의 자동적이거나 부정적 사고, 정서적 반응을 예민하게 감찰해서 치료과정과 자신의 심리과정을 혼동해서는 안 된다. 치료자는 환자의 모든 행동을 개인적인 것으로 받아들이지 않도록 해야 한다. 적어도 이들을 치료할 때는 '최고의 치료자' '환자와 대화를 할 수 있는 유일한 사람' 등의 자만적인 태도는 절대 금물이다. 그보다는 환자가 '좋은 친구에게 동일시하고 싶은' 마음을 갖도록 하는 것이 중요하며 자신감 있고 여유 있으며 비판단적이고 방어적이지 않은 태도를 가져야 한다. 유머감각이 있으면 환자와의 관계를 부드럽게 이끄는 데 도움이 된다.

치료를 시작하기 전에 한계 설정을 확실히 해 두어야 한다. 치료자는 환자의 자기파괴 행동을 조절할 방법을 찾아야 한다. 이들은 인간적인 접촉을 회피하려고 하기 때문에 계속 직면하게 하여 친밀감에 대한 두려움을 극복하도록 도와주어야 한다.

이들에게 불안이나 죄책감 같은 부정적인 정서에 직면케 하는 것은 반항과 저항만 유발할 수 있기 때문에 자기중심적인 시각에서 벗어나 추상적으로 사고하고 다른 사람의 입장을 고려할 수 있는 정상적인 사고기능을 개발하도록 하는 것이 중요하다. 이러한 방식의 한 가지 예는 인지행동치료에서 많이 활용하는 '이득-손실 비교표'를 만들어 건설적인 선택을 하도록 하는 것이다. 이에 대한 절차가 〈표 18-6〉에 제시되어 있다. 동시에 환자에게 '반사회성 성격장애' 진단이 내려졌다는 사실을 밝히고 치료에 참여해 줄 것을 명확히 요구하는 것이 좋다. 또한 이들은 충동조절, 의사소통, 정서조절, 좌절에 대한 인내, 반응 지연에 어려움이 있으므로 이에 대한 행동치료가 요구되며 효율적인 자기주장 훈련도 도움이 된다.

표 18-6 **건설적인 선택하기(행동의 이득-손실 비교표)**

- 문제 상황을 확인하고, 그 상황에서 할 수 있는 행동을 모두 나열한다.
- 각각의 항목에 대해 0~100의 범위에서 만족도를 평가한다.
- 가능한 한 많은 대안적 행동을 생각해 본다.
- 어떤 행동을 선택했을 때의 결과를 논의하고 효과를 평가한다. 계속해서 효과가 없다고 나오는 경우에는 다른 대안을 시도하거나 효과가 없도록 나오게 된 부족한 기술을 증진시켜 준다.

약물치료

불안, 분노, 우울 증상을 다루기 위해서 약물치료를 사용하지만 환자가 이미 약물남용 상태인 경우가 많기 때문에 용량을 잘 조절해야 한다. 환자가 주의력결핍 및 과잉행동을 보이면 메틸페니데이트(methylphenidate)와 같은 약물이 유용하다. 충동적 행동의 조절에는 항경련제인 카바마제핀(carbamazepine)이나 발포레이트(valporate) 등이 유용하다. 공격성을 감소시키는 데는 베타아드레날린 작용제(β-Adrenergic)를 사용할 수 있다.

(2) 경계성 성격장애

경계성 성격장애(borderline personality disorder)는 신경증과 정신병적 양상을 모두 보이며, 정동, 기분, 대상관계, 자아상에서의 불안정성이 특징이다. 이런 특징 때문에 가성신경증 조현병(pseudoneurotic schizophrenia), 정신병적 성격장애(psychotic character disorder) 등의 용어로 불리기도 했다.

① 유병률

유병률에 대한 연구 결과는 확실하게 보고된 것이 없지만 대략 전 인구의 1~2% 정도로 생각되며 여성이 남성보다 2배 많다. 직계 가족에서 우울증, 알코올중독, 물질

남용의 과거력이 많이 보고되고 있다.

② 진단

『DSM-5』진단기준에 따르면 성인기 초기에 다음 중 5개 이상의 기준을 만족시킬 때 진단을 내릴 수 있다. 짧은 급속안구운동(rapid eye movement: REM) 잠복기, 수면지속장애 등을 생물적 진단 지표로 보는 연구도 있지만 이러한 양상은 우울증에서도 흔히 나타나기 때문에 주의 깊은 평가가 요구된다.

표 18-7　경계성 성격장애 진단기준

대인관계, 자아상 및 정동의 불안정성과 현저한 충동성의 광범위한 형태로 성인기 초기에 시작되며 여러 상황에서 나타나고, 다음 중 5가지(또는 그 이상)를 충족한다.

1. 실제 혹은 상상 속에서 버림받지 않기 위해 미친 듯이 노력함(주의점: 5번 진단기준에 있는 자살 행동이나 자해행동은 포함하지 않음).
2. 과대이상화와 과소평가의 극단 사이를 반복하는 것을 특징으로 하는 불안정하고 격렬한 대인관계의 양상
3. 정체성 장애: 자기 이미지 또는 자신에 대한 느낌의 현저하고 지속적인 불안정성
4. 자신을 손상할 가능성이 있는 최소한 2가지 이상의 경우에서의 충동성(예: 소비, 물질 남용, 좀도둑질, 부주의한 운전, 과식 등) (주의점: 5번 진단기준에 있는 자살 행동이나 자해 행동은 포함하지 않음)
5. 반복적 자살행동, 제스처, 위협 혹은 자해행동
6. 현저한 기분의 반응성으로 인한 정동의 불안정(예: 강렬한 삽화적 불쾌감, 과민성 또는 불안이 보통 수시간 동안 지속되며 아주 드물게 수일간 지속됨)
7. 만성적인 공허감
8. 부적절하고 심하게 화를 내거나 화를 조절하지 못함(예: 자주 울화통을 터뜨리거나 늘 화를 내거나, 자주 신체적 싸움을 함)
9. 일시적이고 스트레스와 연관된 피해적 사고 혹은 심한 해리 증상

출처: American Psychiatric Association (2015).

③ 임상 양상

경계성 성격장애 환자는 늘 위급한 상태에 있는 것으로 보인다. 정서의 가변성이 흔히 관찰된다. 환자는 한순간에는 논쟁적이었다가 금세 우울해지고 다음에는 감정을 느끼지 못하겠다고 불평하곤 한다. 단기간의 정신병적 삽화를 보일 때도 있다. 환자의 행동은 예측하기 힘들고 자신의 능력을 충분히 발휘하지 못할 때가 많다. 삶에

대한 고통감에서 벗어나고자 반복적인 자기파괴 행동을 하곤 한다. 또한 요구, 분노 등을 직접적으로 표현하지 못하고 정서적 압박감에서 벗어나고자 자해행동을 하기도 한다.

이들은 의존심과 적개심을 동시에 갖고 있기 때문에 대인관계가 매우 불안정하다. 가깝다고 생각하는 사람들에게 매우 의존하지만 욕구가 좌절될 때에는 금방 격렬한 분노를 표출한다. 이들은 혼자 있는 것을 견디지 못하기 때문에 의존 대상을 광적으로 찾으며, 설사 그 관계가 불만족스럽더라도 과도하게 몰입하곤 한다. 고독감에서 벗어나고자 낯선 사람을 만나기도 하며 때로는 난교를 하기도 한다. 만성적인 공허감이나 지루함에 대해 불평하며 지속적인 자기정체성이 결여되어 있다.

Otto Kernberg는 이들이 투사적 동일시의 방어기제를 사용한다고 했다. 이러한 미성숙한 방어기제를 사용하는 사람은 자신의 부정적인 면을 타인에게 투사하는 동시에 부정적인 면이 투사되는 타인과 자신을 일심동체로 지각하고 그에 따라 행동한다. 따라서 치료자는 이러한 과정을 이해하고 환자에게 중립적인 태도를 보여야 한다.

대부분의 치료자는 이들이 지능검사 같은 구조화된 검사에서는 무난한 수행을 보이지만 로르샤흐검사와 같은 투사적 검사에서는 일탈 반응을 보인다는 것을 지적한다.

경계성 성격장애 환자는 사람들을 완전히 좋거나 완전히 나쁘다고 분류함으로써 인간관계를 왜곡한다. 이러한 분리(splitting)의 방어기제를 사용하기 때문에 좋은 사람은 더욱 이상화하고 나쁜 사람은 극도로 평가 절하하지만 이런 판단이 순식간에 바뀌기도 한다.

④ 감별 진단
정신병적 삽화가 장기간 지속되지 않고 사고장애나 다른 정신병적 징후가 없다는 점에서 조현병과 감별된다. 조현형 성격장애 환자는 기이한 생각, 관계 사고를 갖고 있다는 점에서 이들과 구분된다. 편집형 성격장애 환자는 과도한 의심을 한다는 면에서 이들과 구분된다.

⑤ 경과 및 예후
경계성 성격장애 환자의 양상은 시간이 지나도 변하지 않고 지속되는 경우가 대부분이다. 종단 연구에 따르면 이들이 조현병으로 이환되는 확률은 매우 낮지만 주요우울증삽화의 발생률은 높다고 보고되고 있다. 진단은 보통 40세 이전에 내려진다.

ⓒ 치료

심리치료

경계성 성격장애 환자에 대한 치료 기간은 길게 잡아야 한다. 환자와 치료자 간에 강력한 동맹관계를 형성해야 하고 치료 초기에 명확한 역할과 책임을 알려야 한다. 치료자는 소극적인 청취자로 있기보다는 능동적이고 직접적으로 환자를 이끌어야 한다. 해결해야 할 문제의 우선순위를 의논하여 결정하고 환자의 행동을 조절할 필요성을 공감적으로 설득해야 한다. 치료과정에서 새로운 스트레스 요인이 발생했을 때는 그 문제를 먼저 다루는 유연성이 필요하다. 상호 동의한 치료 한계를 설정하고 개인치료와 집단치료를 병행하는 것이 좋다.

심리치료는 환자와 치료자 모두에게 어려운 과정이다. 환자는 쉽게 퇴행하고 충동을 분출하며 해석하기 어려운 경직된 부정적·긍정적 전이를 보인다. 치료자가 환자가 특정 행동을 하기 위해 무의식적으로 치료자를 자극한다는 것을 깨닫지 못하면 환자가 사용하는 투사적 동일시 기제를 통해 역전이의 문제가 발생할 수 있다. 또한 이들은 분리의 방어기제를 흔히 사용하기 때문에 치료자에 대해 사랑과 증오의 감정을 번갈아 나타낸다. 정신분석적 접근보다 현실 지향적 접근이 더 효과적일 때가 많다.

환자의 충동조절과 비난이나 거절에 대한 민감도를 줄이기 위해 행동요법을 사용할 수 있다. 특히 비디오를 이용해 자신의 행동을 관찰하는 사회기술 훈련이 바람직한 사회적 행동을 증진시키는 데 효과적이다.

이들은 심층적인 개인치료와 집단치료에 모두 참여할 수 있는 입원 병동에서 매우 잘 적응한다. 이러한 세팅에서는 잘 훈련된 다양한 의료진의 도움으로 작업치료, 놀이치료, 직업 등도 제공받을 수 있다. 이런 프로그램은 부모 학대, 가족 간의 대립 등으로 인해 가정 환경이 환자의 회복에 오히려 도움이 되지 못할 경우 특히 효과적이다. 병원의 엄격한 규칙을 통해 과도하게 충동적이고 자기파괴적인 환자는 재제를 받고 철저하게 관찰된다. 이상적 환경이라면 환자는 확실한 증상 개선이 있을 때까지 병원에서 지내다가 퇴원 후 낮병동, 야간병동 등을 통해 지속적인 치료를 받으면 좋을 것이다.

인지행동적 접근에서는 환자의 부적절한 감정 반응, 충동성과 무분별한 자해행동이 치료의 주된 목표가 된다. 치료자는 환자의 감정적인 고통을 수용해 주고 부정적인 정서에 대처할 수 있는 방법을 제시해 준다. 이들은 세상에 대한 신뢰가 절대적으로 부족하기 때문에 과도한 경계를 하는데, 이에는 유약한 자아정체감에서 파생된 세상에 대한 이분법적인 사고와 피해 사고가 기저에 깔려 있다. 즉, 이들은 '세상은 험하고 위험해. 나는 상처받을 거야. 따라서 상처받기 전에 내가 먼저 그들을 버리는 것이 좋아.'라는 왜곡된 생각을 갖고 있다. 따라서 치료자는 다른 어떤 성격장애 환자보다 내담자와 더욱 친밀한 부모-자녀 형태의 관계를 발전시켜야 한다. 치료자는 내담자의 위기 상황에 적극적으로 관여하고 내담자가 슬플 때 달래 주며 한 인간으로서 받아들여진다는 느낌을 갖도록 해야 한다. 이들은 치료의 한계설정을 할 때도 제도적인 규칙을 내세우기보다는 치료자의 개인적인 상황을 이해시키는 것이 좋다. 치료자는 내담자의 높은 수준의 부정적인 정서를 견뎌 내야 할 뿐 아니라 때로는 치료자를 향한 긍정적인 정서도 처리해야 하므로 다른 동료 치료자에게서 조언을 얻는 방안을 마련하는 것도 필요하다.

이들은 치료 도중에 탈락하는 비율이 높은데, 이렇게 치료를 중단하는 이면에는 자신의 감정에 직면하지 않기 위해 감정적 동요를 무시하고자 하는 마음, 치료받을 가치가 없다는 자기처벌적 태도 등이 있음을 이해하고 이를 명확하게 직면토록 해야 한다. 이들의 극렬한 정서성 때문에 생사가 달린 문제를 우선순위에 두어야 할 때가 많다. 하지만 위기 개입 시 너무 빨리 해석을 내리려고 하지 말고 정서가 일단 안정되었을 때 시도해야 한다. 기저하고 있는 도식과 흑백논리적 사고를 밝히기 위해 정서, 사고, 행동에 대한 일기를 쓰도록 하는 방법이 좋다. 간혹 회기 중에 말했던 것을 부인하는 경우가 있기 때문에 플래시카드를 사용하는 것도 권장된다. 과거에 이들이 위협감을 느꼈던 인물에게 자신의 감정을 털어놓는 빈의자기법, 역할극, '쿠션 세게 치기'와 같은 노출기법도 유용하다. 이런 방법은 모두 환자의 분노 감정을 낮추어 준다.

약물치료

환자의 생활에 전반적인 기능장애가 있을 때는 약물치료가 효과적이다. 항정신병 약물이 분노, 적대감, 단기 정신병적 증상을 완화시키는 데 사용되어 왔다. 항우울제는 이들의 우울감을 개선해 준다. 모노아민산화효소 억제제(monoamine oxidase inhibitor: MAOI)는 일부 환자의 충동 조절에 효과적이다. 알프라졸람[alprazolam, 자낙스(Xanax)]는 불안과 우울을 줄여 주지만 환자에 따라 부작용이 심하게 나타날 수 있다. 선택적 세로토닌 재흡수 억제제(selective serotorin reuptake inhibitor: SSRI)도 일부 환자에게서 좋은 효과를 보여 왔다.

(3) 연극성 성격장애

연극성 성격장애(histrionic personality disorder) 환자는 쉽게 흥분하고 감정적이며 화려하고 극적으로 행동하고 패션 등 외모에 관심이 많다. 그러나 이들의 과시적 성향 때문에 깊은 애착관계를 오래 유지하기가 힘들다.

① 유병률

연극성 성격장애의 유병률은 1~2%이고 남성보다는 여성에게서 더 흔히 발생한다.

② 진단

연극성 성격장애 환자는 면담 시 대체로 협조적이고 자세한 개인력을 제공하려고 노력한다. 대화를 할 때 다양한 몸짓과 극적 표현이 흔히 나타나고 언변도 화려하지만 때로는 말실수를 하기도 한다. 정서적 반응이 현저하게 나타남에도 분노나 슬픔, 성적인 뉘앙스가 담긴 말이나 행동을 지적하면 놀라거나 화를 내거나 부정한다. 인지기능 검사 결과는 대개 정상으로 나타나지만 산수 문제나 숫자 외우기 등의 지루한 과제를 잘 참아 내지 못한다. 정서적 의미를 담고 있는 정보를 억압하기 때문에 나중에 이를 기억하지 못하는 모습을 보이기도 한다. 다음은 『DSM-5』의 진단기준이다.

표 18-8 **연극성 성격장애 진단기준**

과도한 감정성과 주의를 끄는 광범위한 형태로 이는 성인기 초기에 시작되며 여러 상황에서 나타나고 다음 중 5가지(또는 그 이상)로 나타난다.

1. 자신이 관심의 중심에 있지 않는 상황을 불편해함
2. 다른 사람과의 관계 행동이 자주 외모나 행동에서 부적절하게 성적, 유혹적 내지 자극적인 것으로 특징지어짐

3. 감정이 빠른 속도로 변화하고 피상적으로 표현됨
4. 자신에게 관심을 집중시키기 위해 지속적으로 외모를 사용함
5. 지나치게 인상적이고 세밀함이 결여된 형태의 언어 사용
6. 자기극화, 연극성 그리고 과장된 감정의 표현을 보임
7. 피암시적임. 즉, 다른 사람이나 상황에 의해 쉽게 영향을 받음
8. 실제보다도 더 가까운 관계로 생각함

출처: American Psychiatric Association (2015).

③ 임상 양상

연극성 성격장애 환자는 타인의 관심을 끌려는 행동을 두드러지게 보인다. 이들은 자신의 생각과 감정을 과장하며 어떤 상황이나 사실을 실제보다 더 중요한 것으로 생각하게끔 만들어 버린다. 타인의 칭찬이나 인정을 받지 못할 경우에는 격렬한 감정 반응을 보이거나 눈물을 흘리며, 심지어는 상대방을 고소하기도 한다.

남녀 모두 유혹적인 행동을 보인다. 관심 있는 사람에 대한 성적 공상이 흔하지만 이를 언어로 표현하는 경우는 드물며 실제 성관계에서는 적극적이기보다는 유순하고 순종적인 모습을 보일 수 있다. 실제로 이들은 성기능장애를 갖고 있는 경우가 많다(무오르가즘, 발기불능 등). 안정감에 대한 이들의 요구는 끝이 없어서 심지어 성적 행동조차도 이러한 안정감을 확인하고 이성에게 매력적인 모습을 보이고자 하는 의도에서 발생될 때가 많다. 자신에게만 몰입하고 감정의 변덕이 심해 대인관계는 무척 피상적이다.

연극성 성격장애 환자의 주된 방어기제는 억압(repression)과 해리(dissociation)이다. 따라서 이들은 자신의 진정한 감정을 깨닫지 못하고 자신의 동기도 설명하지 못한다. 스트레스 상황에서 현실 검증력이 손상될 때가 많다.

④ 감별 진단

연극성 성격장애와 경계성 성격장애를 구분하는 것은 어려운 일이다. 그러나 경계성 성격장애 환자에서 자살 시도와 정체감 혼란, 단기 정신병적 삽화가 더 흔하다. 두 가지 진단이 모두 내려질 수는 있지만 임상가는 반드시 감별 진단을 해 보아야 한다. 신체화장애(브뤼케 증후군 등)가 나타날 수 있고 단기 정신병적 장애, 해리성장애가 동반되는 경우가 있다.

⑤ 경과 및 예후

연극성 성격장애 환자는 나이가 들면서 증상이 많이 줄어든다. 하지만 이는 젊었을 때만큼의 에너지를 가지고 있지 않기 때문이며, 빈도는 줄었지만 오히려 증상은 더 현저하게 나타날 수 있다. 이들은 쾌락적 자극을 추구하기 때문에 법률적 문제와 물질 남용, 난잡한 행동 등으로 문제를 일으킬 수 있다.

⑥ 치료

심리치료

연극성 성격장애 환자는 자신의 진정한 감정을 잘 인식하지 못하기 때문에 감정을 명료화해 주는 것이 치료과정에서 매우 중요하다. 정신분석 지향적 심리치료가 효과가 좋다.

이들은 매우 피상적으로 사고하는 습성이 있으므로 인지적 접근에서는 구체적인 사고를 하도록 지도한다. 역기능적 사고 기록지를 사용해서 구체적인 사건-사고-감정을 기술하도록 한다. 궁극적인 치료 목표는 감정적·감상적·주관적인 대처에서 벗어나 현실적인 대처능력을 증진시키는 것이다. 이들은 겉으로는 화려해 보일지라도 내면에는 '나는 부적절하고, 살아남기 위해 타인의 비위를 잘 맞춰야 한다.'는 왜곡된 생각을 하고 있다. 따라서 자기효능감을 증진시켜 주어야 한다. 이들은 한 주 동안 일어난 모든 흥미로운 사건을 모두 관련시키려는 경향이 있기 때문에 한 주제에 관심을 집중하는 방법을 학습할 필요가 있다. 이들의 가장 큰 문제는 치료에 지속적으로 참여하지 못한다는 것이다. 이들은 다른 관계나 활동에서처럼 금방 흥미를 잃고 더 즐거운 일을 찾는 경향이 있다. 따라서 치료가 환자에게 이득과 도움이 될 수 있다는 것을 명확하게 제시하고 구체적인 목표를 세우는 것이 중요하다. 일단 목표가 설정되면, 환자가 주제에서 벗어나거나 관계없는 것을 길게 말할 때는 단호한 태도로 방향을 확실하게 조정해 주어야 한다. 일부 환자는 자유롭게 글을 쓰는 형식의 과제를 하는 것을 좋아하는데, 이런 경우 허용하는 것이 좋다. 하지만 대부분의 경우 쓰는 과제를 지루하게 여기는 환자가 많기 때문에 숙제의 부담 때문에 치료 분위기를 해치는 것보다는 상상을 이용한 치료가 유익할 수 있다. 이들에게는 특히 치료자가 내담자의 자동적 사고를 역할 연기하고, 내담자가 더 적응적 반응을 역할 연기하는 것과 같은 방법이 매우 유용하다.

약물치료

약물치료는 특정한 증상이 있을 때 부가적인 방법으로 사용된다(항우울제, 항불안제, 항정신병 약 등).

(4) 자기애성 성격장애

자기애성 성격장애(narcissistic personality disorder) 환자는 자기가 매우 중요하고 특별한 사람이라는 고양된 자기감을 갖고 있다.

① 유병률

일반 인구 중의 1% 미만으로 보고되고 있다. 이들은 자신의 전능함과 과장성, 아름다움, 재능에 대한 비현실적 지각을 집에서도 보여 주기 때문에 이들의 자녀 또한 일반인보다 자기애성 성격장애가 될 위험성이 높다. 현대사회로 들어서면서 자기애성 성격장애 환자의 수가 꾸준히 증가하고 있는 것이 흥미롭다.

② 진단

『DSM-5』에 의한 자기애성 성격장애의 진단기준은 다음과 같다.

표 18-9 자기애성 성격장애 진단기준

과대성(공상 또는 행동상), 숭배에의 요구, 감정이입의 부족이 광범위한 양상으로 있고 이는 청년기에 시작되며 여러 상황에서 나타나고, 다음 중 5가지(또는 그 이상)로 나타난다.

1. 자신의 중요성에 대한 과대한 느낌을 가짐(예: 성취와 능력에 대해서 과장한다, 적절한 성취 없이 특별대우받기를 기대한다)
2. 무한한 성공, 권력, 명석함, 아름다움, 이상적인 사랑과 같은 공상에 몰두함
3. 자신의 문제는 특별하고 특이해서 다른 특별한 높은 지위의 사람(또는 기관)만이 그것을 이해할 수 있고 또는 관련해야 한다는 믿음
4. 과도한 숭배를 요구함
5. 특별한 자격이 있는 것 같은 느낌을 가짐(즉, 특별히 호의적인 대우를 받기를, 자신의 기대에 대해 자동적으로 순응하기를 불합리하게 기대한다)
6. 대인관계에서 착취적임(즉, 자신의 목적을 달성하기 위해서 타인을 이용한다)
7. 감정이입의 결여: 타인의 느낌이나 요구를 인식하거나 확인하려 하지 않음

8. 다른 사람을 자주 부러워하거나 다른 사람이 자신을 시기하고 있다는 믿음
9. 오만하고 건방진 행동이나 태도

출처: American Psychiatric Association (2015).

③ 임상 양상

자기애성 성격장애 환자는 자기가 매우 중요한 사람이라는 과장된 자기감을 가진다. 자신이 매우 특별하다고 생각해 치료 장면에서도 특별한 대우를 받을 것을 기대한다. 따라서 이들은 외부의 비판을 잘 견디지 못하고 사람들이 비판하려고 하면 화를 내거나 아예 비판 자체를 무시해 버린다. 자기애성 성격장애 환자는 자신만의 방식을 고집하고 명성과 부를 얻는 것에 대한 야망이 강하다. 대인관계는 깨지기 쉽고 관습적인 규칙이나 규범을 따르지 않기 때문에 사람들을 화나게 한다. 타인을 착취하는 행동도 흔히 나타난다. 이들은 공감을 전혀 하지 못하는데 간혹 이기적인 목적 달성을 위해 정서적 교감을 가장할 때는 있다. 한편 이들은 자존감이 취약해 우울증에 빠지기 쉽다. 대인관계의 어려움, 직장에서의 적응 문제, 거절, 상실감 등도 이들의 주된 스트레스 소인인데, 이런 소인의 대부분이 자신의 행동 때문에 발생했다는 것을 인정하지 않고, 문제 발생의 원인이 자신에게 있음에도 이런 문제를 잘 극복하지 못한다. 의사소통에서는 판단적이고 완고하며 강압적인 모습을 보이며 인지과정은 단정적이고 흑백논리적이며 편견에 치우쳐 있고 임의로 추론하며 과잉일반화를 많이 한다. 심지어 타인에 대해 이중구속적인 관점을 갖고 있어 그들이 임무를 잘해 내지 못하면 조롱하고 벌하고, 또 임무를 잘해 내도 위협감을 느끼면서 조롱하고 괴롭히기 때문에 결과적으로는 타인에게서 소외되고 고립된다. 또한 이들은 슬픔, 죄책감, 불확실성과 같은 부적 정서는 긍정적인 자기상을 위협하는 약점으로 생각하기 때문에 이런 부적 정서를 확대 해석하여 매우 예민하게 반응한다.

④ 감별 진단

경계성, 연극성, 반사회성 성격장애는 종종 자기애성 성격장애와 동반되기 때문에 감별 진단에 어려움이 있다. 하지만 자기애성 성격장애 환자는 경계성 환자에 비해 덜 불안해하고 덜 혼란스러워하며 자살 시도가 적다. 연극성 성격장애 환자는 과시욕을 보이고 다른 사람을 교묘히 이용하려 한다는 점에서 자기애성 성격장애 환자와 상

당히 유사하지만 자기애성 성격장애 환자는 우호적이고 사교적인 행동을 거의 보이지 않는다는 점에서 구분된다. 반사회성 성격장애 환자는 충동적인 행동을 많이 하고 알코올이나 약물 사용, 법적 문제가 많았던 과거력을 갖고 있다는 점에서 자기애성 성격장애 환자와 구분된다.

⑤ 경과 및 예후
자기애성 성격장애는 만성적이고 치료하기 어렵다. 나이가 들어서도 여전히 아름다움과 강함, 젊은 시절의 특성에 가치를 두고 부적절하게 매달리기 때문에 다른 사람보다 중년의 위기에 더 취약하다.

⑥ 치료
심리치료
자기애성 성격장애 환자는 자신의 자기애적 특성이 없어지는 것을 원치 않기 때문에 치료 동기가 매우 약하다. 정신분석적 접근이 가장 효과적이라는 의견이 있지만 최선의 치료법을 결정하기 위해서는 많은 연구가 필요하다. 다른 사람과 삶을 공유하고 다른 사람에게 감정이입하는 것을 배우도록 도와주는 집단치료가 효과적이라는 연구가 있다.

인지행동적 접근에서는 이들이 열등감에서 벗어나기 위해 특별해야 하고 우월성을 가질 필요가 있다는 자기도식을 발달시켰다고 가정한다. 즉, 이들은 '나는 열등해. 따라서 나는 특별해져야 해. 나는 특별대우를 받아야 하고 사람들에게서 칭송받아야 해.'라는 왜곡된 생각을 갖고 있으며 이러한 우월성을 침해하는 부정적인 피드백을 원천적으로 봉쇄하려고 하기 때문에 과장된 자기상을 갖게 된다는 것이다. 또한 이들은 자신의 우월성을 유지하기 위해 타인을 착취하기 때문에 바람직한 대인관계를 형성하기가 어렵다. 이들이 권력과 특권의식에 집착하는 것도 우월성을 증명하려는 것이다. 따라서 이들에 대한 치료는 치료를 자기고양 과정으로 볼 수 있도록 끌고 나가야 한다. 치료 초반에는 칭찬을 해 주거나 이들의 긍정적인 면을 자주 언급하여 라포를 형성하는 것이 중요하다. 이들이 그토록 중요시하는 성공의 의미에 대해 재검토하고 자기과장적인 믿음과 가정을 탐색해서 건설적이고 현실적인 자기가치감을 갖도록 한다. 현실적인 문제를 해결할 때에는 내담자의 의견을 물어 찬반을 검토해 보는 것이 내담자의 치료 동기를 유지하는 데 중요하다. 무엇보다도 이들의 핵심 문제는 대인관계에서의 어려움이기 때문에 친근감을 표현하는 대화법, 경청, 공감, 돌봄, 다른 사람의 기분을 수용해 주는 기술 등을 습득하도록 해야 한다. 타인과 자신을 분리시켜 경계를 많이 하기 때문에 타인에 대한 조망을 갖도록 하는 것도 중요하다. 이때 상상적인 역할 놀이가 도움이 될 수 있다. 이들은 자신의 결정을 번복하거나 타인의 의견을 수용하는 것을 자신의 열등함이 나타나는 것이라고 단정 짓는 경향이 있기 때문에 이러한 왜곡된 신념을 바꾸어 주어야 한다. 정말로 유능한 사람은 문제가 발견되었을 때 기민하게 수정하는 사람이라는 것을 사례를 들어 설명해 주는 것도 도움이 된다. 다른 사람과 경험을 공유하는 것의 가치를 깨닫게 하고 자존감을 높이는 자기신념의 말(self-talks)을 찾아 자주 되뇌도록 하는 것도 좋은 방법이 될 수 있다(예: '진정한 자존감은 사람들과 관계를 맺고 소속됨으로써 얻을 수 있다.' '인간관계는 유쾌한 경험이며 지위의 상징이 아니다.' 등).

약물치료

리튬(lithium)은 감정의 변동이 심한 환자에게 사용할 수 있다. 자기애성 환자는 거절을 잘 견디지 못하기 때문에 우울증에 빠지기 쉬워 항우울제, 특히 세로토닌성 약물(serotonergic drugs)이 처방되기도 한다.

3) C군 성격장애

(1) 회피성 성격장애

회피성 성격장애(avoidant personality disorder) 환자는 거절당하는 것에 극도로 민감한 반응을 보이고 사회에서 철회된 삶을 산다. 이들이 수줍음을 많이 타긴 하지만 반사회적인 것은 아니며 오히려 실제로는 친밀한 관계를 매우 갈망한다. 그러나 어떤 비판도 하지 않는 무조건적인 수용을 해 주는 관계를 원하기 때문에 대개 친밀한 관계를 형성하는 데 실패한다. 열등감을 흔히 보인다.

① 유병률

회피성 성격장애는 흔한 편으로, 일반 인구의 2.5% 정도의 유병률을 보인다. 성별 차이나 가족력에 대한 의미 있는 정보는 아직 보고된 바 없다. 유순한 아동이 활달한 아동보다 회피성 성격장애를 가질 확률이 더 높다.

② 진단

회피성 성격장애 환자는 초기 면담 때부터 불안감을 나타낸다. 이들은 치료자가 자기를 좋아하는지 여부에 끊임없이 신경을 쓰기 때문에 면담 내내 긴장과 초조감을 보인다. 이들은 치료자의 논평이나 제안에 상처받기 쉽고 설명과 해석조차도 비판으로 간주한다. 다음은 『DSM-5』의 진단기준이다.

표 18-10 회피성 성격장애 진단기준

사회관계의 억제, 부적절감, 그리고 부정적 평가에 대한 예민함이 광범위한 양상으로 나타나고 이는 청년기에 시작되며 여러 상황에서 나타나고 다음 중 4가지(또는 그 이상)로 나타난다.

1. 비판이나 거절, 인정받지 못함 등 때문에 의미 있는 대인 접촉이 관련되는 직업적 활동을 회피함
2. 자신을 좋아한다는 확신 없이는 사람들과 관계하는 것을 피함
3. 수치를 당하거나 놀림 받음에 대한 두려움 때문에 친근한 대인관계 이내로 자신을 제한함
4. 사회적 상황에서 비판의 대상이 되거나 거절되는 것에 대해 집착함
5. 부적절감으로 인해 새로운 대인관계 상황에서 제한됨
6. 자신을 사회적으로 부적절하게, 개인적으로 매력이 없는, 다른 사람에 비해 열등한 사람으로 바라봄
7. 당황스러움이 드러날까 염려하여 어떤 새로운 일에 관여하는 것, 혹은 개인적인 위험을 감수하는 것을 드물게 마지못해서 함

출처: American Psychiatric Association (2015).

③ 임상 양상

회피성 성격장애의 주된 임상 양상은 거절에 대한 과민성과 수줍음이다. 그들은 따뜻하고 안전한 관계를 맺기를 원하지만 거절에 대한 근거 없는 두려움 때문에 대인관계를 회피하고 이러한 회피행동을 정당화한다. 사람들과 대화를 할 때 관계의 불확실함에 대해 자주 언급하고 자기확신감이 매우 부족하며 자기를 낮추는 표현을 자주 한다. 이들은 비판에 과민하기 때문에 여러 사람 앞에서 발표를 하는 데 두려움을 느끼고 사람들의 요구를 심히 부담스러워한다. 다른 사람의 단순한 조언이나 지적도 경멸

이나 조롱으로 잘못 해석하며 자신의 요구가 거절당하면 심한 고통감을 느끼면서 철수된다.

직업 장면에서는 사람들의 눈에 띄지 않는 일을 할 때가 많다. 이들은 보통 사람들이 중요시하는 승진에 관심이 없으며 권위적인 태도를 거의 보이지 않는다. 오히려 매우 수줍어하고 그저 다른 사람들을 편하게 해 주려고 한다. 이들은 상대방이 전혀 비판을 하지 않고 무조건적으로 수용해 줄 것이라는 강한 확신이 있을 때에만 관계를 맺기 때문에 가까운 친구가 거의 없다.

④ 감별 진단

조현성 성격장애 환자가 사회적 관계 자체를 원하지 않는 반면 회피성 성격장애 환자는 사회적 교류를 갈망한다는 면에서 차이가 있다. 또한 이들은 연극성 성격장애 환자나 경계성 성격장애 환자와 달리 지나치게 요구를 하거나 쉽게 화를 내거나 예측 불가능한 행동을 하지 않는다. 회피성 성격장애 환자와 의존성 성격장애 환자의 구분도 어려운데, 의존성 성격장애 환자가 유기불안이 더 심한 편이라고 할 수 있다.

⑤ 경과 및 예후

회피성 성격장애 환자는 보호적인 환경에서는 정상적인 기능을 할 수 있다. 일부는 결혼하고 자녀를 갖고 가족하고만 교류하면서 평범한 삶을 살곤 한다. 하지만 지지체계가 무너지면 쉽게 우울증에 빠진다. 공포적 회피 반응을 보이거나 사회공포증의 증상을 보이는 경우가 많다.

⑥ 치료

심리치료

회피성 성격장애 환자에 대한 심리치료 효과는 환자와 치료자의 동맹관계가 얼마나 강한가에 달려 있다. 우선 신뢰감이 형성된 후 치료자는 수용적인 태도로 환자의 불안, 특히 거절당하는 것에 대한 공포를 다루어야 한다. 궁극적으로는 환자가 굴욕과 거절, 실패의 위험 요소로 지각하는 것이 무엇인지를 알도록 환자로 하여금 바깥세상으로 나가도록 격려해야 한다. 치료자는 새로운 사회 기술을 연습시키는 것과 같은 과제를 줄 때는 조심스럽게 접근해야 한다. 과제 실패가 환자의 낮은 자존감을 더 약화시킬 수 있기 때문이다. 집단치료는 환자가 자신의 거절에 대한 과민성이 타인에게 어떤 영향을 미치는지를 알도록 하는 데 도움이 된다.

인지행동적 접근에서는 이들이 타인에게 자신의 진정한 자기(real self)를 노출하거나 주장적으로 자기 표현을 하면 거절당할 것이라는 두려움을 갖고 있다고 가정한다. 이들의 대표적인 비합리적 생각은 '다른 사람은 나보다 우월하고 만약 나에 대해 알게 된다면 나를 비판할 거야.' '내가 현재 경험하는 부정적인 감정은 영원히 지속될 거야.' 등이다.

사회기술 훈련은 이들의 사회불안을 감소시키는 데 매우 유익하다. 불쾌한 정서를 회피하기 위해 불필요한 사소한 일에 몰입하거나 집착하는 경우가 많기 때문에 이러한 패턴을 인식시켜 주어야 한다. 아울러 불쾌한 기분 자체를 죄악시하는 태도를 수정하도록 도와주어야 한다. 이들은 친밀한 관계에 대한 욕구가 높지만 자신감이 부족해서 그런 관계를 유지하지 못함에도 그런 관계를 원하지 않는 것처럼, 자신이 하고자 했던 일이 가치가 없는 것처럼 합리화와 변명을 많이 하기 때문에 이런 부분에 대해 직면시키고 수정하도록 도와주어야 한다. 때로는 잦은 좌절 경험으로 학습된 무력감이 형성되어 '나의 상황을 바꾸기 위해 내가 할 수 있는 일은 아무 것도 없어.'라고 자포자기하거나 완벽한 인간관계나 완벽한 직업이 아무 노력 없이 어느 날 갑자기 나타날 것이라는 비현실적인 믿음도 갖고 있기 때문에 이 점을 직면시켜 주어야 한다.

치료 장면에서 이들은 자신을 잘 드러내려고 하지 않고 비난과 불승인을 예상하면서 치료자의 수용성을 믿지 않으려는 태도를 보이곤 하기 때문에 치료자는 인내심을 갖고 진행해야 한다. 이런 경우 치료자는 자신의 감정과 생각을 주입하려고 하기보다는 환자에게 직접적으로 생각하고 있는 것을 질문하고 치료자의 피드백을 얼마나 믿을 수 있는지 점수(0~100점)로 평정하게 하여 회기의 진행에 따라 비교해 보는 것이 좋다. 그럼에도 환자가 치료자와의 관계에 대해 계속 부정적인 평가를 할 때에는 나중에 부정적 평가를 할 수 있는 시간을 따로 할당하여 일단 치료에 집중하도록 이끌어 간다. 불쾌한 정서를 유발하는 부정적 사건에 대해 일기를 쓰도록 하고 회피 상황에 대한 도표를 그리도록 해서 일상적인 생활 패턴을 스스로 알도록 해 준다. 하지만 자동적 사고가 유발하는 부정적 정서가 부담스러워 숙제를 잘 하려고 하지 않을 수 있다. 이런 경우에는 회기 중에 상상해 보도록 요구하고 그 상황에 대해 설명해 보게 하는 방법, 역할극을 하면서 자동적 사고를 확인하게 하는 방법 등이 도움이 된다. 자

기주장 훈련 등의 행동치료는 환자로 하여금 자신의 요구를 명백하게 표현하고 자존
감을 증진시키는 데 도움이 된다. 이들에 대한 치료는 진행과정이 워낙 느리기 때문
에 치료자는 상당한 좌절을 경험할 수 있다. 또한 상담 약속을 취소하여 치료를 회피
하기도 한다. 하지만 이런 회피행동이야말로 그런 행동의 이면에 깔려 있는 자동적
사고나 태도를 밝히는 좋은 기회가 될 수 있다.

약물치료

약물치료는 회피성 성격장애와 연관된 불안과 우울증을 치료하는 데 사용된다. 또
아데놀롤(atenolol)과 같은 아드레날린성 수용체 길항제(adrenergic receptor antagonist)
는 자율신경계의 과항진 치료에 도움이 되고, 세로토닌성 약물(serotonergic agents)은
거절 감수성을 완화하는 데 도움이 된다. 이론적으로는 도파민성 약물(dopaminergic
drugs)이 회피성 환자의 추동을 높여 줄 수 있겠지만 그 전에 새로운 경험에 직면할 수
있도록 심리적 준비가 되어야 할 것이다.

(2) 의존성 성격장애

의존성 성격장애(dependent personality disorder) 환자는 자신의 욕구보다 다른 사람
의 욕구를 우선시하고 자신의 삶의 주요한 영역에서의 책임을 다른 사람에게 떠넘긴
다. 또한 이들은 자신감이 결여되어 있고 짧은 시간 동안 혼자 있는 것에 대해서도 심
한 불편감을 경험한다. 의존성 성격장애는 수동 의존 성격이라고도 불려 왔다. Freud
는 '구강 의존성 성격'이라 묘사했는데 이는 의존성과 비관주의, 성욕에 대한 두려
움, 자기의심, 수동성, 피암시성, 인내의 결핍 등의 특징을 갖고 있다. 이러한 양상은
『DSM-5』의 의존성 성격장애 진단준거와 유사하다.

① 유병률

의존성 성격장애 환자는 남성보다 여성에게 더 흔하지만 1% 미만으로 알려져 있
다. 나이 든 사람보다 젊은 사람에게 더 흔하게 나타나며, 아동기 때 만성적인 신체질
환이 있었던 경우 성인이 되었을 때 의존성 성격장애를 갖기 쉽다.

② 진단

면담 시 의존성 성격장애 환자는 순응적인 모습을 보인다. 그들은 협조적이고, 구체적인 질문에도 잘 대답하며 도움을 받기를 원한다. 다음은 『DSM-5』의 진단준거이다.

표 18-11 의존성 성격장애 진단기준

돌봄을 받고자 하는 광범위하고 지나친 욕구가 복종적이고 매달리는 행동과 이별 공포를 초래하며, 이는 청년기에 시작되며 여러 상황에서 나타나고 다음 중 5가지(또는 그 이상)로 나타난다.

1. 타인으로부터의 과도히 많은 충고, 또는 확신 없이는 일상의 판단을 하는 데 어려움을 겪음
2. 자신의 생활 중 가장 중요한 부분에 대해 타인이 책임질 것을 요구함
3. 지지와 칭찬을 잃는 것에 대한 공포 때문에 타인과의 의견 불일치를 표현하는 데 어려움을 나타냄(주의점: 보복에 대한 현실적인 공포는 포함하지 않는다)
4. 계획을 시작하기 어렵거나 스스로 일을 하기가 힘듦(동기나 에너지의 결핍이라기보다는 판단이나 능력에 있어 자신감의 결여 때문임)
5. 타인의 돌봄과 지지를 지속하기 위해 불쾌한 일이라도 자원해서 함
6. 혼자서는 자신을 돌볼 수 없다는 심한 공포 때문에 불편함과 절망감을 느낌
7. 친밀한 관계가 끝나면 자신을 돌봐 주고 지지해 줄 근원으로 다른 관계를 시급히 찾음
8. 자신을 돌보기 위해 혼자 남는 데 대한 공포에 비현실적으로 집착함

출처: American Psychiatric Association (2015).

③ 임상 양상

의존성 성격장애 환자는 광범위한 의존적 · 복종적 성향이 특징이다. 이들은 다른 사람의 과도한 충고와 안전에 대한 보장 없이는 어떤 결정을 내리지 못한다. 책임지는 것을 꺼려 하고 리더로서의 역할이 주어지면 불안해하며 강한 사람에게 기꺼이 복종할 태세가 되어 있다. 스스로 어떤 일을 끝까지 해내는 경우는 드물지만 다른 사람을 위해 일을 할 때는 완수하곤 한다.

이들은 혼자 있는 것을 싫어하기 때문에 의존할 사람을 계속 찾으며, 이러한 과정에서 다른 사람과 친밀해지려는 욕구 때문에 기존의 대인관계가 깨지기도 한다.

비관주의, 자기의심, 수동성, 성적인 공상과 공격적인 감정을 표현하는 데 대한 두려움이 의존성 성격장애 환자의 전형적인 특징이다. 애착이 깨지는 것에 대한 두려움이 워낙 커 배우자가 포악하고 신뢰할 수 없고 심지어 알코올중독 환자여도 오랫동안 같이 살기도 한다.

④ 감별 진단

　의존성은 많은 정신과질환에서 볼 수 있기 때문에 감별 진단이 무척 어렵다. 특히 연극성 성격장애와 경세성 성격상애 환자에서 의존성이 높게 나타나는데, 의존성 성격장애 환자는 이들과 달리 보통 한 사람과 오랫동안 관계를 오래 지속하는 편이고 노골적으로 조종하는 모습이 거의 없다. 광장공포증 환자의 경우 의존적 행동을 종종 보이지만 거의 공포증에 가까울 정도로 불안 수준이 무척 높다는 면에서 의존성 성격 장애 환자와 감별된다.

⑤ 경과 및 예후

　의존성 성격장애 환자의 예후에 대해서는 별로 알려진 것이 없다. 철저한 감독 없이 독립적으로 행동하는 것을 꺼려 하기 때문에 직업적 기능이 많이 떨어지는 경향이 있다. 사회적 관계도 그들이 의존할 수 있는 사람에게만 제한되며 자기주장을 잘하지 못하기 때문에 신체적·정신적 학대를 받기도 한다. 의존성 성격장애 환자는 의존하던 대상을 상실했을 때 우울증에 빠질 위험이 높지만 적절한 시기에 치료를 받는다면 경과는 좋은 편이다.

⑥ 치료

심리치료

　의존성 성격장애 환자에 대한 치료는 예후가 좋은 편이다. 통찰 지향적 치료는 의존성 환자로 하여금 자신의 의존적 행동에 대한 이유를 알도록 해 주고 치료자의 지지를 바탕으로 좀 더 독립적이고 자기주장을 잘하며 자신을 신뢰하도록 도움을 줄 수 있다. 행동치료, 자기주장 훈련, 가족치료, 집단치료 등도 사용되어 왔고 그 결과는 좋다. 치료자는 의존성 환자의 감정이 아무리 병적으로 보이더라도 애착에 대한 그들의 욕구를 존중해 주어야 한다.

　인지행동적 접근에서는 이들이 자율성을 갖도록 하는 것이 일차적인 치료목표이다. 이들은 '나는 무능해, 따라서 내가 살기 위해서는 다른 사람이 필요하고 나는 그 사람에게 절대적으로 순종해야 해.'라는 왜곡된 생각을 갖고 문제를 처리할 때 다른 사람의 힘을 빌려 살아왔기 때문에 자율성에 필요한 기술을 배우고 숙달할 기회 자체가 없었을 수 있다. 자율성이란 타인과 단순히 분리되는 독립성을 넘어 가깝고 친밀한 관계를 발전시키는 능력까지도 포함하는 개념이다. 스스로 무력하다고 생각하는 기본적인 신념에 도전하기 위해 유능감에 대한 구체적인 증거를 모으며 의존성에서 독립성까지를 연속선상에 그려 보게 하고(0~10 척도 사용) 모든 순간에서 전적으로 독립적일 필요가 없고, 도움을 구할 수도 있음을 알려 줌으로써 지나치게 불안해하지 않도록 해야 한다. 하지만 환자는 의존성 문제에 대한 인식 자체가 없을 수 있으며 때로는 독립성이라는 단어만 들어도 두려워할 수 있다. 따라서 환자가 그 문제를 다룰 준비가 되어 의존성이라는 말을 환자가 실제로 먼저 사용하게 하는 것이 환자에게는 더 자연스럽고 덜 위협적일 수 있다. 이들을 치료에 관여시키기 위해 치료 초기에는 어느 정도 의존을 허용해 줄 필요가 있다. 그러면서 점진적으로 의존성을 버리고 자율성을 가질 수 있도록 치료 내내 일관성 있게 끌고 가는 것이 좋다. 이러한 과정에서의 방해 요소는 오히려 이들이 자신이 유능해지면 버림받을까 봐 유능해지는 것을 두려워하는 무의식적 심리 태세이다. 환자들은 자율적인 존재가 되어도 두려워하는 일이 발생하지 않는다는 것을 스스로 명확하게 알 필요가 있다.

자신의 문제를 다루는 데 더욱 능동적인 역할을 취하도록 도와주기 위해 그 회기의 어떤 논제를 직접 정하게 한다든지 다음 회기의 주제를 결정하게 하는 것도 좋은 연습이 될 수 있다. 이런 과정을 통해 점점 더 핵심적이고 중요한 삶의 문제로 결정의 범위를 넓혀 간다. 자기점검(self monitoring), 자기평가(self evaluation), 자기강화(self reinforcement)를 가르치는 것은 이들이 자율성을 획득하는 데 매우 유용하다. 또한 자기강화뿐 아니라 마치 아이를 양육할 때처럼 구체적인 보상을 주는 것도 좋은 방법이다. 실제로 이들이 자율성을 갖춘 성인으로 발전하는 과정을 지켜보는 것은 아동이 성장하는 것을 보는 것과 비슷한 만족을 준다.

이들의 주변에는 환자의 의존성을 강화하고 용인해 준 가족이 있게 마련이다. 따라서 가족의 심리 구조에 대해서도 개입이 필요할 수 있다.

약물치료

약물치료는 의존성 환자와 관련된 불안이나 우울 등 특정한 증상이 있을 때 사용될 수 있다. 공황장애나 심각한 정도의 분리불안을 경험하는 환자에게는 이미프라민(imipramine)이 도움이 된다. 벤조디아제핀류(benzodiazepines)와 세로토닌성 약물(serotonergic agents) 역시 유용하다. 환자의 증상에 따라 항우울제 등이 사용되기도 한다.

(3) 강박성 성격장애

강박성 성격장애(obsessive-compulsive personality disorder) 환자는 감정의 억제와 질시의 준수, 인내심과 고집스러움, 우유부단함, 완벽주의와 경직성이 특징이다.

① 유병률

일반 인구의 2~8% 정도로 알려져 있다. 흔히 남성에게서 더 많이 발병하고 형제 중 장남에게 가장 많이 발병하는 경향이 있다. 또한 가족 중에 이 성격장애가 있는 사람의 자녀에게서 더 흔히 나타난다. 이들은 대개 가정에서 엄격한 훈련을 받은 경험을 많이 보고한다. Freud는 이 성격장애가 심리성적 발단단계에서 2세경의 항문기에서의 어려움으로 인해 형성된다고 하였다.

② 진단

강박성 성격장애 환자는 면담 시 매우 경직되고 형식적이며 엄격한 태도를 보인다. 정서가 무미건조하지는 않지만 매우 억제되어 있다. 자발성이 없고 감정이 지나치게 진지하고 엄숙하기조차 하다. 면담 상황을 통제하지 못하는 것에 대해 불안해하기도 한다. 합리화, 고립화, 주지화, 반동형성, 취소 등의 방어기제를 주로 사용한다. 다음은 『DSM-5』의 진단기준이다.

표 18-12 강박성 성격장애 진단기준

융통성, 개방성, 효율성을 희생시키더라도 정돈, 완벽, 정신적 통제 및 대인관계의 통제에 지나치게 집착하는 광범위한 양상으로 이는 청년기에 시작되며 여러 상황에서 나타나고 다음 중 4가지(또는 그 이상)로 나타난다.

1. 내용의 세부, 규칙, 목록, 순서, 조직 혹은 스케줄에 집착되어 있어 활동의 중요한 부분을 놓침
2. 완벽함을 보이나 이것이 일의 완수를 방해함(예: 자신의 완벽한 기준을 만족하지 못해 계획을 완수할 수 없음)
3. 여가 활동이나 친구 교제를 마다하고 일이나 성과에 지나치게 열중함(경제적으로 필요한 것이 명백히 아님)
4. 지나치게 양심적임, 소심함 그리고 도덕 윤리 또는 가치관에 관하여 융통성이 없음(문화적 혹은 종교적 정체성으로 설명되지 않음)
5. 감정적인 가치가 없는데도 낡고 가치 없는 물건을 버리지 못함

6. 자신의 일하는 방법에 대해 정확하게 복종적이지 않으면 일을 위임하거나 함께 일하지 않으
려 함
7. 자신과 타인에 대해 돈 쓰는 데 인색함, 돈을 미래의 재난에 대해 대비하는 것으로 인식함
8. 경직되고 완강함을 보임

출처: American Psychiatric Association (2015).

③ 임상 양상

강박성 성격장애 환자는 규칙과 규율, 질서정연함, 청결, 사소한 일, 완벽한 성취에 몰두한다. 이런 특성 때문에 정서가 억제될 수밖에 없기도 하다. 이들은 규칙이 엄격하게 지켜져야 한다고 주장하고 규칙이 위반되는 것을 참지 못하기 때문에 융통성이 없고 참을성이 부족해 보인다. 또 이들은 일상적으로 진행되는 일이라도 지루해하지 않고 끝까지 해내곤 한다.

강박성 성격장애 환자는 대인관계 기술이 매우 부족하다. 이들은 형식적이고 지나치게 심각하며 유머가 거의 없다. 사람들을 멀리하고 쉽게 타협하지 않으며, 다른 사람이 자신의 뜻에 복종하기를 원한다. 하지만 자신보다 강해 보이는 사람들이 있을 때에는 그들을 즐겁게 해 주려고 하고 그들이 원하는 것을 기꺼이 해 주고자 한다. 실수를 하지 않으려고 하기 때문에 결정을 내리는 데 있어 우유부단하고 지나치게 심사숙고하며 자신의 안정된 삶에 위협을 주는 요소가 나타나면 큰 불안감을 느낀다.

④ 감별 진단

반복적인 강박증상이나 사고가 있으면 강박장애의 진단을 고려해야 한다. 아마 진단을 내리기가 가장 어려운 경우는 강박성 성향을 갖고 있는 환자와 강박성 성격장애 환자를 감별하는 것인데, 강박성 성격장애 환자가 직업적 기능과 사회적 능력에서 더 심각한 손상을 보이는 경우가 많다. 일부 환자에게 망상장애가 공존하는 경우가 있으며, 이런 경우 중복 진단을 내려야 한다.

⑤ 경과 및 예후

강박성 성격장애의 경과는 다양하고 예측이 어렵다. 이 장애가 있는 일부 청소년은 성장하면서 온정적이고 개방적이고 사랑받을 수 있는 성인으로 성장하지만, 많은 경우에서 조현병의 전조 증상으로 연결되거나 나이가 들면서 오히려 더 악화되어 주요

우울증에 걸리기도 한다. 이들은 매사에 꼼꼼하게 대처하고 확실한 결론이 있는 것을 선호하며 사소한 것에 집착하기 때문에 예기치 못한 변화에 무척 취약하고 그 삶이 마치 황무지와 같이 건조하다.

⑥ 치료

심리치료

다른 성격장애 환자와는 달리 강박성 성격장애 환자들은 종종 자신의 고통을 인식하고 스스로 치료받기를 원한다. 치료받았던 경험이 많은 환자들의 보고에 의하면 자유연상, 비지시적 치료의 효과가 높다고 한다. 하지만 치료는 대개 오래 걸리고 복잡하며 역전이 문제도 흔히 일어난다. 집단치료와 행동치료가 좋은 효과를 보일 때가 있다. 이러한 치료에서는 환자가 부적응적인 상호작용을 보이거나 자의적인 설명을 늘어놓을 때 중간에 개입하기가 훨씬 쉽다. 또한 개인치료 장면에서는 하기 힘든, 행동변화에 대한 직접적인 강화도 제공할 수 있다. 하지만 자신의 습관적인 행동이나 사고에 제재를 받는 것 때문에 불안 수준이 증가하고 바람직한 새로운 행동을 학습하는 것을 꺼려 할 수도 있다.

인지행동적 접근에서는 이들의 핵심적인 문제를 낮은 자기존중감으로 본다. 이들의 낮은 자기존중감은 결핍적이었던 가정 환경에서 형성되었을 것이며, 온정적인 지지가 부족했기 때문에 어떠한 말과 외부 규칙으로 자신의 행동을 정형화하였을 것이다. 이들은 겉으로는 완벽주의적이고 빈틈이 없어 보이지만 실제로는 외부 세상을 두려워하고, 이러한 두려움을 남이 알게 될까 봐 고립되어 있기 때문에 정서적 기술이나 대인관계 기술이 발달하지 못하게 된다. 이들은 '나는 부족해. 따라서 실수를 하면 안 되므로 모든 것을 통제해야 해. 정답은 오직 하나이기 때문에 나는 더욱더 조심해서 일을 잘 처리해야 해.'라는 왜곡된 생각을 갖고 있기 때문에 실수를 하지 않기 위해 자신과 자신의 환경을 완벽히 통제하려는 욕구를 보인다. 따라서 이들의 행동과 정서를 변화시키기 위해 기저의 왜곡된 가정을 인식하고 수정하도록 돕는 것이 치료목표가 될 것이다.

하지만 이들은 경직되어 있고 정서적으로 친밀해지는 것에 대해 불편해하며 대인관계의 중요성을 등한시하는 경향이 있어 라포를 형성하는 것이 쉽지 않다. 그렇다고 해서 치료를 지나치게 자유로운 형식으로 이끌어서는 안 되며 다른 환자의 치료와 마찬가지로 주제를 정하고, 문제의 우선순위를 정하며, 문제해결 기술을 사용해 치료회기를 구조화해야 한다. 인지치료에서 중요한 과정인 과제를 제시할 때는 이들이 완벽하게 해내려고 함으로써 오히려 기본 특성이 강화될 수 있으므로 과제를 지나치게 꼼꼼하게 하지 않도록 지도해야 하는 경우가 있을 수 있다.

　치료 초기에 친밀한 정서적 관계를 발달시키려는 과도한 시도는 오히려 조기 종결로 이어질 수 있으므로 내면의 핵심적인 부분을 다루기 이전에 이들의 일상적인 불편함을 먼저 다루어 주는 것이 촉진적 관계를 형성하는 데 도움이 된다. 불안과 신체화 증상은 강박성 성격장애 환자가 빈번히 호소하는 문제이기 때문에 이완과 명상이 도움이 된다. 하지만 이들은 처음에는 이완이나 명상에 시간을 쏟는다는 것이 시간낭비라고 생각하여 이 기술을 적용하기가 어려울 수 있는데, 치료를 통해 자신이 얻을 수 있는 '이득-손실 비교표'(〈표 18-6〉 참조)를 작성해서 직접 결정해 보도록 하는 방법이 도움이 된다. 이들은 건조하고 경직된 정서성을 갖고 있기 때문에 논박이 예상되는 행동에 대해 감정적으로 설득하려고 하기보다는 직접 생활에서 실험을 해 보도록 하는 방법이 추천된다. 강박성 성격장애 환자는 즐거움보다는 생산성에 훨씬 가치를 두기 때문에 삶의 즐거움이 주는 가치에 대해 평가해 보도록 하는 것이 유익하다.

약물치료

　클로나제팜(clonazepam), 벤조디아제핀(benzodiazepine) 등은 강박 증상이 심할 때 효과가 있는 것으로 알려져 있는데, 강박성 성격장애에도 효과가 있는지에 대해서 연구 중에 있다. 클로미프라민(clomipramine), 플루옥세틴(fluoxetine) 등은 강박 증상이 장기간 지속될 때 효과가 있는 것으로 알려져 있으며 네파조돈(Nefazodone)도 일부 환자에게 효과가 있는 것으로 알려져 있다.

3. 기타 성격장애

　지금까지 살펴본 10개의 주요 성격장애 외에 『DSM-5』에서는 3개의 기타 성격장애를 제시한다. 다른 의학적 상태로 인한 성격 변화, 달리 명시된 성격장애, 명시되지 않는 성격장애이다. 각각에 대한 설명이 다음에 기술되어 있다.

1) 다른 의학적 상태로 인한 성격변화

표 18-13 다른 의학적 상태로 인한 성격변화 진단기준

A. 병전의 특징적 성격 양상이 변화되었음을 나타내는 지속적인 성격장애(아동에서는 장애가 적어도 1년 이상 지속되고, 정상적인 발달에서 현저히 이탈되거나 개인의 통상적인 행동 양상보다 심각한 변화가 있어야 한다).

B. 병력, 신체 검진 또는 검사 소견에서 장애가 다른 의학적 상태의 직접적인 병태생리학적 결과라는 증거가 있다.

C. 장애가 다른 정신질환(다른 의학적 상태로 인한 다른 정신질환 포함)으로 더 잘 설명되지 않는다.

D. 장애가 섬망의 경과 중에만 발생되지는 않는다.

E. 장애가 사회적, 직업적, 또는 다른 중요한 기능 영역에서 임상적으로 현저한 고통이나 손상을 초래한다.

다음 중 하나를 명시할 것
　　불안정형: 주요 특징이 정동 가변성인 경우
　　탈억제형: 주요 특징이 성적 무분별에서 드러나는 불충분한 충동 조절인 경우
　　공격형: 주요 특징이 공격적인 행동인 경우
　　무감동형: 주요 특징이 심한 무감동과 무관심인 경우
　　편집형: 주요 특징이 의심 또는 편집성 사고인 경우
　　기타형: 주요 특징이 앞의 어느 아형에도 맞지 않는 경우
　　혼합형: 임상 상황에서 주요 특징이 하나 이상인 경우

명시되지 않는 유형:
　　부호화 시 주의점: 기타 의학적 상태의 진단명을 기재한다(예: 310.1 측두엽 뇌전증으로 인한 성격 변화), 다른 의학적 상태로 인한 성격 변화 앞에 기타 의학적 상태가 즉각적으로 부호화되고 분류되어 기록되어야 한다[예: 345.40(G40.209) 측두엽 뇌전증, 310.1(F07.0) 측두엽 (뇌전증으로 인한 성격 변화)].

출처: American Psychiatric Association (2015).

2) 달리 명시된 성격장애

표 18-14 달리 명시된 성격장애 진단기준

이 범주는 사회적, 직업적, 또는 다른 중요한 기능 영역에서 임상적으로 현저한 고통이나 손상을 일으키는 성격장애의 특징적인 증상들이 두드러지지만, 성격장애의 진단 부류에 속한 장애 중 어느 것에도 완전한 기준을 만족하지 않는 발현 징후들에 적용된다. 달리 명시된 성격장애 범주는 발현 징후가 어떤 특정 성격장애의 기준에 맞지 않은 특정한 이유에 대해 교감하기 위해 임상의가 선택한 상황들에서 사용된다. 이는 "달리 명시된 성격장애"를 기록하고, 이어서 특정한 이유(예: "혼합형 성격 양상")를 기록한다.

출처: American Psychiatric Association (2015).

3) 명시되지 않는 성격장애

표 18-15 명시되지 않는 성격장애 진단기준

이 범주는 사회적, 직업적, 또는 다른 중요한 기능 영역에서 임상적으로 현저한 고통이나 손상을 일으키는 성격장애의 특징적인 증상들이 두드러지지만, 성격장애의 진단 부류에 속한 장애 중 어느 것에도 완전한 기준을 만족하지 않는 발현 징후들에 적용된다. 명시되지 않는 성격장애 범주는 기준이 특정 성격장애의 기준에 맞지 않은 이유를 명시할 수 없다고 임상의가 선택한 상황들에서 사용되며, 좀 더 특정한 진단을 내리기에는 정보가 불충분한 발현 징후들을 포함한다.

출처: American Psychiatric Association (2015).

 요약

성격장애란 문화적 기준에서 벗어난 주관적인 행동과 내적 경험의 지속이 청소년기 또는 성인기 초기에 시작되어 시간이 지나도 변하지 않고 이로 인하여 고통과 장해가 초래되는 상태를 말하며 『DSM-5』에서는 10개의 성격장애를 분류하고 있다.

A군 성격장애는 이상하고 상식을 벗어나는 특징을 갖고 있으며, 광범위한 불신과 의심이 성인기 초기에 시작되는 편집성 성격장애, 인지와 지각이 왜곡되어 있고 기이한 행동을 함으로써 대인관계 능력이 제한적인 조현형 성격장애, 사회적 관계에서의 고립과 제한된 감정 표현을 보이는 조현성 성격장애로 구성되어 있다.

B군 성격장애는 극적이고 감정적이며 변덕스러운 특징을 갖고 있으며, 타인의 권리를 무시하거나 침해하고 사회적 규범을 따라가지 못하며 죄책감과 책임감이 없는 반사회성 성격장

애, 대인관계와 자기상, 정서가 불안정하고 심한 충동성을 보이는 경계성 성격장애, 지나친 감정 표현을 하고 타인에게서 관심을 끌고자 하며 애정을 받고자 하는 연극성 성격장애, 자신의 중요성을 과장되게 지각하고 과도한 찬사와 성공에 몰입하는 자기애성 성격장애로 구성되어 있다.

C군 성격장애는 불안, 두려움, 근심이 많은 특징을 갖고 있으며, 서절당하는 것에 극도로 민감하여 사회생활을 회피하는 회피성 성격장애, 보호받고 싶어 하는 욕구가 지나쳐 복종적이고 매달리는 모습을 보이는 의존성 성격장애, 감정의 억제와 질서의 준수, 인내심과 고집스러움, 우유부단함과 완벽주의적 태도를 보이는 강박성 성격장애로 구성되어 있다.

성격장애 환자는 스스로 변화에 대한 동기를 갖지 못하고 심리치료에 저항하는 경우가 대부분이어서 치료가 매우 힘들고 오래 걸린다. 따라서 성격장애 환자를 다루는 과정에서 치료자는 쉽게 지치고 자신감을 잃어버릴 때가 많다. 하지만 성격의 완전한 수정까지는 못하더라도 환자의 인식력을 증진시키고 좀 더 건강한 삶을 살 수 있도록 하는 데 도움이 된다고 알려진 검증된 기법들이 있으며, 이 기법들을 사용하여 치료에 대한 자신감과 치료 효과를 높일 수 있을 것이다.

학습과제

1. 성격장애를 정의하시오.
2. 성격장애를 3개의 군집으로 분류하고 각 특징을 설명하시오.
3. 10개의 성격장애의 특징을 설명하시오.
4. 반사회성 성격장애를 진단할 때의 연령기준을 제시하시오.
5. 조현성 성격장애와 회피성 성격장애를 비교 설명하시오.

참고문헌

권준수, 김재진, 낭궁기, 박원명, 신명섭, 유범희, 윤진상, 이상익, 이승환, 이영식, 이헌정, 임효덕, 강도형, 최수의 공역(2015). 정신질환의 진단 및 통계편람 제5판. 서울: 학지사.

American Psychiatric Association. (1994). *Diagnostic and Statistical Manual of Mental Disorders* (4th ed.). Virginia: American Psychiatric Association.

American Psychiatric Association. (2013). *Diagnostic and Statistical Manual of Mental Disorders* (5th ed.). Virginia: American Psychiatric Association.

Bem, D. J., & Funder, D. C. (1978). Behavioral classification. In M. Hersen & A. Bellak (Eds.), *Behavioral Assessment: A Practical Handbook*. New York: Pergamon Press.

Beck, A. T., Freeman, A., & Davis, D. D. (2004). *Cognitive Therapy of Personality Disorders* (2nd ed.). NY: The Guilford Press.

Carson, R. C. (1989). Personality. *Annual Review of Psychology, 40*, 227-248.

Cattell, R. B. (1957). *Personality and Motivation Structure and Measurement*. Yonkers, NY: World Book.

Epstein, S. (1980). The stability of behavior II. implications of psychological research. *American Measurement, 2*, 69-76.

Eysenck, H. J. (1960). *Experiments in Personality*. London: Routledge & Kegan Paul.

Millon, T. (1983). *Millon Clinical Multiaxial Inventory Manual* (3rd ed.). Minneapolis, MN: National Computer Systems.

Millon, T., Grossman, S., Millon, C., Meagher, S., & Ramnath, R. (2004). *Personality Disorders in Modern Life* (2nd ed.). John Wiley & Sons, Inc. NJ.

Mischel, W. (1986). *Introduction to Personality*. NY: Holt, Reinhart & Winston.

Pervin, L. A., Cervone, D., & John, O. P. (2005). *Personality: Theory and Research* (9th ed.). John Wiley & Sons, Inc. NJ.

Sadock, B. J., Sadock V. A. (2003). Kaplan & Sadock's Synopsis of Psychiatry. *Behavioral Sciences/Clinical Psychiatry* (9th ed.). Lippincott williams & Wilkins. Philadelphia, PA.

Young, J. E. (1994). *Cognitive Therapy for Personality Disorders: A Schema-Focused Approach* (rev. ed.). Sarasota, FL: Professional Resource Exchange.

Zucker, R. A., Aranoff, J., & Rabin, A. I. (1984). *Personality and Prediction of Beavior*. New York: Wiley.

제**19**장

물질 관련 및 중독장애

고영건

학습 목표

1. 물질관련장애의 개념과 유형에 관해 학습한다.
2. 물질관련장애에 대한 생물–심리–사회적 접근에 관해 학습한다.
3. 물질관련장애의 치료 방법에 관해 학습한다.
4. 도박장애의 개념과 유형 그리고 치료방법에 관해 학습한다.

학습 개요

물질 관련 및 중독 장애에는 '물질 관련 장애(Substance—Related Disorders)'와 비물질 관련 장애인 '도박장애(Gambling Disorder)'가 있다. 물질의 부적응적인 사용 패턴에 의해 야기되는 이상행동을 물질관련장애라고 한다. 물질 관련 및 중독 장애에 도박장애가 포함된 것은 도박행동과 약물남용이 보상체계를 활성화시킬 뿐만 아니라 장애로 인한 행동 증상들이 유사하기 때문이다. 다만 성행위중독, 운동중독, 쇼핑중독처럼 반복적인 행위를 보이는 중독은 포함되지 않는다.

물질중독에서의 핵심적인 과정으로는 갈망, 내성, 그리고 금단을 들 수 있다. 중추신경계에 작용하면서 오용 또는 남용할 경우 신체와 정신에 심각한 위험을 초래하는 약물은 크게 세 가지이다. 진통 효과가 있는 억제제, 감각 및 운동 기능을 항진시키는 흥분제, 그리고 감각 및 지각을 왜곡하는 환각제이다. 임상가들은 물질 관련 장애에 관해 주로 생물—심리—사회적 접근을 취한다.

미국의 영화배우이자 코미디언이었던 로빈 윌리엄스(Robin Williams)는 20대 후반에서 30대 초반의 무명배우 시절에 알코올 및 코카인(cocaine) 등의 약물에 중독된 채 생활했다. 1982년 절친이었던 배우 벨루시(John Belushi)가 33세의 나이로 약물중독으로 급사하던 무렵에 첫 번째 아내가 임신을 하자, 로빈 윌리엄스는 스스로 자격 있는 아버지가 되기 위해 알코올과 약물을 멀리하였다. 그 자신의 표현에 따르면, 그는 알코올과 약물 대신 자전거타기(cycling)에 몰입함으로써 목숨을 건질 수 있었다.

그 후로 20여 년간 음주를 하지 않던 로빈 윌리엄스는 줄리아드 스쿨(Juilliard School) 재학 때부터의 절친이자 슈퍼맨 역으로 유명했던 크리스토퍼 리브(Christopher Reeve)가 심각한 감염질환으로 생사를 오가던 2013년 무렵부터 다시 술을 입에 대기 시작했다. 크리스토퍼 리브의 아내 데이나 리브(Dana Reeve)에 따르면, 그 둘은 형제보다 가까운 절친이었다. 크리스토퍼 리브가 비극적인 낙마사고로 수술대에 누워 있었을 때 로빈 윌리엄스는 수술복을 입고 나타나 러시아 억양으로 자신이 항문과 의사인데 즉시 크리스토퍼 리브를 조사해야 한다고 말했다. 그러자 절망감에 빠져 있었던 크리스토퍼 리브는 낙마 사고 이후 처음으로 웃을 수 있었다고 한다(Reeve, 2004).

비록 로빈 윌리엄스 자신은 음주 문제와 친구의 죽음 간 관계에 대해 부인했을지라도, 그의 삶에서 알코올 문제의 시작과 치료를 위한 노력은 모두 그의 인간관계에서의 좌절 및 희망과 밀접한 관계가 있는 것으로 보인다. 데이나 리브가 2006년에 폐암으로 사망했을 때, 로빈 윌리엄스는 친구의 자녀들을 끝까지 돌보겠다고 선언했다. 그 후 로빈 윌리엄스는 스스로 알코올 문제를 인정하고 재활기관에 제 발로 들어가 입원치료를 받을 정도로 알코올중독을 치료하기 위해 상당한 노력을 기울였다.

하지만 2013년에 그는 파킨슨씨병(Parkinson's disease) 진단을 받고 치매 증상으로 인한 고통 속에서 무기력감에 빠지게 되었다. 그리고 2014년에 로빈 윌리엄스는 스스로 또 다시 알코올에 손을 댔다는 점을 시인하고 알코올중독 치료를 시작한 지 얼마 되지 않아 자살했다. 부검 결과 그는 루이바디 치매(Lewy Body dementia)를 앓고 있었다. 루이바디 치매는 환시나 망상 등의 극심한 정신병적 증상과 더불어 다양한 인지 및 운동장애 그리고 불안 및 우울 등의 심각한 증상을 동반한다. 할리우드 아카데미 위원회는 그의 죽음을 애도하면서 그가 〈알라딘〉에서 지니의 목소리를 담당했던 점에 착안해 트위터에 "지니, 넌 이제 자유야(Genie, You're free)."라는 글을 게시하였고 이 글은 하루 만에 전 세계적으로 20만 회 이상 공유되었다(The Sun, 2014. 8. 12).

[그림 19-1] **로빈 윌리엄스**

『탈무드』에는 술과 관련된 다음과 같은 이야기가 나온다. 처음 술을 마시기 시작할 때는 양처럼 온순하고, 조금 더 마시면 사자처럼 사나워지며, 조금 더 마시면 원숭이처럼 춤추고 노래 부르게 되고, 더 많이 마시면 돼지처럼 토하고 뒹굴며 추해지는데, 이는 술이 악마가 인간에게 준 선물이기 때문이다. 술에 관한 『탈무드』의 이러한 평가는 물질이 인간의 정신에 영향을 미치는 이중적인 과정, 즉 적당히 사용할 경우 즐거움을 줄 수 있지만 지나치면 삶을 황폐하게 만들 위험성을 상징적으로 잘 보여 준다.

이상심리학에서는 인간의 감정, 사고 및 행동을 변화시키는 성질을 가진 자극을 물질(substance)이라고 정의하며 이러한 물질과 관련된 장애를 총칭하여 물질 관련 장애라고 한다. 이러한 물질에는 음식 이외에 인간의 정신과 신체에 영향을 미치는 약물뿐만 아니라, 환각이나 각성 효과를 보이는 가스, 본드, 그리고 휘발성 용제 등의 화학약품까지도 포함된다.

『DSM-5』에서는 '물질 남용과 의존(substance abuse and dependence)'이라는 진단 범주를 폐기하고 그 대신 '중독 관련 질환(addiction and related disease)'이라는 새로운 범주를 만들어 물질중독과 '도박'이라는 행위중독을 동일한 진단범주로 묶어서 다루고 있다(APA, 2013). 『DSM-5』에서는 물질 관련 장애를 크게 두 가지 유형으로 구분한다. 물질사용장애(Substance Use Disorders)와 물질로 유발된 장애(Substance-Induced Disorders)가 바로 그것이다.

1. 물질사용장애

일부 물질은 인간의 뇌 회로에 장기적인 문제를 유발하기도 한다. 주기적으로 특정 물질을 반복해서 사용하게 되면 부적응적인 행동패턴이 나타나 뇌를 중심으로 한 신체의 물리적 반응 시스템에 장기적인 손상이 나타날 수 있다. 물질의 부적응적인 사용 패턴에 의해 야기되는 이상행동을 물질사용장애라고 한다. 『DSM-5』의 물질사용장애의 진단준거는 〈표 19-1〉에 제시되어 있다.

표 19-1   **물질사용장애의 진단준거**

진단적 특징

• 물질사용장애는 물질 사용과 관련된 병적인 행동양식에 기초해 진단한다.
• 진단기준 A는 조절 능력의 손상, 사회적 손상, 물질의 위험한 사용, 그리고 약물학적 진단기준으로 묶어서 구분할 수 있다.
* 제1진단준거 그룹: 물질 사용에서의 조절 능력상의 결함
  – 진단준거 1: 원래 의도했던 것보다 더 오랫동안 혹은 더 많은 양으로 물질을 사용
  – 진단준거 2: 물질 사용을 끊거나 조절하려는 지속적인 욕구를 나타내지만, 그러한 노력에도 계속 실패함
  – 진단준거 3: 물질을 구하고 사용하며 물질의 효과로부터 벗어나기 위해 많은 시간을 할애함
  – 진단준거 4: (갈망-craving). 물질약물을 사용하고자 하는 강렬한 욕구를 경험함. 이것은 언제든지 나타날 수 있지만 주로 이전에 약물을 얻거나 사용한 적이 있는 환경에서 나타남
* 제2진단준거 그룹: 사회적 손상
  – 진단준거 5: 물질을 반복 사용하는 개인이 중요한 사회적 역할을 수행하는 데 실패함
  – 진단준거 6: 물질 사용으로 인해 지속적이거나 반복되는 사회적 혹은 대인관계 문제에도 불구하고 물질의 사용을 지속
  – 진단준거 7: 물질 사용으로 인해 중요한 사회적, 직업적, 혹은 여가 활동을 줄이거나 포기
* 제3진단준거 그룹: 물질의 위험한 사용
  – 진단준거 8: 신체적으로 해가 되는 상황임에도 불구하고 반복적으로 물질을 사용함
  – 진단준거 9: 물질의 사용으로 인해 신체적 혹은 심리적 문제가 지속적으로 발생하거나 악화된다는 것을 알면서도 물질의 사용을 지속함
* 제4진단준거 그룹: 약물학적 진단기준
  – 진단준거 10: (내성-tolerance). 원하는 효과를 얻기 위해 현저히 많은 용량의 물질이 필요하거나, 통상 소모되는 용량으로 물질을 사용해서는 효과가 현저히 감소됨

－ 진단기준 11: (금단-withdrawal). 오랫동안 과다하게 물질을 사용한 개인의 혈액이나 조직
　　　　　　　에 물질 농도가 저하되었을 때 나타나는 증후군으로서 해당 물질을 끊거나 줄
　　　　　　　였을 때 불쾌감 또는 불안, 발작, 경련, 오심, 발한 등의 위험증상을 보임

출처: American Psychiatric Association (2013).

2. 물질로 유발된 장애

물질로 유발된 장애의 범주에는 중독, 금단, 그리고 기타 물질/약물치료로 유발된
장애가 포함된다. 물질중독 및 금단의 진단준거에서 세부 증상 항목들은 각 물질마다
다르다.

1) 물질 중독과 금단

가장 기본적인 중독 증상 중 하나는 바로 갈망(渴望)이다. 갈망은 말 그대로 무언가
를 간절히 바라는 것이다. 알코올중독을 예로 들자면, 술을 마시고자 하는 욕구가 매
우 강하여 술을 얻기 위해 위험한 행동이나 사회적으로 용납될 수 없는 행동을 하는
것을 말한다.

또 다른 중독 증상은 내성(耐性)이다. 알코올중독을 예로 들자면, 신체가 견딜 수
있는 술의 양이 점점 증가하는 것을 말한다. 즉, 술을 마시면 마실수록 술이 느는 것
이다.

중독 증상의 또 다른 예는 금단 증상이다. '금단(禁斷)'은 특정 약물을 지속적으로
사용하던 사람이 갑자기 중단하는 경우 발생하는 문제 증상들을 말한다. 알코올중독
을 예로 들자면, 식은땀이 나거나, 손이 떨리고 불안해지며, 일시적인 환각을 경험하
고 심한 경우 의식을 잃거나 발작과 함께 호흡 마비로 사망에 이르기도 한다. 중독은
갈망, 내성 혹은 금단으로 인해 사회적 · 직업적 기능상에서 장애가 나타날 때 진단
내리게 된다. 『DSM-5』의 중독과 금단의 진단준거는 〈표 19-2〉에 제시되어 있다.

표 19-2	물질 중독과 금단의 진단준거

진단적 특징

- 물질 중독의 필수 특징
  - 진단기준 A: 최근의 물질 사용으로 인해 가역적인 물질 특이 증후군이 발생함
  - 진단기준 B: 물질 사용 중 혹은 사용 직후에 임상적으로 심각한 문제 행동 및 심리적 변화가
    나타나며 이러한 변화는 물질이 중추신경계에 작용한 생리적 효과로 인해 발
    생한 것임
  - 진단기준 C: 진단기준 B의 증상이 사회 및 직업적 기능상에서 심각한 문제를 야기함
  - 진단기준 D: 이러한 증상들이 다른 의학적 상태 혹은 다른 정신장애로는 설명되지 않음
  * 최근의 물질섭취로 인한 물질-특정적 신드롬의 발달
  - 물질 중독은 물질사용장애에서 흔하지만, 물질사용장애가 없는 사람에게도 종종 발생할 수
    있음
  - 물질 중독의 진단은 담배에는 적용하지 않음
  - 중독에서 보이는 가장 흔한 변화: 지각, 각성, 집중, 생각, 판단, 정신운동 행동, 대인관계 상
    에서의 행동장애
  - 단기 중독('급성' 중독)은 지속성 중독('만성 중독)과는 다른 증상 및 징후를 보임
  - 중추신경계가 물질의 영향으로부터 회복되는 것은 물질 자체를 제거하는 것보다 더 오랜
    시간이 필요함. 따라서 물질이 몸에서 검출되지 않는 상태에서 지속되는 중독(장기적 효과)
    도 금단(물질이 혈액과 조직에서 농도가 떨어지면서 나타나는 증상)과는 다름
- 물질 금단의 필수 특징
  - 진단기준 A: 장기간 과도하게 사용해 온 물질의 사용 중단 혹은 감량으로 인해 생리적 · 인
    지적장애와 더불어 물질 특유의 부적응 행동 변화가 나타남
  - 진단기준 B: 진단기준 A의 조건하에서 해당 물질의 사용 중단 혹은 감량으로 인한 문제 증
    상 발생
  - 진단기준 C: 진단기준 B의 증상이 사회적 및 직업적 기능상에서 심각한 문제를 야기함
  - 진단기준 D: 이러한 증상들이 다른 의학적 상태 혹은 다른 정신장애로는 설명되지 않음
  * 반드시 그런 것은 아닐지라도 보통 금단은 물질사용장애와 관련이 있음
  * 금단을 겪는 사람은 보통 증상을 줄이기 위해 물질을 다시 사용하고 싶은 충동이 생김

출처: American Psychiatric Association (2013).

2) 물질/약물치료로 유발된 정신질환

물질/약물치료로 유발된 정신질환(Substance/Medication-Induced Mental Disorders)
은 남용약물, 치료약물, 일부 독소 등에 의해 야기되는 중추신경계 증후군이다. 물질
로 유발된 정신질환은 다음과 같은 공통 특징을 갖는다.

표 19-3	물질/약물치료로 유발된 정신질환의 진단준거

진단적 특징

• 물질사용장애를 일으키는 물질 혹은 의학적 치료를 위해 사용되는 다양한 종류의 치료약물로 인해 발생한다.
 	
A. 물질 사용 후 정신질환의 증상적인 표현이 임상적으로 현저하게 나타난다.
B. 다음의 두가지 검사소견이 존재한다.
  • 물질 중독 상태 혹은 금단 상태 혹은 치료약물을 복용한 상태에서 발생하거나 1개월 이내에 발생
  • 해당 물질/치료약물은 정신질환을 일으킬 수 있는 것이어야 함
C. 이러한 증상들이 다른 의학적 상태 혹은 물질의 사용과는 독립적인 다른 정신장애로는 설명되지 않는다.
  * 독립적인 정신장애의 증거
  • 심한 중독 상태 혹은 금단 상태 혹은 치료약물에 노출되는 시기보다 해당 정신장애의 발생이 선행함
  • 심한 중독 상태 혹은 금단 상태 혹은 치료약물을 복용한 상태가 지나고 상당 기간 동안(최소한 1개월 이상) 정신장애가 지속됨
D. 장애가 섬망의 경과 중에만 발생하지 않음
E. 장애가 사회적 혹은 직업적 기능 영역에서 임상적으로 현저한 고통이나 손상을 초래함

출처: American Psychiatric Association (2013).

3. 물질사용장애의 종류

중추신경계에 작용하면서 오용 또는 남용할 경우 신체와 정신에 심각한 위험을 초래하는 약물은 크게 세 가지 유형이 있다. 진통 효과가 있는 억제제, 감각 및 운동기능을 항진시키는 흥분제, 그리고 감각 및 지각을 왜곡하는 환각제이다.

1) 중추신경억제제 관련 장애

(1) 알코올 사용 장애

알코올은 행동 억제의 기능을 담당하는 대뇌의 신피질기능을 억제해 판단력의 저하(탈억제)를 가져오는 대표적인 물질이다. 세계보건기구에 따르면, 전 세계 인구 중 약 20억 명이 알코올을 사용하고 있다. 그리고 미국에서는 성인의 약 52%가 알코올을 섭취하고 있다(National Survey on Drug Use and Health, 2014). 한 달 사이에 5일 이상 다섯 단위(잔)를 넘는 수준으로 술을 마시면 폭음(heavy drinking)으로 정의하는데, 미국의 경우 폭음을 하는 사람의 비율이 성인 중 6.3%인 것으로 나타났다. 미국에서는 한 해 약 3만 명 이상이 알코올 관련 문제로 사망하는 것으로 나타났다.

대부분의 문화권에서 알코올은 가장 흔한 중독 물질 중 하나이다. 전 세계 인구 중 3.6%가 알코올 사용 장애(Alcohol Use Disorders)를 나타내고 있다. 알코올중독(alcohol intoxication)의 첫 번째 삽화는 주로 10대 후반에 시작되지만 알코올 사용 장애가 발병하는 시기는 대체로 30대 후반이다. 주로 아프리카 지역의 유병률이 상대적으로 낮고 (1.1%), 미주 지역의 유병률이 상대적으로 높으며(5.2%), 특히 동유럽 지역에서 가장 높은 수준의 유병률(10.9%)을 나타내고 있다.

알코올 사용 장애는 전체적으로 남성(12.4%)이 여성(4.9%)보다 상대적으로 유병률이 더 높다. 보통 알코올 사용 장애의 유병률은 10대 후반에서 20대 후반 사이에 가장 높은 수준을 보이며(16.2%), 중년기에 낮아지기 시작해 노년기에 가장 낮은 수준을 나타낸다(1.5%).

한국의 경우, 성인 남성 중 12.2% 그리고 여성 중 2.4%로 전체 국민의 7.6%가 알코올 의존 상태인 것으로 나타났다. 한국에서 수행된 역학조사에 의하면, 알코올 사용 장애(알코올 의존과 알코올 남용)의 평생 유병률은 15.9%이며 남성은 25.2%, 여성은 6.3%로서 여성보다 남성에게서 약 4배 더 높았다(보건복지부, 2016).

2016년 보건복지부 조사 결과에 따르면, 최근 1년 동안 월 1회 이상 한 번의 술자리에서 남자 7잔 그리고 여자 5잔 이상 음주한 비율을 나타내는 폭음률의 경우, 남자는

표 19-4 알코올중독의 주요 증상

진단기준
• 알코올 사용 중 또는 직후에 다음 증상 중 한 가지 이상이 나타난다. 1. 불분명한 언어 2. 운동 실조 3. 불안정한 보행 4. 안구진탕(nystagmus): 안구의 빠른 불수의적 운동 5. 집중력 또는 기억력 손상 6. 혼미(stupor: 인사불성) 또는 혼수(coma)

출처: American Psychiatric Association (2013).

표 19-5   알코올 금단의 주요 증상

진단기준
• 알코올을 사용하다가 중단(혹은 감량)한 지 수시간 혹은 수일 이내에 다음 항목 중 두 가지 이상이 나타난다. 　1. 자율신경계 항진(예: 발한 또는 분당 100회 이상의 빈맥) 　2. 손 떨림(tremor)의 증가 　3. 불면 　4. 오심(nausea) 또는 구토 　5. 일시적인 시각적 · 촉각적 · 청각적 환각이나 착각 　6. 정신운동 초조(agitation) 　7. 불안 　8. 대발작

출처: American Psychiatric Association (2013).

2명 중 1명 그리고 여자는 4명 중 1명인 것으로 나타났다. 이러한 결과는 지난 10년간 여자는 6.0% 증가한 수준이었다(보건사회연구원, 2016). 같은 조사에서 청소년의 경우, 전체적인 음주율은 감소했으나 여전히 남학생 6명 중 1명 그리고 여학생 8명 중 1명이 지난 한 달 내 음주 경험이 있는 것으로 나타났다.

또 한국에서의 정신 의료 서비스 이용 실태를 보면, 알코올 사용 장애 환자의 5.5%만이 의사나 정신과의사, 또는 기타 정신건강 전문가에게 상담을 받는 것으로 나타났다. 한국에서의 알코올 문제로 인한 사회경제적 손실 비용은 가파르게 상승하고 있으며 전체 GDP의 3% 수준인 약 21조 원에 이르고 있다(정우진, 이선미, 김재윤, 2009).

다양한 특성을 갖는 집단을 70년 이상 추적 조사한 하버드 대학의 성인발달 연구는 삶에서 적응을 방해하는 위험 요인과 그러한 위험에도 불구하고 삶에 탄력적으로 적응할 수 있도록 해 주는 심리적 자원이 무엇인지를 잘 보여 준다. 그 연구에 따르면, 알코올중독인 부모를 두는 것은 삶의 적응을 방해하는 대표적인 요인 중 하나였다(Vaillant, 1993).

산모가 알코올중독인 경우, 태아에게 심각한 영향을 준다. 태아알코올증후군(Fetal Alcohol Syndrome: FAS)이 그 대표적인 예로서 산모가 임신 기간 중에 술을 과도하게 마실 경우, 태아가 기형 뇌를 갖게 되는 증후군을 말한다. [그림 19-2]에는 정상 태아의 뇌와 FAS를 보이는 태아의 뇌가 제시되어 있다.

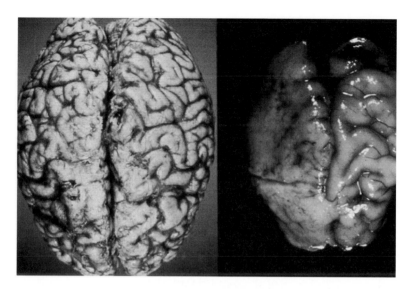

[그림 19-2] 6주된 정상아의 뇌(좌)와 FAS을 보이는 뇌(우)

일반적으로 알코올중독자들은 알코올에 의해 높은 열량을 섭취하기 때문에 식사를 소홀히 하게 되면서 자연스럽게 비타민 섭취량이 줄어든다. 특히 알코올은 장에서 티아민(thiamine; Vitamine B₁)을 섭취하는 과정을 방해하기 때문에 계속되는 티아민 부족으로 뇌 손상이 일어날 수 있다. 티아민 결핍으로 야기되는 대표적인 퇴행성 질환 중 하나가 바로 코르사코프 증후군(Korsakoff's syndrome)이다.

코르사코프 증후군 환자는 심각한 진행성 기억상실증(anterograde amnesia)을 나타낸다. 진행성 기억상실증은 기억상실 이전의 일들은 기억하지만, 기억상실 이후의 사건들은 기억하지 못하게 되는 증상을 말한다. 주로 단기 기억을 장기 기억으로 전환하지 못하기 때문에 발생한다.

보통 알코올중독으로 치료를 받으러 오는 사람들은 오랫동안 심각한 알코올사용 문제를 가지고 있는 경우 중독 문제를 치료 불가능한 것으로 오인할 때가 많다. 그러나 치료가 어려울 정도로 심각한 중독 증상을 보이는 사례는 단지 일부이며 보통 알코올 사용 장애를 가진 사람은 일반 사람들이 짐작하는 것보다 예후가 더 좋다.

(2) 진정제, 수면제, 항불안제 관련 장애

진정제, 수면제, 그리고 항불안제 물질은 주로 벤조디아제핀(benzodiazepine)류의 약물[예: 졸피뎀(zolpidem)] 또는 바르비투르(barbiturate) 계열의 약물을 포함한다. 주로 이러한 물질들은 수면유도 또는 항불안 목적의 약물 처방에 이용된다. 통상 이러한 약물은 적절한 의학적 목적으로 처방되고, 처방전대로만 사용된다면 비록 내성 및 금단과 유사한 증상을 보이더라도 물질사용장애로 진단내리지 않는다. 따라서 진단을 위해서는 해당 약물이 적절하게 처방되고 사용되었는지를 확인하는 것이 중요하다. 예를 들면, 약물을 얻기 위해 의학적 증상을 위조하거나 처방된 분량보다 더 많은 약물을 사용하거나, 여러 의사에게서 다른 의사의 개입을 알리지 않은 채로 약물을 처방받는 것 등은 진단을 위해 중요한 정보가 된다.

(3) 아편계 관련 장애

아편의 원료인 양귀비는 기원전 3400년경부터 메소포타미아에서 재배되었던 것으로 보고되었다. 기원전 2000년경에는 유럽과 아프리카로 양귀비 재배가 전파되었다. 특히 기원전 1500년경 이집트에서 아편이 생산되었음을 보여 주는 파피루스 문헌이 발견되기도 하였다.

아편사용장애는 합법적인 의학적 목적 없이 또는 의학적으로 아편이 요구되는 상태일지라도 그 사용량이 필요한 수준 이상으로 사용되고 강박적인 형태로 자가투약하는 경우 진단된다. 아편사용장애 환자들은 물질 관련 자극에 대한 조건화된 반응을 나타내기도 한다. 이는 대부분의 물질관련장애에서 나타나는 현상이기도 한데 해당 물질들은 강력한 심리적 및 신체적 변화를 야기한다. 이러한 반응은 재발에 기여할 뿐만 아니라 소거시키기 어렵고 독소가 제거(detoxification)되는 경우에도 오랫동안 지속될 수 있다.

아편의 사용은 점액 분비의 감소로 이어져 입과 코를 마르게 할 수 있으며 위장활동의 감소 및 식도 운동을 감소시켜 심각한 변비를 야기할 수 있다. 또 동공 수축으로 시각적 정밀성이 떨어지기도 한다. 흔히 주사로 아편을 주입하는 사람들은 동맥경화증과 하지에 구멍자국이 발견된다.

아편사용장애의 성인 유병률은 0.37%인데, 이 수치에는 감옥에 수감된 사용자들이 포함되어 있지 않기 때문에 실제로는 유병률이 더 높을 것으로 추정된다. 상대적으로 남성의 비율이 여성보다 높으며 젊은층에서 더 높은 유병률을 나타낸다.

2) 중추신경흥분제 관련 장애

(1) 카페인 관련 장애

카페인은 전 세계적으로 널리 사용되는 행동 활성 약물로서 현대사회에서는 비타민 혹은 가공식품 등을 통해 카페인 관련 섭취량이 지속적으로 증가하고 있다. 일반적으로 카페인은 커피, 차, 카페인 함유 음료, 일반 의약품 계열의 진통제와 감기약, 에너지 보강제, 체중 감량 보조제, 초콜릿 등과 같이 다양한 형태로 섭취된다. 거의 대부분의 아동과 성인이 일상적으로 카페인을 섭취하는 것으로 알려져 있다.

카페인 섭취는 보통 사회적 습관과 일상적인 의례(예: 커피 브레이크 혹은 티 타임)와 결합되어 있기 때문에, 많은 카페인 소비자는 자신의 카페인에 대한 신체적 의존 상태를 알아차리지 못할 수 있다. 그렇기 때문에 카페인 금단 증상을 이해하지 못하는 경우 카페인 관련 장애를 다른 원인(예: 감기나 편두통)으로 인한 신체적 불편감으로 오판할 수 있다.

카페인의 반감기는 약 4~6시간이기 때문에 대부분의 중독 증상은 카페인 섭취 첫날 사라진다. 하지만 고용량(5~10g)의 카페인을 섭취할 경우 치명적인 결과를 야기할 수 있기 때문에 각별한 주의가 필요하다. 나이가 들수록 강한 카페인 반응을 나타낼 수 있고 수면이나 감각의 과각성 문제가 나타날 수 있다. 아동이나 청소년은 체중이 작고 내성이 없으며 카페인의 효과에 대한 지식이 부족하기 때문에 카페인 중독의 위험성이 높을 수 있다.

(2) 자극제 관련 장애

암페타민(amphetamine) 및 암페타민류 흥분제는 주로 피로감과 식욕을 낮추고 기민성을 증가시키는 각성물질에 해당된다. 암페타민 계열의 자극제는 비만, ADHD, 기면증(narcolepsy)등의 치료를 위해 사용된다.

자극제 중 코카인(cocaine)은 코카나무 잎에서 추출되는 물질로서 중추신경을 자극해 식욕 감퇴를 일으키고 쾌감을 준다. 19세기부터 국소 마취제로 사용되기도 했으나 중독성이 강해 전 세계적으로 의학적인 목적 이외의 용도로 코카인을 사용하는 것은 불법으로 간주된다.

암페타민류의 흥분제나 코카인에 반복 노출된 개인은 빠르면 1주일 내에 자극제사용장애를 나타내기도 한다. 암페타민류의 자극제와 코카인의 사용 패턴 및 과정은 서로 비슷하다. 왜냐하면 두 물질 모두 즉각적인 웰빙, 자신감, 황홀감의 느낌을 만들어 내는 등 유사한 효과를 보이는 강력한 중추신경계 자극제이기 때문이다. 상대적으로 암페타민류의 자극제가 코카인보다 더 장시간 작용하기 때문에 하루 중 더 적은 횟수로 사용된다. 높은 수준으로 복용할 경우, 조현병과 유사한 편집증적 사고와 정신병적 삽화 그리고 공황장애 혹은 범불안장애와 유사한 불안 증상을 나타낸다.

(3) 담배 관련 장애

담배는 흡연 관련 제품 중에서 가장 흔하게 사용되며 전체적으로 제품 중 90% 이상을 차지한다. 미국에서는 57%의 성인이 한 번도 흡연을 한 적이 없는 것으로 보고했고 22%가 이전에 흡연을 한 적이 있지만 끊었다고 답했으며 21%가 현재도 흡연 중이라고 응답하였다.

한국에서 성인 남성의 현재 흡연율은 2015년 39.3%로서 전년에 비해 3.8% 감소한

표 19-6 담배사용장애의 진단기준

진단기준

• 담배 사용과 관계된 문제행동이 지난 12개월 사이에 다음 중 최소한 2개 이상 나타난다.
 1. 종종 의도했던 것보다 많은 양의 담배를 오랜 기간 동안 사용함
 2. 담배 사용을 줄이려는 지속적인 욕구가 있거나 조절하려 노력했으나 실패한 경험
 3. 담배를 구하거나 피우는 활동에 많은 시간을 사용함
 4. 담배에 대한 갈망이 있음
 5. 반복적인 담배 사용으로 인해 사회적인 기능에 장애가 생김
 6. 담배로 인해 문제가 발생함에도 불구하고 담배 사용을 지속함(다른 사람과 흡연 문제로 다툼)
 7. 담배 사용으로 인해 중요한 사회적 활동을 포기하거나 줄임
 8. 신체적으로 해가 되는 상황에서도 반복적으로 담배를 사용함
 9. 담배로 인해 신체적·심리적 문제가 유발되거나 악화된다는 것을 알면서도 계속 담배를 사용함
 10. 내성(다음 중 하나)
  a. 원하는 효과를 얻기 위해 담배 사용량의 증가가 필요함
  b. 동일한 용량의 담배를 사용할 경우 효과가 현저히 감소함
 11. 금단(다음 중 하나)
  a. 담배의 특징적인 금단 증후군(담배 금단 진단기준 참조)
  b. 금단 증상을 완화하기 위해 담배(혹은 니코틴 관련 물질)를 사용

출처: American Psychiatric Association (2013).

것으로 나타났다(보건사회연구원, 2016). 또 지난 10년간 흡연율은 12.3% 감소했으며 특히 전 연령대에서 감소한 것으로 나타났다. 청소년 중 흡연하는 남학생은 약 10명 중 1명이었으며 성인과 마찬가지로 감소하는 추세였다. 다른 물질에 비해 담배는 상대적으로 중독의 진단 문제와 관련해 사회적으로 보다 더 큰 논쟁이 있기 때문에, 담배사용장애의 정확한 진단준거를 소개하자면 〈표 19-6〉과 같다. 담배 금단(tobacco withdrawal)은 담배 사용의 중단 혹은 담배 사용량의 감소 후 24시간 이내에 과민성 좌절 또는 화, 불안, 집중 곤란, 식욕 증가, 안절부절, 우울 기분, 불면 중 네 가지 이상의 증상이 나타날 때 진단된다.

3) 환각제 관련 장애

(1) 대마 관련 장애

대마는 삼 등 대마(大麻)에 속하는 식물을 말린 것으로서 향정신성 효과를 보이는 물질을 총칭하며 일명 '마리화나(marijuana)'라고 불린다. 주기적으로 대마를 사용하는 사람은 흔히 기분, 수면, 통증 등의 생리적 또는 정신적 문제를 다루기 위해 대마를 사용한다고 보고한다.

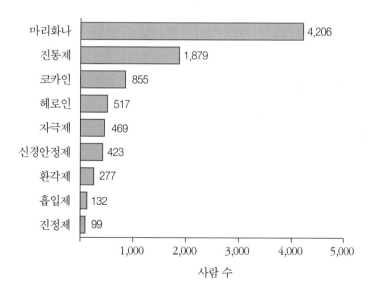

[그림 19-3] **미국의 약물별 물질사용장애 환자 수**

대마는 전 세계에서 가장 흔하게 사용되는 불법물질 중 하나다. 미국의 경우, 대마는 주로 10대에 시도해 보는 대표적인 약물이다. 자주 대마를 사용하는 사람이 그렇지 않은 사람보다 일생 동안 아편이나 코카인 같은 더 위험한 물질에 중독될 가능성이 훨씬 더 높기 때문에 대마를 흔히 '관문(gateway)' 약물로 부르기도 한다. [그림 19-3]에 제시되어 있는 것처럼, 대마(마리화나)는 미국에서 물질사용장애 환자 수가 가장 많은 약물이다.

(2) 환각제 관련 장애

환각을 유발하는 대표적인 물질로는 펜시클리딘(phencyclidine: PCP, 'angel dust') 계열의 물질, 리세르그산 디에틸아미드(lysergic acid diethylamide: LSD), 메틸렌디옥시메탐페타민[MDMA: 일명 엑스터시(ecstasy)] 등이 있다. 이러한 물질은 처음에는 해리성 마취약으로 개발되었으나 그 후에 길거리 마약으로 변질되었다. 이러한 약물은 낮은 용량을 사용할 때는 몸과 마음으로부터 분리되는 느낌(일종의 '해리')을 유발하지만 높은 용량에서는 혼미 또는 혼수를 야기한다. 엑스터시의 경우, 갈증을 느끼지 못하도록 만들기 때문에 복용 후 심각한 탈수 증상을 일으키기도 한다.

이러한 물질들의 일차적인 정신활성화 효과는 수시간 정도 지속되지만 이러한 약물이 몸에서 완전히 배출되기까지는 8일 이상의 시간이 걸린다. 이러한 약물에 취약한 사람들의 경우, 환각 효과가 몇 주간 지속되기도 하고 조현병과 유사한 정신병적 삽화를 유발하기도 한다.

(3) 흡입제 관련장애

흡입제는 사용자가 그 향기를 맡았을 때 도취감을 경험하게 만드는 휘발성 화학물질을 말한다. 이러한 물질로는 본드를 비롯한 접착제, 구두 광택제, 니스와 왁스 등의 톨루엔(toluene) 함유 제품, 가솔린(gasoline), 스프레이 페인트 등이 있다. 이러한 흡입제는 몸이 녹아드는 것 같은 느낌을 유발하며 뇌세포를 파괴하고 질식사의 가능성이 있는 매우 위험한 환각제이다. 특히 부탄(butane)과 프로판(propane) 등의 탄화수소 가스는 그 자체의 독성 때문에 매우 위험한 물질에 해당된다. 휘발성 탄화수소를 흡입하는 경우, 심장 부정맥으로 인해 급사할 위험이 있다. 이때 첫 번째 흡입만으로도 사망에 이를 수 있으며 보통 위험도는 흡입한 양과 관계가 있다.

미국의 경우, 13세 아동 중 10%가 적어도 한 번은 흡입제를 사용한 적이 있다고 보고 했다. 탄화수소사용장애는 사춘기나 청년기 초기에 가장 흔하게 관찰되며 성인기 이후 에는 드물게 니타나는 편이다. 한국의 경우, 2012년 청소년유해환경접촉 종합실태조사 에 따르면, 본드, 부탄가스, 신나 등과 같은 환각성 물질을 이용한 적이 있다고 응답한 청소년의 비율은 약 5.9%로 나타났으며 남녀 간 편차는 크지 않았다(여성가족부, 2012).

4. 물질 관련 장애에 관한 이론적 접근과 치료

1) 물질 관련 장애에 관한 생물-심리-사회적 접근

임상가들은 물질 관련 장애에 관해 생물-심리-사회적 접근을 취해 왔다. 그 이유 는 이 세 가지 요소 중 일부 요소만을 강조해서는 물질 관련 장애의 복잡성을 온전하 게 설명하는 것이 불가능하기 때문이다.

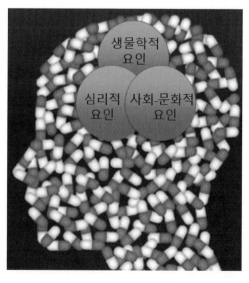

[그림 19-4] 물질 관련 장애에 관한 생물-심리-사회적 접근

(1) 물질사용장애의 생물학적 요인

생물학적인 관점에서 보면, 물질사용장애는 뇌의 생리학적 기제와 불가분의 관계에 있다. 최근의 신경과학적 연구 결과는 뇌의 보상체계가 '원함 시스템(wanting system)'과 '좋아함 시스템(liking system)' 두 가지 형태로 존재한다는 점을 보여 준다. 즉, 뇌에서는 원하는 것과 좋아하는 것을 통제하는 부위가 다르다는 것이다(Berridge, & Kringelbach, 2008). 쾌락추구행동은 중변연계의 아편 시스템(mesolimbic opioid system)과 관계가 있다. 이 시스템은 특정 자극과 연관된 쾌락추구행동을 관할한다. 여기서 아편(opioid)은 엔도르핀(endorphin)이나 모르핀(morphine)과 같은 향정신성 마약제를 뜻한다.

대조적으로, 특정 대상을 좋아하는 보상추구행동은 중변연계의 도파민 시스템(mesolimbic dopaminergic system)이 관여한다. 이 시스템은 섭식행동 혹은 성(性)행동 자체보다는 좋아하는 음식을 찾아다니거나 성적인 파트너를 찾아 헤매는 행동과 관계가 있다. 도파민이 활성화되는 경우 유기체는 즐거움을 별로 경험하지 못한다. 단지 음식 또는 섹스 파트너를 갈망하는 강한 욕구만 경험할 뿐이다. 하지만 노력한 결과, 실제로 목표를 손에 넣고 나면 엔도르핀에 의해 큰 기쁨을 경험하게 된다.

한 실험에서 수면과 각성주기에 관여하는 중뇌 망상계에 전극을 이식하는 시술을

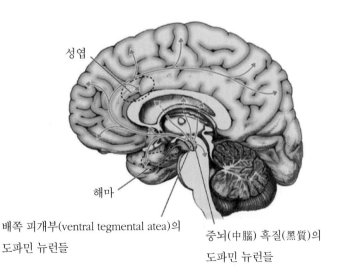

성엽

해마

배쪽 피개부(ventral tegmental atea)의
도파민 뉴런들

중뇌(中腦) 흑질(黑質)의
도파민 뉴런들

[그림 19-5] **뇌의 보상체계 중 도파민 회로**

[그림 19-6] **쥐의 쾌감중추 자극 실험**

한 후 전기자극을 주었다(Olds, & Milner, 1954). 그런데 우연히 전극이 목표를 벗어나 '중격(septum)'에 닿게 되었고 그 결과로서 당시로서는 미지의 영역이었던 쾌락중추를 발견하게 되었다.

이러한 발견에 고무된 연구진은 쥐가 지렛대를 누르면, 앞서 발견한 것과 똑같은 뇌 부위에 직접 전기자극을 가할 수 있도록 제작된 실험장치를 고안해 추가 실험을 하였다. 그러자 쥐들은 자기 뇌를 계속 자극하기 위해 매우 빠른 속도로 지렛대를 눌러댔다. 이때 쥐들이 실험에서 경험한 뇌의 활성화 수준은 자연 상태에서는 경험하기 힘들 정도로 강렬한 것이었다. 예를 들면, 어떤 쥐는 하루에 무려 48,000번이나 지렛대를 누르기도 했다.

쌍생아를 대상으로 한 연구에 따르면, 물질사용장애와 관계된 소인은 유전되는 것으로 나타났다. 일란성 쌍생아 중 한쪽이 약물을 남용할 경우, 나머지 한쪽도 약물을 남용하게 되는 비율이 54%로 드러났다. 대조적으로 이란성 쌍생아에서 그 비율은 28%였다(Comer, 2014).

(2) 물질사용장애의 심리적 요인

물질사용장애에 관한 행동주의적 관점으로는 고전적 조건형성(classical or respondent conditioning)과 조작적 조건형성(operant conditioning) 두 가지를 들 수 있다. 고전적 조건형성이론에 따르면, 무조건 반응(unconditioned response)을 유발하지 않는 자극(종소리)도 무조건 자극(고기)과 연합될 수 있다면 무조건 자극(unconditioned stimulus)이 유발하는 무조건 반응(침 분비)과 매우 유사한 반응을 이끌어 낼 수 있다. 퇴근 길에 차 안에서 마리화나를 피운 적이 있는 직장인을 예로 살펴보자. 만약 차와 마리화나 간 연합이 이루어지면, 차를 탑승하는 것이 마리화나에 대한 갈망을 자극하게 될 수 있다.

마약중독자들이 여행지에서 소량의 마약을 사용했음에도 쇼크로 사망하는 사고가 일어나는 것 역시 고전적 조건형성으로 설명할 수 있다. 비록 그들이 평소에 비해 소량의 마약을 사용했을지라도 평소에 마약을 습관적으로 투약하던 장소가 아닌 곳에서 사용함으로써 신체가 특정 장소와 마약 간 연합에 기초해 마약에 대해 충분한 대비를 하지 못하는 조건에서 마약을 투약해 과민 반응으로 쇼크가 일어난 것이라고 해석할 수 있다.

행동주의 이론에 따르면, 조작적 조건형성은 중독 현상에서 중요한 역할을 할 수 있다. 약물로 인한 긴장 완화 및 정신적 각성이 주는 쾌감은 일종의 보상 효과를 나타낼 수 있으며 그 결과 물질사용자는 그러한 반응을 재차 경험할 수 있도록 찾아다니게 될 수 있다.

인지이론에 따르면, 약물이 제공해 주는 보상 효과에 대한 기대감이 중독에서의 핵심 요소가 된다. 이러한 기대감이 바로 긴장 상황에서 사용하는 약물의 양을 늘리게 되는 동기가 될 수 있다.

정신역동적인 관점에 따르면, 물질사용장애가 있는 사람들은 어린 시절 부모의 돌봄을 받고자 하는 욕구가 적절히 충족되지 못한 상태에서 이에 대한 대리만족 혹은 결핍에 대한 반응으로서 약물에 대한 의존 관계를 형성하게 된다. 예를 들면, 알코올중독은 구순기적 고착(fixation) 또는 퇴행(regression) 행동으로 해석될 수 있다. 고착은 특정 시기에 지나친 만족감을 경험하거나 심한 좌절감을 경험해 다음 단계로 이행하지 못하고 제자리에 머무는 현상을 뜻한다. 그리고 퇴행은 위협적이거나 좌절스러운 상황에 직면했을 때 이전 단계에서 만족스러웠던 생각, 감정, 그리고 행동에 의지해 현재의 문제에 대처하는 현상을 말한다.

자아 방어기제(defense mechanism)의 관점에서 본다면, 물질사용장애는 '해리(dissociation)'와 밀접한 관계가 있다. 방어기제로서 해리는 우리 자신의 의식을 고통스러운 사건이나 위협으로부터 격리(문제의 해결이 아니라)시켜 준다. 알코올을 비롯해서 물질사용장애와 관계된 많은 약물은 우리로 하여금 고통스러운 생각과 느낌으로부터 일시적으로나마 벗어날 수 있도록 해 준다.

한 종단 연구에서 알코올 문제가 나타나기 전에 수집된 남성 집단의 성격검사 결과를 알코올 남용으로 진단된 이후에 추적 조사해 본 결과, 알코올 문제가 있는 남성은 청소년기에 상대적으로 더 충동적이었던 것으로 나타났다(Vaillant, 1993). 또 이들은 중년이 된 이후에도 여전히 보다 더 충동적인 것으로 드러났다.

(3) 물질사용장애의 사회-문화적 요인

사회-문화적 관점에 따르면, 물질사용장애는 해당 물질이 사회-문화적으로 용인되는지 여부와 밀접한 관계가 있다. 당연히 물질사용장애는 해당 물질의 사용이 사회-문화적으로 용인되는 지역에서 더 많이 발생하게 된다.

예를 들면, 네덜란드의 암스테르담은 대표적인 대마초 합법 도시이다. 네덜란드의 경우 암스테르담에서는 대마초가 합법적인 물질이지만 다른 도시에서는 불법물질로 간주된다. 미국에서도 콜로라도 주, 워싱턴 주, 알래스카 주, 오리건 주 및 워싱턴에서는 성인에 한해 소량의 대마초 사용이 허용된다. 대조적으로 한국에서는 마약류 관리에 관한 법률에 따라 대마초 사용이 엄격하게 규제된다.

또 사회-문화적 관점에서 보자면, 물질사용장애는 스트레스가 심한 사회-문화적 조건하에서 생활할 때, 취약성이 더 증가할 수 있다. 실제로 물질사용장애는 부유층에 비해 경제적 취약계층에서 유병률이 더 높다. 불법 약물을 사용하는 비율은 취업자에 비해 실직자에게서 두 배 이상 높은 것으로 나타났다.

2) 물질 관련 장애의 치료

(1) 생물학적 치료

물질사용장애에 대한 생물학적 치료의 대표적인 예로는 해독(detoxification) 치료와 길항약물(antagonist drug)을 사용하는 것을 들 수 있다. 해독치료에서는 물질사용장애 환자가 약물을 서서히 중단해 나갈 수 있도록 점진적으로 용량을 줄여나가면서 금단증상을 줄여 주는 약물을 투약한다. 길항약물의 예로는 알코올 사용 장애 환자에게

금주제로서 안타부스(antabuse) 같은 약물을 처방하는 것을 들 수 있다. 금주제를 복용한 환자가 술을 마시게 되면, 소량의 술을 마셔도 심하게 취하여 구역질과 구토 등의 불쾌한 증상을 유발한다. 이러한 생물학적 치료기법들의 약점은 주로 동기 수준이 높은 환자에게서 효과가 나타난다는 점이다.

(2) 정신역동적 치료

정신역동적 치료에서는 먼저 물질사용장애 환자의 무의식적인 갈등과 소망을 이해하는 것이 핵심 과제가 된다. 정신분석가는 치료적 동맹을 바탕으로 문제 증상의 심리학적 의미에 관한 통찰을 증진시킴으로써 내담자 혹은 환자가 궁극적으로 미성숙한 방어기제인 해리에 대한 대안으로 보다 더 성숙한 방어기제인 승화, 억제, 유머, 이타주의, 예상을 사용할 수 있도록 돕는다.

(3) 행동치료

중독 과정을 설명해 주는 고전적 조건형성의 원리는 치료 과정에도 활용될 수 있다. 그 대표적인 예가 바로 단서노출치료(cue exposure therapy)이다. 앞서 언급한 퇴근길에 차에서 마리화나를 피우는 직장인을 예로 살펴보자. 이때 중독과 관련된 차의 물리적 자극 요소들이 조건자극(conditional stimuli)이 될 수 있다. 따라서 물질을 사용하지 않는 상태에서 이러한 조건자극(차 관련 특성들)에 반복해서 노출될 경우, 연합의 강도, 즉 물질 사용에 대한 갈망은 약화될 수 있다.

중독을 치료하기 위해 길항약물을 사용하는 것은 행동주의 이론에 기초한 혐오치료(aversion therapy)와 밀접한 연관이 있다. 혐오치료에서는 의도적으로 원치 않는 행동(혹은 문제행동)과 불쾌한 경험(알코올 섭취 후 구토)을 연합시킴으로써 물질 사용에 대한 갈망을 약화시킨다.

(4) 인지행동치료

물질사용장애에 대한 인지행동치료의 대표적인 예로는 재발방지(Relapse Prevention: RP) 훈련을 들 수 있다(Witkiewitz & Marlatt, 2004). 이러한 접근에서는 물질사용장애 환자들이 자신의 문제행동에 대한 통제력을 높일 수 있도록 돕는다. 이를 위해 환자들이 고위험 상황을 분별해내고 고위험 상황에서 합리적인 판단과 선택을 하며 시행착오를 통해 합리적인 대안을 찾아나가는 것을 통해 역기능적인 생활양식을 개선할 수 있도록 한다.

(5) 사회-문화적 치료

물질사용장애와 관계된 사회-문화적 치료의 대표적인 예로는 알코올중독자재활협회(Alcoholics Anonymous: AA)의 자조집단 활동을 들 수 있다. 분석심리학자 Carl Jung은 알코올중독자재활협회의 공동 창시자인 로버트(Robert Smith)에게 '반주정 정신기법(Spiritus Contra Spiritum)'이라는 처방을 제공하였다. 알코올은 라틴어로 스피리투스(Spiritus)이다. 사람들은 정신을 가장 타락시키는 독과 가장 높은 수준의 종교적 체험에 대해서 동일한 단어를 사용하고 있다고 할 수 있다. 이런 점에서 알코올중독의 문제를 해결하는 것은 영혼과 술의 대결(Spiritus contra Spiritum)을 뜻한다고 할 수 있다 (Jung, 1968). Jung의 이러한 아이디어는 알코올중독자재활협회의 창시자들에게 깊은 영감을 선사해 주었다.

알코올중독자재활협회의 자조모임에서는 회복 중인 알코올중독자를 상징하는 '비둘기'를 '후원자가 정신 차리도록 제때 찾아오는 사람'으로 정의한다. 간단히 말해서, 어려움에 처해 도움을 호소하는 비둘기는 이제 막 생산적인 삶을 살고자 하는 후원자

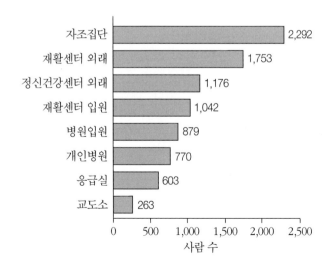

[그림 19-7] **미국 물질사용장애 환자의 치료 기관 내 환자 수**

출처: National Survey on Drug Use and Health (2014).

에게 새로운 성장을 촉진시키는 존재가 될 수 있다는 것이다. 후원자가 권유하는 도움을 받아들임으로써 알코올중독자재활협회의 비둘기는 후원자에게 새로운 존재의 이유를 제공하게 된다. 희망, 사기의 진작, 권위적 인물과의 우호적인 동일시는 알코올중독 문제로부터의 회복을 촉진시킬 수 있다. 사회적 지지 경험이 부족한 사람에게 알코올중독자 자조모임은 알코올이 주는 가짜 위안 대신 진짜 사람들 및 '좋은 관계'라는 생산적인 대안을 제공해 준다. 미국의 경우, 자조모임은 물질사용장애 환자가 가장 많이 선택하는 치료 방법으로 보고되고 있다.

5. 도박장애

도박은 더 큰 가치가 있는 것을 얻기 위해 가치 있는 또 다른 무언가를 거는 것을 말한다. 도박중독의 문제를 다룰 때는 도박장애가 아닌 다른 형태의 도박, 즉 전문적 도박 및 사회적 도박과는 구분할 필요가 있다. 전문적 도박은 위험 정도가 제한적이고 규칙 중심적인 활동을 말한다. 그리고 사회적 도박은 제한적인 시간 동안 수용 가능한 범위 내의 손실로 친구들 혹은 동료와 함께 진행하는 것을 말한다.

도박장애에서는 다양한 종류의 도박을 하는 것보다는 하나 혹은 그 이상의 도박에 빠지는 것이 더 중요한 문제로 보고된다. 도박을 높은 빈도로 하는 것은 도박의 심각성 자체보다는 도박의 유형과 관계있는 것으로 보인다. 매일 복권을 하나씩 사는 것은 문제가 되지 않을지라도, 이따금씩 카지노를 방문하거나 스포츠 혹은 카드 도박을 하는 것은 도박장애로 진단될 가능성이 있다. 아무리 내기 금액이 크더라도 그러한 정보만으로는 도박장애를 진단할 수 없다. 흔히 스트레스를 받거나 우울할 때 그리고 물질 사용을 절제하는 중에 도박을 하기도 한다.

| 표 19-7 | 도박장애의 진단기준 |

진단기준

• 지속적이고 반복적인 문제적 도박행동이 임상적으로 현저한 손상이나 고통을 일으키고 지난 12개월 동안 다음의 항목 중 4개(또는 그 이상)가 나타난다.

  1. 원하는 흥분을 얻기 위해 액수를 늘리면서 도박하려는 욕구
  2. 도박을 줄이거나 중지시키려고 시도할 때 안절부절못하거나 과민해짐
  3. 도박을 조절하거나 줄이거나 중지시키려는 노력이 반복적으로 실패함
  4. 종종 도박에 집착함(예: 과거의 도박 경험을 되새기고, 다음 도박의 승산을 예견해 보거나 계획하고, 도박으로 돈을 벌 수 있는 방법을 생각)
  5. 괴로움(예: 무기력감, 죄책감, 불안감, 우울감)을 느낄 때 도박함
  6. 도박으로 돈을 잃은 후, 흔히 만회하기 위해 다음날 다시 도박함(손실을 쫓아감)
  7. 도박에 관여된 정도를 숨기기 위해 거짓말을 함
  8. 도박으로 인해 중요한 관계, 일자리, 교육적·직업적 기회를 상실하거나 위험에 빠뜨림
  9. 도박으로 야기된 절망적인 경제 상태에서 벗어나기 위한 돈 조달을 남에게 의존함

출처: American Psychiatric Association (2013).

 요약

물질사용장애는 물질 사용과 관련된 병적인 행동양식에 기초해 진단 내리며 이때 주요한 진단기준으로는 물질 사용에 대한 조절능력의 손상을 야기하는 수준의 갈망, 사회적 기능 손상, 물질의 위험한 사용, 그리고 내성과 금단의 약물학적 기준을 들 수 있다. 여기서 내성은 원하는 효과를 얻기 위해 현저히 많은 용량의 물질이 필요하거나 통상 소모되는 용량으로 물질을 사용해서는 효과가 현저히 감소되는 것을 말한다. 그리고 금단은 해당 물질을 끊거나 줄였을 때 불쾌감 또는 불안 발작, 경련, 오심, 발한 등의 위험 증상을 보이는 것을 뜻한다.

물질사용장애 중 중추신경억제제 관련 장애로는 알코올 사용 장애, 진정제, 수면제, 항불안제 관련 장애, 아편계 관련 장애가 있다. 또 중추신경흥분제 관련 장애로는 카페인 관련 장애, 자극제 관련 장애, 담배 관련 장애가 있다. 그리고 환각제 관련 장애로는 대마 관련 장애, 환각제 관련 장애, 흡입제 관련 장애가 있다. 물질사용장애에 대한 대표적인 치료로는 해독치료, 길항약물치료, 정신역동적 치료, 노출 치료와 혐오치료, 재발방지 훈련, 그리고 자조집단 활동을 들 수 있다.

도박은 더 큰 가치가 있는 것을 얻기 위해 가치 있는 또 다른 것을 거는 행위를 말한다. 도박장애는 전문적 도박 및 사회적 도박과는 구분되어야 한다.

참고문헌

보건복지부(2016). 정신건강 종합대책(2016~2020년). 서울: 보건복지부.

보건사회연구원(2016). 보건복지포럼, 12, 128-149.

여성가족부(2012). 청소년유해환경 접촉 종합실태조사. 서울: 여성가족부.

정우진, 이선미, 김재윤(2009). 음주의 사회경제적 비용. 서울: 집문당.

American Psychiatric Association (2013). *Diagnostic and statistical manual of mental disorders* (Fifth ed.). Arlington, VA: American Psychiatric Publishing.

Berridge, K. C., & Kringelbach, M. L. (2008). Affective neuroscience of pleasure: reward in humans and animals. *Psychopharmacology, 199*, 457-480.

Comer, R. J. (2014). *Abnormal psychology.* New York: Worth Publisher.

Jung , C. G. & Bill, W. (1968) Letters-Spiritus contra Spiritum. *Grapevine* (Jan. and Nov.).

National Survey on Drug Use and Health (2014). *Results from the 2013 national survey on drug use and health: Summary of national findings.* substance abuse and mental health services administration.

Olds, J., & Milner, P. (1954). Positive reinforcement produced by electrical stimulation of septal area and other regions of rat brain. *Journal of Comparative and Physiological Psychology, 47*(6), 419-27.

Reeve, C. (2004). *Nothing is impossible.* New York: Random House.

The Sun (2014. 8. 12). 'Genie, you're free': Stars' tributes pour in for Robin Williams (by Ellie Ross). https://www.thesun.co.uk/archives/news/1030758/

Vaillant, G. E. (1993). *The wisdom of the ego.* Cambridge, MA: Harvard University Press.

Witkiewitz, K. & Marlatt, G.A. (2004). Relapse prevention for alcohol and drug problems. *American Psychologist, 59*, 224-235.

찾아보기

내용

안창일

오하이오 주립대학교 철학박사(상담심리학 전공)

한국교육개발원 책임연구원

국민대학교, 고려대학교 교수

한국대학상담학회 회장, 한국카운슬러협회 회장, 한국
심리학회 회장

현 고려대학교 심리학과 명예교수

[저술] 임상심리학, 상담과 심리치료의 제기법(공역),
심리학적인 연금술(공저), 성격의 자화상(공역),
21세기에 다시 읽는 프로이트 심리학(역)

고영건

고려대학교 대학원 심리학과 문학박사(임상심리 전공)

삼성서울병원 정신과 임상심리레지던트 수련

예일대학교 심리학과 박사후 연구원

임상심리전문가(한국심리학회), 정신건강임상심리사
1급(보건복지부)

현 고려대학교 심리학과 교수

　　고려대학교 학생상담센터 센터장

[저술] 심리학적 연금술(공저), 삶에 단비가 필요하다
면: 인디언 기우제 이야기, 멘탈 휘트니스 긍정
심리 프로그램(공저)

김미리혜

뉴욕 주립대 심리학과 철학박사(임상심리학 전공)

미시시피 대학병원 정신과 임상심리 레지던트 수련

뉴욕주 스트레스 및 불안장애 센터 심리치료실장

임상심리전문가, 건강심리전문가(한국심리학회), 인지
행동치료전문가(한국인지행동치료학회), 정신건강임
상심리사1급(보건복지부)

현 덕성여자대학교 심리학과 교수

[저술] 건강심리학 (공저) 아동과 청소년을 위한 인지치
료(공역), 아동과 청소년을 위한 인지치료기법
(공역)

김지혜

고려대학교 대학원 심리학과 문학박사(임상심리 전공)

한양대학교병원정신건강의학과 임상심리전문가과정
수료

임상심리전문가(한국심리학회), 정신건강임상심리사
1급(보건복지부)

전 한국심리학회 임상심리학회장

현 성균관대학교 의과대학 정신건강의학과 교수

[저술] 로르샤하 해석의 원리(공역), 대인관계치료 가이
드북(공역), 임상심리학(공저), 임상심리검사의
이해(공저)

김진영

고려대학교 대학원 심리학과 문학박사(임상심리 전공)
고려대학교 구로병원 정신과 임상심리레지던트 수련
예일대학교 심리학과 및 의과대학 박사후 연구원
임상/건강심리전문가(한국심리학회), 정신건강임상심리사 1급(보건복지부)
고려대학교 BK21 산학협력단(뇌기반 심리학 연구단) 연구교수
현 서울여자대학교 아동학과 교수
[저술] 멘탈휘트니스 긍정심리 프로그램(공저), 행복의 지도(공역), 청소년의 건강행동을 위한 심리학적 개입

박 경

고려대학교 대학원 심리학과 문학박사(임상심리 전공)
임상/상담/건강 심리전문가(한국심리학회), 정신건강임상심리사 1급(보건복지부)
현 서울여자대학교 특수치료전문대학원 교수
[저술] 성폭력 피해자와 가해자를 위한 치료지침서(공역), 심리검사의 이론과 활용(공저), 이상심리학(공저), 임상심리학(공저), 현대인의 정신건강(공저), 성심리와 성건강(공저), 수용전념치료에서 내담자와 치료자를 위한 수용·마음챙김 기반 치료(공역)

박기환

고려대학교 대학원 심리학과 문학박사(임상심리 전공)
임상/범죄 심리전문가(한국심리학회), 정신건강임상심리사 1급(보건복지부), 인지행동치료전문가(한국인지행동치료학회)
현 한국심리학회 임상심리학회장
  가톨릭대학교 심리학과 교수
[저술] 임상심리학(공저), 최신심리평가(공저), 상담 및 심리치료의 이론(공역)

서혜희

고려대학교 대학원 심리학과 문학박사(임상심리 전공)
전 국민대학교, 서강대학교 강사, 성 안드레아 병원 임상심리과장, 한양사이버대학교 겸임교수
현 서울성모병원 정신과 임상심리실
[저술] 나는 지적인가 감정적인가(공저), 이상심리학(공저), 생애 주기에 따른 성과 심리(공저)

안귀여루

고려대학교 대학원 심리학과 문학박사(임상심리 전공)
임상/상담/건강 심리전문가(한국심리학회), 정신건강임상심리사 1급(보건복지부)
전 호연심리상담센터 공동대표
현 강남대학교 교육대학원 교수

오상우

고려대학교 대학원 심리학과 문학박사(임상심리 전공)
한양대학병원 신경정신과 임상심리전문가과정 수련
임상/범죄심리전문가(한국심리학회), 정신건강임상심리사 1급(보건복지부)
전 한국심리학회 임상심리학회장
현 원광대학교 의과대학 정신건강의학과 명예교수
[저술] 한국어판 SCID-5-CV 전문가 지침서(공역), 한국어판 SCID-5-CV 임상가 면담지(공역), 한국어판 SCID-5-PD 전문가 지침서(공역), 한국어판 SCID-5-PD 임상가 면담지(공역), 한국어판 SCID-5-SPQ 인격(성격) 선별 질문지(공역), 성격평가질문지 실시요강(공저), 임상심리검사의 이해(공저), 치료자가 되기 위한 훈련(역)

육성필

고려대학교 대학원 심리학과 문학박사(임상심리 전공)
서울대학교병원 신경정신과 임상심리레지던트 수련

로체스터대학교 자살예방연구소 박사후 연구원
임상심리전문가(한국심리학회), 정신건강임상심리사
1급(보건복지부), PAI(심리부검전문가)(미국자살예방
협회)
현 용문상담심리대학원대학교 교수
[저술] 돌이킬 수 없는 결정: 자살(공역), 심리상담의 과
정과 기법(공역), 심리상담의 전략과 기법(공역),
십대를 위한 자살예방법(공역), 자살심리치료의
실제(공역), 자살하고 싶을 때: 자살의 인지치료
(공역), 자살을 꿈꾸는 십대(공역), 자살의 이해
와 치료(공저), 자살 유가족을 위한 치유 가이드
북(공역), 노인자살 위기개입(공저), 학교폭력의
평가와 개입(공저)

윤혜영
고려대학교 대학원 심리학과 문학박사(임상심리 전공)
임상/중독심리전문가(한국심리학회), 정신건강임상심
리사 1급(보건복지부), 인지행동치료전문가(한국인지
행동치료학회)
현 계명대학교 심리학과 교수
[저술] 학교폭력의 이론과 실제(공저), 정서중심인지치
료(공역)

이경희
고려대학교 대학원 심리학과 문학박사(임상심리 전공)
임상/상담/건강심리전문가(한국심리학회), 정신건강임
상심리사 1급(보건복지부)
전 고려대학교 학생생활연구소 연구원
현 호연심리상담센터 대표
　숙명여자대학교 음악치료대학원 겸임교수
[저술] 문제유형별 심리치료가이드(공저), 인간이해를
위한 심리학(공저), 임상심리학(공저), 정신분석
과 듣기 예술(공역)

이은영
고려대학교 대학원 심리학과 문학박사(임상심리 전공)
임상심리전문가(한국심리학회), 정신건강임상심리사
1급(보건복지부)
전 고려대학교 학생생활연구소 연구원, 청량리정신병
원 임상심리과장
현 문 정신건강의학과의원 임상심리전문가
[저술] 행동수정(공역), 임상심리학(공저)

이임순
고려대학교 대학원 심리학과 문학박사(임상심리 전공)
임상/상담/건강심리전문가(한국심리학회). 정신건강임
상심리사 1급(보건복지부)
전 서울정신분석상담연구소 연구원, 숙명여자대학교
교육학부 초빙교수
현 심리상담센터 함께 대표
[저술] 로르샤흐 평가의 핵심(공역), 임상심리학(공저),
경계선 내담자를 위한 전이초점 심리치료 입문
(공역), 경계선 인성장애의 정신분석 심리치료
(공역)

이현수
고려대학교 대학원 심리학과 문학박사(임상심리 전공)
임상심리전문가(한국심리학회), 정신건강임상심리사
1급(보건복지부)
전 고려대학교 구로병원 정신건강의학과 임상교수 및
임상심리전문가, 아주대학교 교육대학원 겸임교수,
서울불교대학원대학교 겸임교수
현 힐링심리학 아카데미 원장
[저술] 아이가 10살이 되면 부모는 토론을 준비하라, 하
루3시간 엄마냄새, 오늘도 골든땡큐, 한국판기억
평가검사 실시 및 해석 요강(공저), 임상심리학
(공저), 이상심리학(공저), Pervin의 성격심리학
(공역), 신경심리학(공역)

정진복

고려대학교 대학원 심리학과 문학박사(임상심리 전공)
임상심리전문가(한국심리학회), 정신건강임상심리사 1급(보건복지부)
전 가톨릭대학교 의과대학 신경정신과학교실 전임강사 대우
현 외국어 대학교 강사
[저술] 뇌의 노화, 마음의 노화, 임상심리학(공저), 생애주기에 따른 성과 심리(공저)

조선미

고려대학교 대학원 심리학과 문학박사(임상심리 전공)
임상심리전문가(한국심리학회), 정신건강임상심리사 1급(보건복지부)
현 아주대학교 의과대학 정신과학교실 교수
[저술] 부모 마음 아프지 않게 아이 마음 다치지 않게, 수줍음도 지나치면 병(공저), 임상심리학(공저)

최기홍

고려대학교 심리학과 졸업
미국 네브래스카 주립대학 대학원 심리학과 철학박사(임상심리 전공)
전 미국 뉴욕 컬럼비아 대학병원 정신과 펠로우, 미국 예일 대학병원 연구교수
　　고려대학교 학생상담센터 센터장
현 고려대학교 심리학과 부교수
　　고려대학교 KU마음건강연구소 소장

최승원

고려대학교 대학원 심리학과 문학박사(임상심리 전공)
임상심리전문가(한국심리학회)
현 덕성여자대학교 사회과학대학 심리학과 부교수
[저술] 뉴로피드백 입문(공저)

이상심리학(2판)
Abnormal Psychology 2nd ed.

2008년 10월 31일 1판 1쇄 발행
2015년 2월 10일 1판 5쇄 발행
2019년 3월 20일 2판 1쇄 발행
2021년 2월 25일 2판 2쇄 발행

엮은이 • 안 창 일

지은이 • 고영건 · 김미리혜 · 김지혜 · 김진영 · 박경 · 박기환 · 서혜희
  안귀여루 · 오상우 · 육성필 · 윤혜영 · 이경희 · 이은영 · 이임순
  이현수 · 정진복 · 조선미 · 최기홍 · 최승원

펴낸이 • 김 진 환

펴낸곳 • (주) **학지사**

04031 서울특별시 마포구 양화로 15길 20 마인드월드빌딩 5층

대표전화 • 02) 330-5114   팩스 • 02) 324-2345

등록번호 • 제313-2006-000265호

홈페이지 • http://www.hakjisa.co.kr
페이스북 • https://www.facebook.com/hakjisabook

ISBN 978-89-997-1801-4 93180

정가 **25,000원**

이 도서의 국립중앙도서관 출판시도서목록(CIP)은 서지정보유통지원시스템
홈페이지(http://seoji.nl.go.kr)와 국가자료공동목록시스템(http://www.nl.go.kr/kolisnet)
에서 이용하실 수 있습니다.
(CIP제어번호: CIP2019008438)

출판 · 교육 · 미디어기업 **학지사**

간호보건의학출판 **학지사메디컬** www.hakjisamd.co.kr
심리검사연구소 **인싸이트** www.inpsyt.co.kr
학술논문서비스 **뉴논문** www.newnonmun.com
원격교육연수원 **카운피아** www.counpia.com